Langenscheidt
Universal-Wörterbuch

Tschechisch

Tschechisch – Deutsch
Deutsch – Tschechisch

Langenscheidt

Bearbeitet von: Dr. Alena Aigner

Entwickelt auf Basis des
Langenscheidt Universal-Wörterbuchs Tschechisch
ISBN 978-3-12-514293-0

Lexikografische Bearbeitung: Susanne Brudermüller,
Anne-Margret Kießl
Bearbeitung der zugrunde liegenden Fassung:
Dr. Helgunde Henschel
Muttersprachliche Durchsicht: Miloš Kadlec
Reisetipps: Anne-Margret Kießl

1. Auflage 2023 (1,02 - 2025)

www.langenscheidt.com

Projektleitung: Helen Schmidt
Typgografisches Konzept nach:
KOCHAN & PARTNER GmbH, München
Satz: Claudia Wild, Konstanz
Druck und Bindung: L.E.G.O. S.p.A., Lavis

ISBN **978-3-12-514473-6**

Inhalt

Hinweise für die Benutzung

Die Tilde ~ ersetzt das Stichwort in den Wendungen und idiomatischen Ausdrücken:

> **lední** Eis-; ~ **hokej** *m* Eishockey *n*; ~ **medvěd** *m* Eisbär

> **Atem** M dech; **außer** ~ bez dechu

Das Genus der Substantive (M, F, N bzw. *m, f, n*) und Wortartangaben wie ADJ, PF bzw. *adj, pf* usw. stehen nach dem Stichwort: **Spaziergang** M procházka *f*; **dřívější** ADJ früher

Das Genus der Substantive wird bei den Übersetzungen nur dann angegeben, wenn es von dem des Stichworts abweicht: **rukavice** F Handschuh *m*; **Kopf** M hlava *f*

Substantivierte Adjektive werden im Deutschen in der Form Nominativ Singular so aufgeführt, wie sie nach dem bestimmten Artikel lauten würden: (der) **Abgeordnete**, (die) **Erwachsene**, (der) **Jugendliche**

Tschechische Verben treten meist als imperfektive und perfektive Verben auf. Perfektive Verben werden mit PF bzw. *pf* gekennzeichnet: **přimět** PF, imperfektive bleiben unbezeichnet: **milovat**. Verben, die sowohl imperfektiv als auch perfektiv sind, stehen mit dem Hinweis (IM)PF bzw. (*im*)*pf*: **padělat** (IM)PF. Im tschechisch-deutschen Teil werden die Verben folgendermaßen dargestellt:

> **plavat** ⟨**za-**⟩ schwimmen
> (= plavat *impf*, zaplavat *pf*)

Im deutsch-tschechischen Teil gibt es dagegen mehrere Möglichkeiten:

backen ⟨u⟩péct (= péct *impf*, upéct *pf*)

nehmen brát ⟨vzít⟩ (= brát *impf*, vzít *pf*)

finden nacházet ⟨-jít⟩ (= nacházet *impf*, najít *pf*)

Reflexive Formen der Verben werden nur bei selbstständiger Bedeutung angegeben: **odchýlit** PF abwenden; **~ se** abweichen. In Einträgen wie **třepat** ⟨**za-**⟩ rütteln, schütteln (*I A*); **~ se** zittern (vor *A*) steht die Tilde beim reflexiven Verb für das imperfektive und perfektive Verb: **třepat se** IMPF, **zatřepat se** PF

Die Rektion, d. h. die zum Stichwort gehörenden Präpositionen bzw. die Kasusangaben im Deutschen und im Tschechischen werden vor allem dann aufgeführt, wenn sich beide Sprachen hierin unterscheiden:

beantworten (z)odpovídat ⟨-vědět⟩ (*A* na *A*)

Erläuternde Hinweise in kursiver Schrift erleichtern die Wahl der richtigen Übersetzung:

Geschichte F dějiny *fpl*; *Erzählung* povídka

Sachgebiete werden meistens abgekürzt in Kapitälchen angegeben:

věta F GRAM, MUS Satz *m*

Die Aussprache des Tschechischen

A,a *a*
á *a* lang
B,b *b* unbehaucht
C,c *z* wie *Zahn*
Č,č *tsch*
D,d *d*
Ď,ď d^j
E,e *e* wie *essen*
é *ä* wie *Ähre*
ě *je*; weich nach b, v, m, n, p
F,f *f*
G,g *g*
H,h *h*
Ch,ch *ch* wie *ach* (im Alphabet nach **h**)
I,i *i*
í *i* lang
J,j *j*
K,k *k* unbehaucht
L,l *l*
M,m *m*
N,n *n*
Ň, ň n^j
O,o *o* wie *offen*
ó *o* lang, ähnlich *Orgel*
P,p *p* unbehaucht
R,r *r*, Zungen-r
Ř,ř *rsch*
S,s *ss* wie *muss*

Š,š	*sch*
T,t	*t* unbehaucht
Ť,ť	*tj*
U,u	*u*
ú,ů	*u* lang
V,v	*w*
W	*w*
x	*ks*
y	*i*
ý	*i* lang
Z,z	stimmhaftes *s* wie *sagen*
Ž,ž	*g* wie *Gelee*
eu	*e+u*, getrennt gesprochen

Die Betonung liegt immer auf der ersten Silbe.

Tschechisch – Deutsch

A

a und; ~ **to** und zwar
abeceda F Alphabet *n*, ABC *n*
abecední alphabetisch
abonovat (IM)PF abonnieren
aby damit, dass, um zu (+ *inf*); ~ **ne!** und ob!
ačkoli(v) obwohl
adresa F Adresse; **internetová** ~ Internetadresse; **webová** ~ Webadresse
adresář M Adressbuch *n*
advokát M Rechtsanwalt
aerolinie F Fluglinie, Fluggesellschaft
africký afrikanisch, Afrika-, Afro-
Afričan M, **Afričanka** F Afrikaner(in)
airbag M AUTO Airbag
akce F Aktion, Maßnahme
akcelerátor M Gaspedal *n*
akcionář M Aktionär
akciový: **akciovvá společnost** F Aktiengesellschaft
akční: **~rádius** M Aktionsradius
akorát genau; ausgerechnet
akt M Handlung *f*, Akt (*a.* THEAT, KUNST)
akta NPL Akten *fpl*
aktér M Akteur; SPORT Spieler
aktovka[1] F Aktentasche
aktovka[2] F THEAT Einakter *m*
Albánec M, **Albánka** F Albaner(in)
ale aber, (je)doch; sondern
alej M Allee *f*
alergik M/F Alergiker(in)
alespoň wenigstens
alkoholička F, **alkoholik** M Alkoholiker(in)
almužna F Almosen *n*
alobal M Alu(minium)folie *f*
Alpy FPL Alpen
ambulance F Ambulanz; Krankenwagen *m*
Američan M, **Američanka** F Amerikaner(in)
amplion M Lautsprecher
anděl M Engel
andulka F Wellensittich *m*
aneb(o) oder
anglický englisch
Angličan M, **Angličanka** F Engländer(in)
Anglie F England *n*
angličtina F Englisch *n*
angrešt M Stachelbeere *f*
ani nicht einmal, auch nicht, selbst **ani…ani** weder…noch; **ani trochu** kein bisschen
animovaný: ~ **film** M Trickfilm
aniž ohne dass, ohne zu (+ *inf*)
anketa F Umfrage

ano ja, jawohl
anorektický magersüchtig
antický antik
antikoncepční empfängnisverhütend; ~ **pilulka** *f umg* Antibabypille
anýz M Anis
apartmá N Appartement
apka F *umg* IT App
aplikace F IT Applikation, Anwendung
aplikovat (IM)PF anwenden (**do** *G* auf *A*)
apolitický unpolitisch
Arab M, **Arabka** F Araber(in)
arabský arabisch
aranžér M Arrangeur; Dekorateur **aranžovat** ⟨**z-**⟩ arrangieren, *Fest* ausrichten; dekorieren
arašíd M Erdnuss *f*
arcibiskup M Erzbischof
arktický arktisch **Arktis, Arktida** F Arktis
arkýř M Erker
armáda F Armee; **Armáda spásy** Heilsarmee
Armén M, **Arménka** F Armenier(in)
artyčok M Artischocke *f*
arzenál M Arsenal *n*; *fig* Vorrat
a.s. (**akciová společnost**) Aktiengesellschaft (AG)
asanace F Sanierung **asanovat** (IM)PF sanieren
asi etwa, zirka, ungefähr
Asijec M, **Asijka** F Asiat(in)
asijský asiatisch
asociál M *umg* Asoziale
aspirin® M Aspirin® *n*; **taplety** *pl* **~u** Aspirintabletten
aspoň wenigstens, mindestens
astra F Aster
ať möge, soll; auf dass; wenn auch; dass, damit
atentátník M Attentäter
atomový atomar, Atom-; **atomová elektrárna** *f* Atomkraftwerk *n*; **atomové odzbrojení** *n* atomare Abrüstung *f*; **atomové zbraně** *fpl* Atomwaffen
aťsi wenn schon
atypický untypisch
Australan M, **Australanka** F Australier(in)
aut M SPORT Aus *n*
auto N Auto; **jezdit autem** *mitfahren* Auto fahren; **řídit ~** *steuern* Auto fahren
autobusový: **autobusová doprava** F Busverkehr *m*; **autobusové nádraží** N Busbahnhof *m*; **autobusové spojení** N Busverbindung *f*; **autobusová zastávka** F Bushaltestelle
autodoprava F Autoverkehr *m* **automapa** F Autokarte
automat M Automat; Imbissstube *f*; **~ na jízdenky** Fahrkartenautomat
automatický: **automatická převodovka** F automatische Gangschaltung, *umg* Automatik
automobilista M Autofahrer
automobilový Auto-; **automobilová nehoda** *f* Autounfall *m*; **automobilové závody** *mpl* Autorennen *n*
autoopravna F Autowerkstatt
autostop M: **jet ~em** per Anhalter fahren
autostráda F Autobahn **autoškola** F Fahrschule **autovlak**

M Autozug
avšak aber, (je)doch
azyl M Asyl *n*; **žádat o ~** um Asyl bitten
azylant M, **azylantka** F Asylant(in) *oft neg!*
azylový Asyl-
až bis, erst, wenn; sogar; **~ na** bis auf, außer; **~ tam** bis dahin
ažaž *umg* zu viel

B

bába F Alte
babí: **~ léto** N Altweibersommer *m*
babička F Großmutter, Oma
babka F alte Frau
babočka F Schmetterling *m*
bábovka F Napfkuchen *m*, *österr* Gugelhupf *m*
baculatý mollig, rundlich
bačkora F Hausschuh *m*, *pop* Latschen *m*; *fig* Memme
bádat ⟨vy-⟩ (er)forschen
badatel M Forscher
bafat, **bafnout** PF kläffen; paffen
bahnitý sumpfig, schlammig
bahno N Schlamm *m*, Sumpf *m*, Morast *m*
báj, **báje** F Mythos *m*, Sage **báječný** fabelhaft
bajka F Fabel
baklažán M Aubergine *f*
bál M *Fest* Ball
balicí: **~ papír** M Einwickelpapier *n*, Packpapier *n*
balíček M Päckchen *n*, Packung *f* **balík** M Paket *n*; Ballen
balit ⟨za-⟩ (ein)packen, einwickeln; **~ kufry** Koffer packen
Balt M Balte **Baltka** F Baltin
baltský baltisch; **baltské moře** *n* Ostsee *f*
balzám M Balsam; **~ na rty** Lippenbalsam
banán M Banane *f*
banánek M ELEK Bananenstecker
banda F Bande, Gesindel *n*; MUS Kapelle, Band
banka F WIRTSCH Bank; **~ dat** Datenbank
bankéř M Banker
bankomat M Geldautomat
bankovka F Banknote
bankovní Bank-; **~ automat** *m* Geldautomat; **~ spojení** *n* Bankverbindung *f*; **~ účet** *m* Bankkonto *n*; **~ úvěr** *m* Bankkredit
barák M Baracke *f*, *umg* Bude *f*
barevný farbig, bunt; **~ film** *m* Farbfilm
barman M Barmixer, Barkeeper, **barmanka** *f* Bardame
barva F Farbe; **~ pleti** Hautfarbe
barvit ⟨na-⟩ färben **barvitý** farbig **barvivo** N Farbstoff *m*
barvoslepý farbenblind
basa F Kontrabass *m*
báseň F Gedicht *n*
básnictví N Dichtung *f* **básník** M, **básnířka** F Dichter(in)
básnit dichten

bašta[1] F Bastei, Bastion
bašta[2] F Leckerbissen *m*; ADV ausgezeichnet, *umg* toll
bát se sich fürchten (*G* vor *D*); sich Sorgen machen (**o** *A* um *A*)
baterka F Taschenlampe
batoh M Rucksack
bavit unterhalten, erfreuen; **to mě baví** das macht mir Spaß; **~ se** sich unterhalten, sich vergnügen
bavlna F Baumwolle
Bavorsko N Bayern
Bavorák M, **Bavoračka** F Bayer(in)
bazalka F Basilikum *n*
báze F Basis; CHEM Base; **~ dat** Datenbank
bazén M Bassin *n*, Schwimmbecken *n*
bázlivý furchtsam, ängstlich
bažant M Fasan
bažina F Sumpf *m*, Moor *n*
bdělý wach(sam)
bdít wach sein; wachen (**nad** *I* über *A*)
běda ADV wehe!; **až ~** *umg* sehr, äußerst
bedna F Kiste
bědovat jammern
bedra NPL Lenden *fpl*; Schultern *fpl*; Rücken *m*
běh M Laufen *n*; Lauf (*a.* SPORT); Semester *n*; TECH Gang; IT Durchlauf; **~ na lyžích** Skilanglauf; **~ naprázdno** AUTO Leerlauf **během** (*G*) im Laufe (*G*)
běhat laufen, rennen
běhoun M *Teppich* Läufer
bělat ⟨z-⟩ weiß werden; *Haar* ergrauen
belhat (se) humpeln
bělit weiß machen; *Wäsche* bleichen
bělmo N das Weiße im Auge
běloch M, **běloška** F Mensch mit weißer Haut
bělouš M *Pferd* Schimmel
Benátky FPL Venedig *n*
benzinový: **benzinová nádrž** F Benzintank *m*; **benzinové čerpadlo** N, **benzinová pumpa** F Tankstelle
beran M Widder
beránek M Lamm *n*
bérec M Unterschenkel
berla F Krücke
bermudy FPL Bermudashorts *pl*
beruška F Marienkäfer; Johanniskäfer
beseda F Gespräch *n*, Unterhaltung **besedovat** sich unterhalten, *umg* plaudern
běsnit wüten, toben
betlém M Weihnachtskrippe *f*
beton: **to je na ~** *umg* das ist bombensicher
bez[1] M Holunder, Flieder
bez[2] (*G*) ohne (*A*), außer (*D*); -frei, -los, un-; **být ~ sebe** außer sich sein; ohnmächtig sein
bezalkoholní alkoholfrei
bezatomový atomwaffenfrei
bezbariérový *Zugang* barrierefrei **bezbarvý** farblos **bezbolestný** schmerzlos **bezbranný** wehrlos
bezcitný gefühllos **bezděčný** unwillkürlich **bezdětný** kinderlos
bezdomovec M Obdachlose;

Staatenlose **bezdomovecký** obdachlos **bezdomovectví** N Obdachlosigkeit *f*; Staatenlosigkeit *f*
bezduchý leblos; geistlos **bezdůvodný** unbegründet
beze → bez; ~ **všeho** ohne Weiteres
bezectný ehrlos, schändlich **bezejmenný** namenlos **bezesný** schlaflos
bezhotovostní bargeldlos **bezjaderný** kernlos; kernwaffenfrei
bezmasý fleischlos **bezmezný** grenzenlos **bezmocný** machtlos, wehrlos **bezmračný** wolkenlos
beznadějný hoffnungslos **bezodkladný** unaufschiebbar **bezohledný** rücksichtslos **bezpartijní** parteilos
bezolovnatý *Benzin* bleifrei
bezpečí N, **bezpečnost** F Sicherheit *f*
bezpečnostní: ~ **opatření** N Sicherheitsvorkehrung *f*; ~ **pás** M Sicherheitsgurt; ~ **schránka** F Safe *m*
bezpečný sicher
bezplatný unentgeltlich, kostenlos; *Urlaub* unbezahlt **bezpodmínečný** bedingungslos
bezpochyby ADV zweifellos
bezpráví N Unrecht **bezprávný** rechtlos; rechtswidrig
bezprostřední unmittelbar
bezradný ratlos
bezstarostný sorglos
beztak, **beztoho** ohnehin, sowieso
bezúčelný zwecklos **bezútěšný** untröstlich; trostlos
bezvadný einwandfrei **bezvědomý** bewusstlos
bezvětří N Windstille *f*
bezvýsledný erfolglos
bezvýznamný bedeutungslos
běžec M SPORT Läufer
běžet laufen, rennen; *fig* verlaufen; *Zeit* vergehen; **běží o** (*A*) es geht um (*A*) **běžící** laufend; ~ **pás** *m* Fließband *n*
běžný geläufig, üblich; ~ **účet** *m* Girokonto *n*
béžový beige(farben)
bicí: ~ **nástroje** MPL MUS Schlagzeug *n*
bič M Peitsche *f*
bída F Elend *n*, Not **bídný** elend, erbärmlich
biftek M GASTR Beefsteak *n*
bílek M *Ei* Eiweiß *n*
biletář M, **biletářka** F Platzanweiser(in)
bílit weißen; bleichen
bílkovina F Eiweißstoff *m*
bílý weiß; **bílá káva** *f* Milchkaffee *m*; **Bílá Rus** *f* Weißrussland *n*; **bílé pečivo** *n* Weißgebäck; **bílé víno** *n* Weißwein *m*; ~ **chléb** *m* Weißbrot *n*
bio- bio-, Bio-
biřmování N REL Firmung *f*
biskup M Bischof
bít ⟨**po-**, **z-**⟩ schlagen, prügeln; ~ ⟨**pro-**⟩ **se** kämpfen; *umg* sich prügeln, sich schlagen
bitva F Schlacht
bižuterie F Modeschmuck *m*
blaho N Heil, Wohl **blahobyt** M Wohlstand **blahobytný**

wohlhabend
blahodárný wohltuend
blahopřání N Glückwunsch *m*
blahopřát Glück wünschen
blahopřejný Glückwunsch-
blahosklonný wohlwollend
bláhovec M Narr **bláhový** einfältig, töricht
blahý (glück)selig
blamovat se (IM)PF sich blamieren
blanket M Vordruck, Formular *n*
bláta NPL Sumpf *m*, Moor *n*
blatník M Kotflügel, Schutzblech *n*
bláto N Schmutz *m*, Matsch *m*
blaze ADV glücklich, selig
blázen M Verrückte, Narr **blázinec** M Irrenhaus *n*
bláznit ⟨z-⟩ verrückt sein **bláznivý** verrückt
blb, **blbec** M Trottel, *umg* Dummkopf, Idiot **blbost** F Dummheit
blbý blöd
blednout ⟨vy-, z-⟩ blass werden; *fig* verblassen
bledý blass, bleich
blecha F Floh *m*
blesk M Blitz (*a.* FOTO) **bleskout (se)** PF (auf)blitzen **bleskový** blitzartig
bleší: **~ trh** M Flohmarkt
blikat blinken, flackern
blít *vulg* kotzen
blízkost F Nähe
blízký nahe; **Blízký Východ** *m* der Nahe Osten
blíž(e) ADV näher
blížit se sich nähern
bližní M, F Nächste
bližší ADJ näher; **~ údaje** *mpl* nähere Angaben *fpl*
bloudit ⟨z-, za-⟩ umherirren, sich verirren; *fig* sich irren
blouznit fantasieren; schwärmen
bludiště N Labyrinth
bludný irrig; Irr-
blůza F Bluse
blýskat ⟨za-⟩ (se) blitzen, glänzen; **blýská se** es blitzt **blýskavý** glänzend
bob[1] M SPORT Bob
bob[2] M Bohne *f*
bobkový: **~ list** M Lorbeerblatt *n*
bobový Bohnen-; Bob-; **bobová dráha** *f* Bobbahn
bobr M Biber
bobule F Beere
bod M Punkt; **~ mrazu** Gefrierpunkt; **~ varu** Siedepunkt
bodat ⟨po-⟩ stechen
bodlák M Distel *f*
bodlina F Stachel *m*
bodnout PF → bodat
bodnutí N Stich *m*
bohatnout ⟨z-⟩ reich werden **bohatství** N Reichtum *m*
bohatý reich
bohosloví N Theologie *f* **bohoslužba** F Gottesdienst *m*
bohudík(y) Gott sei Dank: **bohužel** leider
bohyně F Göttin
bochník M *Brot* Laib
boj M Kampf; **~ proti hluku** Lärmbekämpfung *f*
bojácný ängstlich, furchtsam
bojiště N Kriegsschauplatz *m*,

Schlachtfeld

bojovat kämpfen, streiten **bojovník** M Kämpfer **bojovný** kriegerisch, kämpferisch

bok M Hüfte *f*; Seite *f*

bolák M Geschwür *n* **bolavý** wund, schmerzend

bolení N Schmerzen *mpl*; ~ **v krku** Halsschmerzen *mpl*; ~ **zubů** Zahnschmerzen *mpl*

bolest F Schmerz *m*; Kummer *m*, Leid *n*; **~i** *pl* **břicha** Leibschmerzen; **~i hlavy** Kopfschmerzen

bolestné N Schmerzensgeld

bolestný schmerzhaft, schmerzlich

bolet ⟨**roz-**, **za-**⟩ schmerzen, wehtun; **bolí mě hlava** ich habe Kopfschmerzen

bor M Kiefernwald

borovice F Kiefer, Föhre

borovička F Wacholderbranntwein *m*

borůvka F Heidelbeere, Blaubeere

bořit zerstören, niederreißen; ~ **se** einstürzen; einsinken

Bosna F Bosnien *n*

bos, bosý barfuß

bota F Schuh *m*, Stiefel *m* **botička** F Kinderschuh *m* **botník** M Schuhschrank

bouda F Bude, Schuppen *m*; Gebirgsbaude

bouchat, bouchnout PF (zu)schlagen, (zu)knallen

bouračka F *Haus* Abriss *m*; *umg* AUTO Zusammenstoß

bourat → bořit

bouře, bouřka F Gewitter *n*; Sturm *m*; *fig* Aufruhr *m*

bouřit donnern, brausen; *vor Zorn* kochen; ~ **se** sich empören **bouřlivý** stürmisch

box[1] M Box *f* (*a für Tiere, Autos*); *Restaurant* Nische *f*

box[2] M Boxen *n*

bože! mein Gott!

boží Gottes-; **Boží hod** *m Weihnachten, Ostern, Pfingsten* erster Feiertag; **Boží tělo** *n* Fronleichnam *m*

božský göttlich

brada F Kinn *n*; Kinnbart *m*

bradavice F MED Warze

bradla NPL SPORT Barren *m*

brak M Schund; Schundliteratur *f*

brambor M, **brambora** F Kartoffel *f*; **~y** *pl* **na loupačku** Pellkartoffeln *fpl*

bramboračka F *umg* Kartoffelsuppe **bramborák** M Kartoffelpuffer

bramborový: **bramborová kaše** F Kartoffelbrei *m*; **bramborové knedlíky** MPL Kartoffelknödel

brambořík M Alpenveilchen *n*

brána F Tor *n*

Braniborsko N Brandenburg

bránice F ANAT Zwerchfell *n*

bránit ⟨**za-**⟩ verteidigen; (ver)hindern (*D A*); vorbeugen; ~ **se** sich wehren

branka F Pforte; SPORT Tor *n*

brankář M Torwart

branný bewaffnet, Wehr-; **branná moc** *f* Streitmacht; **branná povinnost** *f* Wehrpflicht

brašna F *größere* Tasche
brát (weg)nehmen, mitnehmen
bratr M Bruder **bratranec** M Vetter **bratrský** brüderlich
bratřit se sich verbrüdern
brázda F Furche
brčko N *umg* Trinkhalm *m*
brečet **⟨roz-⟩** *umg* heulen, plärren
brejle FPL Brille *f*; **~ proti slunci** Sonnenbrille *f*
breptat, **breptnout** PF plappern, *pop* quasseln
brněnský ADJ Brünner
brnět kribbeln; **brní ho hlava** ihm brummt der Kopf
brnkat, **brnknout** PF klimpern
Brno N Brünn
brodit se waten
brokolice F Brokkoli *m*
brokovnice F Schrotflinte
bronz M Bronze *f*
broskev F Pfirsich *m*
brouk M Käfer
brousit **⟨o-⟩** schleifen, schärfen
broušený: **broušené sklo** N geschliffenes Glas
brouzdaliště N Planschbecken
brouzdat IT surfen; **~ internetem** im Internet surfen
brož F Brosche
brožura F Broschüre; **vzdělávací ~** Informationsbroschüre
brožovaný broschiert **brožura** F Broschüre
brucět **⟨za-⟩** brummen, murren
brukev F Kohlrabi *m*
brunch M Brunch
brusinka F Preiselbeere
bruslař M, **bruslařka** F Schlittschuhläufer(in)
brusle FPL Schlittschuhe *mpl*; **kolečkové ~** Rollschuhe *mpl*, Inlineskates *pl* **brusit** eislaufen
brva F Wimper
brýle FPL Brille *f*; **~ proti slunci** Sonnenbrille *f*
brynza F Schafskäse *m*
brzda F Bremse **brzdit** **⟨za-⟩** bremsen; *fig* hemmen
brzdný: **brzdná vzdálenost** F AUTO Bremsweg *m*
brzký baldig
brzo, **brzy** ADV bald
břečka F Matsch *m*; *umg* Brühe
břečťan M Efeu
břeh M Ufer *n*, Küste *f*
břemeno N Last *f*, Bürde *f*
břevno N Balken *m*
březen M März **březnový** März-
březový Birken-
břídil M Stümper, Pfuscher
břidlice F Schiefer *m*
břicho N Bauch *m*, Leib *m*
bříško N *Fuß, Hand* Ballen *m*
břišní Bauch-, Leib-
břitký scharf (*a. fig*)
břitva F Rasiermesser *n*
bříza F Birke
buben M Trommel *f* **bubínek** M ANAT Trommelfell *n*
bublanina F GASTR Obstauflauf *m*
bublat blubbern; plätschern
bublina F Blase
bubnovat **⟨za-⟩** trommeln
bůček M GASTR Schweinebauch
bučet **⟨za-⟩** *Vieh* brüllen, muhen

bud' sei; **~'... (a)nebo** entweder...oder
budík M Wecker
budit ⟨pro-, vz-⟩ wecken (*a. fig*); **~ se** aufwachen
budoucí (zu)künftig **budoucnost** F Zukunft
budova F Gebäude *n*
budovat ⟨vy-⟩ (auf)bauen, errichten **budovat ⟨vy-⟩el** M Erbauer
buďto sei es
Bůh, bůh M Gott
buchta F GASTR Buchtel
bujet ⟨vy-⟩ wuchern
bujný üppig; ungestüm, übermütig
bujón M Bouillon *f*
buk M Buche *f*
Bulhar M Bulgare, **Bulharka** *f* Bulgarin **Bulharsko** N Bulgarien
bulharský bulgarisch
bulvární: **~ tisk** M Boulevardpresse *f*
bunda F Anorak *m*; **džínová ~** Jeansjacke
buničina F Zellstoff *m*
buňka F ANAT, BOT Zelle
burácet ⟨za-⟩ brausen; tosen; *Motor* dröhnen
burský: **~ oříšek** M Erdnuss *f*
burza F WIRTSCH Börse
buřič M Rebell
bušit pochen, klopfen (*a Herz*)
butik M Boutique *f*
buvol M Büffel
by: **~** (+ *Partizip*) wäre(n), würde(n)
bydlet wohnen **bydliště** N Wohnort *m*, Wohnsitz *m*
bydlit → bydlet
býk M Stier, Bulle
byl er war; **~a** sie war
bylina F Pflanze, Kraut *n*
bylinkový: **~ čaj** M Kräutertee
bylinný: **~ likér** M Kräuterlikör
bylo es war
bystrý schnell (*a. fig*); scharfsinnig
bystřina F Wildbach *m*
byt M Wohnung *f*; **~ o dvou pokojích** Zweizimmerwohnung *f*
být sein, existieren; **~ s to** imstande sein
bytí N Sein, Dasein
bytná F, **bytný** M Vermieter(in)
bytost F Wesen *n*
bytový Wohnungs-; **bytová nouze** *f* Wohnungsnot
byznys M Business *n*
bývalý ehemalig
bývat zu sein pflegen

C

Cáchy FPL Aachen *n*
cákat, cáknout PF (herum)spritzen; **~ se** planschen
candát M Zander
cedník M Sieb *n*
cedule F Aushang *m*, Plakat *n*
cedulka F Zettel *m*
cela F *Gefängnis, Kloster* Zelle
celek M Ganze *n*
celer M Sellerie *m* od *f*
celkem insgesamt **celkový**

ganz, Gesamt-
celní Zoll-; ~ **odbavení** *n* Zollabfertigung *f*; ~ **deklarace** *f*, ~ **prohlášení** *n* Zollerklärung *f*; ~ **prohlídka** *f* Zollkontrolle; ~ **předpisy** *mpl* Zollvorschriften *fpl*
celnice F Zollstation, Zollamt *n* **celník** M Zollbeamte
celodenní ganztägig, Ganztags- **celoplošný** flächendeckend **celostátní** gesamtstaatlich
celý ganz, unversehrt
cena F Preis *m*, Wert *m*
ceník M Preisliste *f*
cenina F Wertzeichen *n*
cenit ⟨o-⟩ (wert)schätzen
cenný wertvoll, Wert-; **cenné papíry** *mpl* Wertpapiere *npl*
cenový: **cenová nabídka** F Preisangebot *n*
cent[1] M Doppelzentner
cent[2] M *Eurocent* Cent
cesta F Weg *m*, Reise; ~ **s dálničním poplatkem** Mautstraße; ~ **tam a zpět** Hin- und Rückreise
cestička F Pfad *m*
cestovat ⟨od-, pro-⟩ reisen, fahren
cestovní Reise-, Wander-; ~ **kancelář** *f* Reisebüro *n*; ~ **šek** *m* Reisescheck
cestující M, F Reisende, Fahrgast *m*
céva F ANAT Gefäß *n* **cévka** F MED Katheter *m*
ch *nach* **h** *im Alphabet*
cibule F Zwiebel; Blumenzwiebel
cídit putzen, blank machen
ciferník M Zifferblatt *n*
cihla F Ziegel *m*, Backstein *m*
cícha F Bettbezug *m*
cikán M, **cikánka** F *neg!* Zigeuner(in) *neg!*
cíl M Ziel *n*, Absicht *f*
cílevědomý zielbewusst
cílový: **cílová páska** F SPORT Zielstreifen *m*
cín M Zinn *n*
cinkat, **cinknout** PF klirren, klingeln
cínový: **cínové nádobí** N Zinngeschirr
církev F Kirche
císař M, **císařovna** F Kaiser(in)
císařský kaiserlich; ~ **řez** *m* MED Kaiserschnitt
cit M Gefühl *n*, Empfindung *f*; **mít** ~ Sinn haben (**pro** *A* für *A*)
citelný empfindlich
cítit ⟨po-, u-⟩ fühlen, empfinden; riechen, wittern
citlivý empfindlich (*a.* FOTO); empfindsam, gefühlvoll
citovat (IM)PF zitieren
cívka F Spule, Rolle
cizí fremd; ~ **jazyk** *m* Fremdsprache *f*; ~ **těleso** *n* Fremdkörper *m*; ~ **slovo** *n* Fremdwort
cizina F Ausland *n*, Fremde
cizinec M, **cizinka** F Fremde, Ausländer(in)
cizojazyčný fremdsprachig
cizopasit schmarotzen **cizopasník** M Schmarotzer
cizorodý fremdartig
cizozemec M, **cizozemka** F Ausländer(in)
cizozemsko N Ausland **cizo-**

zemský ausländisch
clo N Zoll *m*
clona F FOTO Blende; TECH Schirm *m*
clonit ⟨**za-**⟩ abschirmen; FOTO abblenden
co (et)was; ~ **do** (*G*) in Bezug auf (*A*), hinsichtlich (*G*) **cokoli(v)** was auch immer
cop M Zopf
copak was denn **cos(i)** irgendetwas
courat ziehen, schleppen; ~ **se** schlendern; *fig* sich schleppen
couvat, **couvnout** PF zurückweichen (*a. fig*); AUTO zurücksetzen
covid-19 M MED (*corona virus disease 2019*) Covid-19, COVID-19 *f od n*
cpát (hinein)stopfen; ~ **se** sich (hinein)zwängen
croissant M Croissant *n*
ctihodný ehrwürdig
ctít ⟨**po-**, **u-**⟩ (ver)ehren
ctitel M, **ctitelka** F Verehrer(in)
ctižádost F Ehrgeiz *m* **ctižádostivý** ehrgeizig
ctnost F Tugend
cucat ⟨**vý-**⟩ langsam austrinken; lutschen
cudný keusch
cuchat durcheinanderbringen; *Haar* zerzausen
cukat zucken
cukerín M Süßstoff
cuketa, **cukina** F Zucchini *f*
cuknout PF → cukat; ~ **se(bou)** zusammenzucken
cukrárna F Konditorei
cukrář M, **cukrářka** F Konditor(in)
cukrátko N Bonbon
cukrovar M Zuckerfabrik *f*
cukrovat ⟨**po-**⟩ zuckern
cukroví N, **cukrovinky** FPL Süßwaren *fpl*
cukrovka F Zuckerrübe; MED Zuckerkrankheit
cukrový: **cukrová vata** F Zuckerwatte
cukřenka F Zuckerdose
cumlat lutschen
cupovat zupfen, zerfasern
cval M Galopp
cválat galoppieren
cvičebnice F Übungsbuch *n*
cvičenec M Übende; Turner **cvičení** N Übung *f* **cvičenka** F Übende; Turnerin
cvičený geübt, geschult
cvičiště N Übungsplatz *m*; MIL Exerzierplatz *m*
cvičit ⟨**vy-**⟩ üben; turnen, trainieren; dressieren
cvičitel M, **cvičitelka** F Übungsleiter(in), Ausbilder(in); Sportlehrer(in)
cvičky FPL Turnschuhe *mpl*
cvik M (Turn)Übung *f*
cvoček, **cvok** M Reißzwecke *f*
cvrček M ZOOL Grille *f*; *fig* Knirps, *umg* Dreikäsehoch
cvrčet, **cvrkat** zirpen
cvrnkat, **cvrnknout** PF klappern, klirren
cyklista M Radfahrer
cyklistický: ~ **závod** M Radrennen *n*
cyklistika F Radsport *m* **cyklistka** F Radfahrerin

cypřiš M Zypresse *f*

Č

čadit rauchen, qualmen
čaj M Tee; **ledový ~** Eistee **čajník** M Teekanne *f*
čajový: **čajová lžička** F Teelöffel *m*; **čajové pečivo** N Teegebäck
čáp M Storch
čapka F Kappe
čára F Strich *m*, Linie
čárka F Strich *m*; Komma *n* **čárkový**: **~ kód** M Strichcode
čaroděj M Zauberer **čarodějka** F Zauberin
čarodějnice F Hexe
čarovat ⟨**za-**⟩ (ver)zaubern; (be)hexen
čárový: **~ kód** M Strichcode
čáry MPL Zauberei *f*, Hexerei *f*; **~ máry (fuk)** Hokuspokus *m*
čas M Zeit *f*; **po ~e, za ~** nach einiger Zeit; **svého ~u** seinerzeit; **nemít ~** keine Zeit haben; **~em** mit der Zeit; **~ od ~u** von Zeit zu Zeit
časný zeitig
časopis M Zeitschrift *f*
časovaný: **časovaná puma** F Zeitbombe
časový zeitlich; aktuell
část F Teil *m* od *n*, Abschnitt *m*
částečný teilweise; **~ úvazek** *m* Teilzeitbeschäftigung *f*
částka F WIRTSCH Betrag *m*
ČD (**České dráhy**) Tschechische Bahn *f*
Čech M Tscheche
Čechy FPL Böhmen *n*
čekárna F Wartesaal *m*
čekat warten, erwarten **čekatel** M Anwärter
čelist F Kiefer *m*; TECH Backe *f*
čelit trotzen
čelní Stirn-, Frontal-; **~ dutina** *f* ANAT Stirnhöhle
čelný Spitzen-, führend
čelo N Stirn *f*; **v čele** an der Spitze
čenich M Schnauze *f* **čenichat** schnüffeln; wittern
čep M Zapfen, Spund, Bolzen
čepec M *Kleidung* Haube *f*
čepel F Klinge; Sägeblatt *n* **čepelka** F Rasierklinge
čepice F Mütze, Kappe; **~ se štítkem** Schirmmütze
čepovat zapfen
čerň F Schwarz *n*, Schwärze
černat ⟨**z-**⟩ schwarz werden **černit** ⟨**o-**⟩ schwarz färben, schwärzen
černo ADV schwarz; **jet na ~** schwarzfahren
černobílý schwarz-weiß
černoch M, **černoška** F Mensch mit schwarzer Haut
černovlasý schwarzhaarig
černý schwarz; **~ chléb** *m* Schwarzbrot *n*; **černá káva** *f* schwarzer Kaffee *m*; **~ kašel** *m* Keuchhusten; **~ obchod** *m* Schwarzhandel; **~ pasažér** *m* Schwarzfahrer; **černé uhlí** *n* Steinkohle *f*

čerpadlo N Pumpe *f*
čerpací: ~ **stanice** F Tankstelle
čerpat ⟨**na-**⟩ schöpfen, pumpen
čerstvý frisch, munter; **čerstvě natřeno!** frisch gestrichen!
čert M Teufel; **k ~u!** zum Teufel! **čertví** weiß der Teufel
červ M Wurm, Made *f*
červen M Juni
červeň F Rot *n*, Röte
červená F *Ampel* Rot *n*
červenat ⟨**z-**, **za-**⟩ *Obst* rot werden; ~ **se** erröten
červenec M Juli
červenobílý rot-weiß
červený rot; ~ **kříž** *m* Rotes Kreuz *n*; **červená řepa** *f* Rote Bete; **červené víno** *n* Rotwein *m*; **červené zelí** *n* Rotkraut, Rotkohl *m*
červivý wurmstichig
česat kämmen, frisieren; *Obst* pflücken
Československo N HIST Tschechoslowakei *f*
český tschechisch; GEOG böhmisch; **česká republika** *f* Tschechische Republik, Tschechien *n*
česnečka F Knoblauchsuppe **česnek** M Knoblauch
čest F Ehre **čestný** ehrenhaft; SPORT fair; **čestné občanství** *n* Ehrenbürgerschaft *f*
Češi MPL Tschechen
Češka F Tschechin
čéška F Kniescheibe
čeština F Tschechisch *n*
četba F Lektüre
četný zahlreich, häufig
ČF (**Česká filharmonie**) Tschechische Philharmonie
čí wessen
čidlo N Sinnesorgan; TECH Fühler *m*
číhat auflauern (**na** *A D*)
čich M Geruchssinn; Witterung *f* **čichat** riechen (**k** *D* an *D*)
čilý rege, munter, lebhaft
čin M Tat *f*, Handlung *f*
Čína F China *n* **Číňan** M Chinese **Číňanka** F Chinesin
čínský chinesisch
činit ⟨**u-**⟩ tun; WIRTSCH betragen
činitel M Funktionär; *umg* Faktor (*a.* MATH)
činka F SPORT Hantel
činný tätig, aktiv
činohra F Schauspiel *n*
činžák M Mietshaus *n*
činže F Miete, *österr* Zins *m*
čip M IT Chip
čípek M ANAT, MED Zäpfchen *n*
čiperný flink
čipový: **čipová karta** F Chipkarte
čirý rein, lauter, pur
číselník M Zifferblatt *n*
číselný zahlenmäßig
číslice F Ziffer **číslo** N Zahl *f*, Nummer *f*; ~ **účtu** Kontonummer *f*; **osobní identifikační ~** Geheimzahl *f*
číslovat nummerieren
číst ⟨**pro-**, **pře-**⟩ lesen
čistič M Reinigungsmittel *n* **čistírna** F *Geschäft* Reinigung
čistit ⟨**vy-**, **za-**⟩ reinigen, put-

zen; ~ **se** sauber werden
čistka F Säuberung (*a.* POL)
čistota F Sauberkeit, Reinheit **čistotný** reinlich
čistý rein, sauber; netto
číšnice F, **číšník** M Kellner(in)
čítanka F Lesebuch *n* **čítárna** F Lesesaal *m* **čítat** lesen
čitatel M MATH Zähler
čitelný lesbar, leserlich
článek M Glied *n*; TYPO Artikel; ~ **řetězu** Kettenglied *n*
člen M Mitglied *n*; GRAM Artikel **členění** N Gliederung *f*
členit ⟨**roz-**⟩ gliedern
členský: **členské státy** MPL Mitglied(s)staaten
členství N Mitgliedschaft *f* **členstvo** N *koll* Mitglieder *npl*
člověk M Mensch; man
člun M Kahn, Boot *n*
čmelák M Hummel *f*
čnět, **čnít** emporragen
čočka F Linse (*a.* TECH); GASTR Linsen(gericht *n*) *fpl*
čokoláda F Schokolade
čoud M Qualm, Rauch **čoudit** ⟨**za-**⟩ qualmen, rußen
čpavek M Salmiakgeist, Ammoniak *n*
čpět, **čpít** scharf riechen (*l* nach *D*); *fig* beißen
ČSA (**České aerolinie**) Tschechische Fluglinien
ČT (**Česká televize**) Tschechisches Fernsehen *n*
čtenář M, **čtenářka** F Leser(in)
čtenářský: ~ **průkaz** M Lesekarte *f*
čtení N Lesen, Lesung *f*; Vorlesung *f*
ČTK (**Česká tisková kancelář**) Tschechische Presseagentur
čtverák M Spitzbube, Gauner
čtverec M Quadrat *n*
čtverečkovaný kariert, Karo-
čtvrt F Viertel *n*
čtvrť F Stadtviertel *n*
čtvrtek M Donnerstag
čtvrthodina F Viertelstunde **čtvrtletí** N Quartal
čtyři vier **čtyřicet** vierzig
čtyřka F Vier; SPORT Vierer *m*
čtřúhelník M Viereck *n*
čumák M Schnauze *f*
čumět *pop* gaffen

D

ďábel M Teufel
dabovat synchronisieren
dál(e) weiter, ferner; *nach Anklopfen* herein!; **a tak dál** und so weiter
daleko weit; bei Weitem; **jak** ~? wie weit?
dalekohled M Fernglas *n*, Fernrohr *n*
dalekosáhlý weitreichend
dalekozraký weitsichtig
daleký weit, entlegen
dálka F Ferne, Weite
dálkový: **dálkové ovládání** N Fernbedienung *f*; **dálkové světlo** N Fernlicht; **dálkové studium** N Fernstudium; ~ **autobus** M Fernbus; ~ **řidič** M

Fernfahrer
dálnice F Autobahn
další weitere, fernere
dáma F Dame; Damespiel *n*
damašek M Damast
Dán M Däne
daň F Steuer, Abgabe; **~ ze mzdy** Lohnsteuer; **~ z příjmu** Einkommensteuer; **~ z přidané hodnoty** Mehrwertsteuer; **~ silniční** Straßengebühr
dančí N Hirschbraten *m*
daněk M Damhirsch
Dánka F Dänin
daňový steuerlich; **daňové přiznání** *n* Steuererklärung *f*
Dánsko N Dänemark
dar M Geschenk *n*, Gabe *f*; Spende *f*
dárce M Spender, Geber
darebák M Schurke
dárek M (kleines) Geschenk *n*
dárkový: **dárkové balení** N Geschenkpackung *f*
dárkyně F Spenderin
darovat **⟨po-⟩** schenken, spenden
dařit **⟨po-, vy-⟩ se** gelingen, gedeihen; **jak se ti daří?** wie geht es dir?
dáseň F Zahnfleisch *n*
dát PF geben; **~ se** (+ *inf*) lassen
databanka, databáze F Datenbank
datel M Specht
datle F Dattel
datovat datieren
dav M Menschenmenge *f*
dávat → dát
dávidlo N Brechmittel
dávit **⟨za-⟩** (er)brechen; erwürgen; **~ se** würgen
dávka F Abgabe; Portion; MED Dosis **dávkovat** dosieren
dávno längst, lange
dbát beachten (*G A*), achten (*G* auf *A*)
dcera F Tochter
dceřiný: **dceřiná společnost** F Tochtergesellschaft
děcko N Kind
děd, dědeček M Großvater, Opa **dědek** M Alte
dědic M Erbe **dědictví** N Erbschaft *f*, Erbe
dědička F Erbin **dědit** **⟨po-, z-⟩** erben (**po** *L* von *D*)
defraudace F Unterschlagung
defraudovat (IM)PF unterschlagen
dehet M Teer
dech M Atemzug; **bez ~u** *fig* atemlos
dechnout PF → dýchat
dechovka F *umg* Blasmusik
dechový: **dechová kapela** F Blaskapelle
defibrilátor M MED Defibrilator
děj M Handlung *f*; Vorgang
dějepis M *Lehrfach* Geschichte *f*
dějinný geschichtlich
dějiny FPL Geschichte *f*, Historie *f*
dějiště N Schauplatz *m*
dějství N THEAT Akt *m*, Aufzug *m*
deko N *umg* Dekagramm (*10 g*)
dekolt M Dekolleté *n*
dekorace F Dekoration; Bühnenbild *n*

děkovat ⟨po-⟩ danken
dělat ⟨u-⟩ machen, tun; arbeiten; **to nic nedělá** das macht nichts
déle ADV länger
dělení N Teilung *f*, MATH Division *f*
delimitovat IM)PF abgrenzen
dělit ⟨roz-⟩ (auf)teilen, dividieren **dělit ⟨roz-⟩elný** teilbar
délka F Dauer; Länge (*a Raum*)
dělnice F Arbeiterin **dělnický** Arbeiter- **dělnictvo** N *koll* Arbeiter *mpl*
dělník M Arbeiter
dělo N Geschütz, Kanone *f*
děloha F ANAT Gebärmutter
delší länger
den M Tag; **~ otevřených dveří** Tag der offenen Tür; **~ pracovního klidu** *Fahrplan* Sonn- und Feiertag; **za dne** am Tage; **přes ~** tagsüber; **po celé dny** tagelang
dění N Geschehen
deník M Tagebuch *n*; Tageblatt *n*
denní täglich, Tages-; **~ tisk** *m* Tagespresse *f*
-denní -tägig
depo N Depot
děravý löcherig
děrovat lochen, stanzen
desátý zehnte
deset zehn
desetiboj M Zehnkampf
desetiletí N Jahrzehnt
designový Design-; **designová móda** *f* Designermode
děsit ⟨po-, vy-⟩ erschrecken; **~ se** sich entsetzen (*G* über *A*)
desítka F Zehn; Zehnerpackung; zehngradiges Bier *n*
desítkový: **desítkové číslo** N Dezimalzahl *f*
deska F Tafel; Scheibe; Platte (*a Schallplatte*); *Heft* Einband *m*
děsný entsetzlich, grässlich
dešť M Regen
deštivý regnerisch
deštník M Regenschirm
dešťovka F Regenwurm *m*
děti FPL Kinder *npl*
dětinský kindisch
dětský Kindes-, Kinder-; **dětská obrna** *f* Kinderlähmung; **dětské sedadlo** *n* Kindersitz *m* **dětství** N Kindheit *f*
devadesát neunzig
devátý neunte
děvče N Mädchen
devět neun **devítka** F Neun
dezert M Dessert *n*, Nachtisch
dezertní: **~ víno** N Dessertwein *m*
diář M Notizkalender
dík M Dank; **~y!** *pl* vielen Dank!
díl M Teil *m* od *n* **dílčí** Teil-
dílna F Werkstatt; **servisnídílna** Servicewerkstatt
-dílný -teilig
dílo N Werk, Arbeit *f* **dílovedoucí** M Werkmeister
díra F Loch *n*; *Tier a* Bau *m*
dírkovat durchlöchern
disk M Scheibe *f*, Platte *f*; Diskus
dispečer M Produktionsleiter; Betriebsaufsicht *f*
dít se geschehen; **co se děje?** was ist los?

dítě N Kind
div M Wunder *n*
divadelní Theater-, Bühnen-; ~ **hra** *f* Theaterstück *n*
divadlo N Theater; ~ **v přírodě** Freilichttheater
divák M Zuschauer
dívat ⟨po-, za-⟩ se schauen, blicken
dívčí Mädchen-, mädchenhaft
divit ⟨po-⟩ se sich wundern (*D* über *A*)
dívka F Mädchen *n*
divný sonderbar, seltsam
divočina F Wildnis
divoch M Wilde; *fig* Hitzkopf
divoký wild; **divoká stávka** *f* wilder Streik *m*
dkg (dekagram) Dekagramm *n* (*10g*)
dlabat ⟨vy-⟩ (heraus)meißeln; *umg* mampfen
dlaha F MED Schiene
dlaň F Handteller *m*
dláto N Meißel *m*, Beitel *m*
dlažba F Straßenpflaster *n*
dlaždice F Fliese
dláždit pflastern
dle (*G*) gemäß (*D*)
dloubat ⟨vy-⟩ stoßen, *umg* puffen; sticheln (**do** *G* gegen *A*); ~ **⟨vy-⟩ se** herumstochern
dlouho ADV lange; **už** ~ schon lange
dlouhodobý langfristig
dlouhý lang; **dlouhá chvíle** *f* Langeweile; **dlouhé vlny** *fpl* *Radio* Langwelle *f*
dluh M Schuld *f*, Schulden *fpl*; **na** ~ auf Kredit, *umg* auf Pump
dluhopis M Schuldschein
dlužit ⟨za-⟩ schulden, schuldig sein (*a. fig*)
dlužnice F, **dlužník** M Schuldner(in)
dlužný schuldig (*a Geld*)
dmýchat (auf)blasen
dna F MED Gicht
dnes, *umg* **dneska** heute
dnešek M Heute *n*, der heutige Tag; **ode dneška za týden** heute in einer Woche **dnešní** heutig, modern
dno N Boden *m*, Grund *m*
do (*G*) *wohin* in (*A*); nach (*D*); bis zu (*D*)
doba F Zeit, Dauer; **do té doby** bis dahin; ~ **jízdy** Fahrzeit; ~ **parkování** Parkdauer; ~ **platnosti** Geltungsdauer
doběhnout PF, **dobíhat** hinlaufen; einholen; *Frist* ablaufen
dobírat → dobrat
dobírka F Nachnahme; **na dobírku** per Nachnahme
dobový zeitgemäß, Zeit-
dobrá! gut!, einverstanden!
dobrák M gutmütiger Kerl
dobrat PF den Rest nehmen; ~ **se** ergründen (*G A*)
dobro N Wohl, Gute
dobročinný wohltätig
dobrodruh M Abenteurer
dobrodružný abenteuerlich
dobrodružství N Abenteuer
dobromyslný gutmütig
dobrota F Güte; *umg* Leckerbissen *m*
dobrovolný freiwillig
dobrozdání N Gutachten
dobrý gut; ~ **den!** guten Tag!; **dobré jitro!** guten Morgen!;

po dobrém gütlich, im Guten
dobře ADV gut; **mějte se ~!** machen Sie es gut!
dobýt PF erobern, einnehmen; erringen
dobytek M Vieh *n*
dobývat BERGB fördern; *Kartoffeln* ernten
dobyvatel M Eroberer
docela gänzlich, ganz
dočasný vorübergehend
dočíst PF zu Ende lesen, auslesen
dočítat → dočíst
dočista ganz und gar
dočkat se PF erwarten (*G A*); (noch) erleben (*G A*)
dodací Liefer-, Lieferungs-; **~ lhůta** *f* Lieferfrist
dodat PF hinzufügen; liefern, zustellen
dodatečný nachträglich, zusätzlich **dodatek** M Zusatz, Anhang, Nachtrag
dodávat → dodat
dodavatel M Lieferant
dodávka F Lieferung, Lieferwagen
dodnes bis heute
dodržet PF, **dodržovat** (ein)halten; wahren
doga F Dogge
dohad M Vermutung *f*
dohadovat se vermuten; verhandeln (**s** *I* mit *D*); sich streiten
dohánět → dohnat
dohled M Sicht *f*; Aufsicht *f*; **bez ~u** unbeaufsichtigt
dohlédnout PF blicken, sehen; beaufsichtigen, überwachen (**na** *A A*)
dohledný absehbar
dohlížet → dohlédnout
dohnat PF einholen, aufholen
dohoda F Abkommen *n*, Absprache, Vereinbarung
dohodit PF werfen (bis); vermitteln
dohodnout PF vereinbaren, verabreden; **~ se** übereinkommen (**o** *L* über *A*)
dohola ADV kahl
dohonit PF einholen; nachholen
dohovor M Absprache *f*
dohra F Nachspiel *n*
dohromady zusammen
docházet → dojít
dojatý bewegt, gerührt
dojem M Eindruck **dojemný** ergreifend, rührend
dojet PF ankommen, eintreffen (*mit Fahrzeug*)
dojetí N Ergriffenheit *f*
dojezd M SPORT Einlauf, Ziel *n*
dojímat → dojmout
dojíst PF aufessen; **~ se** sich satt essen
dojít PF ankommen, eintreffen (*zu Fuß*); (herbei)holen (**pro** *A A*)
dojíždět → dojet
dojmout PF ergreifen, rühren
dok M Dock *n*
dokázat PF, **dokazovat** beweisen, nachweisen; zustande bringen
doklad M Beleg, Dokument *n*; **~y** *pl* Papiere *npl*
dokládat → doložit
dokola ringsherum
dokonalý vollkommen
dokonce sogar

dokončení N Beendigung *f* **dokončit** PF, **dokončovat** beenden
dokud solange
dole unten
doléhat, **dolehnout** PF fest anliegen, gut schließen; bedrängen; *Laut* ans Ohr dringen **doléhavý** dringend
doletět PF → dolétnout
dolétnout PF, **dolétovat** hinfliegen
doleva (nach) links
dolévat → dolít
dolíček M Grübchen *n*
dolíčkovaný, **dolíčkovatý** pockennarbig
doličný: **doličná věc** F Beweisstück *n*
dolík M Vertiefung *f*, Mulde *f*
dolít PF zugießen, nachfüllen
dolní Unter-, untere; GEOG Nieder-
doložit PF beweisen, belegen
doložka F Klausel, Anhang *m*
dolů hinunter, nach unten
doma zu Hause
domácí häuslich; (ein)heimisch; ~ **lékárnička** *f* Hausapotheke; ~ **ošetřování** *n* häusliche Pflege *f*; ~ **práce** *f* Hausarbeit; ~ **úkol** *m* Hausaufgabe *f*
domácký heimisch
domácnost F Haushalt *m*
domeček, **domek** M Häuschen *n*
domlouvat zu Ende sprechen; zureden; vereinbaren; ~ **se** sich verständigen (**o** *L* über *A*)
domluva F Absprache
domluvit PF → domlouvat
domnělý angeblich, mutmaßlich
domněnka F Vermutung **domnívat se** vermuten
domorodec M Eingeborene, Einheimische
domov M Zuhause *n*; Heimat *f*; Heim *n*; ~ **důchodců** Altersheim *n*; **bez ~a** *adv* obdachlos
domovní Haus-; ~ **prohlídka** *f* Haussuchung
domovnice F, **domovník** M Hausmeister(in)
domů nach Hause; **cesta** *f* ~ Heimweg *m*, Heimreise
domyslet PF, **domyslit** PF durchdenken
domýšlet → domyslet; ~ **se** vermuten, erraten **domýšlivý** eingebildet
donášeč M Zuträger, Denunziant
donášet bringen; *Post* zustellen; hinterbringen, zutragen (**na** *k-o* j-m); ~ **se** ans Ohr dringen
donáška F Zustellung
donedávna bis vor Kurzem
donést PF → donášet
donucení N Zwang *m*
donucovat, **donutit** PF zwingen
doobjednat PF, **doobjednávat** nachbestellen **doobjednávka** F Nachbestellung
doopravdy wirklich
dopadat, **dopadnout** PF fallen, aufschlagen; ausfallen (*z.B. gut*); ertappen, *umg* erwischen
dopálit PF in Wut bringen; ~ **se**

in Wut geraten
dopíjet → dopít
dopis M Brief **dopisní**: ~ **papír** M Briefpapier *n*
dopisnice F Postkarte
dopisovat fertig schreiben; ~ **si** in Briefwechsel stehen (s / mit *D*)
dopisovatel M, **dopisovatelka** F Korrespondent(in)
dopít PF austrinken
doplácet nachzahlen; büßen
doplatek M Nachzahlung *f*, Zuschlag **doplatit** PF → doplácet
doplatné N Nachgebühr *f*
doplněk M Ergänzung *f*; Accessoire *n*
doplnit PF, **doplňovat** ergänzen
dopočíst PF, **dopočítat** PF ausrechnen, zu Ende rechnen
dopodrobna bis ins Einzelne
dopoledne N Vormittag *m*; ADV vormittags
doporučení N Empfehlung *f*
doporučený empfohlen; *Post* eingeschrieben **doporučit** PF, **doporučovat** empfehlen
dopouštět → dopustit
dopovat SPORT dopen
dopracovat PF *Arbeit* fertigstellen
doprava[1] (nach) rechts
doprava[2] F Beförderung, Verkehr *m* **dopravit** PF befördern, transportieren
dopravní: ~ **kancelář** F Verkehrsamt *n*; ~ **náklady** MPL Frachtkosten *pl*; ~ **nehoda** F Verkehrsunfall *m*; ~ **prostředky** MPL Verkehrsmittel *npl*; ~ **síť** F Verkehrsnetz *n*; ~ **špička** F Hauptverkehrszeit; ~ **značka** F Verkehrsschild *n*
dopravovat → dopravit
doprodat PF, **doprodávat** ausverkaufen **doprodej** M Ausverkauf
doprostřed in die Mitte
doprovázet → doprovodit
doprovod M Begleitung *f* (a *Musik*) **doprovodit** PF begleiten
dopřát PF, **dopřávat** gönnen
dopředu vorwärts, nach vorn
dopsat PF → dopisovat
dopustit PF zulassen, gestatten; ~ **se** *Tat* begehen (*G A*)
dorost M Nachwuchs
dorostenec M Nachwuchssportler **dorostenecký** Junioren-
dorozumění N Verständigung *f* **dorozumět se** PF, **dorozumívat se** sich verständigen, sich einigen
dort M Torte *f*
doručení N Zustellung *f*
doručit PF zustellen **doručitel** M Überbringer
doručovat → doručit
dorůst PF, **dorůstat** heranwachsen
dosah M Reichweite *f*
dosáhnout PF, **dosahovat** heranreichen; erreichen
dosavad bisher
dosažitelný erreichbar
doslat PF nachsenden
doslech M Hörweite *f*; **z ~u** vom Hörensagen

doslov M Nachwort *n*
doslova ADV, **doslovný** ADJ wörtlich, wortgetreu
dospělí MPL Erwachsene **dospělý** erwachsen; ausgewachsen
dospět PF, **dospívat** gelangen (**k** *D* zu *D*); heranwachsen
dost genug; Schluss!; **mít toho ~** es satthaben
dostačit PF, **dostačovat** genügen, ausreichen
dostání N: **být k ~** *umg* zu kriegen sein
dostat PF bekommen; **~ se** geraten, gelangen (**do** *G* nach *D*)
dostatečný ausreichend, genügend **dostatek** M Fülle *f*
dostávat → dostat
dostavět PF zu Ende bauen; ausbauen
dostavit se PF, **dostavovat se** sich einfinden, sich einstellen
dostihnout PF, **dostihovat** einholen
dostihy MPL Pferderennen *n*
dostoupit PF erreichen, erlangen (*G A*)
dostudovat PF das Studium beenden
dostupný zugänglich; *Preis* erschwinglich
dosud bisher
dosvědčit PF, **dosvědčovat** bezeugen
dosyta ADV satt; reichlich
doškolit PF, **doškolovat** schulen, weiterbilden
dotace F Subvention
dotáhnout PF, **dotahovat** festziehen
dotaz M Anfrage *f*, Frage *f*
dotázat se PF (be)fragen (*G A*); sich erkundigen (**na** *A* nach *D*)
dotazník M Fragebogen
dotazovat se → dotázat se
dotek M Berührung *f*; ELEK Kontakt
dotěravý aufdringlich
dotírat bedrängen (**na** *A A*); **~ se** sich aufdrängen (**k** *D D*)
dotknout se PF anfassen (*G A*), berühren
dotud solange
dotyčný betreffend
dotýkat se → dotknout se
doučování N Nachhilfeunterricht *m*
doufat hoffen (**v** *A* auf *A*)
doupě N Höhle *f*; *Tier* Bau *m*
doušek M Schluck; **jedním douškem** in einem Zuge
doutnat glimmen
doutník M Zigarre *f*
dovážet → dovézt
dovědět se → dozvědět se
dovedný geschickt
dovést PF (hin)bringen, begleiten; imstande sein
dovézt PF bringen (*mit dem Fahrzeug*), fahren; WIRTSCH einführen, importieren
dovnitř hinein, nach innen
dovolat se PF, **dovolávat se** herbeirufen; telefonisch erreichen
dovolená F Urlaub *m*; **na dovolené** im Urlaub
dovolení N Erlaubnis *f*, Zulassung *f*; **s ~m!** gestatten Sie!

dovolit PF, **dovolovat** erlauben, gestatten
dovoz M Einfuhr *f*, Import
dovozní: ~ **clo** N Einfuhrzoll *m*
dóza F Dose
dozadu nach hinten, rückwärts
dozor M Aufsicht *f*; Überwachung *f* **dozorce** M Aufseher
dozrát PF, **dozrávat** reif werden
dozvědět se PF, **dozvídat se** erfahren (*G A*)
dožadovat se fordern, beanspruchen (*G A*)
dožínky FPL Ernte(dank)fest *n*
dožít se PF, **dožívat se** erleben (*G A*)
doživotní auf Lebenszeit; lebenslänglich
dráha F Bahn, Strecke
drahocenný kostbar
drahokam M Edelstein
drahota F Teuerung
drahý kostbar, teuer; ~ **kov** *m* Edelmetall *n*
drak M Drache(n)
drancovat ⟨**vy-**⟩ plündern
dráp M Klaue *f*, Kralle *f*
drápat, drápnout PF kratzen; *fig* kritzeln
drásat kratzen; quälen
drát[1] ~ **se** sich drängen
drát[2] M Draht
dravec M Raubtier *n* (*a Fisch, Vogel*)
dravý raubgierig; heftig; rücksichtslos
draze ADV teuer
dražba F Versteigerung
dráždit ⟨**po-, roz-**⟩ reizen
dráždivý aufreizend
dražší ADJ teurer
drb M Klatsch, Tratsch **drbat** ⟨**po-**⟩ kratzen; klatschen
dredy FPL Dreadlocks
drhnout ⟨**vy-**⟩ scheuern
drn M Rasen
drnčet klirren, rasseln
drnkací: ~ **nástroj** M MUS Zupfinstrument *n*
drobek, drobet M Krümel, Stückchen *n*
drobit ⟨**roz-**⟩ (zer)krümeln
drobné N Kleingeld
drobnost F Kleinigkeit
drobný klein, winzig
droby MPL GASTR Innereien *fpl*
droga F Droge; **brát drogy** Drogen nehmen, *pop* kiffen
drozd M ZOOL Drossel *f*
droždí N Hefe *f*
drsný grob, rau
dršťková F GASTR Kuttelflecksuppe
drtit ⟨**roz-**⟩ zermalmen **drtivý** erdrückend; vernichtend
drůbež F Geflügel *n* **drůbky** MPL GASTR Geflügelklein *n*
druh M Gattung *f*, Art *f*, Sorte *f*
druhořadý zweitrangig
druhý zweite, andere; **za druhé** zweitens; **podruhé** zum zweiten Mal
družice F Satellit *m*
družný gesellig
družstevní genossenschaftlich
družstevník M Genossenschaftler
družstvo N Genossenschaft *f*; SPORT Riege *f*, Mannschaft *f*
drzost F Frechheit

drzý frech, dreist
držadlo, držátko N Griff *m*
držba F Besitz *m*
držet ⟨**z-**⟩ halten; **~** ⟨**z-**⟩ **se** sich (fest)halten (*G* an *D*)
držitel M Besitzer
dřeň F ANAT, BOT Mark *n*
dřevěný Holz-, hölzern; **dřevěné uhlí** *n* Holzkohle *f*
dřevnatý holzig
dřevo N Holz **dřevoryt** M, **dřevořez** M Holzschnitt
dřez M Spülbecken *n*
dřímat schlummern **dřímota** F Schlummer *m*
dřít ⟨**na-, o-**⟩ reiben, scheuern; **~se** *umg* sich (ab)schinden, schuften
dřív(e) früher, eher, vorher; **dřív než** bevor
dřívější ADJ früher
dříví N Holz
dub M Eiche *f* **duben** M April
dudlík M Schnuller
dudy FPL Dudelsack *m*
duha F Regenbogen *m*
duch M Geist
duchaplný geistvoll **duchaprázdný** geistlos **duchapřítomný** geistesgegenwärtig
důchod M Einkommen *n*; Rente *f*; **~y** *pl* Einkünfte *pl*; **odejít do ~u** in Rente gehen
důchodce M, **důchodkyně** F Rentner(in)
důchodový Einkommen-; Renten-; **důchodová daň** *f* Einkommensteuer; **důchodové pojištění** *n* Rentenversicherung *f*
duchovenstvo N Geistlichkeit *f*
duchovní[1] ADJ geistlich
duchovní[2] M Geistliche
důkaz M Beweis, Nachweis
důkladný gründlich
důl M Grube *f*, Zeche *f*, Mine *f*; Tal *n*
důlek M ANAT Grübchen *n*; Augenhöhle *f*
důležitý wichtig
dům M Haus *n*; Zuhause *n*
důmyslný scharfsinnig
duna F Düne
dunět ⟨**za-**⟩ dröhnen
dupačky FPL Strampelhöschen *n(/pl)*
dupák M *tschechischer Volkstanz*
dupat, dupnout PF stampfen, trampeln
důraz M Nachdruck, Betonung *f* **důrazný** nachdrücklich
durdit se schmollen (**na** *A* mit *D*)
Durynsko N Thüringen
dusík M Stickstoff
dusit ⟨**u-**⟩ würgen; ersticken; *Husten* unterdrücken; GASTR dämpfen, dünsten, schmoren; **~** ⟨**u-**⟩ **se** ersticken (*I* an *D*)
dusivý stickig
důsledek M Folge(rung) *f*, Konsequenz *f* **důsledný** folgerichtig
dusno N Schwüle *f*; **je ~** es ist schwül **dusný** schwül
důstojník M Offizier
důstojnost F Würde **důstojný** würdig
duše F Seele; AUTO Schlauch *m*; *Ball* Blase
dušený erstickt; GASTR ge-

dünstet; **dušené maso** *n* Schmorbraten *m*
duševní seelisch; geistig
Dušičky FPL REL Allerseelen *n*
dutina F Höhle, Hohlraum *m*
důtka F Rüge, Verweis *m*
důtklivý eindringlich
dutý hohl; **být ~** *umg* blank sein (*ohne Geld*)
důvěra F Vertrauen *n*, Zuversicht **důvěrný** vertraulich, vertraut
důvěřivý leichtgläubig; zutraulich
důvěřovat vertrauen
důvod M Grund **důvodný** begründet, stichhaltig
důvtip M Scharfsinn **důvtipný** scharfsinnig, *umg* pfiffig
dva M zwei **dvacet** zwanzig
dvakrát zweimal **dvakrát tolik** doppelt so viel
dvanáct zwölf
dvě F, N zwei
dveře FPL Tür *f*
dvojaký Doppel-, doppelt
dvojčata NPL Zwillinge *mpl*
dvojdílný zweiteilig **dvojdomek** M Zweifamilienhaus *n*
dvojí zweierlei
dvojice N Paar; **ve dvojicích** paarweise, zu zweit
dvojitý zweifach, doppelt **dvojka** F Zwei **dvojmo** doppelt
dvojník M Doppelgänger
dvojsmyslný zweideutig; doppeldeutig
dvojtečka F Doppelpunkt *m*
dvorní Hof-
dvou: **po ~** zu zweit
dvoudílný zweiteilig
dvoulůžkový: **~ pokoj** M Zweibettzimmer *n*
dvoupatrový zweistöckig
dvoustranný zweiseitig
dvůr M Hof
dýchací: **~ cesty** FPL Atemwege *mpl*
dýchání N Atmung *f* **dýchat** ⟨**po-**, **vz-**⟩ atmen; anhauchen (**na** *A A*)
dýchavičnost F Atemnot, Asthma *n*
dýchnout PF → dýchat
dychtivý (be)gierig (*G* nach *D*)
dým M Rauch, Qualm **dýmavý** rauchig, verqualmt
dýmka F Tabakspfeife
dýně F Kürbis *m*
džbán, džbánek M Krug; **~ na pivo** Bierkrug
džem M Marmelade *f*, Konfitüre *f*
džez M Jazz
džin M Gin
džínsy MPL Jeans *pl*
džob M Job
džus M Juice, Saft

E

eben M Ebenholz *n*
edém M MED Ödem *n*
Egypt M Ägypten *n*
Egypťan M, **Egypťanka** F Ägypter(in)

eidam M Edamer Käse
ekologický ökologisch **ekologie** F Ökologie
ekonomický: ~ **růst** M Wirtschaftswachstum *n*; **ekonomické vztahy** MPL Wirtschaftbeziehungen *fpl*
ekumenický REL ökumenisch **ekumena** F Ökumene
elektrárna F Kraftwerk *n*
elektrický: **elektrická poduška** F Heizkissen *n*
elektrika F Elektrizität
elektrikář M Elektriker
elektrizace F Elektrifizierung; Elektrisieren *n*
elektropotřeby FPL *Geschäft* Elektrobedarf *m*
elektřina F Elektrizität
e-mail M E-Mail *f*; **~em** per E-Mail; **poslat někomu ~** j-m e-e E-Mail schicken
ementál M Emmentaler Käse
erb M Wappen *n*
Eskymák M Eskimo
eso N *Spielkarte*, SPORT Ass
esovitý S-förmig
euro N *Währung* Euro *m*
evangelička F, **evangelík** M Protestant(in)
Evropa F Europa *n* **Evropan** M, **Evropanka** F Europäer(in)
evropský europäisch; **Evropská unie** *f* Europäische Union (EU)
exhibice F Vorführung (*bsd* SPORT); Selbstdarstellung
exploatace F Ausbeutung **exploatovat** ausbeuten
exponovat (IM)PF FOTO belichten
expozice F Ausstellung; FOTO Belichtung **expozimetr** M Belichtungsmesser

F

facka F *umg* Ohrfeige **fackovat** ⟨**na-**⟩ ohrfeigen
fajáns F Fayence
fajfka F *pop* Tabakspfeife **fajfkovat** ⟨**od-**⟩ *fig* abhaken
fajn ADV, **fajnový** ADJ *umg* fein, schön
faktura F *Ware* Rechnung, *österr* Faktura
faleš F Täuschung, Betrug *m* **falešník** M Heuchler **falešný** falsch; unaufrichtig
falšovat ⟨**z-**⟩ fälschen
fanoušek M *umg* Fan
fant M Pfand *n*
fara F Pfarre, Pfarramt *n*
farář M Pfarrer
farma F Farm
faul M SPORT Foul *n* **faulovat** (IM)PF foulen
fax M Fax *n* (*Gerät, Mitteilung*)
fazole F Bohne **fazolky** FPL GASTR grüne Bohnen
federální: ~ **vláda** F Bundesregierung
fén M Föhn
fénovat föhnen
fenykl M Fenchel
fér ADJ fair
férový fair
fešák M *pop* schicker Kerl

fialka F Veilchen *n* **fialkový** violett, lila
fičet **⟨za-⟩** pfeifen, sausen
fík M Feige *f*
fikce F Fiktion
filek M *Spielkarte* Ober
filiálka F Filiale
filmový: **filmová promítačka** F Filmprojektor *m*; **filmové představení** N Filmvorführung *f*
filtrační: **~ papír** M Filterpapier *n*
Fin M Finne
finance FPL Finanzen
finanční: **~ vyrovnání** N Finanzausgleich *m*
finančník M Finanzmann
Finka F Finnin **Finsko** N Finnland
finský finnisch
firemní: **~ značka** F Firmenzeichen *n*
fistule F MED Fistel
fistulka F Fistelstimme
fitnescentrum N Fitnesscenter
flambovat flambieren
flámovat bummeln, *pop* e-e Sause machen
flaška F *umg* Flasche
flek M Fleck, Stelle *f*; **na ~u** auf der Stelle, sofort
fleret M Florett *n*
fleška F USB-Stick *m*
flétna F Flöte
flíčky MPL *Sorte* Nudeln *f/pl*, *österr* Fleckerln *npl*
fňukal M Nörgler
fond M Fonds, Grundlage *f*
fór M *umg* Trick, Witz; **dělat ~y** sich zieren
formální formal; formell **formovat** **⟨z-⟩** formen, bilden; **~ se** entstehen
forvard M SPORT Stürmer
fotbal M Fußball(spiel *n*) **fotbalista** M Fußballspieler, *umg* Fußballer **fotbalový** Fußball-; **fotbalová jedenáctka** *f* Fußballelf
fotit **⟨vy-⟩** fotografieren, *umg* knipsen **fotka** F Foto *n*
fotoaparát M Fotoapparat; **digitální ~** Digitalkamera *f* **fotosazba** F TYPO Fotosatz *m*
foukací: **~ harmonika** F Mundharmonika
foukat, **fouknout** PF blasen, pusten
frajer M Bewerber *(e-r Frau)*; Geck *m*
frakce F POL Fraktion
Francie F Frankreich
Francouz M Franzose **Francouzka** F Französin
francovka F Franzbranntwein *m*
frank M *Währung* Franc, Franken
františek M Räucherkerze *f*
fraška F THEAT Posse
frčet schwirren, sausen; *umg* modern sein, *pop* fetzen
freska F Freske
fritéza F Fritteuse **fritovat** (IM)PF frittieren
frkat **⟨za-⟩** schnauben, schnaufen
fronta F MIL, POL Front; Warteschlange; **stát frontu** *umg* Schlange stehen

fuk! husch!, weg!; **to je (mi) ~** das ist mir egal
fungovat fungieren; funktionieren
fůra F Fuhre; *fig* Haufen *m*, Menge
furiant M Furiant (*tschechischer Volkstanz*)
fúze F Fusion **fúzovat** fusionieren

G

garanc(i)e F Garantie **garantovat** IMPF garantieren
garážový: **~ dům** M Parkhaus *n*
gauč M Schlafcouch *f*
gáza F Gaze, Mull *m*
gázový: **~ obvaz** M Mullbinde *f*
generální: **~ stavka** F Generalstreik *m*; **~ zkouška** F Generalprobe
geneticky ADV: **~ modifikovaný** gentechnisch verändert
genocida F Völkermord *m*, Genozid *m*
germanizace F Germanisierung
glutén M Gluten *n*; **bez ~u** *Lebensmittel* glutenfrei
gól M SPORT Tor *n*
golf[1] M Golf(spiel) *n*
golf[2] M GEOG Golf
golfový: **golfová hůl** F Golfschläger *m*; **golfové hřiště** N Golfplatz *m*
gólový: **gólová šance** F Torchance
gotajský: **~ salám** M Jagdwurst *f*
graf M Diagramm *n*, Graph
grafička F, **grafik** M Grafiker(in) **grafika** F Grafik
granát[1] M MIL Granate *f*
granát[2] M *Schmuckstein* Granat *m*
gratulovat gratulieren
gravitest M Schwangerschaftstest
griotka F Kirschlikör *m*
Grónsko N Grönland
grošovaný scheckig, gescheckt
gruntovat *umg* gründlich sauber machen
guma F Gummi *m*; **~ na vymazávaní** Radiergummi *m*
gumový Gummi-; *fig* elastisch; **~ obušek** *m* Gummiknüppel

H

háček M Haken; Häkelnadel *f*; Angelhaken; *Zeichen* Háček *n*
háčkovat ⟨u-⟩ häkeln
had M Schlange *f*
hádanka F Rätsel *n*
hádat raten, vermuten; **~ ⟨po-⟩ se** sich streiten (**o** *A* um *A*)
hadí: **~jed** M Schlangengift *n*; **~ kůže** F Schlangenhaut
hadice F Schlauch *m*

hádka F Streit *m*, Zank *m*
hadr M Fetzen; (Wisch)Lappen *m*, *österr* Hader
hájit ⟨ob-⟩ verteidigen
hák M Haken
halda F Haufen *m*; BERGB Halde
halenka F Bluse
haléř, **halíř** M Heller
halušky FPL GASTR Teiggericht *n* (*aus Nudeln oder Kartoffeln*)
hamburger M GASTR Hamburger
hampejz M *vulg* Bordell *n*
hanba F Schande, Schmach; **až ~** *adv* schrecklich
hanbit se sich schämen
hanebný schändlich
hanět, **hanit ⟨po-, za-⟩** schmähen
hanlivý Schmäh-
haraburdí N *umg* Gerümpel
harmonogram M Ablaufplan, Zeitplan
hasicí: **~ přístroj** M Feuerlöscher
hasič M Feuerwehrmann
hasit ⟨u-, z-⟩ löschen
hasnout ⟨u-, vy-⟩ (v)erlöschen, *umg* ausgehen
hastroš M Vogelscheuche *f*
hašlerka F Hustenbonbon *m* od *n*
hašteřivý zänkisch
havárie F Havarie; Autounfall *n*
havarijní: **~ pojištění** N Unfallversicherung *f*
havarovat PF *mit dem Auto* verunglücken, e-n Unfall haben
havran M Rabe
házená F Handball(spiel *n*) *m*
házet ⟨za-⟩ werfen (*I A*)
hbitý flink, gewandt
hebký geschmeidig, fein, weich
hedvábí N Seide *f* **hedvábný** seiden; seidig
hej! hallo!, he!; **je mu ~** es geht ihm gut
hejl M Rotkehlchen *n*
hejno N *Tiere* Schwarm *m*; *Kinder* Schar *f*
helma F Helm
hemžení N Gewimmel **hemžit se** wimmeln (*I* von *D*)
herec M Schauspieler
herecký schauspielerisch, Schauspieler-
herečka F Schauspielerin
herna F Spielbank, Spielhalle
heřmanek M Kamille *f*
heřmankový: **~ čaj** M Kamillentee
heslo N Losung *f*; Stichwort; MIL Parole *f*; IT Kennwort
hever M Wagenheber
hezký hübsch, schön; **mějte se ~!** *umg* machen Sie's gut!
hlad M Hunger; **mít ~** Hunger haben
hladina F Wasserspiegel *m*; *fig* Niveau *n*
hladit[1] glätten, polieren
hladit[2] **⟨po-⟩** streicheln
hladký glatt; *Mehl* fein
hladomor M Hungersnot *f*
hladovět ⟨vy-⟩ hungern
hladovka F Hungerstreik *m*
hladový hungrig
hlaholit (er)schallen
hlas M Stimme *f*, Laut; **~ tisku**

Pressestimme *f*
hlásat verkünden, proklamieren
hlasatel M TEL Ansager, Sprecher
hlásit ⟨**o-**, **vy-**⟩ melden, mitteilen; **~ se** sich melden; verlangen
hlasitost F Lautstärke
hlasitý laut
hlasivky FPL Stimmbänder *npl*
hláska F GRAM Laut *m*
hláskovat buchstabieren
hlasovací: **~ právo** N Stimmrecht
hlasování N Abstimmung *f*
hlasovat ⟨**od-**⟩ (ab)stimmen (**o** *L* über *A*)
hlášení N Meldung *f*; Durchsage *f*
hlava F Kopf *m*; POL Oberhaupt *n*; *Buch* Kapitel *n*
hlaveň F *Gewehr* Lauf *m*
hlávka F *Kohl* Kopf *m*
hlávkový: **~ salát** M Kopfsalat, *österr* Häuptelsalat
hlavní Haupt-, hauptsächlich; **~ město** *n* Hauptstadt *f*; **~ vchod** *m* Haupteingang
hledáček M FOTO Sucher
hledat ⟨**pro-**, **vy-**⟩ suchen
hledět ⟨**po-**⟩ sehen, schauen, blicken; **~** ⟨**po-**⟩ **(si)** sich kümmern (*A* um *A*)
hledisko N Gesichtspunkt *m*
hlediště N Zuschauerraum *m*
hlemýžď M Schnecke *f*
hlen M Schleim
hlídač M Wächter, Wärter
hlídání N Bewachung *f*, Aufsicht *f* **hlídat** ⟨**o-**, **po-**⟩ (be)wachen; hüten
hlídka F Wache; Wachposten *m* **hlídkovat** Wache halten
hlína F Lehm *m*, Ton *m*
hliník M Aluminium *n*
hlíza F BOT Knolle; MED Abszess *m*
hlízovitý: **hlízovitá muchomůrka** F Knollenblätterpilz *m*
hl. n. **(hlavní nádraží)** Hauptbahnhof *m*
hlodat ⟨**o-**⟩ (ab)nagen
hlodavec M Nagetier *n*
hloubat ⟨**za- se**⟩ grübeln
hloubavý grüblerisch
hloubit ⟨**vy-**⟩ ausheben, ausschachten
hloubka F Tiefe; FOTO Tiefenschärfe
hloupost F Dummheit
hloupý dumm
hlt M Schluck
hltan M Rachen, Schlund
hltat ⟨**z-**⟩ (ver)schlingen
hltavý gefräßig, gierig
hlubina F Tiefe
hluboký tief
hlučet lärmen; *Sturm* toben
hlučný lärmend
hluchavka F Taubnessel
hluchnout taub werden
hluchoněmý taubstumm
hluchý taub (*a Blüte*)
hluk M Lärm, Geräusch *n*
hlupák M Dummkopf
hmat M Tastsinn; Griff
hmatat ⟨**na-**, **o-**⟩ tasten, greifen (**po** *L* nach *D*)
hmota F Materie, Substanz
hmotný materiell, physisch
hmoždinka F Dübel *m*

hmoždit se sich (ab)plagen
hmyz M Insekt *n*; *koll* Insekten *pl*
hnací TECH Trieb-, Treib-; **~ řemeny** *mpl* Treibriemen *m*; **~ ústrojí** *n* Getriebe
hnát treiben (*a Pflanzen*); antreiben
hned gleich, sofort, sogleich
hněď F Braun *n*
hnědovlasý brünett
hnědý braun; **hnědé uhlí** *n* Braunkohle *f*
hněv M Zorn, Wut *f*, Ärger
hněvat ⟨**po-**, **roz-**⟩ **se** sich ärgern (**na** *A* über *A*)
hněvivý zornig
hnida F ZOOL Nisse; *fig* Nichtigkeit
hnilička F: **vejce** N **na hniličku** halbweich gekochtes Ei
hniloba F Fäulnis, Fäule
hnis M Eiter
hnisat ⟨**z-**⟩ eitern
hnisavý eit(e)rig
hníst ⟨**u-**⟩ kneten, formen
hnít ⟨**pro-**, **s-**⟩ (ver)faulen
hnízdit ⟨**u- se**⟩ nisten
hnízdo N Nest (*a. fig*)
hnojiště N Misthaufen *m*
hnojit ⟨**po-**, **vy-**⟩ düngen
hnojivo N Dünger *m*
hnout PF bewegen (*I A*); in Gang bringen (*I A*); rühren
hnůj M Dung, Mist
hnus M Ekel, Abscheu
hnusit se: **to se mi hnusí** das ekelt mich an; **hnusit si** sich ekeln (*G vor D*)
hnusný ekelhaft
hnutí N Bewegung *f* (*a.* POL); *Gefühl* Regung *f*; **bez ~** regungslos
hoblík M Hobel **hoblovat** ⟨**o-**, **s-**⟩ hobeln
hoboj M Oboe *f* **hobojista** M Oboist
hod M Wurf, Werfen *n*; **~ oštěpem** Speerwurf
Hod M: **~ boží vánoční** erster Weihnachtstag
hoden, **hodna**, **hodno** wert, würdig
hodina F Stunde; *Zeit* ein Uhr; **za hodinu** in einer Stunde; pro Stunde; **každou hodinu** stündlich; **kolik je hodin?** wie spät ist es?
hodinář M Uhrmacher
hodinky FPL Armbanduhr *f*, Taschenuhr *f*
hodinový Stunden-; Uhr-; einstündig; **hodinová mzda** *f* Stundenlohn *m*; **hodinová rychlost** *f* Stundengeschwindigkeit
hodiny FPL *große* Uhr *f*
hodit PF werfen, *umg* schmeißen
hodit se sich eignen, passen, taugen
hodlat beabsichtigen
hodnost F Würde, Rang *m*
hodnota F Wert *m* **hodnotit** ⟨**z-**⟩ (be)werten, einschätzen
hodný artig, ordentlich; wert; nett
hodovat tafeln
hody MPL Festmahl *n*
hoch M Junge, *österr* Bub; *fig* Freund
hojit ⟨**vy-**, **za-**⟩ *et* heilen; **~ se**

(aus)heilen
hojivost F Heilkraft
hojnost F Fülle, Menge
hojný reichlich, zahlreich
hokej M Hockey(spiel) *n*
Holanďan M, **Holanďanka** F Holländer(in)
Holandsko N Holland
holandský holländisch
holčička F kleines Mädchen *n*
holeň F Schienbein *n*
holicí: **~ krém** M Rasiercreme *f*; **~ strojek** M Rasierapparat
holič M, **holička** F Herrenfriseur(in)
holit ⟨**o-**⟩ rasieren
holka F Mädchen *n*
holub M, **holubice** F Taube *f*
holý kahl, bloß, nackt; total
hon M, **honba** F Jagd *f*
honební: **~ lístek** M Jagdschein
honem schnell
honicí: **~ pes** M Jagdhund
honit ⟨**do-**, **u-**⟩ jagen, (an)treiben; verfolgen; **~ se** *Kinder* herumtollen, *umg* toben; nachjagen (**za** *I D*)
honosit se prahlen, *umg* angeben **honosný** prunkvoll
hop! hopp!; **udělat ~** springen
hora F Berg *m*; **hory** *pl* Gebirge *n*; **jet do hor** ins Gebirge fahren
horčeji ADV, **horčejší** ADJ heißer
horečka F Fieber *n*; **mít horečku** Fieber haben **horečný** fiebrig; *fig* fieberhaft
horem von oben her **horempádem** Hals über Kopf
horko N Hitze *f* **horký** heiß
horlit ⟨**roz- se**⟩ sich ereifern, zornig werden
horlivost F Eifer *m* **horlivý** eifrig, begeistert
hornatina F Bergland *n*
hornatý gebirgig
horní Ober-, obere
hornictví N Bergbau *m*
horník M Bergmann
hornina F Gestein *n*
horolezec M Bergsteiger
horolezecký Kletter-; **horolezecké lano** *n* Kletterseil; **~ výzbroj** *m* Kletterausrüstung *f*
horolezectví N Bergsteigen, Alpinistik *f*
horoucí brennend, glühend; inbrünstig
horský Berg-, Gebirgs-; **horská chata** *f* Berghütte, Baude; **horská záchranná služba** *f* Bergwacht; **horské boty** *fpl* Bergschuhe *mpl*; **horské kolo** *n* Mountainbike; **horské slunce** *n* Höhensonne *f*; **~ průvodce** *m* Bergführer
horší ADJ schlimmer, schlechter
horšit ⟨**po-**, **z-**⟩ **se** sich verschlechtern
hořce ADV bitter
hořčice F Senf *m*, Mostrich *m*
hořec M Enzian
hořejšek M oberer Teil
hořet ⟨**za-**⟩ brennen; **hoří!** Feuer!
hořká F Magenbitter *m*
hořknout bitter werden
hořký bitter
hořlavina F TECH feuergefährlicher Stoff *m* **hořlavý** feuergefährlich, leicht brennbar

hospoda F Kneipe, Gasthaus *n*
hospodárný sparsam, wirtschaftlich, rationell
hospodář M Hauswirt; Landwirt; Verwalter
hospodařit ⟨**za-**⟩ wirtschaften; haushalten, sparen
hospodářský (land)wirtschaftlich, Wirtschafts-; **hospodářská pomoc** *f* Wirtschaftshilfe; ~ **podnik** *m* Wirtschaftsunternehmen *n*; ~ **růst** *m* Wirtschaftswachstum *n*; **hospodářsky vyspělé země** *fpl* Industrieländer *npl*
hospodářství N Bauernhof *m*; WIRTSCH Wirtschaft *f*
hospodská F, **hospodský**[1] M Gastwirt(in)
hospodský[2] Gasthaus-
hospodyně F Hausfrau, Wirtschafterin
host M Gast
hostec M Rheuma(tismus *m*) *n*
hosteska F Hostess
hostina F Festessen *n*
hostinec M Gasthaus *n*
hostinská F, **hostinský**[1] M Gastwirt(in)
hostinský[2] Gasthaus-; Gast-, Gäste-
hostit ⟨**po-**⟩ bewirten
hostitel M, **hostitelka** F Gastgeber(in)
hotovost F MIL Bereitschaft; WIRTSCH Barbestand *m*, Bargeld *n*
hotový fertig, bereit; WIRTSCH bar; **hotové** *mpl umg* Bargeld *n*
houba F Pilz *m*, *österr* Schwammerl *n*; **houby!** *pl umg* Quatsch!
houbový: **houbová polévka** F Pilzsuppe
houf M Haufen, Rudel *n*, Schar *f*
houkačka F Hupe, Sirene
houkat, **houknout** PF hupen; *Sirene* heulen
houpací: ~ **síť** F Hängematte; ~ **židle** F Schaukelstuhl *m*
houpačka F Schaukel, Wippe
houpat ⟨**roz-**, **za-**⟩ schaukeln, wippen; *Kind* wiegen
housenka F Raupe
houser M Gänserich; MED Hexenschuss
houska F Brötchen *n*, Semmel
houskový: **houskové knedlíky** MPL Semmelknödel
housle FPL Geige *f*, Violine *f*; **hrát na** ~ Geige spielen
houslista M, **houslistka** F Geiger(in)
houslový: ~ **koncert** M Violinkonzert *n*
houští N, **houština** F Dickicht *n*, Gestrüpp *n*
houževnatý zäh (*a. fig*)
hovado N Vieh (*bsd Rind; a Schimpfwort*)
hovět ⟨**po-**⟩ sich ergeben; sich hingeben; ~ ⟨**po-**⟩ **si** es sich bequem machen
hovězí Rind(s)-, Rinder-; ~ **pečeně** *f* Rinderbraten *m*
hovno N *vulg* Scheiße *f*
hovor M Gespräch *n*
hovorné N Telefongebühr *f*; ~ **místní** Ortsgebühr *f*
hovorný gesprächig
hovořit sprechen (**o** *L* über *A*,

von *D*)
hra F Spiel *n*
hrabat ⟨**po-**, **za-**⟩ (ver-) scharren, harken, rechen; **~ (se)** herumwühlen
hrabě M Graf
hrábě FPL Harke *f*, Rechen *m*
hraběnka F Gräfin
hrabivý habgierig
hrací: **~ automat** M Spielautomat; **~ karty** FPL Spielkarten
hráč M, **hráčka** F Spieler(in)
hračka F Spielzeug *n*; *fig* Spielerei, Kinderspiel *n*
hrad M Burg *f*
hradba F Schanze, Wall *m*; **hradby** *pl* Stadtmauer *f*
hradiště N Burganlage *f*
hradit[1] ⟨**za-**⟩ einzäunen, befestigen; *Wasser* stauen
hradit[2] ⟨**na-**⟩ vergüten, ersetzen; *Kosten* erstatten
hradlo N BAHN Stellwerk
hrách M Erbse *f*; *koll* Erbsen *pl*
hrana F Kante **hranatý** kantig; *fig* ungelenk
hranice F Grenze
hraničář M Grenzwächter; Grenzbewohner **hraničit** ⟨**o-**⟩ angrenzen (**s** / an *A*)
hraniční: **~ přechod** M Grenzübergang; **~ sloup** M Grenzpfahl
hranol M Prisma *n*
hranolky MPL Pommes frites *pl*
hranostaj M Hermelin
hrát ⟨**za-**⟩ spielen; **~ zápas** e-n Wettkampf austragen; **~ kopanou** Fußball spielen; **co se dnes hraje?** THEAT was wird heute gespielt?
hravost F Spieltrieb *m* **hravý** spielend, spielerisch (*a. fig*); verspielt
hráz F Staudamm *m*, Deich *m*; ANAT Damm *m*
hrazda F SPORT Reck *n*
hrb M Höcker, Buckel
hrbatý bucklig
hrbol M MED Auswuchs; *Weg* Unebenheit *f*
hrbolatý holp(e)rig
hrčet ⟨**za-**⟩ rollen, rattern
hrdina M, **hrdinka** F Held(in)
hrdinný, **hrdinský** heldenhaft, heroisch; **~ čin** *m* Heldentat *f*
hrdlo N Kehle *f*; Gurgel *f*; *Flasche* Hals *m*
hrdost F Stolz *m* **hrdý** stolz
hrnčíř M Töpfer
hrnčířský: **hrnčířské zboží** N Töpferwaren *fpl*
hrnec M Kochtopf
hrnout zusammenschieben; **~ se** strömen; eilen
hrob M Grab *n*
hroch M Flusspferd *n*, Nilpferd *n*
hrobka F Gruft
hrobní: **~ kámen** M Grabstein; **~ nápis** M Grabinschrift *f*
hrom M Donner; **~ bije** es donnert; **~ rachotí** der Donner (g)rollt
hromada F Haufen *m*, Menge; Versammlung **hromadit** ⟨**na-**⟩ (an)häufen, stapeln
hromadný massenhaft, Massen-; **hromadná doprava** *f* öffentlicher Verkehr *m*; **~ hrob** *m* Massengrab *n*; **hromadné**

sdělovací prostředky *mpl* Massenmedien *npl*
hromobití N Donnern; *fig* Donnerwetter
hromosvod M Blitzableiter
hrot M Spitze *f*, Zacke *f*
hrouda F Erdscholle
hroutit ⟨**z-**⟩ **se** einstürzen, zusammenbrechen
hrozba F Drohung
hrozen M Weintraube *f*
hrozit ⟨**o-, po-**⟩ (be)drohen
hrozivý drohend, bedrohlich
hrozný furchtbar, grauenhaft; *fig* riesig, gewaltig
hroznový: ~ **cukr** M Traubenzucker
hrst M hohle Hand *f*; Handvoll *f*
hrtan M Kehlkopf
hrubý grob; *Bau* roh; WIRTSCH brutto; **hrubá mouka** *f* grob gemahlenes Mehl *n*
hruď F Brust
hrudník M Brustkorb
hruška F Birne; Birnbaum *m*
hrůza F Entsetzen *n*; *fig* große Menge; **až** ~ *adv* sehr viel; entsetzlich!
hřát ⟨**o-, za-**⟩ (er)wärmen; *fig* erfreuen, wohltun
hřbet M Rücken; GEOG Kamm, Grat
hřbitov M Friedhof
hřeb M großer Nagel
hřebčín, hřebčinec M Gestüt *n*
hřebec M Hengst
hřeben M Kamm
hřebíček M Gewürznelke *f*
hřebík M (kleiner) Nagel
hřešit ⟨**z-**⟩ sündigen; ~ ⟨**z-**⟩ **na** sich auf *et* verlassen
hřib M Steinpilz
hříbátko N, **hříbě** N Fohlen
hříčka F Spiel(chen) *n*; THEAT leichtes Stück *n*
hřích M Sünde *f*
hřímat ⟨**za-**⟩ donnern; *fig* schimpfen, wettern
hříšnice F, **hříšník** M Sünder(in)
hřiště F Spielplatz *m* (*a.* SPORT)
hříva F Mähne
hřmít → hřmět
hřmot M Gepolter *n*, Getöse *n*
hřmotit poltern
huba F *Tier* Maul *n*, Schnauze; *Mensch pop* Klappe, *vulg* Fresse
hubatý großmäulig
hubený mager; dürftig
hubertus M Loden
hubička F Mäulchen *n*; Kuss *m*, *österr* Busserl *n*; *Geschirr* Schnabel *m*, Tülle
hubit ⟨**vy-, z-**⟩ ausrotten
hubnout ⟨**z-**⟩ abmagern, abnehmen
hubovat ⟨**vy-**⟩ schimpfen
hučet brausen, dröhnen
hudba F Musik
hudební musikalisch, Musik-
hudebník M Musiker
hudebniny FPL Musikalien (-handlung *f*)
hukot M Dröhnen *n*, Getöse *n*
hůl F Stock *m*, Stab *m*; *Besen* Stiel *m*
hulákat grölen, johlen
hůlka F Stöckchen *n*
hůlkový: **hůlkové písmo** N Blockschrift *f*

hulvát M *umg* Flegel
huhňat näseln, nuscheln
huhňavý näselnd
hůř(e) ADV schlimmer
husa F Gans
husí: ~ **kůže** F Gänsehaut
huspenina F Sülze
hustilka F Luftpumpe
hustit *Rad* aufpumpen; *Wissen* eintrichtern
hustota F Dichte, Dicke
hustý dicht, dick
huť F TECH Hütte
hutní: ~ **průmysl** M Hüttenindustrie *f*
hutný TECH dicht, kompakt; *Stil* knapp; inhaltsreich
hvězda F Stern *m*; *fig* Filmstar *m*
hvězdárna F Sternwarte **hvězdář** M Astronom **hvězdářství** N Astronomie *f*
hvězdice F *fig* Stern *m*, Rosette; ZOOL Seestern *m*
hvězdnatý mit Sternen bedeckt **hvězdný** Stern(en)-
hvizd M Pfiff
hvízdat, **hvízdnout** PF pfeifen
hybat in Gang bringen, bewegen (*I A*)
hydroelektrárna F Wasserkraftwerk *n* **hydroplán** M Wasserflugzeug *n* **hydroterapie** F Hydrotherapie
hydroxid M: ~ **sodný** Natronlauge *f*
hynout ⟨**z-**, **za-**⟩ zugrunde gehen; *Pflanze* eingehen; *fig* vergehen
hypoglykémie F MED Unterzucker *umg m*
hyzdit ⟨**z-**⟩ entstellen
hýždě F Gesäß *n*

Ch

chabý schlaff, matt; *fig* dürftig, mangelhaft
chaloupka F, **chalupa** F Hütte; Ferienhäuschen *n*
chamtivost F Habgier, Habsucht **chamtivý** habgierig
chápat greifen, fassen; *fig* begreifen, erfassen
chápavý aufnahmefähig; *Kind* begabt; verständnisvoll
Charvát M Kroate **Charvátka** F Kroatin **Charvátsko** N Kroatien
charvátský kroatisch
chata F Hütte
chatrný ärmlich, schäbig; *Mensch* schwach, gebrechlich
chechtat ⟨**za-**⟩ **se** laut lachen (*D* über *A*)
chemický: **chemická čistírna** F chemische Reinigung
chemik M Chemiker
chichot M Gekicher *n* **chichotat** ⟨**za-**⟩ **se** kichern
chlad M Kühle *f* (*a. fig*); **uchovávat v ~u** kühl lagern
chladič M AUTO Kühler
chladírna F Kühlraum *m*
chladit ⟨**na-**⟩ kühlen; ~ ⟨**na-**⟩ **se** sich abkühlen
chladnička F Kühlschrank *m*
chladno N Kühle *f*, Frische *f*;

ADV kühl
chladnokrevný kaltblütig
chladnout ⟨**vy-**, **za-**⟩ sich abkühlen, erkalten **chladný** kalt, kühl
chlácholit ⟨**u-**⟩ besänftigen, beschwichtigen **chlácholivý** beschwichtigend
chlamstat *Tier* gierig fressen, saufen (*pop a Mensch*)
chlap M starker Mann **chlapec** M Junge, *österr* Bub, Bursche; *umg* Freund
chlapecký jungenhaft
chlapík M Prachtkerl
chlazený gekühlt; **chlazené nápoje** *mpl* gekühlte Getränke *npl*; **~ vzduchem** AUTO luftgekühlt
chléb M, **chleba** M Brot *n*
chlév M Stall
chlípný geil, lüstern
chlubil M Angeber **chlubit** ⟨**po-**⟩ **se** prahlen (*I* mit *D*)
chlup M *Körper, Tier* Haar *n*; **o ~** *fig* um ein Haar
chlupatý behaart
chmel M Hopfen **chmelnice** F Hopfenfeld *n*
chmurný finster, düster
chmýří N Flaum *m*
chobot M ZOOL Rüssel
chod M Gang (*a Essen*); TECH *a.* Lauf; IT Ablauf; **~ naprázdno** AUTO Leerlauf
chodba F ARCH Gang *m*; Hausflur *m*
chodec M Fußgänger
chodidlo N Fußsohle *f*
chodit *oft* gehen
chodkyně F Fußgängerin
chodník M Gehweg
cholesterol M Cholesterin *n*
choroba F Krankheit **chorobný** krank; krankhaft
choromyslný geisteskrank
choť M, F Gatte, Gattin
choulit ⟨**s-**⟩ **se** sich kauern
choulostivý empfindlich; *Frage* heikel
chov M (Auf)Zucht *f*; **~ dobytka** Viehzucht *f*
chování N Verhalten; *Schule* Betragen **chovat** bewahren; *Tiere* züchten; *Kinder* großziehen; **~ se** sich benehmen
chrám M Kathedrale *f*, Dom; Tempel
chráněný geschützt; **chráněná oblast** *f* Naturschutzgebiet *n*
chránič M Schutzvorrichtung *f*; TECH, SPORT Schützer
chránit ⟨**o-**, **za-**⟩ (be)schützen, bewahren
chránítko N Schutzhülle *f*, Schützer *m*; **~ na uši** Ohrenschützer *m*
chrápat schnarchen
chrapot M Heiserkeit *f*
chraptivý heiser
chrčet röcheln, krächzen
chrchel M MED Auswurf
chrchlat krächzen
chrlit ⟨**vy-**⟩ *Blut, Feuer* speien
chrochtat ⟨**za-**⟩ grunzen
chromý lahm, gelähmt
chroptět ⟨**za-**⟩ röcheln
chroupat ⟨**s-**⟩ knabbern, knuspern **chroupavý** knusprig
chroust M Maikäfer
chrpa F Kornblume

chrt M ZOOL Windhund
chrup M Gebiss *n* **chrupat** knabbern; *leicht* schnarchen; *Schnee* knirschen **chrupavka** F Knorpel *m* **chrupavý** knusprig
chřest M Spargel
chřestit ⟨za-⟩ rasseln, klirren
chřípí N Nasenflügel *m*
chřipka F Grippe
chřipkový Grippe-; **chřipkové počasí** *n* Grippewetter
chřtán M *Tier* Rachen, Schlund; *fig* Gurgel *f*
chtít wollen, mögen; **~ se** *unpers* Lust haben (**do** *G* zu *D*; + *inf*); **chtěl(a) bych** ich möchte
chtivost F Begierde, Gier **chtivý** begierig (*G* nach *D*)
chudák M *umg* armer Kerl
chudnout ⟨z-⟩ verarmen
chudoba F Armut
chudobka F Gänseblümchen *n*
chudobný ärmlich, elend
chudokrevný blutarm
chudý arm(selig), dürftig; karg, mager
chuligán M Rowdy, Hooligan
chumáč M Büschel *n*; *Watte* Bausch
chumel M *Papier* Knäuel *n*; *fig* Gedränge *n* **chumelenice** F Schneegestöber *n*
churavý kränklich
chuť F Geschmack *m*; Appetit *m*; Lust, Gefallen *n*; **dobrou ~!** guten Appetit!
chutnat schmecken; **chutná mu** es schmeckt ihm **chutný** schmackhaft, appetitlich
chuťovka F Appetithappen *m*
chůze F Gang(art) *m*
chvála F Lob *n* **chválabohu!** Gott sei Dank!
chválit ⟨po-⟩ loben
chvalitebný lobenswert
chvástat se sich brüsten, prahlen (*I* mit *D*)
chvastoun M Angeber
chvat[1] M Eile *f*, Hast *f*
chvat[2] M SPORT Griff
chvět se beben, zittern (*I* vor *D*)
chvíle F Weile, Augenblick *m*
chvilka F Weilchen *n*
chyba F Fehler *m*, Mangel *m*; Versehen *n*; Verstoß *m*; **bez chyby** fehlerfrei
chybět fehlen
chybit PF e-n Fehler begehen; **~ se** verfehlen (*G A*)
chybný fehlerhaft, falsch
chybovat → chybit
chystat vorbereiten
chytat → chytit
chytit PF, **chytnout** PF fassen, (er)greifen, fangen; **~ se** sich festhalten (*G* an *D*)
chytrák M Schlaukopf
chytrost F Klugheit **chytrý** schlau, klug

I

i und, und auch; **~ … ~** sowohl … als auch
ihned sofort, sogleich
imponovat imponieren
incident M Zwischenfall

Ind M Inder
Indián M, **Indiánka** F *neg!* Indianer(in) *neg!*
indický indisch
Indie F Indien *n* **Indka** F Inderin
infekční: ~ **onemocnění** N Infektionskrankheit *f*
infikovat (IM)PF infizieren
informační Informations-; ~ **brožura** *f* Informationsbroschüre; ~ **středisko** *n* Informationszentrum; ~ **technologie** *f* Informationstechnik
informovat PF informieren (**o** *L* über *A*)
infračervený infrarot **infrazářič** M Infrarotstrahler
inkoust M Tinte *f*
instrukce F Anweisung; **podle instrukcí** nach Anweisung
instruktor M Ausbilder; SPORT Lehrer
internet M IT Internet *n*; **mít přístup k ~u**, **být připojen k ~u** Zugang zum Internet haben **internetový** Internet-; **internetová kavárna** *f* Internetcafé *n*; **internetové připojení** *n* Internetanschluss *m*; ~ **vyhledávač** *m* Suchmaschine *f*
interní: ~ **lékařství** N innere Medizin *f*
interrupce F Schwangerschaftsabbruch *m*
invalidní: ~ **vozík** M Rollstuhl
inzerát M Inserat *n*, Anzeige *f*; **zadat** ~ ein Inserat aufgeben **inzerovat** inserieren
inzulín M MED Insulin *n*
Ir M Ire, **Irka** *f* Irin **Irsko** N Irland
irský irisch
Ital M Italiener
Itálie F Italien *n*
Italka F Italienerin
italský italienisch
izolační: ~ **páska** F Isolierband *n*

J

já ich
jablečný: **jablečná šťáva** F Apfelsaft *m*
jablko N Apfel *m*
jabloň F Apfelbaum *m*
jaderný: ~ **reaktor** M Kernreaktor; **jaderná energie** F Kernenergie; **jaderné zbraně** FPL Kernwaffen
jadrný Kern-, kernig
jádro N Kern *m*; **bez jader** *Obst* kernlos
jádřinec M Kerngehäuse *n*
jáhly FPL Hirse *f*
jahoda F Erdbeere
jak wie; als, sobald
jako wie, als **jakoby** als ob; sozusagen, gleichsam
jakost F Qualität, Güte
jakostní qualitativ, hochwertig; ~ **zboží** *n* Qualitätsware *f*
jaksepatří ordentlich, gebührend
jaký was für (ein), welcher **jakýkoli(v)** jeder beliebige **jakýs(i)** ein gewisser

jakžtakž gerade noch (so), einigermaßen
jalovcová F Wacholderschnaps *m* **jalovec** M Wacholder
jalový unfruchtbar; *fig* leer, nichtig
jáma F Grube; BERGB Schacht *m*; *Bomben* Trichter *m*
janovec M Ginster
jantar M Bernstein
jarní frühlingshaft; Frühlings-
jaro N Frühling *m*, Frühjahr *n*; **na jaře** im Frühling; **Pražské ~** *Musikfestival* Prager Frühling *m*
jarý frisch, munter
jas M Glanz, Helligkeit *f*
jasan M Esche *f*
jásat jubeln, jauchzen
jásavý jubelnd; *Farbe* leuchtend
jasnit ⟨**vy-, z-**⟩ **se** hell werden; *Wetter* aufklaren
jasno N, **jasnost** F Helligkeit *f*, Klarheit *f*
jasný hell, klar; deutlich; *Wetter* heiter
jásot M Jubel
jaternice F Leberwurst
jatky FPL Schlachthof *m*
játra NPL Leber *f*
játrový: **~ knedlíček** M Leberknödel
javor M Ahorn
jazyk M Sprache *f*; Zunge *f* (*a.* GASTR); *Schuh* Lasche *f*
jazykový Sprach-, sprachlich; Zungen-
ječmen M Gerste *f*
ječný: **ječné zrno** N MED Gerstenkorn
jed M Gift *n*
jeden ein(er)
jedenáct elf
jedináček M Einzelkind *n*
jedinečný einzigartig
jediný einzig, alleinig
jedle F Tanne
jedlík M Esser
jedlý essbar; **~ kaštan** *m* Esskastanie *f*, Marone *f*; **jedlé houby** *fpl* essbare Pilze *mpl*
jednací Geschäfts-, Verhandlungs-; **~ číslo** *n* laufende Nummer *f*; **~ řád** *m* Geschäftsordnung *f*
jednak: **~ ...jednak** einerseits ... andererseits
jednání N (Ver)Handlung *f*, Besprechung *f*; THEAT Aufzug *m*, Akt *m*
jednat handeln; verhandeln (**o** *A* über *A*); **~ se** sich handeln (**o** *A* um *A*)
jednatel M Geschäftsführer; Vertreter, Agent
jednatelství N Geschäftsstelle *f*; Agentur *f*
jednička F Eins (*Note, Hausnummer, Straßenbahn*)
jedno N ADJ eins; ein-; **to je ~** das ist egal
jednoaktovka F THEAT Einakter *m*
jednobarevný einfarbig
jednodenní eintägig
jednoduchý einfach
jednolůžkový: **~ pokoj** M Einbettzimmer *n*
jednopatrový einstöckig
jednorázový einmalig; **jednorázová stříkačka** *f* Einwegspritze

jednostranný einseitig
jednota F Einheit; Einigkeit; Verein *m*
jednotka F (Maß)Einheit; Abteilung; Eins *f*; **~ intenzivní péče** MED Intensivstation
jednotlivec M Individuum *n*
jednotlivost F Einzelheit **jednotlivý** einzeln, Einzel-
jednotný einheitlich, Einheits-; **jednotné číslo** *n* GRAM Einzahl *f*, Singular *m*
jednotvárný einförmig, eintönig
jednou einmal; **ani ~** kein einziges Mal; **~ provždy** ein für alle Mal
jednoznačný eindeutig
jedovatý giftig; **jedovaté houby** *fpl* Giftpilze *mpl*
jehla F Nadel; **~ na šití** Nähnadel
jehlice F Nadel; Stricknadel; Tannennadel; Schmucknadel
jehličí N BOT Nadeln *fpl*
jehličnatý: **~ les** M Nadelwald
jehňátko N, **jehně** N Lamm
jehněčí: **~ maso** N Lammfleisch
jehněda F *koll* BOT Kätzchen *npl*
jelen M Hirsch
jelikož da, weil
jelito N Blutwurst *f*; *fig* Striemen *m*
jemný fein, zart; genau
jen(om) nur, *umg* bloß; **jen co** sobald
jenž welcher, der **jenže** nur
jeptiška F Nonne
jeřáb[1] M Kranich; TECH Kran
jeřáb[2] M Eberesche *f*
jeřábník M Kranführer
jeseter M Stör
jeskyně F Höhle, Grotte
jesle FPL Futterkrippe *f*; Kinderkrippe *f* **jesličky** FPL Weihnachtskrippe *f*
jestli(že) wenn, falls, ob
jestřáb M Habicht
ješitný eitel
ještě noch; **~někdo?** noch jemand?
ještěrka F Eidechse; TECH Elektrokarren *m*
jet ⟨**za-**⟩ fahren; **~ autem** Auto fahren; **~na kole** Rad fahren
jetel M Klee
jev M Erscheinung *f* **jeviště** N Schauplatz *m*; Bühne *f*
jevit ⟨**z-**⟩ äußern, zeigen
jez M Wehr *n*
jezdec M Reiter
jezdecký: **~ kůň** M Reitpferd *n*
jezdit → jet; *oft* fahren; gleiten; verkehren; **~ na bruslích** Schlittschuh laufen; **~ na lyžích** Ski laufen
jezernatý seenreich
jezero N See *m*
jezevčík M Dackel
jezevec M Dachs
ježek M Igel; *umg* Bürstenhaarschnitt
Ježíšek M Christkind *n*; Heiligabend
ježíšek M Weihnachtsgeschenk *n*
jícen M Speiseröhre *f*; Schlund; *Vulkan* Krater
Jidáš M Judas
jídelna F Speisesaal *m*, Esszim-

mer *n*

jídelní Ess-, Speise-; ~ **lístek** *m* Speisekarte *f*; ~ **vůz** *m* Speisewagen

jídlo N Essen, Speise *f*; Gang *m*; Gericht; **po jídle** nach dem Essen; **před jídlem** vor dem Essen; **pozvat k jídlu** zum Essen einladen

jih M Süden; **na ~u** im Süden

jihovýchod M Südosten **jihozápad** M Südwesten

jíl M Lehm, Ton

jilm M Ulme *f*, Rüster *f*

jílovitý lehmhaltig, tonhaltig

jímat fassen, (er)greifen

jinak anders, sonst, andernfalls

jindy ein andermal

jinobarevný andersfarbig

jinovatka F Raureif *m*

jiný andere; **mezi ~m** unter anderem

jiřin(k)a F Dahlie

jiskra F Funke(n) *m*

jiskřit ⟨**za-**⟩ Funken schlagen; ~ **se** funkeln, glitzern

jíst essen, speisen; **nemít co ~** nichts zu essen haben

jistič M ELEK Schutzschalter

jistina F Kapital *n*

jistit ⟨**za-**⟩ (ab)sichern, sicherstellen

jistota F Sicherheit, Gewissheit; **pro jistotu** sicherheitshalber

jistý sicher, gewiss, bestimmt; ein gewisser

jíška F GASTR Mehlschwitze, Einbrenne

jít ⟨**po-**, **za-**⟩ gehen, kommen; (ab)holen (**pro** *A A*); **jde o co** es geht um et; ~ **dále** weitergehen; ~ **spát** schlafen gehen

jitro N Morgen *m*

jizba F Stube

jízda F Fahrt; ~ **tam a zpátky** Hin- und Rückfahrt

jízdárna F Reitschule

jízdenka F Fahrkarte; **vícenásobná** ~ Mehrfahrtenkarte

jízdné N Fahrgeld

jízdní: ~ **dráha** F Fahrstraße; ~ **řád** M Fahrplan

jizlivý boshaft, hämisch

jizva F Narbe

již schon, bereits

jižní südlich, Süd-; ~ **ovoce** *n* Südfrüchte *fpl*

jmelí N BOT Mistel *f*

jmění N Vermögen, Besitz *m*; ~ **na hotovosti** Barvermögen

jmeniny FPL Namenstag *m*

jméno N Name *m*

jmenování N Ernennung *f*

jmenovat ⟨**po-**, **vy-**⟩ (er)nennen, erwähnen, aufzählen; ~ **se** heißen; **jak se jmenujete?** wie heißen Sie?

jmenovatel M Nenner

jmenovitě namentlich

K

k, **ke**, **ku** (*D*) zu (*D*), gegen (*A*), nach (*D*); ~ **nádraží** zum Bahnhof; **~e stu** an die hundert; **~u příkladu** zum Beispiel

kabát M Mantel, Jacke *f*, Sakko

n **kabátek** M Damenjacke *f*
kabela F (Reise)Tasche **kabelka** F Handtasche
kabelovka F *umg* Kabelfernsehen *n*
kabinový: ~ **tlumočník** M Konferenzdolmetscher
kácet ⟨vy-⟩ *Baum* fällen; ~ ⟨vy-⟩ ⟨s-⟩ **se** umfallen, stürzen
kacíř M Ketzer
kadeř F Locke **kadeřavý** lockig
kadeřnice F, **kadeřník** M Damenfriseur(in)
kadidlo N Weihrauch *m*
kafr M Kampfer
kajuta F Kajüte
kachel, **kachlíček**, **kachlík** M Kachel *f*
kachna F Ente
kajak M Paddelboot *n*
kal M Schlamm
kalendář M Kalender
kalhotový: ~ **kostým** M Hosenanzug; **kalhotová sukně** F Hosenrock *m*
kalhoty FPL Hose(n) *f(pl)*
kalich M Kelch
kalit trüben (*a. fig*); *Stahl* härten
kalkulačka F *umg* Taschenrechner *m*
kalný trübe
kaluž F Pfütze, Lache
kam wohin
kamarádit ⟨s-⟩ **(se)** befreundet sein; sich anfreunden
kamaše FPL Steghose(n)
kámen M Stein
kameník M Steinmetz **kamenitý** steinig **kamenný** steinern, Stein-; **kamenné uhlí** *n* Steinkohle *f*
kamenolom M Steinbruch
kamínek M Steinchen *n*
kamkoli(v) wohin auch immer
kamna NPL Ofen *m*
kamnář M Ofensetzer
kampak wohin denn **kamsi** irgendwohin
kamzík M Gämse *f*
Kanaďan M, **Kanaďanka** F Kanadier(in)
kanadský kanadisch
kanapka F GASTR Kanapee *n*
kanár(ek) M Kanarienvogel
kancelář F Büro *n*, Kanzlei
kancerogenní krebserregend
kandidát M Kandidat **kandidátka** F Kandidatin; Kandidatenliste
kandidovat kandidieren (**na** *A* für *A*; **za** *A* als *N*)
kandovaný kandiert
kanec M Eber; Keiler
kaňka F Klecks *m*; *fig* Fleck *m*
kánoe F Kanu *n* **kánoista** M Kanute
kanton M *in der Schweiz* Kanton
kapalina F Flüssigkeit
kapat tropfen, träufeln
kapátko N Pipette *f*
kapela F MUS Kapelle **kapelník** M Kapellmeister
kapesné N Taschengeld
kapesní: ~ **nůž** M Taschenmesser *n*
kapesník M Taschentuch *n*
kapka F Tropfen *m*; **kapky** *pl* **do nosu** Nasentropfen
kaple F REL Kapelle
kápnout PF → kapat
kapota F Motorhaube

kapr M Karpfen
kapsa F *Kleidung* Tasche
kapsář M Taschendieb
kapučíno N Cappuccino *m*
kapusta F (*Wirsing*) Kohl *m*
kára[1] F Karre, Karren *m*
kára[2] NPL *Spielkarte* Karo *n*
karafiát M Nelke *f*
kárat ⟨po-⟩ tadeln
karbanátek M Frikadelle *f*, Bulette *f*
karburátor M AUTO Vergaser
kardiostimulátor M MED Herzschrittmacher
karimatka F Iso(lier)matte
karetní Karten-; **~ hra** *f* Kartenspiel *n*
karfiol M Blumenkohl, *österr* Karfiol
karikovat karikieren
karlovarský: **karlovarské vřídlo** N Karlsbader Sprudel *m*
Karlovy Vary MPL Karlsbad *n*
karotka F Karotte
karta F Karte
kartáč M Bürste *f*
kartáček M: **~ na zuby** Zahnbürste *f*
kartáčovat bürsten
kartotéka F Kartei; Karteikasten *m*
kasárny FPL Kaserne *f*
kasovní Kassen-; **~ úspěch** *m* Kassenerfolg
kastrol M Kasserole *f*
kaše F Brei *m*, Püree *n*, Mus *n*
kašel M Husten **kašlat ⟨za-⟩** husten
kašna F Brunnen *m*
kašovitý breiig, breiartig
kašpar M Narr, Hanswurst
kaštan M Kastanie *f*
kat M Henker
kát se büßen, bereuen (**z** *G A*)
katedra F Katheder *n*, Pult *n*; Lehrstuhl *m*
kauce F Kaution; **složit kauci** e-e Kaution hinterlegen
káva F Kaffee *m*; **~ bez kofeinu** koffeinfreier Kaffee *m*
kavárna F Café *n*, *österr* Kaffeehaus *n*
kávomlýnek M Kaffeemühle *f*
kávovar M Kaffeemaschine *f*
kaz M Makel, Defekt
kázání N Predigt *f* **kázat** predigen
kazatel M Prediger **kazatelna** F Kanzel
kázeň F Disziplin, Zucht
kazeta F Kassette **kazeťák** M *umg* Kassettendeck *n* **kazetový** Kassetten-
kazit ⟨po-, z-⟩ verderben, kaputtmachen; **~ se** verderben, schlecht werden
kazový: **kazové zboží** N Ausschussware *f*
každodenní alltäglich
každý jeder
kbelík M Eimer, Kübel; **~ na odpadky** Abfalleimer
Kč (**koruna česká**) tschechische Krone
kde wo **kdekoli** wo nur immer **kdepak** wo denn **kdesi** irgendwo
kdežto wogegen, während
kdo wer, jemand, einer **kdokoli(v)** wer nur immer **kdopak** wer denn
kdoule F Quitte

kdovíco wer weiß was **kdovíjak** wer weiß wie **kdovíkde** wer weiß wo
kdy wann; **nemám ~** ich habe keine Zeit **kdyby** wenn, falls
kdykoli(v) wann (auch) immer, so oft; jederzeit
když als, nachdem, wenn
ke → k
kedluben M, **kedlubna** F Kohlrabi *m*
kelímek M Pappbecher, Plastikbecher
kempink M Camping(platz) *n*
keř M Strauch, Busch
kino N Kino; **jít do kina** ins Kino gehen
klábosit schwatzen, klatschen
klacek[1] M Knüppel
klacek[2] M Flegel
kláda F Balken *m*
kladina F SPORT Schwebebalken *m*
kladivo N Hammer *m*
kladka F TECH Rolle **kladkostroj** M Flaschenzug
kladný bejahend, positiv
klakson M Autohupe *f*
klam M Täuschung *f*; **~ a mam** Lug und Trug **klamat ⟨z-⟩** täuschen; hintergehen
klamavý, **klamný** trügerisch
klanět ⟨při-⟩ se sich verbeugen (*D* vor *D*)
klapat ⟨za-⟩ klappern; *fig* klappen
klapka F Klappe
klas M Ähre *f*
klást ⟨na-⟩ (hin)legen; *Frage, Bedingung* stellen
klášter M Kloster *n*
klaun M Clown
klávesa F Taste; **klávesy** *pl* Keyboard *n*
klec M Käfig; *Fahrstuhl* Kabine *f*; BERGB Förderkorb
kleče kniend **klečet** knien
klempíř M Klempner
klenba F Gewölbe *n*
klenot M Kleinod *n*, Juwel *n*
klenotnice F Schatzkammer
klenotník M Juwelier
klenout wölben **klenutý** gewölbt
klep M Klatsch, Tratsch
klepat ⟨za-⟩, **klepnout** PF klopfen; klatschen
klesat, **klesnout** PF sinken, fallen
kleště FPL Zange *f*
kletba F Fluch *m*
kleveta F üble Nachrede **klevetit** klatschen (**o** *L* über *A*)
klevetník M Verleumder
klíč M Schlüssel; **~ od auta** Autoschlüssel; **~ od domu** Hausschlüssel; **USB ~** IT USB-Stick
klíček M Keim **klíčit ⟨vy-, vz-⟩** keimen
klička F Schleife, Schlinge; *umg* Kniff *m*
klíční: **~ kost** F Schlüsselbein *n*
klíčový: **klíčová dírka** F Schlüsselloch *n*; **~ průmysl** M Schlüsselindustrie *f*
klid M Ruhe *f*; **~ zbraní** Waffenruhe *f* **klidný** ruhig, friedlich
klih M Leim
klik M SPORT Liegestütz
klika[1] F Klinke, Kurbel
klika[2] F Clique
klika[3] F Glück *n*; **mít kliku** P

Schwein haben
klimatizace F Klimaanlage
klimatizační: ~ **zařízení** N Klimaanlage *f*
klín M Keil; Schoß **klínek** M TECH Keil
klínový: ~ **řemen** M AUTO Keilriemen
klips M, **klips(n)a** F Ohrclip *m*
klisna F Stute
klíště N ZOOL Zecke *f*
klít schimpfen, fluchen
klížit ⟨**při-**, **s-**⟩ leimen
klobása F Bratwurst, Knackwurst
klobouk M Hut (*a Pilz*); *Lampe* Schirm **sluneční klobouk** Sonnenhut
klokan M Känguru *n*
klokotat brodeln; *Bach* murmeln; *Nachtigall* schlagen
kloktadlo N Gurgelmittel
kloktat ⟨**vy-**⟩ gurgeln
klonit ⟨**na-**, **s-**⟩ beugen, neigen; ~ **se** sich verneigen
klopa F *Tasche* Klappe; *Rock* Aufschlag *m*
klopit kippen, senken; *umg* blechen
klopýtat, **klopýtnout** PF stolpern, straucheln
kloub M ANAT Gelenk *n*
kloubový: ~ **autobus** M Gelenkbus
kloudný ordentlich, brauchbar
klouzačka F Rutschbahn
klouzat rutschen, gleiten
klouzavý glitschig
klovat, **klovnout** PF picken
klubko N Knäuel *m od n*
kluk M Junge, *österr* Bub; *Spielkarte* Bube; Freund (*e-s Mädchens*)
klus M Trab **klusat** traben
kluziště N Eisbahn *f*
kluzký schlüpfrig, glatt; **kluzké vtipy** *mpl* schlüpfrige Witze
klystýr M Klistier *n*
kmen M Stamm
kmín M Kümmel
kmitat (se) flimmern, flackern; *umg* hin und her sausen
kmotr M Pate **kmotra** F Patin
knedlík M Knödel, Kloß
kněz M Priester
kněžna F Fürstin
kněžský priesterlich, Priester-
kněžstvo N Klerus *m*
kniha F Buch *n* **knihkupectví** N Buchhandlung *f*
knihovna F Bibliothek
knihovnice F, **knihovník** M Bibliothekar(in)
kníry MPL Schnurrbart *m*
kníže M Fürst **knížectví** N Fürstentum
knížka F Büchlein *n*
knižní Buch-, Bücher-; ~ **trh** *m* Büchermarkt; ~ **veletrh** *m* Buchmesse *f*
knižně in Buchform
knoflík M Knopf
knoflíkový: **knoflíková dírka** F Knopfloch *n*
knot M Docht
kňučet winseln
koberec M Teppich
kobliha F GASTR Krapfen *m*
kobyla F Stute **kobylka** F junge Stute; Heuschrecke, Grashüpfer *m*
kocour M Kater

kocovina F *fig* Kater *m*, Katzenjammer *m*
kočárek M Kinderwagen
kočí M Kutscher
kočka F Katze
kočovat umherziehen
kočovník M Nomade
kód M Code; ~ **banky** Bankleitzahl *f*
kohout M Hahn **kohoutek** M TECH Hahn
kojenec M Säugling, Baby *n*
kojenecký: **kojenecká strava** F Säuglingsnahrung
kojit ⟨na-⟩ stillen
kokrhat ⟨za-⟩ krähen
koktat stottern, stammeln
koláč M Kuchen
kolébat wiegen **kolébka** F Wiege
kolečko N Rädchen; Schubkarre *f*; Scheibe *f*
kolečkový: **kolečkové brusle** FPL Rollschuhe
koleda F Weihnachtslied *n*
kolega M Kollege **kolegyně** F Kollegin
kolej[1] F BAHN Gleis *n*
kolej[2] F Studentenheim *n*
kolejnice F BAHN Schiene
kolek M Gebührenmarke *f*
kolem (*G*) um (*A*) (herum), an (*D*) vorbei; ADV vorbei, vorüber; ~ **dokola** ringsumher **kolemjdoucí** M Passant
koleno N Knie
koliba F Almhütte
kolíček M Wäscheklammer *f*
kolíčkovat anklammern
kolík M Pflock, Stift
kolik (*G*) wie viel
kolika F MED Kolik
kolikrát wievielmal
Kolín M Köln *n* (*am Rhein*); Kolin (*an der Elbe*)
kolínko N TECH Knie(stück)
kolínský: **kolínská voda** F Kölnischwasser *n*
kolísat ⟨za-⟩ schwanken, wanken
kolize F Kollision
kolkovat stempeln **kolkovné** N Stempelgebühr *f*
kolmý senkrecht
kolo N Rad; Fahrrad; Ring *m*; Runde *f*; Scheibe *f*; **jezdit na kole** Rad fahren
koloběh M Kreislauf
koloběžka F Roller *m*
kolona F Kolonne; TYPO Kolumne
kolotoč M Karussell *n*
kolovat ⟨za-⟩ kreisen, zirkulieren
kolovrat M Spinnrad *n*
kolovrátek M Drehorgel *f*, Leierkasten
komár M Mücke *f*
kombajn M Mähdrescher
kombinačky FPL *umg* Kombizange *f*
kombiné N Unterkleid
kombinovaný: **kombinované kleště** FPL *umg* Kombizange *f*
komik M Komiker
komín M Schornstein
kominík M Schornsteinfeger
komise F Kommission
komolit ⟨z-⟩ verstümmeln, entstellen (*a. fig*)
komora F Kammer
komorní: ~ **hudba** F Kammer-

musik; ~ **tón** M Kammerton
kompaktní: ~ **disk** M, ~ **deska** F Compactdisc (CD)
kompozice F Komposition, Anordnung; *umg* Klassenarbeit
komunikace F Kommunikation; Verkehr *m*; Verbindung
konat ⟨**vy-**⟩ tun, verrichten; ~ ⟨**vy-**⟩ **se** *nur impf* stattfinden
koncovka F GRAM Endung; *umg* SPORT Endspiel *n*
končetiny FPL Gliedmaßen, Extremitäten
končina F Gegend
končit ⟨**s-**, **za-**⟩ (be)enden; ~ (**se**) zu Ende gehen; *Vertrag* ablaufen
kondenzovaný: **kondenzované mléko** N Kondensmilch *f*
kondiční: ~ **cvičení** N SPORT Konditionstraining
kondom M Kondom *n*
konec M Schluss, Ende *n* **koneckonců** schließlich
konečná F Endstation
konečník M Mastdarm
konečný endgültig, letzte, Schluss-
konejšit ⟨**u-**⟩ beruhigen, beschwichtigen
konev F Kanne; **kropicí** ~ Gießkanne
konfekce F Konfektion, Konfektionsgeschäft *n*
koníček M Pferdchen *n*; Heuschrecke *f*, Grashüpfer; *fig* Hobby *n*
konírna F Pferdestall *n*
konkurenceschopný konkurrenzfähig
konopí N Hanf *m*
koňský: **koňská noha** F MED Klumpfuß *m*; **koňská síla** F Pferdestärke
kontracepce F Schwangerschaftsverhütung
konvalinka F Maiglöckchen *n*
konvice F Kanne
kop M SPORT Stoß; ~ **z rohu** Eckstoß
kopaná F Fußball(spiel *n*) *m*
kopat graben; *Kartoffeln* ernten; *Fußball* spielen
kopec M Hügel, Haufen
kopí N Lanze *f*, Spieß *m*
kopírka F *umg* Kopierer *m*
kopírovací Kopier-; ~ **papír** *m* Kopierpapier *n*, ~ **stroj** *m* Kopiergerät *n*
kopnout PF e-n Fußtritt geben (*A D*), treten **kopnutí** N Fußtritt *m*; Spatenstich *m*
kopr M Dill
kopřiva F Brennnessel **kopřivka** F MED Nesselsucht
kopule F Kuppel
kopyto N Huf *m*; Schuhleisten *m*
korál M Koralle *f*
kord[1] M Degen
kord[2] M Cord(samt), *österr* Schnürlsamt
korek M Kork
korespondenční: ~ **lístek** M Postkarte *f*
kormidelník M Steuermann
kormidlo N Steuer, Ruder
kornout M spitze Tüte *f*, Eistüte *f*
Koronavirus M MED Coronavirus *m od n*
koroptev M Rebhuhn *n*

koruna F Krone (*a Währung*)
korunka F Zahnkrone
korunovace F Krönung
korupce F Korruption
korupční: ~ **aféra** F Korruptionsaffäre
koryto N Futtertrog *m*, Mulde *f*; Ablaufrinne *f*
kořalka F Schnaps *m*, Branntwein *m*
kořen M Wurzel *f* (*a.* MATH)
koření N Gewürz
kořenit[1] ⟨o-⟩ würzen
kořenit[2] ⟨za-⟩ Wurzeln schlagen
kořist F Beute **kořistit** erbeuten
kos M Amsel *f*; *fig* Schlaumeier
kosa F Sense; GEOG Nehrung
kosit ⟨po-⟩ mähen; *fig* hinwegraffen
kosmický kosmisch; ~ **let** *m* Raumflug; ~ **prostor** *m* Weltraum; **kosmická raketa** *f* Weltraumrakete
kosočtverec M Rhombus
kosodřevina F Krummholz *n*
kost F Knochen *m*
kostel M Kirche *f*
kostelní: ~ **věž** F Kirchturm *m*
kostka F Würfel *m*; **hrát v kostky** würfeln
kostkovaný kariert
kostkový: ~ **cukr** M Würfelzucker
kostnatý knochig
kostra F Gerippe *n*, Skelett *n*
kostrbatý holp(e)rig
kostrč F Steißbein *n*
kosý schräg, schief
koš M Korb; ~ **na papír** Papierkorb
košíková F Basketball *m*
košile F Hemd *n*
koště N Besen *m*
koťátko N Kätzchen
kotel M Kessel
kotlina F Talkessel *m*
kotník M Knöchel
kotouč M TECH Scheibe *f*; *Papier* Rolle *f*
kotoučový: **kotoučová pila** F Kreissäge; **kotoučová brzda** F AUTO Scheibenbremse
kotva F Anker *m*
kotvit ⟨za-⟩ ankern
koukat, **kouknout** PF schauen, hinsehen, *umg* gucken
koule F Kugel **koulet** *ct* rollen; *Kegel* schieben
koupací Bade-; ~ **čepice** *f* Badekappe; ~ **plášť** *f* Bademantel *m*; ~ **sandál** *m* Badeschuhe *pl*
koupaliště N Badeanstalt *f*
koupat (se) baden
koupě F Kauf *m*; ~ **za hotové** Barkauf *m*
koupěchtivý kauflustig
koupel F Bad *n* **koupelna** F *Raum* Bad *n*
koupit PF ⟨na-⟩ (ein)kaufen
kouř M Rauch
kouřit ⟨za-⟩ rauchen, dampfen
kousat ⟨po-⟩ beißen, *umg* kauen **kousavý** bissig
kousek M Stückchen *n* **kouskovat** in Stücke brechen
kousnout PF → kousat
kousnutí N Biss *m*
kout, **koutek** M Winkel, Ecke *f*
kouzelnice F Zauberin **kou-**

zelnictví N Zauberkunst *f*
kouzelník M Zauberer
kouzelný zauberhaft, Zauber-; **kouzelná hůlka** *f* Zauberstab *m*
kouzlit zaubern **kouzlo** N Zauber *m*; *fig* Reiz *m*
kov M Metall *n*
kovárna F Schmiede **kovář** M Schmied
kovat schmieden
kovodělník M Metallarbeiter
kovoprůmysl M Metallindustrie *f*
koza F Ziege, *österr* Geiß; TECH Sägebock *m*; SPORT Bock *m*
kozel M Ziegenbock
kozlík[1] M Ziegenböckchen *n*
kozlík[2] M Baldrian
kozlíkový: **kozlíkové kapky** FPL Baldriantropfen
kozorožec M ZOOL Steinbock
koženka F Kunstleder *n*
kožený ledern, Leder-; **kožené zboží** *n* Lederwaren *fpl*
kožešina F Pelz *m* **kožešník** M Kürschner
kožich M Pelzmantel
kožní Haut-; ~ **lékař** *m* Hautarzt
kra F Eisscholle
krab M Krabbe *f*
krabice, **krabička** F Schachtel, Karton *m*
krádež F Diebstahl *m*
kradmý heimlich, verstohlen
kraj M Rand; Gegend *f*; POL Bezirk
krajan M Landsmann
kráječ M TECH Schneider
krájet schneiden
krajíc M Scheibe *f*, Schnitte *f*; ~ **chleba** Scheibe Brot
krajina F Gegend, Landschaft
krajka F *Gewebe* Spitze
krajní äußerst, höchst; POL radikal, extrem
král M König
králík M Kaninchen *n*
královna F Königin; ~ **krásy** Schönheitskönigin
královský königlich, Königs-
království N Königreich
krám M Laden, Geschäft *n*; Kram
krámský: **krámská cena** F Ladenpreis *m*
krápníkový: **krápníková jeskyně** F Tropfsteinhöhle
krása F Schönheit **krásný** schön
krasobruslař M, **krasobruslařka** F Eiskunstläufer(in)
krasobruslařský: **krasobruslařská exhibice** F Schaulaufen *n*
krasobruslení N Eiskunstlauf *m*
krást ⟨u-⟩ stehlen
-krát -mal
krátit ⟨z-⟩ (ab)kürzen, verkürzen
krátkodobý kurzfristig
krátkozraký kurzsichtig
krátký kurz; **krátké spojení** *n* Kurzschluss *m*; **krátké vlny** *fpl* *Radio* Kurzwelle *f*
kratochvíle F Kurzweil
kráva F Kuh
kravín M Kuhstall
krčit ⟨po-⟩ krümmen; *Stirn* runzeln; *Schultern* zucken; *Nase* rümpfen

krční Hals-; ~ **obratel** *m* Halswirbel
kreditní Kredit-; ~ **karta** *f* Kreditkarte; ~ **sešit** *m* Schutzbrief
krejčí M, **krejčová** F Schneider(in)
krém M Creme *f od* Krem *m od f*; ~ **na boty** Schuhcreme *f*
kremace F Feuerbestattung
krémovat (ein)cremen
krémový cremefarben
kresba F Zeichnung
kreslený: ~ **film** M Zeichentrickfilm
kreslicí: ~ **prkno** N Reißbrett
kreslič M, **kreslička** F technische(r) Zeichner(in)
kreslíř M, **kreslířka** F Zeichner(in)
kreslit ⟨na-⟩ zeichnen; *fig* schildern
krev F Blut *n*
krevní: ~ **oběh m** Blutkreislauf; ~ **obraz** M Blutbild *n*; ~ **skupina** F Blutgruppe; ~ **tlak** M Blutdruck; ~ **zkouška** F Blutprobe
kriminál M *umg* Gefängnis *n*, *pop* Knast
kriminálka F *umg* Kriminalpolizei; Kriminalfilm *m*; Kriminalroman *m*
kriminální Kriminal-, kriminell; ~ **policie** *f* Kriminalpolizei
kritička F, **kritik** M Kritiker(in)
krk M Hals
krkavec M Rabe
krkavice F Halsschlagader
Krkonoše FPL Riesengebirge *n*
krkovice, **krkovička** F GASTR Schweinekamm *m*
krmit ⟨na-⟩ füttern
krmivo N Futter
krmný: ~ **dobytek** M Mastvieh *n*
krocan M Truthahn, Puter
kroj M (Volks)Tracht *f*
krok M Schritt **krokem** im Schritttempo
kroket M SPORT Krocket *n*
krokety FPL GASTR Kroketten
kromě (*G*) außer (*D*), neben (*D*), ausgenommen (*A*); ~ **toho** außerdem
kropenatý gesprenkelt
kropicí: ~ **konev** F, **kropička** F Gießkanne
kropit ⟨po-⟩ (be)sprengen
krosna F, **krosnička** F Trag(e)gestell *n* (*für Kinder*)
krotit zähmen, bändigen
krotký zahm **krotnout** ⟨z-⟩ zahm werden
kroupy FPL Hagel *m*, Graupel *m*; Graupen; **padají** ~ es hagelt, es graupelt
kroutit ⟨z-, za-⟩ (ver)drehen (*I A*); ~ **se** sich drehen, sich winden
kroužek M Kreis, Ring; *fig* Zirkel, Gruppe *f*; ~ **na klíče** Schlüsselring
kroužit kreisen, zirkulieren
krov M Dachstuhl
krtek M Maulwurf
kručet ⟨za-⟩ knurren
kruh M Kreis, Ring
kruhovitý kreisförmig
kruhový: ~ **objezd** M Kreisverkehr
krupice F Grieß *m*, Grütze

krupičný: **krupičná kaše** F Grießbrei *m*
krupky FPL Graupen
krupobití N Hagel(schlag) *m*
krůta F Truthenne, Pute
krutý grausam
kružidlo, **kružítko** N TECH Zirkel *m*
krvácení N Blutung *f*
krvácet bluten
krvavý blutig; blutrot
krveprolití N Blutvergießen
krvetvorný blutbildend
krvinky FPL Blutkörperchen *npl*
krycí: ~ **jméno** N Deckname *m*, Pseudonym
krychle F Würfel *m*, Kubus *m*
krychlový kubisch; ~ **metr** *m* Kubikmeter
krysa F Ratte
kryt M Abdeckung *f*, Verdeck *n*; *Motor* Haube *f*; SPORT, MIL Deckung *f*
krýt (be)decken (*I* mit *D*); schützen; ~ **se** sich decken, übereinstimmen
krytí N WIRTSCH Deckung *f*; ~ **nákladů** Kostendeckung *f*
krytý bedeckt, gedeckt; ~ **bazén** *m* Hallenbad *n*; ~ **šek** *m* gedeckter Scheck
křeč F Krampf *m*
křeček M Hamster
křečovitý krampfartig; *fig* krampfhaft, verkrampft
křečový: **křečové žíly** FPL Krampfadern
křehký spröde, zerbrechlich; *Gebäck* mürbe; ~ **chléb** *m* Knäckebrot *n*
křemen M Quarz, Kiesel
křen M Meerrettich, *österr* Kren
křepelka F Wachtel
křepký flink
křeslo N Sessel *m*, Lehnstuhl *m*
křest M Taufe *f*
křesťan M, **křesťanka** F Christ(in) **křesťanský** christlich **křesťanstvo** N Christentum
křestní Tauf-; ~ **jméno** *n* Vorname *m*
křičet ⟨**za-**⟩ schreien
křída F Kreide
křídlo N Flügel *m* (*a Musik, Gebäude, Partei*); SPORT Außenstürmer *m*
křídlovka F MUS Flügelhorn *n*
křídlový: ~ **oltář** *m* M Flügelaltar
křik M Schrei, Geschrei *n*
křiklavý schreiend; *Farbe* grell
křiknout PF → **křičet**
křísit ⟨**vz-**⟩ MED wiederbeleben
křišťál M Kristall *n*
křivda F Unrecht *n*
křivdit ⟨**u-**⟩ unrecht tun
křivice F MED Rachitis
křivit ⟨**z-**⟩ krümmen
křivka F Kurve
křivý krumm, schief; **křivá přísaha** *f* Meineid *m*
kříž M Kreuz *n* **křížem** kreuzweise; ~ **krážem** kreuz und quer
křížit ⟨**z-**⟩ kreuzen (*a.* ZOOL, BOT); *fig* durchkreuzen
křižník M SCHIFF Kreuzer
křižovat kreuzen; ~ **se** sich kreuzen; REL sich bekreuzigen
křižovatka F Kreuzung

křížovka F Kreuzworträtsel *n*
křoví N Gebüsch
křovina F Strauch *m*, Buschwerk *n*
křtěnec M Täufling **křtěný** getauft
křtiny FPL Taufe *f*
křtít **⟨po-⟩** taufen
kšeft M Geschäft *n*, Handel **kšeftovat** Geschäfte machen
který welcher, der
ku → k
kuckat **⟨za-⟩** hüsteln
kudrna F Locke **kudrnatý** lockig, kraus
kudy wohin
kufr M Koffer; AUTO Kofferraum
kuchař M Koch **kuchařka** F Köchin; Kochbuch *n*
kuchyň, **kuchyně** F Küche
kuchyňský: ~ **robot** M Küchenmaschine *f*
kukačka F Kuckuck *m*
kukátko N Opernglas; Spion *m*
kukla F Kappe, Kapuze; ZOOL Puppe
kukuřice F Mais *m*, *österr* Kukuruz *m*
kůl M Pfahl
kulatý rund; ~ **stůl** *fig* runder Tisch
kulečník M Billard *n*
kulhat hinken
kulička F Kügelchen *n*
kuličkový: **kuličkové ložisko** N Kugellager; **kuličkové pero** N Kugelschreiber *m*
kulka F *Gewehr* Kugel
kulomet M Maschinengewehr *n*
kulovitý kugelförmig
kůň M Pferd *n*; **jezdit na koni** reiten
kuna F Marder *m*
kuňkat **⟨za-⟩** quaken; *fig* nuscheln
kupa F Haufen *m*
kupé N BAHN Abteil
kupec M Käufer
kupit (an)häufen; ~ **se** sich häufen, sich ansammeln
kupovat kaufen
kupředu vorwärts, voran
kupříkladu zum Beispiel
kupující M, F Käufer(in)
kůr M ARCH, MUS Chor
kúra F MED Kur
kůra F Rinde, Borke, Schale, Kruste
kůrka F Brotrinde
kurník M Hühnerstall
kurva F *vulg* Hure; *Fluch* Scheiße
kurzor M IT Cursor
kuřácký Rauch(er)- **kuřák** M Raucher
kuře N Huhn
kuří: ~ **oko** N MED Hühnerauge
kus M Stück *n* (*a.* THEAT, MUS)
kusový Stück-; **kusové zboží** *n* Stückgut
kůstka F Knöchelchen *n*
kusý unvollständig, lückenhaft
kutit (herum)basteln
kutna F Kutte
kůže F Haut; Fell *n*; Leder *n*
kužel M MATH Kegel; SPORT Keule *f*; ~ **sopky** Vulkankegel
kuželka F SPORT Kegel *m*; **hrát kuželky** kegeln **kuželník** M Kegelbahn *f*

kvákat ⟨**za-**⟩ quaken
kvalifikační: **~ zápas** M SPORT Qualifikationsspiel *n*
kvalita F Qualität
kvalitní Qualitäts-, hochwertig
kvas M Sauerteig, Gärungsmittel *n* **kvasit** ⟨**z-**⟩ gären **kvasnice** FPL Hefe *f*
kvašení N Gärung *f*
kvedlačka F Quirl *m*
kvedlat ⟨**za-**⟩ (ver)quirlen
kvést blühen
květ M Blüte *f*
květák M Blumenkohl, *österr* Karfiol
květen M Mai
květina F Blume
květináč M Blumentopf
květinář M Blumenhändler, Blumenzüchter
kvetoucí blühend
květovaný geblümt
kvičet quieken, quietschen
kvitance F Quittung; **na kvitanci** gegen Quittung
kvóta F Quote
kvotace F Quotierung
kvůli (*D*) wegen (*G*), zuliebe (*D*); **~ mně** meinetwegen
kýblík M Kübel, Eimer
kýč M Kitsch
kyčel M Hüfte *f*
kydat werfen; **~ hnůj** *Stall* ausmisten
kýchat, **kýchnout** PF niesen
kyj M Keule *f*
kýl M SCHIFF Kiel
kýla F MED Bruch *m*
kynout[1] ⟨**po-**⟩ (zu)winken
kynout[2] ⟨**za-**⟩ *Teig* (auf)gehen; *fig* dick werden
kynutý: **kynuté těsto** N Hefeteig *m*
kypět ⟨**vz-**⟩ aufwallen; *fig* sprudeln; **~** ⟨**vz-**⟩ **hněvem** vor Wut kochen
kyprý locker, weich
kypřit ⟨**z-**⟩ *Boden* (auf)lockern, hacken
kysat ⟨**z-**⟩ gären, sauer werden
kyselina F Säure; **~ octová** Essigsäure; **~ solná** Salzsäure; **~ sírová** Schwefelsäure
kyselit ⟨**o-**⟩ sauer machen
kyselka F Sauerbrunnen *m*
kyselý sauer (*a. fig*); **~ dešť** *m* saurer Regen; **kyselé mléko** *n* saure Milch *f*; **kyselé zelí** *n* Sauerkraut
kysličník M: **~ uhličitý** Kohlensäure *f*
kyslík M Sauerstoff
kysnout ⟨**z-**⟩ sauer werden
kyt M Kitt
kýta F GASTR Keule, *österr* Schlegel *m*
kytara F Gitarre
kytice F Blumenstrauß *m*
kytovat ⟨**za-**⟩ kitten
kytovec M Wal
kyvadlo N Pendel
kyvadlový: **kyvadlová doprava** F Pendelverkehr *m*
kývat, **kývnout** PF (zu)nicken; **~ se** schwingen, schwanken, *umg* wackeln
kyz M Kies

L

Labe N Elbe *f*
laboratoř F Labor *n*
labský Elb(e)-
labuť F Schwan *m*
labužník M Feinschmecker
laciný billig
lačný nüchtern; begierig; **na lačno** *od* **na ~ žaludek** auf nüchternen Magen
ladem: **ležet ~** brachliegen
ladit ⟨**na-**⟩ übereinstimmen; MUS stimmen; *Radio* einstellen
ladný harmonisch; anmutig
láhev F Flasche; **~ piva** Flasche Bier
lahodit ⟨**za-**⟩ schmeicheln, angenehm sein
lahůdka F Delikatesse, Leckerbissen *m*
lahvička F Fläschchen *n*
láhvový: **láhvové pivo** N Flaschenbier
laik M Laie
lak M Lack; **~ na nehty** Nagellack; **~ na vlasy** Haarlack
lák M Lake *f*, Beize *f*
lákadlo N Lockmittel
lákat ⟨**při-**⟩ (an)locken **lákavý** verlockend
lakomec M Geizhals **lakomý** geizig **lakota** F Geiz *m*
lakovat ⟨**na-**⟩ lackieren
laktóza F Laktose; **bez laktózy** laktosefrei
lámaný zerbrochen; *Sprache* gebrochen
lámat (zer)brechen
lano N Tau, Seil
lanovka F *umg* (Stand)Seilbahn
lanový: **lanová dráha** F → lanovka
lapat, **lapit** fangen; **~ po dechu** nach Luft schnappen
laserový: **~ paprsek** M Laserstrahl; **laserová tiskárna** F IT Laserdrucker *m*
lasička F Wiesel *n*
láska F Liebe
laskat liebkosen, streicheln
laskavý freundlich, liebenswürdig, nett; **buďte tak laskav** seien Sie bitte so freundlich
lastura F Muschel
lát schimpfen, *umg* wettern
lať F Latte
láteřit → lát
látka F Stoff *m* (*a. fig*)
lavice, **lavička** F Bank
lávka F *Brücke* Steg *m*
lázeň F Bad *n*; Badezusatz *m*
lázeňský Bade-, Kur-; **lázeňská taxa** *f* Kurtaxe
laserový: **laserová show** F Lasershow; **laserová tiskárna** F Laserdrucker *m*
lázně FPL (Heil)Bad *n*, Kurort *m*; Badeanstalt *f*
lebeční: **~ kost** F Schädelknochen *m*
lebka F Schädel *m*
lecco(s) manches **lecjaký(s)** mancherlei **leckde(s)** mancherorts **leckdy(s)** manches Mal
leč außer; aber, es sei denn
léčba F Behandlung, Therapie,

Heilung
léčebný: ~ **prostředek** M Heilmittel *n*; ~ **tělocvik** M Heilgymnastik *f*
léčit ⟨**vy-**⟩ behandeln, heilen
léčivý heilsam; **léčivé bahno** *n* Heilschlamm *m*; **léčivé zřídlo** *n* Heilquelle *f*
léčka F Falle; *fig* Hinterhalt *m*
led M Eis *n*
leda nur, höchstens
ledabylý liederlich, nachlässig
leden M Januar, *österr* Jänner
lední Eis-; ~ **hokej** *m* Eishockey *n*; ~ **medvěd** *m* Eisbär
lednička F Kühlschrank *m*
ledoborec M Eisbrecher
ledovec M Gletscher
ledový eisig, eiskalt, Eis-
ledvina F Niere
ledvinový: ~ **kamínek** M Nierenstein
legitimace F Ausweis *m*
legrace F Spaß *m*, Scherz *m*; **dělat si legraci** sich lustig machen (**z** *G* über *A*)
lehat sich (hin)legen
léhat liegen
lehátko N Liege *f*, Liegestuhl *m*
lehátkový: ~ **vůz** M Liegewagen
lehkomyslnost F Leichtsinn *m* **lehkomyslný** leichtsinnig, leichtfertig
lehkost F Leichtigkeit
lehký leicht; **lehká atletika** *f* Leichtathletik
lehnout (si) PF sich (hin)legen
lechtat ⟨**po-, za-**⟩ kitzeln
lechtivý kitz(e)lig (*a. fig*)
lejno N Kot *m*, *pop* Dreck *m*
lék M Arznei *f*, Medikament *n*
lékárna F Apotheke
lékárnice F, **lékárník** M Apotheker(in)
lékař M Arzt; ~ **ORL** HNO-Arzt
lékařka F Ärztin; ~ **ORL** HNO-Ärztin
lékařský ärztlich, medizinisch; **lékařská pomoc** *f* ärztliche Hilfe; **lékařská praxe** *f* Arztpraxis; **lékařská prohlídka** *f* ärztliche Untersuchung
lekat se → leknout se
lekce F Lektion; Unterrichtsstunde
leknín M Seerose *f*, Teichrose *f*
leknout se erschrecken (*G* vor *D*, über *A*)
lékořice F BOT Süßholz *n*; Lakritze
lelkovat gaffen
lemovat ⟨**o-**⟩ säumen, einfassen
len M Flachs, Lein; Leinen *n*
lenivý faul, träge
lenoch[1] M Rückenlehne *f*
lenoch[2] M Faulenzer
lenost F Faulheit, Trägheit
lenošit faulenzen
lenoška F Lehnstuhl *m*
lépe ADV besser; **tím** ~ umso besser
lepek M Gluten *n*
lepenka F Pappe; Dachpappe; Klebeband *n*
lepidlo N Klebstoff *m*
lepit ⟨**na-**⟩ (an)kleben
lepkavý klebrig
lepší ADJ besser **lepšit** ⟨**z-**⟩ **se** sich (ver)bessern
lept M Radierung *f* **leptat**

⟨vy-⟩ ätzen **leptavý** ätzend
les M Wald, Forst
lesk M Glanz **lesklý** glänzend
lesknout ⟨za-⟩ se glänzen
lesnictví N Forstwesen **lesník** M Förster
lest F List
lešení N (Bau)Gerüst
leštit polieren, bohnern
let M Flug; **levný ~** Billigflug **letadlo** N Flugzeug
leták M Flugblatt *n*
létat, **letět** fliegen
letec M Flieger, Pilot
letecký Flug-; **letecká doprava** *f* Flugverkehr *m*; **letecká linka** *f* Fluglinie; **~ most** *m* Luftbrücke *f*; **letecká pošta** *f* Luftpost; **letecká společnost** *f* Fluggesellschaft; **letecké spojení** *n* Flugverbindung *f*
letecky ADV per Luftpost
letectví N Luftfahrt *f*
letem im Fluge, schnell
letenka F Flugticket *n*; **levná ~** Billigflug *m*
letiště N Flughafen *m*, Flugplatz *m*
letitý bejahrt, betagt
letmo ADV flüchtig
letní Sommer-; **~ byt** *m* Sommerwohnung *f*; **~ host** *m* Sommergast; **~ čas** *m* Sommerzeit *f*; **~ jízdní řád** *m* Sommerfahrplan
léto N Sommer *m*; **léta** *pl a.* Jahre; **kolik je Vám let?** wie alt sind Sie?
letopis M Chronik *f*
letopočet M Zeitrechnung *f*
letos ADV dieses Jahr, *österr* heuer
letošní diesjährig, *österr* heurig
letovat ⟨za-⟩ löten
letovačka F Lötkolben *m*
letový: **~ řád** M Flugplan
letuška F Stewardess
-letý -jährig
lev M Löwe
levák M Linkshänder
levhart M Leopard
levice F linke Hand; POL Linke
levný billig, preiswert
levý linke; ungeschickt; **~ závit** *m* Linksgewinde *n*
lézt kriechen; klettern; **~ na hory** auf die Berge steigen
lež F Lüge
ležák M Lagerbier *n*; Ladenhüter
ležatý liegend
ležerní salopp, leger
ležet liegen
lhář M, **lhářka** F Lügner(in)
lhát lügen
lhostejný gleichgültig
lhůta F Frist, Termin *m*; **ve lhůtě** termingemäß
-li wenn, ob
líbánky MPL Flitterwochen *fpl*
líbat küssen
líbit ⟨za-⟩ se *od* **si** *unpers* gefallen; **to se mi líbí** das gefällt mir; **to si nedám ~** das lasse ich mir nicht gefallen
libovat si Gefallen finden (**v** *L* an *D*)
libovolný beliebig **libovůle** F Willkür
libový *Fleisch* mager
libozvučný wohlklingend
libý lieb(lich), angenehm

líc[1] M Vorderseite *f*; **~ i rub** *fig* Vor- und Nachteil
líc[2] F Wange
licitace F Versteigerung **licitovat** versteigern; feilschen
licoměrnice F, **licoměrník** M Heuchler(in) **licoměrný** heuchlerisch
líčený vorgetäuscht
líčidlo N Schminke *f* **líčit** ⟨**vy-**⟩ schminken; schildern; e-e Falle stellen
lid M Volk *n*; **~é** *pl* Leute, Menschen; **~é bez domova** Obdachlose *mpl*
lidnatý dicht bevölkert
lidový volkstümlich; Volks-; **lidová píseň** *f* Volkslied *n*
lidskost F Menschlichkeit **lidský** menschlich
lidstvo N Menschheit *f*; Menschenmenge *f*
liduprázdný menschenleer
líh M Alkohol
líheň F Brutkasten *m*; *fig* Brutstätte
lihovar M Schnapsbrennerei *f*
lihoviny FPL Spirituosen
lichotit ⟨**po-**, **za-**⟩ schmeicheln **lichotivý** schmeichelhaft
lichotka F Schmeichelei, Kompliment *n*
lichva F Wucher *m* **lichvář** M Wucherer
lichvařit wuchern
lichý MATH ungerade; *Anlass* nichtig; *Vorwurf* haltlos
liják M, **lijavec** M Platzregen
liknavý (nach)lässig
lilek M Aubergine *f*
límec M Kragen; **~ košile** Hemdkragen
limit M: **~ nákladů** Kostenlimit *n*
link M IT Link
linka F Linie; Verkehrslinie; Telefonleitung; **horká ~** TEL Hotline
linkovat ⟨**na-**⟩ lin(i)ieren
linkový: **~ autobus** M Linienbus; **linková doprava** F Linienverkehr *m*
líný faul, träge
líp ADV besser
lípa F Linde
lípový: **~ čaj** M Lindenblütentee
lis M Presse *f*; **~ na víno** Kelter *f*
lísavý schmeichlerisch
líska F Haselnussstrauch *m*
lískový: **~ oříšek** M Haselnuss *f*
lisovat ⟨**vy-**⟩ (aus)pressen
list M Blatt *n* (*a Papier*); Schreiben *n*; Urkunde *f*
lístek M Blättchen; Zettel; Karte *f* (*z. B. Eintrittskarte, Fahrkarte*); **~ od šatny** Garderobenmarke *f*
listí N Laub
listina F Urkunde, Liste
lístkový Zettel-; Karten-; **lístkové těsto** *n* Blätterteig *m*
listnatý: **~ strom** M Laubbaum
listonoš M Briefträger
listopad M November
listovat ⟨**za-**, **pro-**⟩ (durch)blättern, umblättern
lišej M MED Flechte *f*
lišejník M BOT Flechte *f*
lišit ⟨**od-**, **roz-**⟩ **(se)** (sich) unterscheiden

liška F Fuchs *m* (*a. fig*); BOT Pfifferling *m*
lišta F Leiste
lít ⟨**na-**, **po-**⟩ gießen
Litevec M, **Litevka** F Litauer(in)
litevský litauisch
litina F Gusseisen *n*
líto ADV leid; **je mi (to) líto** es tut mir leid
lítost F Reue, Mitleid *n*; **bez ~i** mitleidlos, gnadenlos
lítostný schmerzlich, reumütig
litovat ⟨**po-**⟩ bereuen, bedauern (*G A*)
Litva F Litauen *n*
lízat lecken **lízátko** N Lutscher *m*
líznout → lízat
lněný leinen, Lein(en)-
lnout ⟨**při-**⟩ kleben, haften (**k** *D* an *D*)
loď F Schiff *n*
loďař M Schiffbauer, Reeder
loděnice F Werft; Bootshaus *n*
lodivod M Lotse
lodní Schiff(s)-; **~ posádka** *f* Schiffsbesatzung
lodník M Matrose
loďstvo N Flotte *f*
lodyha F Stängel *m*
lokaj M Lakai
lokat ⟨**na-**⟩ gierig trinken; (be)gierig einatmen
loket M Ell(en)bogen
lom M Bruch; Steinbruch; PHYS Brechung *f*
lomcovat ⟨**za-**⟩ schütteln (*I A*); rütteln (*I* an *D*)
lomenice F Giebel *m*
lomit brechen
lomoz M Krach, Gepolter *n*
loni voriges Jahr
loňský vorjährig; **~ rok** *m* Vorjahr *n*
lopata F Schaufel **lopatka** F Schippe; Schulterblatt *n*
lopota F Plagerei, Plackerei
lopotit ⟨**na-**⟩ **(se)** sich (ab)plagen
lopuch M Klette *f*
los[1] M Los *n*
los[2] M Elch
losos M Lachs
losovat ⟨**vy-**⟩ (aus)losen, verlosen
lotr M Schurke
loubí N Laubengang *m*
loučení N Abschied *m* **loučit se** Abschied nehmen (**s** *I* von *D*)
loudat se schlendern, *umg* trödeln **loudavý** gemächlich, trödelnd
loudit ⟨**vy-**⟩ erbetteln (**co na** *L* et von *j-m*), entlocken
louh M Lauge *f*
louka F Wiese
loupat ⟨**o-**⟩ schälen
loupež F Raub *m* **loupežník** M Räuber
loupežný Raub-; **loupežné přepadení** *n* Raubüberfall *m*; **loupežná vražda** *f* Raubmord *m*
loupit (aus)rauben
louskáček M Nussknacker
louskat knacken; *Rätsel* lösen
loutka F Puppe, Marionette
loutkový Puppen-, Marionetten-; **loutkové divadlo** *n* Marionettentheater, Puppentheater

loutna F Laute
louže F Lache, Pfütze
lov M Jagd *f*; *Fisch* Fang
lovec M Jäger; **~ autogramů** Autogrammjäger
lovecký: **~ lístek** M Jagdschein
lovit ⟨**u-**⟩ fangen, jagen, fischen
lóže F THEAT Loge
ložisko N BERGB, TECH Lager; MED Herd *m*
ložní: **~ pokrývka** F Bettdecke; **~ prádlo** N Bettwäsche *f*
ložnice F Schlafzimmer *n*
ložný Lade-; **ložná plocha** *f* Ladefläche; **~ prostor** *m* Laderaum
lpět ⟨**u-**⟩ haften, kleben (**na** *L* an *D*); *fig* festhalten (**na** *L* an *D*)
lstivost F Hinterlist **lstivý** arglistig, (hinter)listig
lucerna F Laterne
luční Wiesen-
lůj M Talg
luk M SPORT Bogen **lukostřelba** F Bogenschießen *n*
lup M Raub, Beute *f*
lupa F Lupe
lupen M BOT Blatt *n*; Lamelle *f*
lupenka F dünnes Brett *n*; Laubsäge; MED Schuppenflechte
lupič M Räuber
lupy MPL *Kopf* Schuppen *fpl*
lusk M Schote *f* **luskat** schnalzen
lustrace F POL Säuberung, Überprüfung
luštěnina F *reife* Hülsenfrucht
luštit *Aufgabe, Rätsel* lösen
lux M Staubsauger **luxovat** ⟨**vy-**⟩ Staub saugen
lůza F Gesindel *n*, Pack *n*
lužickosrbský sorbisch
lůžko N Bett, Lager
lůžkový: **~ vůz** M Schlafwagen
lví Löwen-
lvice F Löwin
lýko N Bast *m*
lysý kahl
lýtko N Wade *f*
lyžař M Skiläufer
lyžařský: **~ můstek** M Sprungschanze *f*; **~ vlek** M Skilift
lyžařství N Skisport *m*
lyže F Ski *m*
lyžovat Ski laufen
lze man kann, es ist möglich
lžíce F Esslöffel; TECH Greifer *n*; **~ na obouvání** Schuhlöffel *m*; **po lžících** löffelweise
lžička F Teelöffel *m*
lživý verlogen; *Nachricht* lügenhaft

M

macecha F Stiefmutter **maceška** F Stiefmütterchen *n*
mač M SPORT Match *n*
máčet ⟨**na-**⟩ einweichen; eintauchen; nass machen
mačkat ⟨**z-**⟩ (aus)drücken, quetschen
Maďar M, **Maďarka** F Ungar(in) **Maďarsko** N Ungarn
maďarský ungarisch
mafián M Mafioso **mafie** F

Mafia
mafioso M Mafioso
magnetofon M Tonbandgerät *n*
magnetofonový: ~ **pásek** M Tonband *n*; ~ **záznam** M Tonbandaufzeichnung *f*
máj M Mai
maják M Leuchtturm
majetek M Besitz, Eigentum *n*, Vermögen *n* **majetný** vermögend
majitel M Besitzer, Eigentümer, Inhaber
majoránka F Majoran *m*
mák M Mohn(blume *f*)
makat tasten; *umg* schuften
makléř M Makler
malátný matt, schlaff
malba F Malerei; Gemälde *n*; Anstrich *m*
malebný malerisch
málem bald, beinahe, fast
maličkost F Kleinigkeit **maličký** winzig, gering
malicherný kleinlich; unbedeutend
malík M kleiner Finger; kleine Zehe *f*
malina F Himbeere
malíř M, **malířka** F Maler(in)
malířství N Malerei *f*
málo wenig; **za ~!** gern geschehen!
málokdo kaum jemand
málokdy selten
maloměsto N Kleinstadt *f*
málomluvný wortkarg
malomyslný kleinmütig
maloobchod M Kleinhandel
malovat ⟨**na-**, **vy-**⟩ malen, anstreichen
malta F Mörtel *m*
malý klein; knapp; *Preis* niedrig; **malé pivo** *n* kleines Bier (*1/3 l*)
maminka F Mutter, *umg* Mutti
mámit täuschen
management N Management
manažer M Manager
manažovat managen
mandarinka F Mandarine
mandle F Mandel
manekýnka F Mannequin *n*
manžel M Ehemann, Ehegatte; **~é** *pl* Eheleute, Ehepaar *n*
manželka F Ehefrau
manželský ehelich
manželství N Ehe *f*
manžeta F Manschette
mapa[1] F *Akten, Buch* Mappe; Umschlag *m*
mapa[2] F Landkarte
mapovat ⟨**z-**⟩ kartografieren; *fig* sondieren
marinovaný mariniert
márnice F Leichenhalle
marnit verschwenden
marnivý eitel
marnotratný verschwenderisch
marný vergeblich
máry FPL Bahre *f*
masitý fleischig, fleischhaltig; **masité jídlo** *n* Fleischgericht
masiv M Bergmassiv *n*
masivní massiv, mächtig
máslo N Butter *f*
máslový: ~ **krém** M Buttercreme *f*
masmédia NPL *umg* Massenmedien
maso N Fleisch

masopust M Fasching, Karneval
masový[1] massenhaft; **masové zboží** *n* Massenartikel *m*
masový[2] Fleisch-; **~ vývar** *m* Fleischbrühe *f*
mast F Salbe
mást verwirren, irreführen
mastit ⟨o-⟩ GASTR fetten; TECH schmieren
mastný fett(ig); *Preis* gepfeffert; **mastné oko** *n* Fettauge; **mastná skvrna** *f* Fettfleck *m*
máta F: **~ peprná** Pfefferminze
materiální materiell
mateřský mütterlich; **mateřská škola** *f* Kindergarten *m*; **mateřské znamínko** *n* Muttermal
mateřství N Mutterschaft *f*
mateřština F Muttersprache
matice F Schraubenmutter
matka F Mutter; Schraubenmutter
matný matt, trübe
matrika F Personenstandsregister *n*, *österr* Matrikel
maturita F Abitur *n*, *österr* Matura
mávat ⟨za-⟩ schwenken (*I A*); winken (*I* mit *D*)
maz M Schmiere *f*; **ušní ~** Ohrenschmalz *n*
mazaný *fig* gerieben, gerissen **mazat** ⟨na-⟩ schmieren (*a. fig*); einreiben; wischen; radieren
mazlavý schmierig **mazlit se** schmusen
mdloba F Ohnmacht; **upadnout do mdlob** in Ohnmacht fallen
mdlý matt; flau; fade
meč M Schwert *n*
med M Honig
měď F Kupfer *n*
měděný kupfern, Kupfer-
média NPL Medien
mediální: **~ politika** F Medienpolitik
medička F, **medik** M Medizinstudent(in)
mědirytina F Kupferstich *m*
medúza F Qualle
medvěd M Bär
mech M Moos *n*
měch M Blasebalg
měchačka F Kochlöffel *m*
mechanik M Mechaniker
měchýř M ANAT Blase *f*
měkčit ⟨z-⟩ weich machen **měkký** weich **měknout** ⟨z-⟩ weich werden
mela F *umg* Tumult *m*, Durcheinander *n*
mělčina F Untiefe **mělký** seicht; *fig* oberflächlich
melouch M *umg* Schwarzarbeit *f*
meloun M Melone *f*
měna F Währung
méně weniger, minder
méněcenný minderwertig
měnit ⟨z-⟩ (ver)ändern; tauschen; wechseln; umtauschen
měnový Währungs-
menší kleiner **menšina** F Minderheit
menšitel M Subtrahend
menu N Menü (*a.* IT)
měrný messbar
meruňka F Aprikose, *österr*

Marille
měřit ⟨z-⟩ (aus)messen
měřítko N Maßstab *m*
měsíc M Monat; Mond
měsíční monatlich; Mond-; **~ jízdenka** *f* Monatskarte
mést kehren, fegen
město N Stadt *f*
městský städtisch, Stadt-; **městská hradba** *f* Stadtmauer
mešita F Moschee
mešní REL Mess-
měšťan M, **měšťanka** F Bürger(in) **měšťanský** Bürger-; HIST bürgerlich
měšťanstvo N Bürgertum
metař M Straßenkehrer
metla F Rute; *fig* Geißel
metrák M *umg* Doppelzentner
metro N U-Bahn *f*; **stanice** *f* **metra** U-Bahn-Station
metrový: **metrové zboží** N Meterware *f*
mez F Rain *m*; Grenze
mezek M Maultier *n*
mezera F Zwischenraum *m*, Lücke
mezi (*A wohin*) zwischen (*A*), unter (*A*); (*I wo*) zwischen (*D*), unter (*D*)
meziměstský: **meziměstská ústředna** F Fernamt *n*; **~ hovor** M Ferngespräch *n*
mezinárodní international
mezipatro N Zwischengeschoss **mezipřistání** N Zwischenlandung *f*
mezitím unterdessen; zwischendurch
mezititulek M Zwischentitel
mhouřit ⟨za-⟩ blinzeln
míč M Ball
míčový: **míčové hry** FPL Ballspiele *npl*
míhat se flimmern; flackern
mícha F Rückenmark *n*
míchačka F Mischer *m* (*z. B. Beton*)
míchaný gemischt; GASTR *a.* gerührt; **míchaná vejce** *npl* Rührei *n*
míchat ⟨za-⟩ mischen, (um-)rühren
míjet → minout
mikrovlákno N Mikrofaser *f*
mikrovlnka F Mikrowelle
Mikuláš M: **svatý ~** Sankt Nikolaus
miláček M Liebling
míle F Meile
milenec M, **milenka** F Geliebte, Liebhaber(in)
milosrdný barmherzig
milost F Gnade, Gunst
milostný: **~ dopis** M Liebesbrief
milovat lieben
milovník M Liebhaber
milý lieb, nett
miminko N Baby, Säugling *m*
mimo[1] (*A*) außer (*D*), außerhalb (*G*); **~ jiné** unter anderem; **~ provoz** außer Betrieb
mimo[2] ADV vorüber, vorbei
mimochodem beiläufig
mimořádný außergewöhnlich; **mimořádná nabídka** *f* Sonderangebot *n*
mimoto außerdem
mimovolný unwillkürlich
mina F MIL Mine
mince F Münze

mínění N Meinung *f*
minerálka F *umg* Mineralwasser *n*
minerální Mineral-; **~ olej** *m* Mineralöl *n*
ministerstvo N: **~ vnitra** Innenministerium; **~ zahraničních věcí** Außenministerium
mínit meinen
minout PF vorüberfahren, vorübergehen (*a. fig*); **~ se** verpassen (**s** *I A*)
minulost F Vergangenheit **minulý** vergangen
mír M Frieden
míra F Maß *n*; **~ inflace** Inflationsrate; **brát míru** Maß nehmen
mírnit ⟨z-⟩ mäßigen, besänftigen **mírný** mäßig, sanft
mírový friedlich, Friedens-; **mírová smlouva** *f* Friedensvertrag *m*
mířit ⟨na-, za-⟩ zielen
mísa F Schüssel; *WC* Becken *n*
mise F Mission, Auftrag *m*
misie F REL Mission
mísit (bei)mischen; *Teig* kneten
místečko N Plätzchen
místenka F Platzkarte
místní örtlich, lokal; **~ doprava** *f* Nahverkehr *m*; **~ hovor** *m* Ortsgespräch *n* **místnost** F Räumlichkeit, Raum *m*
místo[1] N Ort *m*, Stelle *f*, Platz *m*; **~ k stání** Stehplatz *m*; **~ u okna** Fensterplatz *m*
místo[2] (*G*) (an)statt (*G*), anstelle (*G*) **místopředseda** M Vizepräsident
místopřísežný: **místopřísežné prohlášení** N eidesstattliche Erklärung *f*
mistr M Meister; **~ světa** Weltmeister
mistrovství N Meisterschaft *f*; **~ světa** Weltmeisterschaft *f*
místy stellenweise
mít haben; (+ *inf*) müssen, sollen; **~ radost** sich freuen (**z** *G* über *A*); **jak se máte?** wie geht es Ihnen?
mítink M Meeting *n*, Versammlung *f*
mívat zu haben pflegen
mixér[1] M Barmixer
mixér[2] M Mixgerät *n*, *umg* Mixer
míza F ANAT Lymphe, BOT Saft *m*
mizerný elend, erbärmlich
mizet ⟨z-⟩ (ver)schwinden
mizina F: **přijít na mizinu** ins Elend geraten
mládenec M junger Mann; **starý ~** Junggeselle
mládež F Jugend; **~i přístupný** jugendfrei
mládežnický: **mládežnická ubytovna** F Jugendherberge
mladík M junger Mann
mladistvý jugendlich; SU M Jugendliche (*15 -18 Jahre*)
mladost F Jugend(zeit)
mladý jung
mlátit AGR dreschen; schlagen; *umg* verdreschen
mlčení N Schweigen
mlčenlivý schweigsam, verschwiegen
mlčet ⟨po-⟩ schweigen
mlčky (still)schweigend

mléčný: **~ bar** M Milchbar *f*; **~ zub** M Milchzahn
mlékárna F Molkerei
mléko N Milch *f*
mletý: **mletá káva** F gemahlener Kaffee *m*; **mleté maso** N Hackfleisch
mlha F Nebel *m* **mlhavý** neb(e)lig
mlít ⟨se-⟩ mahlen
mlsat naschen **mlsný** naschhaft; wählerisch (*im Essen*)
mluvčí M Sprecher
mluvit reden, sprechen (**o** *L* über *A*)
mluvnice F Grammatik
mlýn M Mühle *f*
mlýnek M Handmühle *f*; **~ na kávu** Kaffeemühle *f*
mnich M Mönch
Mnichov M München *n*
mnohdy häufiger, mehrfach
mnohem viel, bei Weitem
mnoho viel **mnohokrát** vielmals
mnohonásobný vielfach
mnohostranný vielseitig
mnohoznačný mehrdeutig, vieldeutig
mnohý viel(e), mancher
množit ⟨roz-⟩ (ver)mehren
množný: **množné číslo** N GRAM Mehrzahl *f*, Plural *m*
množství N Menge *f* (*klein od groß*)
mobil M → mobilní telefon
mobilizace F Mobilisierung; MIL Mobilmachung
mobilní beweglich, mobil; **~ telefon** *m* Mobiltelefon *n*, Handy *n*
moc¹ F Macht, Gewalt
moc² *umg* (zu) viel, (zu) sehr
mockrát *umg* vielmals; **~ děkuji!** vielen Dank!
mocnost F POL Macht, Großmacht
mocný mächtig, gewaltig
moct können, imstande sein
moč F Harn *m*, Urin *m*
močál M Sumpf
močit Harn lassen
močový: **~ měchýř** M Harnblase *f*
móda F Mode; **módy** *pl umg* Modezeitschrift *f*; **designová** *od* **značková móda** Designermode
model M Modell *n*; Model *n* (*Person*)
modelka F Model *n* (Person)
moderní: **~ umění** N moderne Kunst *f*
moderovat moderieren
modla F Götze *m*
modlit ⟨po-⟩ se beten (**k** *D* zu *D*)
modlitba F Gebet *n*
módní modisch, Mode-; **~ doplňky** *mpl* Accessoires *npl*; **~ přehlídka** *f* Modenschau
modrat ⟨z-⟩ blau werden
modrotisk M Blaudruck
modřín M BOT Lärche *f*
modřina F blauer Fleck *m*
Mohan M Main
Mohuč F Mainz *n*
mohutnět ⟨z-⟩ erstarken, anwachsen **mohutný** mächtig, gewaltig
moka F Mokka *m*
moknout ⟨pro-, z-⟩ nass wer-

den, durchnässen
mokro N Nässe *f* **mokrý** nass
mokřit ⟨**z-**⟩ nass machen
mokvat ⟨**za-**⟩ *Wunde* nässen
mol M Motte *f*
molo N Mole *f*
momentka F Schnappschuss *m*
montovat montieren, einbauen
mor M Pest *f*, Seuche *f*
morálka F Moral
Morava F Mähren *n*
morče N Meerschweinchen
morek M ANAT Mark *n*
moruše F Maulbeere
moře N Meer, See *f*; **u ~** am Meer
mořený gebeizt **mořidlo** N Beize *f*
mořský Meer(es)-, See-; **mořská hladina** *f* Meeresspiegel *m*; **mořská nemoc** *f* Seekrankheit
mosaz F Messing *n*
most M Brücke *f*
mošt M Most
motat (auf)wickeln; *umg* verwechseln; **~ se** taumeln
motocykl M Motorrad *n* **motocyklista** M Motorradfahrer
motolice F Drehwurm *m*, Taumel *m*
motorák M *umg* Triebwagen
motorest M Raststätte *f*
motorka F *umg* Motorrad *n*
motorový Motor(en)-; **~ člun** *m* Motorboot *n*
motouz M Bindfaden
motyka F Hacke
motýl M Schmetterling
motylek M kleiner Falter; *Krawatte* Fliege *f*; SPORT Schmetterlingsstil
moučník M *österr* Mehlspeise *f* (*süßes Gericht*); Süßspeise *f* (*Nachtisch*); Tortenstück *n*
moudrost F Weisheit
moudrý weise
moucha F Fliege
mouka F Mehl *n*
mour M Ruß, Kohlenstaub
movitost F bewegliches Gut *n*; **~i** *pl* Mobilien
movitý beweglich
mozeček M ANAT Kleinhirn *n*; GASTR Hirn *n*, Bregen
mozek M Gehirn *n*, Hirn *n*; *fig* Verstand
mozkový: **mozková mrtvice** F MED Gehirnschlag *m*
mozol M Schwiele *f*
možná möglich(erweise); **co ~ nejvíc** möglichst viel
možnost F Möglichkeit
možný möglich
mračit ⟨**za-**⟩ *Stirn* runzeln; **~ se** finster dreinschauen; sich bewölken
mrak M Wolke *f*
mrakodrap M Wolkenkratzer
mrákoty FPL Ohnmacht
mramor M Marmor
mrav M Brauch, Sitte *f*; **~y** *pl a.* Umgangsformen *fpl*
mravenec M Ameise *f* **mraveniště** N Ameisenhaufen *m*
mravní sittlich, moralisch
mráz M Frost; *fig* Schau(d)er
mrazit einfrieren; **mrazí mě** mich fröstelt
mraznička F Gefrierschrank

m, Tiefkühlschrank *m*
mražený tiefgekühlt; Eis-, Gefrier-
mrcha F Aas *n* (*a. fig*)
mrkat → mrknout
mrkev F Möhre, Mohrrübe
mrknout PF zwinkern, blinzeln
mrštit werfen, schleudern (*I* mit *D*)
mrtvice F Schlaganfall *m*
mrtvola F Leiche
mrtvý tot; SU M Tote
mrzák M Krüppel
mrzet ärgern, verdrießen
mrznout (ge)frieren, erfrieren
mrzutý mürrisch; *Sache* ärgerlich
mřít 〈**u-**, **ze-**〉 sich quälen; *fig* sterben
mříž(e) F Gitter *n*
msta F Rache
mstít 〈**po-**〉 rächen; ~ 〈**po-**〉 **se** sich rächen (**na** *A* **za** *L* an *D* für *A*)
mše F REL Messe
mučednice F, **mučedník** M Märtyrer(in)
mučení N Folter *f*
mučit 〈**z-**〉 foltern, quälen
mudrc M Weise
muchlat 〈**z-**〉 (zer)knittern, (zer)knüllen
mucholapka F Fliegenfänger *m*
muchomůrka F Fliegenpilz *m*
muka F od NPL Qual *f*
mul[1] M Mull, Gaze *f*
mul[2] M Maulesel
multikulturní multikulturell
mumlat brummen, murmeln
můra F Nachtfalter *m*; *fig* Alptraum *m*
muset, **musit** müssen
můstek M Brückchen *n*; *Gebiss* Brücke
muškát M Muskateller; Muskatnuss *f*
muší Fliegen-; ~ **váha** *f* SPORT Fliegengewicht *n*
mušle F Muschel
muzikál M Musical *n*
muž M Ehemann
mužský männlich, Männer-
mužství N Männlichkeit *f*
mužstvo N Mannschaft *f*
my wir
mycí Wasch-; abwaschbar; ~ **linka** *f* AUTO Waschstraße
myčka F Spülmaschine; AUTO Waschstraße
mydliny FPL Seifenlauge *f*
mydlit 〈**na-**〉 (ein)seifen
mýdlo N Seife *f*
mýlit 〈**z-**〉 irreführen, beirren; ~ 〈**z-**〉 **se** sich irren
mylný irrtümlich, falsch
mys M Kap *n*
mysl F Sinn *m*; **mít na ~i** im Sinn haben
myslet, **myslit** meinen; denken (**na** *A* an *A*)
myslivec M Jäger
myš F Maus (*a.* IT)
myšlenka F Gedanke *m*, Idee
mýt 〈**u-**〉 waschen; *Geschirr* spülen; *Fenster* putzen; ~ 〈**u-**〉 **se** sich waschen
mýtina F Lichtung **mýtit** 〈**vy-**〉 abholzen, roden
mýto N Straßenzoll *m*, *österr* Maut *f*
mzda F Lohn *m*

mzdový: ~ **požadavek** M Lohnforderung *f*
mžik M Augenblick
mžikat, **mžiknout** PF blinzeln, zwinkern; *Licht* flackern
mžít nieseln
mžitky FPL Augenflimmern *n*
mžourat ⟨za-⟩ blinzeln

N

na (*A wohin*) auf, an, in (*A*), nach; (*L wo*) auf, an, in (*D*); ~ **osobu** pro Person; ~ **co** warum, wozu; ~ **to** hierfür; ~ **týden** für eine Woche; ~ **moři** auf See, auf dem Meer
nabádat anspornen, ermahnen
nabádavý ermahnend, anregend
nabarvit PF färben; anstreichen
nabažit se PF überdrüssig werden
náběh M Anzeichen *n*
naběhat se (IM)PF viel herumlaufen
naběhnout PF MED (an)schwellen, anlaufen
naběračka F Kelle, Schöpflöffel *m*
nabídka F Angebot *n*; ~ **na poslední chvíli** Last-Minute-Angebot *n*
nabídnout PF (an)bieten
nabíhat → naběhnout
nabíječka F ELEK Ladegerät *n*
nabíjet → nabít
nabít PF ELEK, MIL laden; füllen; *Film* einlegen; (ver)prügeln (*D A*)
nabírat → nabrat
nabízet → nabídnout
nablízku in der Nähe
nabodat PF, **nabodávat** aufspießen
nabodnout PF → nabodat
náboj M ELEK, MIL Ladung *f*; Patrone *f*; *Rad* Nabe *f*
nábor M Werbung *f*
naboso barfuß
nabourat PF beschädigen; *umg Plan* stören
náboženství N Religion *f*
nábožný fromm, religiös
nabrat PF nehmen, schöpfen
nábřeží N Uferstraße *f*, Kai *m*
nabýt PF erlangen, erwerben (*G A*); zunehmen; ~ **účinnosti** in Kraft treten
nábytek M Möbel *npl*
nabývat → nabýt
nacionále N *Liste der Personalangaben*; **nacionália** NPL, **nacionálie** FPL Personalangaben *fpl*
nacpaný vollgestopft; BAHN überfüllt **nacpat** PF, **nacpávat** vollstopfen
nacvičit PF, **nacvičovat** einüben
nač = **na co**
náčelník M Häuptling; Chef, Vorsteher
načepovat PF zapfen
načernalý schwärzlich
načernit PF schwärzen
načerno ADV schwarz (*a. fig*);

jezdit ~ schwarzfahren
načervenalý rötlich
načesat PF kämmen; *Obst* pflücken
načež worauf
načínat → načít
náčinek M MED Umschlag
náčiní N Gerät, Utensilien *fpl*
načisto sauber; ganz und gar
načít PF anfangen, beginnen
náčrt, náčrtek M Skizze *f*, Entwurf
nad (*A wohin*) über (*A*); (*I wo*) über (*D*), oberhalb (*G*); **~ tím** darüber; **~ Labem** an der Elbe
nadace F Stiftung
nadále weiterhin
nadání N Begabung *f* **nadaný** begabt
nadarmo vergeblich
nadat[1] PF ausstatten
nadat[2] PF, **nadávat** schimpfen, beschimpfen (*D A*)
nadávka F Schimpfwort *n*
nadběhnout PF, **nadbíhat** zuvorkommen, einholen (*D A*)
nadbytečný überflüssig
nadbytek M Überfluss
nadčasový zeitlos
nade → nad
nádech M Hauch; *fig* Anflug
nadechnout PF einatmen
naděje F Hoffnung (**na** *od* **v** *A* auf *A*)
nadejít PF überholen, einholen (*D A*); **~ si** *Weg* abkürzen
nadějný hoffnungsvoll
nadělit PF, **nadělovat** schenken, bescheren
nadepsat PF überschreiben, betiteln
nadhazovat → nadhodit
nádhera F Pracht **nádherný** prächtig, herrlich
nadhodit PF hochwerfen; *Frage* aufwerfen
nadhodnocovat → nadhodnotit
nadhodnota F Mehrwert *m*
nadhodnotit PF überbewerten
nadcházet → nadejít
nadchod M *Straße* Überführung *f* (*zu Fuß*)
nadílet → nadělit
nadílka F Geschenk *n*, Bescherung
nádivka F GASTR Füllung
nadjezd M *Straße* Überführung *f* (*mit Fahrzeug*)
nadloktí N Oberarm *m*
nadměrný übermäßig
nadmíru überaus, übermäßig
nadmout PF, **nadýmat** aufblasen, (auf)blähen
nádoba F Gefäß *n*
nádobí N Geschirr
nadobro ganz und gar
nádor M Tumor, Geschwulst *f*
nadpis M Aufschrift *f*, Überschrift *f* **nadpisovat** → nadepsat
nadpočet M Überschuss
nadprodukce F Überproduktion
nadprůměrný überdurchschnittlich **nadpřirozený** übernatürlich
ňadra NPL Busen *m*, Brust *f*
nádraží N Bahnhof *m*
nádrž F Wasserbecken *n*; AUTO Tank *m*

nadržovat begünstigen, bevorzugen (*D A*)
nadřazený übergeordnet
nadřízený M Vorgesetzte
nadsadit PF übertreiben
nadsázka F Übertreibung
nadšení N Begeisterung *f*
nadšený begeistert
nadto überdies
nadváha F Übergewicht *n*; Übergepäck *n*
nádvoří N Hof *m*, Burghof *m*
nadvýdělek M Mehrverdienst
nadvýroba F Überproduktion
nadýmání N MED Blähungen *fpl* **nadýmat** → nadmout
nadzdvihnout PF, **nadzdvihovat** anheben
nadzemní oberirdisch; TECH, BAHN Hoch-
nafoukaný aufgeblasen **nafoukat** PF, **nafouknout** PF (auf)blasen; **nafouknout se** *fig* sich aufspielen
naformátovat PF IT formatieren
nafta F Motoröl *n*; AUTO Diesel (-kraftstoff) *m* **naftovod** M Erdölleitung *f*, Pipeline *f*
nafukovací: ~ **člun** M Schlauchboot *n*; ~ **hala** F Traglufthalle; ~ **matrace** F Luftmatratze
nahánět → nahnat
nahlas laut
náhled M *fig* Ansicht *f*; Einsicht *f*
nahlédnout PF, **nahlížet** nachschauen, e-n Blick werfen
nahluchlý schwerhörig
náhlý plötzlich
nahnat PF (hin)treiben; *Angst* einjagen
nahněvat PF erzürnen, ärgern; ~ **se** zornig werden (**na** *A* auf *od* über *A*), sich ärgern
nahniličko *Ei* halbweich
nahnilý angefault
nahnout PF neigen, beugen
náhoda F Zufall *m*
náhodný ADJ, **náhodou** ADV zufällig
nahoru hinauf, herauf, nach oben
nahoře oben
náhrada F Ersatz *m*, Vergütung; ~ **nákladů** Kostenerstattung; ~ **škody** Schadenersatz *m*
nahradit PF ersetzen (*I* durch *A*); *Kosten* erstatten
náhradní: ~ **díl** M Ersatzteil *n*; ~ **klíč** M Ersatzschlüssel; ~ **kolo** N Ersatzrad
náhradník M Ersatzmann
nahrát PF *Ton* aufnehmen, aufzeichnen
nahrávka F Ton(band)-aufnahme
nahrazovat → nahradit
náhrdelník M Halskette *f*
nahrnout PF, **nahrnovat** anhäufen; **nahrnovat se** zusammenströmen
náhrobek M Grabmal *n*
náhrobní: ~ **kámen** M Grabstein
náhubek M Maulkorb
nahý nackt, bloß (*a. fig*)
nahýbat → nahnout
nach M Purpur
nacházet → najít

nachladit se PF, **nachladit senout se** PF sich erkälten
nachlazení N Erkältung *f*
nachový purpurrot
nachvat eilig, in Eile
nachýlit PF neigen
náchylný geneigt; MED anfällig (**k** *D* für *A*)
nachylovat → nachýlit
nachystat PF vorbereiten; **~ se** sich aufmachen
najatý gemietet
najedený gesättigt, satt
najednou plötzlich
nájem M Miete *f*; Pacht *f*; **dát do nájmu** vermieten; **bydlit v nájmu** zur Miete wohnen
nájemce M, **nájemkyně** F Mieter(in), Pächter(in)
nájemné N Miete *f*, *österr* Zins *m*
nájemní: **~ smlouva** F Mietvertrag *m*
nájemnice F, **nájemník** M Mieter(in)
nájemný: **~ dům** M Mietshaus *n*
najet PF auffahren (**na** *A* auf *A*); **~ na sebe** aufeinanderprallen
najevo: **dát ~** zeigen
najímat → najmout
najíst se PF sich satt essen
najít finden; **~ se** sich (be)finden
najmout PF mieten, pachten; (an)werben
nákaza F Ansteckung, Infektion, Seuche
nakazit PF MED anstecken, infizieren
nakažlivý ansteckend
náklad M Last *f*, Fracht *f*; TYPO Auflage *f*; **~y** *pl* Kosten *pl*
nakládaný GASTR eingelegt
nakládat → naložit
nakladatel M Verleger **nakladatelství** N Verlag *m*
nákladní: **~ auto** N Lastwagen *m*; **~ doprava** F Güterverkehr *m*; **~ list** M Frachtbrief; **~ vůz** M Güterwagen
nákladný kostspielig, aufwendig
naklánět, **naklonit** PF neigen; **naklonit si** für sich gewinnen
náklonnost F *fig* Neigung
nakonec schließlich
nakoso schief
nakoupit PF einkaufen
nakousnout PF anbeißen
nakrájet PF klein schneiden, aufschneiden
nákres M Skizze *f*, Aufzeichnung *f*
nakreslit PF (auf)zeichnen
nakrmit PF *Kind, Vieh* füttern
nakrojit PF anschneiden
nákup M Ankauf, Einkauf
nakupit PF anhäufen
nákupní: **~ kabela** F Einkaufstasche; **~ středisko** N Einkaufszentrum
nakupovat → nakoupit
nakusovat → nakousnout
nákyp M GASTR Auflauf
nalačno auf nüchternen Magen
nálada F Laune, Stimmung
naladit PF, **nalaďovat** MUS stimmen; *Radio* einstellen
náladový launenhaft
náledí N Glatteis

naléhat (be)drängen (**na** *A A*)
naléhavý dringend
nalepit PF aufkleben, ankleben
nálepka F Etikett *n*, Aufkleber *m*, *österr* Pickerl *n*
nalepovat → nalepit
nálet M Luftangriff
nálev M Aufguss
nálevka F Trichter *m*
nalévat → nalít
nalevo (nach) links
nález M Fund(Sache) *f*; MED Befund
nalézat → nalézt
nálezce M Finder
nálezné N Finderlohn *m*
nalézt PF finden
náležet gehören, gebühren
náležitý gebührend, ordnungsgemäß
nalíčený geschminkt **nalíčit**[1] PF schminken
nalíčit[2] PF e-e Falle stellen (**na** *A D*)
nalít PF eingießen, einschenken
naložit PF aufladen; GASTR einwecken, einlegen
namáčet → namočit
námaha F Anstrengung
namáhat anstrengen; TECH beanspruchen; **~ se** sich anstrengen
namáhavý anstrengend
namastit PF (ein)fetten
namátkový: **namátková zkouška** F Stichprobe
namazat PF (ein)schmieren
naměkko *Ei* weich
naměřit PF abmessen
náměstek M Stellvertreter
náměstí N Platz *m*

námět M Entwurf; Thema *n*
namítat → namítnout
námitka F Einspruch *m*, Einwand *m*
namítnout PF einwenden
namlouvat → namluvit
namluvit PF einreden, *umg* weismachen; **~ na pásek** auf Band sprechen; **~ si dívku** *umg* sich ein Mädchen anlachen
namočit PF einweichen
namoknout PF nass werden
namokřit PF nass machen
námořní: **~ lupič** M Pirat
námořnictvo N Marine *f* **námořník** M Matrose, Seemann
namydlit PF einseifen
nanášet → nanést
Nanebevstoupání N: **~ Páně** Christi Himmelfahrt *f*
nanejvýš(e) höchstens
nanést PF zusammentragen; anschwemmen; *Farbe, Creme* auftragen
naneštěstí unglücklicherweise
nanicovatý unnütz
nános M Anschwemmung *f*
nanosit → nanést
nanovo erneut, von Neuem
naopak umgekehrt, im Gegenteil
naobědvat se PF zu Mittag essen
naočkovat PF impfen; BOT pfropfen; *fig* einimpfen
naoko zum Schein
nápad M Einfall, Idee *f*
napadat angreifen, überfallen; *Idee* einfallen; **co tě** *od* **ti napadá?** was fällt dir ein?

nápadník M Verehrer
napadnout PF → napadat
nápadný auffällig
napálit PF betrügen, prellen; ~ se hereinfallen
napalovačka F: ~ **DVD** DVD-Brenner *m*
napařovací: ~ **žehlička** F Dampfbügeleisen *n*
napětí N Spannung *f*
nápěv M Melodie *f*
napevno fest
napíchat PF, **napíchovat** anstecken, aufspießen
napínáček M Reißzwecke *f*
napínat → napnout **napínavý** *fig* spannend
nápis M Aufschrift *f*, Inschrift *f*
napít se PF sich betrinken (*G* mit *D*)
napjatý gespannt (*a. fig*)
náplast F Pflaster *n*
naplavit PF, **naplavovat** anschwemmen
náplň F Füllung; *fig* Inhalt *m*; *Stift* Mine
naplnit PF, **naplňovat** (ein)füllen; *fig* erfüllen
napnout PF spannen
napočíst PF, **napočítat** PF aufzählen
napodobenina F Nachahmung **napodobit** PF nachahmen
nápodobně gleichfalls (*als Antwort*)
napodobovat → napodobit
nápoj M Getränk *n*
nápojový: ~ **lístek** M Getränkekarte *f*
napolo halb, zur Hälfte
napomenout PF ermahnen
napomenutí N (Er)Mahnung *f*
napomínat → napomenout
nápomocný behilflich
napoprvé zum ersten Mal
napořád der Reihe nach
naposled(y) zum letzten Mal
napouštět → napustit
nápověď F Andeutung, Anspielung
napovědět PF andeuten; vorsagen **napovědka** F Souffleuse
napovídat → napovědět
napracovat PF aufarbeiten; nacharbeiten
náprava[1] F Besserung; Wiedergutmachung, Abhilfe
náprava[2] F *Wagen* Achse
napravit PF (ver)bessern; wiedergutmachen; MED einrenken
nápravný: ~ **tělocvik** M Heilgymnastik *f*
napravo (nach) rechts
naprázdno leer; umsonst
naprosto ganz und gar
naproti gegenüber, entgegen
náprsní: ~ **kapsa** F Brusttasche; ~ **taška** F Brieftasche
např. (**například**) zum Beispiel (z.B.)
napřed vorn; vorher; im Voraus; **hodiny jdou** ~ die Uhr geht vor
napříč quer
například zum Beispiel
napsat PF (auf)schreiben, verfassen
napuchlý geschwollen **napuchnout** PF anschwellen

napustit PF *Wasser* einlassen; füllen (*I* mit *D*)
náramek M Armband *n*
náramkový: **náramkové hodinky** FPL Armbanduhr *f*
naráz auf einmal, plötzlich
náraz M Aufprall
narazit PF stoßen (**na** *A* an, gegen *A*); *fig* anspielen (**na** *A* auf *A*)
nárazník M AUTO Stoßstange *f*
narážka F Anspielung
narkoman M Drogenabhängige **narkomanie** F Drogensucht **narkomanka** F Drogenabhängige
narkoobchod M Drogenhandel
náročný anspruchsvoll
národ M Volk *n*, Nation *f*
narodit se PF geboren werden
národní Volks-, National-; **~ mužstvo** *n* Nationalmannschaft *f*; **~ park** *m* Nationalpark
národnost F Nationalität
národopis M Völkerkunde *f*; Volkskunde *f*
nárok M Anspruch
narovnat PF, **narovnávat** gerade richten
narození N Geburt *f* **narozeniny** FPL Geburtstag *m*; **šťastné ~** alles Gute zum Geburtstag
narozený geboren
nárt M ANAT Spann, Rist
narub(y) verkehrt (herum)
nárůst M Anwachsen *n*, Zuwachs
narůst PF, **narůstat** anwachsen, (auf)wachsen
narušit PF, **narušovat** stören
nárys M Skizze *f*, Entwurf
nářadí N Gerät, Werkzeug
nářečí N Mundart *f*, Dialekt *m*
nářek M Gejammer *n*
nářez M GASTR Aufschnitt
nařezat PF, **nařezávat** (zer-)schneiden
nařídit PF anordnen; *Uhr* stellen **nařízení** N Anordnung *f*, Verordnung *f*
naříznout PF anschneiden; ansägen
nařizovat → nařídit
násada F Schaft *m*, Stiel *m*
nasadit PF *Hut* aufsetzen; *Kräfte* einsetzen
nasázet PF pflanzen; hineintun
nasazovat → nasadit
nasbírat PF (auf)sammeln
násep M Damm, Wall; Schanze *f*
naschvál absichtlich
násilí N Gewalt *f*
násilník M Gewalttäter
naskákat PF, **naskakovat** (auf)springen; hineinspringen; *Motor* anspringen
naskočit PF → naskákat
náskok M Vorsprung
naskrz(e) durch und durch
naskytat se, naskytnout se PF vorkommen; sich ergeben
následek M Folge *f*
následník M Nachfolger
následovat (nach)folgen **následující** (nach)folgend
naslepo *fig* blind
naslouchací: **~ zařízení** N Abhöranlage *f*
naslouchat lauschen

naslouchátko N Hörgerät
nasnídat se PF frühstücken
násobení N Multiplikation *f*
násobilka F Einmaleins *n*
násobit ⟨z-⟩ multiplizieren
-násobný *in Zssgn* -fach
nasolit PF einsalzen
naspěch ADV eilig, in Eile
naspod (nach) unten
naspodu unten, zuunterst
nastat PF eintreten, einsetzen, anbrechen
nástavba F Aufbau *m*; ARCH Aufstockung
nastávající bevorstehend
nastávat → nastat
nastavit PF, **nastavovat** hinhalten
nastěhovat se PF *Mieter* einziehen
nástěnka F Wandzeitung
nástěnný: ~ **kalendář** M Wandkalender; **nástěnná malba** F Wandmalerei
nástin M Skizze *f*, Entwurf
nastínit PF skizzieren
nastiňovat → nastínit
nastoupit PF BAHN einsteigen; *Stellung* antreten
nástraha F Köder *m*, Hinterhalt *m*
nastrčit PF, **nastrkovat** anstecken; hinhalten
nástroj M Werkzeug *n*; MUS Instrument *n*
nastrojit PF, **nastrojovat** vorbereiten, anzetteln; *Miene* aufsetzen; ~ **se** *umg* sich herausputzen
nastříhat PF → nastříhnout
nastřihnout PF, **nastřihovat** zerschneiden, zuschneiden
nastudeno ADV GASTR kalt
nastudit se PF sich erkälten
nástup M BAHN Einstieg *m*; SPORT, MIL Antreten *n*; *Beruf* Antritt
nástupce M Nachfolger
nástupiště N Bahnsteig *m*
nástupní: ~ **ostrůvek** M Haltestelleninsel *f*
nastupovat → nastoupit
nastuzení N Erkältung *f*, *österr* Verkühlung *f*
nastydnout se PF → nastudit se
nasvačit se PF e-n Imbiss nehmen, *österr* jausen
nasvědčovat bezeugen (*D A*)
nasycený CHEM gesättigt
nasycovat → nasytit
nasypat PF, **nasypávat** (hin-)schütten, aufschütten
nasytit PF sättigen; ~ **se** sich satt essen
náš, naše unser(e)
našetřit PF zusammensparen
našinec M unsereiner; Landsmann
našít PF, **našívat** annähen, aufnähen
naškrábat PF schaben, schälen; *Wort* hinkritzeln
naškrobit PF *Wäsche* stärken
našlápnout PF, **našlapovat** (nieder)treten
našpinit PF leicht beschmutzen
naštěstí zum Glück
naštvaný erzürnt, wütend
natáčet → natočit
natáčka F Lockenwickler *m*
natáhnout PF, **natahovat**

spannen, dehnen
nátěr M Anstrich
natírat → natřít
nátlak M Druck, Zwang
natlouct PF, **natloukat** einschlagen, einrammen
nato darauf(hin)
natočit PF aufwickeln; *Motor* anlassen; *Film* drehen; *Bier* zapfen
natolik so weit, so viel
natrápit se (IM)PF sich herumplagen
natrhat PF pflücken; *Papier* zerreißen
nátrubek M MUS Mundstück *n*; TECH Stutzen
natrvalo auf Dauer
natržení N MED Zerrung *f*
natřít PF anstreichen; MED einreiben
natural *Benzin umg* bleifrei
natvrdo ADV *Ei* hart
naučit PF lehren (**k-u co** j-n et); **~ se** (er)lernen (**č-u** et); **~ se česky** Tschechisch lernen
naučný belehrend; Lehr-
nauka F Lehre
náušnice F Ohrring *m*
navádět → navést
nával M Andrang; *fig* Anwandlung *f*
navázat PF, **navazovat** anbinden; *fig* anknüpfen
navážit PF (ab)wiegen
navečer gegen Abend **navečeřet se** PF zu Abend essen
navěky für immer
navenek äußerlich
navést PF leiten; verleiten
návěstidlo N BAHN Signal
návěští N Ankündigung *f*, Bekanntmachung *f*
navíc noch dazu, überdies
naviják M TECH Winde *f*
navíjet → navinout
navinout PF, **navinovat** (auf)wickeln
navít PF → navinout
navlas (haar)genau
navléct PF, **navlékat** auffädeln, einfädeln (*a. fig*); anstecken; anziehen
navléknout PF → navléct
navlhčit PF, **navlhčovat** anfeuchten
navlhnout PF feucht werden
návnada F Köder *m*
návod M Anleitung *f*; **~ k použití** Gebrauchsanweisung *f*
navonět PF parfümieren
navrácet → navrátit
návrat M Rückkehr *f*; **~ domů** Heimkehr *f*
navrátit PF zurückgeben, erstatten; **~ se** zurückkehren
návrh M Vorschlag; Antrag
návrhář M Designer
navrhnout PF, **navrhovat** vorschlagen, beantragen
navrhovatel M Antragsteller
navrch nach oben
navrchu oben(auf)
návrší N Anhöhe *f*
navršit PF anhäufen, auftürmen
návštěva F Besuch *m*; **jít na návštěvu** zu Besuch gehen; **být na návštěvě** zu Besuch sein
návštěvnice F, **návštěvník** M Besucher(in)
navštěvovat → navštívit

navštívit PF besuchen
návyk M Gewohnheit *f*
navykat, **navyknout** PF gewöhnen (*D* od **na** *A* an *A*)
navyklý gewohnt, gewöhnt (*D* an *A*)
navzájem gegenseitig
navzdor(y) zum Trotz, trotz
navztekaný wütend
navždy(cky) für immer
nazapřenou unter fremdem Namen, inkognito
nazbyt ADV im Überfluss
nazdar! grüß dich!, servus!
název M Bezeichnung *f*, Name, Titel
nazlobený verärgert, ärgerlich
nazlobit se (IM)PF sich herumärgern, *j-n* sehr viel ärgern
nazmar: **přijít ~** zunichtewerden
naznačit PF, **naznačovat** andeuten, markieren
náznak M Anzeichen *n*
naznak rücklings
názor M Ansicht *f*, Anschauung *f* **názorný** anschaulich
nazpaměť ADV auswendig
nazpátek, **nazpět** zurück, rückwärts
nazvat PF (be)nennen
nazývat → nazvat; **~ se** heißen
naživu am Leben, lebendig
ND (**Národní divadlo**) Nationaltheater
ne nein, nicht; **jakby ~?** wieso denn nicht?
ne- *in Zssgn* nicht-, un-, -frei, -los
nealkoholický alkoholfrei; **nealkoholické nápoje** *mpl* alkoholfreie Getränke *npl*
nebalený unverpackt, lose
nebe N Himmel *m*; ... **pod širým ~m** Open-Air- **nebeský** himmlisch
nebezpečí N Gefahr *f*; **bez ~** gefahrlos; **na vlastní ~** auf eigene Gefahr; **~ úrazu** Unfallgefahr *f*; **~ života** Lebensgefahr *f*
nebezpečný gefährlich
nebo oder
nebojácný furchtlos
neboli oder
neboť denn
nebožka F, **nebožtík** M Verstorbene
nebytový: **~ prostor** M Gewerbefläche *f*
nebývalý ungewöhnlich
něco etwas; **ještě ~?** noch etwas?
nectný schändlich
necudný unanständig
nečas M Unwetter *n*
nečekaný unerwartet
něčí irgendjemandes
nečinný untätig
nečistota F Schmutz *m* **nečistý** schmutzig
nedaleko unweit, nahe
nedávno unlängst, neulich; **do nedávna** bis vor Kurzem; **od nedávna** seit Kurzem
nedbalý unordentlich
neděle F Sonntag *m*; PL Wochen *fpl*
nedělitelný unteilbar
nedělní: **~ klid** M Sonntagsruhe *f*
nedočkavý ungeduldig
nedokonalý unvollkommen

nedopalek M *Zigarette* Stummel, *pop* Kippe *f*
nedopatření N Versehen
nedoplatek M Zahlungsrückstand
nedorozumění N Missverständnis
nedoslýchat schwer hören
nedoslýchavý schwerhörig; SU M Schwerhörige
nedospělý minderjährig
nedostatečný ungenügend
nedostatek M Mangel; WIRTSCH Manko *n*
nedostávat se fehlen, mangeln (*G* an *D*)
nedostižný unerreichbar
nedostupný unzugänglich; *Preis* unerschwinglich
nedotčený unberührt
nedotknutelný unantastbar
nedouk M Halbgebildete
nedovolený unzulässig, unerlaubt
nedozírný unabsehbar
neduh M Gebrechen *n*
nedůsledný inkonsequent
nedůtklivý (über)empfindlich, *umg* zimperlich
nedůvěra F Misstrauen *n*
nedůvěřivý misstrauisch
neduživý gebrechlich
negramotný: ~ **člověk** M Analphabet
něha F Zärtlichkeit
nehet M Fingernagel
nehledaný natürlich, ungezwungen
nehledě, **nehledíc** (**k** *D*) abgesehen (von *D*); (**na** *A*) ohne Rücksicht (auf *A*)
nehnutý regungslos
nehoda F Unfall *m*
nehodný unwürdig; *Kind* ungezogen
nehospodárný unökonomisch
nehybný regungslos
nechat PF, **nechávat** (unter)lassen; überlassen; zurücklassen
nechráněný ungeschützt
nechuť F Unlust; Abneigung (**k** *D* gegen *A*); **s nechutí** widerwillig
nechutenství N Appetitlosigkeit *f* **nechutný** nicht schmackhaft, unappetitlich; *fig* widerlich
nějak irgendwie **nějaký** irgendeiner
nejasný unklar, undeutlich
nejdřív(e) zuerst, frühestens
nejednoznačný mehrdeutig, vieldeutig
nejen(om) nicht nur
nejistý unsicher, ungewiss
nejlépe am besten
nejpozději spätestens
nejprv(e) zuerst
nejraději am liebsten
nejspíš(e) höchstwahrscheinlich, am ehesten
někam irgendwohin
někde irgendwo; ~ **jinde** woanders
někdejší ehemalig
někdo (irgend)jemand
někdy manchmal
neklid M Unruhe *f* **neklidný** unruhig, ruhelos
několik einige, mehrere

několikadenní mehrtägig **několikanásobný** mehrfach
několikrát mehrmals
nekonečný endlos
nekrytý: ~ **šek** M ungedeckter Scheck
některý mancher, irgendein
nekuřačka F, **nekuřák** M Nichtraucher(in)
nelidský unmenschlich
nelítostný erbarmungslos
nelze es ist nicht möglich, man kann nicht
nemajetný mittellos
nemanželský unehelich
němčina F Deutsch *n*
Němec M Deutsche
Německo N Deutschland
německý deutsch; **německá marka** *f* Deutsche Mark (DM)
neměnný unveränderlich
nemilosrdný unbarmherzig
nemilý unlieb(sam); *Gast* ungebeten
nemístný unpassend, unangebracht
Němka F Deutsche
nemluvňátko, nemluvně N Säugling *m*, Baby
nemluvný wortkarg
nemoc F Krankheit
nemocenský Kranken-; **nemocenská pokladna** *f* Krankenkasse; **nemocenské pojištění** *n* Krankenversicherung *f* **nemocenské** N Krankengeld
nemocnice F Krankenhaus *n*
nemocný krank; SU M Kranke
němohra F Pantomime
nemotorný unbeholfen
nemovitost F Immobilie
nemožný unmöglich
nemravný unsittlich
nemrznoucí: ~ **směs** M Frostschutzmittel *n*
němý stumm
nenadálý unverhofft
nenáležitý ungebührlich
nenápadný unauffällig
nenapodobitelný unnachahmlich
nenapravitelný unverbesserlich
nenáročný anspruchslos
nenásilný gewaltlos
nenasytný unersättlich
nenávidět hassen
nenávist F Hass *m* **nenávistný** hasserfüllt
není er (sie, es) ist nicht, es gibt nicht; ~ **zač** nichts zu danken; keine Ursache
nenucený ungezwungen, zwanglos
neoblíbený unbeliebt
neobratný ungeschickt
neobyčejný ungewöhnlich
neobydlený unbewohnt
neočekávaný unerwartet, unverhofft
neodborný dilettantisch, laienhaft **neodbytný** zudringlich, lästig
neodůvodněný unbegründet
neodvolatelný unwiderruflich **neodvratný** unabwendbar
neohrabaný unbeholfen
neohrožený unerschrocken
neochota F Unwille *m*, Unlust
neomezený unbeschränkt, unbegrenzt **neomylný** un-

fehlbar; *Zeichen* untrüglich **neopatrný** unvorsichtig
nepatrný geringfügig **neplatný** ungültig
neplavec M, **neplavkyně** F Nichtschwimmer(in)
neplecha F Unfug *m*
neplodný unfruchtbar
nepodmíněný unbedingt
nepodplatný unbestechlich
nepochopitelný unbegreiflich, unfassbar
nepochybný zweifellos
nepokoj M Unruhe *f* **nepokojný** unruhig
nepoměr M Missverhältnis *n*
nepoměrný unverhältnismäßig
neporozumění N Unverständnis
neporušený unversehrt
nepořádek M Unordnung *f*
nepořádný unordentlich
nepořízená: **s nepořízenou** unverrichteter Dinge
nepostradatelný unentbehrlich
nepovedený misslungen **nepovinný** fakultativ **nepovolaný** unbefugt **nepozorný** unaufmerksam
nepravda F Unwahrheit
nepravidelný unregelmäßig
nepravý falsch, unecht
neproclený unverzollt
neprodejný unverkäuflich
neprodleně ADV unverzüglich
neprodyšný luftdicht **neproměnný** unveränderlich
nepromokavý wasserdicht; ~ **plášť** *m* Regenmantel
neprospěch M Nachteil, Schaden
neprovdaná ADJ F *Frau* unverheiratet
neprůhledný undurchsichtig
nepřátelský feindlich, feindselig **nepřátelství** N Feindschaft *f*, Feindseligkeit *f*
nepředstavitelný unvorstellbar **nepředvídaný** unvorhergesehen
nepřehledný unübersichtlich
nepřekonatelný unüberwindlich **nepřenosný** nicht übertragbar
nepřetržitý unaufhörlich, kontinuierlich; **nepřetržitě otevřeno** durchgehend geöffnet
nepříčetný unzurechnungsfähig **nepříjemný** unangenehm
nepřímý indirekt
nepřístupný unzugänglich
nepřítel M Feind
nepřítomný abwesend
nepříznivý ungünstig
nerad, **nerada**, **nerado** ungern
nerost M Mineral *n*
nerostný: ~ **olej** M Mineralöl *n*
nerozhodný unentschlossen; **nerozhodně** *adv* SPORT unentschieden
nerozumný unvernünftig
nervový: **nervové zhroucení** N Nervenzusammenbruch *m*
neřest F Laster *n* **neřestný** lasterhaft
nesčetný unzählig
nesčíslný → nesčetný
neschopný unfähig
neschůdný unpassierbar

nesjízdný unbefahrbar
neslaný ungesalzen
neslušný unanständig, ungezogen
neslýchaný unerhört
neslyšný unhörbar, geräuschlos
nesmírný unermesslich
nesmrtelný unsterblich
nesmysl M Unsinn **nesmyslný** unsinnig, sinnlos
nesnadný schwierig
nesnášenlivý intolerant
nesnáz F Schwierigkeit, Verlegenheit
nesnesitelný unerträglich
nesouhlas M Meinungsverschiedenheit *f*; Nichtübereinstimmung *f* **nesoulad** M Disharmonie *f*, Unstimmigkeit *f*
nesouměrný ungleichmäßig, asymmetrisch
nespavost F Schlaflosigkeit
nesporný unbestritten
nespravedlivý ungerecht
nesprávný falsch
nesrozumitelný unverständlich
nést ⟨**do-**⟩ tragen, bringen
nestát: **to nestojí za to** das lohnt nicht
nestejný ungleich
nestoudný unverschämt
nestranný unparteiisch
nestvůra F Ungeheuer *n*
nestydatý schamlos
nesvár M Streit, Zwietracht *f*
nesvůj: **být (celý) ~** sich nicht wohlfühlen
nešťastný unglücklich
neštěstí N Unglück
neštovice FPL MED Pocken
netajený unverhüllt; *fig* offen
netečný gleichgültig
neteř F Nichte
netopýr M Fledermaus *f*
netrpělivý ungeduldig
neúcta F Respektlosigkeit
neúnavný unermüdlich
neúplatný unbestechlich
neúplný unvollständig
neúprosný unerbittlich
neurčitý unbestimmt
neúroda F Missernte
neurvalý brutal, grob
neúspěch M Misserfolg
neúspěšný erfolglos
neustálý unaufhörlich
neústavní verfassungswidrig
neústupný unnachgiebig
neuvěřitelný unglaublich
nevadit: **to nevadí** das macht nichts
nevdaná ADJ F *Frau* unverheiratet
nevděčný undankbar
nevděk M Undank
nevědomky ADV unwissentlich
nevědomý unwissend, unbewusst
nevěra F Untreue **nevěrný** treulos, untreu
nevěsta F Braut
nevěstka F Prostituierte
nevhod ADV zur Unzeit **nevhodný** ungelegen, unangebracht
nevidět: **co ~** im Nu
neviditelný unsichtbar
nevina F Unschuld **nevinný** unschuldig
nevkusný *fig* geschmacklos

nevlastní: ~ **bratr** M Stiefbruder
nevolno ADV unwohl
nevratný: **nevratná láhev** F Einwegflasche
nevraživý gehässig
nevrlý mürrisch
nevšední ungewöhnlich
nevšímavý teilnahmslos, gleichgültig
nevyhnutelný unvermeidlich, unumgänglich
nevýhoda F Nachteil *m* **nevýhodný** unvorteilhaft
nevyléčitelný unheilbar
nevyspalý unausgeschlafen
nevzdělaný ungebildet
nevzhledný unansehnlich
nezákonný ungesetzlich
nezaměstnanost F Arbeitslosigkeit **nezaměstnaný** arbeitslos
nezaplacený unbezahlt **nezaplatitelný** unbezahlbar
nezapomenutelný unvergesslich
nezaujatý unvoreingenommen
nezávazný unverbindlich; WIRTSCH freibleibend
nezávislý unabhängig (**na** *L* von *D*)
nezáživný langweilig
nezbytný notwendig
nezdar M Misserfolg
nezdárný missraten
nezdravý ungesund; gesundheitsschädlich
nezdvořilý unhöflich
nezištný uneigennützig
nezletilý minderjährig
nezměnitelný unveränderlich; unwiderruflich
neznalý unkundig
neznámý unbekannt
nezpůsobný ungehorsam
nezvaný ungebeten
nezvěstný verschollen
nezvratný unwiderlegbar
nezvyklý ungewohnt
než als; **dřív(e)** ~ bevor
nežádoucí unerwünscht
neženatý *Mann* unverheiratet
nežit M Furunkel *n*
nežli → než
něžný zärtlich
NG (**Národní galerie**) Nationalgalerie
ni nicht einmal; **~...ni...** weder ...noch
nic nichts; **pro ~ za ~** für nichts und wieder nichts
nicméně nichtsdestoweniger
ničí niemandem gehörig
ničit ⟨z-⟩ vernichten **ničivý** verheerend
nijak keineswegs **nijaký** keinerlei
nikam nirgendwohin, **nikde** nirgends
nikdo niemand **nikdy** nie (-mals)
nikterak keinesfalls
nit F Faden *m*; Garn *n*; **dentální** ~ Zahnseide
nitro N Innere
nízký niedrig; ~ **tarif** *m* Billigtarif
Nizozemec M, **Nizozemka** F Niederländer(in) **Nizozemsko** N Niederlande *pl*
nizozemský niederländisch

níže[1] ADV niedriger, tiefer
níže[2] F METEO Tief *n*
nížina F Tiefebene, Niederung
nižší ADJ tiefer, niedriger; GEOG Nieder-
noc F Nacht; **dobrou ~!** gute Nacht!; **v ~i** nachts
nocleh M Übernachtung *f*, *österr* Nächtigung *f* **noclehárna** F Herberge
nocovat übernachten
noční: **~ košile** F Nachthemd *n*; **~ podnik** M Nachtlokal *n*; **~ služba** F Nachtdienst *m*; **~ směna** F Nachtschicht; **~ tarif** M Nachttarif
noha F Bein *n*, Fuß *m*
nohavice F Hosenbein *n*
nok M GASTR *österr* Nockerl *n*
Nor M Norweger
nora F *Tier* Bau *m*
norek M Nerz
Norka F Norwegerin
Norsko N Norwegen
norský norwegisch
nos M Nase *f*; **u ~u** vor der Nase
nosič M Träger, Gepäckträger; *österr* Dienstmann; Tonträger
nosit tragen, bringen **nositel** M *fig* Träger; Repräsentant
nosítko N Tragegestell (*für Kleinkinder*); **nosítka** *pl* Trage, Bahre *f*
nosnost F Tragfähigkeit
nosný: **nosná plocha** F FLUG Tragfläche
nosorožec M Nashorn *n*
nota F MUS Note; *umg* Melodie
nóta F POL Note
notes M Notizbuch *n* **noticka** F Notiz, Anmerkung
nouze F Not
nouzový: **nouzová linka** F Hotline; **nouzové přistání** N Notlandung *f*; **nouzové řešení** N Notlösung *f*; **nouzové ubytování** N Notunterkunft *f*; **~ východ** M Notausgang
nov M Neumond
nováček M Neuling
novina F Neuigkeit; **noviny** *pl* Zeitung *f*
novinář M, **novinářka** F Journalist(in)
novinka F Neuigkeit, Neuheit
novinový: **~ stánek** M Zeitungskiosk
novodobý neuzeitlich
novomanželé MPL Neuvermählte
novostavba F Neubau *m*
nový neu; **~ měsíc** *m* Neumond; **Nový rok** *m* Neujahr *n*; **Nový zákon** *m* das Neue Testament
nozdry FPL Nüstern
nožní Fuß-; **~ brzda** *f* AUTO Fußbremse
nucení N Zwang *m* **nucený** gezwungen
nuda F Langeweile
nudismus M Freikörperkultur *f*, *umg* FKK
nudistický: **nudistická pláž** F FKK-Strand *m*
nudit ⟨z-⟩ langweilen
nudle FPL Nudeln
nudný langweilig
nula F Null; **jedna ~** eins zu null; **nad nulou** METEO über null

nutit ⟨do-⟩ zwingen, nötigen **nutnost** F Notwendigkeit **nutný** notwendig
nuzný dürftig, elend
nůž M Messer *n* **nůžky** FPL Schere *f*; **~ na nehty** Nagelschere *f*
nýbrž sondern
nynějšek M Gegenwart *f*; **do nynějška** bis jetzt, bis heute; **od nynějška** von nun an
nynější jetzig, gegenwärtig
nyní jetzt, nun
nýt M Niete *f*

O

o (*A*) um (*A*); an (*D*); (*L*) zu (*D*); von, über; **~ to** darum; **~ tom** darüber
ob (*A*): **~ den** jeden zweiten Tag; **~ dům** jedes zweite Haus
oba M beide; **~ dva** alle beide
obal M Umschlag, Hülle *f*; Verpackung *f*; **bez ~u** unverblümt
obalit PF umhüllen, einwickeln
obálka F Briefumschlag *m*
obalovat → obalit **obalné** N Verpackungskosten *pl*
obava F Befürchtung
obávat se befürchten (*G A*)
občan M Bürger
občanka F Bürgerin; *umg* Personalausweis *m*
občanský bürgerlich, Bürger-; **občanská válka** *f* Bürgerkrieg *m*; **občanská legitimace** *f*, **~ průkaz** *m* Personalausweis *m*
občanství N: **státní ~** Staatsbürgerschaft *f*
občas zeitweise
občerstvení N Erfrischung *f*; Imbiss *m* **občerstvit** PF, **občerstvovat** erfrischen
obdarovat PF, **obdařit** PF beschenken
obdélník M Rechteck *n*
obdélný länglich
obdiv M Bewunderung *f*
obdivovat (se) bewundern (*D A*) **obdivovatel** M Bewunderer **obdivuhodný** bewundernswert
obdoba F Analogie, Entsprechung
období N Zeitraum *m*, Periode *f*; **~ po sezoně** Nachsaison *f*; **~ před sezonou** Vorsaison *f*
obdobný analog, ähnlich
obě F, N beide
obec M Gemeinde
obecenstvo N Publikum
obecní: **~ úřad** M Gemeindeamt *n*
obecnost F Allgemeinheit
obecný allgemein; **obecná škola** *f* Grundschule; **obecné blaho** *n* Gemeinwohl
oběd M Mittagessen *n*; **jít na ~** (Mittag)essen gehen
obědvat zu Mittag essen
oběh M Kreislauf; *Geld*, ASTRON Umlauf
oběhat PF, **oběhnout** PF herumlaufen
obejít PF herumgehen; *fig* umgehen; aufsuchen; **~ se** sich behelfen

obejmout PF umarmen
obelhat PF, **obelhávat** belügen
oběsit PF (auf)hängen; ~ **se** sich erhängen
obeslat PF, **obesílat** vorladen
oběť F Opfer *n*; ~ **na životě** Todesopfer *n* **obětavý** aufopfernd **obětovat** opfern
obeznámit PF bekannt *od* vertraut machen (**s** / mit *D*)
obezřelý umsichtig
oběžnice F Planet *m*, Satellit *m*
oběžník M Rundschreiben *n*
obhájce M Verteidiger
obhájit verteidigen
obhájkyně F Verteidigerin
obhajoba F Verteidigung
obhajovat → obhájit
obhlédnout PF besichtigen
obhlídka F Besichtigung
obhlídnout PF, **obhlížet** → obhlédnout
obcházet → obejít
obchod M Handel, Geschäft *n*, Laden
obchodní: ~ **cestující** M, F Geschäftsreisende; ~ **dům** M Kaufhaus *n*; ~ **středisko** N Einkaufszentrum; ~ **styky** MPL Geschäftsbeziehungen *fpl*; ~ **zastoupení** N Handelsvertretung *f*
obchodnický geschäftsmäßig
obchodník M Geschäftsmann, Händler, Kaufmann
obchodovat Handel treiben
obchůzka F Rundgang *m*; MIL Streife
obchvat M *Verkehr* Umgehung *f*
obíhat → oběhnout
obilí N Getreide
obinadlo N Binde *f*; Bandage *f*
objasnit PF, **objasňovat** erläutern, erklären
objednací: **objedn list** M Bestellliste *f*
objednat PF, **objednávat** bestellen
objednávka F Bestellung, Auftrag *m*
objem M Umfang; ~ **válce** Hubraum
objemný umfangreich
objet PF herumfahren, umfahren
objetí N Umarmung *f*
objev M Entdeckung *f* **objevit** PF, **objevovat** entdecken; ~ **se** erscheinen; *umg* auftauchen
objímat → obejmout **objímka** F TECH Hülse, Muffe; *Lampe* Fassung
objíždět → objet
objížďka F Umleitung
obklad M MED Umschlag; TECH Verkleidung *f*
obkládačka F Wandfliese
obkládat → obložit
obklopit PF, **obklopovat** umgeben, umringen
oblačnost F Bewölkung **oblačný** wolkig
oblak M Wolke *f*
oblast F Gebiet *n*, Region
oblázek M Kieselstein
obléct PF anziehen; ~ (**si** *od* **na sebe**) **kabát** den Mantel anziehen
oblečení N Kleidung *f* **oble-**

čený (an)gekleidet
oblek M Anzug
oblékárna F Ankleideraum *m*
oblékat, **obléknout** PF → obléct
obleva F Tauwetter *n*
oblíbený beliebt, Lieblings-
oblíbit si PF Gefallen finden (*A* an *D*)
obličej M Gesicht *n*
obloha F Himmel *m*
oblouk M Bogen
obloukový: **oblouková lampa** F Bogenlampe
obložený TECH verkleidet; GASTR belegt; ~ **chlebíček** *m* belegtes Brötchen *n*
obložit PF TECH verkleiden; GASTR belegen, garnieren
obluda F Ungeheuer *n*
oblý rundlich
obměkčit PF erweichen (*a. fig*); ~ **se** weich werden
obměna F Variante, Abänderung
obměnit PF, **obměňovat** abändern, variieren
obnos M Betrag, Summe *f*
obnosit PF *Kleider* abtragen **obnošený** abgetragen
obnova F Erneuerung, Wiederaufbau *m*
obnovit PF, **obnovovat** erneuern; restaurieren
obočí N Augenbraue *f*
obohatit se PF, **obohacovat se** sich bereichern
oboje beides; ~ **dvoje** alle beide
obojek M *Hund* Halsband *n*
obojí beiderlei, beide
obor M Bereich; (Fach)Gebiet *n*; Branche *f*
oboustranný beid(er)seitig
obout PF, **obouvat** *Schuhe* anziehen
obr M Riese
obrábět bearbeiten
obrácený verkehrt, umgekehrt
obracet → obrátit
obrana F Verteidigung; *fig* Schutz *m*
obránce M Verteidiger
obranný: **obranné látky** FPL MED Abwehrstoffe *mpl*
obrat M Wendung *f*; WIRTSCH Umsatz; ~**em** umgehend
obratel M Wirbel
obrátit PF (um)wenden, umdrehen, umkehren, REL bekehren; ~ **se** sich wenden (**na** *A* an *A*)
obrátka F Umdrehung
obratlovec M Wirbeltier *n*
obratník M Wendekreis
obratný gewandt, geschickt
obraz M Bild *n*, Gemälde *n*
obrazárna F Bildergalerie
obrazec M GEOM Figur *f*
obrázek M Abbildung *f* **obrázkový** Bilder-; illustriert
obrazný bildlich
obrazovka F Bildschirm *m*
obrna F Lähmung
obroubit PF umsäumen, einfassen **obroučky** FPL Brillengestell *n*
obrovský riesig, Riesen-
obruba F Einfassung, Besatz *m*
obrubovat → obroubit
obruč F Reifen *m*
obrys M Umriss, Kontur *f*
obrysový: **obrysová světla** NPL

Begrenzungsleuchten *fpl*, Standlicht *n*
obřad M Zeremonie *f*
obří Riesen-; *fig* riesig; **~ slalom** *m* Riesenslalom
obsadit PF besetzen
obsah M Inhalt, Gehalt
obsáhlý umfangreich, umfassend
obsáhnout PF umfassen; *fig* enthalten
obsahovat → obsáhnout
obsahový inhaltlich
obsazení N THEAT Besetzung *f*
obsazený besetzt, belegt
obsazovat → obsadit
obsílat → obeslat
obsílka F Vorladung
obsloužit PF bedienen
obsluha F Bedienung
obsluhovat → obsloužit
obstarat PF, **obstarávat** beschaffen; *Kinder* versorgen
obstát PF standhalten; auskommen (**s** *I* mit *D*); **~ při zkoušce** e-e Prüfung bestehen
obstojný erträglich
obstoupit PF, **obstupovat** umringen; *Haus* umstellen
obstřik M Injektion *f*, *umg* Spritze *f*
obšírný ausführlich
obtěžování N Belästigung *f*
obtěžovat belästigen
obtisk M Abziehbild *n*
obtíž F *mst pl* Schwierigkeit(en); MED Beschwerden *fpl*
obtížný schwierig
obušek M Knüppel
obuv F Schuhwaren *fpl*; Schuhwerk *n*; **~ do vody** Badeschuhe *pl*
obvaz M MED Verband **obvazivo** N Verband(s)material
obveselit PF, **obveselovat** erheitern, belustigen; **~ se** sich vergnügen
obviněný M Beschuldigte
obvinit PF, **obviňovat** beschuldigen (**k-o z** *G* j-n *G*)
obvod M GEOM Umfang; Bereich, (Stadt)Bezirk; ELEK Schaltkreis **obvodní** Gebiets-
obvyklý gewohnt, üblich
obyčej M Brauch, Gewohnheit *f* **obyčejný** gewöhnlich, normal
obydlit bewohnen
obytný: **obytná plocha** F Wohnfläche; **~ vůz** M Wohnwagen
obývací: **~pokoj** M Wohnzimmer *n*
obývat bewohnen
obyvatel M Bewohner, Einwohner **obyvatelný** bewohnbar **obyvatelstvo** N Einwohner *mpl*, Bevölkerung *f*
obzor M Horizont
obzvlášť, **obzvláště** besonders
obžaloba F Anklage
obžalovací: **~ spis** M Anklageschrift *f*
obžalovaný M Angeklagte, Beklagte **obžalovat** PF, **obžalovávat** anklagen
obživa F Lebensunterhalt *m*
ocas M Schwanz
ocel F Stahl *m* **ocelárna** F Stahlwerk *n* **ocelový** stählern, Stahl-

ocenit PF, **oceňovat** bewerten, (ein)schätzen, würdigen
ocet M Essig
ocitat se, **ocitnout se** PF sich plötzlich befinden
octan M Azetat *n*
octový Essig-
oč = **o co** um et
očarovat PF bezaubern; verzaubern
očekávání N Erwartung *f* **očekávat** erwarten
očesat PF, **očesávat** (ab)pflücken
oči NPL Augen
očíslovat PF nummerieren
očista F Reinigung **očistit** PF reinigen, säubern
očišťovat → očistit
očitý: **~ svědek** M Augenzeuge
očko N Öse *f*; Masche *f*
očkovací: **~ látka** F Impfstoff *m*; **~ průkaz** M Impfausweis
očkování N Impfung *f* **očkovat** impfen (**proti** *D* gegen *A*)
oční Augen-; **~ lékař** *m* Augenarzt; **~ stíny** *mpl* Lidschatten *m*
od (*G*) von (*D*), seit (*D*)
odbavení N: **~ zavazadel** Gepäckabfertigung *f*
odbavit PF, **odbavovat** abfertigen
odběr M *Ware* Bezug, Abnahme *f*
odběratel M Abnehmer
odbíjená F Volleyball *m*
odbíjet *Uhr* schlagen; *Ball* abschlagen
odbírat → odebrat
odbočit PF abbiegen; *fig* abschweifen
odbočka F Abzweigung; Filiale
odbočovat → odbočit
odboj M POL Widerstand
odbojnice F, **odbojník** M Aufrührer(in)
odbojový: **odbojové hnutí** N Widerstandsbewegung *f*
odbor M Abteilung *f*; Dezernat *n*; **~y** *pl* Gewerkschaft *f*
odborář M, **odborářka** F Gewerkschaft(l)er(in)
odbornický fachgerecht; fachmännisch
odbornice F Fachfrau **odborník** M Fachmann
odborný fachlich; **~ lékař** *m* Facharzt; **~ znalec** *m* Sachverständige
odborový Gewerkschafts-
odbourat PF, **odbourávat** niederreißen; *fig* abbauen
odbyt M WIRTSCH Absatz; **jít na ~** Absatz finden
odbýt PF, **odbývat** abtun, abweisen; flüchtig erledigen; **odbý si** (*A*) hinter sich bringen
odbytiště N Absatzmarkt *m*
odbytový Absatz-
odbytý erledigt
odcestovat PF abreisen
odcizit PF, **odcizovat** entfremden; entwenden
odčinit PF, **odčiňovat** wiedergutmachen
odčíst → odečíst
odčítání N Subtraktion *f*
odčítat → odečíst
oddací Trau(ungs)-; **~ list** *m* Heiratsurkunde *f*
oddat PF, **oddávat** *Paar* trauen; **~ se** sich hingeben

oddavky FPL Trauung *f*
oddech M Ruhepause *f*; **bez ~u** rastlos
oddechnout (si) PF, **oddechovat (si)** aufatmen; *nur pf* sich ausruhen
oddělení N Abteilung *f*; BAHN Abteil **oddělený** getrennt, separat
oddělit PF, **oddělovat** (ab)trennen, abteilen
oddíl M Abteilung *f*; Verein; *Buch* Abschnitt
ode → od
odebrat PF wegnehmen, entnehmen
odečíst PF, **odečítat** subtrahieren; abrechnen
odedávna von jeher
odehnat PF wegjagen
odehrát PF, **odehrávat** abspielen; **~ se** *fig* sich abspielen
odejít PF weggehen
odemknout PF aufschließen; **~ se** aufgehen
odepnout PF abknöpfen; BAHN abhängen; ELEK abschalten
odepřít PF ablehnen, verweigern; *Bitte* abschlagen
odepsat PF zurückschreiben; *Schuld* abschreiben
oděrka F *Haut* Abschürfung
odesílat → odeslat **odesílatel** M, **odesílatelka** F Absender(in)
odeslat PF absenden, verschicken; *Post* aufgeben
oděv M (Be)Kleidung *f*; Anzug
odevšad, **odevšud** von allen Seiten
odevzdat PF, **odevzdávat** abgeben, übergeben; **~ se** sich ergeben; sich fügen
odhad M (Ab)Schätzung *f*; **podle ~u** schätzungsweise; **~ nákladů** Kostenvoranschlag
odhadní Schätz(ungs)-; **~ cena** *f* Schätzpreis *m*
odhadnout PF, **odhadovat** (ab)schätzen, einschätzen
odhalit PF, **odhalovat** enthüllen; aufdecken; POL entlarven
odhánět → odehnat
odházet PF, **odhazovat** → odhodit
odhlásit PF abmelden
odhlasovat PF abstimmen (*A* über *A*); beschließen
odhlášení N, **odhláška** F Abmeldung *f*, Abmeldeformular *n*
odhlašovat → odhlásit
odhodit PF wegwerfen
odhodlanost F Entschlossenheit **odhodlat se** PF, **odhodlávat se** sich entschließen
odcházet → odejít
odchod M Weggang; Aufbruch
odchov M Aufzucht *f*
odchýlit PF ablenken; **~ se** abweichen
odchylka F Abweichung
odchylovat → odchýlit
odírat → odřít
odiv M: **stavět na ~** zur Schau stellen
odjakživa von jeher
odjet PF wegfahren, abreisen; *Zug* abfahren
odjezd M Abfahrt *f*, Abreise *f*
odjinud anderswoher
odjíždět → odjet

odkašlat PF, **odkašlávat** abhusten
odkaz M Vermächtnis *n*; Verweis, Hinweis; IT Link
odkázat PF vermachen, hinterlassen; hinweisen; verweisen
odkazovat → odkázat
odkdy seit wann
odklad M Aufschub
odkládat → odložit
odklánět → odklonit
odklepat PF, **odklepnout** PF abklopfen
odklidit PF, **odklízet** wegräumen
odklon M Abkehr *f*; *Verkehr* Umleitung *f*
odklonit se PF, **odkloňovat se** abweichen
odkoupit PF, **odkupovat** abkaufen
odkrýt PF, **odkrývat** aufdecken (*a. fig*)
odkud woher **odkudsi** irgendwoher
odkvést PF, **odkvétat** verblühen
odkvetlý verblüht
odlakovač M Nagellackentferner
odlámat PF, **odlamovat** abbrechen
odlehčení N Erleichterung *f*; WIRTSCH Entlastung *f* **odlehčit** PF entlasten, erleichtern
odlehlý entlegen (*a. fig*)
odlétat → odletět
odlet M Abflug
odletět PF abfliegen, wegfliegen; *Vögel* fortfliegen
odlétnout PF, **odletovat** → odletět
odlévat → odlít
odlišit PF unterscheiden **odlišný** unterschiedlich, verschieden
odlišovat → odlišit
odlitek M Abguss
odliv M Ebbe *f*
odlomit PF abbrechen
odloučenost F Abgeschiedenheit **odloučit** PF absondern, isolieren, trennen
odloupat PF, **odloupnout** PF abschälen, ablösen
odložení N Aufschub *m*, Vertagung *f*
odložit PF weglegen, ablegen; *fig* aufschieben
odlučné N Trennungsgeld
odluka F Trennung
odlupovat → odloupat
odmala, odmalička von klein auf
odmastit PF, **odmašťovat** entfetten
odměna F Belohnung; Entgelt *n*, Vergütung **odměnit** PF, **odměňovat** belohnen; entlohnen; vergüten
odměřit PF, **odměřovat** abmessen; rationieren
odmítat ablehnen, zurückweisen
odmítavý ablehnend; *Bescheid* abschlägig
odmítnout PF → odmítat
odmlada von Jugend auf
odmlouvat widersprechen
odmluva F Widerspruch *m*
odmocnina F MATH Wurzel

odmrazit PF, **odmrazovat** enteisen; *Kühlschrank* abtauen
odmykat → odemknout
odnášet → odnést
odnaučit PF, **odnaučovat** abgewöhnen (**k-o č-u** j-m et)
odnést PF wegtragen; büßen (*A* für *A*)
odnětí N: **~ svobody** Freiheitsentzug *m*
odnímat, odnít PF wegnehmen, entziehen
odolat PF, **odolávat** widerstehen, standhalten
odolný widerstandsfähig
odpad M Abfall; Abfluss
odpadat, odpadávat abfallen; *fig* wegfallen; THEAT ausfallen
odpadek M *mst pl* **odpadky** Abfälle
odpadkový: **~ koš** M Mülleimer
odpadní: **~ produkt** M Abfallprodukt *n*
odpadnout PF → odpadat
odpínat → odepnout
odpírač M: **~ vojenské služby** Kriegsdienstverweigerer
odpírat → odepřít
odpis M WIRTSCH Abschreibung *f* **odpisovat** → odepsat
odpískat SPORT abpfeifen
odplata F Vergeltung, Entgelt *n* **odplatit (se)** PF vergelten, entgelten
odplout PF, **odplouvat** SCHIFF abfahren, ablegen; fortschwimmen
odpočinek M Rast *f*, Ausruhen *n* **odpočinout si** PF sich ausruhen
odpočíst PF → odpočítat
odpočítat PF, **odpočítávat** abzählen; WIRTSCH abrechnen
odpočívat → odpočinout si
odpojit PF, **odpojovat** BAHN abhängen; TECH abschalten
odpoledne N Nachmittag *m*; ADV nachmittag(s) **odpolední**: **~ směna** F Spätschicht
odpor M Widerstand (*a.* ELEK, POL); Abneigung *f*; Widerspruch
odporný abstoßend
odporovat widerstehen; widersprechen
odposlouchat PF abhören
odposlouchávací: **~ zařízení** N Abhöranlage *f*
odposlouchávat → odposlouchat
odpouštět → odpustit
odpověď F Antwort **odpovědět** PF (be)antworten
odpovědnost F Verantwortung **odpovědný** verantwortlich
odpovídat → odpovědět; antworten; verantwortlich sein; entsprechen
odpozorovat PF *umg* sich abgucken
odprosit PF, **odprošovat** Abbitte leisten
odpřisáhnout PF beschwören, durch Eid bekräftigen
odpudit PF vertreiben; *fig* abstoßen **odpudivý** abstoßend
odpůrce M, **odpůrkyně** F Gegner(in), Widersacher(in)
odpustit PF verzeihen; *Schuld*

erlassen
odpustitelný verzeihlich
odpuštění N Verzeihung *f*
odpuzovat → odpudit
odpykat PF, **odpykávat** verbüßen; büßen (*A* für *A*)
Odra F Oder (*Fluss*)
odradit PF abraten (**k-o od** *G* j-m von *D*), abbringen (j-n von *D*)
odraz M Abprall; Widerschein; Widerhall; Abbild *n* **odrazit** PF zurückschlagen; reflektieren; ~ **se** abprallen; sich (wider)spiegeln; widerhallen
odrazka *umg Fahrrad* Rücklicht *n*
odrazovat → odradit
odrazový ~ **můstek** M Sprungbrett *n*; **odrazové sklíčko** N *Fahrrad* Rücklicht
odrážet → odrazit
odročit PF, **odročovat** vertagen
odřeknout PF absagen; abbestellen; ablehnen; ~ **si** verzichten (*A* auf *A*) **odřeknutí** N Absage *f*
odřenina F *Haut* Abschürfung
odřený zerschunden
odřezat PF, **odřezávat** abschneiden
odříct PF, **odříkat**[1] → odřeknout
odříkat[2] PF, **odříkávat** *umg fig* herunterleiern
odřít PF abreiben; wund laufen; abschälen
odříznout PF → odřezat
odsedat sich wegsetzen
odsedět *Zeit* absitzen
odsednout (si) PF → odsedat
odsekat PF abhacken
odseknout PF → odsekat; barsch antworten
odskakovat, **odskočit** PF wegspringen; *Ball* abprallen; **odskočit (si)** austreten (*WC*)
odsoudit PF verurteilen
odsouzenec M Verurteilte
odsouzení N Verurteilung *f*
odspodu von unten
odstavec M TYPO Absatz
odstavit PF, **odstavovat** wegstellen, abstellen
odstěhovat se PF wegziehen, umziehen
odstín M Schattierung *f*, Nuance *f* **odstínit** PF abstufen
odstoupení N Rücktritt *m* **odstoupit** PF zurücktreten (*a. fig*); *Rechte* abtreten
odstranit PF beseitigen
odstraňovač M: ~ **skvrn** Fleckentferner
odstraňovat → odstranit
odstrašit PF, **odstrašovat** abschrecken
odstrčit PF, **odstrkovat** wegstoßen, wegschieben; *fig* zurücksetzen
odstrojit PF, **odstrojovat** entkleiden; ~ **se** sich ausziehen
odstřel M *Jagd* Abschuss **odstřelit** PF, **odstřelovat** abschießen
odstřihat PF → odstřihnout
odstřihnout PF, **odstřihovat** abschneiden
odstup M Abstand
odstupné N Abfindung *f*
odstupňovat PF abstufen,

staffeln
odstupovat → odstoupit
odsud von hier
odsun M POL Abschiebung *f*
odsunout PF, **odsunovat** wegschieben; *fig* abschieben
odsuzovat → odsoudit
odškodné N Entschädigung (-ssumme *f*) *f* **odškodnění** N Entschädigung *f* **odškodit** PF, **odškodňovat** entschädigen
odšroubovat PF abschrauben
odštěpek M Splitter
odtahat PF → odtáhnout
odtáhnout PF, **odtáhahovat** wegziehen; MIL abrücken; AUTO abschleppen
odtahový: ~ **vůz** M Abschleppwagen; **odtahová služba** F Abschleppdienst *m*
odtamtud von dort (her)
odtéct PF, **odtékat** abfließen
odtok M Abfluss
odtlačit PF wegdrücken, abdrängen
odtrhat PF → odtrhnout
odtrhnout PF, **odtrhovat** abreißen, abtrennen; ~ **se** sich losreißen
odtučnit PF entfetten
odtučňovací: ~ **kúra** F Schlankheitskur
odtučňovat → odtučnit
odtud von hier
odůvoděný begründet, stichhaltig **odůvodnit** PF, **odůvodňovat** begründen
odvádět → odvést
odvaha F Mut *m*; **dodat si odvahy** Mut fassen
odvar M Sud; *fig* Abklatsch
odvázat PF, **odvazovat** losbinden
odvážet → odvézt
odvážka F *Müll* Abfuhr
odvážit PF (ab)wiegen; ~ **se** wagen
odvážnost F Mut *m* **odvážný** mutig, kühn
odvažovat → odvážit
odvést PF wegführen; WIRTSCH abliefern
odvětví N *fig* Zweig *m*; WIRTSCH Branche *f*
odvézt PF wegbringen, abtransportieren
odvléct PF, **odvlékat** wegschleppen; AUTO abschleppen; *Menschen* verschleppen
odvod M Abfluss; WIRTSCH Abführung *f*; MIL Musterung *f*
odvodit PF ableiten
odvodnit PF, **odvodňovat** entwässern
odvolání N Widerruf *m*; Abberufung *f*; JUR Berufung; WIRTSCH Stornierung *f*; **až do** ~ bis auf Widerruf
odvolat PF, **odvolávat** widerrufen; abberufen; WIRTSCH stornieren; ~ **se**, **odvolávat se** Berufung einlegen; sich berufen (**na** *A* auf *A*)
odvoz M Abfuhr *f*
odvozit PF *et* abfahren, abtransportieren
odvozovat → odvodit
odvracet, **odvrátit** PF abwenden, ablenken
odvykat (si), **odvyknout (si)** PF sich abgewöhnen

odvyklý entwöhnt
odzadu von hinten
odzbrojení N Abrüstung *f* **odzbrojit** PF, **odzbrojovat** entwaffnen; abrüsten
odznak M Abzeichen *n*
ofina F *Frisur* Pony *m*
ofsajd M SPORT Abseits *n*
oharek M Stumpf, Stummel; *umg Zigarette* Kippe *f*
ohavný abscheulich, scheußlich
ohebný biegsam; *fig* anpassungsfähig
oheň M Feuer *n*
ohladit PF glätten, polieren
ohlas M Widerhall, Echo *n*
ohlásit PF ankündigen; (an)melden
ohlášky FPL *Heirat* Aufgebot *n*
ohlašovna F Meldestelle
ohlašovat → ohlásit
ohlazovat → ohladit
ohled M Rücksicht *f* **ohledně** (*G*) hinsichtlich (*G*)
ohledat PF, **ohledávat** besichtigen; MED untersuchen; *Puls* fühlen
ohlédnout se PF sich umschauen (**po** *L* nach *D*)
ohleduplný rücksichtsvoll
ohlížet se → ohlédnout se
ohlodat PF, **ohlodávat** abnagen
ohluchlý taub **ohluchnout** PF taub werden
ohmatat PF, **ohmatávat** betasten, befühlen
ohnisko N PHYS Brennpunkt *m* (*a. fig*); MED Herd *m*
ohniskový: **ohnisková vzdálenost** F Brennweite
ohnivý feurig, Feuer-
ohnivzdorný feuerfest
ohňostroj M Feuerwerk *n*
ohnout PF biegen, beugen
oholit PF rasieren; **dát se ~** sich rasieren lassen
ohrada F Umzäunung **ohradit** PF einzäunen
ohraničit, **ohraničovat** abgrenzen, begrenzen
ohrazovat → ohradit
ohromit PF, **ohromovat** verblüffen
ohromný riesig, gewaltig
ohrozit PF bedrohen, gefährden **ohrožení** N Bedrohung *f*
ohrožovat → ohrozit
ohryzat PF abnagen
ohryzek M BOT Kerngehäuse *n*; ANAT Adamsapfel
ohřát PF, **ohřívat** erwärmen, aufwärmen
ohyb M Biegung *f*, Kurve *f*
ohýbat → ohnout
ochablý schlaff
ochladit se PF, **ochladnout se** (sich) abkühlen, kalt werden
ochlazení N Abkühlung *f*
ochlazovat se → ochladit se
ochočit PF, **ochočovat** zähmen (*a. fig*)
ochota F Bereitwilligkeit
ochotnice F Laie *m* (*weiblich*), Liebhaberin **ochotník** M Laie, Liebhaber, Amateur
ochotný bereitwillig, zuvorkommend
ochrana F Schutz *m*, Obhut; **~ nájemníků** Mieterschutz *m*; **~ památek** Denkmalschutz *m*; **~**

přírody Naturschutz *m*; ~ **spotřebitelů** Verbraucherschutz *m*; ~ **životního prostředí** Umweltschutz *m*
ochránce M, **ochránkyně** F Beschützer(in), Schirmherr(in); REL Schutzpatron(in)
ochránit PF (be)schützen, behüten
ochranka F Bodyguard *m*, Leibwache
ochranný Schutz-; **ochranné brýle** *fpl* Schutzbrille *f*; **ochranná lhůta** *f* Schutzfrist; **ochranná přílba** *f* AUTO Sturzhelm *m*
ochraňovat → ochránit
ochraptělý heiser
ochrnutý gelähmt
ochromit PF, **ochromovat** lahmlegen, lähmen
ochutit PF abschmecken
ochutnat PF, **ochutnávat** kosten, probieren, *österr* verkosten
ochutnávka F: ~ **vína** Weinprobe
ojedinělý vereinzelt
ojetý *Reifen* abgefahren; **ojeté auto** *n* Gebrauchtwagen *m*
okamžik M Augenblick
okamžitý augenblicklich
okap M Dachrinne *f*
okartáčovat PF abbürsten
okenice F Fensterladen *m*
okénko N Schalter *m*; *Briefumschlag* Fenster; Freistunde *f*
okenní Fenster-
oklamat PF täuschen, betrügen
oklika F Kurve, Krümmung; Umweg *m*
okno N Fenster
oko N (PL **oči**) Auge; (*pl* **oka**) Öse *f*, Masche *f*; Schlinge *f*
okolí N Umgebung *f*
okolkovat PF mit einer Gebührenmarke versehen
okolky: **bez okolků** ohne Umschweife
okolnosti FPL Umstände *mpl*
okolo (*G*) um...(*A*) herum; ADV ringsherum
okolní umliegend
okořenit würzen
okoun M Barsch
okoušet → okusit
okouzlit PF, **okouzlovat** verzaubern, bezaubern **okouzlující** bezaubernd
okrádat → okrást
okraj M Rand, Saum
okrasa F Zierde, Verzierung
okrasný: **okrasné rostliny** FPL Zierpflanzen
okrást PF bestehlen
okrášlit PF verschönern, schmücken
okrašlovat → okrášlit
okres M POL Kreis
okrouhlý rund; ~ **stůl** *m* runder Tisch (*a. fig*)
okruh M (Um)Kreis, Bereich; *Verkehr* Ringstraße *f*
okružní: ~ **jízda** F Rundfahrt
okřát PF sich erholen
okřiknout PF, **okřikovat** anschreien
okurka F Gurke
okusit PF kosten
olámat PF abbrechen
olej M Öl *n*; ~ **na opalování** Sonnenöl *n* **olejnatý** ölhaltig

olejomalba F Ölmalerei; Ölgemälde *n*
olejovat ⟨**na-**⟩ ölen
olejovka F Ölsardine
olemovat PF säumen, einfassen
olepit PF, **olepovat** bekleben
olízat PF, **olízovat** (ab)lecken
oloupat PF (ab)schälen
oloupit PF ausrauben, berauben
olovnice F Lot *n* **olovo** N Blei
olše F Erle
oltář M Altar
olympijský: **olympijské hry** FPL Olympische Spiele *npl*
omáčka F Soße, Tunke
omáčník M Soßenschüssel *f*
omámit PF berauschen, betäuben (*a. fig*)
omamný: **~ jed** M Rauschgift *n*
omamovat → omámit
omdlelý ohnmächtig
omdlet PF → omdlít
omdlít PF, **omdlívat** ohnmächtig werden
omezení N Begrenzung *f*, Beschränkung *f*; Einschränkung *f*; **~ rychlosti** Geschwindigkeitsbegrenzung *f*
omezit PF, **omezovat** begrenzen; beschränken; einschränken
omilostnění N Begnadigung *f*
omilostnit PF, **omilostňovat** begnadigen
omítka F *Mauer* Putz *m*
omlouvat → omluvit
omluva F Entschuldigung
omluvenka F Entschuldigung(sschreiben *n*)
omluvit PF entschuldigen
omluvitelný entschuldbar
omráčit PF, **omračovat** betäuben; *fig* verblüffen
omrzelý verdrossen
omrzet PF *unpers* verdrießen; *umg* es satthaben
omrzlina F Erfrierung, Frostbeule **omrzlý** erfroren
omrznout PF erfrieren
omyl M Irrtum; **být na ~u** im Irrtum sein
omýt PF, **omývat** (ab)waschen, (ab)spülen
omyvatelný abwaschbar
on er **ona** sie (*3. pers sg u 3. pers n/pl*)
oněmět PF verstummen
onemocnět PF erkranken (*l an D*)
onen jener **oni** (*3. pers pl*) **ono** es **ony** (*3. pers pl*)
opačný entgegengesetzt; umgekehrt
opadat, **opadnout** PF (ab)fallen
opak M Gegenteil *n*; Gegensatz
opakovat ⟨**z-**⟩ wiederholen
opálený verbrannt, gebräunt
opálit se PF sich sonnen
opalovací: **~ krém** M Sonnencreme *f*
opalovačky FPL Bikini *m*
opalovat se → opálit se
opar M Dunst; MED Hitzebläschen *n*
opařenina F MED Verbrennung
opařit PF, **opařovat** verbrühen
opásat PF umschnallen, umbin-

den
opasek M Gürtel, Koppel *n*
opat M Abt
opatrnost F Vorsicht **opatrný** vorsichtig
opatrovat betreuen, hüten, pflegen
opatření N Maßnahme *f*, Vorkehrung *f*
opatřit PF, **opatřovat** beschaffen, besorgen; versehen (*I* mit *D*)
opéct PF braten, rösten
opékač M: ~ **topinek** Toaster
opékat → opéct
opepřit PF pfeffern (*a. fig*)
opěra F Stütze **opěradlo** N Lehne *f*
opět wieder(um) **opětovat** wiederholen; *Gruß* erwidern
opětovný wiederholt
opevnění N MIL Befestigung *f*
opice F Affe *m*
opíjet se → opít se
opilec M Betrunkene **opilý** betrunken
opírat → opřít
opis M Abschrift *f*
opisovat → opsat
opít se PF sich betrinken
oplácet → oplatit
opláchnout PF, **oplachovat** (ab)spülen
oplatit PF zurückzahlen; vergelten
oplatka F Waffel, Oblate
oplátka F Entgelt *n*; Vergeltung
opletačky FPL Scherereien
oplodnit PF, **oplodňovat** befruchten
oplývat im Überfluss haben
oplzlý schlüpfrig, obszön
opodál (*G*) unweit (von *D*); ADV abseits
opojení N Rausch *m*; *fig* Taumel *m* **opojit** PF berauschen
opomenout PF unterlassen, versäumen; *fig* übergehen
opomenutí N Unterlassung *f*; Versäumnis
opomíjet → opomenout
opomin- → opomen-
opona F THEAT Vorhang *m*
oponovat opponieren (*D* gegen *A*)
opora F Stütze, Halt *m*
opotřebit PF, **opotřebovat** PF abnutzen, verschleißen
opouštět → opustit
opovážit se PF sich unterstehen, wagen
opovážlivý dreist
opovažovat se → opovážit se
opovrhnout PF, **opovrhovat** verachten (*I A*)
opovržlivý geringschätzig
opozdilec M Nachzügler
opozdit se PF zu spät kommen
opoždění N Verspätung *f*
opožďovat se → opozdit se
oprášit PF abstauben
oprašovat → oprášit
oprať F Zügel *m*
oprátka F Strang *m*
oprava F Reparatur; Berichtigung; Korrektur; ~ **na počkání** Schnellreparatur
opravdový wirklich
opravdu ADV wirklich
opravit PF reparieren, instand

setzen; berichtigen
opravna F Reparaturwerkstatt; ~ **auf** *umg* Autowerkstatt
oprávnění N Berechtigung *f*, Befugnis *f* **oprávnit** PF, **oprávňovat** berechtigen
opravovat → opravit
oprudit se PF sich wund reiben
opruzený wund gerieben
oprýskat PF, **oprýskávat** abbröckeln, abplatzen
opřít PF stützen; ~ **se** sich stützen (**o** *A* auf *A*), sich anlehnen; sich widersetzen
opsat PF abschreiben; umschreiben
optik M Optiker
opuchlý geschwollen
opustit PF verlassen; im Stich lassen **opuštěný** verlassen, einsam
ordinace F MED Sprechstunde; Arztpraxis, *österr* Ordination; REL Ordination
ordinační: ~ **hodiny** FPL MED Sprechstunde
ordinovat Sprechstunde abhalten; verordnen
orel M Adler
orosit se PF feucht werden; *Glas* beschlagen
ořech M Nuss *f*; Nussbaum
ořezat PF, **ořezávat** beschneiden
ořezávátko N Bleistiftspitzer *m*
osa F Achse
osada F Ortschaft; Kolonie, (Zelt)Lager *n*; Ansiedlung
osádka F Mannschaft; Crew
osamělý einsam
osamostatnit se PF, **osamostatňovat se** sich selbstständig machen, sich verselbstständigen
osazenstvo N Belegschaft *f*
osedlat PF, **osedlávat** satteln
osekat PF, **osekávat** abhacken
osel M Esel (*a. fig*)
osev M Aussaat *f*
osevní: ~ **plocha** F Anbaufläche
osídlit PF, **osídlovat** besiedeln
osiřelý verwaist
osivo N Saatgut
oslabit PF, **oslabovat** schwächen, entkräften
osladit PF süßen
oslava F Feier, Fest *n*
oslavit PF, **oslavovat** feiern; verherrlichen
oslavný: **oslavná řeč** F Festrede
oslazený gesüßt
oslazovat → osladit
oslepnout PF erblinden
oslnit PF, **oslňovat** blenden
oslovení N Anrede *f*
oslovit PF, **oslovovat** anreden, ansprechen
osm acht **osmdesát** achtzig
osmělit se PF, **osmělovat se** wagen, Mut fassen
osmička F Acht(er *m*)
osmnáct achtzehn
osmý achte
OSN (**Organizace spojených národů**) Organisation der Vereinten Nationen (UNO)
osnova F Entwurf *m*, Plan *m*

osoba F Person; THEAT *a.* Gestalt
osobitý eigen, eigenartig
osobní persönlich; ~ **auto** *n* Personenkraftwagen *m*; ~ **identifikační kód** *m* Geheimnummer *f*; ~ **počítač** *m* Personal Computer (PC); ~ **prohlídka** *f* Leibesvisitation; ~ **vlak** *m* Personenzug; Nahverkehrszug
osobnost F Persönlichkeit
osolit PF salzen
ospalý verschlafen, schläfrig
ospravedlnit PF, **ospravedlňovat** rechtfertigen
osprchovat se PF sich duschen
ostatek M Rest
ostatně ADV übrigens **ostatní** übrig, restlich
osten M Stachel, Dorn
ostnatý stach(e)lig; ~ **drát** *m* Stacheldraht
ostouzet verleumden; schmähen
ostražitý wachsam
ostrost F Schärfe; *fig* Härte
ostrostřelba F Scharfschießen *n* **ostrostřelec** M Scharfschütze
ostrouhat PF schaben, (ab-)reiben
ostrov M Insel *f*
ostrovtip M Scharfsinn
ostruha F Sporn *m*; **ostruhy** *pl* Sporen
ostružina F Brombeere
ostrý scharf, spitz
ostří N Schneide *f*
ostřihat PF → ostřihnout
ostřihnout PF, **ostřihovat** Haare, Nägel schneiden
ostřit ⟨**vy-**, **z-**⟩ schärfen
ostuda F Schande **ostudný** schändlich
ostych M Scheu *f*, Schüchternheit *f*
ostýchat se sich genieren
ostýchavý scheu, schüchtern
osud M Schicksal *n*, Los *n*
osudný schicksalhaft
osušit PF (ab)trocknen
osuška F Badetuch *n*
osušovat → osušit
osvědčení N Bescheinigung *f*; MED Attest
osvědčit PF, **osvědčovat** bescheinigen; bezeugen
osvěta F Aufklärung
osvětlení N Beleuchtung *f*
osvětlit PF, **osvětlovat** beleuchten (*a. fig*); belichten
osvěžit PF, **osvěžovat** erfrischen **osvěžující** Erfrischungs-
osvobodit PF befreien; JUR freilassen **osvoboditel** M, **osvoboditelka** F Befreier(in)
osvobozenecký: ~ **boj** M Befreiungskampf
osvobození N Befreiung *f*
osvojení N Aneignung *f*; Adoption *f*
osvojit PF, **osvojovat** adoptieren; ~ **si** sich aneignen
ošetření N Behandlung *f*, Pflege *f* **ošetřit** PF behandeln, pflegen
ošetřování N Behandlung *f*; Pflege *f* **ošetřovat** → ošetřit
ošetřovatel M, **ošetřovatelka** F (Kranken)Pfleger(in),

Betreuer(in)
ošetřující: ~ **lékař** M behandelnder Arzt
ošidit PF betrügen **ošidný** trügerisch
ošklíbat se Grimassen schneiden
ošklivit se zuwider sein, sich ekeln
ošklivit si Ekel empfinden (*A* vor *D*)
ošklivý hässlich, abscheulich
oškrábat PF, **oškrábnout** PF (ab-) schaben; *Kartoffeln* schälen
oškrabovat → oškrábat
oštěp M SPORT Speer
otáčet → otočit
otáčivý drehbar, Dreh-; **otáčivé jeviště** *n* Drehbühne *f*; **otáčivá židle** *f* Drehstuhl *m*
otálet zögern, schwanken
otázka F Frage
otazník M Fragezeichen *n*
otcovský väterlich, Vater- **otcovství** N Vaterschaft *f*
otec M Vater
otéct PF (an)schwellen
otékat → otéct
oteklý geschwollen
oteplit PF, **oteplovat** erwärmen; ~ **se** warm werden
otevření N Eröffnung *f*; **otevřený** offen, geöffnet
otevřít PF öffnen; *fig* eröffnen; ~ **se** *Tür* aufgehen; sich öffnen
otírat → otřít
otisk M Abdruck (*a.* TYPO)
otisknout PF, **otiskovat** (ab-) drucken
otlačenina F Schwiele; MED Quetschung
otlouct PF, **otloukat** abschlagen
otlučený abgeschlagen; *Knie* aufgeschlagen
otočit PF (um)drehen
otok M Schwellung *f*; Ödem *n*
otrava F Vergiftung; *umg* Langeweile; ~ **potravinami** Lebensmittelvergiftung; ~ **krve** Blutvergifung
otrávit PF vergiften; langweilen
otravný: **otravné látky** FPL Giftstoffe *mpl*
otravovat → otrávit
otrhaný zerlumpt, abgerissen
otrhat PF, **otrhávat** abreißen
otrok M Sklave
otřást PF, **otřásat** schütteln, erschüttern (*I A*)
otřepaný abgetragen; *fig* abgedroschen
otřepat PF, **otřepávat** abklopfen, abschütteln
otřes M Erschütterung *f*; ~ **mozku** Gehirnerschütterung *f*
otřít PF abwischen
otupělý abgestumpft
otužilý abgehärtet **otužit** PF, **otužovat** abhärten, stählen
otvírací: ~ **doba** F Öffnungszeiten *fpl*
otvírač, **otvírák** M *Büchse, Flasche* Öffner
otvírat → otevřít
otvor M Öffnung *f*
otylý beleibt, korpulent
ovád M ZOOL Bremse *f*
ovázat PF umwickeln; MED verbinden

ovazovat → ovázat
ovce F Schaf *n*
ovčák M Schäfer; Schäferhund
ovdovělý verwitwet
ověření N Beglaubigung *f*
ověřit PF, **ověřovat** beglaubigen; überprüfen
oves M Hafer
ovesný: **ovesné vločky** FPL Haferflocken
ovíjet → ovinout
ovinout PF, **ovinovat** wickeln, umschlingen; ~ **se** sich winden; ranken
ovládat, **ovládnout** PF beherrschen; bedienen
ovlivnit PF, **ovlivňovat** beeinflussen
ovoce N Obst; Früchte *fpl*
ovšem freilich
ovzduší N Atmosphäre *f*
ozářit PF bestrahlen; anstrahlen
ozařovat → ozářit
ozbrojený bewaffnet **ozbrojit** PF, **ozbrojovat** bewaffnen
ozdoba F Verzierung; Schmuck *m* **ozdobit** PF schmücken, dekorieren
ozdobovat → ozdobit
ozeleňování N Begrünung *f*
označení N Bezeichnung *f*; Kennzeichnung *f*; AUTO Kennzeichen
označit PF bezeichnen; kennzeichnen; ~ **si** *Fahrschein* entwerten
označkovat PF markieren
označovat → označit
oznámení N Mitteilung *f*, Bekanntmachung *f*; Anzeige *f*
oznámit PF mitteilen, bekannt geben; anzeigen
oznamovat → oznámit
ozonový: **ozonová díra** F Ozonloch *n*
ozubený: **ozubená dráha** F Zahnradbahn
ozvat se PF, **ozývat se** ertönen, erschallen; *nur pf* von sich hören lassen; Einspruch erheben (**proti** *D* gegen *A*)
ozvěna F Echo *n*
ožehavý heikel
ožehlý versengt, verbrannt
ožehnout PF, **ožehovat** versengen, verbrennen
oženit se PF *Mann* heiraten (**s** / *A*), sich verheiraten (**s** / mit *D*)
oživený belebt; **oživená ulice** *f* belebte Straße
oživit PF auffrischen, (neu) beleben **oživnout** sich beleben
oživovat → oživit
ožírat abfressen; ~ **se** *pop* sich besaufen
ožralý *pop* besoffen
ožrat PF → ožírat

P

páčidlo N Brecheisen
páčit ⟨vy-⟩ aufbrechen; *Bank* knacken
pád M Fall, Sturz; GRAM Kasus
padák M Fallschirm **padat** → padnout
padělaný gefälscht, Falsch-

padělat (IM)PF fälschen, *umg* nachmachen **padělatel** M Fälscher **padělek** M Fälschung *f*

padesát fünfzig **padesátnice** F, **padesátník** M Fünfziger(in)

pádit rennen, rasen

pádlo N Paddel

pádlovat paddeln

padnout PF (um)fallen; passen; ~ **do mdlob** in Ohnmacht fallen

pádný wuchtig; schlagend

padoucnice F Epilepsie

pahorek M Hügel

pahorkatý hügelig

pahýl M Stumpf

pach M Geruch, Gestank

páchat ⟨s-⟩ *Verbrechen* begehen

pachatel M, **pachatelka** F Täter(in)

páchnout (übel) riechen, stinken (*I* nach *D*)

pachtit se sich abplagen; streben (**po** *L od* **za** *I* nach *D*)

pachuť F Beigeschmack *m*

pak dann, außerdem

páka F Hebel *m*

paklíč M Dietrich

palác M Palast, Palais *n*

palačinka F Omelett *n*

palba F MIL Feuer *n*

palcový: ~ **titulek** M Schlagzeile *f*

palčák M Fausthandschuh

palčivý brennend, beißend

palec M Daumen; große Zehe *f*; *Maß* Zoll

pálenka F Branntwein *m*

pálený gebrannt; *fig umg* durchtrieben

Palestinec M Palästinenser **palestinský** palästinensisch

paličák M Dickkopf

paličatý dickköpfig

pálit ⟨s-, u-⟩ (ver)brennen; MIL feuern

palivo N Brennstoff *m*; Treibstoff *m* **palivový**: **palivová nádrž** F Benzintank *m*

palouk M Wiese *f*, Matte *f*

paluba F Deck *n*, Bord *m*; **na palubě** an Bord

památka F Andenken *n*, Erinnerung, Gedenken *n*; **na památku** zur Erinnerung (*G* an *A*)

památník M Denkmal *n*

památný denkwürdig, Gedenk-

pamatovat erinnern (**na** *A* an *A*), denken (*A* an *A*); ~ **se** sich erinnern (**na** *A* an *A*); ~ **si** sich merken, denken (*A* an *A*)

paměť F Gedächtnis *n*, Erinnerung; IT Speicher *m*; **paměti** *pl* Memoiren; **z paměti** auswendig

pamětihodnost F Sehenswürdigkeit

pamětní: ~ **deska** F Gedenktafel; ~ **kámen** M Gedenkstein

pampeliška F BOT Löwenzahn *m*

pán, pan (+ *Name, Titel*) Herr

pánbůh M: **zaplať ~!** Gott sei Dank!

pandemie F Pandemie

panel M Paneel *n*

panelák M *umg* Hochhaus *n*

panelový: ~ **dům** M Hochhaus *n*; **panelová výstavba** F Plattenbauweise; **panelová di-**

skuse F Podiumsdiskussion
panenka F Puppe; ANAT Pupille
pánev F Pfanne; ANAT, GEOL Becken *n*
paní F Frau
pankáč M *umg* Punk(er)
panna F Jungfrau; Puppe
panovat herrschen
pánovitý herrisch
panovnice F, **panovník** M Herrscher(in)
panský herrschaftlich, Herren-
pánský Herren-
panství N Herrschaft *f*
panstvo N Herrschaften *fpl*
pant M Türangel *f*
panter M Leopard
papež M Papst
papír M Papier *n* **papírnictví** N Papiergeschäft
papoušek M Papagei
paprsek M Strahl; Radspeiche *f*
pár M Paar *n*; PRON einige, ein paar
pára F Dampf *m*, Dunst *m*
paráda F Parade, Gala; Schmuck *m*; **pro parádu** pro forma
parádit se ⟨na-⟩ *umg* sich herausputzen
parafovat (IM)PF paraphieren
paraplegik M Querschnittsgelähmte
parašutista M Fallschirmspringer
párat ⟨roz-⟩ auftrennen
párátko N Zahnstocher *m*
pardál M ZOOL Panther
párek M Pärchen; GASTR Würstchen *n*, *österr* Krenwürstel *n*
parfém M Parfum *n*
parkovací: **~ automat** M Parkautomat; **~ světlo** N Standlicht
parkovat ⟨za-⟩ parken
parkoviště N Parkplatz *m*
parkovné N Parkgebühr *f*
parní Dampf-; **~ lázeň** *f* Dampfbad *n*
parník M Dampfer
parný schwül, heiß
parohy MPL Geweih *n*
párový paarig; SPORT Paar-
parta F Clique, Gruppe
partiový: **partiové zboží** N Ausschussware *f*
pařák M Dampfkochtopf
pařát M Klaue *f*, Kralle *f*
pařit brühen, dämpfen
pas M Reisepass
pás M Band *n*; Streifen; Taille *f*
pasák M Hirt(e); *pop* Zuhälter
pasáž F Passage; **nákupní ~** Einkaufspassage
pasažér M Fahrgast, Fluggast; **černý ~** Schwarzfahrer
pásek M Band *n*; Gürtel, Gurt *n*
páska F Band *n*; Armbinde
pásmo N Gebiet; Streifen *m*; **~ volného obchodu** Freihandelszone *f*
pasový: **pasová fotka** F Passfoto *n*; **pasová kontrola** F Passkontrolle
pásový: **pásové vozidlo** N Raupenfahrzeug; **~ opar** M MED Gürtelrose *f*
past F Falle; **~ na myši** Mausefalle
pást ⟨na-⟩ *Vieh* weiden, hüten; **~ ⟨na-⟩ se** grasen

pastva F Weide **pastvina** F Weideland *n*
pašerák M Schmuggler, *österr* Pascher
pašovat schmuggeln
paštika F Pastete
pata F Ferse; *Möbel* Fuß *m*
pátek M Freitag
patentka F Druckknopf *m*
páteř M Wirbelsäule *f*
patnáct fünfzehn
pátrání N (Nach)Forschungen *fpl*; Fahndung *f*
pátrat (nach)forschen, fahnden (**po** *L* nach *D*)
patrný offensichtlich
patro N Stockwerk; ANAT Gaumen *m*
patřičný gehörig, gebührend
patřit gehören; **~ se** sich gehören
pátý fünfte
páv M Pfau
pavouk M Spinne *f*
pavučina F Spinnennetz *n*
pazneht M Klaue *f* **pazour** M Klaue *f*
paždí N Oberarm *m*
pažitka F Schnittlauch *m*
pec F Ofen *m*
pecka F *Obst* Stein *m*
péct ⟨u-⟩ backen, braten
péče F Pflege, Fürsorge, Betreuung
pečeně F Braten *m* **pečený** gebacken, gebraten; **pečené kuře** *n* Brathähnchen
pečeť F Siegel *n*
pečivo N Gebäck, Backwaren *fpl*
pečlivost F Sorgfalt **pečlivý** sorgfältig; *Äußere* gepflegt
pečovat sorgen (**o** *A* für *A*), betreuen (**o** *A A*)
pečovatel M, **pečovatelka** F (Kranken)Pfleger(in)
pěchota F Infanterie
pekáč M Bratpfanne *f*
pekárna F Bäckerei
pekař M Bäcker
pekelný höllisch, Höllen- **peklo** N Hölle *f*
pěkný schön, hübsch, nett
pelyněk M BOT Wermut
pemza F Bimsstein *m*
pěna F Schaum *m*
penále N Vertragsstrafe *f*
penalta F SPORT Strafstoß *m*
peněženka F Portemonnaie *n*
peněžní: **~ automat** M Geldautomat
pěnit ⟨z-⟩ **se** schäumen
pěnivý schäumend
peníz M Geldstück *n*, Münze *f*; **~e** *pl* Geld *n*
pěnový Schaum-; **pěnová guma** *f* Schaumgummi *m*
penze F Rente, Pension **penzion** M *Gebäude* Pension *f*
peprný gepfeffert (*a. fig*) **pepřit** ⟨o-⟩ pfeffern
perla F Perle **perleť** F Perlmutt *n*
perlit se perlen; moussieren
perník M Pfefferkuchen
pero N Feder *f* (*a Stahl*)
pérovat TECH federn
perzián M *Pelz* Persianer
peří N Gefieder **peřina** F Federbett *n*
pes M Hund
pěst F Faust

pěstovat ⟨vy-⟩ züchten, anbauen; *Hobby* pflegen; SPORT treiben; ~ ⟨vy-⟩ **se** sich pflegen
pestrý bunt
pěšec M *Schach* Bauer
pěší ADJ Fuß-; ADV zu Fuß; SU M, F Fußgänger(in)
pěšina F Pfad *m* **pěšinka** F Pfad *m*; *Haar* Scheitel *m*
pěšky zu Fuß
pět fünf **pětiboj** M SPORT Fünfkampf **pětina** F Fünftel *n*
petlice F Türkette
petrklíč M Schlüsselblume *f*
petrolej M Petroleum *n*
petržel M Petersilie *f*
pěvec M, **pěvkyně** F Sänger(in)
pevnina F Festland *n*, Kontinent *m* **pevnost** F Festigkeit; Festung
pevný fest, massiv; **pevná sazba** *f* TEL, IT Flatrate; **pevná síť** *f* TEL Festnetz *n*; ~ **disk** *m* IT Festplatte *f*
piha F Sommersprosse
píchací: ~ **hodiny** FPL Stechuhr *f*
píchat → píchnout
pichlavý stach(e)lig, stechend; ~ **drát** *m* Stacheldraht
píchnout PF stechen; *Fahrkarte* lochen
píchnutí N Stich *m*; ~ **pneumatiky** Reifenpanne *f*
piják M Trinker
pila F Säge; Sägewerk *n*
píle F Fleiß *m*
pilíř M Pfeiler
pilka F Handsäge
pilníček M Nagelfeile *f*
pilník M Feile *f*
pilný fleißig; ~ **telegram** *m* dringendes Telegramm *n*
pilovat feilen
pilovitý gezackt, gezähnt
pilulka F Tablette
pinzeta F Pinzette
piplat se *umg* sich abmühen
pisatel M, **pisatelka** F Schreiber(in), Verfasser(in)
písčitý sandig
písek M Sand
písemnost F Schriftstück *n* **písemný** schriftlich
píseň F Lied *n*
pískat, **písknout** PF pfeifen
pískovec M Sandstein
písmeno N Buchstabe *m* **písmo** N Schrift *f*
písnička F Liedchen *n*
píst M Kolben
píšťala F Pfeife
píštěl M MED Fistel *f*
pít trinken
pití N Trinken, Getränk
pitka F Trinkgelage *n*
pitný trinkbar; **pitná voda** *f* Trinkwasser *n*
pitomec M Trottel
pitomý dumm, beschränkt
pitva F Obduktion
pitvorný grotesk
pivnice F Bierstube
pivo N Bier
pivoňka F Pfingstrose
pivovar M Brauerei *f*
pizza F Pizza **pizzerie** F Pizzeria
plácačka F: ~ **na mouchy** Fliegenklatsche
plácat → plácnout

placatý flach, platt
placení N Zahlung *f*; ~ **v** *od* **na hotovosti** Barzahlung *f*; ~ **předem** Vorauszahlung *f*
placka F GASTR Fladen *m*; Puffer *m*
plácnout PF klatschen (*a Beifall*); schwatzen
pláč M Weinen *n*
plačky weinend
plachetnice F Segelboot *n*
plachta F Segel *n*; Plane
plachtit segeln
plachý scheu, schüchtern
plakát M Plakat *n*
plakat ⟨**za-**⟩ weinen
plamen M Flamme *f*
plamenný leidenschaftlich
plán M Plan; ~ **města** Stadtplan; **podle ~u** planmäßig
pláň F Ebene, Plateau *n*
planina F → pláň
plaňka F Planke
planout ⟨**za-**⟩ (auf)flammen (*a. fig*), lodern
plánovitý planmäßig
planý BOT wild, unfruchtbar; *fig* nutzlos
plápolat ⟨**za-**⟩ flackern
plášť M Mantel (*a Reifen*); ~ **do deště** Regenmantel
plat M Gehalt *n*, Zahlung *f*
platba F Zahlung; ~ **předem** Vorauszahlung; **platby neschopný** zahlungsunfähig
plátce M, **plátkyně** F Zahler(in)
platební: ~ **lhůta** F Zahlungsfrist; ~ **karta** F Geldkarte; ~ **podmínky** FPL Zahlungsbedingungen; ~ **příkaz** M Zahlungsanweisung *f*
plátěný leinen, Leinen-
platidlo N Zahlungsmittel
platit ⟨**za-**⟩ (be)zahlen; gelten
plátno N Leinen; Leinwand *f*
platnost F Geltung, Gültigkeit; **doba** *f* **~i** Geltungsdauer
platný geltend, wirksam
plavat ⟨**za-**⟩ schwimmen
plavba F Schifffahrt
plavčík M Bademeister
plavec M Schwimmer; Schiffer
plavecký: ~ **bazén** M Schwimmbecken *n*
plavit se *mit dem Schiff* fahren
plavkyně F Schwimmerin
plavky FPL Badehose *f*; Badeanzug *m*
plavovlasý blond
plazit se kriechen
pláž F Strand *m*
plážový: **plážová obuv** F Badeschuhe *pl*; ~ **oblek** M Strandanzug
plece FPL Schulter *f*
plecko N GASTR Schulterstück
plech M Blech *n*
plechovka F Blechbüchse
plemeno N Rasse *f*, Geschlecht
plenit ⟨**vy-**⟩ plündern, verwüsten
plenka F Windel
ples M Ball; Tanzvergnügen *n*
plesat jubeln
pleskat klatschen; plätschern
plesknout PF einen Schlag versetzen (*A D*)
plesnivec M Edelweiß *n*
plesnivět ⟨**z-**⟩ schimmeln
plesnivý schimm(e)lig

pleso N Bergsee *m*
plést ⟨**u-**⟩ flechten; stricken; *umg* durcheinanderbringen; ~ ⟨**u-**⟩ (**si**) verwechseln; ~ ⟨**u-**⟩ **se** sich irren; sich einmischen (**do** *G* in *A*)
pleš F Glatze
pleť F *Gesicht* Haut; Teint *m*
pletací: ~ **jehlice** F Stricknadel
pletenec M Zopf (*a Gebäck*); Bündel *n*, Bund *n* (*z. B. Zwiebeln*)
pletení N Strickzeug
pletený: **pletené zboží** N Strickwaren *fpl*
pleticháři M Intrigant
pletky FPL *umg* Techtelmechtel *n*
pleťový: ~ **krém** M Hautcreme *f*
plevel M Unkraut *n*
plíce FPL Lunge *f*
plíčky FPL GASTR Lungenhaschee *n*, *österr* Beuschel *n*
plíseň F Schimmel *m*
plískanice F Matschwetter *n*
plít ⟨**vy-**⟩ jäten
plivat, **plivnout** PF spucken
plížit se schleichen
plnicí: ~ **pero** N Füllfederhalter *m*
plnit ⟨**na-**⟩ füllen; *fig* erfüllen
plnohodnotný vollwertig **plnoletý** volljährig
plnomocník M Bevollmächtigte
plnoštíhlý vollschlank **plnotučný** vollfett
plnovous M Vollbart
plný voll; **plná moc** *f* Vollmacht; **plná penze** *f* Vollpension; ~ (**pracovní**) **úvazek** *m* Vollzeitbeschäftigung *f*
plod M Frucht *f*
plodný fruchtbar (*a. fig*)
plocha F Fläche
plochý flach, platt; **ploché nohy** *fpl* Plattfüße *mpl*
plošina F Plattform; GEOG Plateau *n*
plot M Zaun
ploténka F ANAT Bandscheibe
plotna F Kochherd *m*
plout schwimmen; SCHIFF fahren **ploutev** F Flosse
plovací: ~ **vesta** F Schwimmweste
plovák M TECH Schwimmer **plovárna** F Schwimmbad *n* **plovat** schwimmen
plst, **plsť** F Filz *m*
pluh M Pflug
pluk M Regiment *n* **plukovník** M Oberst
plyn M Gas *n* **plynárna** F Gaswerk *n*
plynatost F MED Blähungen *fpl*
plynný gasförmig; *fig* fließend; **hovořit plynně německy** fließend Deutsch sprechen
plynoměr M Gaszähler
plynout ⟨**u-**⟩ dahinfließen; *Zeit* vergehen
plynový: **plynová bomba** F Gasflasche; ~ **pedál** M Gaspedal *n*; ~ **sporák** M Gasherd
plynovod M Gasleitung *f*
plynulý fließend; kontinuierlich
plyš M Plüsch
plýtvat ⟨**vy-**⟩ verschwenden (*I* *A*)
Plzeň F Pilsen **plzeňský**:

plzeňské pivo N Pilsner (Bier)
plž M ZOOL Schnecke *f*
pneumatika F Autoreifen *m*
pnout ⟨na-⟩ se sich spannen; emporragen; ranken
po (*A*) *Raum, Zeit* bis an (*A*), bis zu (*D*); während (*G*); (*L*) *Bewegung, Ziel* nach (*D*); vorüber an (*D*); je(der) ein(e); **~ léta** jahrelang; **~ jídle** nach dem Essen; **~ dvou** zu zweit; **~ kusech** stückweise; **jít ~ městě** in der Stadt herumlaufen
Pobaltí N Baltikum **pobaltský** baltisch
pobídka F Ansporn *m* **pobídnout** PF anspornen
pobíhat herumlaufen
pobíjet, pobít PF beschlagen; niedermetzeln
pobízet → pobídnout
poblednout PF blass werden; *fig* verblassen
poblíž (*G*) in der Nähe, nahe (*G*)
pobočka F Filiale, Zweigstelle
pobouření N Empörung *f*, Aufruhr *m* **pobouřit** PF aufhetzen, aufwiegeln
pobožný fromm
pobrat PF wegnehmen
pobřeží N Küste *f*
pobřišnice F ANAT Bauchfell *n*
pobuřovat → pobouřit
pobyt M Aufenthalt
pobýt PF, **pobývat** sich aufhalten
pocit M Gefühl *n*, Empfindung *f*
poctivec M ehrlicher Mensch **poctivý** ehrlich, rechtschaffen
počasí N Wetter
počátek M Anfang, Beginn; **počátkem** anfangs; **na počátku** zu Beginn
počatý: **~ život** M ungeborenes Leben *n*
počestný ehrenhaft
počet M (An)Zahl *f*
početný zahlreich
počínat, počít PF anfangen, beginnen
počítač M Rechner, Computer
počítaje, počítajíc einschließlich
počítat zählen (*a. fig*), rechnen
počkat PF warten; **počkej!** warte!
pod (*A wohin*) unter (*A*); (*I wo*) unter (*D*), unterhalb (*G*)
podání N *Gesuch* Eingabe *f*; Überlieferung *f*; WIRTSCH Angebot; SPORT Aufschlag *m*, Abschlag *m*
podarovat beschenken (*I* mit *D*)
podařený gelungen
podařit se PF gelingen
podat PF, **podávat** reichen; *Meldung* erstatten; *Arznei* verabreichen; *Speisen* servieren
podávky FPL Heugabel *f*
podběl M Huflattich
podbírat se → podebrat se
podbízet *Preis* unterbieten
podbradek M Doppelkinn *n*
podbříšek M Unterleib
podcenit PF, **podceňovat** unterschätzen
poddávat se, poddat se PF sich unterwerfen

poddůstojník M Unteroffizier
pode → pod
podebrat se PF eitern
poděkovat PF danken; **~ se** abdanken; zurücktreten (**z** *G* von *D*)
podél (*G*) längs (*G*), entlang (*D*)
podepřít PF (ab)stützen; *fig* unterstützen
podepsaný M Unterzeichner
podepsat PF unterschreiben
poděšený entsetzt
podešev M Schuhsohle *f*
podezírat verdächtigen (**z** *G G*)
podezíravý argwöhnisch
podezřelý verdächtig **podezření** N Verdacht *m*
podezřívat → podezírat
podhodnocovat, **podhodnotit** PF unterbewerten
podchod M Unterführung *f*, Fußgängertunnel
podíl M Anteil; Quote *f*; **~ na zisku** Gewinnanteil
podílet se sich beteiligen (**na** *L* an *D*)
podílnice F, **podílník** M Teilhaber(in)
podít se PF (hin)geraten
podiv M Erstaunen *n*
podívaná F Anblick *m* **podívat se** PF anschauen (**na** *A A*)
podivín M Sonderling
podivný sonderbar
podivit se PF, **podivovat se** staunen (*D* über *A*)
podivuhodný bewundernswert
podjezd M Unterführung *f* (*für Fahrzeuge*)
podklad M Unterlage *f*; Grundlage *f*
podkolenka F Kniestrumpf *m*; SPORT Stutzen *m*
podkova F Hufeisen *n*
podkroví N Dachgeschoss
podlaha F Fußboden *m*
podlamovat → podlomit
podle (*G*) längs (*G*); gemäß, nach (*D*); laut (*G, D*)
podléhat, **podlehnout** PF unterliegen, unterstehen
podlézavý kriecherisch
podlitina F MED Bluterguss *m*
podlomit PF knicken; lähmen (*a. fig*)
podloudník M Schmuggler, *österr* Pascher
podlouhlý länglich
podložka F Unterlage
podlý niederträchtig
podmanit PF, **podmaňovat** unterwerfen; *fig* erobern
podmanivý überwältigend
podmáslí N Buttermilch *f*
podmazat PF fetten; *fig* schmieren, bestechen
podmíněný bedingt; **~ trest** *m* Strafe *f* auf Bewährung
podmínka F Bedingung
podnájem M Untermiete *f*
podnájemnice F, **podnájemník** M Untermieter(in)
podnapilý angetrunken
podnebí N Klima
podněcovat → podnítit
podnět M Anlass, Impuls
podnik M Betrieb, Unternehmen *n*; Veranstaltung *f*
podnikat unternehmen; Geschäfte tätigen
podnikatel M, **podnika-**

telka F Unternehmer(in)
podnikavý unternehmerisch
podniknout PF → podnikat
podnítit PF anregen, veranlassen; aufhetzen
podnos M Tablett *n*
podoba F Ähnlichkeit; Gestalt, Form
podobat se sich ähneln
podobenka F Passbild *n*
podobizna F Porträt *n*
podobný ähnlich
podotknout PF, **podotýkat** bemerken, hinzufügen
podpálit PF, **podpalovat** anzünden
podpatek M *Schuh* Absatz
podpaž(d)í N Achselhöhle *f*
podpírat → podepřít
podpis M Unterschrift *f*
podpisovat → podepsat
podpisovatel M Unterzeichner
podplácení N Bestechung *f*
podplácet, **podplatit** PF bestechen
podpora F Unterstützung, Förderung, Beihilfe; TECH Stütze
podporovat unterstützen, fördern
podprsenka F Büstenhalter *m*, *umg* BH *m*
podrazit PF umstoßen; *Schuhe* besohlen; ~ **nohu** ein Bein stellen
podráždění N Erregung *f*; MED Reizung *f*
podrážet → podrazit
podrážka F Schuhsohle
podrobit se PF sich unterwerfen; *fig* sich unterziehen
podrobný ausführlich
podrobovat se → podrobit se
podržet PF halten
podřeknout se PF, **podříct se** PF sich versprechen, sich verraten
podřídit se PF sich unterordnen **podřízený** M Untergebene
podřizovat se → podřídit se
podsklepit PF unterkellern
podstata F Wesen *n*, Grundlage; **v podstatě** im Wesentlichen **podstatný** wesentlich
podstavec M Sockel, Ständer
podstoupit PF, **podstupovat** auf sich nehmen; sich unterziehen (*A D*)
podsvětí N Unterwelt *f*
podšitý *Kleidung* gefüttert; *fig* durchtrieben
podšívka F Futter *n*
podškrtat PF, **podškrtnout** PF unterstreichen
podtitul M Untertitel
podtrhat PF → podtrhnout
podtrhnout PF, **podtrhovat** unterstreichen
podtržení N Unterstreichung *f*, Hervorhebung *f*
poduška F Kopfkissen *n*; ~ **na razítka** Stempelkissen *n*
podvádět → podvést
podvázat PF, **podvazovat** *fig* unterbinden
podvědomí N Unterbewusstsein
podvést PF betrügen
podvlékačky FPL Unterhose *f*
podvod M Betrug **podvodnice** F, **podvodník** M Betrü-

ger(in) **podvodný** betrügerisch
podvozek M Fahrgestell *n*
podvrhnout PF, **podvrhovat** unterschieben, fälschen
podvrtnout PF verstauchen
podvýživa F Unterernährung
podzemí N Untergrund *m* (*a.* pol)
podzim M Herbst; **na ~** im Herbst
pohádka F Märchen *n*
pohánět (an)treiben (*a.* tech)
pohár M Becher, Pokal
pohlavek M Ohrfeige *f*
pohlaví N Geschlecht
pohlavní: **~ nemoc** F Geschlechtskrankheit; **~ styk** M Geschlechtsverkehr
pohlcovat → pohltit
pohled M Blick, Anblick, Ansicht *f*; Ansichtskarte *f*
pohledávka F WIRTSCH Forderung, Guthaben *n*
pohledět PF blicken (**na** *A* auf *A*); anblicken (**na** *A A*)
pohlednice F Ansichtskarte
pohlédnout PF → pohledět
pohledný ansehnlich
pohlížet → pohledět, pohlédnout
pohltit PF verschlingen (*a. fig*)
pohmoždění N, **pohmožděnina** F MED Quetschung *f*
pohnout PF bewegen, rühren (*I A*)
pohnutí N Bewegung *f*, Rührung *f*; **bez ~** regungslos
pohnutka F Beweggrund *m*
pohnutý bewegt, gerührt
pohoda F schönes Wetter *n*; *fig* Behaglichkeit, Gemütlichkeit
pohodlí N, **pohodlnost** F Bequemlichkeit *f* **pohodlný** bequem, gemütlich
pohon M TECH Antrieb; IT Laufwerk *n*; **~ na přední kola** Vorderradantrieb
pohonný: **pohonná látka** F, **pohonné hmoty** FPL Treibstoff *m*
pohoršený entrüstet, unwillig
pohoršit se PF, **pohoršovat se** sich entrüsten (**nad** *I* über *A*)
pohoří N Gebirgszug *m*
pohostinný gastfreundlich
pohostinský: **pohostinská hra** F Gastspiel *n* **pohostinství** N Gastfreundschaft *f*; Gastwirtschaft *f*
pohostit PF bewirten **pohoštění** N Bewirtung *f*
pohotovost F Bereitschaft
pohotovostní: **~ služba** F Bereitschaftsdienst *m*
pohotový bereit; schlagfertig
pohovka F Sofa *n*
pohovor M Gespräch *n*
pohraničí N Grenzgebiet
pohraniční Grenz-
pohrdat verachten, missachten (*I A*) **pohrdavý** verächtlich
pohroma F Katastrophe; **bez pohromy** unversehrt
pohromadě beisammen
pohrozit PF drohen (*I* mit *D*)
pohrudnice F Rippenfell *n*
pohřbívat, **pohřbít** PF beerdigen, begraben (*a. fig*)
pohřeb M Beerdigung *f*, Bestattung *f*; **~ žehem** Feuerbe-

stattung *f* **pohřební**: **~ ústav** M Bestattungsinstitut *n*
pohřešit PF, **pohřešovat** vermissen (*G A*)
pohyb M Bewegung *f*
pohyblivý beweglich; **pohyblivé schody** *mpl* Rolltreppe *f*
pohybovat → pohnout
pocházet (ab)stammen (**z** *G* von *D*)
pochlubit se PF prahlen (*I* mit *D*)
pochmurný düster
pochod M Marsch; Prozess, Vorgang
pochodeň F Fackel
pochodit PF *gut od schlecht* abschneiden
pochodovat marschieren
pochopit PF begreifen **pochopitelný** verständlich
pochoutka F Leckerbissen *m*, Delikatesse
pochovat PF, **pochovávat** beerdigen
pochutnat si PF, **pochutnávat si** PF sich schmecken lassen (**na** *L A*)
pochůzka F Begehung
pochva F Scheide
pochvala F Lob *n*
pochválit PF, **pochvalovat** loben
pochyba F Zweifel *m* **pochybný** zweifelhaft, fraglich
pochybovat zweifeln (**o** *L* an *D*)
pojednání N Abhandlung *f*
pojednat PF, **pojednávat** behandeln, besprechen (**o** *L A*)
pojednou auf einmal, plötzlich
pojem M Begriff **pojetí** N Auffassung *f*
pojímat → pojmout
pojistit PF (ver)sichern
pojistka F Versicherung; TECH Sicherung **pojistný** Versicherungs-; **pojistá událost** *f* Versicherungsfall *m*
pojištěnec M Versicherte **pojištění** N Versicherung *f*
pojištěnka F Versicherte **pojištěný** versichert
pojišťovna F Versicherungsgesellschaft
pojízdný: **pojízdné schody** MPL Gangway *f*
pojmout PF fassen, aufnehmen; *fig* erfassen, begreifen
pokání N Buße *f*, Reue *f*
pokaždé jedes Mal
poklad M Schatz
pokládat → položit; halten (**za** *A* für *A*)
pokladna F Kasse
pokladní M, F Kassierer(in)
pokladnice F Schatzkammer
pokladník M *Bank* Kassierer
pokles M Rückgang **poklesat**, **poklesnout** PF sinken, fallen; **~ hlasem** die Stimme senken
poklice, **poklička** F Topfdeckel *m*; MUS Becken *n*; AUTO Radkappe *f*
poklidit PF, **poklízet** *Wohnung* aufräumen
poklona F Verbeugung
poklonit se PF sich verbeugen (*D* vor *D*)
poklopec M Hosenschlitz
poklus M Laufschritt
pokoj M Ruhe *f*; Zimmer *n*; **dej (mi) ~!** lass mich in Ruhe! **po-**

kojný ruhig, friedlich
pokojská F Zimmermädchen *n*
pokolení N Generation *f*, Geschlecht
pokorný demütig
pokořit PF, **pokořovat** demütigen
pokoušet se → pokusit se
pokoutní heimlich; ~ **obchod** *m* Schwarzhandel
pokračování N Fortsetzung *f* **pokračovat** fortschreiten; fortsetzen (**v** *L A*)
pokraj M Rand; **na ~i** am Rande
pokrčit PF *Nase* rümpfen; *Stirn* runzeln; *Achseln* zucken
pokrm M Speise *f*, Gericht *n*
pokročilý fortgeschritten **pokročit** PF → pokračovat
pokrok M Fortschritt
pokrokový fortschrittlich
pokrýt PF (be)decken
pokrytec M Heuchler **pokrytectví** N Heuchelei *f*
pokrývač M Dachdecker
pokrývat → pokrýt
pokrývka F Decke
pokřik M Geschrei *n* **pokřikovat** herumschreien
pokřižovat se PF sich bekreuzigen
pokřtít PF taufen; **nechat se ~** sich taufen lassen
pokud soweit, solange; was angeht
pokus M Versuch
pokusit se PF versuchen (**o** *A A*)
pokušení N Versuchung *f*
pokuta F Geldstrafe
pokyn M Hinweis, Wink
pól M Pol
Polák M Pole
polámat PF zerbrechen
Polárka F Polarstern *m*
polárka F Eiscreme
polární: ~ **kruh** M Polarkreis
pole N Feld (*a. fig*)
poledne N Mittag *m*; **o polednách** zur Mittagszeit **polední** Mittags-
polepšit PF, **polepšovat** bessern
poleva F Guss *m*, Glasur
polévat → polít
polévka F Suppe
polévkový: **polévková lžíce** F Suppenlöffel *m*
polibek M Kuss
políbit PF küssen
police F Regal *n*
políček M Ohrfeige *f*
polít PF begießen; GASTR glasieren
politička F, **politik** M Politiker(in)
Polka F Polin
polka F *Tanz* Polka
polknout PF (ver)schlucken, verschlingen
polní Feld-
polobotka F Halbschuh *m* **poločas** M Halbzeit *f*
poloha F Lage, Position
polokoule F Halbkugel **polokruh** M Halbkreis **pololetí** N Halbjahr **poloměr** M Radius
poloostrov M Halbinsel *f* **polopenze** F Halbpension **polosvět** M Halbwelt *f*
polovice F Hälfte **poloviční** halb, Halb-; ~ **úvazek** *m* Halb-

tagsbeschäftigung *f*
polovina F Hälfte
položit PF (hin)legen; *Frage* stellen
Polsko N Polen
polštář M Kopfkissen *n*; Polster *n*
polykat → polknout
pomáhat → pomoct
pomalu langsam
pomatený geistesgestört
pomazánka F Brotaufstrich *m*
pomazat PF bestreichen; salben
poměr M Verhältnis *n*
pomeranč M Orange *f*
poměrný verhältnismäßig, relativ
pomezí N Grenze *f*, Scheide *f*
pomezní: ~ **rozhodčí** M Linienrichter
pomíjet → pominout
pomíjivý vergänglich
pominout PF vergehen; schwinden; *j-n* übergehen; ~ **se** wahnsinnig werden **pominutý** wahnsinnig
pomlčka F Gedankenstrich *m*
pomlouvat → pomluvit
pomluva F Verleumdung
pomluvit PF verleumden
pomněnka F Vergissmeinnicht *n*
pomník M Denkmal *n* (*D* für *A*)
pomoc F Hilfe; **bez ~i** hilflos
pomocnice F, **pomocník** M Helfer(in)
pomoct PF helfen
pomsta F Rache **pomstít se** PF sich rächen (**na kom za co** an j-m für et)
pomůcka F Hilfsmittel *n*
pomyslet PF, **pomyslit** PF (be)denken
pomýšlet beabsichtigen (**na** *A A*); denken (**na** *A* an *A*)
pondělek M, **pondělí** N Montag *m*
ponechat PF, **ponechávat** belassen; ~ **si** behalten
ponejprv(e) zum ersten Mal **ponejvíc(e)** meist(ens)
poněkud einigermaßen; etwas
ponenáhlu allmählich
ponětí N Ahnung *f*
poněvadž weil
ponížit PF, **ponižovat** erniedrigen **ponižující** erniedrigend
ponorka F U-Boot *n*
ponorný: ~ **vařič** M Tauchsieder
ponořit PF, **ponořovat** versenken; ~ **se** versinken
ponožka F Socke
poobědvat PF zu Mittag essen
popadat, **popadnout** PF (an)packen, ergreifen
popel M Asche *f*
popeleční: **Popeleční středa** F Aschermittwoch *m*
popelnice F Mülltonne
popelník M Aschenbecher, *umg* Ascher
popírat → popřít
popis M Beschreibung *f* **popisek** M Bildunterschrift *f*
popisovat → popsat
poplach M Alarm; **ozónový** ~ Ozonalarm
poplašný: **poplašné zařízení**

N Alarmanlage *f*
poplatek M Gebühr *f*; **bez poplatku** gebührenfrei; **podléhající poplatku** gebührenpflichtig
poplatnice F, **poplatník** M Steuerzahler(in)
popletený verwirrt
poprava F Hinrichtung **popravit** PF, **popravovat** hinrichten
poprosit PF bitten (**o** *A* um *A*)
poprsí N *weibliche* Brust *f*; Büste *f*
poprvé zum ersten Mal
popředí N Vordergrund *m*
popřípadě beziehungsweise
popřít PF leugnen
popsat PF beschreiben
poptávka F Nachfrage, Bedarf *m*
popud M Antrieb, Anstoß
pór¹ M Porree, Lauch
pór² M Pore *f*
porada F Beratung, Besprechung **poradce** M Berater
poradit PF beraten (*D A*), anraten
poradkyně F Beraterin
poradna F Beratungsstelle
poradní beratend, Beratungs-
porazit PF, **porážet** umwerfen; *Feind* schlagen; *Vieh* schlachten
porážka F Niederlage
porce F Portion
porod M Geburt *f*, Entbindung *f* **porodit** PF gebären
porodní: ~ **asistentka** F Hebamme
porodnice F Entbindungsstation **porodník** M Geburtshelfer
porostlý bewachsen
porota F Schwurgericht *n*; Jury
porotce M, **porotkyně** F Geschworene; Preisrichter(in)
poroučet → poručit
porouchat se PF, **porouchávat se** schadhaft werden, *umg* kaputtgehen
porozumění N Verständnis
poručík M Leutnant
poručit PF befehlen; ~ **si** *z.B. im Restaurant* sich bestellen
poručnice F, **poručník** M Vormund *m*
porucha F Störung; Panne
Porúří N Ruhrgebiet
porušit PF, **porušovat** verletzen; beschädigen; *fig* brechen
Porýní N Rheinland
pořad M Programm *n*
pořadník M Warteliste *f*
pořád immer(fort), immer noch
pořádat ⟨us-⟩ ordnen, veranstalten
pořádek M Ordnung *f*; Reihenfolge *f*; **po pořádku** der Reihe nach
pořadí N Reihenfolge *f*; Folge *f*; Rangordnung *f*
pořádný ordentlich
pořídit PF, **pořizovat** anschaffen, beschaffen; *Liste* anfertigen
posadit se PF sich setzen
posádka F Besatzung
posázet PF bepflanzen
posazovat se → posadit se
posbírat PF aufsammeln, auflesen
posedlý besessen

posekat PF abmähen
posel M Bote **poselství** N Botschaft *f*
poschodí N Stockwerk
posila F Stärkung; MIL Verstärkung; *fig* Stütze
posílat → poslat
posilnit PF, **posilňovat** stärken **posilovna** F Fitnesscenter *n*
poskytnout PF, **poskytovat** bieten, gewähren
poslanec M Abgeordnete
poslanecký: **poslanecká sněmovna** F Abgeordnetenhaus *n*
poslankyně F Abgeordnete
poslat PF schicken
poslední letzte; jüngste
poslech M Zuhören *n*; *Radio* Empfang
poslechnout PF zuhören, gehorchen (*A D*)
poslechovost F Einschaltquote
poslouchat → poslechnout
posloužit PF dienen, nützen; bedienen (*D A*); ~ **si** sich bedienen; ~ **jako** dienen als
posluhovačka F Raumpflegerin
posluhovat → posloužit
posluchač M, **posluchačka** F Hörer(in)
posluchárna F Hörsaal *m*
poslušný gehorsam
posměch M Spott, Hohn **posměšný** spöttisch
posmívat se verspotten (*D A*)
posoudit beurteilen, begutachten
pospíchat, **pospíšit (si)** PF eilen, sich beeilen
post M *Beruf* Posten; SPORT Position *f*
postaru wie früher
postava F Gestalt, Figur
postavení N Stellung *f*, Position *f*
postavit PF, **postavovat** (auf)stellen; *Essen* aufsetzen
postel M Bett *n*
postihnout PF, **postihovat** erfassen; *umg* erwischen
postit se fasten
postižený betroffen, befallen; *Mensch* behindert
postoj M Haltung *f* (*a. fig*)
postoupit PF vorwärtskommen; mil vorrücken
postrádat vermissen, entbehren
postřehnout PF wahrnehmen
postříkat PF, **postřikovat** bespritzen
postup M Fortgang, Vorgang; MIL Vormarsch
Postupim F Potsdam *n*
postupný allmählich
posud bisher
postupovat → postoupit; vorgehen, verfahren
posudek M Beurteilung *f*, Gutachten *n*; **pracovní** ~ Arbeitszeugnis *n*
posun M Verschiebung *f*
posunek, **posuněk** M Geste *f*, Gebärde *f*
posunout PF, **posunovat** rücken, verschieben
posuzovat → posoudit
posuzovatel M Rezensent, Kritiker

posypat PF, **posypávat** bestreuen
pošeptat PF zuflüstern
pošetilý töricht, albern
pošinout PF → posunout
pošklebek M Grimasse *f* **pošklebovat se** verspotten (*D A*)
poškodit PF (be)schädigen **poškozený** schadhaft, beschädigt
poškozovat → poškodit
pošlapat PF, **pošlapávat** niedertreten
pošta F Post
poštovné N Porto
poštovní Post-; ~ **poukázka** *f* Postanweisung; ~ **schránka** *f* Briefkasten *m*; ~ **známka** *f* Briefmarke; ~ **směrovací číslo** **(PSČ)** Postleitzahl (PLZ); ~ **spořitelní knížka** *f* Postsparbuch *n*
pot M Schweiß
potácet ⟨za-⟩ **se** taumeln
potah M Überzug, Bezug
potáhnout PF beziehen, bespannen
potahovat → potáhnout
potají, potajmu heimlich
potápeč M Taucher
potápět → potopit
poté dann, darauf
potěšení N Vergnügen, Freude *f*
potěšit PF erfreuen; trösten **potěšitelný** erfreulich; tröstlich
potichu leise, still
potit ⟨za-⟩ **se** schwitzen
potíže FPL Schwierigkeiten, *umg* Scherereien
potkání N Begegnung *f* **potkat** PF, **potkávat** treffen; begegnen (*A D*)
potlačit PF, **potlačovat** unterdrücken
potlesk M Beifall, Applaus
potlouct PF anschlagen
potloukat se sich herumtreiben
potmě im Dunkeln
potok M Bach
potom dann, danach
potomek M Nachkomme **potomstvo** N Nachkommenschaft *f*
potopa F Überschwemmung
potopit PF versenken; ~ **se** versinken
potrat M Fehlgeburt *f*, Abort
potrava F Nahrung **potraviny** FPL Lebensmittel *npl*
potrestat PF bestrafen
potrubí N Rohrleitung *f*
potřeba F Bedarf *m*, Bedürfnis *n*; Notwendigkeit; **je** ~ es ist notwendig
potřebný notwendig; bedürftig
potřebovat brauchen, benötigen (*G A*)
potřísnit PF, **potřísňovat** beflecken; ~ **se** *umg* sich bekleckern
potud bisher; ~ **...** **pokud** **...** insoweit als
potucha F Ahnung
potulovat se herumstreichen
potupa F Schmach, Schande **potupit** PF beschimpfen, schmähen **potupný** schmählich
potvora F Ungeheuer *n*

potvrdit PF bestätigen
potvrzení N Bestätigung *f* **potvrzenka** F Quittung
potvrzovat → potvrdit
poučení N Belehrung *f* **poučit** PF (be)lehren; **~ se** *pf* lernen
poučný lehrreich
poučovat → poučit
pouhý bloß, lauter
poukaz M Hinweis; Gutschein **poukázat** PF hinweisen; anweisen (*a Geld*)
poukázka F Geldanweisung; Überweisungsschein *m*
pouliční Straßen-
poupě N Knospe *f*
poušť F Wüste
pouštět → pustit
pouť F Wallfahrt, Pilgerfahrt; Kirmes
poutat ⟨u-⟩ fesseln **poutavý** *fig* fesselnd
pouzdro N Etui, Futteral; **~ na brejle** Brillenetui
pouze *umg* bloß, nur
použít PF gebrauchen, benutzen (*G A*) **použitelný, používatelný** brauchbar
používat → použít
povaha F Charakter *m*, Natur
povaleč M *umg* Gammler
poválečný Nachkriegs-
povalit PF umstoßen; *Fußgänger* anfahren, umfahren
povalovat se *Sachen* herumliegen
povážlivý bedenklich
považovat halten (**za** *A* für *A*)
povděk M: **s ~em** dankbar
povedený gelungen; durchtrieben
povědět PF sagen, erzählen
povědomí N Bewusstsein
povědomý bekannt
povel M Kommando *n*
pověra F Aberglaube *m* **pověrčivý** abergläubisch
pověřit PF, **pověřovat** beauftragen (*I* mit *D*); akkreditieren
pověsit PF aufhängen
pověst F Sage; Ruf *m*; Gerücht *n* **pověstný** berühmt; berüchtigt
povětrnost F Witterung
povětří N Luft *f*
povídání N Geplauder
povídat → povědět
povídka F Erzählung
povidla NPL Pflaumenmus *n*, *österr* Powidl *m*
povinnost F Pflicht **povinný** Pflicht-, pflichtgemäß, obligatorisch; **povinná školní docházka** *f* Schulpflicht; **povinné ručení** *n* Haftpflicht *f*
povlak M Überzug, Bezug; MED Belag
povléct PF überziehen; *Bett* beziehen
povlečení N Bettbezug *m*
povlékat → povléct
povodeň F Überschwemmung, Hochwasser *n*
povolání N Beruf *m*
povolat PF, **povolávat** berufen; einberufen; vorladen
povolávací: **~ rozkaz** M Einberufungsbefehl
povolení N Erlaubnis *f*; **~ k pobytu** Aufenthaltserlaubnis *f*
povolit PF erlauben; nachgeben; lockern

povolný nachgiebig
povolovat → povolit
povrch M Oberfläche *f*
povrchní äußerlich, oberflächlich
povstání N Aufstand *m* **povstat** PF, **povstávat** aufstehen, sich erheben (*a.* POL)
povšimnout si PF beachten (*G A*) **povšimnutí** N Beachtung *f*; **bez ~** unbeachtet
povyk M Lärm, Tumult
povýšení N *Beruf* Beförderung *f*
povýšený überheblich
povýšit PF, **povyšovat** *Beruf* befördern (**na** *A* zu *D*)
povzbudit PF anregen, aufmuntern **povzbudivý** aufmunternd
povzbuzovat → povzbudit
povzdech M Seufzer **povzdechnout (si)** PF seufzen
pozadí N Hintergrund *m*
pozadu zurück; **být ~** im Rückstand sein
pozastavit se PF sich aufhalten; sich wundern
pozbýt PF, **pozbývat** verlieren, einbüßen
pozdě spät, zu spät **později** ADV, **pozdější** ADJ später
pozdní spät, Spät-
pozdrav M Gruß, Glückwunsch
pozdravit PF, **pozdravovat** (be-) grüßen; beglückwünschen
pozemek M Grundstück *n*
pozítřek M übernächster Tag
pozítří übermorgen
pozlacený vergoldet
pozn. (**poznámka**) Anmerkung (Anm.)
poznamenat PF, **poznamenávat** bemerken; anmerken, kennzeichnen
poznámka F Anmerkung, Notiz; Bemerkung; **~ pod čarou** Fußnote
poznatek M Erkenntnis *f*
poznat PF, **poznávat** erkennen; kennenlernen
pozor M Vorsicht!, Achtung!; **dát ~** achtgeben, aufpassen
pozornost F Aufmerksamkeit (*a Geschenk*)
pozorný aufmerksam
pozorovatel M Beobachter
pozoruhodný sehenswert, beachtenswert
pozoun M Posaune *f*
pozůstalost F Nachlass *m* **pozůstalý** M, **pozůstalá** F Hinterbliebene
pozvání N Einladung *f* **pozvánka** F *schriftliche* Einladung
pozvat PF einladen
požádat PF fordern, verlangen; ersuchen (**o** *A* um *A*)
požadavek M Forderung *f*; Anspruch
požadovat → požádat
požár M Brand, Feuer *n*
požární: **~ sbor** M Feuerwehr *f*; **~ zbrojnice** F Feuerwache; **~ žebřík** M Feuerleiter *f*
požárník M Feuerwehrmann
požehnání N Segen *m*
požehnat PF segnen
požitek M *fig* Genuss **požití** N Genuss *m*
požít PF, **požívat** GASTR genie-

ßen

požívatelný genießbar

pra- *in Zssgn* Ur-, ur- **prababička** F Urgroßmutter

práce F Arbeit; **být bez ~** arbeitslos sein **práceschopný** arbeitsfähig

prací: **~ prášek** M Waschpulver *n*

pracka F Tatze, Pfote

pracovat arbeiten; **~ přes čas** Überstunden machen; **~ v úkolu** im Akkord arbeiten

pracoviště N Arbeitsplatz *m*

pracovitý fleißig

pracovna F Arbeitszimmer *n*

pracovněprávní arbeitsrechtlich

pracovní: **~ den** M Arbeitstag, Werktag; **~ doba** F Arbeitszeit; **~ poměr** M Arbeitsverhältnis *n*; **~ povolení** N Arbeitsgenehmigung *f*; **~ síla** F Arbeitskraft; **~ volno** N arbeitsfrei

pracovnice F, **pracovník** M (Mit)Arbeiter(in), Beschäftigte

pracující arbeitend, berufstätig; SU M, F Werktätige

pračka F Waschmaschine

praděd M Urgroßvater

Praděd M Altvaterberg im Gesenke

prádelna F Wäscherei

prádelník M Wäscheschrank

prádlo N Wäsche *f*

práh M Schwelle *f*

Praha F Prag *n*

prahnout PF Durst haben; **~ žízní** verdursten

prach M Staub; Schießpulver *n*; Flaum, Daune *f*; **~y** *pl umg a Geld* Mäuse *fpl*, Kohle *f*

práchnivý morsch

prachotěsný staubdicht

prachovka F Staubtuch *n*

prales M Urwald

pralinka F Praline

prám M Fähre *f*, Floß *n*

pramen M Quelle *f*; Strähne *f*

pramenit entspringen

praní N: **~ špinavých peněz** Geldwäsche *f*

pranice F Schlägerei

prapor M Fahne *f*

prasátko N Ferkel **prase** N Schwein

praskat → prasknout

práskat → prásknout

prasklina F Sprung *m*, Riss *m*

prasknout PF bersten; *Feuer* prasseln, ELEK durchbrennen

prásknout PF knallen (*I* mit *D*); verprügeln

prášek M Pulver *n*; MED *a.* Tablette *f*; **~ do pečiva** Backpulver *n*; **prášky** *pl* **na spaní** Schlaftabletten *fpl*

prášit ⟨na-⟩ Staub aufwirbeln; *fig* prahlen

prašivka F giftiger *od* nicht genießbarer Pilz *m*

prát waschen; prügeln

pravda F Wahrheit; ADV freilich; **to je ~** das ist wahr; **mít pravdu** recht haben; **po pravdě, podle pravdy** wahrheitsgemäß

pravděpodobný wahrscheinlich

pravdivý wahr, wahrheitsgemäß

právě gerade, soeben

právem zu Recht
pravice F Rechte (*a.* POL)
pravidelný regelmäßig
pravidlo N Regel *f*; **pravidla** *pl* **hry** Spielregeln *fpl*; **pravidla silničního provozu** Straßenverkehrsordnung *f*
pravítko N Lineal
právní rechtlich, Rechts-; **~ poradce** *m* Rechtsberater; **~ stát** *m* Rechtsstaat
právnický juristisch, *österr* juridisch; **právnická osoba** *f* juristische Person
právnička F, **právník** M Jurist(in)
právo N Recht; **práva** *pl* Rechtswissenschaften *fpl*, Jura (*ohne Artikel*); **~ na azyl** Asylrecht
pravomoc F Befugnis **pravopis** M Rechtschreibung *f*
právoplatný rechtskräftig
pravoúhlý rechtwinklig
pravý recht, richtig, echt, wahr; rechts (*a.* POL)
prázdninový: **prázdninová ubytovna** F Ferienheim *n*
prázdniny FPL Ferien; **být na prázdninách** in den Ferien sein
prázdnota F Leere
prázdný leer
prazdroj M *Bier* Urquell
Pražan M, **Pražanka** F Prager(in)
pražec M Schwelle *f*
pražit ⟨u-⟩ rösten; *Sonne* brennen
pražský ADJ Prager
prd M *vulg* Furz **prdel** M *pop* Arsch
precedens N, **precedent** M Präzedenzfall *m*
preclík M Brezel *f*
prchat → prchnout
prchlivý jähzornig
prchnout PF fliehen (*a.* *fig*); verfliegen
prim M erste Geige *f*
primář M Chefarzt, *österr* Primar
primátor M Oberbürgermeister
prkno N Brett
pro (*A*) wegen (*G*), für (*A*); *bei Abstimmung* dafür; **jít ~** holen gehen
proběhnout PF, **probíhat** durchlaufen (*I A*); *fig* verlaufen
probírat → probrat
probodávat, **probodnout** PF durchbohren, durchstechen
probořit PF *et* durchbrechen; **~ se** durchbrechen, einbrechen
probrat PF erörtern; *Text* durchgehen
probouzet, **probudit** PF (auf)wecken; **probudit se** aufwachen
proclít PF, **proclívat** verzollen
proč warum, weshalb
pročíst PF, **pročítat** durchlesen
prodat PF, **prodávat** verkaufen
prodavač M, **prodavačka** F Verkäufer(in)
prodej M Verkauf, Vertrieb; **na ~** zum Verkauf **prodejna** F Verkaufsstelle **prodejní** Verkaufs- **prodejný** verkäuflich
prodělat PF, **prodělávat**

durchmachen, erleben; *Geld* einbüßen **prodělek** M *Geld* Verlust
prodlení N Verzögerung *f*; **bez ~** unverzüglich
prodloužení N Verlängerung *f*
prodloužit PF verlängern
prodlužovat → prodloužit
prohlásit PF öffentlich erklären; verkünden; ernennen zu (*I D*) **prohlášení** N Erklärung *f*, Verlautbarung *f*
prohlašovat → prohlásit
prohledat PF, **prohledávat** durchsuchen
prohlédnout PF durchsehen; besichtigen; MED untersuchen
prohlídka F Besichtigung; Durchsuchung; MED Untersuchung
prohlížet → prohlédnout
prohloubit PF, **prohlubovat** vertiefen
prohlubeň F Vertiefung
prohnaný durchtrieben
prohnat PF (an)treiben, hetzen; **~ se** *umg* sich abhetzen
prohra F Verlust *m*; Niederlage
prohrát PF, **prohrávat** verspielen; verlieren
prohřešek M Verstoß **prohřešit se** PF, **prohřešovat se** sich versündigen, verstoßen (**proti** *D* gegen *A*)
procházet → projít
procházka F Spaziergang *m*; **jít na procházku** spazieren gehen
projednat PF, **projednávat** erörtern, verhandeln
projet PF durchfahren, herumfahren
projev M Äußerung *f*, Ansprache *f* **projevit** PF, **projevovat** äußern, bekunden; **~ se** sich erweisen (*I* als)
projímadlo N Abführmittel
projíst PF verprassen
projít PF durchwandern; *Text* durchsehen; *Zeit* vergehen; **~ se** spazieren gehen
projíždět → projet
projížďka F Spazierfahrt
prokázat PF, **prokazovat** erweisen; nachweisen; **~ se** sich ausweisen
proklatý verflucht
proklínat, **proklít** PF verfluchen
prokurátor M Staatsanwalt
prolévat → prolít
prolhaný verlogen
prolít PF durchgießen (*I* durch *A*); *Tränen* vergießen
prolomit PF durchbrechen
proměna F Veränderung **proměnit** PF verwandeln; (ein)wechseln; **~ marku za koruny** Mark in Kronen tauschen
proměnlivý veränderlich
proměnná F Variable **proměnný** variabel
proměňovat → proměnit
promeškat PF versäumen
promíjet, **prominout** PF verzeihen; *Schuld(en)* erlassen; **promiňte!** verzeihen Sie!
prominutí N Verzeihung *f*
promítačka F Projektor *m*
promítat, **promítnout** PF projizieren, abbilden
promlčet PF verjähren

promlouvat, **promluvit** PF reden, sich äußern
promoklý durchnässt **promoknout** PF durchnässen
promyslet PF, **promyslit** PF durchdenken
promýšlet → promyslet
pronájem M Vermietung *f*, Verpachtung *f*
pronajímat, **pronajmout** PF vermieten, verpachten; **pronajme se byt** Wohnung zu vermieten
pronásledování N Verfolgung *f* **pronásledovat** verfolgen **pronásledovatel** M Verfolger
pronášet, **pronést** PF durchtragen; *Rede* halten
pronikat durchdringen, vordringen **pronikavý** durchdringend; *fig* scharf **proniknout** PF → pronikat
propadat PF, **propadávat** durchfallen (*a Theaterstück*); *Frist* ablaufen
propadnout PF → propadat
propagační: ~ **materiál** M Werbematerial *n*
propast F Abgrund *m*
propást PF versäumen
propíchnout PF durchstechen; lochen
propichovat → propíchnout
propouštět → propustit
propracovat PF, **propracovávat** durcharbeiten
propůjčit PF, **propůjčovat** verleihen
propustit PF durchlassen; entlassen **propustka** F Passierschein *m* **propustný** durchlässig
propuštění N Entlassung *f*, Freilassung *f*
proradný verräterisch
prorazit PF, **prorážet** durchschlagen, einschlagen
prorezavět PF durchrosten
prořeknout se PF sich versprechen, *umg* sich verplappern
prořezat PF, **prořezávat** durchschneiden
prosadit PF, **prosazovat** durchsetzen
prosáknout PF, **prosakovat** durchsickern (*I* durch *A*)
prosba F Bitte, Anliegen *n*
prosebný bittend, Bitt-
prosekat PF, **prosekávat** durchhauen
prosím bitte (*Frage u Antwort*)
prosinec M Dezember
prosit ⟨**po-**⟩ bitten (**o** *A* um *A*; **za** *A* für *A*)
proslavený berühmt
proslechnout se PF: **proslechlo se** es verlautete
proslov M Ansprache *f*
proslulý berühmt
proso N Hirse *f*
prospěch M Nutzen, Vorteil; **ve** ~ (*G*) zugunsten (*G*)
prospěšný nützlich
prospět PF, **prospívat** nützen, gedeihen
prostěradlo N Bettlaken
prostírat → prostřít
prostoduchý, **prostomyslný** einfältig
prostor M Raum **prostorný** geräumig

prostředek M Mitte *f*; Mittel *n*; **bez prostředků** mittellos
prostředí N Milieu, Umwelt *f*
prostředkovat ⟨z⟩ vermitteln
prostřední mittlere, mittelmäßig
prostřednice F, **prostředník** M Vermittler(in)
prostřít PF ausbreiten; **~ (na) stůl** den Tisch decken
prostý schlicht, einfach
prošívaný: **prošívaná pokrývka** F Steppdecke
prošlý *Frist* abgelaufen
protáhlý gedehnt, länglich **protáhnout** PF durchziehen, dehnen; *fig* hinauszögern
protéci PF, **protékat** durchfließen
protějšek M Gegenüber *n*, Pendant *n* **protější** gegenüberliegend
protektor M Protektor; runderneuerter Reifen
protěz F Edelweiß *n*
proti (*D*) gegenüber (*D*); gegen (*A*); **~ sobě** gegeneinander
protialkoholický, **protialkoholní** antialkoholisch, Antialkohol-
protidrogový: **protidrogová léčba** F Entziehungskur
protidůkaz M Gegenbeweis **protihodnota** F Gegenwert *m* **protihráč** M, **protihráčka** F Gegenspieler(in)
protijedoucí *Fahrzeug* entgegenkommend
protilék M Gegenmittel *n*
protinávrh M Gegenvorschlag **protiopatření** N Gegenmaßnahme *f*
protiprávní rechtswidrig
protiproud M Gegenströmung *f* **protislužba** F Gegenleistung
protistátní staatsfeindlich
protistrana F Gegenseite
protiústavní verfassungswidrig
protiútok M Gegenangriff **protiváha** F Gegengewicht *n*
protivit ⟨z-⟩ **se** sich widersetzen; zuwider sein
protivítr M Gegenwind
protivládní regierungsfeindlich
protivlak M BAHN Gegenzug
protivnice F, **protivník** M Gegner(in)
protivný widerwärtig
protlak M *Obst, Gemüse* Mark *n*
proto deshalb, darum **protože** weil
protrhaný zerrissen
proud M Strom (*a.* ELEK); Strömung *f* (*a. fig*) **proudit** strömen
proudový: **proudová stíhačka** F Düsenjäger *m*; **~ okruh** M Stromkreis
proužek M Streifen **proužkovaný** gestreift
provádět → provést
provaz M Strick, Seil *n*
provazový: **~ žebřík** M Strickleiter *f*
provdaná F *Frau* verheiratet
provdat se PF *Frau* heiraten (**za** *A A*)
provedení N Durchführung *f*; IT Durchlauf *m*

prověrka F Überprüfung, Revision **prověřit** PF, **prověřovat** überprüfen
provést PF herumführen; *fig* durchführen; THEAT aufführen
provinění N Vergehen **provinilý** schuldig; schuldbewusst
provinit se PF, **provinovat se** schuldig werden (**proti** *D* od **na** *L* an *D*)
provolání N Aufruf *m* **provolat** PF, **provolávat** ausrufen, proklamieren
provoz M Betrieb, Verkehr; **mimo ~** außer Betrieb **provozovat** ausüben, (be)treiben; aufführen **provozovatel** M IT Provider
provozovna F Betriebsstätte
prozatím einstweilen **prozatímní** einstweilig
prozíravý weitblickend
prozkoumat PF untersuchen, erforschen
prozradit PF, **prozrazovat** verraten
prsa NPL *weibliche* Brust *f*
prskat, **prsknout** PF spucken, spritzen, sprühen; *Katze* fauchen; *Fett* spritzen
prsní Brust-; **~ bradavka** *f* Brustwarze
prst M Finger; Zehe *f* **prsten** M Fingerring **prsteník** M Ringfinger
pršet regnen
průběh M Verlauf **průběžný** durchgehend; ständig
průčelí N ARCH Front *f*, Fassade *f*
prudký heftig, hitzig
průdušky FPL ANAT Bronchien **průdušnice** F Luftröhre
pruh M Streifen
průhledný durchsichtig
pruhovaný gestreift
průchod M Durchgang, Passage *f*; IT Durchlauf **průchodný** Durchgangs-, Übergangs-
průjem M MED Durchfall
průjezd M Durchfahrt *f*; **~zakázán!** Durchfahrt verboten!
průjezdní: **~ doprava** F Transitverkehr *m*; **~ vízum** N Transitvisum
průkaz M Ausweis; Nachweis; **očkovací ~** Impfpass **průkazný** beweiskräftig
průklep M Durchschlag, Kopie *f*
průliv M Meerenge *f*
průlom M Durchbruch
průměr M Durchmesser, Durchschnitt **průměrný** durchschnittlich
průmysl M Industrie *f*
průmyslový: **průmyslově vyspělé země** FPL Industrieländer *npl*
průpis M Durchschrift *f*, Kopie *f*
průplav M Kanal
průpověď, **průpovídka** F Spruch *m*, Sentenz
průřez M Querschnitt
průsmyk M GEOG Pass
průtah M Aufschub, Verzug
průtok M Durchfluss
průtokový: **~ ohřívač** M **vody** Durchlauferhitzer
průtrž F: **~ (mračen)** Wolkenbruch *m*

průvan M Zugluft *f*, Durchzug; **je ~** es zieht
průvod M Festzug
průvodce M Begleiter; Reiseleiter; Reiseführer (*Buch*)
průvodčí M, F BAHN Schaffner(in), Zugbegleiter(in)
průvodkyně F Begleiterin; Reiseleiterin
průzkum M Untersuchung *f*, Erforschung *f*
průzračný durchsichtig, klar
pružina F TECH Feder **pružný** elastisch; *fig* flexibel
prvek M Element *n*
první erste; **~ pomoc** *f* Erste Hilfe
prvo- erst-, Ur- **prvočíslo** N Primzahl *f* **prvopis** M *Text* Original *n* **prvopočátek** M Anbeginn
prvořadý erstrangig
prvosenka F Schlüsselblume
prvotní primär; Ur-
prvotřídní erstklassig
prvý erste; **po prvé** zum ersten Mal; **za prvé** erstens
prý angeblich
pryč weg, fort
pryčna F Pritsche
prýmek M Borte *f*, Litze *f*
pryskyřice F Harz *n*
přání N Wunsch *m*, Glückwunsch *m*
přát ⟨**do-**, **po-**⟩ wünschen; gönnen; **~ k narozeninám** zum Geburtstag gratulieren
přátelé MPL Freunde **přátelský** freundschaftlich **přátelství** N Freundschaft *f*
přebal M Buchumschlag
přebalit PF, **přebalovat** umpacken
přeběhnout PF **přebíhat** (hin)überlaufen; desertieren
přebudovat PF umbauen; *Produktion* umstellen
přebytečný überschüssig, überflüssig **přebytek** M Überschuss
přebývat übrig bleiben
přece doch, dennoch
přecenit PF, **přeceňovat** überschätzen
přečíst PF (durch)lesen
před (*A wohin*) vor (*A*); (*I wo*) vor (*D*)
předák M Vorarbeiter, POL führender Mann
předat PF, **předávat** überreichen
předběhnout PF überholen; zuvorkommen (*A D*); **~ se** *Uhr* vorgehen
předběžný vorläufig; **~ rozpočet** *m* Kostenvoranschlag; **předběžná objednávka** *f* Vorbestellung; **předběžná přihláška** *f* Voranmeldung
předbíhat → předběhnout
předčasný vorzeitig; **~ porod** *m* Frühgeburt *f*
předčíslí N TEL Vorwahl *f*
předčit übertreffen
předčítat vorlesen
přede → před
předehra F Vorspiel *n*
předejít PF überholen; zuvorkommen (*A D*); vorbeugen
předek M Vorderteil *n*; Vorfahr
předem im Voraus, vorher
předepsat PF vorschreiben;

MED verschreiben
předešlý vorig **předevčírem** vorgestern **především** vor allem
předhánět, **předhonit** PF überholen; übertreffen
předcházet → předejít; vorhergehen
předchůdce M, **předchůdkyně** F Vorgänger(in)
předjet PF vorfahren, überholen
předjíždění N: **zákaz ~!** Überholen verboten!
předjíždět → předjet
předkládat → předložit
předkolo N SPORT Vorrunde *f*
předkrm M Vorspeise *f*
předkupní: **~ právo** N Vorkaufsrecht
předloha F Vorlage
předloktí N Unterarm *m*
předloni vor zwei Jahren
předložit PF vorlegen, anbieten
předložka F *Teppich* Vorleger *m*
předměstí N Vorstadt *f*, Vorort *m*
předmět M Gegenstand; *Schule* Fach *n*
předmluva F Vorwort *n*
přednášet → přednést
přednáška F Vortrag *m*; Vorlesung
předně zuerst, vor allem
přednést PF *fig* vortragen; Vorlesungen halten
přední vordere, Vorder-; führend; **~ pohon** *m* Frontantrieb
přednost F Vorrang *m*, Vorzug *m*; AUTO Vorfahrt, **dát ~** den Vortritt lassen; Vorfahrt gewähren
předpis M Vorschrift *f*; GASTR, MED Rezept *n*
předpisovat → předepsat
předplácet, **předplatit** PF abonnieren
předplatitel M, **předplatitelka** F Abonnent(in)
předpoklad M Voraussetzung *f*; **za ~u, že** vorausgesetzt, dass
předpokládat voraussetzen, annehmen
předpokoj M Vorzimmer *n*
předposlední vorletzte
předpověď F Voraussage, Prophezeihung; **~ počasí** Wettervorhersage
předpovědět PF, **předpovídat** voraussagen, prophezeihen
předprodej M Vorverkauf
předřečník M Vorredner
předseda M Vorsitzende
předsedat den Vorsitz haben (*D* bei *D*)
předsedkyně F Vorsitzende
předsednictví N Vorsitz *m*
předsednictvo N Vorstand *m*
předsevzetí N Vorhaben
předsevzít si PF sich vornehmen
předsíň F Vorraum *m*, Diele
představa F Idee, Vorstellung
představit PF vorstellen, darstellen **představitel** M, **představitelka** F Darsteller(in), Repräsentant(in)
představovat → představit

předstih M Vorsprung **předstihnout** PF, **předstihovat** überholen; zuvorkommen (*A D*)
předstírat vortäuschen, heucheln
předsudek M Vorurteil *n*
předtím vorher
předtucha F Vorahnung
předurčit PF, **předurčovat** vorherbestimmen
předvádět → předvést
předválečný Vorkriegs-
předvařený: ~ **pokrm** M Fertiggericht *n*
předvečer M Vorabend
předvést PF vorführen
předvídat voraussehen
předvolání N Vorladung *f*
předvolat PF, **předvolávat** vorladen
předvolba F Vorauswahl; TEL Vorwahl
předzápasy MPL SPORT Vorkämpfe
předzvěst F Vorzeichen *n*
přehánět → přehnat
přeháňka F Regenschauer *m*
přehazovačka F *umg Fahrrad* Gangschaltung
přehlasovat überstimmen
přehled M Überblick, Übersicht *f*
přehlédnout PF überblicken; durchsehen; *Fehler* übersehen; ~ **se** sich versehen
přehledný übersichtlich
přehlídka F MIL Parade; *Mode* Schau **přehlížet** → přehlédnout
přehnat PF übertreiben
přehodit PF (hin)überwerfen; AUTO schalten
přehoz M Umhang
přehrada F Talsperre
přehradit PF abdämmen; *Straße* sperren
přehradní: ~ **jezero** N Stausee *m*
přehrát PF durchspielen, abspielen **přehrávač** M CD-Spieler, Plattenspieler
přehrávat → přehrát
přehrazovat → přehradit
přecházet → přejít; auf und ab gehen
přechod M Übergang (*für Fußgänger*) **přechodný** vorübergehend; **přechodná doba** *f* Übergangszeit
přechovávač M, **přechovávačka** F Hehler(in)
přejet PF vorbeifahren; überqueren; überfahren (*a Person*)
přejezd M Durchfahrt *f*; Bahnübergang
přejímat → přejmout
přejít PF (hin)übergehen; *Text* durchgehen; vorübergehen (*A* an *D*)
přejíždět → přejet
přejmout PF übernehmen
překazit PF verhindern
překážet hindern (**k-u v** *L* j-n an *D*) **překážka** F Hindernis *n*, Hürde
překážkový: ~ **běh** M Hindernisrennen *n*
překlad M Übersetzung *f*
překládat → přeložit
překladatel M, **překladatelka** F Übersetzer(in)

překlápět → překlopit
překližka F Sperrholz *n*
překlopit PF umklappen, (um)-kippen
překonaný überholt
překonat PF, **překonávat** überwinden; überbieten
překračovat → překročit
překrásný wunderschön
překročit PF überschreiten; *Gesetz* übertreten
překrýt PF, **překrývat** zudecken
překvapení N Überraschung *f*
překvapit PF, **překvapovat** überraschen
přelámat → přelomit
přelepit PF überkleben
přelet M Überflug **přeletět** PF, **přeletovat** überfliegen
přelíčení N Verhandlung *f*
přelom M Umbruch, Wende *f*
přelomit PF zerbrechen, knicken
přeložit PF umladen, verschieben, verlegen, versetzen; übersetzen
přelstít PF überlisten
přemáhat → přemoct
přeměna F Umwandlung **přeměnit** PF, **přeměňovat** umwandeln, verändern
přemístit PF, **přemisťovat** umstellen, versetzen
přemlouvat, **přemluvit** PF überreden
přemoct PF überwinden, überwältigen; ~ **se** sich beherrschen
přemýšlet nachdenken (**o** *L* über *A*)
přenášet → přenést
přenechat PF, **přenechávat** überlassen
přenést PF (hin)übertragen
přenocovat (IM)PF übernachten
přenos M Übertragung *f* (*a.* MED, TEL) **přenosný** übertragbar; ansteckend
přepad M Überfall **přepadat**, **přepadnout** PF überfallen
přepínat → přepnout
přepis M Abschrift *f*; Umschrift *f* **přepisovat** → přepsat
přepjatý *fig* übertrieben
přeplatek M Überzahlung *f*
přeplněný überfüllt
přeplout PF hinüberschwimmen
přepnout PF überspannen; ELEK umschalten
přepočet M Berechnung *f*
přepočítací: ~ **kurz** M Umrechnungskurs
přepočíst PF → přepočítat
přepočítat PF, **přepočítávat** berechnen, nachrechnen, umrechnen; ~ **se** sich verrechnen
přepojit PF, **přepojovat** umschalten
přepracovat PF, **přepracovávat** bearbeiten, überarbeiten; ~ **se** sich überarbeiten
přeprava F Beförderung, Transport *m* **přepravce** M Spediteur **přepravné** N Transportkosten *pl*
přepravit PF, **přepravovat** befördern
přepsat PF umschreiben
přepych M Luxus **přepy-**

chový luxuriös
přerazit PF, **přerážet** zerbrechen, zerschlagen
přerušení N Unterbrechung *f*, **přerušit** *pf*, **přerušovat** unterbrechen
přeřadit PF, **přeřaďovat** umsetzen, umstellen; AUTO (um)-schalten
přeřeknout se PF sich versprechen
přeřezat PF, **přeřezávat** durchschneiden
přes (*A*) über(*D, A*); durch (*A*); trotz (*G, D*)
přesadit PF, **přesazovat** umsetzen; umpflanzen
přesáhnout PF, **přesahovat** überschreiten, überragen
přesčas M Überstunde *f*
přesčasový: **přesčasové hodiny** FPL Überstunden
přesedat, **přesednout** PF BAHN umsteigen
přesídlenec M, **přesídlenkyně** F Umsiedler(in) **přesídlit** PF, **přesídlovat** umsiedeln, übersiedeln
přesila F Übermacht
přeslechnout PF überhören; ~ **se** sich verhören
přesnídavka F zweites Frühstück *n*, *österr* Jause
přesný genau, pünktlich; ~ **čas** *m* genaue Uhrzeit *f*
přesolit PF, **přesolovat** versalzen
přespolní: ~ **běh** M Geländelauf
přestat PF, **přestávat** aufhören
přestavba F Umbau *m*, Umgestaltung **přestavět** PF, **přestavovat** umbauen, umstellen
přestávka F Pause
přestěhovat se PF umziehen, übersiedeln
přesto trotzdem, dennoch
přestoupit PF BAHN umsteigen; *fig* übertreten
přestřihat PF → přestřihnout
přestřihnout PF, **přestřihovat** durchschneiden
přestup M Umsteigen *n*
přestupek M *fig* Übertretung *f*, Verstoß
přestupný: ~ **rok** M Schaltjahr *n*
přestupovat → přestoupit
přesun M Verschiebung *f*; Transfer **přesunout** PF, **přesunovat** verschieben (*a. fig*)
přesvědčení N Überzeugung *f* **přesvědčit** PF, **přesvědčovat** überzeugen; ~ **se** *pf*, **přesvědčovat se** sich vergewissern
přeškrtat PF, **přeškrtávat** durchstreichen
přeškrtnout PF → přeškrtat
přetáčet → přetočit
přetahat PF → přetrhnout
přetáhnout PF, **přetahovat** (her)überziehen; *Konto, Zeit* überziehen
přetažený überanstrengt
přetéct PF, **přetéékat** überfließen
přetěžovat, **přetížit** PF überlasten
přetočit PF umdrehen, überdrehen; *Tonband* überspielen

přetrhnout PF, **přetrhovat** zerreißen
přetrvat PF, **přetrvávat** überdauern
přetvařovat se sich verstellen
přetvářet → přetvořit
přetvořit PF umgestalten
převádět → převést
převážet → převézt
převaha F Überlegenheit
převážný überwiegend
převést PF (hin)überführen; WIRTSCH übertragen; *Geld* überweisen
převézt PF *et* (hin)überfahren
převléct PF, **převlékat** umkleiden; *Bett* beziehen **převlékárna** F Umkleideraum *m*
převod M Überführung *f*, Übertragung *f*; WIRTSCH Überweisung *f*; TECH Übersetzung *f*
převodní: ~ **příkaz** M Überweisungsauftrag
převoz M Transport
převozník M Fährmann
převracet → převrátit
převrat M Umsturz
převrátit PF umstoßen; ~ **se** umfallen
převrhnout PF → převrátit
převzetí N Übernahme *f* **převzít** PF übernehmen
přezdívka F Spitzname *m*
přezka F Schnalle
přezkoumat PF, **přezkoumávat** überprüfen, nachprüfen
přezkoušet PF überprüfen
přezout PF, **přezouvat** Schuhe wechseln
přežít, **přežívat** überleben
přežvýkavec M Wiederkäuer
při (*L*) bei (*D*), nahe (*D*)
příběh M Ereignis *n*, Begebenheit *f*
přiběhnout PF, **přibíhat** herbeilaufen
přibíjet, **přibít** PF annageln
přiblížit se PF sich nähern **přibližný** annähernd, ungefähr
příboj M Brandung *f*
příbor M Besteck *n*; Service *n*
přibírat, **přibrat** PF dazunehmen
příbuzenský verwandtschaftlich, Verwandtschafts- **příbuzenstvo** N Verwandtschaft *f*, Verwandte *mpl* od *fpl*
příbuzný verwandt
přibýt PF zunehmen; ankommen (**do** *G* in *D*)
příbytek M Unterkunft *f*, Wohnung *f*
přibývat → přibýt
příčesek M Haarteil *n*
příčetný zurechnungsfähig
příčina F Ursache
přičlenit PF, **přičleňovat** angliedern
příčný quer, Quer-; diagonal
příď F SCHIFF Bug *m*
přidat PF, **přidávat** dazugeben, hinzufügen; ~ **plyn** Gas geben
přídavek M Zugabe *f*, Zulage *f*
příděl M Zuteilung *f*
přidělat PF, **přidělávat** hinzutun; befestigen
přidělit PF, **přidělovat** zuweisen, zuteilen
přidržet PF, **přidržovat** festhalten; ~ **se** *pf*, **přidržovat se**

sich festhalten (*G* an *D*)
přihlásit se PF sich (an)melden
přihláška F Anmeldung; Anmeldeformular *n*
přihlašovat → přihlásit
přihlédnout PF, **přihlížet** zuschauen; berücksichtigen (**k** (*D A*))
příhoda F Vorfall *m*, Zwischenfall *m*
přihodit se PF geschehen, passieren
přihrádka F Schublade, Fach *n*
přicházet → přijít
příchod M Ankunft *f*; Zugang
příchozí M, F Ankommende
příchuť F Beigeschmack *m*
přijatelný annehmbar
příjem M Empfang; Einkommen *n*; *Paket* Annahme *f*
příjemce M, **příjemkyně** F Empfänger(in)
příjemný angenehm
přijet PF *fahrend* ankommen (**do** *G* in *D*)
přijetí N Empfang *m*, Aufnahme *f*
příjezd M Ankunft *f*
příjezdový: **příjezdová komunikace** F Zubringer *m*
přijímací: ~ **hovor** M Einstellungsgespräch *n*
přijímat → přijmout
přijít PF *zu Fuß* (an)kommen (**do** *G* in *D*); ~ **do módy** in Mode kommen; ~ **na návštěvu** zu Besuch kommen
přijíždět → přijet
příjmení N Familienname *m*
přijmout PF empfangen, annehmen
příkaz M Befehl, Auftrag; WIRTSCH Anweisung *f*
přikázat PF, **přikazovat** befehlen, anordnen
příklad M Beispiel *n* **příkladný** beispielhaft, vorbildlich
přikládat → přiložit
přiklápět → přiklopit
příklop M Deckel, Klappe *f* **příklopit** PF zuklappen
příkop M Graben
příkoří N Unrecht
příkrm M GASTR Beilage *f*
příkrý steil; *fig* schroff
přikrýt PF, **přikrývat** zudecken
přikrývka F Decke
přilákat PF anlocken
přílba F Helm *m*
přiléhat → přilehnout
přiléhavý (eng) anliegend; passend (*a. fig*)
přilehnout PF passen, anliegen
přilepit PF, **přilepovat** ankleben
přílet M Anflug, Ankunft *f*
přilétat, **přiletět** PF (her)anfliegen
přilétnout PF → přilétat
přilévat → přilít
příležitost F Gelegenheit; **při** *od* **u** ~**i** anlässlich **příležitostný** gelegentlich
příliš zu, allzu; ~ **málo** zu wenig
přílišný übermäßig
přilít PF nachgießen, zugießen
příliv M Flut *f*; Zufluss
příloha F Beilage (*a.* GASTR), Anlage

přiložený beiliegend **přiložit** PF beilegen, beifügen
přiměřený angemessen
příměří N Waffenstillstand *m*
příměs, příměsek M Zusatz, Beimischung *f*
přiměšovat → přimísit
přimět PF veranlassen, zwingen
přimhouřit PF, **přimhuřovat** blinzeln
přimíchat PF, **přimísit** PF beimengen, beimischen
přimlouvat se → přimluvit se
přímluva F Fürsprache **přímluvce** M Fürsprecher
přimluvit se PF Fürsprache einlegen (**za** *A* für *A*)
přímý gerade, direkt; aufrichtig; **přímá linka** *f* TEL Durchwahl; **~ vůz** *m* Kurswagen
přinášet, přinést PF (her)bringen
přínos M Beitrag
přinutit PF zwingen
případ M Fall, Vorfall; **po ~ě** beziehungsweise
připadat, připadnout PF zufallen; entfallen (**na** *A* auf *A*); vorkommen
případný zufällig; (zu)treffend
připálený angebrannt **připálit** PF anbrennen, versengen
připalovat → připálit
připevnit PF, **připevňovat** befestigen
připíjet → připít
připínáček M Reißzwecke *f*
připínat → připnout
připisovat → připsat
připít PF zutrinken; **~ na zdraví** auf das Wohl trinken (*D A*); **~ si** anstoßen (**s** / mit *D*)
přípitek M Trinkspruch
připlácet → připlatit
příplatek M BAHN Zuschlag
připlatit PF zuzahlen
připnout PF anknöpfen, anstecken
připočíst PF → připočítat
připočítat PF, **připočítávat** hinzurechnen
připojení N BAHN Anschluss *m*; **~ k internetu** Internetanschluss *m*; **telefonní ~** Telefonanschluss *m*; **~ na pevnou síť** Festnetzanschluss *m* **připojit** PF, **připojovat** anschließen; hinzufügen; BAHN anhängen
připomenout PF, **připomínat** erinnern (**k-u co** j-n an et); erwähnen
připomínka F Anmerkung, Bemerkung
připouštět → připustit
příprava F Vorbereitung, Zubereitung; Zubehör *n*
připravit PF, **připravovat** (vor)bereiten; GASTR zubereiten; **~ na stůl** den Tisch decken
připsat PF (da)zuschreiben, widmen; *Haus* überschreiben; **~ k dobru** gutschreiben; **~ na vrub** *Konto* belasten
připustit PF zulassen, einräumen **připuštění** N Zulassung *f*
přípustný zulässig
přirážka F *Preis* Aufschlag *m*
příroda F Natur; **v přírodě** im Freien
přírodní Natur-; **~ rezervace** *f* Naturschutzgebiet *n*; **~ věda** *f*

Naturwissenschaft
přírodovědec M Naturwissenschaftler
přirovnání N Vergleich *m* **přirovnat** PF, **přirovnávat** vergleichen (**k-o, co ke** *D* j-n, et mit *D*)
přirozený natürlich, Natur-
příručka F Handbuch *n*
příruční handlich; **~ zavazadlo** *n* Handgepäck
přírůstek M Zuwachs
přísada F Zusatz *m*; GASTR Zutat
přísaha F Eid *m* **přísahat** schwören
přisedat (si) sich dazusetzen; BAHN zusteigen
přísedící M, F Beisitzer(in)
přísežný vereidigt, *österr* beeidigt
příslib M Zusage *f*
přislíbit PF zusagen, versprechen
přísloví N Sprichwort
příslušenství N Zubehör
příslušet gehören, zustehen
příslušnice F, **příslušník** M Angehörige
příslušný zugehörig, zuständig
přísný streng
přispět PF, **přispívat** beitragen
příspěvek M Beitrag (*a Geld*)
příst ⟨u-⟩ spinnen
přistání N Landung *f*; SCHIFF Anlegen **přistat** PF, **přistávat** landen, anlegen
přístav M Hafen **přístavba** F Anbau *m*
přistavět PF anbauen
přístaviště N Anlegestelle *f*
přistavit PF bereitstellen; *Essen* aufsetzen
přistavovat → přistavět, přistavit
přistěhovalec M Einwanderer, Zugereiste **přistěhovalectví** N Einwanderung *f*
přistěhovat se PF einwandern; einziehen
přistihnout PF, **přistihovat** ertappen
přistoupit PF herantreten (**k** *D* an *A*); eingehen (**na** *A* auf *A*); BAHN zusteigen
přístroj M Gerät *n*, Apparat
přístrojový: **přístrojová deska** F Armaturenbrett *n*
přístřešek M Vordach *n* **přístřeší** N Unterkunft *f*, Bleibe *f*
přístup M Zutritt, Zugang **přístupný** zugänglich; empfänglich (*D* für *A*)
přistupovat → přistoupit
přistýlka F Aufbettung
příšera F Gespenst *n*, Ungeheuer *n* **příšerný** grauenhaft, grässlich; unheimlich
přišít PF, **přišívat** annähen
příště das nächste Mal
příští nächste, künftig; **~ týden** nächste Woche
přitáhnout PF, **přitahovat** (her)anziehen, heranrücken
přitažlivost F Anziehungskraft
přitažlivý anziehend, attraktiv
přítel M, **přítelkyně** F Freund(in)
přítěž F Ballast *m*
přiťežovat → přitížit **přiťežu-**

jící belastend
přitížit PF belasten (*D A*) (*a.* JUR)
přitlačit PF, **přitlačovat** andrücken, festdrücken
přitlouct PF, **přitloukat** zunageln, annageln
přítok M Zufluss
přítomnost F Gegenwart, Anwesenheit **přítomný** gegenwärtig, anwesend
přitulit se PF sich anschmiegen
přítulný anhänglich
příušnice FPL MED Ziegenpeter *m*
přivábit PF anlocken
přivádět → přivést
přivázat PF, **přivazovat** anbinden, festbinden
přivážet → přivézt
přívěs M AUTO Anhänger **přívěsek** M *Schmuck* Anhänger
přivěsit PF anhängen
přivést PF hinführen, (mit)bringen
přivěšovat → přivěsit
přívětivý freundlich
přivézt PF *fahrend* bringen, anliefern
přivítaná F: **na přivítanou** zur Begrüßung **přivítat** PF begrüßen, willkommen heißen
přivlastnit si PF, **přivlastňovat si** sich aneignen
přívod M Zufuhr *f*, Zuleitung *f*
přivodit (IM)PF herbeiführen; **~ si** sich zuziehen
přivolat PF, **přivolávat** herbeirufen, holen
přívoz M Fähre *f*
přívrženec M, **přívrženkyně** F Anhänger(in), Parteigänger(in)
přivykat gewöhnen (**k-o č-u** j-n an et); **~ si** sich gewöhnen (**na** *A* an *A*) **přivyklý** gewöhnt (*D* an *A*)
přivyknout PF → přivykat
příze F Garn *n*
přízemek M, **přízemí** N Erdgeschoss *n*, Parterre *n*; THEAT Parkett *n*
příznačný charakteristisch
příznak M Merkmal *n*, Kennzeichen *n*; MED Symptom *n*
přiznání N Geständnis, Eingeständnis **přiznat** PF, **přiznávat** bekennen, (ein)gestehen; zugestehen
příznivý günstig
přizpůsobit PF anpassen, angleichen **přizpůsobivý** anpassungsfähig **přizpůsobovat** → přizpůsobit
přízvuk M Akzent, Betonung *f*
příživnice F, **příživník** M Schmarotzer(in)
psací: **~ stroj** M Schreibmaschine *f*; **~ stůl** M Schreibtisch
psaní N Schreiben, Brief *m*
psát schreiben
PSČ (**Poštovní směrovací číslo**) Postleitzahl *f* (PLZ)
psí Hunde-; **~ bouda** *f* Hundehütte; **~ známka** *f* Hundemarke; **~ suchary** *mpl* Hundekuchen *m*
psina F Spaß *m*, *umg* Jux *m*
pstruh M Forelle *f*; **~ na modro** GASTR Forelle blau
pšenice F Weizen *m*
pštros M ZOOL Strauß
ptactvo *koll* Vögel *mpl*

ptačí: ~ **perspektiva** F Vogelperspektive; ~ **zob** M Vogelfutter *n*
pták M Vogel
ptát se fragen (*G A*; **na** *A* od **po** *L* nach *D*)
puč M Putsch
pučet ⟨**vy-**⟩ sprießen
pud M Trieb, Instinkt
půda F *Erde, Dach* Boden *m*
půdní: ~ **byt** M Dachwohnung *f*
půdorys M Grundriss
pudový triebhaft; instinktiv
pudřenka F Puderdose
puchýř M *Haut* Blase *f* **puchýřek** M Bläschen *n*, Pustel *f*
půjčit PF (ver)borgen, (ver-) leihen; ~ **si** sich (aus)leihen **půjčka** F Anleihe, Darlehen *n*
půjčovat → půjčit
půjčovna F Verleih *m*, Ausleihe; ~ **automobilů** Autoverleih *m*
půjčovné N Leihgebühr *f*
půjčovní: ~ **doba** F Leihfrist
puk[1] M Bügelfalte *f*
puk[2] M SPORT Puck
pukat → puknout
puklina F Sprung *m*, Riss *m* **puknout** PF bersten, platzen
půl halb **půlhodina** F halbe Stunde
půlicí: ~ **čára** F SPORT Mittellinie
půlit ⟨**roz-**⟩ halbieren **půlka** F Hälfte
půllitr M halber Liter; Halbliterglas *n*
půlměsíc M Halbmond
půlnoc F Mitternacht
pult M Ladentisch; Theke *f*; MUS Pult *n*
puma F Bombe; ZOOL Puma *m*
punč M Punsch
punčocha F Strumpf *m* **punčocháče** MPL *umg* Strumpfhose *f*
punčochový: **punčochové kalhotky** FPL Strumpfhose *f*
punkce F MED Punktion
puntičkář M, **puntičkářka** F Pedant(in)
puntík M Punkt, Detail *n*
pupa F ZOOL Puppe, Larve
pupek M Nabel
pupen, pupenec M Knospe *f*
pusa F Mund *m*; Kuss *m*; *umg* Mundwerk *n*; **držet pusu** den Mund halten **pusinka** F Mäulchen *n*; Küsschen *n*; GASTR Baiser *n*
působení N Wirkung *f* **působiště** N Wirkungskreis *m* **působit** ⟨**z-**⟩ (ein)wirken; bewirken, verursachen **působivý** wirksam
půst M Fasten *n*; Fastenzeit *f*
pusta F Puszta **pustina** F Einöde
pustit PF (los)lassen; fallen lassen; TECH anlassen; ~ **barvu** abfärben; ~ **se** beginnen (**do** *G* mit *D*); loslassen
pustošit ⟨**z-**⟩ verwüsten
pustý wüst, öde
puška F Gewehr *n*
putovat wandern, pilgern
putovní: ~ **výstava** F Wanderausstellung; ~ **pohár** M Wanderpokal
půvab M Anmut *f*, Reiz **pů-**

vabný reizend, anmutig
původ M Ursprung, Herkunft *f*
původce M, **původkyně** F Urheber(in) **původní** ursprünglich, original
pych M Frevel
pýcha F Stolz *m*, Hochmut *m*
pyj M Penis
pyl M Blütenstaub, Pollen
pýří N Flaum *m*
pysk M Lippe *f*; Lefze *f*
pyšnit se prahlen (*I* mit *D*) **pyšný** stolz, hochmütig
pytel M Sack **pytlík** M Beutel, Tüte *f*

R

rab M Sklave
rabat M: **množstevní ~** Mengenrabatt
rabovat ⟨**vy-**⟩ plündern; Raubbau treiben
racek M Möwe *f*
račí Krebs-
rád, ráda, rádo gern, froh; **být ~** froh sein; **~ bych** ich möchte; **mít ~** gernhaben, mögen, lieben; **~o se stalo!** gern geschehen!
rada F Rat *m* (*a Gremium*), Ratschlag *m*; **Rada bezpečnosti (OSN)** UNO-Sicherheitsrat *m*; **na radu** auf Anraten
rádce M Ratgeber
raději ADV lieber
radiobudík M Radiowecker
radiogram M Funkspruch **radiolokátor** M Radargerät *n*
radiostanice F Funkstation
radiotelefon M Funktelefon *n*
rádiovka F Baskenmütze
rádiový: **rádiové spojení** N Funkverbindung *f*
radit (an)raten, beraten; **~ se** beraten (**o** *L* über *A*)
rádkyně F Ratgeberin
radnice F Rathaus *n*
radniční: **~ sklep** M Ratskeller
radno ratsam, angebracht
radost F Freude, Vergnügen *n*; **s ~í** mit Vergnügen, gern; **mít ~** sich freuen (**z** *G* über *A*) **radostný** freudig, vergnügt, froh; **radostné svátky!** frohes Fest!
radovat ⟨**za-**⟩ **se** sich freuen (**z** *G od* **nad** *I* über *A*)
ráfek M *Rad* Felge *f*; *Brille* Fassung *f*
rafinovaný raffiniert
raft M Schlauchboot *n*
rachot M Getöse *n*, Poltern *n* **rachotit** rattern, rasseln
ráj M Paradies *n*
rajče N Tomate *f*, *österr* Paradeiser *m* **rajský** paradiesisch; Tomaten-; **rajské jablíčko** *n* Tomate *f*
rak M ZOOL Krebs
raketa F Rakete; *Tennis* Schläger *m* **raketodrom** M Raketenbasis *f*
rakev F Sarg *m*
rákos M Schilf *n*
Rakousko N Österreich
rakovina F MED Krebs *m*

rakovinný, **rakovinový** Krebs-, krebsartig
rám M Rahmen **rámec** M *fig* Rahmen
rameno N Schulter *f*; Achsel *f*; TECH Arm *m*
ramínko N Kleiderbügel *m*; *Kleidung* Träger *m*; GASTR Schulterstück
rampouch M Eiszapfen
rámus M Lärm, Krawall
rána F Schlag *m*; Schuss *m*; Wunde
rande N *umg* Rendezvous
raněný verwundet, verletzt; SU M Verwundete, Verletzte
ranit ⟨**po-**, **z-**⟩ verwunden, verletzen
ranní Früh-, Morgen-; **~ vlak** *m* Frühzug
ráno N Morgen *m*; morgens; früh; **zítra ~** morgen früh
raný zeitig, früh, Früh-
rašelina F Torf *m*
rašelinný, **rašelinový**: **rašelinná** *od* **rašelinová koupel** F Moorbad *n*
ráz M Schlag; Art *f*, Charakter; **~, dva!** eins, zwei! **rázem** plötzlich
razie F Razzia
razit *Geld* prägen; *Weg* bahnen; *fig* Bahn brechen
razítko N Stempel *m*, Siegel
rázný energisch, tatkräftig
rdít ⟨**za-**⟩ **se** erröten (*l* vor *D*)
rebarbora F Rhabarber *m*
recyklace F Recycling *n* **recyklovat** (IM)PF recyceln
redakční: **~ uzávěrka** F Redaktionsschluss *m*
reflektor M AUTO Scheinwerfer; Rückstrahler
reflektovat reflektieren; nachdenken (**o** *L* über *A*); **~ na** (*A*) *umg* reflektieren (auf *A*)
refundace F Rückerstattung, Rückvergütung
refýž F Verkehrsinsel
registrovat ⟨**za-**⟩ registrieren; AUTO zulassen
rejda F Reede **rejdař** M Reeder **rejdařství** N Reederei *f*
rejdy MPL Intrigen *fpl*, Machenschaften *fpl*
rejstřík M Register *n*
rekreace F Erholung **rekreační** Erholungs-
rekreant M, **rekreantka** F Urlauber(in), Erholungssuchende
rekreovat se sich erholen
rekvalifikace F Umschulung
relace F Relation, Beziehung; *Radio* Sendung
rentgenový: **rentgenové vyšetření** N Röntgenuntersuchung *f*; **~ snímek** M Röntgenaufnahme *f*
reproduktor M Lautsprecher
reptat murren, nörgeln (**na** *A* od **proti** *D* über *A*)
restaurace F Restaurant *n*; HIST Restauration; KUNST Restaurierung
restituce F Rückübertragung, Restitution **restituent** M Alteigentümer
ret M Lippe *f*
réva F Rebe
revalvace F *Geld* Aufwertung
reveň F Rhabarber *m*

revma N *umg* Rheuma
rez F od M Rost *m*
rezavět ⟨**z-**⟩ rosten **rezavý** rostig; rostbraun; *Haar* rot
roaming M TEL, IT Roaming *n* **roamingový**: **roamingé poplatky** MPL Roaminggebühren *pl*
roční jährlich, Jahr(es)-; einjährig; ~ **období** *n* Jahreszeit *f*
ročník M Jahrgang
rod M Geschlecht *n*; GRAM Genus *n*; ZOOL Gattung *f*; **~em z** (*G*) gebürtig aus
rodiče MPL Eltern **rodičovský** elterlich, Eltern-
rodilý gebürtig
rodina F Familie **rodinný** Familien-; ~ **domek** *m* Einfamilienhaus *n*
rodiště N Geburtsort *m*
rodit ⟨**po-**⟩ gebären; *Früchte* tragen **rodit** ⟨**po-**⟩ ⟨**na-**⟩ **se** geboren werden
rodný leiblich, Geburts-; **rodné číslo** *n* Geburtsdatum; **rodné jméno** *n* Geburtsname *m*; ~ **list** *m* Geburtsurkunde *f*
roh M Horn *n*; *Haus* Ecke *f*; **za ~** (*wohin*), **za ~em** (*wo*) um die Ecke
rohlíček, **rohlík** M Hörnchen *n*, *österr* Kipfel *n*
rohování N Boxen
rohovka F *Auge* Hornhaut
rohovník M Boxer
rohový Horn-, Eck-; ~ **dům** *m* Eckhaus *n*; ~ **kop** *m* SPORT Eckstoß
rohožka F Fußmatte
roj M Schwarm **rojit** ⟨**vy-**⟩ **se** schwärmen, wimmeln; sich häufen
rok M Jahr *n*
rokle, **roklina** F Schlucht
roleta F Jalousie
rolnice F Bäuerin **rolník** M Bauer
rolovat ⟨**s-**⟩ (ein)rollen
ropa F Erdöl *n* **ropovod** M Erdölleitung *f*, Pipeline *f*
ropucha F Kröte
rosa F Tau *m*
rosnička F Laubfrosch *m*
rosol M Sülze *f*, *österr* Sulz *f*; Aspik
rostlina F Pflanze **rostlinný** Pflanzen-, pflanzlich **rostlinstvo** N Flora *f*
rostlý gewachsen **rostoucí** wachsend, zunehmend
rošt M *Ofen* Rost; **na ~u** vom Rost **roštěná**, **roštěnka** F Rostbraten *m* **roštěnec** M Roastbeef *n*
roští N Reisig
rouhat se lästern (*D* über *A*)
roup M Made *f*; **~y** *pl fig* Grillen *fpl*, Schrullen *fpl*
roura F Rohr *n*
rouška M (*maska*) Mundschutz
rovina F Ebene, Niveau *n*; Flachland *n*
rovnat ⟨**na-**, **za-**⟩ gerade machen; ebnen; schichten; ~ **se** gleich sein, gleichen
rovně geradeaus
rovněž gleichfalls, ebenfalls
rovnice F MATH Gleichung
rovník M Äquator
rovnoběžný parallel **rovnocenný** gleichwertig **rovnoprávný** gleichberechtigt

rovnou unmittelbar, direkt
rovnováha F Gleichgewicht *n*
rovnovážný Gleichgewichts-
rovný eben; gerade, aufrecht; *fig* gleich
rozbalit PF, **rozbalovat** auspacken
rozběh M Anlauf **rozběhnout se** PF loslaufen; *Produktion* anlaufen; auseinanderlaufen
rozbíhat → rozběhnout
rozbíjet → rozbít
rozbírat → rozebrat
rozbít PF zerschlagen, *umg* kaputt machen; ~ **se** zerbrechen, *umg* kaputtgehen
rozbitý zerschlagen, zerbrochen, *umg* kaputt
rozbor M Analyse *f*
rozcestí N Scheideweg *m*, Weggabelung *f*
rozcuchaný zerzaust
rozčarovaný enttäuscht **rozčarovat** ernüchtern, enttäuschen
rozčilený aufgeregt, erregt **rozčilit** PF, **rozčilovat** aufregen, erregen
rozčlenění N Gliederung *f*
rozčlenit PF, **rozčleňovat** (unter)gliedern
rozdat PF, **rozdávat** austeilen, verschenken
rozdělení N Teilung *f*, Trennung *f*; Verteilung *f* **rozdělit** PF (ein)teilen; trennen; verteilen
rozdíl M Unterschied; **na ~ od** (*G*) im Unterschied zu (*D*)
rozdílný unterschiedlich
rozdírat → rozedřít
rozdrcovat → rozdrtit
rozdrobit PF, **rozdrobovat** zerbröckeln; *Kräfte* verzetteln; ~ **se** *pf* zerbröckeln
rozdrtit PF zermalmen
rozdvojit PF, **rozdvojovat** trennen, entzweien; ~ **se** *a.* sich gabeln
rozdvojka F ELEK Mehrfachstecker *m*
rozebrat PF zerlegen, völlig verbrauchen; analysieren
rozedřít PF (zer)reiben, durchwetzen
rozehnat PF auseinandertreiben
rozehřát PF, **rozehřívat** erhitzen
rozejít se PF auseinandergehen; in Gang kommen; sich trennen (**s** *I* von *D*)
rozeklaný zerklüftet
rozený geboren, gebürtig; **rozená** *bei Frauen* geborene
rozepínat, **rozepnout** PF aufknöpfen; *Arme* ausbreiten
rozepsat PF losschreiben; herausschreiben
rozesílat, **rozeslat** PF versenden
rozespalý verschlafen
rozestlat PF *Bett* machen
rozevírat, **rozevřít** PF aufklappen, aufspannen
rozeznat PF, **rozeznávat** unterscheiden
rozhalenka F offenes Hemd *n*
rozhánět → rozehnat
rozházet PF, **rozhazovat** zerstreuen, verstreuen; *Geld* ver-

schwenden
rozhlas M Rundfunk, *umg* Radio *n*
rozhlasový Rundfunk-, Funk-; **rozhlasová hra** *f* Hörspiel *n*; **~ přenos** *m* Rundfunkübertragung *f*; **~ vůz** *m* Übertragungswagen
rozhled M Aussicht *f*; Rundblick; *fig* Überblick **rozhledna** F Aussichtsturm *m*
rozhlédnout se PF, **rozhlížet se** umherblicken, sich umsehen
rozhněvat se PF böse werden (**na** *A* auf *A*)
rozhodčí M Schiedsrichter
rozhodnout PF entscheiden **rozhodnutí** N Entscheidung *f*
rozhodný entscheidend; entschieden
rozhodovat → rozhodnout
rozhodující entscheidend, ausschlaggebend; **~ den** *m* Stichtag
rozhořčit se PF, **rozhořčovat se** sich entrüsten
rozhovor M Gespräch *n*; Unterredung *f*; Interview *n*
rozhraní N Grenze *f*; *fig* Scheide *f*; IT Schnittstelle *f*
rozcházet se → rozejít se
rozchod M Trennung *f*; BAHN Spurweite *f*; MIL wegtreten!
rozinka F Rosine
rozjasnit se PF sich aufheitern
rozjet PF in Gang setzen; zerfahren
rozjezdový: **rozjezdová dráha** F FLUG Rollbahn
rozjímat nachdenken (**o** *L* **od** **nad** / über *A*) **rozjímavý** nachdenklich
rozkaz M Befehl **rozkázat** PF, **rozkazovat** befehlen, anordnen
rozklad M Zerlegung *f*; Zersetzung *f*; Analyse *f*
rozkládací zerlegbar; **~ lůžko** *n* Klappbett; **~ stůl** *m* Ausziehtisch
rozkládat → rozložit
rozkladný zersetzend (*a. fig*)
rozkoš F Wonne, Lust **rozkošnický** genießerisch **rozkošný** entzückend, reizend
rozkousat PF, **rozkousnout** PF zerbeißen
rozkrádačka F Unterschlagung
rozkrájet PF, **rozkrajovat** zerschneiden
rozkročený breitbeinig **rozkrok** M *Hose* Schritt
rozkřičet se PF losschreien
rozkvést PF aufblühen; *fig* sich entfalten
rozkvět M *koll* Blüte *f*; *fig* Aufblühen *n*
rozkvétat → rozkvést
rozladěný verstimmt (*a. fig*)
rozlámaný zerbrochen, *umg* kaputt **rozlámat** PF zerbrechen, *umg* kaputt machen
rozlamovat → rozlámat
rozlehlý ausgedehnt
rozlévat → rozlít
rozličný verschieden(artig), mannigfaltig
rozlišit PF, **rozlišovat** unterscheiden
rozlít PF vergießen, ausgießen

rozloha F Ausdehnung, Ausmaß *n*
rozlomit PF → rozlámat
rozloučená: **na rozloučenou** zum Abschied
rozloučení N Abschied *m*
rozloučit se PF Abschied nehmen (**s** *I* von *D*)
rozložit PF zersetzen, zerlegen, ausbreiten; **~ se** sich erstrecken
rozluštit PF entziffern; *Rätsel* lösen
rozmáčet → rozmočit
rozmačkat PF, **rozmačkávat** zerdrücken, zerquetschen
rozmáčknout PF → rozmačkat
rozmach M Schwung; *fig* Aufschwung
rozmanitý mannigfaltig
rozmazlit PF, **rozmazlovat** verhätscheln, verwöhnen
rozměnit PF *Geld* wechseln
rozměr M Ausmaß *n*, Ausdehnung *f*; **~y** *pl* Abmessungen *fpl* **rozměrný** ausgedehnt, geräumig
rozmezí N Grenze *f*; Abstand *m*; (Zeit)Spanne *f*
rozmlouvat → rozmluvit; sprechen (**o** *L* über *A*)
rozmluva F Gespräch *n*
rozmluvit PF ausreden (**k-u co** j-m et)
rozmnožit PF vermehren
rozmnožovací: **~ přístroj** M Vervielfältigungsapparat
rozmnožovat → rozmnožit
rozmnožovna F *umg* Copyshop *m*
rozmočit PF einweichen, aufweichen
rozmrazit PF *et* auftauen
rozmrazovač M Enteiser
rozmrazovat → rozmrazit
rozmyslet si PF, **rozmyslit si** PF bedenken, sich überlegen
rozmyšlená ADJ F: **čas** M **na rozmyšlenou** Bedenkzeit *f*
rozmyšlení N Überlegung *f*, Bedenken
rozmýšlet → rozmyslet si
roznášet, **roznést** PF austragen; *fig* verbreiten; *umg* verleumden
rozpačitý verlegen
rozpad M Zerfall **rozpadat se**, **rozpadnout se** PF zerfallen
rozpaky MPL Verlegenheit *f*
rozpárat PF, **rozparovat** auftrennen **rozparek** M Schlitz
rozpisovat → rozepsat
rozplakat PF zum Weinen bringen; **~ se** in Weinen ausbrechen
rozplynout se PF, **rozplývat se** zerfließen
rozpočet M Kostenanschlag; Etat
rozpočitadlo N Abzählreim *m*
rozpor M Widerspruch; **v ~u s** (*I*) im Widerspruch zu (*D*)
rozpouštět → rozpustit
rozpoutat PF, **rozpoutávat** *fig* entfesseln; **~ se** losbrechen
rozpraskaný rissig
rozprášit PF zerstäuben, zerstreuen
rozprašovač M Zerstäuber
rozprašovat → rozprášit

rozprava F Gespräch *n*, Debatte
rozprostírat, **rozprostřít** PF ausbreiten, entfalten
rozptýlit PF, **rozptylovat** zerstreuen; *fig* ablenken
rozpuklý zersprungen; *Blume* aufgeblüht
rozpůlit PF halbieren
rozpustilý übermütig
rozpustit PF (auf)lösen; *Fett* zerlassen; *Personal* entlassen **rozpustný** löslich
rozruch M Erregung *f*, Aufsehen *n* **rozrušit** PF, **rozrušovat** erregen; zerrütten
rozřezat PF, **rozřezávat** zerschneiden
rozříznout PF → rozřezat
rozsah M Umfang, Ausmaß *n*
rozsáhlý umfangreich
rozsedlina F Kluft, Spalt *m*
rozsoudit PF JUR entscheiden
rozstonat se PF erkranken (*I* od **s** *I* an *D*)
rozstřihat PF → rozstřihnout
rozstřihnout PF, **rozstřihovat** zerschneiden
rozsudek M Urteil *n*; **~ smrti** Todesurteil *n*
rozsuzovat → rozsoudit
rozsvěcovat → rozsvítit
rozsvítit PF *Licht* (an)machen
rozsypat PF, **rozsypávat** verstreuen; verschütten
rozšířit PF, **rozšiřovat** erweitern; ausbreiten (*a. fig*)
roztáčet → roztočit
roztáhnout PF, **roztahovat** (aus)dehnen; spreizen; ausbreiten
roztát PF, **roztávat** tauen, schmelzen
roztavit PF, **roztavovat** auftauen, zergehen lassen; GASTR zerlassen
roztéct se PF, **roztékat se** zerfließen
roztlouct PF, **roztloukat** zerschlagen
roztočit PF aufdrehen, ankurbeln (*a. fig*)
roztomilý reizend; niedlich
roztrhaný zerrissen **roztrhat**, **roztrhnout** PF zerreißen
roztrpčený erbittert
roztržitý zerstreut
roztržka F Zerwürfnis *n*; POL Spaltung
roztřídit PF, **roztřiďovat** einteilen, sortieren
rozum M Verstand; Vernunft *f*
rozumět verstehen; **~ německy** Deutsch verstehen
rozumný vernünftig
rozvádět → rozvést
rozvaliny FPL Trümmer *mpl*, Ruine *f*
rozvázat PF, **rozvazovat** losbinden, aufbinden, lösen
rozvážit PF, **rozvažovat** bedenken, erwägen
rozvážka F Lieferung, Zustellung
rozvážný besonnen
rozvedený *Ehe* geschieden
rozveselit PF erheitern, unterhalten
rozvést PF auseinanderführen, trennen; *Ehe* scheiden; *Thema* erörtern
rozvíjet, **rozvinout** PF abwi-

ckeln; *fig* entfalten, entwickeln
rozvít PF → rozvinout; ~ **se** *Blume* aufblühen
rozvod M TECH Steuerung *f*; ELEK Verteilung *f*; *Ehe* Scheidung *f*
rozvoj M Entwicklung *f*
rozvojový: **rozvojové země** FPL Entwicklungsländer *npl*
rozvracet, **rozvrátit** PF zerrütten
rozvrh M Einteilung *f*, Plan; ~ **hodin** Stundenplan
rozvrhnout PF, **rozvrhovat** einteilen
rozzlobený zornig, böse
rozzlobit se PF böse werden, sich ärgern
rožeň F: **na rožni** GASTR am Spieß
rtěnka F Lippenstift *m*
rtuť F Quecksilber *n*
rub M Rückseite *f*
ručení N JUR Haftung *f*
ručička F Zeiger *m*
ručit ⟨za-⟩ haften (**za** *A* für *A*)
ručitel M Bürge
ruční Hand-; ~ **brzda** *f* Handbremse; ~ **práce** *f* Handarbeit
ručnice F Gewehr *n*
ručník M Handtuch *n*
ruda F Erz *n*
rudý rot; **Rudé moře** *n* das Rote Meer
ruch M Verkehr
ruka F Hand; Arm *m*
rukáv M Ärmel
rukavice F Handschuh *m*
rukojeť F Griff *m*, Stiel *m*
rukojmí M od N Geisel *f*
rukopis M Handschrift *f*, Manuskript *n*
rukověť F Leitfaden *m*
rum M Rum
ruměnec M *Wangen* Röte *f*
Rumun M Rumäne **Rumunka** F Rumänin **Rumunsko** N Rumänien
rumunský rumänisch
Rus M Russe **Ruska** Russin **Rusko** N Russland
ruský russisch
rusovlasý rotblond
růst[1] M Wuchs, Wachstum *n*
růst[2] ⟨**na-**, **vy-**⟩ (an)wachsen, aufwachsen
rušit stören; abschaffen; WIRTSCH annullieren, stornieren
rušný belebt, lebhaft
různit se sich unterscheiden; *Meinung* abweichen
různobarevný verschiedenfarbig **různorodý** verschiedenartig
různý verschieden, unterschiedlich
růže F Rose **růženec** M REL Rosenkranz
růžice F Rosette
růžičkový: **růžičková kapusta** F Rosenkohl *m*, *österr* Kohlsprossen *fpl*
růžový rosa; *fig* rosig; Rosen-
rvačka F Schlägerei
rvát se sich schlagen, raufen
ryba F Fisch *m*
rybář M Fischer, Angler
rybářský: ~ **prut** M Angelrute *f*
rybářství N Fischerei *f*
rybí Fisch-; ~ **kost** *od* **kůstka** *f*

Fischgräte
rybíz M Johannisbeere *f*, *österr* Ribisel *f*
rybník M Teich
rybolov M Fischfang
rýč M Spaten
ryčet brüllen
rychlík M D-Zug
rychlobruslař M, **rychlobruslařka** F Eisschnellläufer(in) **rychlobruslení** N Eisschnelllauf *m*
rychločistírna F Schnellreinigung **rychlodráha** F S-Bahn®, Schnellbahn; **stanice** *f* **rychlodráhy** S-Bahn-Station
rychloměr M Tachometer *m od n* **rychlopravna** F Schnellreparatur(werkstatt)
rychlost F Geschwindigkeit; AUTO Gang *m*
rychlovařič M Schnellkochtopf
rychlý schnell, rasch
rým M Reim
rýma F Schnupfen *m*
rýmovat reimen
Rýn M Rhein **rýnský** Rhein-, rheinisch
rýpadlo N Bagger *m*
rypák M Rüssel
rýpat → rýpnout; herumnörgeln (**do** *G* an *D*), sticheln; ~ **se** herumstochern (**v** *L* in *D*)
rýpnout PF (hinein)stechen, ritzen; anrempeln
rys[1] M Luchs
rys[2] M TECH Zeichnung *f*; *Charakter* Zug
rýsovat ⟨**na-**⟩ TECH zeichnen; *fig* skizzieren
rýt ⟨**z-**, **za-**⟩ (um)graben; TECH gravieren; *fig* sticheln (**do** *G* gegen *A*)
rytec M Graveur **rytina** F KUNST Stich *m*
rytíř M Ritter **rytířský** ritterlich, Ritter-
ryzí rein, echt
rýže F Reis *m*

Ř

řád M Ordnung *f*; Rang; Orden
řada F Reihe (*Anzahl, Folge*); **být na řadě** an der Reihe sein
řádek M Reihe *f*, Zeile *f*
řadicí: ~ **páka** F Schalthebel *m*
řadit ⟨**za-**⟩ (ein)ordnen, einreihen, aufreihen
řádit toben, wüten
řádka F → řádek
řádný ordentlich, tüchtig, geregelt
řadový Ordnungs-; *Soldat* gemein; **řadové číslo** *n* Ordnungszahl *f*; ~ **dům** *m* Reihenhaus *n*
...řadý *in Zssgn* ...reihig
řasa F Wimper; BOT Alge
řasnatý faltig
řazení N: ~ **rychlosti** Gangschaltung *f*
Řecko N Griechenland **Řecký** griechisch
řeč F Sprache, Rede
řečnice F, **řečník** M Red-

ner(in) **řečniště** N Rednerpult
ředit ⟨**roz-**, **z-**⟩ verdünnen
ředitel M, **ředitelka** F Direktor(in) **ředitelství** N Direktion *f*
ředkev F Rettich *m* **ředkvička** F Radieschen *n*
Řek M Grieche
řeka F Fluss *m*
Řekyně F Griechin
řemen M Riemen
řemeslník M Handwerker
řemeslo N Handwerk, Gewerbe
řemínek M Riemchen *n*
řepa F Rübe
řepka F Raps *m*
řešit ⟨**roz-**, **vy-**⟩ *Problem* lösen
řetěz, **řetízek** M Kette *f*
řev M Gebrüll *n*
řevnit eifersüchtig sein
řez M Schnitt, Einschnitt; *fig* Eingriff
řezák M Schneidezahn
řezat → říznout
řezba F Schnitzerei
řeznictví N Fleischerei *f*, Metzgerei *f* **řezník** M Fleischer, Metzger
říct PF sagen; **~ si** übereinkommen; fordern (**o** *A A*)
říční Fluss-
řídce ADV selten
řídicí Leit-, Lenk-, Steuer-; **~ páka** *f* AUTO Steuerknüppel *m*
řidič M, **řidička** Fahrer(in), Chauffeur(in)
řidičský Fahr-, Führer-; **~ instruktor** *m* Fahrlehrer; **~ průkaz** *m* Führerschein; **řidičská zkouška** *f* Fahrprüfung
řídit leiten, lenken, steuern; **~ se** sich richten (*I* nach *D*)
řídítka F *Fahrrad* Lenkstange, *umg* Lenker *m*
řídký dünn; selten, spärlich
říhat, **říhnout** PF aufstoßen, rülpsen
říjen M Oktober
říkat → říct
Řím M Rom *n* **Říman** M, **Římanka** F Römer(in)
římský römisch
řinčet ⟨**za-**⟩ klirren, rasseln
říše F Reich *n* **říšský** Reichs-
řiť F After *m*, Gesäß *n*, *pop* Hintern *m*
řítit ⟨**z-**⟩ **se** (ein)stürzen, sausen
řízek M GASTR Schnitzel *n*
řízení N Leitung *f*, Lenkung *f*, Steuerung *f*; JUR Verfahren
říznout PF schneiden; *fig* eingreifen (**do** *G* in *A*)
řvát brüllen

S

s (*I*) mit (*D*); (*G*) von (*D*) herab, von (*D*) weg
sáček M Beutel, Tüte *f*
sad M Obstgarten; **~y** *pl a.* Park *m*
sadba F Aussaat, Pflanzung
sadit PF setzen; **~ se** wetten
sádlo N Schmalz, Fett
sádra F Gips *m* **sádrovat** ⟨**za-**⟩ vergipsen; MED eingip-

sen
sádrový: ~ **obvaz** M Gipsverband
sahat, **sáhnout** PF reichen (**po** *A* bis *D*); greifen (**po** *L* nach *D*; **k** *D* zu *D*); berühren, anfassen
sál M Saal
salám M Wurst *f*, Salami *f*
salaš M Almhütte *f*
salát M Salat
sálat glühen, ausstrahlen
sám, **sama**, **samo** selbst; allein; ~ **od sebe** von sich aus; ~ **o sobě** an und für sich
samec M ZOOL Männchen *n*
samet M Samt
samice F ZOOL Weibchen *n*
samočinný automatisch
samochvála F Eigenlob *n*
samolepicí selbstklebend
samomluva F Selbstgespräch *n* **samoobsluha** F Selbstbedienung **samopal** M Maschinenpistole *f* **samospoušť** F Selbstauslöser *m* **samospráva** F Selbstverwaltung
samostatný selbstständig
samota F Einsamkeit
samotář M, **samotářka** F Einzelgänger(in)
samotný allein, einsam; *umg* selbst
samoúčel M Selbstzweck
samoučení N Selbststudium
samouk M Autodidakt(in)
samovazba F Einzelhaft
samozásobitel M Selbstversorger
samozřejmý selbstverständlich
samý nur, lauter; unmittelbar; **na samém kraji** am äußersten Rand
sanace F Sanierung
sáně FPL Schlitten *m*
sanitář M, **sanitářka** F Sanitäter(in)
sanitka F Krankenwagen *m*
sánkář M, **sánkářka** F Rodler(in)
sánkařský: **sánkařská dráha** F Rodelbahn
sáňkovat rodeln
sáňky FPL Schlitten *m*
sanovat (IM)PF sanieren
saranče F Heuschrecke
Sas M Sachse **Saska** F Sächsin
Sasko N Sachsen
saský sächsisch
sát ⟨na-, v-⟩ saugen
savec M Säugetier *n*
sazba F Tarif *m*, Taxe; WIRTSCH, TYPO Satz *m*
saze F Ruß *m*
sazeč M TYPO Setzer
sázet ⟨na-, za-⟩ (ein)setzen, anpflanzen; TYPO setzen; wetten (**o** *A* um *A*)
sázka F Einsatz *m*, Wette
sazka F Toto *n*
sázkový: **sázková kancelář** F Lotterieannahme(stelle)
sbalit PF, **sbalovat** (ein)packen, zusammenrollen
sběh M *Menschen* Auflauf
sběhnout se PF zusammenlaufen
sběr M Sammeln *n*; IT Erfassung *f*
sběračka F Kelle
sběratel M, **sběratelka** F Sammler(in)

sběrna F Sammelstelle
sbíhat se → sběhnout se
sbírat → sebrat
sbírka F *Münzen, Gemälde usw* Sammlung
sblížit PF näher bringen; **~ se** sich nähern
sbližovat → sblížit
sbohem! leb(t) wohl!
sbor M Kollegium *n*; Ensemble *n*; MUS Chor; MIL Korps *n*
sborník M Sammelband
scénář M Drehbuch *n*
scestí N Irrweg *m*
scvrkat se, **scvrknout se** PF schrumpfen
sčítat → sečíst
sdělení N Mitteilung *f*, Nachricht *f* **sdělit** PF mitteilen
sdělovací; **~prostředky** MPL Medien *npl*; **~ technika** *f* Fernmeldetechnik
sdělovat → sdělit
sdružení N Vereinigung *f*, Assoziation *f*; Verein *m*
sdružit PF, **sdružovat** vereinigen, verbinden
se[1] → s
se[2] *(A)* sich; man; einander; *refl a* mich, dich *usw*
sebe *(G, A)* sich, einander; **bez ~** bewusstlos; außer sich
sebedůvěra F Selbstvertrauen *n*
sebejistý selbstsicher
sebeurčení N Selbstbestimmung *f* **sebevědomí** N Selbstbewusstsein **sebevražda** F Selbstmord *m*
sebou *(I)* sich; **vzít s ~** mitnehmen; **jít za ~** hintereinandergehen; **mít co za ~** et hinter sich haben
sebranka F Gesindel *n*
sebrat PF (ein)sammeln; auflesen *(a. fig)*; wegnehmen; **~ se** sich erholen; eitern
secese F KUNST Jugendstil *m*
sečíst PF, **sečítat** zusammenzählen
sečtělý belesen
sedačka F Hocker *m*; **dětská ~** AUTO Kindersitz *m*
sedačkový: **~ výtah** M Sessellift
sedadlo N Sitz *m*
sedat, **sedět** sitzen
sedlák M Bauer
sedlat ⟨o-⟩ satteln
sedlo N Sattel *m (a Berg)*
sedm sieben
sedmdesát siebzig
sedmidenní siebentägig **sedmihodinový** siebenstündig
sedmikráska F Gänseblümchen *n*
sedmnáct siebzehn **sedmý** siebente
sednout (se) PF *Flüssigkeit* sich setzen; gerinnen
sednout (si) PF sich (nieder)setzen; **sedněte si!** nehmen Sie Platz!
sehnat PF hinunterjagen; *Vieh* zusammentreiben; *Ware umg* auftreiben
sehnout PF beugen; **~ se** sich bücken
sehrát PF, **sehrávat** *Spiel* austragen
sejf M Safe, Tresor
sejít PF heruntergehen; *vom*

Weg abkommen; *fig* herunterkommen; ~ **se** zusammenkommen, sich treffen
sejmout PF herunternehmen, wegnehmen (*a Schuld*)
sekaná (**pečeně**) F Hackbraten *m*
sekat hacken; mähen
seknout PF → sekat; hauen
sektorový: ~ **nábytek** M Anbaumöbel *npl*
sekyra F → sekera
sele N Ferkel
selfíčko N Selfie
selhat PF, **selhávat** versagen (*a.* TECH); fehlschlagen
selka F Bäuerin
selský bäuerlich
sem (hier)her, hierhin; ~ **tam** hin und her
semafor M Verkehrsampel *f*; BAHN Signalmast
semeno N Same(n) *m*
semiš M Wildleder *n*
sen M Traum
senný: **senná rýma** F Heuschnupfen *m*
seno N Heu
sepisovat → sepsat
sepnout PF zusammenknüpfen, heften; *Hände* falten
sepsat verfassen; ausfertigen; *Protokoll* aufnehmen; niederschreiben
server M IT Server
servírka F Serviererin
servis[1] M Essservice *n*
servis[2] M SPORT Aufschlag
servis[3] M Service, Kundendienst
servítek M Serviette *f*
seřadit PF, **seřazovat** ordnen; BAHN rangieren
seřídit PF, **seřizovat** herrichten; einstellen
seskákat PF, **seskakovat** → seskočit
seskočit PF herunterspringen
seskok M Absprung
seskupit PF, **seskupovat** gruppieren, zusammenstellen
sestavit PF, **sestavovat** zusammenstellen; MIL, SPORT aufstellen
sestoupit PF (hin)absteigen
sestra F Schwester
sestrojit PF, **sestrojovat** zusammenstellen, konstruieren
sestřelit PF, **sestřelovat** abschießen
sestřenice F Kusine
sestup M Abstieg
sestupovat → sestoupit
sesuv M: ~ **půdy** Erdrutsch
sešit M Heft *n*
sešít PF, **sešívat** zusammennähen
seškrabat PF, **seškrabovat** abkratzen
set M Set *n*, Satz (*a Tennis*)
setba F Saat
setina F Hundertstel *n*
setkání N Treffen, Begegnung *f*
setkat se PF, **setkávat se** (sich) treffen
setmít se PF dunkel werden
setrvačný träge **setrvat** PF, **setrvávat** verharren; festhalten (**na** *L* an *D*)
setřít PF abwischen, wegwischen; *fig* verwischen

sever M Norden
severní Nord-, nördlich **Severní moře** N Nordsee *f*; **severní pól** *m* Nordpol
severoamerický nordamerikanisch
Severoatlantický: **Severoatlantická smlouva** F Nordatlantikpakt *m* (NATO *f*)
sevřít PF umklammern; **~ se** sich schließen
seznam M Verzeichnis *n*, Liste *f*
seznámit PF, **seznamovat** bekannt machen; **~ se** kennenlernen (**s** / *A*)
sezonní: **~ příplatek** M Saisonzuschlag
sežrat PF auffressen
shánět → sehnat
sházet PF abwerfen
shazovat → shodit
shledaná F: **na shledanou!** auf Wiedersehen!
shledat se PF, **shledávat se** sich wiedersehen
shlížet verachten, herabsehen
shnilý faul, verfault
shnít PF verfaulen
shoda F Übereinstimmung
shodit PF abwerfen, bloßstellen; **~ se** sich blamieren
shodnout se PF, **shodovat se** sich einigen (**na** *L* auf *A*; **o** *A* über *A*); **shodovat se** übereinstimmen (**s** / mit *D*)
shon M Andrang, Hast *f*
shora von oben; **~ jmenovaný** oben erwähnt
shořet PF abbrennen; *umg in der Prüfung* durchfallen
shovívavý nachsichtig
shrnout PF, **shrnovat** zusammenfassen; anhäufen **shrnutí** N Zusammenfassung *f*
shromáždění N Versammlung *f* **shromaždiště** N Versammlungsort *m* **shromáždit** PF sammeln; IT erfassen; **~ se** sich versammeln
shromažďovat → shromáždit
shýbat → sehnout
scházet → sejít; fehlen
schnout trocken werden
schod M Stufe *f*; **~y** *pl* Treppe *f*
schodek M Fehlbetrag
schodiště N Treppenhaus
schopný fähig, tauglich
schovat PF, **schovávat** verstecken; aufbewahren
schránka F Kasten *m*, Dose; **mailová ~** Mailbox; **mluvit k-u správu na mailovou schránku** j-m auf die Mailbox sprechen; **~ na peníze** Geldschrank *m*
schůdný gangbar (*a. fig*); *Berg* besteigbar
schůze F Sitzung, Versammlung **schůzka** F Treffen *n*, Verabredung
schválení N POL Annahme *f*, Ratifikation *f* **schválit** PF genehmigen, billigen
schválný absichtlich
schvalovat → schválit
si (*D*) sich, einander; *refl a* mir, dir *usw*
sice zwar, sonst
sídliště N Siedlung *f*, Wohngebiet
sídlit PF siedeln, wohnen

sídlo N Sitz *m*, Wohnsitz *m*
síla F Kraft, Stärke
silicí: ~ **prostředky** MPL Stärkungsmittel *npl*
sílit ⟨**po-**, **ze-**⟩ stärken
silnice F (Land)Straße
silniční: ~ **daň** F Straßenbenutzungsgebühr; ~ **doprava** F Straßenverkehr *m*; ~ **služba** F Straßenwacht
silnoproudý Starkstrom-
silný stark, kräftig
síň F Saal *m*
síra F Schwefel *m*
sirka F Zündholz *n*
sirotek M Waisenkind *n*
sít ⟨**za-**⟩ säen
síť F Netz *n*; ~ **mobilních telekomunikátorů** Mobilfunknetz *n*; **být mimo** ~, **nebýt v síti** *Handy* kein Netz haben
sítnice F Netzhaut
sítko N *kleines* Sieb; ~ **na čaj** Teesieb
síto N Sieb
síťový: ~ **napětí** N Netzspannung *f*; ~ **přípoj** M Netzanschluss
sjednat PF, **sjednávat** vereinbaren
sjednocení N (Wieder)Vereinigung *f* **sjednocovat**, **sjednotit** PF vereinigen, vereinheitlichen
sjet PF herunterfahren; ableiten; *Länder* bereisen; ~ **se** zusammenkommen
sjezd M Kongress, Parteitag; SPORT Abfahrt *f* **sjezdit** PF bereisen
sjezdovka F Piste
sjezdový Kongress-; Abfahrts-
sjízdný befahrbar
sjíždět → sjet
skácet se PF (um)stürzen
skafandr M Taucheranzug
skákat → skočit
skála F Felsen *m*
skalnatý felsig
skamarádit se PF Freundschaft schließen
Skandinávec M Skandinavier **Skandinávie** F Skandinavien *n* **Skandinávka** F Skandiavierin
skandinávský skandinavisch
skaut M, **skautka** F Pfadfinder(in)
skelný Glas-; glasig
sklad M Zusammensetzung *f*; *Ware* Lager *n*, Depot *n*
skládací zusammenlegbar, Klapp-; ~ **kajak** *m* Faltboot *n*; ~ **lůžko** *n* Klappbett
skládat → složit; ~ **se** sich zusammensetzen (**z** *G* aus *D*)
skladatel M Komponist
skladba F MUS Komposition; GRAM Syntax
skladiště N Lagerhaus, Magazin **skladné** N Lagergebühr *f*
sklánět → sklonit
sklápěcí Kipp-, Klapp-; ~ **sedadlo** *n* Klappsitz *m*; ~ **střecha** *f* Schiebedach *n*
sklápět → sklopit
sklenář M Glaser
skleněný Glas-, gläsern
sklenice F Trinkglas *n*
skleník M Gewächshaus *n*
skleníkový: ~ **efekt** M Treibhauseffekt

sklenka F Gläschen *n*
sklep M Keller
sklesnout PF (nieder)sinken
sklíčený niedergeschlagen
sklidit abräumen; (ab)ernten
sklizeň F Ernte
sklízet → sklidit
sklo N Glas; ~ **do brýlí** Brillengläser *npl*
sklon M Hang, Neigung *f* (*a. fig*) **sklonit** PF neigen, senken
sklopit PF zuklappen; *fig* senken
sklopný: **sklopné sedadlo** N Klappsitz *m*
sklouzávat, **sklouznout** PF abrutschen, (aus)rutschen
skluzavka F Rutschbahn
skoba F Haken *m*, Klammer
skočit PF springen
skok M Sprung; ~ **na lyžích** Skisprung; ~ **o tyči** Stabhochsprung
skokanský: ~ **můstek** M Sprungschanze *f*
skončit PF beend(ig)en; enden
skopec M Hammel; ASTRON Widder
skopové N Hammelfleisch
skoro beinahe
skořápka F *Ei, Nuss* Schale
skořice F Zimt *m*
skot M Vieh *n*, Rindvieh *n*
Skot M Schotte **Skotka** F Schottin **Skotsko** N Schottland
skotský schottisch
skoupit PF aufkaufen
skoupý karg, geizig
skráň F Schläfe
skrblík M Geizhals **skrblit** geizen (*I* mit *D*)
skrčit se PF sich ducken, sich kauern
skrojek M Brotkanten; *Brot, Knödel* Scheibe *f*
skromný bescheiden
skropit PF besprengen
skrovný spärlich, dürftig
skrýš(e) F Schlupfwinkel *m*
skrýt PF, **skrývat** verbergen, verstecken
skrz(e) (*A*) durch (*A*); **skrz naskrz** durch und durch
skříň F Schrank *m*, Kasten *m*
skřípat → skřípnout
skřipec M *Brille* Kneifer; TECH Klemme *f*
skřípnout PF knirschen, quietschen; klemmen
skřivan, **skřivánek** M Lerche *f*
skulina F Spalte; SCHIFF Leck *n*
skupina F Gruppe
skupovat → skoupit
skutečnost F Tatsache, Wirklichkeit
skutek M Tat *f*
skútr M Motorroller
skvělý glänzend, prächtig
skvít ⟨za-⟩ **se** glänzen
skvrna F Fleck *m*, Klecks *m*; Makel *m* **skvrnitý** fleckig; ZOOL gefleckt
slabika F Silbe; IT Byte *n*
slabikář M Fibel *f*
slabina F ANAT Leiste; *fig* Schwäche, Blöße
slábnout schwach werden
slaboch M *fig* Schwächling
slabomyslný schwachsinnig
slabozraký sehschwach
slabý schwach

slad M Malz *n*
sladce ADV süß
sladidlo N Süßstoff *m*
sladit[1] **⟨o-⟩** süßen
sladit[2] PF in Einklang bringen, abstimmen
sladkokyselý süßsauer
sladkosti FPL Süßigkeiten
sladký süß
sláma F Stroh *n*
slaměný: ~ **klobouk** M Strohhut
slámka F Strohhalm *m*
slaneček M Salzhering
slanina F Speck *m*
slánka F Salzstreuer *m*
slaný salzig; **slaná tyčinka** *f* Salzstange; **slaná voda** *f* Salzwasser *n*
slast F Wonne **slastný** wonnig
slatina F Moor *n*; MED (Heil)-Schlamm *m*
sláva F Ruhm *m*, Berühmtheit; Festlichkeit *f*; heil!
slavík M Nachtigall *f*
slavit ⟨o-⟩ feiern; verherrlichen **slavnost** F Fest *n*, Feier
slavný feierlich, berühmt, ruhmreich
slazený gesüßt
slečna F Fräulein *n*
sled M (Reihen)Folge *f*
sleď M Hering
sledovat ⟨ná-⟩ folgen (*A D*); verfolgen, überwachen
slepec M Blinde
slepice F Henne, Huhn *n*
slepit PF zusammenkleben
slepnout erblinden
slepota F Blindheit
slepovat → slepit
slepý blind; **slepá ulice** *f* Sackgasse; **slepé střevo** *n* Blinddarm *m*
slepýš M Blindschleiche *f*
sleva F Ermäßigung, Rabatt *m*, Skonto *m*
slévat → slít
slevit PF, **slevovat** nachlassen, ermäßigen
slezina F Milz
slézat → slézt
Slezsko N Schlesien **slezský** schlesisch
slézt PF herunterklettern
slib M Versprechen *n*
slíbit PF, **slibovat** versprechen; geloben
slídič M, **slídička** F Spitzel *m*
slídit spähen, schnüffeln
slimák M Schnecke *f*
slina F Speichel *m*
slinivka F: ~ **(břišní)** Bauchspeicheldrüse
slipy MPL Slip *m*
slít PF zusammengießen; abgießen
slitina F Legierung
slitování N Erbarmen
slitovat se PF Mitleid haben (**nad** / **mit** *D*)
slíva F Pflaume
sliz M Schleim **slizký** schleimig, schlüpfrig (*a. fig*)
sliznice F Schleimhaut
sloh M Stil
sloka F Strophe
slon M Elefant
slonovina F Elfenbein *n*
slosovat PF verlosen
sloučit PF vereinigen, verbinden

sloup M Säule *f*, Pfeiler
sloupec M TYPO Spalte *f*, Kolumne *f*; *Zahlen* Kolonne *f*
sloužit ⟨**po-**⟩ dienen (**za co** als et); **ať slouží!** wohl bekomms!
Slovácko N Mährische Slowakei *f*
Slovák M Slowake
Slovan M Slawe **Slovanka** F Slawin **slovanský** slawisch
Slovenka F Slowakin **Slovensko** N Slowakei *f*
slovenský slowakisch
sloveso N Verb
slovník M Wörterbuch *n* **slovo** N Wort
složení N Zusammensetzung *f*
složenka F Zahlkarte, *österr* Erlagschein *m*
složit PF niederlegen, abladen; zusammensetzen; zusammenlegen; verfassen; MUS komponieren; *Prüfung* ablegen
složitý kompliziert
slučovat → sloučit
sluha M Diener, Dienstbote
sluch M Gehör *n* **sluchátko** N TEL Hörer *m*
slunce N Sonne *f*; **na slunci** in der Sonne
slunéčko N Marienkäfer *m*
slunečnice F Sonnenblume
slunečník M Sonnenschirm
slunit se sich sonnen
slunný sonnig
slunovrat M Sonnenwende *f*
slupka F *Obst, Kartoffel* Schale; *Wurst a* Pelle
slušet geziemen; *Kleid* (gut) stehen; **~ se** sich gehören **slušný** anständig, ordentlich
služba F Dienst *m*; **služby** *pl* Dienstleistungen
služební: **~ cesta** F Dienstreise
služka F Hausgehilfin *n*
slyšet ⟨**u-**⟩ hören
slyšitelný hörbar
slza F Träne
slzný: **~ plyn** M Tränengas *n*
smalt M Email *n*
smartphone M Smartphone *n*
smát ⟨**za-**⟩ **se** lachen (*D* über *A*)
smažit braten, backen
smečka F Meute; *fig* Bande
smělý kühn, mutig
směna F Wechsel *m*, Tausch *m*; *Arbeit* Schicht
směnárna F Wechselstube
směnit PF wechseln, (um)tauschen
směnitelný konvertierbar
směnka F Wechsel *m*
směnný: **~ kurz** M Wechselkurs
směňovat → směnit
směr M Richtung *f*
směrovka F Fahrtrichtungsanzeiger *m*, *umg* Blinker *m*
směřovat führen (**k** *D* nach *D*); (ab)zielen (**k** *D* auf *A*)
směs M Mischung *f*
směšný lächerlich
směšovat → smísit
smět dürfen, können
smetáček M Handfeger
smetana F Sahne, Rahm *m*
smetanka F BOT Löwenzahn *m*
smetí N Müll *m*, Kehricht *m*
smetiště N Müllhalde *f*, Misthaufen *m*
smích M Gelächter *n*, Lachen

n; Spott
smíchat PF, **smíchávat** (ver)mischen
smír M Versöhnung *f*; Vergleich
smírčí: ~ **komise** F Schlichtungskommission
smírný friedlich, gütlich
smířit PF, **smiřovat** versöhnen, aussöhnen
smísit PF (ver)mischen
smíšený gemischt, Misch-
smlouva F Vertrag *m*, Abkommen *n*; **leasingová** ~ Leasingvertrag *m*
smlouvat verabreden, vereinbaren; feilschen (**o** *A* um *A*)
smluvit PF → smlouvat
smluvní: ~ **partner** M Vertragspartner
smrad M Gestank
smradlavý stinkend
smrdět ⟨**za-**⟩ stinken (*I* nach *D*)
smrk M Fichte *f*
smrkat, **smrknout** PF (sich) schnäuzen
smrt F Tod *m* **smrtelný** tödlich; sterblich; Tod(es)-
smůla F Harz *n*; Pech *n* (*a. fig*)
smuteční: ~ **slavnost** F Trauerfeier
smutek M Trauer *f* **smutný** traurig
smyčcový: ~ **orchestr** M Streichorchester *n*
smyčec M *Geige* Bogen
smysl M Sinn; **podle** ~**u** sinngemäß
smyslný sinnlich
smysluplný sinnvoll
smýšlení N Gesinnung *f*
smýt PF, **smývat** abwaschen
snad vielleicht, etwa; hoffentlich
snadný leicht
snaha F (Be)Streben *n*, Bemühen *n*
snacha F Schwiegertochter
snášenlivý verträglich
snášet → snést
sňatek M Eheschließung *f*
snáz(e) ADV leichter
snazší ADJ leichter
snažit se sich bemühen (**o** *A* um *A*)
snědý brünett
sněhový: ~ **pluh** M Schneepflug; **sněhové řetězy** MPL Schneeketten *fpl*
sněm M Landtag; Parlament *n*
sněmovna F Parlament (-sgebäude) *n*; POL Haus *n*, Kammer
snést PF zusammentragen; hinuntertragen; ertragen; *Ei* legen; MED vertragen
sněženka F Schneeglöckchen *n*
sněžit schneien
sněžný: **sněžná čára** F Schneegrenze
snídaně F Frühstück *n*
snídat ⟨**po-**⟩ frühstücken
sníh M Schnee; **nový** ~ Neuschnee; **bez sněhu** schneefrei
snímat → sejmout; FOTO, *Ton* aufnehmen
snímek M Aufnahme *f*
sníst PF aufessen
snít träumen (**o** *A* von *D*)
snížit PF senken (*a Preis*)
snižovat → snížit
snop M *Getreide* Garbe *f*

snoubenec M, **snoubenka** F Verlobte
snubní: ~ **prsten** M Ehering
sobě (*D, L*) sich; **po** ~ nacheinander
sobec M Egoist **sobecký** egoistisch
soběstačný WIRTSCH unabhängig
sobol M Zobel
sobota F Samstag *m*, Sonnabend *m*; **v sobotu** am Samstag, samstags
sodovka F Sodawasser *n*, Selters *f* od *n*
socha F Statue
sochař M Bildhauer
sociální síť F soziales Netzwerk
sokol M Falke
solární Solar-; ~ **energie** *f* Solarenergie; ~ **studio** *n* Sonnenstudio
solený gesalzen
solit ⟨**na-, o-**⟩ salzen
sopka F Vulkan *m*
sosna F Kiefer, Föhre
sotva kaum
souběžný parallel
souboj M Zweikampf
soubor M Komplex; Zusammenstellung *f*; THEAT Ensemble *n*; TECH Satz; IT Datei *f*
souborný Gesamt-
soucit M Mitleid *n* **soucitný** mitfühlend
současnice F Zeitgenossin **současník** M Zeitgenosse
současný zeitgenössisch; gleichzeitig
součást, **součástka** F Bestandteil *m*
součet M Summe *f*
soud M JUR Gericht *n*; Prozess; Urteil *n*, Meinung *f*
soudce M Richter; Schiedsrichter
soudit ⟨**u-**⟩ richten, (be)urteilen; ~ ⟨**u-**⟩ **se** prozessieren
soudkyně F Richterin
soudní: ~ **jednání** N Gerichtsverhandlung *f*; ~ **výlohy** MPL Gerichtskosten *pl*
soudobý zeitgenössisch
soudruh M Genosse **soudružka** F Genossin
souhlas M Zustimmung *f*, Übereinstimmung *f*
souhlasit PF übereinstimmen (**s** / mit *D*); zustimmen (**s** / *D*)
souhrn M Zusammenfassung *f*
souhvězdí N Sternbild
souchotiny FPL Schwindsucht *f*
soukromí N Privatleben
soukromoprávní zivilrechtlich
soukromý privat, Privat-; **soukromé zdravotní pojištění** *n* private Krankenversicherung *f*
soulad M Harmonie *f*, Einklang
soulož F Beischlaf *m*
souměrný symmetrisch, gleichmäßig
soumrak M Abenddämmerung *f*
soupeř M Rivale **soupeřka** F Rivalin **soupeřit** rivalisieren
soupis M Verzeichnis *n*, Liste *f*
souprava F Garnitur, Satz *m*; IT Anlage
sourozenci MPL Geschwister *pl*
soused M, **sousedka** F Nach-

bar(in) **sousedství** N Nachbarschaft *f*
soustava F System *n* **soustavný** systematisch
sousto N Bissen *m*, Happen *m*
soustrast F Beileid *n*
soustředit PF, **soustřeďovat** konzentrieren
souš F Festland *n*
soutěska F Klamm, Schlucht
soutěž F Wettbewerb *m*; Wettkampf *m* **soutěžit** wetteifern
soutok M Zusammenfluss
souvislý zusammenhängend
souvztažný wechselseitig
soužit ⟨u-⟩ plagen, quälen (**se** / sich mit *D*)
soužití N Zusammenleben
sova F Eule
spací: ~ **pytel** M Schlafsack
spad M METEO Niederschlag
spád M Gefälle *n*
spadat, **spadnout** PF herunterfallen
spádný abschüssig, steil
spáchat PF *Verbrechen* begehen
spála F Scharlach *m*
spálenina F Brandwunde
spálený ELEK durchgebrannt
spálit PF verbrennen, verheizen
spalničky FPL Masern *pl*
spalovat → spálit
spalovna F: ~ **odpadků** Müllverbrennungsanlage
spánek M Schlaf; Schläfe *f*
spára F Fuge
spařit PF (ab)brühen
spása F Heil *n*, Rettung
spasit PF retten, erlösen
spát schlafen; **jít** ~ schlafen gehen
spatřit PF erblicken
speciál M *Benzin* Normal verbleit
spěch M Eile *f*, Hast *f*
spěchat eilen, sich beeilen
spěšný eilig; **spěšná zásilka** *f* Eilsendung
spiklenec M, **spiklenka** F Verschwörer(in)
spiknout se PF sich verschwören
spínací: ~ **špendlík** M Sicherheitsnadel *f*
spínač M ELEK Schalter
spínat → sepnout
spínátko N Büroklammer *f*
spis M Schriftstück *n*
spisovat → sepsat
spisovatel M, **spisovatelka** F Schriftsteller(in)
spisovný: ~ **jazyk** M Schriftsprache *f*
spíš(e) eher, vielmehr
splácet → splatit
spláchnout PF abspülen; *WC* spülen
splachovat → spláchnout
splašky MPL Abwässer *npl*
splatit PF abzahlen, zurückzahlen; *fig* vergelten
splátka F Abzahlung; **na splátky** in Raten
splatný zahlbar, fällig
splav M Wehr *n*
splést PF flechten; verwirren; ~ **si** verwechseln; ~ **se** sich irren
spletený verwirrt, verworren
splnit PF, **splňovat** erfüllen
spočíst PF, **spočítat** PF zusammenzählen
spočinout PF, **spočívat** (aus)-

ruhen; beruhen (**na** *od* **v** *L* auf *D*)
spodek M Unterteil *n*, Sockel; *Spielkarte* Unter, Bube
spodky MPL Unterhose *f*
spodní untere; ~ **prádlo** *n* Unterwäsche *f*; ~ **voda** *f* Grundwasser *n*
spodnička F Unterrock *m*
spojenec M Verbündete
spojení N Verbindung *f*, Anschluss *m*; ELEK Kontakt *m*
spojenkyně F Verbündete
spojený verbunden; vereinigt **Spojené Národy** *mpl* die Vereinten Nationen *fpl*
spojit PF verbinden; vereinigen
spojivka F Bindehaut
spojka F Kupplung
spojovat → spojit
spokojený zufrieden
spokojit se (IM)PF sich zufriedengeben (**s** *I* mit *D*)
společenský gesellschaftlich, Gesellschafts-; **společenská hra** *f* Gesellschaftsspiel *n*
společenství N Gemeinschaft *f*
společnice F, **společník** M Partner(in); Teilhaber(in)
společnost F Gesellschaft; **letecká** ~ Fluglinie
společný gemeinsam
spolehlivý zuverlässig
spoléhat (se), **spolehnout (se)** sich verlassen (**na** *A* auf *A*)
spolek M Verein; POL Bund
spolkový: ~ **kancléř** M Bundeskanzler; ~ **sněm** M Bundestag; **spolková republika** F Bundesrepublik
spol. s r. o. (**společnost s ručením omezeným**) Gesellschaft mit beschränkter Haftung (GmbH)
spolu zusammen, gemeinsam
spolucestující M, F Mitreisende
spolujezdec M, **spolujezdkyně** F Beifahrer(in)
spolumajitel M, **spolumajitelka** F Miteigentümer(in)
spoluobčan M, **spoluobčanka** F Mitbürger(in)
spolupráce F Mitarbeit, Zusammenarbeit
spona F Spange, Schnalle
spor M Streit
sporák M Kochherd
sporný umstritten, strittig
sportovat Sport treiben
sportovec M, **sportovkyně** F Sportler(in)
sportovní: ~ **nehoda** F Sportunfall *m*; ~ **potřeby** FPL Sportartikel *mpl*
spořádat PF ordnen
spořit ⟨**na-**, **u-**⟩ sparen
spořitelna F Sparkasse
spořitelní: ~ **knížka** F Sparbuch *n*
spotřeba F Verbrauch *m*, Konsum *m*
spotřebitel M, **spotřebitelka** F Verbraucher(in)
spotřebitelský: **spotřebitelská cena** F Verbraucherpreis *m*
spotřební: ~ **zboží** N Konsumgüter *npl*
spotřebovat PF verbrauchen
spousta F Masse, Menge
spoušť[1] F TECH Abzug *m*; FOTO

Auslöser *m*
spoušť[2] F Verwüstung
spouštěč M AUTO Anlasser
spouštět → spustit
spoutat PF, **spoutávat** fesseln
správa F Verwaltung; Reparatur
správce M Verwalter
spravedlivý gerecht
spravit PF in Ordnung bringen, ausbessern; ~ **se** *an Gewicht* zunehmen
správka F Reparatur **správkárna** F Reparaturwerkstatt
správní Verwaltungs-
správný richtig
spravovat → spravit
sprej M Spray *m* od *n*
sprcha F Dusche
sprchovat ⟨o-, vy-⟩ (**se**) (sich) duschen
spropitné N Trinkgeld
sprostý gemein, ordinär, vulgär
spřátelit se Freundschaft schließen
spustit PF herunterlassen, senken; TECH anlassen; TV, *Radio* einschalten
sraz M Zusammenkunft *f*
sráz M Abhang
srazit PF herunterstoßen; niederschlagen; WIRTSCH abziehen; ~ **se** zusammenstoßen
srázný abschüssig
sraženina F MED Gerinnsel *n*
srážka F AUTO Zusammenstoß *m*; WIRTSCH Abzug *m*
srážky FPL METEO Niederschlag *m*
Srb M Serbe; **Lužický** ~ *m* Sorbe
Srbka F Serbin; **Lužická Srb** *f* Sorbin
srbský serbisch
srdce N Herz
srdeční Herz-; ~ **vada** *f* Herzfehler *m*
srdečnice F Aorta
srdečný herzlich
SRN (**Spolková republika Německo**) Bundesrepublik Deutschland
srna F Reh *n* **srnec** M Rehbock
srostlý verwachsen
srov. (**srovnej**) vergleiche (vgl.)
srovnání N Vergleich *m*
srovnat PF, **srovnávat** ebnen; ordnen; vergleichen
srozumitelný verständlich
srp M Sichel *f*
srpen M *Monat* August
srst F Fell *n*; *Tiere* Haar *n*
sršeň M Hornisse *f*
srůst[1] M Zusammenwachsen *n*
srůst[2] PF, **srůstat** zusammenwachsen
stačit genügen
stádo N Herde *f*
stáhnout PF wegziehen, abziehen; zusammenziehen
stahovat → stáhnout
stáj F Stall *m*
stále stets, immer
staletý hundertjährig
stálobarevný farbecht
stálý (be)ständig; **stálé sídlo** *n* ständiger Wohnsitz *m*; ~ **zákazník** *m* Stammkunde
stan M Zelt *n*
stánek M Kiosk, Stand
stanice F Station, Haltestelle

staniční: ~ **sestra** F Stationsschwester
stanovat zelten
stanovisko N Standpunkt *m*
stanoviště N Standort *m*; *Taxi* Stand *m*
stanovit PF bestimmen
starat se sich kümmern, sich sorgen (**o** *A* um *A*)
stárnout ⟨**ze-**⟩ altern; sich abnutzen
starobylý altertümlich
starodávný althergebracht
staromódní altmodisch
staropramen M *Bier* Urquell
starost F Sorge; **mít na ~i** sorgen (*A* für *A*)
starosta M Bürgermeister
starostlivý fürsorglich; sorgsam
starověk M Altertum *n*
starožitnictví N Antiquitäten(-geschäft) *fpl*
starožitný altertümlich
starý alt; ~ **mládenec** *m* Junggeselle **Starý zákon** M das Alte Testament
stařec M, **stařenka** F Greis(in)
stáří N Alter; Altersangabe *f*
stát[1] M Staat
stát[2] stehen; kosten; ~ **za co** et wert sein, sich lohnen
stát se PF werden; geschehen
stať F TYPO Artikel *m*; Aufsatz *m*
statečný tapfer
statek M Gut *n*, Gehöft *n*
státní staatlich; ~ **občanství** *n* Staatsbürgerschaft *f*; ~ **poznávací značka** *f* AUTO polizeiliches Kennzeichen *n*; ~ **svátek** *m* Staatsfeiertag
státnice F *umg* Staatsexamen *n*
státník M Staatsmann
statný stattlich
stav M Stand; Zustand
stávat se → stát se
stavba F Bau *m*; *fig* Aufbau *m*
stavební: Bau-; ~ **pozemek** M Baugrundstück *n*
stavebník M Bauherr
stavebnina F Baumaterial *n*
stavědlo N BAHN Stellwerk
staveniště N Baustelle *f*
stavět bauen; stellen; *Zug* halten, ~ **se jako by** so tun als ob
stavidlo N Schleuse *f*
stavit (IM)PF anhalten, hemmen; *Blut* stillen; ~ **se** *pf* haltmachen; abholen (**pro** *A A*)
stávka F Streik *m*
stáž F Studienaufenthalt *m*; Praktikum *n*
stéblo N Halm *m*
steh M *Nähen* Stich
stehno N Oberschenkel *m*; GASTR Keule *f*
stěhovací: ~ **vůz** M Möbelwagen
stěhovat ⟨**pře-**⟩ **se** umziehen; übersiedeln
stejně ADV gleich, ohnehin
stejnojmenný gleichnamig
stejnokroj M Uniform *f*
stejnoměrný gleichmäßig
stejnosměrný: ~ **proud** M ELEK Gleichstrom
stejný ADJ gleich
stěna F Wand
sténat ⟨**za-**⟩ stöhnen

stesk M Sehnsucht *f* (**po** *L* nach *D*); ~ **po domově** Heimweh *n*
stevard M, **stevardka** F Steward(ess)
stezka F Pfad *m*, Fußweg *m*; ~ **pro cyklisty** Radfahrweg *m*
stěží ADV schwerlich, kaum
stěžovat ⟨**po-**⟩ **si** sich beschweren (**k-u na** *A* bei j-m über *A*)
stíhat verfolgen
stihnout PF einholen, erreichen (*a. fig*)
stín M Schatten (*a. fig*); *fig* Schimmer
stínidlo N *Lampe* Schirm *m*
stinný schattig, Schatten-
stírač M Scheibenwischer
stírat → setřít
stisk M Druck; ~ **ruky** Händedruck
stiskat, **stisknout** PF (zusammen)drücken
stísněný beklommen
stížnost F Beschwerde
stlačit PF, **stlačovat** zusammendrücken; niederdrücken
stlát (hin)streuen; *Bett* machen
stmívat se → setmít se
sto hundert
stodola F Scheune
stojací: ~ **lampa** F Stehlampe
stojan M Ständer; FOTO Stativ *n*; MUS Pult *n*
stoka F Rinnstein *m*
stolec M Thron
stolek M Tischchen *n*
století N Jahrhundert
stolice F Stuhl *m* (*a.* MED); Lehrstuhl *m*
stolička F Hocker *m*; Backenzahn *m*
stolní: ~ **tenis** M Tischtennis *n*; ~ **olej** M Tafelöl *n*; ~ **víno** N Tafelwein *m*
stolovat tafeln
stonat erkrankt sein (**na** *A* od **s** *I* an *D*)
stonek M Stängel
stop: **jet ~em** *umg* per Anhalter fahren
stopa F Spur (*a.* AUTO)
stopka F Stiel *m*; Likörglas *n*; Rücklicht *n*
stopky FPL Stoppuhr *f*
stoupání N Steigung *f*
stoupat → stoupnout
stoupenec M, **stoupenkyně** F POL Anhänger(in)
stoupnout PF ansteigen; treten
stovka F Hunderter *m*
stožár M Mast
strádat leiden (*I* an *od* unter *D*)
strach M Furcht *f*, Angst *f* (**z** *G* vor *D*; **o** *A* um *A*)
straka F Elster
strakatý scheckig
stráň F Berghang *m*
strana F Seite; Partei; **úvodní** ~ *im Internet* Startseite
stranický parteiisch; Partei-
stranička F, **straník** M Parteimitglied *n*
stranit Partei ergreifen (*D* für *A*); ~ **se** meiden (*G A*)
stránka F TYPO Seite; *fig* Aspekt *m*; **domovská** ~ Homepage; **internetová** ~ Website
stranou abseits
strašák M Vogelscheuche *f*
strašidlo N Gespenst

strašit ⟨**po-**⟩ spuken, Angst einjagen
strašlivý, **strašný** schrecklich
strava F Kost, Verpflegung
strávit[1] PF verdauen
strávit[2] PF verbringen
stravné N Verpflegungsgeld
stravovat verpflegen
stráž F Wache
strčit PF (hinein)stoßen; stecken (**do** *G* in *A*)
strhnout PF, **strhovat** niederreißen; ~ **se** losbrechen
strkat → strčit
strmý steil, schroff
strnout PF erstarren
strnulý starr, steif
strnutí N MED Wundstarrkrampf *m*
stroj M Maschine *f*
strojek M *Uhr* Werk *n*; *Küche* Maschine *f*
strojený gekünstelt
strojírenství N Maschinenbau *m*
strojit ⟨**vy-**⟩ vorbereiten; (an)kleiden; ~ ⟨**vy-**⟩ **se** sich herausputzen
strom M Baum
strop M ARCH Decke *f*
strouhat ⟨**na-**⟩ reiben, schaben
stručný knapp, kurz
struhadlo N Raspel *f*
struma F Kropf *m*
struna F Saite
strunný: ~ **nástroj** M Saiteninstrument *n*
strup M Schorf
strýc M Onkel
strž F Schlucht
střadatel M, **střadatelka** F Sparer(in)
střapatý zerzaust
střeček M ZOOL Bremse *f*
střed M Mitte *f*, Zentrum *n*; Mittelpunkt
středa F Mittwoch *m*; **ve středu** am Mittwoch, mittwochs
středisko N Zentrum
střední: ~ **škola** F höhere Schule; ~ **rod** M GRAM Neutrum *n*
středohoří N Mittelgebirge
středověk M Mittelalter *n*
středozemní: **Středozemní moře** N Mittelmeer
střecha F Dach *n*; *Hut* Krempe
střela F Geschoss *n*; *Ball* Schuss *m*
střelba F Schießerei
střelec M Schütze
střelit PF schießen
střelivo N Munition *f*
střelnice F Schießplatz *m*, Schießbude
střelný: **střelná zbraň** F Schusswaffe
střep M Scherbe *f*
střepina F Splitter *m*
střešní Dach-
střetnutí N Zusammenstoß *m*; Begegnung *f* (*a.* SPORT)
střevíc M Schuh
střevo N Darm *m*
stříbrný silbern, Silber-
stříbro N Silber
střídat ⟨**vy-**⟩ wechseln, ablösen
střídavý abwechselnd; ~ **proud** *m* ELEK Wechselstrom

střídmý mäßig, genügsam
střih M Schnitt, Zuschnitt
střihat, **střihnout** PF schneiden
stříkačka F Spritze
stříkat, **stříknout** PF spritzen (*a.* MED)
střílet → střelit
střízlivý nüchtern (*a. fig*)
stud M Schamgefühl *n*
studený kalt
studna, **studně** F Brunnen *m*
stuha F Band *n*, Schleife
stůl M Tisch
stupátko N Trittbrett
stupeň M Stufe *f*; Grad
stupínek M Podium *n*
stupnice F Skala
stupňovat **⟨vy-⟩** steigern
stupňovitý stufenweise
stvořit PF (er)schaffen
stvrzenka F Quittung
stý hundertste
styčný: **~ bod** M Berührungspunkt
stydět ⟨za-⟩ se sich schämen (**za** *A* für *A*)
stydno: **je mi ~** ich schäme mich
stydnout PF kalt werden
styk M Berührung *f*, Kontakt; Verkehr
stýkat se sich berühren; verkehren (**s** / mit *D*)
stýskat si sich beklagen (**na** *A* über *A*)
sud M Fass *n*
sudový: **sudové pivo** N Fassbier
sudý *Zahl* gerade
suchar M Zwieback
sucho N Trockenheit *f*
suchý trocken, dürr
sukně F (Damen)Rock *m*
sůl F Salz *n*
sundat PF, **sundávat** herunternehmen, abnehmen
sunout ⟨po-⟩ schieben, rücken
sup Geier
supersonický Überschall-
supervelmoc F Supermacht
suplovat ersetzen; vertreten (**za k-o** j-n)
surfovat IT surfen
surovina F Rohstoff *m*
surový roh (*a. fig*)
sušenka F Keks *m* od *n*
sušený: **sušené ovoce** N Dörrobst
sušit ⟨vy-⟩ trocknen
suť F Schutt *m*, Geröll *n* **sutina** F Trümmerhaufen *m*
suterén M Untergeschoss *n*
svačina F Zwischenmahlzeit, *österr* Jause
svádět → svést
svádivý verführerisch
svah M Abhang, Böschung *f*
sval M Muskel
svalit PF, **svalovat** herabwälzen; *fig* abwälzen
svár M Streit
svárlivý streitsüchtig
svařený: **svařené víno** N Glühwein *m*
svařit PF, **svařovat** abkochen; zum Kochen bringen; TECH schweißen
svářit se (sich) streiten
svatba F Hochzeit
svatební: **~ cesta** F Hochzeitsreise; **~ dar** M Hochzeitsge-

schenk *n*
sváteční festlich, Festtags-
svatodušní: ~ **svátky** MPL Pfingsten *n* od *fpl*
svatý heilig, Sankt; SU M Heilige
svaz M Verband, Bund, Union *f*
svázat PF zusammenbinden; *fig* verbinden
svazek M Bündel *n*; Bund *n*; TYPO Band; ~ **klíčů** Schlüsselbund
svazovat → svázat
svážet → svézt
svědčit aussagen, bezeugen (**o** *L A*)
svědectví N Zeugnis, Zeugenaussage *f*
svědek M Zeuge
svědět, **svědit** jucken
svědkyně F Zeugin
svědomí N Gewissen
svědomitý gewissenhaft
svéhlavý eigensinnig
svépomoc F Selbsthilfe
svéprávný mündig
svérázný charakteristisch
svěřit PF, **svěřovat** anvertrauen
svést PF herabführen; zusammenführen; umleiten; verleiten; *Schuld* abwälzen
svět M Welt *f*
světadíl M Erdteil
světelný: **světelná houkačka** F Lichthupe; ~ **semafor** M Ampel *f*
světlice F Leuchtrakete
světlo N Licht **světlomet** M Scheinwerfer
světový Welt-; ~ **trh** *m* Weltmarkt; **světová válka** *f* Weltkrieg *m*
svetr M Pullover
světský weltlich
svévole F Willkür
svévolný mutwillig
svézt PF herunterfahren; zusammenführen; einfahren; mitnehmen; ~ **se** mitfahren
svěží frisch
svíce F Kerze
svícen M Leuchter
svíčková F Filet *n*; Lendenbraten *m* (*mit pikanter Sauce*)
svíjet → svinout
svině F Sau
svinout PF zusammenrollen; einrollen; ~ **se** sich winden
svinstvo N *fig* Schweinerei *f*
svírat → sevřít
svislý senkrecht
svišť M Murmeltier *n*
svítilna F Laterne, Leuchte
svítit ⟨**za-**⟩ leuchten, scheinen
svižný flink
svléct PF, **svlékat** ausziehen; *Bett* abziehen
svoboda F Freiheit
svobodný frei, ledig; ~ **přístav** *m* Freihafen
svolat PF, **svolávat** zusammenrufen; einberufen
svolení N Genehmigung *f* **svolit** PF, **svolovat** zustimmen
svolný willig, einverstanden (**k** *D* od **v** *L* mit *D*)
svorka F Büroklammer; TYPO geschweifte Klammer
svorný einträchtig
svrbět jucken, brennen
svrhnout PF, **svrhovat** hinab-

werfen; *von e-m Amt* absetzen
svrchní obere; Ober-
svrchu (von) oben
svršek M Oberteil *n*; *Kartenspiel* Ober
svůdný verführerisch
svůj mein, dein, sein *usw*; eigen; **svého casu** seinerzeit
syčet ⟨za-⟩ zischen
sychravý nasskalt
sýkora F Meise
syn M Sohn
synovec M Neffe
sypat ⟨na-⟩ streuen, schütten
sýr M Käse
syrový roh, ungekocht
sytivý sättigend
sytý satt
syžet M Sujet *n*

Š

šafrán M Safran; Krokus
šachy MPL Schach(spiel) *n*; Schachfiguren *fpl*
šachista M Schachspieler
šachovnice F Schachbrett *n*
šál M, **šála** F Schal *m*
šálek M Tasse *f*; *österr* Schale *f*
šašek M Narr, Clown
šátek M (Kopf)Tuch *n*
šatit ⟨o-⟩ (be)kleiden
šatna F *Raum* Garderobe **šatnářka** F Garderobenfrau
šatník M Kleiderschrank
šaty MPL Kleid *n*; Anzug *m*; Kleidung *f*
šavle F Säbel *m*
šedesát sechzig
šedivět ergrauen
šedivý grau
šedý grau
šéf M, **šéfka** F Chef(in)
šéfkuchař M Chefkoch
šéfová F Chefin
šelest M Rascheln *n*
šelma F Raubtier *n*
šepot M Geflüster *n*
šeptat, šeptnout PF flüstern
šerm M Fechten *n* **šermíř** M, **šermířka** F Fechter(in)
šero N Dämmerung *f*
šeroslepý nachtblind
šerý dunkel, düster
šeřík M Flieder
šest sechs **šestnáct** sechzehn
šestý sechste
šetrný sparsam; rücksichtsvoll
šetřit sparen; schonen
šev M Naht *f*
šibal M Spitzbube
šibenice F Galgen *m*
šicí: ~ **stroj** M Nähmaschine *f*
šidit ⟨o-⟩ betrügen
šíje F Nacken *m*; GEOG Landenge
šikmý schief, schräg
šikovný geschickt; passend
šílenost F, **šílenství** N Wahnsinn *m*
šílený wahnsinnig
šilhat ⟨za-⟩ schielen
šíp M Pfeil
šípek M Heckenrose *f*; Hagebutte *f*
šipka F Hinweispfeil *m*
široký breit; weit

širý breit; weit; **širé moře** *n* offene See *f*
šíř(e) F Breite, Weite
šířit ⟨roz-⟩ verbreiten
šířka F Breite, Weite
šiška F *Baum* Zapfen *m*; längliches Brot *n*
šišlat lispeln
šít ⟨u-⟩ nähen
šití N Nähzeug, Nähen
škadlit ⟨po-⟩ necken
škaredý hässlich
škarpa F Straßengraben *m*
škatule, škatulka F Schachtel, Karton *m*
škeble F Muschel
šklebit se grinsen
škoda F Schaden *m*; ADV schade (*G* um *A*)
škodit ⟨u-⟩ schaden **škodlivý, škodný** schädlich
škodolibý schadenfroh
škola F Schule **školení** N Schulung *f* **školka** F Baumschule; *umg* Kindergarten *m*
školní: **~ prazdniny** FPL Schulferien *pl*
škrábat, škrábnout PF kratzen, schaben
škraboška F Maske
škrob¹ M Geizhals
škrob² M Stärke *f* **škrobit** *Wäsche* stärken
škrt M Strich; Streichung *f*
škrtat → škrtnout
škrtit ⟨za-⟩ würgen; geizen (*A* od **na** *L* mit *D*)
škrtnout PF (durch)streichen
škubánky MPL Kartoffelnockerln *npl*
škubat, škubnout PF (zer)reißen; rupfen
škůdce M Schädling
škvárový: **škvárová dráha** F Aschenbahn
škytat Schluckauf haben; glucksen **škytavka** F Schluckauf *m*
šlacha F Sehne **šlachovitý** sehnig
šlapat, šlapnout PF niedertreten; treten (**na** *A* od **po** *L* auf *A*); **~ pěšky** zu Fuß gehen
šlapka F Fußsohle; Pedal *n*
šle FPL Hosenträger *mpl*
šleh M Hieb; Strieme *f*
šlehač M Mixer **šlehačka** F Schlagsahne, *österr* Schlagobers *n*
šlehat, šlehnout PF peitschen; *Sahne* schlagen
šlechetný edel
šlechta F Adel *m* **šlechtic** M Adlige **šlechtictví** N Adelsstand *m* **šlechtična** F Adlige
šlechtit veredeln (*a.* BOT); *Haut* pflegen
šlem M Schleim
šněrovací: **~ boty** FPL Schnürschuhe *mpl*
šněrovadlo N Schnürsenkel *m*
šněrovat (zu)schnüren
šňupavý: **~ tabák** M Schnupftabak
šňůra F Schnur, Leine; **~ aut** Autoschlange
šnytlík M *umg* Schnittlauch
šortky FPL Shorts *pl*
šot M *Film*, TV Einstellung *f*, Spot
špaček M *zo* Star; *Zigarette* Stummel

špagát M *umg* Bindfaden, Kordel *f*
špalek M Holzklotz
Španěl M, **Španělka** F Spanier(in) **Španělsko** N Spanien
španělský spanisch
špatně: **je mi ~** mir ist übel
špatný schlecht; schlimm; falsch
špekáček M Speckwurst *f*
špenát M Spinat
špendlík M Stecknadel *f*; Schmucknadel *f*
špendlit ⟨**při-**⟩ anstecken
šperk M Schmuckstück *n*
špetka F Prise
špičatý spitz
špička F Spitze; *Verkehr* Spitzenzeit
špína F Schmutz *m*
špinavý schmutzig **špinit** ⟨**po-**, **za-**⟩ beschmutzen
šplhat (se) klettern **šplhnout si** *fig* sich einkratzen
šplíchat → šplouchat
šplouchat, **šplouchnout** PF plätschern
špona F Span *m*
šponovky FPL Keilhose *f*
špunt M *umg* Stöpsel
šrám M Schramme *f*; Narbe *f*
šramot M Rascheln *n* **šramotit** ⟨**za-**⟩ rascheln
šroub M Schraube *f*
šroubovací: **~ uzávěr** M Schraubverschluss
šroubovák M Schraubenzieher **šroubovat** schrauben
šroubový: **~ klíč** M Schraubenschlüssel
štafetový: **~ běh** M Staffellauf
šťárat (se) stochern, herumstöbern
šťastný glücklich; **šťastnou cestu!** gute Reise!
šťáva F Saft *m*
šťavnatý saftig
štěbetat ⟨**za-**⟩ zwitschern; *fig* plappern
štědrý freigebig, reichlich; **~ večer** *m* Heiligabend
štěkat, **štěknout** PF bellen
štěkot M Gebell *n*
štěnice F Wanze
štěpit spalten
štěrbina F Ritze, Spalt *m*
štěrk M Schotter
štěstí N Glück
štětec M Pinsel **štětina** F Borste
štětka F Malerbürste; **~ na holení** Rasierpinsel *m*
štíhlý schlank
štika F Hecht *m*
štípačky FPL Kneifzange *f*
štípat, **štípnout** PF kneifen; *Holz* hacken; *Insekt* stechen **štípavý** beißend, stechend
štipec M Prise *f*
štír M Skorpion
štít M Schild *n* od *m*; Giebel; Bergspitze *f*; *Röntgen* Schirm
štítek M *Tür* Schild *n*; *Mütze* Schirm; Etikett *n*
štítit se sich scheuen, sich ekeln (*G* vor *D*)
štítný: **štítná žláza** F Schilddrüse
štola F BERGB Stollen *m*
štóla F Stola
šťouchaný: **šťouchané brambory** MPL Stampfkartoffeln *fpl*

šťouchat, **šťouchnout** PF stoßen
šťourat ⟨za-⟩ **se** (herum-) nörgeln; herumstochern
šťovík M Sauerampfer
štváč M Hetzer
štvanec M Gehetzte **štvanice** F Hetzjagd; POL Hetze
štvát (auf)hetzen; ~ **se** sich abhetzen
šum M Rauschen *n*
Šumava F Böhmerwald *m*
šumět ⟨za-⟩ rauschen, brausen; schäumen **šumivý** brausend; schäumend
šunka F Schinken *m*
šupina F Schuppe **šupatý** schuppig
šuple F, **šuplík** M *umg* Schublade *f*
šustět ⟨za-⟩ knistern, rascheln
Šváb M Schwabe **Švábka** F Schwäbin **Švábský** schwäbisch
šváb M Küchenschabe *f*
švadlena F Schneiderin
švagr M Schwager **švagrová** F Schwägerin
švanda F Ulk *m*, Jux *m*
švec M Schuster
Švéd M Schwede **Švédka** F Schwedin **Švédsko** N Schweden
švédský schwedisch
švestka F Pflaume, Zwetsch(g)e
švestkový: **švestková povidla** NPL Pflaumenmus *n*; **švestkové knedlíky** MPL Zwetschgenknödel
švih M Peitschenhieb; Eleganz *f*, *umg* Pfiff **švihat**, **švihnout** PF peitschen
Švýcar M, **Švýcarka** F Schweizer(in) **Švýcarsko** N Schweiz *f*
švýcarský ADJ Schweizer

T

ta F die(se)
tablet M IT Tablet *n*
tábor M Lager *n*
tábořiště N Campingplatz *m*
  tábořit zelten, *umg* campen
tabule F Tafel (*a Festtafel*); Glas Scheibe
tabulka F Tabelle; Tafel (*a Schokolade*); Scheibe
tác M Tablett *n*
tady hier
tágo N Billardstock *m*
tah M Zug; Ziehung *f*; Strich
  tahat → táhnout
táhnout PF ziehen, zerren, schleppen; **táhne** es zieht; ~ **se** *fig* sich (hin)ziehen
tajemnice F, **tajemník** M Sekretär(in)
tajemný geheim, geheimnisvoll **tajemství** N Geheimnis
tajit ⟨za-⟩ verheimlichen
tajný heimlich, geheim
tak so
také auch
takhle auf diese Art, so
takový solch, so ein
takřka sozusagen

taktizovat taktieren
takto folgendermaßen
taky *umg* auch
takzvaný sogenannt
talíř M Teller
tam da, dort(hin); **tu a ~** hier und da; **~ a zpět** hin und zurück
tamten der dort, jener **tamtéž** ebenda
tančit ⟨**za-**⟩ tanzen
tanec M Tanz
taneční: **~ večer** M Tanzabend
tanečnice F, **tanečník** M Tänzer(in)
tank M Tank; MIL Panzer
tankový: **tanková loď** F Tanker *m*
tápat tappen; tasten
tasemnice F Bandwurm *m*
taška F Tasche; Dachziegel *m*
taškář M Schelm, Schalk
tát ⟨**roz-**⟩ (auf)tauen, (zer)schmelzen
táta M Vati, *umg* Papa
tatínek M → **táta**
Tatry FPL Tatra *f*
tavit ⟨**roz-**⟩ schmelzen
taxa F WIRTSCH Taxe
taxi N, **taxík** M Taxi *n* **taxíkář** M Taxifahrer
tázat ⟨**do-**⟩ **se** fragen (*G* **po čem** *A* nach et)
tázavý fragend
tažný: **tažné lano** N Abschleppseil; **~ pták** M Zugvogel
té N Tee *m*
téct fließen, rinnen
tečka F Punkt *m*
teď, **teďka** jetzt, nun
tedy also
těhotenství N Schwangerschaft *f* **těhotná** schwanger
technik M Techniker
tekoucí fließend
tekutina F Flüssigkeit
tekutý flüssig
tele N Kalb
telefonní: **předplacená ~ karta** F Prepaid-Karte; **~ automat** M Münzfernsprecher; Kartentelefon *n*; **~ budka** F Telefonzelle; **~ číslo** N Rufnummer *f*, Telefonnummer *f*; **~ seznam** M Telefonbuch *n*
telefonní: **~ spojení** N Telefonverbindung *f*; **~ ústředna** F Telefonzentrale
tělesný körperlich, leiblich; **tělesná prohlídka** *f* Leibesvisitation; **tělesná stráž** *f* Leibwache; **tělesné pozůstatky** *mpl* die sterblichen Überreste; **tělesně postižený** körperbehindert
těleso N PHYS Körper *m*
televize F Fernsehen *n*; *umg* Fernseher *m*
televizní: **~ divák** M Fernsehzuschauer
televizor M Fernsehgerät *n*, *umg* Fernseher
tělnatý beleibt
tělo N Körper *m*, Leib *m*
tělocvična F Turnhalle
tělocvik M Turnen *n*
temeno N Scheitel *m*, Gipfel *m*
téměř fast, beinahe
temnět dunkel werden
temno N, **temnota** F Dunkelheit *f*
temný dunkel, finster; *fig* dumpf; **temná komora** *f* Dun-

kelkammer
ten der, dieser
tenčit ⟨**z-**⟩ **se** dünner werden, abnehmen
tenisky FPL Tennisschuhe *mpl*
tenista M, **tenistka** F Tennisspieler(in)
tenkrát damals
tenký dünn, fein, zart
tentam *umg* auf und davon
tentokrát diesmal
tep M Schlag; Puls(schlag)
tepláky MPL Trainingsanzug *m*, Trainingshose *f*
teplárna F Heizkraftwerk *n*
teplo N Wärme *f*
teploměr M Thermometer *n*
teplomet M Heizstrahler
teplota F Temperatur
teplý warm
tepna F Schlagader, Arterie
teprv(e) erst
terč M Zielscheibe *f*
termoska F Thermosflasche
tesař M Zimmermann
tesat ⟨**o-**⟩ zimmern, meißeln
těsnit ⟨**u-**⟩ (ab)dichten
těsný eng, knapp
těsto N Teig *m* **těstoviny** FPL Teigwaren
těšit ⟨**po-**⟩ (er)freuen; trösten; **těší mě!** *beim Vorstellen* angenehm!; ~ ⟨**po-**⟩ **se** sich freuen (**z** *G* über *A*; **na** *A* auf *A*)
teta F Tante
tetovat tätowieren
též auch, ebenfalls
těžba F BERGB Förderung
těžce ADV schwer
těžiště N Schwerpunkt *m*
těžit ⟨**vy-**⟩ BERGB fördern; Nutzen ziehen (**z** *G* aus *D*)
těžkopádný schwerfällig
těžký schwer; *fig* schwierig; ~ **průmysl** *m* Schwerindustrie *f*
tchán M Schwiegervater
tchoř M Iltis
tchyně F Schwiegermutter
tíha F Schwere, Last
ticho N Stille *f*; Ruhe!
tichý still, leise; **tichá dohoda** *f* Geheimabkommen *n*
tikat ticken
tílko N Unterhemd
tím damit, dadurch; desto
tíseň F Enge, Bedrängnis
tisíc tausend **tisíciletí** N Jahrtausend
tisk M Druck; Presse *f*
tiskací: ~ **písmeno** N Druckbuchstabe *m*
tiskárna F Druckerei; IT Drucker *m*
tiskař M *Person*, IT Drucker
tisknout ⟨**vy-**⟩ drücken, pressen; drucken
tiskopis M Drucksache *f*, Formular *n*
tiskový: **tisková kancelář** F Presseagentur; **tisková konference** F Pressekonferenz; ~ **mluvčí** M Pressesprecher
tísnit (be)drücken; ~ **se** sich drängen
tísnivý beklemmend
tiše ADV still
tištěný gedruckt
titulek M Titel; *Film* Untertitel
tíže F Schwere; *fig* Last
tkáň F Gewebe *n*
tkanička F Band *n*; Schnürsenkel *m*

tkanina F Gewebe *n*
tkát weben
tlačenice F Gedränge *n*
tlačenka F Presswurst
tlačit ⟨**za-**⟩ pressen, drücken; *Wagen* schieben; **~ se** sich drängen
tlačítko N Druckknopf *m*, Taste *f*
tlach M Geschwätz *n* **tlachat** schwatzen
tlak M PHYS Druck; **~ vzduchu** Luftdruck
tlakoměr M Barometer *n*
tlama F Rachen *m*, Maul *n*
tlapa F Tatze, Pfote
tleskat, **tlesknout** PF klatschen, applaudieren
tlouct schlagen, klopfen; **~ se** sich prügeln
tloustnout ⟨**z-**⟩ dick werden
tloušťka F Dicke, Korpulenz
tlumič M Dämpfer; **~ nárazů** Stoßdämpfer; **~ zvuku** Schalldämpfer
tlumit ⟨**u-**, **z-**⟩ dämpfen, unterdrücken
tlumočit dolmetschen
tlumočnice F, **tlumočník** M Dolmetscher(in)
tlupa F Horde, Bande, Schar
tlustý dick, fett
tma F Dunkelheit; ADV dunkel, finster
tmavět, **tmavnout** PF dunkel werden
tmavý dunkel, finster
tmel M Kitt
tmelit ⟨**s-**⟩ (ver)kitten
tmít se dunkel werden
to es, das, dieses
tobolka F Geldbörse
točit ⟨**o-**, **za-**⟩ drehen, wenden; *Bier* zapfen
točitý: **točité schody** MPL Wendeltreppe *f*
točna F Drehscheibe (*a. fig*); Pol *m*
tok M Fluss; *Fluss* Lauf
tolik so viel
tonout ⟨**u-**⟩ untergehen; ertrinken
topení N Heizung *f*
topinka F Toast(schnitte *f*) *m*
topit[1] ⟨**za-**⟩ heizen
topit[2] ertränken; **~ se** ertrinken
topný: **~ olej** M Heizöl *n*; **topné těleso** N Heizkörper *m*
topol M Pappel *f*
totéž dasselbe
totiž nämlich
totožnost F Identität
touha F Sehnsucht
toulat se umherirren
toužebný sehnsüchtig
toužit ⟨**za-**⟩ sich sehnen (**po** *L* nach *D*)
továrna F Fabrik
tovární: **~ dělník** M Fabrikarbeiter; **~ značka** F Fabrikzeichen *n*
továrník M Fabrikant
trafika F Tabakladen *m*, *österr* Trafik
trajekt M Fährschiff *n*; Fähre *f*
trám M Balken
trampovat trampen
tramvaj M Straßenbahn *f*
trvanlivost F Haltbarkeit; **datum** *n* **minimální ~i** Mindeshaltbarkeitsdatum
trápení N Qual *f*, Plage *f*

trápit quälen, plagen
trapný peinlich
trasa F Route; BAHN Linie
trať F Strecke; SPORT Bahn
tratit ⟨**z-**⟩ verlieren
tráva F Gras *n*
trávit[1] ⟨**s-**⟩ verdauen; *Zeit* verbringen
trávit[2] ⟨**o-**⟩ vergiften
trávník M Rasen
trefa F Treffer *m*
trekking M Trekking *n* **trekkingový**: **trekkingové kolo** N Trekkingrad
tréma F Lampenfieber *n*
trempovat → trampovat
trenky *umg*, **trenýrky** FPL Turnhose *f*
trepky FPL Hausschuhe *mpl*
tresčí: ~ **játra** NPL Dorschleber *f*
treska F Dorsch *m*, Kabeljau *m*
trest M Strafe *f*; ~ **odnětí svobody** Freiheitsstrafe *f*; **pod ~em** bei Strafe; **za ~** als Strafe
trestanec M, **trestankyně** F Strafgefangene
trestat ⟨**po-**⟩ (be)strafen
trestní: ~ **oznamení** N Strafanzeige *f*; ~ **právo** N Strafrecht
trestný strafbar, Straf-
trh M Markt; ~ **práce** Arbeitsmarkt
trhanec M GASTR Kaiserschmarren
trhat ⟨**na-**⟩ (zer)reißen; pflücken; rupfen
trhlina F Riss *m*, Spalte; SCHIFF Leck *n*
trhnout PF reißen, zerren (*I* an *D*); ~ **sebou** zusammenzucken
tričko N T-Shirt, Unterhemd
trn M Dorn
trocha, **trochu** ein bisschen
trojitý, **trojnásobný** dreifach **trojrozměrný** dreidimensional
trojúhelník M Dreieck *n* **trojzvuk** M Dreiklang
trombon M Posaune *f*
trosky FPL Trümmer *pl*
troška, **trošku** ein bisschen
trouba F Röhre; Backröhre, *österr* Rohr *n*
troubit ⟨**za-**⟩ MUS trompeten; hupen
troufalý kühn
troufat si, **troufnout si** PF sich (ge)trauen
trpaslík M Zwerg
trpělivost F Geduld **trpělivý** geduldig
trpět ⟨**s-**, **u-**⟩ (er)dulden; leiden (*I* an *D*)
trpký herb, bitter
trubice F Rohr *n*, Röhre
trubka F Rohr *n*; Trompete
truhla F Truhe
truhlář M Tischler
truchlit trauern (**pro** *A* um *A*)
trůn M Thron
trup M Rumpf
trus M Mist, Kot
trvalá F Dauerwelle
trvalý dauerhaft
trvanlivý haltbar
trvat ⟨**po-**⟩ (an)dauern, anhalten; bestehen auf
trychtýř M Trichter
tryska F Düse
tryskový: **tryskové letadlo** N Düsenflugzeug

trýznit quälen; foltern
tržba F Erlös *m*
tržiště N Marktplatz *m*
tržní: ~ **hospodářství** N Marktwirtschaft *f*
tržnice F Markthalle
třáseň F Franse
třaskavina F Sprengstoff *m*
třaslavý zitternd, zittrig
třást rütteln (*I* an *D*); ~ **se** beben, zittern (*I* vor *D*)
třeba[1] nötig, notwendig; **je** ~ man muss
třeba[2], **třebas** vielleicht, meinetwegen
třebaže obwohl
tření N Reibung *f*
třený: **třená bábovka** F Rührkuchen *m*
třepat ⟨**za-**⟩ rütteln, schütteln (*I A*); ~ **se** zittern (*I* vor *D*)
třepetat se flattern
třesavka F Schüttelfrost *m*
třesknout PF knallen, krachen
třešeň, **třešně** F Süßkirsche; Süßkirschbaum *m*
třetí dritte; **po** ~ zum dritten Mal; **za** ~ drittens
třetina F Drittel *n*
tři drei **třicet** dreißig
třída F Klasse; *Großstadt* (Haupt)Straße
třídit ⟨**roz-**⟩ sortieren, klassifizieren
třikrát dreimal
třináct dreizehn
třínedělní dreiwöchig
třípatrový dreistöckig
tříska F Span *m*, Splitter *m*
třískat, **třísknout** PF schlagen, knallen
třísvazkový dreibändig
tříštit se (zer)splittern
třít reiben, frottieren; (ver-)rühren
třmen M Steigbügel
třpytit se glitzern, schimmern
třtina F Schilf *n*
tu da, hier; ~ **a tam** hier und da; ab und zu
tucet M Dutzend *n*
tučňák M Pinguin
tučnět fett werden
tučný fett
tudíž daher, deshalb
tudy(hle) hier entlang
tuha F Grafit *m*; *Bleistift* Mine
tuhle hier; unlängst
tuhnout ⟨**z-**⟩ fest werden, erstarren
tuhý fest, zäh, starr
tuk M Fett *n*
ťukat, **ťuknout** PF klopfen; tippen
tulák M Landstreicher
tuleň M Seehund, Robbe *f*
tulipán M Tulpe *f*
tulit ⟨**při-**, **s-**⟩ **se** sich (an)schmiegen (**k** *D* an *A*)
tuna F Tonne
tuňák M Thunfisch
tupý stumpf
túra F Tour
Turecko N Türkei *f* **turecký** türkisch
Turek M Türke
turek M *umg* türkischer Kaffee
turista M Tourist
turistický: **turistická třída** F Touristenklasse
turistka F Touristin
Turkyně F Türkin

turnaj M Turnier *n*
turniket M Drehkreuz *n*; *Fahrkarten* Entwerter
tuřín M Kohlrübe *f*
tuš[1] M MUS Tusch
tuš[2] F Tusche
tušení N Ahnung *f*
tušit ahnen, vermuten
tuze ADV (allzu) sehr
tuzemsko N Inland **tuzemský** (ein)heimisch
tužka F Bleistift *m*
tvar M Form *f*; *fig* Gestalt *f*
tvaroh M Quark, *österr* Topfen
tvář F Gesicht *n*, Wange; *fig* Wesen *n*, Gestalt
tvářit ⟨za-⟩ **se** sich stellen (+ *adv*); **~ se jako by** so tun, als ob
tvor M Geschöpf *n*
tvorba F Schaffen *n*, Bildung
tvořit bilden, schaffen **tvořivý** schöpferisch
tvrdit härten; behaupten **tvrdnout** ⟨z-⟩ hart werden
tvrdohlavý stur
tvrdošíjný hartnäckig
tvrdý hart
tvrz F Festung
tvůj dein
tvůrce M Schöpfer
tvůrčí schöpferisch
ty du; diese *pl*
tyč F Stange **tyčinka** F Stäbchen *n*; Riegel *m*; **müsli ~** Müsliriegel *m*; **slané tyčinky** *pl* Salzstangen
týden M Woche *f*; **za ~** in einer Woche; **po celé týdny** wochenlang
týdeník M Wochenzeitung *f*; *Film* Wochenschau *f*
týdenní wöchentlich, Wochen-
tygr M Tiger
tykat duzen (*D A*); **~ si** sich duzen (s / mit *D*)
týkat se betreffen, angehen (*G A*); **co se toho týkaá** was das anbetrifft
tykev F Kürbis *m*
týl M Genick *n*; MIL Etappe *f*
tým M Team *n*
tympány MPL Pauke *f*
týrat ⟨z-⟩ quälen, misshandeln
týž derselbe
tzn. **(to znamená)** das heißt (d.h.)
tzv. **(takzvaný)** sogenannt (sog.)

U

u (*G*) bei (*D*), an (*D*)
uběhnout PF *Strecke* zurücklegen; *Zeit* vergehen
ubezpečit PF, **ubezpečovat** versichern (**k-o o čem** j-n einer Sache); **~ se** sich vergewissern (**o** *L G*)
ubíhat → uběhnout
ubíjet → ubít
ubírat → ubrat
ubít PF erschlagen
ubitý erschöpft, *umg* erschlagen
ublížit PF, **ubližovat** Schaden zufügen; *fig* kränken
úbočí N Abhang *m*
ubohý arm(selig)
úbor M Anzug; Kleid *n*; Klei-

dung *f*

ubrat PF wegnehmen (**k-u č-o** j-m et); **~ na váze** *an Gewicht* abnehmen

ubrousek M Serviette *f*

ubrus M Tischtuch *n*

ubýt PF abnehmen, weniger werden

úbytek M Abnahme *f*, Schwund

ubytování N Unterkunft *f*

ubytovat PF, **ubytovávat** unterbringen, einquartieren

ubývat → ubýt

ucítit PF fühlen, spüren

ucpat PF, **ucpávat** zustopfen

úcta F (Hoch)Achtung (**k** *D* vor *D*)

uctít PF, **uctívat** (ver)ehren **uctivý** ehrerbietig

účast F Teilnahme; Anteilnahme

účastnice F, **účastník** M Teilnehmer(in) **účastnit** ⟨**z-**⟩ **se** teilnehmen (**na** *L* an *D*)

učební: **~ doba** F Lehrzeit; **~ kurz** M Lehrgang

učebnice F Lehrbuch *n*

účel M Zweck, Ziel *n* **účelný** zweckmäßig

učeň M Lehrling, Auszubildende **učenec** M Gelehrte **učení** N Lehre *f*; Lehrstoff *m*

učenka F Lehrling *m* (*weiblich*), Auszubildende

učenlivý gelehrig

účes M Frisur *f*

učesat PF kämmen, frisieren

účet M Rechnung *f*; Konto *n*; **na ~** auf Kosten **účetní** M, F Buchhalter(in) **účetnictví** N Buchhaltung *f*

účinek M Wirkung *f*

učinit PF tun, machen

účinkovat (ein)wirken; mitwirken **účinný** wirksam, tatkräftig

učit ⟨**na-**⟩ lehren, unterrichten (**k-o č-u** j-n et); **~** ⟨**na-**⟩ **se** lernen (*D A*); **~** ⟨**na-**⟩ **se česky** Tschechisch lernen

učitel M, **učitelka** F Lehrer(in)

učivo N Lehrstoff *m*

účtárna F *Abteilung* Buchhaltung **účtovat** ⟨**vy-**, **za-**⟩ berechnen; buchen

úd M Glied *n*; **~y** *pl a.* Gliedmaßen

údaje MPL Angaben *fpl*, Daten *npl* (*a.* IT) **údajný** angeblich

událost F Ereignis *n*

udání N JUR Anzeige *f*

udat PF, **udávat** anzeigen

udát se PF sich ereignen

udatný tapfer

udavač M, **udavačka** F Denunziant(in); Angeber(in)

udávit se PF ersticken (*I* an *D*)

udělat PF machen, ausführen; **~ se** entstehen, werden

udělit PF, **udělovat** erteilen

úder M Schlag, Stoß

udeřit PF schlagen, stoßen

udice F Angel(haken *m*)

udit ⟨**pro-**, **vy-**⟩ räuchern, *österr* selchen

údiv M Verwunderung *f*

udivit PF, **udivovat** in Staunen versetzen

údolí N Tal

údržba F Instandhaltung, War-

tung
udržet PF, **udržovat** (er)halten, bewahren; TECH warten
udusit PF *j-n, et* ersticken; *fig* abwürgen; *Fleisch* dünsten; **~ se** ersticken
uhádnout PF erraten
uhánět → uhnat
úhel M Winkel **úhelný** Winkel-, Eck-
uhelný Kohle(n)-
uher M Pickel, Mitesser
uhlazený glatt; *fig* elegant, höflich
úhledný ansehnlich
uhlí N Kohle *f*
uhnat se PF sich abhetzen
uhnout PF (ab)wenden; **~ se** ausweichen
uhodit PF schlagen; *Blitz* einschlagen; **~ se** sich stoßen (**o** *A* od **do** *G* an *D*)
uhodnout PF → uhádnout
úhoř M Aal
uhořet PF abbrennen
úhrada F Vergütung; WIRTSCH Deckung; **~ škody** Schadenersatz *m*
uhradit PF, **uhrazovat** vergüten; *Kosten* decken
úhrn M Ganze *n*, Gesamtheit *f*
úhrnný: **úhrnná částka** F Gesamtbetrag *m*
uhýbat se → uhnout se
uchazeč M, **uchazečka** F Bewerber(in)
ucházet → ujít
ucho N Ohr; Henkel *m*; Nadelöhr
uchopit PF (er)greifen, packen
uchovat PF, **uchovávat** bewahren; IT speichern
uchránit PF behüten, bewahren
uchvacovat, **uchvátit** PF ergreifen, packen (*a. fig*)
úchvatný entzückend
uchýlit se PF abweichen; Zuflucht suchen
úchylka F Abweichung
uchylovat se → uchýlit se
ujednání N Abmachung *f*
ujednáno! abgemacht!
ujednat PF, **ujednávat** vereinbaren, abmachen
ujet PF davonfahren; *Weg fahrend* zurücklegen; ausgleiten
ujímat se → ujmout se
ujistit PF, **ujišťovat** versichern (**k-o** *I* od **o** *L* j-n *G*)
ujít PF entgehen; entweichen; *Weg zu Fuß* zurücklegen; **ujde to** *fig es* geht leidlich
ujíždět → ujet
újma F Nachteil *m*, Schaden *m*; **na újmu** auf Kosten
ujmout se PF *Amt* übernehmen (*G A*)
ukázat PF (vor)zeigen, hinweisen; **~ se** sich erweisen
ukazatel M Wegweiser; TECH Anzeiger; Kennziffer *f*
ukázka F Muster *n*, Probe
ukázněný diszipliniert
ukazováček M Zeigefinger
ukazovat → ukázat
ukazovátko N Zeigestock *m*
úklid M Aufräumen *n*, Reinemachen *n*
uklidit PF aufräumen
uklidnit PF, **uklidňovat** beruhigen **uklidňující** beruhigend

uklízečka F Putzfrau
uklízet → uklidit
uklouznout PF ausgleiten; *fig* entschlüpfen
úkol M Aufgabe *f*
úkolový: **úkolová práce** F Akkordarbeit
ukončení N Abschluss *m*
ukončit PF, **ukončovat** beenden; **~ se** enden
ukousat PF, **ukousnout** PF abbeißen
ukrádat PF → ukrást
Ukrajina F Ukraine **Ukrajinec** M, **Ukrajinka** F Ukrainer(in)
ukrajinský ukrainisch
ukrajovat → ukrojit
ukrást PF stehlen
ukrojit PF abschneiden
ukrutný grausam
úkryt M Versteck *n*
ukrýt PF, **ukrývat** verbergen
ukusovat → ukousat
ukvapený voreilig **ukvapit se** PF, **ukvapovat se** sich überstürzen
ulámat PF abbrechen
ulamovat → ulámat
uléhat → ulehnout
ulehčit PF, **ulehčovat** erleichtern
ulehnout PF sich (nieder)legen
ulejvák M *umg* Drückeberger
úlek M Schreck(en)
uletět PF wegfliegen
ulétnout PF → uletět
úleva F Erleichterung
ulevit PF, **ulevovat** entlasten, erleichtern (*D A*)
ulice F Straße, Gasse
uličnice F *umg* Göre **uličník** M Lausbub
ulita F Schneckenhaus *n*
úloha F Aufgabe; THEAT Rolle
úlomek M Bruchstück *n*
ulomit PF → ulámat
uložit PF legen, aufbewahren; *Geld* anlegen; IT (ab)speichern; **~ se** sich (nieder)legen
ultrafialový ultraviolett
ultrazvuk M Ultraschall
umazat PF beschmutzen
umdlený müde, abgespannt
umělec M Künstler
umělecký künstlerisch; **~ průmysl** *m* Kunstgewerbe *n*
umělkyně F Künstlerin
umělý künstlich, Kunst-; **umělá hmota** *f* Kunststoff *m*; **umělé dýchání** *n* künstliche Atmung *f*; **umělé kluziště** *n* Kunsteisbahn *f*; **umělé vlákno** *n* Kunstfaser *f*
umění N Kunst *f*
úměrný proportional
uměřený maßvoll, gemessen
umět können, wissen; **~ česky** Tschechisch können; **~ si pomoct** sich zu helfen wissen
umíněný eigensinnig
umírat → umřít
umírněný maßvoll
umístit PF, **umísťovat** unterbringen; anbringen; platzieren
umlkat, **umlknout** PF verstummen
umluvit PF vereinbaren; überreden
umožnit PF, **umožňovat** ermöglichen
úmrtí N Sterbefall *m*
úmrtní: **~ list** M Sterbeurkun-

de *f*; ~ **oznamení** N Todesanzeige *f*
umrtvit PF, **umrtvovat** abtöten; MED betäuben
umřít PF sterben (*I* od **na** *A* an *D*)
úmysl M Absicht *f*, Vorsatz
úmyslný absichtlich
umýt PF (ab)waschen
umývadlo N Waschbecken
umývárna F Waschraum *m*; AUTO Waschanlage
unášet → unést
únava F Müdigkeit
unavený müde **unavit** PF müde machen; ~ **se** müde werden
unavovat → unavit
unesený entzückt
unést PF (weg)tragen; entführen, ertragen
únik M Entkommen *n*
unikat, **uniknout** PF entkommen, entweichen
únor M Februar, *österr* Feber
únos M Entführung *f* **únosce** M Entführer
únosnost F TECH Tragfähigkeit (*a. fig*); Erträglichkeit **únosný** tragfähig; tragbar
upadat (IM)PF → upadnout
úpadek M Verfall; Bankrott, Konkurs
úpadkový dekadent
upadat (IM)PF, **upadatnout** PF verfallen (*a. fig*)
upadnout PF → upadat; (hin)fallen
úpal M Sonnenstich, Hitzschlag
upamatovat PF erinnern (**k-o na** *A* j-n an *A*); ~ **se** sich erinnern (**na** *A G* od an *A*)
upéct PF backen, braten
úpěnlivý inständig
upevnit PF, **upevňovat** (be)festigen
upírat → upřít
upisovat → upsat
upisovatel M Subskribent
úplata F Bezahlung, Entgelt *n*
úplatek M Bestechungsgeld *n*
uplatnit PF, **uplatňovat** zur Geltung bringen; ~ **se** zur Geltung kommen, sich durchsetzen
úplatný bestechlich
úplavice F MED Ruhr
úplněk M Vollmond
úplný vollständig, völlig
uplynout PF *Zeit* vergehen; *Frist* ablaufen
uplývat → uplynout
upomenout PF erinnern (**o** *A* an *A*); mahnen (**o** *A* wegen *G*)
upomínka F Erinnerung, Mahnung; Andenken *n*; **v upomínku** zur Erinnerung (**na** *A* an *A*)
uposlechnout PF gehorchen (*A D*); *Rat* befolgen
upotřebit PF benutzen, verwenden (*G A*) **upotřebitelný** verwendbar
upouštět → upustit
upoutat PF, **upoutávat** fesseln (*a. fig*); ~ **se** AUTO sich anschnallen
upozornění N Hinweis *m*; **pro** ~! zur Beachtung!
upozornit PF, **upozorňovat** aufmerksam machen, hinweisen
úprava F Bearbeitung; *Preis* Regelung; ~ **formátu** IT Formatie-

rung
upravit PF, **upravovat** zubereiten; regeln; instand setzen; ~ **se** sich zurechtmachen
úpravný gepflegt, elegant
uprázdněný frei, unbesetzt
uprázdnit PF frei machen; ~ **se** frei werden
uprchlík M Flüchtling
uprchlnout PF flüchten
uprostřed mitten, in der Mitte
upřený *Blick* starr
upřímnost F Aufrichtigkeit
upřímný aufrichtig
upřít PF abstreiten
upsat PF überschreiben; ~ **se** subskribieren
upustit PF fallen lassen; ablassen (**od** *G* von *D*)
úraz M Unfall
urazit PF abschlagen; *Weg* zurücklegen; beleidigen; ~ **se** sich beleidigt fühlen (*I* durch *A*)
úrazový: **úrazové pojištění** N Unfallversicherung *f*
uražený beleidigt
urážet → urazit
urážka F Beleidigung **urážlivý** beleidigend
určit PF bestimmen, festsetzen
určitý bestimmt, festgesetzt
určovat → určit
úročit ⟨z-⟩ verzinsen
úroda F Ernte
urodit se PF gut gedeihen
úrodný fruchtbar
úroky MPL Zinsen; ~ **z prodlení** Verzugszinsen
úrokový: **úroková sazba** F Zinssatz *m*
urostlý gut gewachsen
úroveň F Niveau *n*
urovnat PF, **urovnávat** ebnen, glätten; *Streit* schlichten
urputný hartnäckig
urychlit PF, **urychlovat** beschleunigen
úryvek M *Text* Ausschnitt
úřad M Amt *n*, Behörde *f*; ~ **práce** Arbeitsamt *n* **úřadovat** *in e-r Behörde* arbeiten
úřední amtlich, Amts-; ~ **hodiny** *fpl* Dienststunden; **úředně ověřený** amtlich beglaubigt
úřednice F Beamtin **úředník** M Beamte
uřezat PF, **uřezávat** PF abschneiden
uříznout PF → uřezat
usadit PF, **usazovat** (hin)setzen; anbringen; ~ **se** sich niederlassen
usedlý ansässig
úsek M Abschnitt
usekat PF, **usekávat** → useknout
useknout PF abhacken
uschlý vertrocknet **uschnout** PF (ver)trocknen
uschovat PF, **uschovávat** aufbewahren, aufheben
úschovna F: ~ **zavazadel** Gepäckaufbewahrung
úsilí N Anstrengung *f*
usilovat sich bemühen (**o** *A* um *A*) **usilovný** angestrengt
usínat → usnout
úskalí N Klippe *f* (*a. fig*)
uskladnit PF, **uskladňovat** (ein)lagern
úskočný hinterlistig
úskok M Hinterlist *f*

uskrovnit se PF, **uskrovňovat se** sich einschränken
uskutečnit PF, **uskutečňovat** verwirklichen
úsluha F Gefälligkeit **úslužný** gefällig
uslyšet PF hören
úsměv M Lächeln *n* **úsměvný** heiter, fröhlich
usmívat se, **usmát se** PF lächeln
usmrcovat, **usmrtit** PF töten
usnadnit PF, **usnadňovat** erleichtern
usnášet se → usnést se
usnesení N Beschluss *m*
usnést se PF beschließen (**na** *L A*)
usnout PF einschlafen
uspat PF einschläfern
uspávací: ~ **prášky** MPL Schlafmittel *n*
uspávat → uspat
úspěch M Erfolg **úspěšný** erfolgreich
uspokojit PF, **uspokojovat** befriedigen **uspokojivý** befriedigend
úspora F Einsparung; **úspory** *pl* Ersparnisse **úsporný** sparsam, wirtschaftlich
uspořádat PF, **uspořádávat** regeln, (an)ordnen, organisieren
ústa NPL Mund *m*
ustálený stabil, fest **ustálit** PF stabilisieren; FOTO fixieren
ustalovat → ustálit
ustanovení N Verfügung *f*
ustanovit PF, **ustanovovat** ernennen, bestimmen
ústav M Anstalt *f*, Institut *n*
ústava F Verfassung
ustavičný ständig
ustavit PF, **ustavovat** aufstellen; gründen; ~ **se** sich konstituieren
ústavní[1] Instituts-
ústavní[2] verfassungsmäßig; ~ **soud** *m* Verfassungsgericht *n*
ústí N Mündung *f* **ústit** ⟨v-, vy-⟩ (ein)münden
ustlat PF *das Bett* machen
ústní mündlich; ~ **voda** *f* Mundwasser *n*
ustoupit PF (zurück)weichen, zurücktreten; nachgeben
ústraní N Abgeschiedenheit *f*
ustrnout PF erstarren; ~ **se** sich erbarmen (**nad** *I G od* über *A*)
ustrnulý erstarrt, starr
ustrnutí N Erstarren, Entsetzen
ústrojí N ANAT Organe *npl*; TECH Mechanismus *n*
ustrojit PF kleiden; ~ **se** Toilette machen
ústředna F Zentrale **ústřední** zentral, Zentral-
ústřel M MED Hexenschuss
ústřice F Auster
ustřihat PF → ustřihnout
ustřihnout PF, **ustřihovat** abschneiden
ústřižek M Abschnitt, Coupon
ústup M Rückzug
ústupek M Zugeständnis *n*
ustupovat → ustoupit
ustýlat → ustlat
úsudek M Urteil *n*, Meinung *f*
usychat → uschnout
ušetřit PF ersparen; verschonen

uši FPL Ohren *npl*
ušít PF nähen
úšklebek M Grimasse *f*
ušklebovat se, ušklíbnout se PF Grimassen schneiden
uškodit PF schaden
uškrtit PF erwürgen
ušlechtilý edel, Edel-; **ušlechtilá ocel** *f* Edelstahl *m*
ušní Ohr-, Ohren-; **~ lalůček** *m* Ohrläppchen *n*; **~ maz** *m* Ohrenschmalz *n*
ušpinit PF beschmutzen; **~ se** schmutzig werden
uštěpačný höhnisch
uštvaný abgehetzt
utahaný abgearbeitet, erschöpft; *Kleidung* abgetragen
utahat PF *umg* strapazieren
utáhnout PF festziehen; *Wagen* ziehen
utahovat → utáhnout
utajit PF, **utajovat** geheim halten
utápět → utopit
utéct PF (ent)fliehen, davonlaufen; *Zeit* vergehen
utečenec M Flüchtling, Deserteur
útěcha F Trost *m*
útěk M Flucht *f*
utěrka F Geschirrtuch *n*
úterý M Dienstag
útes M Riff *n*, Klippe *f*
utichat, utichnout PF still werden, verstummen
utíkat → utéct
utírat → utřít
útisk M Unterdrückung *f*
utiskovat unterdrücken **utiskovatel** M Unterdrücker
utišit PF, **utišovat** beruhigen; *Hunger* stillen
utkání N SPORT Begegnung *f*
utlačovat unterdrücken **utlačovatel** M Unterdrücker
utlouct PF, **utloukat** erschlagen; *Sahne* schlagen
útlý schmal, schlank
útočiště N Zuflucht *f*
útočit ⟨za-⟩ angreifen (**na** *A A*), stürmen **útočník** M Angreifer; SPORT Stürmer
útok M Angriff
utopenec M Ertrunkene **utopit** PF ertränken; **~ se** ertrinken
utrácet → utratit
útrata F Zeche; **útraty** *pl* Spesen
utratit PF ausgeben; vergeuden
utrhat PF → utrhnout
utrhnout PF, **utrhovat** abreißen; **~ se** sich losreißen
útroby FPL ANAT Eingeweide *npl*
utrpení N Leiden **utrpět** PF erleiden; leiden (*I* unter *D*)
útrpný mitleidig
utřít PF abwischen; abtrocknen; GASTR (zer)reiben; verrühren
útulek M (Obdachlosen)Asyl *n*
útulný gemütlich
útvar M Gebilde *n*; GEOL, MIL Formation *f*; Unternehmen *n*
utvářet → utvořit
utvořit PF bilden, gründen, gestalten
uváděč M, **uváděčka** F Platzanweiser(in)
uvádět → uvést
úvaha F Erwägung, Überlegung; **vzít v úvahu** *od* **do**

úvahy in Betracht ziehen
uvázat PF anbinden
úvazek M Verpflichtung *f*
uvazovat → uvázat
uvážit PF erwägen, bedenken
uvážlivý besonnen
uvažovat → uvážit
uvědomělý überzeugt, bewusst
uvědomit PF, **uvědomovat** verständigen (**o** *L* über *A*); **~ si** sich klarmachen
úvěr M Kredit
úvěrový: **úvěrová karta** F Kreditkarte
uveřejnit PF, **uveřejňovat** veröffentlichen, publizieren
uvěřit PF glauben (**v** *A* an *A*)
uvést einführen; anführen; THEAT aufführen
uvěznit PF inhaftieren
uvidět PF erblicken; (wieder)sehen
uvítaná F: **na uvítanou** zur Begrüßung
uvítat PF begrüßen, empfangen
uvnitř innen; inmitten
úvod M Einleitung *f*, Vorwort *n* **úvodní** Einführungs-, Leit-; **~ poznámka** *f* Vorbemerkung
úvodník M Leitartikel
uvolnění N Lockerung *f*; **~ napětí** POL Entspannung *f*
uvolnit PF, **uvolňovat** lockern, befreien; **~ z práce** entlassen
uvozovka F Anführungszeichen *n*
uzávěr M Verschluss
uzávěra F Sperre (*a. fig*)
uzávěrka F Verschluss *m*
uzavírat → uzavřít
uzavření N: **~ míru** Friedensschluss *m*
uzavřený (ab)geschlossen; *Mensch* verschlossen **uzavřít** PF (ab)schließen; absperren
uzda F Zaum *m*, Zügel *m*
uzdravení N: **brzké ~!** gute Besserung!
uzdravit PF, **uzdravovat** heilen; **~ se** genesen
uzel M Knoten, Bündel *n*
území N Gebiet; **pokutové** *od* **trestní ~** Strafraum *m*
uzemnit PF, **uzemňovat** ELEK, TEL erden
uzenač M Räucherhering
uzeniny FPL Räucherware *f*
uzenka F Würstchen *n*
uzený geräuchert; **uzené kolínko** *n* Eisbein
úzkost F Angst **úzkostlivý** ängstlich
úzký eng, schmal; **~ profil** *m* Engpass
uzlíček, **uzlík** M Knoten; *fig* Bündel *n*
uznalý einsichtig, anerkennend
uznání N Anerkennung *f* **uznat** PF, **uznávat** anerkennen; einsehen
už schon; **~ ne** nicht mehr
úžas M Erstaunen *n*
užaslý erstaunt
úžasný erstaunlich
úže ADV enger, schmaler
úžeh M Hitzschlag
úžina F GEOG Enge
užít PF gebrauchen, benutzen; **~ se** genießen

úžit ⟨z-⟩ enger machen; ~ ⟨z-⟩ **se** enger werden, sich verengen
užitečný nützlich **užitek** M Nutzen, Vorteil
užitkový: ~ **vůz** M Nutzfahrzeug *n*
užívací: ~ **soda** F Natron *n*
užívat → užít; MED einnehmen
uživatel M, **uživatelka** F Benutzer(in); IT Anwender(in)
uživit PF ernähren
úžlabí N Schlucht *f*
užovka F Natter
užší ADJ enger, schmaler

V

v (*A wohin*) in (*A*); an (*D*); (*L wo*) in (*D*); an, am (*D*); um (*A*) ~ **poledne** mittags; ~ **Praze** in Prag
váček M Beutel
vada F Mangel *m*; Fehler *m*; Gebrechen *n*
vadit ⟨za-⟩ (be)hindern (*D A*); **to nevadí** das macht nichts; ~ **se** (sich) streiten
vadnout (ver)welken
vadný fehlerhaft; mangelhaft; **vadné zapalování** *n* Fehlzündung *f*
váha F Gewicht *n*; *a pl* Waage
váhat schwanken, zögern
vaječník M ANAT Eierstock
vak M Beutel, Sack
valčík M Walzer
válčit Krieg führen
válec M Walze *f*, Zylinder
válečný Kriegs-; ~ **zajatec** *m* Kriegsgefangene
válenda F Liege
válet rollen (*a Teig*), wälzen
valit → válet
válka F Krieg *m*
vám (*D*) euch **Vám** Ihnen
valný groß, bedeutend; **valná hromada** *f* Plenarsitzung; **valné shromáždění** *n* Vollversammlung *f*
valorizovat (IM)PF aufwerten
Vánoce FPL Weihnachten *n*(/*pl*); **veselé** ~! fröhliche Weihnachten!
vánočka F *Art Weihnachtsgebäck*
vánoční: ~ **strome(če)k** M Weihnachtsbaum
vanout ⟨za-⟩ wehen
vápno N Kalk *m*
varhaník M Organist **varhany** FPL Orgel *f*
varle N Hode(n *m*)*f*
varování N Warnung *f*; ~ **pro turisty** Reisewarnung *f*
varovat warnen; ~ **se** sich hüten (*G* vor *D*)
varovný: ~ **výstřel** M Warnschuss
Varšava F Warschau *n*
vařečka F Kochlöffel *m*
vařič M Kocher **vařit** ⟨u-⟩ *Essen* kochen; *Bier* brauen; ~ **(se)** sieden, kochen
vás (*G, A, L*) euch **Vás** Sie
váš M, **vaše** F, N euer **Váš** Ihr
vášeň F Leidenschaft
vášnivý leidenschaftlich
vát ⟨za-⟩ wehen

vavřín M Lorbeer
vaz M Genick *n*, Nacken
vázanka F Krawatte
vázat binden, knüpfen
vazba F Haft; *Buch* Einband *m*
váznout stecken bleiben, stocken
vážený *Anrede* (sehr) geehrt; *fig* angesehen
vážit ⟨**z-**⟩ wiegen; (ab)wägen; ~ ⟨**z-**⟩ **si** (hoch) schätzen (*G A*)
vážka F Libelle
vážnost F Würde, Ansehen *n*, Ernst *m*
vážný ernst(haft)
vběhnout PF hineinlaufen (**do** *G* in *A*)
vbíhat → vběhnout
vcelku insgesamt
včas ADV, **včasný** ADJ rechtzeitig
včela F Biene
včelař M Imker
včera gestern **včerejší** gestrig
včetně einschließlich
včlenit PF, **včleňovat** eingliedern
vdaná F *Frau* verheiratet
vdát se PF *Frau* heiraten, sich verheiraten (**za** *A* mit *D*)
vdavky FPL Heirat *f*
vděčit danken (**za** *A* für *A*)
vděčnost F Dankbarkeit
vděčný dankbar; lohnend
vdechnout PF, **vdechovat** einatmen; inhalieren
vděk M Dank
vdova F Witwe **vdovec** M Witwer
vdolek M Pfannkuchen, Berliner
ve → v
věc F Sache, Ding *n*; Angelegenheit
věcný sachlich, Sach-; **věcná škoda** *f* Sachschaden *m*; **věcná znalost** *f* Sachkenntnis
večer M Abend; ADV abends
večerní abendlich, Abend-
večerník M Abendzeitung *f*
večeře F Abendessen *n*
večeřet ⟨**po-**⟩ zu Abend essen
večírek M geselliger Abend; ~ **na rozloučenou** Abschiedsabend
věčný ewig
věda F Wissenschaft
vědec M Wissenschaftler
vědecký wissenschaftlich
vedení N Führung *f*; Leitung *f* (*a.* TECH)
vědět wissen
vědkyně F Wissenschaftlerin
vedle ADV daneben, nebenan; PRÄP (*G*) neben(*D*, *A*); außer (*D*); ~ **sebe** nebeneinander
vedlejší nebensächlich; ~ **účinek** *m* Nebenwirkung *f*; ~ **zaměstnání** *n* Nebenbeschäftigung *f*
vědomí N Bewusstsein, Wissen; **vědomosti** *fpl* Kenntnisse
vědomý bewusst, wissentlich
vedoucí ADJ führend; SU Leiter(in *f*) *m*
vedro N Hitze *f*, Schwüle *f*
vědro N Eimer *m*
vehnat PF hineintreiben
vejce N Ei
vějíř M Fächer
vejít PF eintreten; ~ **se** hineinpassen

věk M Lebensalter *n*; Zeitalter *n*
velbloud M Kamel *n*
velehory FPL Hochgebirge *n*
veletrh M WIRTSCH Messe *f*
veletržní Messe-
velezrada F Hochverrat *m*
velice sehr
velikonoce FPL Ostern *n(/pl)*; **veselé ~!** frohe Ostern! **velikonoční** Oster-, österlich
velikost F Größe **veliký** groß
velitel M Befehlshaber
velkoměsto N Großstadt *f*
velkoobchod M Großhandel **velkoobchodník** M Großhändler
velkoprůmysl M Großindustrie *f*
velkorysý großzügig
velkovýroba F Massenproduktion
velký groß; **velká voda** *f* Hochwasser *n*; **Velký pátek** *m* Karfreitag
velmi sehr
velmoc F Großmacht
velryba F Wal *m*
velvyslanec M POL Botschafter **velvyslanectví** N Botschaft *f*
velvyslankyně F Botschafterin
vemeno N Euter
ven hinaus, nach draußen
věnec M Kranz
venkov M Land *n* (*Ggs Stadt*)
venkovan M, **venkovanka** F Landbewohner(in)
venkovský ländlich
venku draußen
věnování N Widmung *f*
věnovat (IM)PF widmen
vepř M Schwein *n* **vepřová** F Schweinebraten *m* **vepřové** N Schweinefleisch
vepřový: **~ bůček** M Schweinebauch
vepsat PF einschreiben, eintragen
věrný treu
věrohodný glaubwürdig
veřejnost F Öffentlichkeit
veřejný öffentlich; **~ činitel** *m* Amtsträger; **veřejné služby** *fpl* öffentlicher Dienst *m*
věřící REL ADJ gläubig; SU M, F Gläubige
věřit ⟨**u-**⟩ glauben (**v** *A* an *A*)
věřitel M Gläubiger
ves F Dorf *n*
veselohra F Lustspiel *n*
veselý fröhlich, lustig
veslice F Ruderboot *n*
veslo N Ruder
vesměs durchweg(s)
vesmír M Weltall *n*, Weltraum
vesnice F Dorf *n*
vést führen, leiten; **jak se vede?** wie geht es?
vestavěný: **~ nábytek** M Einbaumöbel *npl*
vestník M Mitteilungsblatt *n*
veš F Laus
věšák M Kleiderhaken, Kleiderständer
věšet (auf)hängen
veškery sämtlich, gesamt
věta F GRAM, MUS Satz *m*
větev F Ast *m*, Zweig *m*
větrák M Ventilator
větrat (aus)lüften; verwittern; schal werden

větrník M Windmühle *f*; GASTR Windbeutel
větrný windig, Wind-
větroň M Segelflugzeug *n*
větrovka F Anorak *m*
větřit ⟨**z-**, **za-**⟩ wittern (*a. fig*)
vetřít PF MED einreiben
větší größer
většina F Mehrheit; **většinou** meist(ens), größtenteils
veverka F Eichhörnchen *n*
vevnitř innen
vévoda M, **vévodkyně** F Herzog(in) **vévodství** N Herzogtum
vězeň M Häftling
vězení N Gefängnis, Haft (-strafe) *f*
vězeňkyně F Häftling *m* (*weiblich*)
vězet stecken
věznice F Gefängnis *n* (*Gebäude*)
věznit gefangen halten
vézt ⟨**do-**⟩ befördern, *et* fahren; **~** ⟨**do-**⟩ **se** mitfahren
věž F Turm *m*
vhánět → vehnat
vhazovat → vhodit
vhod ADV recht, gelegen
vhodit PF hineinwerfen
vhodný passend; geeignet
vcházet → vejít
vchod M Eingang; **~ zakázán!** Eintritt verboten!
víc(e) mehr; **víc méně** mehr oder weniger
víc(e)krát mehrmals; **~ ne** nie mehr
vícepráce F Mehrarbeit
víčko N Augenlid
Vídeň F Wien *n* **vídeňský** ADJ Wiener
vidět ⟨**u-**⟩ sehen
viditelnost F Sicht **viditelný** sichtbar, sichtlich
vidlička F Gabel
vichřice F Sturm *m*
víkend M Wochenende *n*; **hezký ~!** schönes Wochenende!
víkendový: **víkendová chata** F Wochenendhaus *n*
viklat ⟨**roz-**⟩ **se** wackeln, *umg* lose sein **viklavý** wack(e)lig
víko N Deckel *m*
vikýř M Dachluke *f*
víla F Fee
vilný geil, wollüstig
vina F Schuld
vinárna F Weinstube
vinař M Winzer
vinen: **být ~** schuld sein (*l* an *D*)
vinice[1] F Weinberg *m*
vinice[2] F, **viník** M Schuldige *m, f*
vinit ⟨**ob-**, **za-**⟩ beschuldigen (**z č-o** e-r Sache)
vinný[1] schuld(ig)
vinný[2] Wein-; **~ hrozen** *m* Weintraube *f*; **~ lístek** *m* Weinkarte *f*
víno N Wein *m*
vinobraní N Weinlese *f*
vinohrad M Weinberg
vinout winden, wickeln
vír M Strudel, Wirbel
víra F Glaube *m*
vířit ⟨**za-**⟩ (auf)wirbeln
virus M MED Virus *m od n*
visací: **~ zámek** M Vorhängeschloss *n*
viset hängen

visutý: **visutá lanovka** F Schwebebahn; ~ **most** M Hängebrücke *f*
višně F Sauerkirsche
vítaný willkommen
vítat ⟨u-⟩ begrüßen
vítěz M Sieger
vítězit siegen **vítězný** siegreich **vítězství** N Sieg *m*
vítr M Wind
vizitka F Visitenkarte
vjet PF (hin)einfahren; SCHIFF einlaufen
vjezd M Einfahrt *f*; *Autobahn* Auffahrt *f*
vjíždět → vjet
vklad M Spareinlage *f*; *Spiel* Einsatz
vkladatel M Einzahler, Einleger
vkladní: ~ **knížka** F Sparbuch *n*
vkládat → vložit
vkus M *fig* Geschmack
vkusný geschmackvoll
vláčet schleppen
vláda F Regierung; Herrschaft
vládce M, **vládkyně** F Herrscher(in)
vládnout ⟨za-⟩ regieren (*D A*), herrschen; verfügen (*I* über *A*)
vláha F Feuchtigkeit
vlahý *Luft* lau, mild
vlajka F Flagge, Fahne
vlak M BAHN Zug
vlaknitý faserig
vlakno N Faser *f*, Faden *m*
vlakový: **vlakové spojení** N Zugverbindung *f*
vlakvedoucí M Zugführer
vlas M *ein* Haar *n*; **~y** *pl koll* Haar *n*
vlasec M Angelschnur *f*
vlásenka F Perücke; Haarnadel
vlast F Vaterland *n*, Heimat
vlastenec M, **vlastenka** F Patriot(in)
vlastní eigen; eigentlich; *Kind* leiblich; Selbst-; ~ **životopis** *m* Autobiografie *f*; ~ **branka** *f* SPORT Eigentor *n*
vlastnice F Eigentümerin
vlastnický: **vlastnické nároky** MPL Eigentumsansprüche; **vlastnické vztahy** MPL Eigentumsverhältnisse *npl*
vlastnictví N Eigentum
vlastník M Eigentümer
vlastnit besitzen
vlastnoruční eigenhändig
vlastnost F Eigenschaft
vlašský: ~ **ořech** M Walnuss *f*
vlaštovka F Schwalbe
vlát flattern, wehen
vlažný lauwarm; *fig* lau
vlčák M deutscher Schäferhund
vléct schleppen
vleklý *fig* schleppend; MED schleichend
vletět PF (hin)einfliegen
vlétnout PF → vletět
vlévat → vlít
vlevo (nach) links
vlézt PF hineinkriechen
vlhko N Feuchtigkeit *f*; ADV feucht; **chránit před vlhkem!** vor Feuchtigkeit schützen!
vlhký feucht
vlhnout ⟨z-⟩ feucht werden
vlídný freundlich
vlít PF (hin)eingießen

vliv M Einfluss
vlivný einflussreich
vlk M Wolf
vlna[1] F Wolle
vlna[2] F Welle (*a.* ELEK, *Radio*)
vlněný Woll-
vlnitý wellig, Well-
vlnový: **vlnová délka** F *Radio* Wellenlänge
vločka F Flocke; **kukuřičné vločky** *pl* Cornflakes
vloha F *mst pl* Veranlagung, Begabung
vloni im Vorjahr
vloupání N Einbruch *m*
vloupat se PF (hin)einbrechen (**do** G in A)
vložit PF einlegen; WIRTSCH anlegen; IT eingeben
vložka F Einlage; Damenbinde; **dámská slipvložka** Slipeinlage *f*
Vltava F Moldau
vměšovat se → vmísit se
vmísit se PF sich einmischen
vnadidlo N Köder *m* (*a. fig*)
vnášet → vnést
vně (G) außerhalb (G)
vnějšek M Äußere *n*
vnější äußerlich, äußere, Außen-
vnést PF hineintragen
vnikat, **vniknout** PF eindringen
vnímat wahrnehmen
vnitro N Innere **vnitropolitický** innenpolitisch
vnitrozemí N Binnenland **vnitrozemský** Binnen-
vnitřek M Innere *n*
vnitřní innere, Innen-, innerlich **vnitřnosti** FPL Eingeweide *npl*
vnouče N Enkelkind
vnucovat → vnutit
vnučka F Enkelin
vnuk M Enkel
vnutit PF aufzwingen
voda F Wasser *n* **vodárna** F Wasserwerk *n*
vodík M Wasserstoff
vodit → vést
vodnatý wässrig
vodní: ~ **lyže** F(/PL) Wasserski *mpl*; ~ **polo** N Wasserball *m*
vodočet M Pegel
vodoléčba F Hydrotherapie, Wasserkur
vodopád M Wasserfall
vodorovný waagerecht, horizontal
vodotěsný wasserdicht
vodotrysk M Springbrunnen
vodováha F Wasserwaage
vodovod M Wasserleitung *f*
vodstvo N Gewässer
voják M Soldat
vojenský militärisch
vojna: **být na vojně** beim Militär sein
vojsko N Heer, Militär
volací: ~ **číslo** N TEL Rufnummer *f*, Vorwahl *f*
volání N TEL Anruf *m*
volant M Lenkrad *n*
volat ⟨**za-**⟩ rufen; TEL anrufen; ~ **o pomoc** um Hilfe rufen; ~ **taxíka** ein Taxi rufen
volba F Wahl
volební: ~ **právo** N Wahlrecht
volič M, **volička** F Wähler(in)
volit ⟨**z-**⟩ (aus)wählen

volno N Freizeit *f*; **mít ~** freihaben
volný frei; **~ čas** *m* Freizeit *f*; **~ lístek** *m* Freikarte *f*; **volné moře** *n* das offene Meer; **volná sestava** *f* SPORT Kür
volský: **volské oko** N Spiegelei, Setzei
voňavka F Parfüm *n*
vonět ⟨**za-**⟩ duften (*I* nach *D*), riechen
vonný duftend
vor M Floß *n*
vosa F Wespe
vosk M Wachs *n*
vousatý bärtig **vousy** MPL Bart *m*
vozidlo N Fahrzeug
vozit → vézt
vozovka F Fahrbahn
vpád M MIL Einmarsch
vpadat, **vpadnout** PF (hin)einfallen; **vpad do řeči** ins Wort fallen
vpisovat → vepsat
vpíchnout PF (hin)einstechen
vpichovat → vpíchnout
vplout PF, **vplouvat** SCHIFF einlaufen
vpouštět → vpustit
vpravit PF, **vpravovat** hineinstecken
vpravo (nach) rechts
vprostřed(ku) in der Mitte
vpřed vorwärts **vpředu** vorne
vpustit PF (her)einlassen
vrabec M Sperling, Spatz
vracet → vrátit
vrah M Mörder
vrána F Krähe
vrásčitý runz(e)lig
vráska F Runzel, Falte
vrata NPL Tor *n*
vrátit PF zurückgeben; **~ se** zurückkehren
vratký wankend (*a. fig*)
vrátný M Pförtner, Portier
vrávorat ⟨**za-**⟩ taumeln, wanken
vrazit (hinein)stoßen; zusammenprallen (**do** *G* mit *D*); **~ se** eindringen
vražda F Mord *m* **vraždit** ⟨**za-**⟩ (er)morden
vrážet → vrazit
vrba F BOT Weide
vrčet ⟨**za-**⟩ knurren; *Motor* brummen
vrh M Wurf
vrhat, **vrhnout**[1] PF werfen, schleudern
vrhnout[2] erbrechen
vrch M Hügel, Abhang; Gipfel
vrchní M Ober(kellner); **pane ~!** Herr Ober!; ADJ obere; **~ sestra** *f* Oberschwester
vrchnost F Obrigkeit
vrchol M Gipfel; *fig* Höhepunkt
vrcholit gipfeln
vrozený angeboren
vrstva F Schicht
vršek M Hügel; Wipfel
vrtačka F Bohrmaschine
vrták M Bohrer
vrtat ⟨**pro-**, **za-**⟩ bohren; **~ (se)** herumstochern
vrtět ⟨**za-**⟩ drehen; *Schwanz* wedeln; **~ hlavou** den Kopf schütteln; **~ se** sich drehen; *Kind* zappeln
vrtule F Propeller *m*
vrtulník M Hubschrauber

vrub M Kerbe *f*, Einschnitt
vrzat, **vrznout** PF knarren; *Schnee* knirschen
vřava F Getöse *n*, Lärm *m*
vřed M Geschwür *n*
vřelý siedend, heiß; *fig* innig
vřes M Heidekraut *n*
vřeštět ⟨**za-**⟩ kreischen
vřídlo N heiße Quelle *f*
vsadit PF, **vsazovat** (ein)setzen; ~ **se** wetten (**o** *A* um *A*)
vskočit PF hineinspringen
vskutku tatsächlich
vstát PF, **vstávat** aufstehen
vstoupit PF eintreten; einsteigen (**do** *G* in *A*); beitreten (**do** *G D*); ~ **v platnost** in Kraft treten
vstříc: **jít k-u** ~ j-m entgegengehen
vstřícný entgegenkommend
vstříknout PF (ein)spritzen
vstřikovat → vstříknout
vstup M Eintritt, Eingang; ~ **zakázán!** Eintritt verboten!
vstupenka F Eintrittskarte
vstupné N Eintrittsgeld
vstupní: ~ **vízum** N Einreisevisum
vstupovat → vstoupit
však ja, doch; aber, jedoch
vše alles
všecek ganz, all(es); PL alle
všední alltäglich, gewöhnlich; ~ **den** *m* Werktag
všechen ganz, all(es); PL alle; **všechno nejlepší!** alles Gute!; **Všech svatých** REL Allerheiligen *n*
všelijaký allerlei
všemohoucí allmächtig
všeobecný allgemein
všestranný allseitig
všetečný vorlaut
všímat si → všimnout si
všimnout si wahrnehmen; achtgeben (*G* auf *A*)
vštěpovat → vštípit
vštípit PF einprägen, beibringen
všude, **všudy** überall(hin)
vtáhnout PF (hin)einziehen; MIL einrücken
vtahovat → vtáhnout
vtéct PF, **vtékat** (hin)einfließen, einmünden
vteřina F Sekunde
vtip M Witz
vtírat → vetřít
vtíravý aufdringlich
vtisknout PF, **vtiskovat** eindrücken, aufdrücken
vtom da, plötzlich
vůbec überhaupt; ~ **ne** gar nicht; ~ **nic** gar nichts
vůči (*D*) gegenüber (*D*)
vůdce M (An)Führer
vůdčí leitend, führend
vůdkyně F (An)Führerin
vůl M Ochse
vůle F Wille *m*
vůně F Duft *m*
vůz M Wagen
vy ihr **Vy** Sie
vybalit PF, **vybalovat** auspacken
výbava F Ausstattung
vybavit PF, **vybavovat** ausstatten, ausrüsten
výběh M Freigehege *n*; Auslauf
vyběhnout PF herauslaufen; hinauflaufen

výběr M Auswahl *f*; **bez ~u** wahllos
vybídnout PF auffordern
vybíhat → vyběhnout
vybírat → vybrat
vybíravý wählerisch
vybíjet, **vybít** PF zerschlagen
vybízet → vybídnout
vybledlý bleich; verblasst **vyblednout** PF *fig* verblassen
vybočit PF, **vybočovat** abweichen, abschweifen (**z** *G* von *D*)
vybojovat PF erkämpfen
výbor M *Literatur* Auswahl *f*; POL Ausschuss
výborný ausgezeichnet
vybouchnout PF → vybuchnout
vybraný erlesen
vybrat PF herausnehmen; *Geld* abheben; *Steuern* erheben; **~ si** auswählen
vybroušený *fig* geschliffen, fein
vybudovat PF aufbauen
výbuch M Explosion *f*; **~ sopky** Vulkanausbruch
vybuchnout PF, **vybuchovat** explodieren, platzen (*a. fig*)
výbušný explosiv
vybýt PF, **vybývat** übrig bleiben
vycpat PF, **vycpávat** ausstopfen
vycvičit PF trainieren; *Tier* abrichten
výcvik M Ausbildung *f*; Abrichtung *f*
výčep M Ausschank
výčepní: **~ pult** M Theke *f*
vyčerpaný erschöpft; *Quelle* versiegt
vyčerpat PF, **vyčerpávat** ausschöpfen
výčet M Aufzählung *f*
vyčichat → vyčichnout
vyčichlý abgestanden, schal
vyčichnout PF *Geruch* verfliegen
vyčíst PF herauslesen; vorwerfen (**k-u co** j-m et)
vyčistit PF säubern
vyčítat → vyčíst
vyčítavý vorwurfsvoll
výčitka F Vorwurf *m*
vyčkat PF, **vyčkávat** abwarten
vyčlenit PF, **vyčleňovat** ausgliedern
vyčnívat emporragen
výdaj M mst *pl Geld* Ausgabe *f*; (Un)Kosten *pl*
vydání N *Geld* Ausgabe *f*; TYPO Auflage *f*
vydařit se PF gelingen
vydat PF herausgeben; TYPO verlegen; *Gesetz* erlassen; *Pass* ausstellen
vydatný ausgiebig, ergiebig
vydávat → vydat
vydavatel M, **vydavatelka** F Herausgeber(in)
vydědit PF enterben
vydechnout PF, **vydechovat** ausatmen
výdej M Ausgabe *f*; **~ zavazadel** Gepäckausgabe *f*
vydělat PF, **vydělávat** *Geld* verdienen
výdělek M Erwerb, Verdienst
vyděrač M, **vyděračka** F Er-

presser(in)
vyděsit se PF erschrecken (*über A*)
vyděšený erschrocken
vydírat erpressen (**co na kom** et von j-m)
vydra F Fischotter *m*
vydrancovat PF ausplündern
vydržet PF aushalten, ertragen; *Geld* ausreichen
vydržovat *finanziell* unterhalten
výfuk M Auspuff
výfukový: **výfukové plyny** MPL Auspuffgase *npl*
vyhánět → vyhnat
vyhasínat, **vyhasnout** PF erlöschen, ausgehen
vyházet → vyhodit
vyhladit PF glätten; ausrotten
vyhladovět PF aushungern
vyhlásit PF bekannt machen; *Krieg* erklären
vyhlazovat → vyhladit
vyhláška F Bekanntmachung
vyhlašovat → vyhlásit
výhled M Aussicht *f*; Ausblick
vyhledat PF aussuchen; *Arzt* aufsuchen
vyhledávaný beliebt
vyhledávat → vyhledat
vyhlédnout PF hinausblicken; ~ **si** (sich) aussuchen
vyhlídka F Aussicht (*a. fig*)
vyhlížet → vyhlédnout
vyhnanec M Vertriebene
vyhnání N Vertreibung *f*
vyhnankyně F Vertriebene
vyhnat PF hinausjagen, vertreiben
vyhnout se PF ausweichen; (ver)meiden (*D A*)
výhoda F Vorteil *m*
vyhodit PF hinauswerfen, wegwerfen
vyhodnocovat, **vyhodnotit** PF auswerten
výhodný vorteilhaft
vyhojit PF heilen (**z** *G* von *D*)
vyhořet PF abbrennen
vyhovět PF, **vyhovovat** entsprechen; *fig* entgegenkommen
výhra F Gewinn *m*, Treffer *m*
výhrada F Vorbehalt *m*
vyhradit si PF sich vorbehalten
výhradní ausschließlich, Allein-
vyhrát PF, **vyhrávat** gewinnen
vyhrazovat si → vyhradit si
vyhrožovat drohen (*I* mit *D*)
vyhrůžka F Drohung
vyhřát PF, **vyhřívat** durchwärmen, heizen
vyhubit PF ausrotten
vyhublý abgemagert
vyhubovat PF ausschimpfen
vyhýbat se → vyhnout se
vyhýbavý *fig* ausweichend
výhybka F BAHN Weiche
vyhynout PF aussterben
vycházet → vyjít **vycházka** F Ausgang *m*, Ausflug *m*
vychladnout PF auskühlen; **dát** ~ kalt stellen
vychloubat se sich brüsten (*I* mit *D*)
východ M Ausgang; ASTRON Aufgang; GEOG Osten
východisko N Ausgangspunkt *m*; Ausweg *m*

vychodit PF niedertreten; absolvieren
východní östlich, Ost-
výchova F Erziehung, Ausbildung **vychovat** PF, **vychovávat** erziehen
vychovatel M, **vychovatelka** F Erzieher(in)
výchovné N Erziehungsgeld
vychytralý gerissen, schlau
vyjádření N Äußerung *f*, Stellungnahme *f*
vyjádřit PF, **vyjadřovat** ausdrücken, äußern; **~ se stručně** sich kurzfassen
vyjasnit PF, **vyjasňovat** (auf)klären
vyjednat PF vereinbaren, aushandeln
vyjednávat → vyjednat; verhandeln (**o** *L* über *A*)
vyjet PF (hin)ausfahren; hinauffahren
vyjevený bestürzt
výjezd M Ausfahrt *f*
výjimečný außergewöhnlich; **~ stav** *m* Ausnahmezustand
výjimka F Ausnahme; **bez výjimky** ausnahmslos
vyjít PF hinausgehen; TYPO erscheinen; ASTRON aufgehen; **~ najevo** sich herausstellen
vyjíždět → vyjet
vyjížďka F Spazierfahrt
výkaly MPL Fäkalien *pl*
vykapat PF, **vykapávat** heraustropfen
vykartáčovat PF ausbürsten
vykat siezen (*D A*)
výkaz M Nachweis, Aufstellung *f*
vykázat PF anweisen, zuweisen; **~ se** sich ausweisen
vykazovat → vykázat
výklad¹ M Erklärung *f*, Deutung *f*; Vortrag
výklad² M Schaufenster *n*, Auslage *f*
vykládat → vyložit
vyklánět se → vyklonit se
výklenek M Nische *f*
vyklápět → vyklopit
vyklepat PF, **vyklepávat** ausklopfen; AUTO ausbeulen
vyklidit PF, **vyklížet** (aus)räumen
vyklonit se PF sich hinauslehnen
vyklopit PF auskippen
vykloubit PF verrenken
vykolejit se PF entgleisen
vyklouznout PF ausrutschen
výkon M Leistung *f*; Vollzug
vykonat PF, **vykonávat** ausüben; *Besuch* abstatten; *Prüfung* ablegen
výkonnost F Leistungsfähigkeit
výkonnostní: **výkon příplatek** M Leistungszulage *f*
výkop M SPORT Anstoß
vykopávky FPL Ausgrabungen
vykořenit PF, **vykořeňovat** entwurzeln; *fig* ausrotten
vykořistit PF, **vykořisťovat** ausbeuten
vykoupit PF aufkaufen, loskaufen, REL; erlösen
vykračovat → vykročit
vykrádat → vykrást
vykrást PF ausrauben
výkres M Zeichnung *f*

vykrmit PF, **vykrmovat** mästen
vykročit PF heraustreten, hervortreten; losgehen
vykrvácet PF verbluten
vykřičník M GRAM Ausrufezeichen *n*
výkřik M (Auf)Schrei, Ausruf
vykřiknout PF, **vykřikovat** (auf)schreien, ausrufen
výkupné N Lösegeld
vykupovat → vykoupit
vykvést PF aufblühen
vykypět PF überkochen
vylámat PF (her)ausbrechen
vylamovat → vylámat
vyléčit PF ausheilen; **~ se** genesen **vyléčitelný** heilbar
vylehčit PF, **vylehčovat** erleichtern
vylepšit PF, **vylepšovat** aufbessern, verbessern
vyleštit PF blank putzen; bohnern
výlet M Ausflug
vylétat PF → vyletět
vyletět PF (hin)ausfliegen; auffliegen
vylétnout PF → vyletět
vylévat → vylít
výlevka F Ausguss *m*
vylézat → vylézt
vylézt PF hervorkriechen; hinaufklettern
vylíčit PF schildern, darstellen
vylít PF ausgießen, wegschütten
vylízat PF auslecken
vylizovat → vylízat
výloha F Auslage, Schaufenster *n*; **výlohy** *pl* Auslagen, Kosten
vylomit → vylámat
vylosovat PF auslosen
vyloučit PF ausschließen; MED absondern
vyloupat PF ausschälen, entkernen
vyloupit PF ausplündern
vyložit PF entladen; darlegen; **~ se** sich hinauslehnen
výlučný ausschließlich
vylučovat → vyloučit
vylupovat → vyloupat, vyloupit
vymačkat PF, **vymačkávat** (her-) ausdrücken, auspressen
vymáčknout PF → vymačkat
vymáhat → vymoct
vymazat PF, **vymazávat** (aus-) schmieren; *Text* löschen, ausradieren
výměna F Wechsel *m*, Austausch *m*; **~ peněz** Geldwechsel *m*; **~ pneumatiky** Reifenwechsel *m*
vyměnit PF, **vyměňovat** (aus-) wechseln, umtauschen (*a Geld*); vertauschen
vyměřit PF, **vyměřovat** ausmessen; *fig* bemessen
vymést PF ausfegen
vyměšovat MED absondern, ausscheiden
vymezit PF, **vymezovat** abgrenzen (*a. fig*)
vymetat → vymést
vymírat → vymřít
vymknout PF: **~ si nohu** sich den Fuß verstauchen
vymlouvat → vymluvit
výmluva F Ausrede

vymluvit PF ausreden (**k-u co** j-m et); ~ **se** sich aussprechen; *umg* sich herausreden
výmluvný redegewandt
vymoženost F Errungenschaft
vymrzat, **vymrznout** PF durchfrieren
vymřít PF aussterben
výmysl M Erfindung *f*, Fiktion *f*
vymyslet PF, **vymyslit** PF sich ausdenken, erfinden
vymýšlet → vymyslet
vymýt PF, **vymývat** auswaschen
vynadat PF beschimpfen (*D A*), ausschimpfen
vynakládat → vynaložit
vynález M Erfindung *f*
vynalézat → vynalézt
vynalézt PF erfinden
vynaložit PF aufwenden, aufbieten
vynášet → vynést
vyndat PF, **vyndávat** herausnehmen
vynechat PF, **vynechávat** auslassen, weglassen
vynést PF hinaustragen; hinauftragen; WIRTSCH einbringen; *Urteil* fällen
vynikající hervorragend
vynořit se PF, **vynořovat se** auftauchen, aufsteigen
výnos M Ertrag; Erlass; **~em ze dne...** durch Verordnung vom... **výnosný** einträglich
vynucovat, **vynutit** PF erzwingen (**na kom** *od* **z k-o** von *D*)
výpad M Vorstoß
vypadat[1] aussehen
vypadat[2] PF, **vypadávat** → vypadnout
vypadnout PF (her)ausfallen; SPORT ausscheiden; **vypadni!** *pop* hau ab!
výpadovka F *umg* Ausfallstraße
výpadový: **výpadová silnice** F Ausfallstraße
vypálit PF *et* niederbrennen
výpalné N Schutzgeld
vypalovat → vypálit
vypárat PF auftrennen
vypařit PF, **vypařovat** GASTR (ab)brühen; ~ **se** verdunsten; *pop* verduften
vypátrat PF erforschen
vypětí N Anspannung *f*
vypínač M ELEK Schalter
vypínat → vypnout
výpis, **výpisek** M *Text* Auszug
vypískat PF auspfeifen
vypisovat → vypsat
vypít PF austrinken
vyplácet → vyplatit
vypláchnout PF ausspülen
vyplachovat → vypláchnout
vyplakat se PF sich ausweinen
výplata F (Aus)Zahlung
vyplatit PF auszahlen; ~ **se** sich lohnen
vyplivnout PF, **vyplivovat** ausspucken
výplň F Füllmaterial *n*, *umg* Füllsel *n*
vyplynout PF, **vyplývat** *fig* hervorgehen (**z** *G* aus *D*)
vypnout PF ausschalten
výpočet M Berechnung *f*
výpočetní: ~ **středisko** N Rechenzentrum; ~ **technika** F Re-

chentechnik
vypočíst PF ausrechnen, berechnen
vypočítat PF, **vypočítávat** → vypočíst
výpočtový: **výpočtová technika** F Rechentechnik
vypomáhat → vypomoct
výpomoc F Aushilfe **výpomocný** (Aus)Hilfs-
vypomoct PF aushelfen; **~ si** sich behelfen (*I* mit *D*)
vypořádat se PF, **vypořádávat se** sich auseinandersetzen (*I* mit *D*)
vypotřebovat PF verbrauchen
vypouštět → vypustit
výpověď F Aussage; Kündigung
vypovědět PF aussprechen; JUR aussagen; kündigen; *Krieg* erklären; TECH versagen; ausweisen, verbannen
výpovědní: **~ lhůta** F Kündigungsfrist
vypovídat → vypovědět; **~ se** sich aussprechen
vypracovat PF, **vypracovávat** ausarbeiten, durcharbeiten
vyprat PF auswaschen
výprava F Exkursion, Expedition; THEAT Ausstattung
výpravčí M BAHN Fahrdienstleiter
vyprávět erzählen
vypravit PF absenden; BAHN abfertigen; ausstatten; **~ se** aufbrechen, abreisen
vypravovat → vyprávět, vypravit
vyprázdnit PF (ent)leeren
vyprazdňovat → vyprázdnit
vyprodat PF, **vyprodávat** ausverkaufen
výprodej M Ausverkauf, Schlussverkauf
vyprosit PF, **vyprošťovat** erbitten (**na** *L* von *D*)
vyprovážet, **vyprovodit** PF begleiten
vypršet PF *Frist* ablaufen
vypsat PF (her)ausschreiben; beschreiben
vyptat se PF, **vyptávat se** ausfragen; sich erkundigen (**na** *A* nach *A*)
vypůjčit si PF sich (aus)leihen
výpůjčka F Ausleihe; WIRTSCH Anleihe
vypůjčovat si → vypůjčit si
vypukat, **vypuknout** PF *Feuer, Krieg* ausbrechen
vypustit PF herauslassen; loslassen
výr M Uhu; **kýho ~a!** zum Kuckuck!
vyrábět → vyrobit
výraz M Ausdruck
vyrazit PF (her)ausschlagen; *Tür* aufbrechen
výrazný ausdrucksvoll
vyrážet → vyrazit
vyrážka F MED Ausschlag *m*
výroba F Produktion
výrobce M Hersteller, Produzent **výrobek** M Produkt *n*, Erzeugnis *n*
vyrobit PF herstellen, produzieren
výročí N Jahrestag *m*
výrok M Ausspruch; JUR

Spruch
vyrovnat PF ausgleichen; *Rechnung* begleichen; **~ se** sich abfinden (**s** / mit *D*); gleichkommen
vyrovnávací: **~ platba** F Ausgleichszahlung
vyrovnávat → vyrovnat
vyrozumění N amtliche Mitteilung *f* **vyrozumět** PF, **vyrozumívat** mitteilen; *fig* entnehmen
vyrůst PF, **vyrůstat** (auf)wachsen
vyrvat PF herausreißen
vyřadit PF, **vyřazovat** aussortieren
výřečný redegewandt
vyřešit PF *Problem* lösen
vyřezat PF, **vyřezávat** (her)ausschneiden, schnitzen
vyřídit PF, **vyřizovat** *Sache* erledigen; *Gruß* ausrichten
vyříznout PF → vyřezat
výsada F Privileg *n*, Vorrecht *n*
vysadit PF (her)aussetzen; hinaufheben; *Motor* aussetzen
vysavač M Staubsauger
vysát PF, **vysávat** aussaugen, aufsaugen
vysazovat → vysadit
výsek M Ausschnitt, Abschnitt
vyschnout PF (aus)trocknen, versiegen
vysídlenec M Aussiedler
vysílač M, **vysílačka** F Sender *m*, Funkstation *f*
vysílání N Sendung *f*
vysílat → vyslat
vysílený erschöpft
vyskákat PF, **vyskakovat** → vyskočit
vyskočit PF herausspringen; hinaufspringen
výskot M Jubel
výskyt M BERGB Vorkommen *n*
vyskýtat se → vyskytnout se
vyskytnout se PF vorkommen, auftreten
vyslanec M Gesandte **vyslanectví** N Gesandtschaft *f*
vyslankyně F Gesandte
vyslat PF absenden, (aus)senden; delegieren
výsledek M Ergebnis *n*
výslech M Verhör *n*; Vernehmung *f*
vyslechnout PF anhören; JUR vernehmen, verhören
vyslovit PF aussprechen; **~ se** sich äußern
výslovnost F Aussprache
výslovný ausdrücklich
vyslovovat → vyslovit
výslužba F Ruhestand *m*
vyslýchat → vyslechnout
vysmát se auslachen (*D A*)
výsměch M Hohn, Spott
výsměšný höhnisch, spöttisch
vysmívat se → vysmát se
vysmrkat se PF (sich) schnäuzen
vysočina F Hochland *n*
vysoký hoch; **vysoké hory** *fpl* Hochgebirge *n*; **vysoké napětí** *n* Hochspannung *f*; **vysoká rychlost** *f* hohe Geschwindigkeit; **~ skok** *m* Hochsprung; **vysoká škola** *f* Hochschule
vysoušet → vysušit
výspa F Landzunge; Anhöhe
vyspat se PF (sich) ausschlafen

vyspělý reif, entwickelt
vyspět PF heranwachsen; *fig* reifen
vystačit PF, **vystačovat** (aus)reichen; auskommen
vystát PF lange stehen; *fig* ausstehen
výstava F Ausstellung
výstavba F Aufbau *m*
vystavět PF aufbauen
výstaviště N Ausstellungsgelände
vystavit PF ausstellen
vystavovat → vystavit
vystavovatel M Aussteller
vystěhovalec M, **vystěhovalkyně** F Emigrant(in)
vystěhovat se PF ausziehen; auswandern
vystihnout PF, **vystihovat** *fig* erfassen
výstižný treffend
vystonat se PF (wieder) gesund werden
vystoupit PF (her)austreten; BAHN aussteigen; hinaufsteigen; THEAT auftreten
výstraha F Warnung
vystrašit PF *j-n* erschrecken
výstražný: **výstražná vesta** F Warnweste; ~ **trojúhelník** M Warndreieck *n*
vystrčit PF, **vystrkovat** herausstrecken
výstroj M Ausrüstung *f*
vystrojit PF, **vystrojovat** ausrüsten; *Fest* ausrichten; ~ **se** sich zurechtmachen
výstřední exzentrisch
výstřel M Schuss
vystřelit PF, **vystřelovat** (ab)schießen
vystřídat PF wechseln, ablösen
výstřih M *Kleid* Ausschnitt
vystřízlivět PF ausnüchtern
výstřižek M *Zeitung* Ausschnitt
výstup M Ausstieg; Aufstieg; Auftritt
vystupovat → vystoupit
vystydnout PF auskühlen
vysušit PF trockenlegen
vysvěcovat → vysvětit
vysvědčení N Zeugnis
vysvětit PF weihen
vysvětlit PF erklären
vysvětlivka F Erläuterung
vysvětlovat → vysvětlit
vysvobodit PF, **vysvobozovat** befreien
vysychat → vyschnout
vysypat PF, **vysypávat** ausschütten
výše F Höhe; ADV höher
vyšetření N Untersuchung *f* (*a.* MED)
vyšetřit[1] PF einsparen
vyšetřit[2] PF, **vyšetřovat** untersuchen (*a.* MED); ermitteln
vyšetřovna F Untersuchungszimmer *n*
vyšít PF, **vyšívat** sticken
výšivka F Stickerei
výška F Höhe
výškový: ~ **rozdíl** M Höhenunterschied
vyškolit PF, **vyškolovat** schulen
vyškrabat PF, **vyškrabávat** auskratzen
vyškrábnout PF → vyškrabat
vyškrtat PF, **vyškrtávat** → vyškrtnout

vyškrtnout PF durchstreichen
vyškrtnutí N Streichung *f*
vyšlapaný *Schuhe, Weg* ausgetreten
vyšší ADJ höher; ~ **moc** *f* höhere Gewalt
výt ⟨za-⟩ heulen
vytáčet → vytočit
vytáčka F Ausflucht
výtah M Lift, Aufzug; *Text* Auszug
vytáhnout PF herausziehen; hochziehen; dehnen
vytahovat → vytáhnout
vytápění N Heizung *f*
vytápět → vytopit[1,2]
výtažek M Extrakt
vytéct PF (her)ausfließen
výtečný vorzüglich
vytékat → vytéct
výtěr M MED Abstrich
výtěžek M Ertrag
výtisk M Exemplar *n*, Abdruck
vytisknout PF, **vytiskovat** drucken, hineindrücken
výtka F Verweis *m*, Vorhaltung
vytknout PF vorwerfen, vorhalten
vytlačit PF, **vytlačovat** auspressen; *fig* verdrängen
vytlouct PF, **vytloukat** herausschlagen; *Scheibe* einschlagen
vytočit PF herausdrehen; ~ **se** sich herauswinden
výtok M Ausfluss (*a.* MED), Abfluss
vytopit[1] PF (be)heizen
vytopit[2] PF ertränken; überschwemmen
vytrhat PF → vytrhnout
vytrhnout PF, **vytrhovat** (her-) ausreißen; *Zahn* ziehen
vytrpět PF erdulden, erleiden
vytrvalý ausdauernd, beharrlich **vytrvat** PF, **vytrvávat** ausharren
vytřídit PF aussortieren
vytřískat PF zerschlagen
výtvarný: **výtvarné umění** N bildende Kunst *f*
vytvářet → vytvořit
vytvořit PF schaffen, bilden
vytýkat → vytknout
vyučit PF unterrichten (**k-o č-u** j-n in et); ~ **se** lernen (*D A*)
vyučování N Unterricht *m*
vyučovat → vyučit
vyúčtovat PF verrechnen, abrechnen
vyudit PF *Fleisch* räuchern, *österr* selchen
výuka F Unterricht *m*
vyústit PF, **vyúsťovat** (ein-) münden
využít PF (aus)nutzen
využívat → využít; allmählich verbrauchen
vyvádět → vyvést
vývar M Brühe *f*
vyvarovat se PF sich hüten (*G* vor *D*)
vyvázet → vyvézt
vyvěsit PF, **vyvěšovat** aushängen; *Hörer* abnehmen
vývěska F Aushang *m*
vyvést PF hinausführen; ~ **z míry** aus der Fassung bringen
vyvětrat PF, **vyvětrávat** (aus)lüften; *Bier* schal werden
vývěva F Luftpumpe
vyvézt PF hinausbefördern; hi-

naufbefördern; WIRTSCH ausführen
vyvíjet → vyvinout
vyvinout PF entwickeln, entfalten
vyvinutý: **méně vyvinuté země** FPL Entwicklungsländer *npl*
vyvlastnit PF, **vyvlastňovat** enteignen
vývod M Schlussfolgerung *f*; *Rauch* Abzug; ELEK Anschluss
vyvodit PF *fig* ableiten
vývoj M Entwicklung *f*
vyvolat PF, **vyvolávat** ausrufen; aufrufen; hervorrufen; FOTO entwickeln
vývoz M WIRTSCH Ausfuhr *f*
vyvozovat → vyvodit
vyvrátit PF umwerfen; widerlegen
vývrtka F Korkenzieher *m*
vyzáblý abgemagert, ausgemergelt
výzbroj M Ausrüstung *f*
vyzbrojit PF, **vyzbrojovat** ausrüsten
vyzdobit PF, **vyzdobovat** (aus-) schmücken, dekorieren
vyzdvihnout PF, **vyzdvihovat** hochheben; *fig* hervorheben; *Geld* abheben
vyzkoumat PF, **vyzkoumávat** erforschen, ergründen
vyzkoušet PF prüfen, erproben; ~ **si** anprobieren
výzkum M Forschung *f*
význačný typisch; bedeutend
vyznačit PF bezeichnen; *Weg* markieren
vyznačovat → vyznačit; ~ **se** sich auszeichnen (*I* durch *A*)
význam M Bedeutung *f*
vyznamenat PF, **vyznamenávat** auszeichnen, belobigen
významný bedeutungsvoll
vyznání N Bekenntnis **vyznat** PF, **vyznávat** bekennen, gestehen; ~ **se** sich auskennen
vyzout se PF, **vyzouvat se** Schuhe ausziehen
výzva F Aufforderung, Aufruf *m*
vyzvat PF auffordern, herausfordern
vyzvědač M, **vyzvědačka** F Spion(in)
vyzvědět PF auskundschaften; herausbekommen (**na** *L* aus *D*)
vyzvídat → vyzvědět
vyzvracet se PF erbrechen
vyzývat → vyzvat
vyžádat si PF erbitten (**na** *L* von *D*); *Opfer* fordern; *Zeit* erfordern
vyžadovat si → vyžádat si
vyždímat PF auswringen
vyžehlit PF (aus)bügeln
výživa F Ernährung
výživné N Unterhaltskosten *pl*
výživnost F Nährwert *m*
výživný nahrhaft
vzácnost F Seltenheit **vzácný** selten, kostbar
vzad nach hinten
vzadu hinten
vzájemný gegenseitig
vzbouřit PF aufwiegeln; ~ **se** sich auflehnen
vzbudit PF, **vzbuzovat** (auf-) wecken; ~ **se** aufwachen
vzdálenost F Entfernung
vzdálit se sich entfernen

vzdalovat se → vzdálit se
vzdát PF *Dank* abstatten; *Kampf* aufgeben; **~ se** kapitulieren; verzichten (*G* auf *A*)
vzdávat → vzdát
vzdech M Seufzer
vzdechnout PF → vzdychnout
vzdělání N Bildung *f*
vzdělaný gebildet **vzdělat se** PF, **vzdělávat se** sich bilden
vzdor M Trotz
vzdorný, vzdorovitý trotzig
vzduch M Luft *f*
vzduchoprázdný luftleer
vzduchotěsný luftdicht
vzduchovka F Luftgewehr *n*
vzdušný luftig; **vzdušná čára** *f* Luftlinie; **~ most** *m* Luftbrücke *f*; **~ prostor** *m* Luftraum
vzdychat, vzdychnout PF seufzen
vzestup M Aufstieg, Anstieg
vzestupný (auf)steigend
vzhled M Aussehen *n*, Äußere *n*; **~em** im Hinblick (**k** *D* auf *A*)
vzhledný ansehnlich
vzhůru hinauf; auf!; **~ nohama** verkehrt (herum)
vzít PF nehmen, wegnehmen; **~ se** (sich) heiraten; **~ za své** umkommen
vzkaz M Nachricht *f*; **nechat** *pf* **~** e-e Nachricht hinterlassen
vzkázat PF sagen lassen; *Gruß* bestellen
vzkazovat → vzkázat
vzlet M FLUG Start
vzletný schwungvoll
vzlykat schluchzen
vzmáhat se → vzmoct se
vzmoct se PF anwachsen, zunehmen
vznášet se → vznést se
vznést se PF sich erheben; aufsteigen
vznešený erhaben; vornehm
vznik M Entstehung *f* **vznikat, vzniknout** PF entstehen
vzor M Muster *n*, Vorbild *n*
vzorec M CHEM, MATH Formel *f*
vzorek M Warenprobe *f*, Muster *n*
vzorný vorbildlich
vzpamatovat se PF, **vzpamatovávat se** zur Besinnung kommen
vzpírání N SPORT Gewichtheben
vzplanout PF auflodern
vzpomenout (si) PF, **vzpomínat (si)** sich erinnern (**na** *A* an *A*)
vzpomínka F Erinnerung; **vzpomínky** *pl* Memoiren
vzpoura F Aufruhr *m*
vzpříčit se PF, **vzpříčovat se** klemmen
vzpřímit PF aufrichten
vzpřimovat → vzpřímit
vzpurný widerspenstig
vzrostlý hoch gewachsen
vzruch M Aufregung *f*
vzrůst[1] M Wuchs, Gestalt *f*; Wachstum *n*
vzrůst[2] PF, **vzrůstat** anwachsen, zunehmen
vzrušený erregt
vzrušit PF, **vzrušovat** erregen
vztah M Beziehung *f*
vztahovat se sich beziehen (**na** *A* auf *A*)

vztek M Wut *f* **vztekat se** wüten; *Kinder* herumtollen
vzteklina F MED Tollwut
vzteklý wütend
vztyčit PF, **vztyčovat** aufrichten; *Fahne* hissen
vždy, **vždycky** immer
vždyť ja, doch; denn

X

xenofobie F Fremdenhass *m* **xenofobní** fremdenfeindlich
x-násobný x-fach

Z

z (*G*) aus (*D*); von (*D*)
za (*G*) während (*G*), zur Zeit (*G*); (*A wohin*) hinter (*A*); für (*A*); an (*A*); binnen (*G*); in (*D*); (*I wo*) hinter (*D*); jenseits (*G*); nach (*D*); **~ života** zu Lebzeiten; **~ týden** in e-r Woche; **~ marky** für D-Mark; **~ sebou** hintereinander
zábal M MED Packung *f*
zabalit PF, **zabalovat** einpacken, verpacken
zábava F Vergnügen *n*
zabavit[1] PF pfänden
zabavit[2] PF unterhalten; *Kinder* beschäftigen
zábavný unterhaltsam; **zábavná hudba** *f* Unterhaltungsmusik
zabavovat → zabavit[1,2]
zabezpečit PF, **zabezpečovat** sichern; **~, zabezpečovat se** sich vergewissern
zabíjet → zabít
zabírat → zabrat
zabít PF töten; schlachten
zabití N Totschlag *m*
zablátit PF beschmutzen
zablesknout PF blitzen
zabloudit PF sich verirren
zabočit PF AUTO einbiegen, abbiegen
zabouchat PF klopfen **zabouchnout** PF *Tür* zuschlagen
zábradlí N Geländer
zábrana F Barriere; **zábrany** *pl fig* Hemmungen
zabránit PF verhindern (*D A*)
zabraňovat → zabránit
zabrat PF wegnehmen; besetzen (*a.* MIL); *Motor* anspringen; MED anschlagen
zábst PF *unpers* frieren; **zebe ho** er friert
zabydlet PF, **zabydlit** PF besiedeln, bewohnen
zabydlovat → zabydlet
zabývat se sich beschäftigen (*I* mit *D*)
zacelit se PF, **zacelovat se** verheilen
záclona F Vorhang *m*, Gardine
zácpa F MED Verstopfung; AUTO Stau *m*
zacpat PF, **zacpávat** zustopfen, verstopfen
zacvičit PF, **zacvičovat** anlernen, einarbeiten

zač wofür; **není ~!** keine Ursache!
začarovat PF verzaubern
začáteční anfänglich, Anfangs- **začátečnice** F, **začátečník** M Anfänger(in)
začátek M Anfang, Beginn; **začátkem, na začátku** anfangs
začervenat se PF rot werden (*a. fig*)
začínat, začít PF anfangen
začlenit PF, **začleňovat** einreihen, integrieren
záda NPL Rücken *m*
zadarmo unentgeltlich
zadat PF, **zadávat** reservieren; *Arbeit* vergeben; *Bestellung* aufgeben
zadek M hinterer Teil; Gesäß *n*
zadlužený verschuldet
zadní hintere, Rück-, Hinter-; **~ okno** *n* Heckscheibe *f*; **~ sedadlo** *n* Rücksitz *m*; **~ světlo** *n* Rücklicht
zadnice F Gesäß *n*
zadržet PF, **zadržovat** anhalten, zurückhalten; **~ se** sich festhalten (*G* an *D*)
záducha F Asthma *n*
zádumčivý schwermütig
zadusit se PF ersticken
zadýchaný außer Atem; *Luft* stickig
záhada F Rätsel *n* **záhadný** rätselhaft, geheimnisvoll
zahájit PF eröffnen
zahajovací: **~ projev** M Eröffnungsansprache *f*
zahajovat → zahájit
zahálet faulenzen
zahánět → zahnat
zahazovat → zahodit
zahladit PF glätten; *fig* verwischen
záhlaví N *Schriftstück* Kopf *m*
zahlédnout PF erblicken
zahnat PF (ver)treiben
zahnout PF umbiegen; AUTO einbiegen, abbiegen
zahodit PF wegwerfen; *Gelegenheit* verschenken; **~ se** sich kompromittieren
zahojit PF *et* (aus)heilen
záhon M Beet *n*
zahořknout PF bitter werden; *fig* verbittern
zahospodařit PF erwirtschaften
zahrabat PF, **zahrabávat** vergraben
zahrábnout PF → zahrabat
zahrada F Garten *m*
zahradnice F Gärtnerin
zahradnictví N Gärtnerei *f*; Gartenbau *m*
zahradník M Gärtner
zahraničí N Ausland **zahraničněpolitický** außenpolitisch
zahraniční Auslands-; **~ hovor** *m* TEL Auslandsgespräch *n*; **~ obchod** *m* Außenhandel
zahrát PF, **zahrávat** (vor)spielen; erklingen
zahrnout PF, **zahrnovat** zuschütten; umfassen; einbeziehen (**do** *G* in *A*)
záhrobí N Jenseits
zahřát PF, **zahřívat** (er)wärmen
záhuba F Verderben *n*
záhyb M Falte *f*; Wegbiegung *f*

zahýbat → zahnout
zahynout PF umkommen
zacházet → zajít; umgehen (**s** *I* mit *D*)
zacházka F Umweg *m*
zachlazení N Erkältung *f*
záchod M Toilette *f*, *pop* Klo *n*
záchodky MPL öffentliche Toiletten
zachovalý *gut* erhalten
zachovat PF, **zachovávat** (auf)bewahren; *Ordnung* halten; ~ **se** sich benehmen
záchrana F Rettung
zachránit PF (er)retten
záchranka F *umg* Rettungswagen *m*
záchranný: **záchranná brzda** F Notbremse; **záchranná služba** F Rettungsdienst *m*; ~ **pás** M Rettungsring
záchvat M MED Anfall
zachvět se PF (er)zittern
zachycovat → zachytit; ~ **se** sich festhalten (*G* an *D*)
zachytit PF (auf)fangen; festmachen
zajatec M, **zajatkyně** F Gefangene
zajatý gefangen
zájem M Interesse *n* (**na** *L* **od o** *A* an *D*)
zájemce F, **zájemkyně** F Interessent(in)
zajet PF (hin)fahren; reiten; überfahren; ~ **si** e-n Umweg fahren
zajetí N Gefangennahme *f*; Gefangenschaft *f*
zájezd M Ausflugsfahrt *f*; Tournee *f*
zajíc M Hase
zajímat → zajmout
zajímat se sich interessieren (**o** *A* für *A*)
zajímavý interessant
zajisté gewiss, sicher(lich)
zajistit PF, **zajišťovat** sichern, gewährleisten
zajít PF (hin)gehen; holen (**pro** *A A*); *Sonne* untergehen; ~ **si** e-n Umweg gehen
zajíždět → zajet
zajížďka F Umweg *m* (*fahren*)
zajmout PF gefangen nehmen
zájmový: **zájmové združení** N Interessengemeinschaft *f*
zákal M MED Star
zákaz M Verbot *n*; ~ **dovozu** Einfuhrverbot *n*; ~ **jízdy** Fahrverbot *n*; ~ **zastavení** Halteverbot *n*
zakázaný verboten **zakázat** PF verbieten
zakazovat → zakázat
zakázka F Auftrag *m*
zákaznice F Kundin **zákazník** M Kunde
zákeřný hinterhältig
základ M Grundlage *f*, Basis *f*, Fundament *n*
zakládat → založit; ~ **se** beruhen (**na** *L* auf *D*)
zakladatel M, **zakladatelka** F (Be-) Gründer(in)
základna F Grundlage
základní Grund-; ~ **číslovka** *f* Grundzahl; ~ **mzda** *f* Grundlohn *m*; ~ **vojenská služba** *f* Grundwehrdienst *m*; ~ **zákon** *m* Grundgesetz *n*
zaklepat PF (an)klopfen

zaklínat → zaklít
zaklít PF fluchen; verzaubern
záklopka F Klappe, Ventil *n*
zákon M Gesetz *n*
zakončit PF, **zakončovat** beenden; ~ **se** enden
zákoník M Gesetzbuch *n*
zákonitý, **zákonný** gesetzmäßig
zakopat PF vergraben
zakopávat → zakopat, zakopnout
zakopnout PF stolpern (**o** *A* über *A*)
zakotvit PF, **zakotvovat** (ver)ankern
zakročit PF, **zakročovat** einschreiten
zákrok M Intervention *f*, MED Eingriff
zakroužkovat PF einkreisen
zakrýt PF, **zakrývat** zudecken, verhüllen; *fig* verschleiern
zákulisí N Kulissenraum *m*; Hintergrund *m*
zákusek M Imbiss; Nachtisch
zakysnout PF sauer werden
zalepit PF, **zalepovat** zukleben, überkleben
zalévat → zalít
záležet abhängen (**na** *L* von *D*); beruhen (**v** *L* auf *D*)
záležitost F Angelegenheit
záliba F Vorliebe (**v** *L* für *A*)
zalíbit se PF *unpers* gefallen
zalidnit PF, **zalidňovat** besiedeln, bevölkern
zalít PF überfluten; begießen
záliv M Meerbusen, Bucht *f*, Golf
záloha F Anzahlung, Vorschuss *m*
založit PF (be)gründen; (ab)legen; *Sachen* verlegen
záludný hinterhältig
zamazat PF, **zamazávat** beschmieren, beschmutzen
zámečník M Schlosser
zámek[1] M TECH Schloss *n*; **zavřít na** ~ abschließen
zámek[2] M ARCH Schloss *n*
záměna F Verwechslung
zaměnit PF, **zaměňovat** verwechseln; eintauschen (**za** *A* gegen *A*)
záměr M Absicht *f*
záměrný vorsätzlich
zamést PF (aus)fegen
zaměstnanec M, **zaměstnankyně** F Angestellte, Arbeitnehmer(in)
zaměstnat PF, **zaměstnávat** beschäftigen, anstellen
zaměstnavatel M, **zaměstnavatelka** F Arbeitgeber(in)
zameškat PF, **zameškávat** versäumen
zametat → zamést
zamezit PF, **zamezovat** verhindern
zamíchat PF, **zamíchávat** mischen; (um)rühren
zamilovat se PF, **zamilovávat se** sich verlieben (**do** *G* in *A*)
záminka F Vorwand *m*
zamítat, **zamítnout** PF ablehnen
zamknout PF (zu)schließen
zamlčet PF, **zamlčovat** verschweigen
zamlklý schweigsam

zamlouvat → zamluvit
zamluvený (vor)bestellt
zamluvit PF das Gespräch auf *et* anderes lenken; ~ **(si)** bestellen, buchen
zámoří N Übersee *f*
zamořit PF, **zamořovat** verseuchen, verpesten
zamotat PF, **zamotávat** einwickeln; *fig* verwickeln
zámožný wohlhabend
zamračený bewölkt, düster (*a. fig*)
zamrzat PF, **zamrzávat** gefrieren
zamrznout PF → zamrzat
zamýkat → zamknout
zamyslet se PF, **zamyslit se** PF nachdenken
zamyšlený nachdenklich
zamýšlet se → zamyslet se; beabsichtigen
zanášet → zanést
zanedbat PF, **zanedbávat** vernachlässigen
zanedlouho binnen Kurzem
zanechat PF, **zanechávat** (zurück)lassen; aufgeben (*G A*)
zanést PF (hin)tragen, (hin-)bringen; eintragen
zánět M Entzündung *f*; ~ **mandlí** Mandelentzündung *f*; ~ **plic** Lungenentzündung *f*; ~ **průdušek** Bronchitis *f*
zanic um keinen Preis
zánik M Untergang
zanikat, **zaniknout** PF zugrunde gehen; *fig* erlöschen
zánovní fast neu
zaopatřit PF, **zaopatřovat** versorgen
zaostalý rückständig
západ M Westen; *Sonne* Untergang
západní: ~ **společnost** F die westliche Gemeinschaft
zapadat, **zapadnout** PF fallen; *Sonne* untergehen; TECH zuschnappen
západoevropský westeuropäisch
zápach M Geruch, Gestank
zapáchat stinken (*I* nach *D*)
zapálit PF anzünden
zápalka F Streichholz *n*
zapalovací: ~ **svíčka** F AUTO Zündkerze
zapalovač M Feuerzeug *n*
zapalování N TECH Zündung *f*
zapalovat → zapálit
zápas M (Wett)Kampf; Ringen *n*
zápasiště N SPORT Ring *m*
zápasit kämpfen; ringen
zápasník M Ringer
zápěstí N Handgelenk
zapíchat PF, **zapíchnout** PF (hinein)stechen
zapichovat → zapíchat
zapínací: ~ **špendlík** M Sicherheitsnadel *f*
zapínat → zapnout
zapírat → zapřít
zápis M Eintrag(ung *f*); *Hochschule* Einschreibung *f*; Buchung *f*; Protokoll *n*
zápisek M Notiz *f*
zápisné N Aufnahmegebühr *f*
zápisník M Notizbuch *n*
zapisovat → zapsat
zapjatý zugeknöpft; *Gerät* eingeschaltet

záplata F Flicken *m*
zaplatit PF bezahlen; **zaplať Pánbůh!** Gott sei Dank!
záplava F Überschwemmung, Flut
zaplavit PF, **zaplavovat** überschwemmen
zaplést PF, **zaplétat** (ein)flechten; verwickeln
zápletka F Verwicklung
zapnout PF zuknöpfen; ELEK einschalten; ~ **spojku** AUTO einkuppeln; ~ **dálková světla** aufblenden
zapojit PF, **zapojovat** eingliedern; ELEK einschalten
zapomenout PF, **zapomínat** vergessen
zapomnětlivý vergesslich
záporný negativ
zapovědět PF, **zapovídat** verbieten
zapotřebí ADV nötig
zapracovat se PF, **zapracovávat se** sich einarbeiten
zaprášený staubig
zapřít[1] PF stemmen, stützen
zapřít[2] PF (ver)leugnen
zapsat PF einschreiben; notieren
zapůsobit PF einwirken; MED anschlagen
zarazit PF einschlagen; zum Halten bringen; ~ **se** anhalten; stutzig werden
zaražený betroffen
zarážet → zarazit
zardít se PF, **zardívat se** rot werden (*a. fig*)
zardousit PF erwürgen
zarmoucený betrübt
zármutek M Kummer
zárodek M Keim; Embryo
zároveň zugleich
zarovnat PF, **zarovnávat** (ein)ebnen; einordnen
zaručit PF bürgen, garantieren
záruční: ~ **lhůta** F Garantiezeit; ~ **list** M Garantieschein
zaručovat → zaručit
záruka F Bürgschaft, Garantie
zařadit PF, **zařazovat** einordnen; ~ **rychlost** AUTO Gang einlegen
záření N Strahlung *f*; Strahlen *pl*; Glanz *m*; **UV** ~ UV-Strahlen *pl*
zářez M Einschnitt, Kerbe *f*
září N September *m*
zařídit PF einrichten; veranlassen
zářit strahlen, leuchten
zářivka F Leuchtstoffröhre
zařízení N Einrichtung *f*; TECH Vorrichtung *f*
zařízený: ~ **pokoj** M möbliertes Zimmer *n*
zařizovat → zařídit
zas → zase
zásada F Grundsatz *m*, Prinzip *n*; **v zásadě** im Grunde
zasadit PF einsetzen; *Schlag* versetzen
zásadní grundsätzlich
zasáhnout PF eingreifen; treffen
zasahovat → zasáhnout
zasazovat → zasadit
zase wieder(um), hingegen
zasedací: ~ **síň** F Sitzungssaal *m*
zasedání N Sitzung *f*

zasedat, **zasednout** PF sich setzen; tagen
zaschnout PF (ein)trocknen
zasílat → zaslat
zasilatel M Einsender; Spediteur **zasilatelství** N Spedition f
zásilka F Sendung
zásilkový: ~ **dům** M Versandhaus n
zaskakovat, **zaskočit** PF (hin-) springen; überfallen
zaslat PF einsenden, zusenden
zaslechnout PF hören
zasloužilý verdient
zasloužit (si) PF verdienen
zásluha F Verdienst n
zasluhovat → zasloužit
zasnoubení N Verlobung f
zásoba F Vorrat m **zásobárna** F Vorratslager n
zásobit PF versorgen
zásobitel M Lieferant
zásobování N Versorgung f
zásobovat → zásobit
zasouvací: ~ **dveře** FPL Schiebetür f
zaspat PF, **zaspávat** verschlafen
zastaralý veraltet
zastat PF ausüben, verrichten
zástava[1] F Pfand n
zástava[2] F MED Stillstand m
zastavárna F Pfandleihe
zastávat → zastat
zástavba F Bebauung
zastavit[1] PF aufhalten, anhalten; *Verkehr* einstellen; ~ **se** haltmachen
zastavit[2] PF verpfänden
zastávka F Halt m; Haltestelle; **bez zastávky** ohne Halt
zastavovat → zastavit[1,2]
zástěra F Schürze
zastihnout PF, **zastihovat** antreffen, *umg* erwischen
zastonat PF erkranken
zastoupit PF vertreten
zastrašit PF, **zastrašovat** einschüchtern, abschrecken
zastrčit PF (hin)einstecken
zástrčka F Riegel m; ELEK Stecker m
zastrkovat → zastrčit
zastřelit PF erschießen
zástup M Schar f, Menge f; Reihe f
zástupce M, **zástupkyně** F Vertreter(in)
zastupovat → zastoupit
zasunout PF (hinein)schieben; zuschieben
zásuvka F Schublade; ELEK Steckdose
zasychat → zaschnout
zasypat PF, **zasypávat** zuschütten; *fig* überschütten
zašeptat PF, **zašeptnout** PF flüstern
záškrt M Diphtherie f
zaškrtit PF erwürgen
zášť F Groll m, Hass m
zaštěkat PF (an)bellen (**na** *A A*)
zatáčet → zatočit
zatáčka F Kurve, Kehre
zatahat PF → zatáhnout
zatáhnout PF zerren; (hinein)ziehen
zatahovat → zatáhnout
zatajit PF, **zatajovat** geheim halten
zatažený *Himmel* bedeckt

zatčení N Verhaftung *f*
zatemnit PF, **zatemňovat** verdunkeln (*a. fig*)
zátěž F Belastung, Ballast *m*
zatěžovat → zatížit
zatím inzwischen; ~ **co** während **zatímní** vorläufig
zatížit PF belasten
zátka F Stöpsel *m*, Korken *m*
zatknout PF verhaften
zatlačit PF, **zatlačovat** (hinein)drücken; (zurück)drängen
zatlouct PF, **zatloukat** *Nagel* einschlagen; klopfen
zatmění N: ~ **slunce** Sonnenfinsternis *f*
zato dafür; aber, jedoch
zatočit PF (um)drehen; zusammenrollen; AUTO einbiegen (**do** *G* in *A*); ~ **se** sich drehen
zátoka F Bucht, Haff *n*
zátopa F Überschwemmung
zatopit[1] PF überschwemmen
zatopit[2] PF (ein)heizen
zatoulat se PF sich verirren
zatracený verdammt
zatuchlý dumpf, muffig
zatykač M Haftbefehl
zatýkat → zatknout
zaučit PF, **zaučovat** einarbeiten (**v** *A* od **do** *G* in *A*)
zaúčtovat PF (ver)buchen
zaujatý voreingenommen
zaujímat, **zaujmout** PF *Platz* einnehmen; *Buch* fesseln
závada F Hindernis *n*; Defekt *m*, Mangel *m*
zavádět → zavést
zavadit PF streifen, (an)stoßen (**o** *A* an *A*)
závadný fehlerhaft; schädlich
zavalit PF, **zavalovat** zuschütten; *Weg* versperren
zavařenina F Konfitüre
zavařit PF, **zavařovat** (ein)kochen
zavazadlo N Gepäckstück
zavázat PF zubinden; *fig* verpflichten
závazek M Verpflichtung *f*
závazný verbindlich
zavazovat → zavázat
zavážet → zavézt
závaží N Gewicht, Lot
závažný gewichtig
zavděčit se PF, **zavděčovat se** e-n Gefallen tun
závěj F Schneewehe
závěr M (Ab)Schluss; TECH Verschluss
závěrečný: **závěrečná zkouška** F Abschlussprüfung; ~ **hvizd** M SPORT Schlusspfiff
závěs M Vorhang, Scharnier *n*
zavěsit PF, **zavěšovat** (auf)hängen
zavést PF (hin)führen, einführen
závěť F Testament *n*
zavézt PF befördern, *et* fahren
závidět beneiden (**k-u co** j-n um *A*)
závin M GASTR Strudel
zavináč M Rollmops
zavinit PF verschulden
zavinout PF, **zavinovat** einwickeln
zavírat → zavřít
záviset abhängen (**na** *L* von *D*)
závislý abhängig (**na** *L* von *D*)
závist F Neid *m* **závistivý** neidisch

závit M Gewinde *n*
závitek M GASTR Roulade *f*
závlaha F Bewässerung
zavléct PF, **zavlékat** (weg-)schleppen, verschleppen
zavléknout PF → zavléct
závod[1] M Werk *n*, Fabrik *f*
závod[2] M Wettkampf
závodiště N Rennbahn *f*
závodní[1] Betriebs-, Werks-
závodní[2]: ~ **auto** N Rennauto
závodnice F, **závodník** M Wettkämpfer(in)
závoj M Schleier
zavolat PF (herbei)rufen; TEL anrufen (**k-u** j-n)
závora F Riegel *m*; BAHN Schranke
závorka F GRAM Klammer
závrať F Schwindel *m*; **dostávám** ~ mir wird schwindlig
zavraždit PF ermorden
zavřený geschlossen
zavřít PF zumachen, (ab-)schließen
zázemí N Hinterland
zazlívat übel nehmen
záznam M Notiz *f*; Aufzeichnung *f*; Verzeichnis *n*
zaznamenat PF, **zaznamenávat** eintragen, aufzeichnen
záznamník M Anrufbeantworter
zázračný wunderbar, Wunder-
zázrak M Wunder *n*
zázvor M Ingwer
zážitek M Erlebnis *n*
zažít PF erleben; verdauen
zaživa zu Lebzeiten
zažvat → zažít
zbabělec M Feigling
zbabělý feige
zbavit PF, **zbavovat** befreien (*G* von *D*); ~ **se** loswerden (*G A*)
zběh M Deserteur
zběhnout PF weglaufen; desertieren; ~ **se** sich ereignen
zběsilý wütend
zběžný flüchtig, oberflächlich
zbláznit se PF verrückt werden
zblednout PF blass werden
zblízka aus der Nähe
zbohatlík M Neureiche
zbořit PF *Haus* abreißen; ~ **se** einstürzen
zbraň F Waffe
zbrojit ⟨**o-**⟩ (auf)rüsten
zbrojní: ~ **pas** M Waffenschein; ~ **vývoz** M Waffenexport
zbylý übrig (geblieben)
zbýt PF übrig bleiben
zbytečný überflüssig
zbytek M Rest
zbytnělý übermäßig
zbývat → zbýt
zcela ganz, völlig
zcizit PF, **zcizovat** entwenden
zčásti zum Teil
zčernat PF schwarz werden
zčerstva rasch, flink
zčervenat PF rot werden
zda ob
zdaleka von Weitem; bei Weitem
zdali ob
zdání N (An)Schein *m*; Meinung *f*
zdanit PF besteuern
zdánlivý scheinbar
zdaňovat → zdanit
zdar M Gedeihen *n*, Erfolg

zdarma umsonst
zdařit se PF gelingen
zdát se *unpers* scheinen; träumen; **zdá se mi to drahé** das erscheint mir teuer
zdatný tüchtig, fähig
zde hier, da
zdechlina F Aas *n*
zdejší hiesig
zděsit se erschrecken
zděšený bestürzt
zdivo N Mauerwerk
zdlouhavý langwierig, schleppend
zdobit PF schmücken
zdokonalit PF, **zdokonalovat** vervollkommnen
zdola von unten
zdráhat se zögern
zdraví N Gesundheit *f*; **na ~!** zum Wohl!
zdravice F Trinkspruch *m*
zdravit (be)grüßen
zdravotní: **~ sestra** F Krankenschwester; **~ stav** M Gesundheitszustand
zdravý gesund
zdražit se PF, **zdražovat se** teurer werden
zdrcený niedergeschlagen
zdrhovadlo N Reißverschluss *m*
zdroj M Quelle *f* (*a. fig*)
zdrženlivý zurückhaltend
zdržet PF, **zdržovat** aufhalten, verzögern; **~ se** *a.* sich enthalten
zdůraznit PF, **zdůrazňovat** betonen, hervorheben
zdvihat, **zdvihnout** PF hochheben; **~ se** sich erheben
zdviž F Fahrstuhl *m*, Lift *m*
zdvoj(násob)it PF, **zdvoj(násob)ovat** verdoppeln
zdvořilý höflich
zdymadlo N Schleuse *f*
ze → z
zeď F Mauer
zedník M Maurer
zejména besonders
zejtra → zítra
zelenina F Gemüse *n*
zeleninový: **zeleninová polévka** F Gemüsesuppe
zelený grün; **Zelený čtvrtek** *m* Gründonnerstag
zelí N Kohl *m*, Kraut
země F Erde; Land *n*; **~ nikoho** Niemandsland *n*
zemědělec M Landwirt **zemědělství** N Landwirtschaft *f*
zeměkoule F Erdkugel
zeměpis M Erdkunde *f*
zemětřesení N Erdbeben
zemřelý verstorben **zemřít** PF sterben
zemský Erd-, Land(es)-; irdisch; **zemská šíje** *f* Landenge
zeptat se PF fragen (*G A*; **po** *L* nach *D*)
zesílit PF (sich) verstärken; stärker werden
zesilovač M TECH Verstärker
zesilovat → zesílit
zeslabit PF (ab)schwächen
zesláblý geschwächt **zeslábnout** PF schwach werden
zeslabovat → zeslabit; **zeslábnout**
zesnulý entschlafen
zespod von unten
zespolečenštit PF, **zespole-**

čenšťovat vergesellschaften
zestátnit PF, **zestátňovat** verstaatlichen
zeštíhlet PF schlank werden
zeť M Schwiegersohn
zevnějšek M Äußere *n*, Aussehen *n*
zevnější, **zevní** außen, äußerlich **zevnitř** von innen
zevšeobecnit PF, **zevšeobecňovat** verallgemeinern
zezadu von hinten
zezdola von unten
zhasínat → zhasnout
zhasit PF *Licht* (aus)löschen
zhasnout PF verlöschen
zhášet → zhasit
zhluboka aus der Tiefe
zhodnocovat, **zhodnotit** PF (be-) werten, einschätzen, auswerten
zhoršit PF, **zhoršovat** verschlechtern
zhospodárnit PF, **zhospodárňovat** rationalisieren
zhotovit PF, **zhotovovat** anfertigen
zhouba F Verderben *n*
zhoubný verderblich; MED bösartig
zhroutit se PF zusammenbrechen; IT abstürzen
zhruba grob, ungefähr
zhrubnout PF grob werden; verrohen
zhubnout PF abmagern
zchladnout PF erkalten
zima F Winter *m*; Kälte; **je ~** es ist kalt
zimnice F Schüttelfrost *m*
zimník M Wintermantel
zinek M Zink *n*
zip(s) M Reißverschluss
zisk M Gewinn, Nutzen
získat PF, **získávat** gewinnen, erwerben
zištný gewinnsüchtig
zítra morgen; **~ ráno** morgen früh **zítřejší** morgig
zívat, **zívnout** PF gähnen
zjara im Frühling
zjednodušit PF, **zjednodušovat** vereinfachen
zjev M Erscheinung *f*
zjevný offenkundig
zjistit PF, **zjišťovat** feststellen
zkazit PF *et* verderben; **~ se** verderben
zkažený: **~ žaludek** M verdorbener Magen
zklamání N Enttäuschung *f*
zklamat PF enttäuschen
zkoumat ⟨**pro-**, **vy-**⟩ prüfen, untersuchen
zkoušet → zkusit
zkouška F Prüfung; Versuch *m*; THEAT Probe
zkracovat → zkrátit
zkrat M ELEK Kurzschluss
zkrátit PF (ab)kürzen
zkratka F Abkürzung
zkrátka kurzerhand
zkreslit PF, **zkreslovat** *fig* verzerren
zkřivit PF krümmen; *Gesicht* verziehen
zkřížit PF (durch)kreuzen
zkumavka F Reagenzglas *n*
zkusit PF prüfen, versuchen; anprobieren **zkusmo** probeweise
zkušební: **~ jízda** F Probe-

fahrt; ~ **lhůta** F Probezeit
zkušebnost F Erfahrung
zkyslý sauer (geworden)
zlámat PF *et* (zer)brechen
zlatnice F, **zlatník** M Goldschmied(in)
zlato N Gold
zlatý golden, Gold-; ~ **hřeb** *m fig* Krönung *f*; **zlatá medaile** *f* Goldmedaille
zle ADV schlecht, schlimm
zlehčit PF, **zlehčovat** erleichtern, verringern
zlepšit PF, **zlepšovat** (ver)bessern
zletilý volljährig, mündig
zleva von links
zlevnit PF, **zlevňovat** verbilligen
zlo N Übel, Unheil, Böse
zloba F Bosheit **zlobit se** sich ärgern (**na** *A* über *A*)
zločin M Verbrechen *n* **zločinec** M Verbrecher
zločinný verbrecherisch
zloděj M, **zlodějka** F Dieb(in)
zlomek M Bruchstück *n*; MATH Bruch
zlomenina F MED (Knochen)-Bruch *m*
zlomit PF *et* (zer)brechen; ~ **si ruku** sich den Arm brechen; ~ **vaz!** Hals- und Beinbruch!; ~ **se** entzweigehen
zlomyslný boshaft
zlost F Zorn *m*, Ärger *m*
zlý böse, schlimm; **pozor, ~ pes!** Vorsicht, bissiger Hund!; **mít za zlé** übel nehmen
zmačkat PF zerdrücken
zmapovat PF *fig* sondieren, erfassen
zmatek M, **zmatení** N Durcheinander *n*
změna F (Ver)Änderung; Wechsel *m* **změnit** PF (ver)ändern; wechseln
zmenšit PF, **zmenšovat** verkleinern, verringern
změřit PF messen
zmeškat PF, **zmeškávat** versäumen
zmetek M Ausschuss(ware *f*)
zmije F Kreuzotter
zmínit se erwähnen (**o** *L A*)
zmínka F Erwähnung
zmiňovat se → zmínit se
zmírnit PF, **zmírňovat** mäßigen, mildern
zmizet PF verschwinden
zmocněnec M, **zmocněnkyně** F Bevollmächtigte
zmocnění N Vollmacht *f*
zmocnit PF, **zmocňovat** ermächtigen; ~ **se** sich bemächtigen
zmoct PF vermögen; *Arbeit* bewältigen
zmoknout PF nass werden
zmrazený tiefgekühlt **zmrazit** PF, **zmrazovat** einfrieren
zmrzačený verkrüppelt
zmrzat → zmrznout
zmrzlina F (Speise)Eis *n*
zmrzlinový: ~ **pohár** M Eisbecher
zmrznout PF erfrieren, gefrieren
zmýlit se PF sich irren
značit bezeichnen, bedeuten
značka F (Kenn)Zeichen *n*; Marke; *Weg* Markierung **znač-**

kovat ⟨**o-**, **vy-**⟩ markieren, kennzeichnen
značkový: **značkové zboží** N Markenartikel *m*
značný bedeutend, beträchtlich
znak M Zeichen *n*, Merkmal *n*
znalec M, **znalkyně** F Kenner(in) **znalecký** sachkundig
znalost F Kenntnis
znamenat bedeuten; **to znamená** das heißt
znamení N Zeichen
znamenitý vortrefflich
známka F Marke, (An)Zeichen *n*; *Schule* Note; **dálniční ~** *Autobahnmaut* Vignette
známost F Bekanntschaft
známý bekannt; SU M Bekannte
znárodnit PF, **znárodňovat** nationalisieren
znásilnit PF, **znásilňovat** vergewaltigen
znát kennen
znázornit PF, **znázorňovat** veranschaulichen
znečistit PF, **znečišťovat** verunreinigen
znehodnotit PF, **znehodnocovat** abwerten; *Geld* entwerten
znechutit PF, **znechucovat** verleiden; **~ se** zuwider sein
znelíbit se PF missfallen
znemožnit PF, **znemožňovat** unmöglich machen
znění N Klang *m*; Wortlaut *m*
znepokojit PF, **znepokojovat** beunruhigen
znepřátelit se PF sich verfeinden
znesnadnit PF, **znesnadňovat** erschweren
zneškodnit PF, **zneškodňovat** unschädlich machen
znetvoření N Missbildung *f*
zneužití N Missbrauch *m*
zneužít PF, **zneužívat** missbrauchen
zničit PF vernichten; **~ se** zugrunde gehen
znít klingen, lauten
znova, **znovu** von Neuem
znovuzavedení N Wiedereinführung *f*
zobák M Schnabel
zobecnit PF, **zobecňovat** verallgemeinern
zobrazit PF, **zobrazovat** abbilden
zodpovědět PF (be)antworten; verantworten (**se z** *G* sich für *A*) **zodpovědnost** F Verantwortung
zodpovídat → zodpovědět
zoologický: **zoologická zahrada** F zoologischer Garten *m*
zopakovat PF wiederholen
zornice F Pupille
zostřit PF, **zostřovat** verschärfen; **~ se** sich zuspitzen
zotavit se PF, **zotavovat se** sich erholen **zotavovna** F Erholungsheim *n*
zoufalost F, **zoufalství** N Verzweiflung *f*
zoufat (si) (IM)PF verzweifeln
zout PF, **zouvat** *Schuhe* ausziehen
zpaměti auswendig
zpáteční: **~ cesta** F Rückweg

m; ~ **jízdenka** F Rückfahrkarte; ~ **rychlost** F AUTO Rückwärtsgang *m*
zpátky zurück, rückwärts
zpět zurück
zpětný: ~ **chod** M Rücklauf; **zpětné zrcátko** N Rückspiegel *m*
zpěv M Gesang **zpěvačka** F, **zpěvák** M Sänger(in)
zpěvavý: ~ **pták** M Singvogel
zpít se PF sich betrinken
zpívat ⟨**za-**⟩ singen
zplesnivět PF verschimmeln
zplnomocněnec M, **zplnomocněnkyně** F Bevollmächtigte
zplnomocnit PF, **zplnomocňovat** bevollmächtigen
zpocený verschwitzt
zpočátku anfangs
zpochybnit PF, **zpochybňovat** anzweifeln
zpola zur Hälfte
zpomalit PF, **zpomalovat** verlangsamen
zpopelnit PF, **zpopelňovat** einäschern
zpověď F Beichte
zpovídat ⟨**vy-**⟩ **se** beichten (z *G A*)
zpozdit se PF sich verspäten; *Uhr* nachgehen
zpoždění N Verspätung *f*
zpožďovat se → zpozdit se
zpracování N Bearbeitung *f*; ~ **dat** Datenverarbeitung *f*
zpracovat PF bearbeiten, verarbeiten **zpracovatel** M, **zpracovatelka** F Bearbeiter(in)
zpracovávat → zpracovat
zprava von rechts
zpráva F Bericht *m*, Mitteilung; **zprávy** *pl* Nachrichten
zpravidla in der Regel
zpravodaj M Berichterstatter, Korrespondent
zpravodajský: **zpravodajská služba** F Nachrichtendienst *m*
zpravodajství N Berichterstattung *f*
zpravovat → zpravit
zpronevěřit PF, **zpronevěřovat** unterschlagen
zprostit PF, **zprošťovat** befreien (*G* von *D*)
zprostředkovat PF, **zprostředkovávat** vermitteln
zprudka heftig
zpředu (von) vorn
zpřesnit PF, **zpřesňovat** präzisieren
zpříkra *fig* schroff
zpříma aufrecht, gerade; geradeheraus
způsob M Art *f*, Weise *f*; ~**y** *pl* Umgangsformen *fpl*
způsobilý befähigt
způsobit PF, **způsobovat** bewirken, verursachen
způsobný höflich, anständig
zrada F Verrat *m*
zrádce M Verräter
zradit PF verraten
zrádkyně F Verräterin
zrak M Sehvermögen *n*; Blick
zralý reif
zranění N Verletzung *f*
zranit PF, **zraňovat** verletzen
zrát ⟨**do-**, **vy-**⟩ reifen
zrazovat → zradit

zrcadlo N Spiegel *m* **zrcadlovka** F Spiegelreflexkamera
zrezavělý verrostet, rostig
zrní N *koll* Körner *npl*
zrnkový: **zrnková káva** F Bohnenkaffee *m*
zrno N Korn (*a koll*)
zrovna gerade, genau
zručný geschickt
zrušit PF, **zrušovat** aufheben, abschaffen; (auf)lösen
zrychlený: ~ **vlak** M Eilzug
zrychlit PF, **zrychlovat** beschleunigen
zřejmý offenkundig
zřeknout se PF → zříct se
zřetel M Gesichtspunkt, Aspekt; **se ~em k** (*D*) im Hinblick auf (*A*)
zřetelný deutlich, klar
zřícenina F Ruine; **zříceniny** *pl* Trümmer *npl*
zříct se PF verzichten (*G* auf *A*)
zřídit PF errichten, einrichten
zřídka selten
zříkat se → zříct se
zřítit se PF abstürzen, einstürzen
zřízení N POL Ordnung *f*
zřizovat → zřídit
ztělesnit PF, **ztělesňovat** verkörpern
ztěžka schwer(lich)
zticha leise, still
ztlumit PF dämpfen; ~ **světla** AUTO abblenden
ztotožnit PF, **ztotožňovat** identifizieren
ztrácet → ztratit
ztráta F Verlust *m*
ztratit PF verlieren; ~ **se** verloren gehen
ztroskotat PF, **ztroskotávat** Schiffbruch erleiden (*a. fig*)
ztuha fest
ztuhnout PF erstarren
ztuchlý dumpf, muffig
zub M Zahn; Zacke *f*, Zinke *f*; Schlüsselbart
zubní: ~ **kaz** M Karies *f*; ~ **lékař** M Zahnarzt
zúčastnit PF, **zúčastňovat** teilnehmen (*G* od **na** *L* an *D*)
zúčtovat PF abrechnen
zúročit PF verzinsen
zuřit wüten **zuřivý** wütend
zůstat PF (übrig) bleiben; ~ **stát** stehen bleiben
zůstatek M Saldo, Restbetrag
zůstávat → zůstat
zúžit PF enger machen; ~ **se** enger werden
zužitkovat PF, **zužitkovávat** verwerten
zužovat → zúžit
zvadnout PF (ver)welken
zvát ⟨**pozvat**⟩ einladen
zvedat → zvednout
zvědavý neugierig
zvednout PF (hoch)heben
zveličit PF, **zveličovat** vergrößern, übertreiben
zvěrolékař M Tierarzt
zvěř F Wild *n* **zvěřina** F Wildbret *n*
zvětralý schal, abgestanden, verwittert
zvětšit PF, **zvětšovat** vergrößern, erweitern
zvíře N Tier **zvířena** F Fauna
zvítězit PF siegen
zvlášť, **zvláště** besonders; ge-

trennt; extra

zvláštní speziell, sonderbar; **~ vydání** *n* Sonderausgabe *f*

zvláštnost F Besonderheit, Eigenart

zvolna allmählich

zvon M Glocke *f* **zvonek** M Klingel *f*

zvonice F Glockenturm *m*

zvonit läuten, klingeln

zvonkový: **zvonková hra** F Glockenspiel *n*

zvrácený pervers, abartig

zvracet → zvrátit

zvrat M Wendung *f*; POL Umsturz

zvrátit PF umstoßen (*a. fig*); MED erbrechen; **~ se** umstürzen

zvrhávat → zvrhnout

zvrhlý entartet, abartig

zvrhnout PF umwerfen; **~ se** umkippen

zvuk M Schall, Klang

zvukotěsný schalldicht

zvukový: **zvuková bariéra** F Schallmauer; **~ záznam** M Tonaufzeichnung *f*

zvůle F Willkür

zvyk M Gewohnheit *f*; Brauch; **~at (si)** → zvyknout (si)

zvyklý gewohnt, gewöhnt

zvyknout (si) PF (sich) gewöhnen (*D* an *A*)

zvýšení N: **~ mezd** Lohnerhöhung *f*

zvýšený: **zvýšené náklady** MPL Mehrkosten *pl*

zvýšit PF, **zvyšovat** erhöhen; **~ se** (an)steigen

Ž

žába F Frosch *m*

žábry FPL Kiemen

žádanka F Bestellschein *m*

žádat ⟨**po-**, **vy-**⟩ verlangen, fordern; bitten (**o** *od* **za co** um et)

žadatel M, **žadatelka** F Antragsteller(in); **~(ka) o azyl** Asylbewerber(in)

žádný kein

žádost F Antrag *m*; Verlangen *n*; Gier, Begierde

žádostivý (be)gierig

žádoucí wünschenswert

žáha F Sodbrennen *n*

žahavka F kleine Brennnessel

žák M Schüler

žaket M Cutaway

žákyně F Schülerin

žal M Leid *n*, Kummer

žaloba F (An)Klage, Beschwerde **žalobce** M, **žalobkyně** F Kläger(in)

žalost F Leid *n*, Kummer *m* **žalostný** kläglich, elend

žalovaný M, **žalovaná** F Angeklagte

žalovat ⟨**ob-**, **za-**⟩ klagen (**o** *A* auf *A*); verklagen (**k-o z co** j-n wegen *G*)

žalud M Eichel *f*; **~y** *pl a.* Eichel *f* (*Spielkarte*)

žaludeční: **~ vřed** M Magengeschwür *n*

žaludek M Magen

žaluzie F Jalousie
žampion M Champignon
žár M Glut *f*, Hitze *f*
žárlit eifersüchtig sein (**na** *A* auf *A*)
žárlivost F Eifersucht
žárovka F Glühbirne
žárovzdorný hitzebeständig, feuerfest
žasnout ⟨**u-**⟩ staunen
ždímačka F Wäscheschleuder
ždímat ⟨**vy-**⟩ (aus)wringen
že dass; ~ **ne?** nicht wahr?
žebírko N GASTR Rippchen, Kotelett
žebračka F, **žebák** M Bettler(in) **žebrat** ⟨**vy-**⟩ betteln (**o** *A* um *A*)
žebro N Rippe *f*
žebřík M Leiter *f*
žebřiny FPL Sprossenleiter *f*
žehlička F Bügeleisen *n*
žehlit ⟨**vy-**⟩ bügeln
žehnat ⟨**po-**⟩ segnen (*D A*); ~ ⟨**po-**⟩ **se** sich bekreuzigen
želé N Gelee
železárna F Eisenhüttenwerk *n* **železářství** N Eisenwarenhandlung *f*
železnice F Eisenbahn
železničář M, **železničářka** F *umg* Eisenbahner(in)
železniční: ~ **doprava** F Eisenbahnverkehr *m*; ~ **spojení** N Bahnverbindung *f*
železný eisern, Eisen-
železo N Eisen
želva F Schildkröte
žemle F Semmel
žena F Frau
ženatý *Mann* verheiratet
Ženeva F Genf *n*
ženich M Bräutigam
ženit ⟨**o-**⟩ **se** *Mann* heiraten (**s** *I A*)
ženitba F Heirat
ženský weiblich, Frauen-; **ženská** *f a.* Frau; ~ **lékař** *m* Frauenarzt
žert M Scherz, Spaß
žertovat scherzen
žertovný scherzhaft
žhářství N Brandstiftung *f*
žhavý glühend; *fig* begierig
žhnout glühen, brennen
Žid M POL, **žid** REL Jude
židle F Stuhl *m*
Židovka F POL, **židovka** F REL Jüdin
židovský jüdisch
žihadlo N Stachel *m*
žíla F Ader (*a.* BERGB), Vene
žiletka F Rasierklinge
žilkování N Maserung *f*
žilnatý geädert
žilní, žilný venös, Venen-
žirafa F Giraffe
žíravý ätzend
žiro N Giro
žít[1] leben; **ať žije!** hoch!, es lebe!
žít[2] ⟨**po-**⟩ mähen
žitná F Kornbranntwein *m*
žitný: **žitná mouka** F Roggenmehl *n*
žito N Roggen *m*
živel M Element *n*
živit ⟨**u-**⟩ ernähren
živitel M, **živitelka** F Ernährer(in)
živnost F Gewerbe *n*
živnostnice F, **živnostník**

M Gewerbetreibende
živobytí N Lebensunterhalt *m*
živočich M Lebewesen *n*
život M Leben *n*; **~u nebezbečný** lebensgefährlich
životní: **~ dráha** F Laufbahn; **~ náklady** MPL Lebenshaltungskosten; **~ prostředí** N Umwelt *f*; **~ úroveň** F Lebensstandard *m*
životopis M Lebenslauf
živý lebend(ig); lebhaft; **~ plot** *m* Hecke *f*; **~ přenos** *m* Livestream; **být živ** leben; **zůstat na živu** am Leben bleiben; **za živa** bei lebendigem Leibe
žízeň F Durst *m* (**po** *L* nach *D*); **zemřít žízní** verdursten
žíznivý durstig
žížala F Regenwurm *m*
žlab M Trog; Rinne *f*; Schlucht *f*
žláza F Drüse
žloutek M Dotter *n*, Eigelb *n*
žloutenka F Gelbsucht
žloutnout ⟨**ze-**⟩ gelb werden; vergilben
žluč F Galle
žlučník M Gallenblase *f*
žlučový: **~ kamínek** M Gallenstein
žluklý ranzig
žluknout ranzig werden
žlutý gelb; **~ anděl** *m Verkehr* Gelber Engel; **žlutá karta** *f* SPORT Gelbe Karte
žolík M *Spielkarte* Joker
žralok M Hai
žrát ⟨**sežrat**⟩ fressen; *umg Insekt* stechen
žravý gefräßig
žula F Granit *m*
župan M Morgenrock
žvanil M, **žvanilka** F Schwätzer(in)
žvanit schwatzen, *umg* quatschen
žvást F Geschwätz *n*
žvýkačka F Kaugummi *m*
žvýkat kauen

Grundinformationen über die Tschechische Republik

Die Tschechische Republik liegt in Mitteleuropa. Sie hat rund 10,7 Millionen Einwohnerinnen und Einwohner; ihre Fläche beträgt etwa 78 780 km^2. Im Jahr 1918 war die damalige Tschechoslowakei (**Československo**) gegründet worden, bestehend aus Tschechien und der Slowakei. Der Staat hatte sich 1993 wiederum in Tschechien (**Česko**) und die Slowakei (**Slovensko**) gespalten.

Der offizielle Name des heutigen Staates ist **Česká republika** (Tschechische Republik), abgekürzt **ČR**. Man verwendet auch die Kurzbezeichnung **Česko** (Tschechien). Die Bezeichnung „Tschechei" hingegen ist heute ungebräuchlich, zumal sie negativ mit der Nazizeit assoziiert ist (u. a. in dem Begriff „Rest-Tschechei"). Die Hauptstadt ist **Praha** (Prag) mit 1,27 Millionen Einwohnern.

Die historischen Gebiete, aus denen sich die heutige Tschechische Republik zusammensetzt, heißen **Čechy** (Böhmen), **Morava** (Mähren) und **Slezsko** (Schlesien).

Administrative Einteilung

Es gibt in der heutigen Tschechischen Republik 14 Kreise (**Kraje**), die wiederum in Bezirke untergliedert sind. Die jeweiligen Autokennzeichen tragen stets einen Buchstaben der Kreishauptstadt:

C: Jihočeský, České Budějovice (Südböhmen)
B: Jihomoravský, Brno (Südmähren)
K: Karlovarský, Karlovy Vary (Karlsbad, Westböhmen)
H: Královéhradecký, Hradec Králové (Ostböhmen)

L: Liberecký, Liberec (Nordböhmen)
T: Moravskoslezský, Ostrava (Mährisch-Schlesien)
M: Olomoucký, Olomouc (Olmütz, Nordmähren)
E: Pardubický, Pardubice (Ostböhmen)
P: Plzeňský, Plzeň (Pilsen, Westböhmen)
A: Praha, A (Prag)
S: Středočeský, Praha (Mittelböhmen, Prag)
U: Ústecký, Ústí nad Labem (Nordböhmen)
J: Vysočina, Jihlava (Hügelland zwischen Böhmen und Mähren)
Z: Zlínský, Zlín (Mähren)

Anrede

Weibliche Familiennamen weisen meistens die Endung **-ová** auf: So wird etwa aus dem Nachnamen **Dvořák** der weibliche Name **Dvořáková**. Selbst ausländische Namen werden im Tschechischen oft mit der Endung **-ová** versehen, z. B. **Meryl Streepová**. Seit einiger Zeit können Frauen in Tschechien jedoch auch die Namen ohne **-ová** führen.
Bei der Anrede wird im Tschechischen der Vokativ verwendet, der eine besondere Endung hat. So spricht man einen Mann mit **pane (Dvořák)!**, eine Frau mit **paní (Dvořáková)!** an. Die Anrede mit **slečno!** (Fräulein!) wird, ebenso wie im Deutschen, fast nie verwendet.
Personen, die einen Titel tragen, werden generell mit diesem Titel und ohne Familiennamen angesprochen: **pane doktore! paní doktorko! pane profesore! paní profesorko!**

Apotheken

Medikamente erhält man in der **lékárna** (Apotheke). Das Angebot an Medikamenten ist mit dem der deutschen Apotheken vergleichbar. Für Notfälle gibt es auch in Tschechien Apotheken mit 24-Stunden-Dienst: **lékárny s nepřetržitým provozem (non-stop pohotovost)**.

Auto

In Tschechien benötigt man für Autobahnen und Schnellstraßen eine Vignette. Diese ist seit 2021 ausschließlich in elektronischer Form erhältlich (bei der Post oder bei Tankstellen), und sie ist 10, 30 oder 365 Tage gültig.

In Ortschaften gilt in Tschechien eine Höchstgeschwindigkeit von 50 km/h, auf Landstraßen 90 km/h, auf Autobahnen und Schnellstraßen 130 km/h.

In Bezug auf Vorfahrtsregeln ist in Tschechien zu beachten, dass abbiegende Straßenbahnen Vorrang haben.

Weitere Regelungen: Für PKWs und Motorräder besteht die Pflicht, auch tagsüber mit Licht zu fahren und Ersatzbirnen mitzuführen. Alkohol am Steuer ist verboten – die Promillegrenze liegt bei 0,0 ‰. Auch das Telefonieren am Steuer ohne Freisprechanlage ist untersagt.

Kinder müssen, solange sie kleiner als 1,50 m und leichter als 36 kg sind, in einem Autositz oder einer entsprechenden Vorrichtung sitzen.

Sollte infolge eines Verstoßes Bußgeld eingefordert werden, ist es ratsam, den Betrag sofort vor Ort zu zahlen und sich dies von der Polizei bestätigen zu lassen. Eine amtliche Regelung ist umständlich und teuer. Die Verkehrspolizei der EU-Länder ist vernetzt – daher kann es auch vorkommen, dass Sie einen Strafzettel aus Tschechien, z. B. wegen zu hoher Geschwindigkeit, an Ihre Heimatadresse erhalten.

Bahn

Das tschechische Eisenbahnnetz ist gut ausgebaut. Auf größeren Entfernungen verkehren InterCity-Züge (**IC**), auf internationalen Strecken EuroCity-Züge (**EC**). Außerdem gibt es Schnellzüge (**R, Sp**) und Regionalzüge (**RJ**). Fahrkarten sind am Bahnhof oder im Internet erhältlich – oder direkt im Zug, sofern an einer Haltestelle keine Kaufmöglichkeit besteht. Kinder bis zu 6 Jahren fahren gratis, Reisende ab 65 Jahren

erhalten einen Nachlass von 50 % (gegen Vorlage eines Ausweises). Auch für Personen unter 18 Jahren und Studierende sind Vergünstigungen erhältlich.
Im Internet können Sie im Voraus günstige Fahrkarten erwerben (**www.idos.cz**).
Das Eisenbahnnetz wird konstant ausgebaut. Sollte es wegen Arbeiten an einer Strecke Schienenersatzverkehr geben, finden Sie bei den Abfahrten die entsprechende Vokabel **výluka**. In solchen Fällen warten in der Regel Busse vor dem Bahnhof.

Begrüßung

Der gebräuchlichste Gruß ist **Dobrý den!** (Guten Tag!). Verwendet wird auch **Dobré ráno!** (Guten Morgen!) und **Dobrý večer!** (Guten Abend!). Mit **Dobrou noc!** wünschen Sie eine gute Nacht. Zum Abschied sagt man **Na shledanou!** (Auf Wiedersehen!). Im Alltag ist die Begrüßung wie auch die Verabschiedung mit **Ahoj!** sehr verbreitet – allerdings ausschließlich unter vertrauten Personen, die sich duzen. Etwas flexibler ist der Gebrauch von **Zdravím!** (Grüß dich/Sie!). Junge Leute sagen oft **Čau!**, was ungefähr dem deutschen Hallo! entspricht.

Bus

Mit dem Bus kann man sowohl innerhalb Tschechiens als auch vom Ausland aus nach Tschechien reisen. Fahrkarten gibt es an den Schaltern der Busbahnhöfe, direkt im Bus oder im Internet (**www.idos.cz**). Wer das Land mit dem Fahrrad erkunden will, kann die Cyklobusse, die speziell für die Mitnahme von Rädern ausgestattet sind, nutzen. Sie verkehren im ganzen Land während der Sommersaison und bieten große Flexibilität. Informationen erhalten Sie am Busbahnhof oder im Internet (**cyklobus**).

Camping und Flüsse

Es gibt kaum eine schönere Art, Tschechien zu erkunden, als mit dem Boot. Man kann mehrtägige Touren unternehmen und auf den ufernahen Campingplätzen in einem **stan** (Zelt) oder einer **chata** (Hütte) übernachten. Sehr beliebt hierfür ist die **Vltava** (Moldau), aber auch die Flüsse **Lužnice**, **Sázava**, **Otava** und **Metuje** sind in den Sommermonaten stark frequentiert.

Campingplätze findet man vor allem an Flüssen und Seen. Geöffnet sind sie in der Regel von Mai bis Ende September, einige wenige kann man auch das ganze Jahr über besuchen. Mehr Komfort bieten die größeren Campinganlagen mit gut ausgestatteten sanitären Einrichtungen, mit Stromanschluss, einer Küche und Einkaufsmöglichkeiten. Manche Campingplätze bieten kleine Holzhäuser (**chata**) an.

Chaty a chalupy

Viele Tschechinnen und Tschechen besitzen eine **chata** (Wochenendhaus) oder **chalupa** (Haus/Bauernhaus auf dem Lande), wo sie ihr Wochenende oder ihren Urlaub verbringen. In der Zeit der Pandemie ist die Nachfrage nach Objekten im ländlichen Raum stark gestiegen.

Natürlich gibt es auch die Möglichkeit, Wochenendhäuser oder Bauernhäuser mieten. Eine große Auswahl finden Sie im Internet (**pronájem chaty a chalupy**).

Duzen oder siezen?

Wie bei uns gilt auch in Tschechien: Unter jungen Leuten sowie im Freundes- und engeren Bekanntenkreis duzt man sich (z. B. **Mluvíš česky?** Sprichst du Tschechisch?) und spricht sich mit dem Vornamen (im Tschechischen mit dem Vokativ) an: **Josef – Josefe! Jana – Jano!**

Im offiziellen Kontakt wird die Höflichkeitsform verwendet, für die man die 2. Person Plural (nicht wie im Deutschen die 3. Person Plural) gebraucht (z. B. **Mluvíte česky?** Sprechen Sie Tschechisch?).

Fahrräder

In Tschechien können Sie an verschiedenen Stellen Fahrräder leihen, z. B. an Campingplätzen, in Hotels oder bei Fahrradgeschäften. In größeren Städten stehen auch Fahrradverleihstationen zur Verfügung, wobei die Räder über das Smartphone gebucht werden können. Gleiches gilt für E-Scooter, die Sie an verschiedenen Orten platziert vorfinden.

Feiertage

In Tschechien gibt es 13 arbeitsfreie Tage im Jahr (7 Staatsfeiertage und 6 weitere Feiertage): der 1. Januar, der Karfreitag und der Ostermontag, der 1. Mai (Tag der Arbeit), der 8. Mai (Befreiungstag 1945), der 5. Juli (Tag der Slawenapostel **Cyril und Metoděj**), der 6. Juli (Gedenktag für **Jan Hus**), der 28. September (Tag des Landespatrons **sv. Václav**), der 28. Oktober (Gründung der Tschechoslowakischen Republik 1918), der 17. November (**sametová revoluce** – Samtene Revolution 1989) sowie der 24., 25. und 26. Dezember (Weihnachtsfeiertage). Das Weihnachtsfest wird traditionell mit gebackenem, paniertem Karpfen gefeiert; dieser wird vor dem Fest überall zum Verkauf angeboten.

Geld

Gesetzliches Zahlungsmittel ist die Tschechische Krone (CZK), **koruna česká** (**Kč**). Eine Krone entspricht 100 **haléřů** (Heller). Im Umlauf sind Münzen zu 1 Krone bzw. 2, 5, 10 und 20 Kronen sowie Banknoten zu 100, 200, 500, 1000, 2000 und 5000 Kronen. Heller-Münzen sind nicht mehr in Gebrauch, bei Barzahlung wird auf volle Kronen gerundet. Bankkarten werden fast überall akzeptiert.

Den besten Wechselkurs erhält man durch Abheben am Geldautomaten. Die Banken wechseln zum jeweils offiziellen Tageskurs. Ein wenig Vorsicht ist in den Wechselstuben geboten, auch wenn die Kursunterschiede auf den ersten Blick gering erscheinen mögen. Werden bessere Kurse angeboten, so sollte man prüfen, ob nicht vielleicht hohe Gebühren anfallen oder diese Kurse nur für hohe Wechselbeträge gelten.

Gesundheit

Die ärztliche Versorgung in Tschechien entspricht etwa dem deutschen Standard. Für eine Behandlung in einer Arztpraxis oder einem Krankenhaus (**nemocnice**), die dem staatlichen Versicherungssystem angeschlossen sind, ist die Europäische Krankenversicherungskarte notwendig. Außerdem kann eine private Auslandskrankenversicherung mit Krankenrücktransport sinnvoll sein.

Hausnummern

Es fällt auf, dass die Häuser in den größeren Städten jeweils zwei Hausnummernschilder haben. Eine rote Zahl auf weißem Hintergrund zeigt die Nummer des Hauses in der betreffenden Straße an. Ein Schild mit weißer Nummer auf farbigem Grund trägt die Nummer, unter der das Haus im Grundbuch eingetragen ist. Im Grundbuch wird die Reihenfolge wiedergegeben, in der die Häuser in der betreffenden Stadt gebaut wurden.

Kaffee

Nach dem Essen wird Kaffee (**káva**) getrunken, und zwar üblicherweise schwarz. Der gängige, einfach mit heißem Wasser überbrühte Kaffee (kein Filterkaffee) wird immer mehr vom sogenannten **presso**, der mit einem guten doppelten Espresso vergleichbar ist, verdrängt. Gern getrunken wird auch der **Vídeňská káva** (mit einer Sahnehaube) oder ein

Cappuccino. Genießen kann man den Kaffee seiner Wahl z. B. mit einem leckeren Kuchen (**koláč**) oder einem Stück Torte (**dort**) in einer **kavárna** oder **cukrárna**. In der **cukrárna** erhält man alles auch zum Mitnehmen.

Kultur in Tschechien

Kultur und Kunst haben in Tschechien eine lange Tradition. Viele tschechische Persönlichkeiten aus dem Bereich der Musik sind weltberühmt (Smetana, Dvořák, Janáček) und ihre Werke werden auch heute noch oft gespielt.

Theatervorstellungen, Konzerte und musikalische Events gehören in Tschechien zum Alltag. Besonders hervorzuheben sind hier die sommerlichen Vorstellungen im Freilufttheater von **Český Krumlov**, wo sich nicht die Bühne, sondern der Zuschauerraum samt Publikum in die Richtung der aktuellen Szene dreht.

Theaterkarten können u. a. bei der Stadtinformation erworben werden. In **Karlovy Vary** (Karlsbad) findet jeden Sommer ein internationales Filmfestival statt. Einige tschechische Filme sind so bekannt, dass sie beinahe jeder Tscheche und jede Tschechin kennt. Werden Zitate aus solchen Kultfilmen in Alltagssituationen gebraucht, ist dies meist für Nicht-Einheimische schwer zu verstehen.

Auch die bildende Kunst ist in Tschechien stark vertreten. Neben großen Galerien in alten Palästen gibt es alle Arten von Ausstellungen in sämtlichen Städten.

Interessant sind auch die Kollektionen junger Talente aus dem Bereich Modedesign, die meist in Prag ihre Geschäfte haben. Auch die Glasindustrie ist hier zu nennen – so kann man in Tschechien sehr schöne Glaserzeugnisse bewundern und natürlich auch erwerben.

Aus dem Bereich der Handwerkskunst sind wohl am bekanntesten die schön bemalten Osterreier (**kraslice**), die pünktlich zur Ostersaison im Handel angeboten werden.

Mahlzeiten

Lokale und Gaststätten in den Stadtzentren und an touristischen Orten sind relativ teuer. Es lohnt sich, ein Stück weiter entfernt von diesen Zentren ein Restaurant zu wählen; dort kann man genauso gut essen und trinken, jedoch zu wesentlich günstigeren Preisen. Bei den Restaurants (**restaurace**), Gasthäusern und Gasthöfen (**hospoda, hostinec**) gibt es verschiedenste Kategorien – von einfach bis exquisit. Bierstuben (**pivnice**) sind meist ganz puristisch mit Holztischen und -bänken ausgestattet. Den Abend ausklingen lassen kann man z. B. in einer gemütlichen Weinstube (**vinárna**).

In Tschechien wird bereits ab 11 Uhr zu Mittag gegessen. Zur Mittagszeit werden oft preiswerte Tagesgerichte und Menüs angeboten. Diese sind jedoch häufig limitiert. Das Abendessen wird ebenfalls früh eingenommen. In kleineren Ortschaften muss man deshalb damit rechnen, dass die Küche schon um 20.30 Uhr geschlossen hat. In anderen Restaurants kann man maximal bis 23 Uhr noch etwas essen. Längere Öffnungszeiten haben Bars und Weinstuben. Speisekarten (**jídelní lístek**) in deutscher Sprache gibt es generell in den Lokalen der gehobenen Kategorien und in touristischen Gegenden. Die Beilagen sind nicht immer Bestandteil des Gerichtes und müssen oft zusätzlich bestellt werden.

Nahverkehr

Fahrkarten (**jízdenka**) für den Stadtverkehr (**městská doprava**) gibt es in Tabakgeschäften, an Automaten an den Haltestellen, oder per SMS (**SMS jízdenka**) elektronisch zu kaufen. Die Fahrkarten gelten für die Straßenbahn, die U-Bahn sowie städtische Busse, und sie sind zeitlich limitiert. Eine Kurzstreckenfahrkarte gilt etwa in Prag 30 Minuten, eine gewöhnliche Fahrkarte ist in der Regel 90 Minuten gültig. Man kann auch eine Tageskarte (**denní jízdenka**) kaufen. In der U-Bahn sind die

Fahrkarten vor dem Einstieg zu entwerten, in den Bussen und den Straßenbahnen sind Entwerter angebracht.

Notruf

Wichtige Telefonnummern in Tschechien (kostenfreie Notrufe):

150 Feuerwehr (**hasiči**)
155 Rettungsdienst (**záchranná služba**)
158 Polizei der Tschechischen Republik (**policie**)
165 Städtische Polizei (**městská policie**)
112 Einheitliche europäische Notrufnummer

Obecná čeština

Obecná čeština, die Alltagssprache, ist die gesprochene Form der tschechischen Sprache, die in der alltäglichen Kommunikation verwendet wird. Sie unterscheidet sich von der Schriftsprache z. B. in manchen Endungen. Die **obecná čeština** entwickelt sich schneller als die Schriftsprache, und manche Phänomene gehen mit der Zeit in die Schriftsprache über. Der Unterschied zwischen der Schriftsprache und der gesprochenen Sprache ist jedoch nicht so gravierend wie bei manchen deutschen Dialekten. Die tschechische Schriftsprache wird in der geschriebenen Form oder bei offiziellen Gelegenheiten verwendet (Rundfunk und Fernsehen, Schulen, Verhandlungen, Gericht usw.).

Öffnungszeiten

Die Öffnungszeiten der Geschäfte sind in Tschechien nicht einheitlich festgelegt. Supermärkte sind in der Regel von 7 bis 20 Uhr (in den größeren Städten bis 21 Uhr) und auch sonntags geöffnet, andere Geschäfte meist von 9 bis 18 Uhr, Postämter von 8 bis 18 Uhr, Apotheken meist von 7 bis 17.30 Uhr. Viele Apotheken sind samstags geschlossen.

Schlösser, Museen und Sehenswürdigkeiten haben außer Montag jeden Tag geöffnet (Oktober bis März: 9–16 Uhr, April bis September: 9–17 Uhr). Kirchen kann man häufig nur während des Gottesdienstes besuchen, ansonsten bleiben sie meist geschlossen.

Parken

Hotels und Pensionen bieten oft bewachte bzw. gesicherte Parkplätze an. Es empfiehlt sich, das Fahrzeug in jedem Fall auf einem bewachten oder gebührenpflichtigen Parkplatz abzustellen. Gebührenfreie Parkzonen sind mit **Bez poplatku** ausgewiesen. Gelbe Linien am Straßenrand bedeuten, dass das Parken im betreffenden Bereich verboten ist. Auf Anwohnerparken wird mit dem Schild **Pro držitele povolení** hingewiesen, **Zákaz zastavení** zeigt ein Halteverbot an. An falsch parkenden Autos werden generell Krallen angebracht, zusätzlich sind hohe Bußgelder zu erwarten.

Pivo

Es heißt, das tschechische Bier gehöre zu den besten der Welt. Am bekanntesten ist das herbe Pilsner Urquell (**Plzeňský prazdroj**), das **Budvar** aus dem südböhmischen **České Budějovice**, und das Prager Bier **Staropramen**. Es gibt helles (**světlé**) und dunkles (**tmavé** oder **černé**) Bier. Beides wird auch gerne gemischt, das Resultat ist das sogenannte **řezané** (so genanntes „Geschnittenes"). Ausgeschenkt wird vorwiegend 10- oder 12-gradiges Bier. Diese Klassifizierung bezieht sich auf den Anteil löslicher Stoffe in der Würze vor dem Gärungsprozess und entspricht einem Gehalt von etwa 3,5–4,5 % Alkohol. In traditionellen Bierstuben wird der leere Bierkrug generell so lange immer wieder gegen einen vollen ausgetauscht, bis der Gast bezahlt.

Post

Tschechische Briefmarken (**známky**) tragen die Buchstabenbezeichnungen A, B, E, Z. Bei einer Preisänderung gelten daher die jeweiligen Briefmarken weiter. A und B sind Briefmarken für das Inland, E und Z für das Ausland.

Nützliche Begriffe im Zusammenhang mit der Post sind: **zásilka** (Sendung), **balíky** (Pakete), **poslat** (senden), **vyzvednout** (abholen).

Das Netz der Abholstellen für verschiedene Sendungen ist in Tschechien sehr gut ausgebaut. Im Internet können Sie eine Abholstelle in Ihrer Nähe finden (**zásilkovna**).

Radwandern

Nach offiziellen Angaben gibt es in Tschechien über 30.000 gut markierte Radwanderwege. Detaillierte Radwanderkarten (**cykloturistická mapa**) gibt es in Buchhandlungen oder Informationsbüros zu kaufen. Weitere Informationen finden Sie unter dem Stichwort „Fahrräder".

Sehenswürdigkeiten und Kultur

In Tschechien gibt es eine sehr große Anzahl an Schlössern, Kirchen, Klöstern, Palästen und anderen bedeutenden Bauten. Viele von ihnen befinden sich in Prag, aber auch in den anderen Landesteilen sind bedeutende und sehenswerte Objekte zu bestaunen. Zu den bekanntesten Sehenswürdigkeiten in Prag gehört vor allem die Prager Burg mit dem Veitsdom (**Hradčany, Katedrála svatého Víta**), die Karlsbrücke (**Karlův most**), der Altstädter Ring (**Staroměstské náměstí**) mit der Teynkirche (**Týnský chrám**) und viele weitere Sehenswürdigkeiten, insbesondere in der Altstadt und der Kleinseite (**Staré Město a Malá Strana**). Zu den meistbesuchten Städten gehören **Český Krumlov** in Südböhmen, das Kurort-Dreieck in Westböhmen (**Karlovy Vary, Mariánské Lázně, Františkovy Lázně**), **Kutná Hora** mit dem gotischen

Dom der heiligen Barbara (**Chrám svaté Barbory**), das Schloss **Hluboká nad Vltavou** in Südböhmen und das Schloss **Lednice** in Südmähren. Montags haben die Schlösser und Museen generell Ruhetag.
Oft wird neben den Besichtigungen noch ein zusätzliches Programm angeboten (Ausstellungen, Theatervorstellungen, Konzerte).
Nützliche Suchbegriffe für die Internetrecherche: **hrady a zámky** (Burgen und Schlösser).

Süßspeisen

Die Qual der Wahl hat man in Tschechien, wenn man sich für eine der schmackhaften Süßspeisen entscheiden soll. Am bekanntesten sind **palačinky** (Palatschinken), bei denen es sich um dünne und feine Pfannkuchen mit unterschiedlicher Füllung handelt. Unbedingt probieren sollte man auch **lívance** (Liwanzen), in Fett gebackene Hefekuchen, die mit Marmelade, Pflaumenmus (**povídla**), Zimt oder Mohn und Zucker bestrichen werden, **buchty** (Buchteln), ein mit Pflaumenmus oder Mohn gefülltes Hefegebäck, **ovocné knedlíky** (mit Pflaumen oder Mirabellen gefüllte Obstknödel) oder aus Kartoffelteig zubereitete **škubánky s mákem** (Nocken mit Mohn).

Toiletten

Öffentliche Toiletten sind meist gebührenpflichtig. **Dámy** oder **Ženy** ist die Damentoilette, **Muži** oder **Páni** die Herrentoilette.

Trinkgeld

Es ist üblich, in tschechischen Lokalen etwa 10 % Trinkgeld zu geben. Das Trinkgeld ist nicht eingeschlossen und wird auch nicht zusätzlich berechnet. Als Trinkgeld missverstanden werden oft die auf den Rechnungen ausgewiesenen **20 % DPH**. Hierbei handelt es sich aber um die Mehrwertsteuer.

Unfall

Ist bei einem Unfall in Tschechien ein Personenschaden oder ein Schaden Dritter höher als 100.000 Kč, also etwa 4000 Euro, muss unbedingt die Polizei über den Notruf 112 oder 158 verständigt werden. Am Unfallort darf nichts verändert werden. Ist der Schaden geringer, können die Parteien die Schadenregulierung miteinander absprechen. Auch hier sollte ein Protokoll erstellt werden.

Wandern

In Tschechien gibt es über 40.000 bestens markierte Wanderwege. Die Grenzregionen bieten zusätzlich länderverbindende Wanderpfade. Aktuelle Wanderkarten kann man vor Ort günstig kaufen. Einige Markierungen: Kammwege und Fernwanderstrecken sind rot markiert, Strecken mittlerer Länge sind blau; grüne Markierungen zeigen kurze Touren an, gelbe zeigen kurze Verbindungsstrecken an. Aus Gründen des Naturschutzes kommt es vor, dass Waldwege oder auch Straßen gesperrt sind. Die Verbotsschilder **Vjezd zakázán** (Einfahrt verboten) oder **Průjezd zakázán** (Durchfahrt verboten) gelten für Pkws, das Schild **Vstup zakázán** (Betreten verboten) ist auch für alle, die zu Fuß oder mit dem Rad unterwegs sind, verbindlich.

Zoll

Innerhalb der EU darf man Waren für den Eigenbedarf unbegrenzt einführen. Einschränkungen gibt es bei Alkohol, Tabakwaren und Treibstoff. Wenn gewisse Mengen überschritten werden, muss der private Gebrauch nachgewiesen werden. Zollkontrollen sind in Tschechien auch weit entfernt der Grenzen möglich.

Deutsch – Tschechisch

A

Aachen N Cáchy *fpl*
Aal M úhoř
ab (*D*) *zeitlich* od (*G*); *räumlich* z (*G*); **~ und zu** občas; **weit ~** daleko; **~ heute** ode dneška; **~ Berlin** z Berlína; **~ 8 Uhr** od osmi (hodin)
abartig úchylný, zvrhlý
Abbau M BERGB těžba *f*; *Demontage* demontáž *f*; *Verringerung* snížení *n*; *v Arbeitsplätzen* zrušení pracovních míst
abbeißen ukusovat ⟨ukousnout⟩ **abbekommen** dostávat ⟨-stat⟩ **abbestellen** odříkat ⟨-řeknout⟩, odvolávat ⟨-lat⟩ **abbiegen** odbočovat ⟨-čit⟩ (**nach rechts** napravo)
Abbildung F vyobrazení *n*, obrázek *m*
abblenden AUTO ⟨z⟩tlumit; FOTO ⟨za⟩clonit **Abblendlicht** N potkávací světla *npl*
abbrechen ulamovat ⟨ulomit⟩ (se) **abbremsen** ⟨za-⟩ brzdit **abbrennen** vypalovat ⟨-pálit⟩ **abbringen** odvracet ⟨-vrátit⟩ (**j-n von et** k-o od č-o) **abbröckeln** odprýskávat ⟨-kat⟩
Abbruch M zboření *n*; *fig* přerušení *n*
abbuchen od(e)pisovat ⟨odepsat⟩
abbürsten ⟨o⟩kartáčovat
Abc N abeceda *f* (*a. fig*)
abdecken *aufdecken* odkrývat ⟨-krýt⟩; *zudecken* zakrývat ⟨-krýt⟩ **abdrehen** *Gas, Wasser* (u)zavírat ⟨-vřít⟩; *Licht, Radio* vypínat ⟨-nout⟩; SCHIFF, FLUG změnit kurz
Abdruck M otisk
Abend M večer; **gestern ~** včera večer; **guten ~!** dobrý večer; **zu ~ essen** večeřet
Abendbrot N, **Abendessen** N večeře *f* **Abendkasse** F večerní pokladna **Abendkleid** N večerní šaty *mpl* **Abendkurs** M večerní kurz
abends večer
Abenteuer N dobrodružství
abenteuerlich dobrodružný
aber ale; **oder ~** nebo spíš(e)
Aberglaube M pověra *f* **abergläubisch** pověrčivý
abfahren odjíždět ⟨-jet⟩ (**von** od *G*; **nach** do *G*); SCHIFF odplouvat ⟨-plout⟩; *et* odvážet ⟨-vézt⟩; *Reifen* ojíždět ⟨ojet⟩; SPORT sjíždět ⟨sjet⟩
Abfahrt F odjezd *m*; SPORT sjezd *m*

Abfahrtslauf M *Ski* závody *mpl* ve sjezdu
Abfall M, *a pl* **Abfälle** odpadky *mpl*
Abfallbeseitigung F odstraňování *n* odpadu **Abfalleimer** M odpadkový kbelík **abfallen** odpadat ‹-nout›; *Gelände* svažovat se
abfällig nepříznivý
abfärben pouštět ‹pustit› barvu
abfertigen vypravovat ‹-vit›, odbavovat ‹-vit› **Abfertigungshalle** F odbavovací hala
abfinden: **sich ~ mit** (*D*) spokojovat ‹-jit› se s (*I*) **Abfindung** F WIRTSCH odstupné *n*
abflauen ochabovat ‹-nout›
abfliegen odlétat ‹-tět› (**nach** *D* do *G*) **abfließen** odtékat ‹-téct›
Abflug M odlet
Abfluss M odtok **Abflussrohr** N odpadní potrubí
abführen odvádět ‹-vést› **Abführmittel** N projímadlo **abfüllen** stáčet ‹stočit› **Abgabe** F dávka, poplatek *m* **Abgase** NPL výfukové plyny *mpl*
abgeben odevzdávat ‹-dát›; **sich ~ mit** (*D*) zabývat se (*I*)
abgehärtet otužilý
abgehen *sich lösen* oddělovat ‹-lit› se, odpadávat ‹-dnout›
abgelaufen *Pass* propadlý, prošlý **abgelegen** odlehlý
abgemacht: **~!** ujednáno!
abgenutzt opotřebovaný
Abgeordnete M poslanec; F poslankyně
abgeschlossen uzavřený; *vollendet* ukončený
abgesehen: **~ von** (*D*) nehledě k (*D*)
abgestanden *Bier* zvětralý
abgewöhnen odnaučovat ‹-čit› (**j-m et** k-o č-u); **sich das Rauchen ~** odvykat ‹-nout› (si) kouření
Abgrund M propast *f*
abhaken *fig* odškrtávat ‹-tnout›
abhalten *Sitzung* ‹vy›konat; **j-n von et ~** zdržovat ‹-žet› k-o od č-o
abhandenkommen ztrácet ‹ztratit› se
Abhang M stráň *f*, svah
abhängen *Wagen* odpojovat ‹odpojit›; **~ von** záviset na (*L*)
abhängig závislý (**von** *D* na *L*)
abhauen usekávat ‹-knout›; *umg* utíkat ‹utéct›
abheben *Geld* vybírat ‹-brat›; *Spielkarte* snímat ‹sejmout›; FLUG vzlétat ‹-nout›; **sich ~ von** (*D*) odrážet se od (*G*)
abheilen ‹za›hojit se
abhetzen: **sich ~** uhnat se
Abhilfe F: **~ schaffen** odpomáhat ‹-moct›
abholen *j-n zu Fuß* docházet ‹-jít› pro (*A*); *j-n mit Fahrzeug* přijíždět ‹-jet› pro (*A*); **~ lassen** (*A*) posílat ‹-slat› pro (*A*)
abhören *Gespräch* odposlouchávat ‹-chat›; *Schüler* vyzkoušet
Abitur N maturita *f*

abkaufen odkupovat ⟨-koupit⟩ (**j-m et** od k-o *A*) **abklingen** *Schmerz* polevovat ⟨-vit⟩ **abkochen** *Wasser* svařovat ⟨-řit⟩
Abkommen N dohoda *f*
abkoppeln odepínat ⟨-pnout⟩ **abkratzen** seškrabovat ⟨-bat⟩
abkühlen: **sich ~** ochlazovat ⟨-dit⟩ se
abkürzen *Weg* zkracovat ⟨zkrátit⟩ **Abkürzung** F *Wort* zkratka (*a Weg*)
abladen skládat ⟨složit⟩, vykládat ⟨-ložit⟩
ablassen *Wasser* vypouštět ⟨-pustit⟩
Ablauf M *v Ereignissen* průběh; *e-r Frist* uplynutí *n*; **nach ~** po (*L*) **ablaufen** *abfließen* odtékat ⟨-téct⟩; *Pass* propadnout; *Frist* uplývat ⟨uplynout⟩
ablecken olizovat ⟨olízat⟩ **ablegen** *Mantel* odkládat ⟨-ložit⟩; *Prüfung* vykonávat ⟨-nat⟩, skládat ⟨složit⟩; SCHIFF odplouvat ⟨-plout⟩
ablehnen odmítat ⟨-nout⟩ **Ablehnung** F odmítnutí *n*
ableiten *Wasser* odvádět ⟨-vést⟩; *fig* odvozovat ⟨-dit⟩ **ablenken** odvracet ⟨-vrátit⟩ **ablesen** odečítat ⟨-číst⟩ **abliefern** odevzdávat ⟨-dát⟩
ablösen *et* oddělovat ⟨-lit⟩; *j-n* ⟨vy⟩střídat (**sich** se)
abmachen odstraňovat ⟨-nit⟩; *vereinbaren* ujednávat ⟨-nat⟩ **Abmachung** F ujednání *n*, úmluva
Abmagerungskur F odtučňovací kúra
abmelden: **sich ~** odhlašovat ⟨-hlásit⟩ se
abmessen odměřovat ⟨-řit⟩
abmontieren odmontovat
abmühen: **sich ~** ⟨na⟩lopotit se
Abnahme F *Verminderung* úbytek *m*; *Ware* odběr *m*
abnehmen snímat ⟨sejmout⟩; TEL zvedat ⟨-dnout⟩; *Hut* smekat ⟨-nout⟩; *sich vermindern* ubývat ⟨ubýt⟩; **an Gewicht ~** ubývat ⟨ubýt⟩ na váze **Abnehmer** M WIRTSCH odběratel
Abneigung F odpor *m*
abnutzen: **sich ~** opotřebovávat ⟨-vat⟩ se
Abonnement N předplatné **abonnieren** předplácet ⟨-platit⟩, abonovat
abpfeifen odpískat **abprallen** odrážet ⟨-razit⟩ se **abraten** odrazovat ⟨-dit⟩ (**j-m von et** k-o od č-o) **abräumen** *Tisch* sklízet ⟨sklidit⟩
abrechnen vyúčtovat **Abrechnung** F vyúčtování *n*
abreiben otírat ⟨otřít⟩
Abreise F odjezd *m* **abreisen** odjíždět ⟨-jet⟩ (**nach** *D* do *G*)
abreißen strhávat ⟨-nout⟩; *Haus* ⟨z⟩bořit; *abgehen* utrhovat ⟨-nout⟩ se **Abreißkalender** M trhací kalendář
abrunden zaokrouhlovat ⟨-lit⟩
Abrüstung F odzbrojení *n*
Absage F odřeknutí *n* **absagen** odříkat ⟨-řeknout⟩
absägen odřezávat ⟨-zat⟩
Absatz M *Schuh* podpatek; *Text* odstavec; WIRTSCH odbyt

abschaffen ⟨z⟩rušit **abschalten** *Strom* vypínat ⟨-pnout⟩; *Gerät* odpojovat ⟨-jit⟩; *Motor* zastavit, vypínat ⟨-pnout⟩ **abschätzen** odhadovat ⟨-nout⟩ **abschicken** odesílat ⟨-slat⟩ **abschieben** odsunovat ⟨-nout⟩

Abschied M rozloučení *n*; **zum ~** na rozloučenou; **~ nehmen** rozloučit se (**von** *D s I*)

abschießen *Wild* odstřelovat ⟨-lit⟩; *Flugzeug* sestřelovat ⟨-lit⟩; *Rakete* vystřelovat ⟨-lit⟩ **abschirmen** ⟨za⟩clonit

Abschlag M WIRTSCH srážka *f* **abschlagen** *abhauen* urážet ⟨urazit⟩; otloukat ⟨otloucť⟩; *Bitte* odepírat ⟨-přít⟩ **Abschlag(s)zahlung** F zálohová platba **abschleifen** obrušovat ⟨-rousit⟩

Abschleppdienst M odtahová služba *f* **abschleppen** odtahovat ⟨-táhnout⟩ **Abschleppseil** N tažné lano **Abschleppwagen** M odtahový vůz

abschließen zamykat ⟨-mknout⟩; *beenden* dokončovat ⟨-čit⟩; *Vertrag* uzavírat ⟨-vřít⟩ **abschließend** závěrečný

Abschluss M ukončení *n*; (u)závěr; **zum ~** nakonec, konečně

abschneiden odřezávat ⟨-zat⟩; **gut (schlecht) ~** *fig* pochodit dobře (špatně)

Abschnitt M oddíl, úsek; *Buch* odstavec; *Zeitabschnitt* období *n*; *Kontrollabschnitt* kupon

abschrauben odšroubovat **abschrecken** odstrašovat ⟨-šit⟩; GASTR rychle ochladit **abschreiben** opisovat ⟨opsat⟩; WIRTSCH odepisovat ⟨-psat⟩ **Abschrift** F opis *m*

abschüssig spádný, srázný **abschütteln** střásat ⟨střást⟩ **abschweifen** uchylovat ⟨-lit⟩ se

absehbar dohledný **absehen** *Folgen* předvídat; **~ von** (*D*) upouštět ⟨upustit⟩ od (*G*)

abseits stranou **Abseits** N SPORT ofsajd *m*

absenden odesílat ⟨-slat⟩ **Absender** M odesílatel

absetzen *Last* skládat ⟨složit⟩; *Fahrgast* vysazovat ⟨-dit⟩; *v Programm* stáhnout z programu; *Ware* prodávat ⟨-dat⟩

Absicht F úmysl *m*, záměr *m* **absichtlich** úmyslný

absolut absolutní

absondern oddělovat ⟨-lit⟩; MED vyměšovat; **sich ~ von** (*D*) stranit se (*G*)

absperren *Tür* zamykat ⟨-mknout⟩; *Straße, Gas usw* uzavírat ⟨-vřít⟩ **Absperrung** F uzavření *n*

abspielen *Band* odehrávat ⟨-hrát⟩; **sich ~** stávat ⟨stát⟩ se, dít ⟨udát⟩ se

Absprache F úmluva, dohoda **absprechen** dohadovat ⟨-nout⟩ **abspringen** seskakovat ⟨-kočit⟩ **Absprung** M seskok **abspülen** oplachovat

⟨opláchnout⟩
abstammen pocházet (**von** *D* z *G*)
Abstand M odstup; **~ halten** zachovávat ⟨-vat⟩ odstup; **mit ~** *fig* daleko
abstauben oprašovat ⟨-rášit⟩
Abstecher M odbočka *f*; *zu Fuß* zacházka *f*; *mit Fahrzeug* zajížďka *f*
absteigen sestupovat ⟨-stoupit⟩; *im Hotel* ubytovat se
abstellen odstavovat ⟨-vit⟩; AUTO ⟨za⟩parkovat; *Heizung usw* uzavírat ⟨-vřít⟩; *Maschine* odstavit; TV, *Radio* vypínat ⟨-pnout⟩; *Motor* zastavovat ⟨-vit⟩, vypínat ⟨-pnout⟩ **Abstellraum** M odkládací prostor
abstempeln okolkovat; *entwerten* orazítkovat
absterben zmrtvět *pf*; *Pflanzen* odumírat ⟨-mřít⟩
Abstieg M sestup
abstimmen hlasovat (**über** *A* o *L*); **aufeinander ~** vzájemně sladit
Abstoß M SPORT odkop **abstoßen** *wegstoßen* odrážet ⟨-razit⟩; *Ware* prodávat ⟨-dat⟩; *Kanten* srážet ⟨srazit⟩
abstoßend odporný
abstreiten upírat ⟨upřít⟩ **Abstrich** M MED výtěr **Absturz** M pád **abstürzen** ⟨z⟩řítit se; IT padat ⟨spadnout⟩
Abszess M absces, vřed
Abteil N BAHN oddíl *m*, kupé
Abteilung F oddělení *n* **Abteilungsleiter(in** F) M vedoucí oddělení
abtransportieren odvážet ⟨-vézt⟩
abtreiben SCHIFF uchylovat ⟨-lit⟩ se **Abtreibung** F MED interrupce
abtreten *ausscheiden* odstupovat ⟨-stoupit⟩; *überlassen* postupovat ⟨-stoupit⟩
Abtreter M rohožka *f*
abtrocknen osušovat ⟨-šit⟩ (**sich** se)
abwarten vyčkávat ⟨-kat⟩
abwärts dolů
abwaschbar omyvatelný **abwaschen** umývat ⟨umýt⟩
Abwasser N splašky *mpl*
abwechseln: **sich ~** ⟨vy-⟩ střídat se
abwechselnd střídavý **Abwechslung** F změna
Abwehr F obrana **abwehren** odrážet ⟨-razit⟩ **Abwehrspieler** M obránce
abweichen odchylovat ⟨-chýlit⟩ se; *Ansicht* lišit se
abweisen odmítat ⟨-nout⟩ **abwenden** odvracet ⟨-vrátit⟩
abwerfen sházet ⟨shodit⟩; *Gewinn* vynášet ⟨-nést⟩ **Abwertung** F znehodnocení *n*; *Währung* devalvace
abwesend nepřítomný
abwickeln *erledigen* vyřizovat ⟨-řídit⟩ **abwiegen** ⟨od⟩vážit
abwischen utírat ⟨utřít⟩ **abwürgen** *Motor umg* nechávat ⟨-chat⟩ chcípnout **abzahlen** splácet ⟨splatit⟩ **abzählen** odpočítávat ⟨-tat⟩
Abzahlung F: **auf ~** na splátky

Abzeichen N odznak *m*
abzeichnen *unterschreiben* podpisovat ⟨-epsat⟩, parafovat; **sich ~** rýsovat se
abziehen MATH odečítat ⟨-číst⟩; *Lohn* srážet ⟨srazit⟩; *Schlüssel* vytahovat ⟨-táhnout⟩; *Bett* svlékat ⟨-nout⟩
Abzug M FOTO kopie *f*; WIRTSCH srážka *f*
abzüglich po odečtení (**der Kosten** nákladů)
abzweigen *Straße* odbočovat ⟨-čit⟩ **Abzweigung** F odbočka
Achse F osa; AUTO náprava
Achsel F rameno *n*
acht osm; **in ~ Tagen** ode dneška za týden
Acht F: **außer ~ lassen** nevšímat ⟨-všimnout⟩ si; **sich in ~ nehmen** mít se na pozoru
achte osmý
Achtel N osmina *f*
achten dbát (**auf** *A G*); *schätzen* vážit si
Achterbahn F horská dráha
Achterdeck N záďová paluba *f*
achtgeben dávat ⟨dát⟩ pozor; **gib acht!** (dej) pozor! **achtlos** nedbalý
achtstündig osmihodinový
Achtung F úcta; **~!** pozor!
achtzehn osmnáct **achtzig** osmdesát
Acker M pole *n* **Ackerbau** M zemědělství *n*
Adapter M adaptér
addieren sčítat ⟨sečíst⟩
Adel M šlechtictví *n*; šlechta *f*
Ader F céva
Adler M orel
Adlige M šlechtic; F šlechtična
adoptieren adoptovat, osvojovat ⟨-jit⟩
Adressbuch N adresář *m*
Adresse F adresa **adressieren** adresovat (**an** *A D*)
Adria F Jadran *m*
Advent M advent
Affäre F aféra
Affe M opice *f*
Afrika N Afrika *f* **Afrikaner(in** F) M Afričan(ka) **afrikanisch** africký
After M řiť *f*
Aftershave N voda *f* po holení
Ägäis F Egejské moře *n*
Agent M agent (*a.* POL) **Agentur** F agentura
aggressiv agresivní
Agrar- agrární
Ägypten N Egypt *m* **Ägypter(in** F) M Egypťan(ka) **ägyptisch** egyptský
ahnen tušit
ähnlich podobný; **und Ähnliches** a podobně; **~ sehen, ~ sein** podobat se **Ähnlichkeit** F podoba, podobnost
Ahnung F tušení *n*; **keine ~!** ani tušení! **ahnungslos** nic netušící
Ahorn M javor
Ähre F klas *m*
Airbag M airbag *m*
Aids N aids *m*
Akademiker M vysokoškolsky vzdělaný **akademisch** akademický
akklimatisieren: **sich ~** akli-

matizovat se
Akkord M akord **Akkordarbeit** F úkolová práce
Akkordeon N tahací harmonika *f*
Akku(mulator) M akumulátor
Akne F akné
Akrobat(in F**)** M akrobat(ka)
Akt M akt (*a.* KUNST)
Akte F spis *m*
Aktentasche F aktovka
Aktie F akcie **Aktiengesellschaft** F akciová společnost
Aktion F akce **Aktionär(in** F**)** M akcionář(ka)
aktiv aktivní, činný **Aktivität** F aktivita
aktuell aktuální
Akustik F akustika
akut akutní
Akzent M přízvuk
akzeptieren akceptovat
Alarm M poplach **Alarmanlage** F poplašné zařízení *n* **alarmieren** ⟨z⟩alarmovat
Albanien N Albánie **Alban(i)er** M Albánec **Alban(i)erin** F Albánka **albanisch** albánský
Album N album
Allergiker(in F**)** M alergik *m/f*
Algen FPL řasy
Alkohol M alkohol, líh **alkoholfrei** nealkoholický **Alkoholiker** M alkoholik **Alkoholikerin** F alkoholička **alkoholisch** alkoholický **Alkoholtest** M zkouška *f* na alkohol
All N vesmír *m*
alle[1] všichni; **~ beide** oba dva; **~ zwei Stunden** každé dvě hodiny
alle[2]: **es ist ~** došlo to
Allee F alej
allein sám; **von ~** sám od sebe
Alleinerziehende M, F samoživitel(ka) **Alleinhersteller** M jediný výrobce **alleinstehend** *Person* osamělý
allerdings ovšem
allergisch alergický (**gegen** *A* na *A*)
allerhand všelijaký
Allerheiligen N Všech svatých
allerlei všelijaký
Allerseelen N Dušičky *fpl*
alles všechno, všecko; **~ Gute!** všechno nejlepší!; **vor allem** především
allgemein všeobecný; **im Allgemeinen** všeobecně; **~ verständlich** obecně srozumitelný
Allgemeinbildung F všeobecné vzdělání *n* **Allgemeinheit** F všeobecnost
allmählich postupný; *langsam* nenáhlý **Allradantrieb** M pohon na všechna kola **Alltag** M všední den **alltäglich** všední
allzu: **~ sehr** příliš; **~ viel** příliš mnoho
Alm F horská pastvina
Almosen N almužna *f*
Alpen PL Alpy **alpin** alpský
Alphabet N abeceda *f* **alphabetisch** abecední
als *wie* jako; *nach Komparativ* než; *zeitlich* když; **~ ob** jakoby
also tedy
alt starý; **wie ~ bist du?** kolik je ti let?; **ich bin … Jahre ~** je mi …let
Altar M oltář

Altbau M starý dům **Altbauwohnung** F byt *m* ve starém domě
Alte M stařec, starý; F stařena, stará
Alter N stáří, věk *m*; **hohes ~** vysoké stáří; **im ~ von** ve stáří (*G*)
älter starší
altern ⟨ze⟩stárnout
alternativ alternativní
Altersheim N domov důchodců
Altertum N starověk *m*
altmodisch staromódní **Altpapier** N starý papír *m* **Altstadt** F staré město *n*
Alufolie F alobal *m*
am → an; **~ 2. März** druhého března; **~ Rhein** nad Rýnem; **~ besten** nejlépe
Amateur(in F) M amatér(ka)
ambulant: **~e Behandlung** F MED ambulantní ošetření *n*
Ambulanz F ambulance
Ameise F mravenec *m*
Amerika N Amerika *f* **Amerikaner(in** F) M Američan(ka)
amerikanisch americký
Ampel F *Verkehr* semafor *m*
Ampulle F ampulka
amputieren amputovat
Amsel F kos *m*
Amt N úřad *m* **amtlich** úřední
amüsant zábavný
amüsieren: **sich ~** ⟨po⟩bavit se
an (*wo D*) na (*L*); (*wohin A*) na (*A*); **~ Ostern** o Velikonocích; **~ e-m Werktag** ve všední den; **von heute ~** ode dneška; **~ die hundert Stück** asi sto kusů; **~ sein** *Radio* hrát; *Licht* svítit, být zapnutý
analog analogický, obdobný
Analyse F rozbor *m*
Anbau M AGR pěstování *n*; ARCH přístavba *f* **Anbaumöbel** PL sektorový nábytek *m*
anbei v příloze
anbehalten nechávat ⟨-chat⟩ na sobě
anbeißen nakusovat ⟨-kousnout⟩
Anbetracht M: **in ~** (*G*) vzhledem k (*D*)
anbieten nabízet ⟨-bídnout⟩
anbinden přivazovat ⟨-vázat⟩ (**an** *D* k *D*)
Anblick M pohled; **beim ~ von** (*D*) při pohledu (*G*)
anbrennen *Essen* připalovat ⟨-pálit⟩ se
andauern ⟨po⟩trvat **andauernd** stálý, trvalý
Andenken N památka *f*; **zum ~ an** (*A*) na památku (*G*)
andere jiný; *zweite* druhý; **etwas ~s** něco jiného; **am ~n Morgen** druhého rána; **ein ~s Mal** jindy; **unter ~m** mezi jiným
andererseits na druhé straně
ändern ⟨z⟩měnit (**sich** se)
andernfalls jinak
anders jinak; **jemand ~** někdo jiný; **ganz ~ sein** být docela jinak **anderswo** (někde) jinde
anderthalb jedenapůl
Änderung F změna
andeuten naznačovat ⟨-čit⟩
Andeutung F nápověď, náznak *m*

Andrang M nával
aneinander k sobě, na sebe **aneinanderreihen** seřaďovat ‹-dit›
anekeln: **das ekelt mich an** to se mi hnusí
anerkennen uznávat ‹-nat› **Anerkennung** F uznání *n*
anfahren *losfahren* rozjíždět ‹-jet› se; **j-n mit dem Auto ~** narážet ‹-razit› na k-o autem
Anfall M MED záchvat **anfallen** *j-n* napadat ‹-nout›
anfällig náchylný
Anfang M začátek, počátek; **am ~, zu ~** na začátku; **~ Mai** začátkem května **anfangen** začínat ‹-čít›
Anfänger M začátečník **Anfängerkurs** M kurz pro začátečníky
anfassen sahat ‹sáhnout› **anfertigen** zhotovovat ‹-vit› **anfeuchten** navlhčovat ‹-čit› **anfeuern** *fig* podněcovat ‹-nítit› **anfliegen** FLUG přilétat ‹-letět› **Anflug** M přílet; *fig* nádech
anfordern vyžadovat ‹-žádat› si **Anforderung** F požadavek *m*
Anfrage F dotaz *m*
anfreunden: **sich ~ mit** spřátelit se
anfügen připojovat ‹-jit›
anführen *leiten* vodit ‹vést›; *erwähnen* uvádět ‹uvést› **Anführer** M vůdce **Anführerin** F vůdkyně **Anführungszeichen** NPL uvozovky *fpl*
Angabe F údaj *m*; **nähere ~n** *pl* podrobnější údaje
angeben udávat ‹udat›; *prahlen* vychloubat se **Angeber(in** F**)** M vychloubač(ka) **angeblich** domnělý; ADV prý
angeboren vrozený
Angebot N nabídka *f*
angebracht vhodný **angebrannt** připálený **angeheitert** podnapilý
angehen *betreffen* týkat se (*G*); *Licht* rozsvěcovat ‹-svítit› se
angehend nastávající, budoucí
angehören náležet, patřit
Angehörige M příslušník; **meine ~n** *pl* moji příbuzní
Angeklagte M obžalovaný
Angel F udice; *umg Tür* pant *m*
Angelegenheit F záležitost
Angelhaken M háček
angeln ‹u›lovit ryby na udici
Angelrute F rybářský prut *m* **Angelschein** M rybářský lístek **Angelschnur** F vlasec *m*
angemessen přiměřený **angenehm** příjemný
angenommen: **~, dass ...** dejme tomu, že...
angesehen vážený **angesichts** (*G*) vzhledem k (*D*) **angespannt** napjatý
Angestellte M zaměstnanec; F zaměstnankyně
angewiesen: **~ sein auf** (*A*) být odkázán na (*A*)
angewöhnen: **sich et ~** zvykat ‹-knout› si na co
angezogen *gekleidet* oblečený
Angler M rybář
angreifen ‹za›útočit (*A* na *A*)
Angreifer M útočník

angrenzen hraničit (**an** *A* s *I*)
Angriff M útok
Angst F strach *m*
ängstlich úzkostlivý, bojácný
anhaben *Kleidung* mít na sobě
anhalten *j-n, et* zastavovat ⟨-vit⟩; *stehen bleiben* zastavit se; *dauern* ⟨po⟩trvat **anhaltend** trvalý
Anhalter M: **per ~ fahren** jezdit ⟨jet⟩ (auto)stopem
Anhaltspunkt M podklad, důvod
anhand na základě (**von** *D G*)
Anhang M dodatek
anhängen přivěšovat ⟨-sit⟩, připojavat ⟨-jit⟩ (**an** *A* k *D*) **Anhänger** M *Person* přívrženec; *Wagen* přívěs; *Schmuck* přívěšek **anhänglich** přítulný
anhäufen ⟨na⟩hromadit **anheben** *Last* nadzdvihovat ⟨-nout⟩; *Preise* zvyšovat ⟨-šit⟩
anhören poslouchat ⟨-slechnout⟩
Anis M anýz
Ankauf M nákup, koupě *f*
Anker M kotva *f*; **vor ~ gehen** zakotvovat ⟨-vit⟩
Anklage F (ob)žaloba **anklagen** ⟨ob⟩žalovat (**wegen** *G* pro *A*)
ankleben přilepovat ⟨-pit⟩
anklopfen zaklepat **anknipsen** *Licht* zapínat ⟨-pnout⟩ **anknüpfen** *fig* navazovat ⟨-vázat⟩
ankommen *zu Fuß* přicházet ⟨-jít⟩; *fahrend* přijíždět ⟨-jet⟩; **~ auf** (*A*) záležet na (*L*)
ankreuzen označit křížkem
ankündigen ohlašovat ⟨ohlásit⟩
Ankunft F příjezd *m*; FLUG přílet *m*
Anlage F *Grünanlage* sady *mpl*; TECH zařízení *n*; *zu e-m Brief* příloha; *Geldanlage* uložení *n*; *Begabung* nadání *n*, vlohy *fpl*
Anlass M příležitost; **~ geben zu** (*D*) zavdat podnět k (*D*) **anlassen** *Motor* spouštět ⟨spustit⟩; *Mantel* nechávat ⟨-chat⟩ na sobě **Anlasser** M AUTO spouštěč, startér
anlässlich (*G*) při (*od* u) příležitosti (*G*)
Anlauf M rozběh **anlaufen** *Glas* ⟨o⟩potit se; **blau ~** nabíhat ⟨-běhnout⟩ do modra
anlegen *Garten* zakládat ⟨-ložit⟩; *Geld* ukládat ⟨uložit⟩; *Verband* přikládat ⟨-ložit⟩
anlehnen *Tür* přivírat ⟨-vřít⟩; **sich ~ an** (*A*) opírat ⟨opřít⟩ se o (*A*)
Anleihe F (vý)půjcka, obligace
Anleitung F návod *m*
anmachen *Radio, Licht* zapínat ⟨-nout⟩; GASTR připravovat ⟨-vit⟩
Anmeldeformular N přihlašovací formulář *m* **anmelden** přihlašovat ⟨-hlásit⟩ (**sich** se)
Anmeldung F přihláška
anmerken poznamenávat ⟨-nat⟩; **sich nichts ~ lassen** nedávat ⟨-dat⟩ na sobě nic znát
Anmerkung F poznámka
annähen přišívat ⟨-šít⟩
annähernd přibližný
Annahme F příjem *m*, přijetí

n; Vermutung domněnka
annehmbar přijatelný **annehmen** přijímat ⟨-jmout⟩; *vermuten* domnívat, mít za to
Annehmlichkeit F pohodlí *n*
Annonce F inzerát *m*
annullieren anulovat
Anorak M bunda *f*, větrovka *f*
anordnen uspořádávat ⟨-dat⟩; *befehlen* nařizovat ⟨-řídit⟩ **Anordnung** F uspořádání *n*; nařízení *n*
anpassen: **sich ~** přizpůsobovat ⟨-bit⟩ se (**an** *A D*)
anpflanzen pěstovat **anprobieren** zkoušet ⟨zkusit⟩ **anrechnen** započítávat ⟨-tat⟩
Anrecht N nárok *m*
Anrede F oslovení *n* **anreden** oslovovat ⟨-vit⟩ (**mit Titel** titulem)
anregen *Appetit* povzbuzovat ⟨-dit⟩; *vorschlagen* dávat ⟨dát⟩ podnět
Anreise F příjezd *m*
anrichten *Speisen* připravovat ⟨-vit⟩; *Unheil* způsobovat ⟨-bit⟩
Anruf M (za)volání *n* **Anrufbeantworter** M záznamník **anrufen** ⟨za⟩volat (*A D*)
anrühren dotýkat ⟨-tknout⟩ se (*A G*)
Ansage F ohlášení *n* **ansagen** ohlašovat ⟨ohlásit⟩
anschaffen opatřovat ⟨-třit⟩ **Anschaffung** F opatření *n*
anschauen podívat se (*A* na *A*) **anschaulich** názorný
Anschein M zdání *n*; **allem ~ nach** jak se zdá **anscheinend** zřejmě, jak se zdá
Anschlag M *Plakat* návěští *n*; *Attentat* úklad, atentát **Anschlagbrett** N návěštní tabule *f*
anschließen připojovat ⟨-jit⟩ (**an** *A* k *D*; **sich** se)
anschließend potom
Anschluss M připojení *n*; BAHN přípoj; TEL spojení *n*
anschnallen: **sich ~** připoutávat ⟨-tat⟩ se **Anschnallgurt** M bezpečnostní pás
anschneiden nakrojit
anschrauben přišroubovat
anschreiben psát ⟨napsat⟩ (*A D*) **anschreien** křičet ⟨-knout⟩ (*A* na *A*)
Anschrift F adresa
anschwellen MED otékat ⟨otéct⟩
ansehen ⟨po⟩dívat se (*A* na *A*)
ansehnlich značný, statný
ansetzen *anfügen* nastavovat ⟨-vit⟩; *Termin* určovat ⟨-čit⟩
Ansicht F pohled *m*; *fig* názor *m*; **meiner ~ nach** podle mého názoru **Ansichtskarte** F pohlednice **Ansichtssache** F věc názoru
Anspielung F narážka
anspornen pobízet ⟨-bídnout⟩
Ansprache F proslov *m*
ansprechen oslovovat ⟨-vit⟩; MED reagovat
ansprechend sympatický
anspringen *Motor* naskakovat ⟨-skočit⟩
Anspruch M nárok; **in ~ nehmen** (*A*) užívat ⟨užít⟩ (*G*)
anspruchslos nenáročný **anspruchsvoll** náročný

Anstalt F ústav *m*
anständig slušný
anstandslos beze všeho
anstatt (*G*) místo (*G*)
anstecken nastrkovat ⟨-čit⟩; *anzünden* zapalovat ⟨-pálit⟩; MED nakazit; **sich bei j-m ~** nakazit se u k-o **ansteckend** nakažlivý **Ansteckung** F nákaza
anstehen *Schlange stehen* stát ve frontě
ansteigen *Straße* stoupat
anstellen *Arbeitskräfte* přijímat ⟨-jmout⟩, zaměstnávat ⟨-nat⟩; TV, *Radio, Motor* pouštět ⟨pustit⟩; **sich ~** postavovat ⟨-vit⟩ se do fronty **Anstellung** F zaměstnání *n*, místo *n*
Anstieg M *fig* vzestup
anstiften navádět ⟨-vést⟩ (**zu** *D* k *D*)
Anstoß M podnět; **~ nehmen an** (*D*) pohoršovat ⟨-šit⟩ se nad (*I*) **anstoßen** narážet ⟨-razit⟩; **~ auf** přiťukávat ⟨-nout⟩ (si)
anstößig pohoršlivý **anstrahlen** ozařovat ⟨-zářit⟩ **anstreichen** *im Text* zaškrtávat ⟨-tnout⟩
anstrengen: **sich ~** namáhat se
anstrengend namáhavý
Anteil M podíl; **~ nehmen an** (*D*) projevit účast na (*L*) **Anteilnahme** F účast
Antenne F anténa
Antibabypille F antikoncepční pilulka **Antiblockiersystem** N antiblokovací (brzdový) systém *m*
antik antický **Antike** F antika
Antikörper M protilátka *f*
Antiquariat N antikvariát *m*
Antiquität F starožitnost
Antrag M návrh, žádost *f* **Antragsteller(in** F) M žadatel(ka)
antreffen zastihovat ⟨-nout⟩
antreten *Reise* vydávat ⟨-dat⟩ se na (*A*); *Stellung* nastupovat ⟨stoupit⟩
antun *zufügen* ⟨z⟩působit
Antwort F odpověď **antworten** odpovídat ⟨-vědět⟩
anvertrauen svěřovat ⟨-řit⟩
Anwalt M advokát
anweisen *zuweisen* vykazovat ⟨-kázat⟩; *anordnen* ukládat ⟨uložit⟩; *Geld* poukazovat ⟨-kázat⟩ **Anweisung** F návod *m*; *Geld* poukázka
anwenden (po)užívat ⟨-užít⟩; aplikovat **Anwendung** F (po)užití *n*
anwesend přítomný
Anzahl F počet *m* **anzahlen** dávat ⟨dát⟩ zálohu (*A* na *A*)
Anzahlung F záloha
Anzeichen N příznak *m*
Anzeige F *bei der Polizei* udání *n*; *Familienanzeige* oznámení *n*; *Annonce* inzerát *m*; **~ erstatten gegen** (*A*) učinit udání na (*A*)
anzeigen udávat ⟨udat⟩; oznamovat ⟨-námit⟩; inzerovat
anziehen *Kleidung* oblékat ⟨-léct⟩ (**sich** se); *Bremse* zatahovat ⟨-táhnout⟩; *Schraube* utahovat ⟨utáhnout⟩; *fig* přitahovat ⟨-táhnout⟩ **anziehend** přitažlivý

Anzug M oblek
anzüglich jízlivý
anzünden zapalovat ‹-pálit›
Apartment N apartmá
Aperitif M aperitiv
Apfel M jablko *n* **Apfelbaum** M jabloň *f* **Apfelkuchen** M jablkový koláč **Apfelmus** N jablečná povidla *npl* **Apfelsaft** M jablečná šťáva *f*
Apfelsine F pomeranč *m*
Apotheke F lékárna **Apotheker** M lékárník **Apothekerin** F lékárnice
App F *umg* IT apka
Apparat M přístroj, aparát; **wer ist am ~?** TEL kdo je u aparátu?; **bleiben Sie am ~!** počkejte u aparátu!
Appartement N → Apartment
Appetit M chuť *f*; **guten ~!** dobrou chuť! **appetitlich** chutný
Applaus M potlesk
Applikation F IT aplikace
Aprikose F meruňka
April M duben
Aquarell N akvarel *m* **Aquarium** N akvárium
Äquator M rovník
Araber(in F**)** M Arab(ka) **arabisch** arabský
Arbeit F práce **arbeiten** pracovat **Arbeiter** M pracovník; *Industriearbeiter* dělník **Arbeiterin** F pracovnice; *Industriearbeiterin* dělnice **Arbeitgeber** M zaměstnavatel **Arbeitnehmer** M zaměstnanec
Arbeitsamt N úřad *m* práce
Arbeitserlaubnis F pracovní povolení *n* **arbeitslos** nezaměstnaný (*a su*) **Arbeitslosenunterstützung** F podpora v nezaměstnanosti
Arbeitsplatz M pracoviště *n*
Arbeitstag M pracovní den
arbeitsunfähig neschopný práce **Arbeitsverhältnis** N pracovní poměr *m* **Arbeitszeit** F pracovní doba
Architekt(in F**)** M architekt(ka)
Ärger M zlost *f*, mrzutost *f* **ärgerlich** zlostný, mrzutý
ärgern: **sich ~ über** (*A*) ‹roz›zlobit se na (*A*)
arm chudý
Arm M ruka *f*, paže *f*
Armaturenbrett N přístrojová deska *f*
Armband N náramek *m* **Armbanduhr** F náramkové hodinky *fpl*
Armee F armáda, vojsko *n*
Ärmel M rukáv **ärmellos** bez rukávů
armselig ubohý
Armut F chudoba
Aroma N aróma
arrogant arogantní
Arsch M *vulg* prdel
Art F *Weise* způsob *m*; *Sorte* druh *m*; **auf diese ~** tím(to) způsobem; **nach ~ des Hauses** podle mistra kuchaře; **aller ~** všeho druhu
Arterie F tepna, arterie
artig poslušný, způsobný
Artikel M TYPO článek; WIRTSCH zboží *n*

Artischocke F artyčok *m*
Artist M artista
Arznei F lék *m*
Arzt M lékař
Ärztin F lékařka
ärztlich lékařský
As → Ass
Asbest M azbest
Asche F popel *m* **Aschenbecher** M popelník **Aschermittwoch** M Popeleční středa *f*
Asiat M Asijec **Asiatin** F Asijka **asiatisch** asijský
Asien N Asie *f*
Asphalt M asfalt
Aspirin® N aspirin *m* **Aspirintabletten** PL tablety *fpl* aspirinu
Ass N (*a. fig*) eso
Ast M větev *f*
Asthma N astma
Asyl N azyl *m* **Asylant(in** F) M *oft neg!* azylant(ka) **Asylbewerber** M žadatel o azyl **Asylrecht** N právo azylu
Atelier N ateliér *m*
Atem M dech; **außer ~** bez dechu; **den ~ anhalten** zatajit dech; **~ holen** nabírat ⟨-brat⟩ dech(u) **atemlos** bez dechu **Atempause** F chvíle oddechu
Äther M éter
Athlet(in F) M atlet(ka)
Atlantik M Atlantský oceán
Atlas M atlas
atmen dýchat ⟨-nout⟩
Atmung F dýchání *n*
atomar atomový; **~e Abrüstung** *f* atomové odzbrojení *n*
Atombombe F atomová bomba, *umg* atomovka **Atomgegner** M odpůrce atomové energie **Atomwaffen** FPL atomové zbraně
Attentäter M atentátník
Attest N lékařské potvrzení, atest *m*
attraktiv atraktivní
ätzend (*a. fig*) leptavý, zíravý
Aubergine F baklažán *m*, lilek *m*
auch také, též; **~ nicht** ani
auf (*wohin A*) na (*A*); (*wo D*) na (*L*); **~ Kreta** na Krétě; **~ einmal** najednou; **~ sein** *umg geöffnet* být otevřený; *Person* být vzhůru
aufatmen oddechovat ⟨-nout⟩ si
Aufbau M výstavba *f*, struktura *f* **aufbauen** ⟨vy⟩budovat, ⟨vy⟩stavět
aufbehalten nechávat ⟨-chat⟩ na hlavě **aufbekommen** otvírat ⟨otevřít⟩ **aufbewahren** uschovávat ⟨-vat⟩, ukládat ⟨uložit⟩
aufblasen nafukovat ⟨-foukmout⟩ **aufbleiben** *wachen* zůstávat ⟨-stat⟩ vzhůru; *offen bleiben* zůstávat ⟨-vat⟩ otevřený
aufblenden AUTO zapínat ⟨-pnout⟩ dálková světla
aufblühen rozkvétat ⟨-kvést⟩
aufbrausen vzkypět **aufbrechen** *mit Gewalt* ⟨vy⟩páčit; *fortgehen* vyrazit **aufdecken** *enthüllen* odkrývat ⟨-krýt⟩
aufdrängen vnucovat ⟨-tit⟩ (**sich** se)
aufdrehen *Hahn usw* otvírat ⟨otevřít⟩ **aufdringlich** vtíravý, dotěrný

Aufdruck M nátisk
aufeinander na sebe, po sobě **aufeinanderfolgend** postupný
Aufenthalt M pobyt; BAHN čekací doba *f*
Aufenthaltserlaubnis F povolení *n* (k) pobytu **Aufenthaltsort** M místo *n* pobytu
aufessen sníst
auffahren *hinauffahren* vjíždět ⟨-vjet⟩; *j-n anfahren* narážet ⟨-razit⟩
Auffahrt F příjezd *m*; *zur Autobahn* nájezd *m* **Auffahrunfall** M hromadná srážka *f*
auffallen být nápadný **auffallend**, **auffällig** nápadný
auffangen zachycovat ⟨-tit⟩
auffassen chápat ⟨pochopit⟩ **Auffassung** F pojetí *n*
auffordern vyzývat ⟨-zvat⟩, vybízet ⟨-bídnout⟩ **Aufforderung** F výzva
Aufforstung F zalesnění *n*
auffrischen osvěžovat ⟨-žit⟩; *fig* obnovovat ⟨-vit⟩
aufführen THEAT ⟨za⟩hrát; **sich ~** ⟨za⟩chovat se
Aufführung F představení *n*
Aufgabe F úkol *m*, úloha (*a.* MATH); *Verzicht* vzdání *n*; *Gepäckaufgabe* podání *n*
Aufgang M *im Haus* schodiště *n*; ASTRON východ
aufgeben *Post usw* podávat ⟨-dat⟩; *verzichten* vzdávat ⟨vzdát⟩ se (**auf** *A G*)
aufgehen ASTRON vycházet ⟨-jít⟩; *sich öffnen* otvírat ⟨otevřít⟩ se; *Naht* ⟨roz-⟩ párat se
aufgeregt rozčilený **aufgeschlossen** *fig* přístupný (**für** *A D*)
aufgießen *Tee* spařovat ⟨-řit⟩
aufgrund (*G*) na základě (*G*)
aufhaben *umg Hut* mít na hlavě; *Geschäft* mít otevřený
aufhalten *j-n* zadržovat ⟨-žet⟩ (**sich** se); *offen halten* podržet otevřený
aufhängen věšet ⟨pověsit⟩ **Aufhänger** M poutko *n*
aufheben *v Boden* zdvihat ⟨-nout⟩; *aufbewahren* uschovávat ⟨-vat⟩; *Verbot* ⟨z⟩rušit
aufheitern *j-n* rozveselovat ⟨-lit⟩; **sich ~** vyjasňovat ⟨-nit⟩ se
aufhetzen štvát ⟨poštvat⟩
aufholen *Zeit* dohánět ⟨-hnat⟩ **aufhören** přestávat ⟨-stat⟩ **aufkaufen** skupovat ⟨skoupit⟩
aufklären vysvětlovat ⟨-lit⟩; **sich ~** vyjasňovat ⟨-nit⟩ se
aufkleben nalepovat ⟨-pit⟩ **Aufkleber** M nálepka *f*
aufknöpfen rozpínat ⟨-epnout⟩ **aufkommen** *entstehen* vznikat ⟨-nout⟩; **~ für** (*A*) ručovat ⟨-čit⟩ se za (*A*) **aufladen** nakládat ⟨-ložit⟩; *Batterie* nabíjet ⟨-bít⟩
Auflage F TYPO náklad *m*; *Bedingung* závazek *m*
auflassen *umg Tür* nechávat ⟨-chat⟩ otevřený
Auflauf M GASTR nákyp; *Menschen* sběh, shluk
aufleben ožívat ⟨oživnout⟩
auflegen pokládat ⟨-ložit⟩ (**auf**

A na A); *Hörer* zavěšovat ⟨-sit⟩; TYPO vydávat ⟨-dat⟩

auflehnen: **sich ~** *fig* vzpírat ⟨vzepřít⟩ se (**gegen** *A D*)

auflesen sbírat ⟨sebrat⟩

aufleuchten zasvitnout *pf*

auflösen CHEM, *Versammlung* rozpouštět ⟨-pustit⟩; MATH ⟨roz⟩řešit; *Vertrag* rozvazovat ⟨-vázat⟩; **sich ~** rozpadat ⟨-dnout⟩ se

aufmachen otvírat ⟨otevřít⟩ **Aufmachung** F úprava

aufmerksam pozorný; *gefällig* úslužný; **~ machen** upozorňovat ⟨-nit⟩

aufmuntern povzbuzovat ⟨-dit⟩

Aufnahme F přijetí *n*; FOTO snímek *m*; *Tonaufnahme* nahrávka **Aufnahmeprüfung** F přijímací zkouška

aufnehmen *j-n* přijímat ⟨jmout⟩; FOTO snímat, ⟨vy⟩fotografovat; *auf Band* nahrávat ⟨-hrát⟩; *Protokoll* spisovat ⟨sepsat⟩

aufpassen dávat ⟨dát⟩ pozor, dohlížet ⟨-hlédnout⟩

Aufprall M náraz **Aufpreis** M přirážka *f*

aufpumpen ⟨na⟩pumpovat

aufräumen uklízet ⟨uklidit⟩

aufrecht vzpřímený

aufregen: **sich ~** rozčilovat ⟨-lit⟩ se **Aufregung** F rozčilení *n*

aufreißen *Straße* rozkopávat ⟨-pat⟩ **aufrichten** vzpřimovat ⟨-římit⟩ **aufrichtig** upřímný

aufrollen *aufwickeln* navíjet ⟨-vinout⟩

Aufruf M zavolání *n*, výzva *f*

aufrufen vyvolávat ⟨-lat⟩

aufrunden zaokrouhlovat ⟨-lit⟩

Aufrüstung F vyzbrojení *n*

Aufsatz M nástavec; *Artikel* stať *f*; *Schule* slohová práce *f*

aufsaugen vsávat ⟨vsát⟩

aufschieben *fig* odkládat ⟨-ložit⟩

Aufschlag M náraz; *Preis* přirážka *f*; *Tennis* podání *n*, servis

aufschlagen narážet ⟨-zit⟩; *Buch* otvírat ⟨otevřít⟩; *Zelt* stavět ⟨postavit⟩

aufschließen odmykat ⟨odemknout⟩ **aufschneiden** rozkrajovat ⟨-krojit⟩; *prahlen* prášit **Aufschnitt** M GASTR nářez

aufschrauben rozšroubovat

Aufschrei M výkřik **aufschreiben** psát ⟨napsat⟩

Aufschrift F nápis *m*

Aufschub M odklad

Aufschwung M WIRTSCH rozmach, vzestup

Aufsehen N: **~ erregen** vzbudit pozornost

Aufseher M dozorce

aufsetzen *Brille usw* nasazovat ⟨-dit⟩; *Schreiben* sestavovat ⟨-vit⟩; FLUG přistávat ⟨-stat⟩, dosedat ⟨-dnout⟩

Aufsicht F dozor *m* **Aufsichtsrat** M dozorčí rada *f*

aufspannen napínat ⟨-nout⟩

aufspringen vyskakovat ⟨-kočit⟩; *Haut* praskat ⟨-nout⟩ **aufstacheln** podněcovat ⟨-nítit⟩

Aufstand M povstání *n*

Aufständische M povstalec **aufstehen** vstávat ⟨vstát⟩; *Tür* být otevřený **aufsteigen** vystupovat ⟨-stoupit⟩; *Beruf* postupovat ⟨-stoupit⟩; FLUG stoupat ⟨vystoupit⟩
aufstellen stavět ⟨postavit⟩; *Liste* sestavovat ⟨-vit⟩; *Rekord* vytvářet ⟨-tvořit⟩
Aufstieg M výstup; *fig* vzestup
Auftakt M *fig* počátek
auftanken ⟨na⟩tankovat **auftauchen** vynořovat ⟨-řit⟩ se (*a. fig*) **auftauen** *et* roztavit
aufteilen rozdělovat ⟨-lit⟩ (**in** *A* na *A*, **unter** *A* mezi *A*)
Auftrag M příkaz; WIRTSCH zakázka *f*, objednávka *f*; **im ~ von** (*D*) z příkazu (*G*) **Auftraggeber** M zákazník, objednavatel
auftrennen rozparovat ⟨-párat⟩ **auftreten** THEAT vystupovat ⟨-stoupit⟩
Auftritt M THEAT výstup
aufwachen probouzet ⟨-budit⟩ se **aufwachsen** vyrůstat ⟨-růst⟩ **Aufwand** M vynaložení *n*; *an Geld* náklad **aufwändig** nákladný **aufwärmen** ohřívat ⟨ohřát⟩ (**sich** se)
aufwärts vzhůru **aufwärtsgehen** *fig* ⟨z⟩lepšit se
aufweichen *Weg* rozmočit se
aufweisen ukazovat ⟨ukázat⟩
aufwenden vynakládat ⟨-ložit⟩
aufwerten zhodnocovat ⟨-tit⟩, valorizovat **Aufwertung** F zhodnocení *n*, valorizace
aufwischen utírat ⟨utřít⟩ **aufzählen** vypočítávat ⟨-tat⟩
aufzeichnen ⟨na⟩kreslit; *schriftlich* zaznamenávat ⟨-nat⟩; *auf Band* nahrávat ⟨-hrát⟩ **Aufzeichnung** F *Text* záznam *m*; *Ton* nahrávka
aufziehen *Vorhang* stahovat ⟨stáhnout⟩; *Uhr* natahovat ⟨-táhnout⟩; *Kind* vychovávat ⟨-vat⟩ **Aufzug** M *Lift* výtah; *Kleidung* úbor; THEAT jednání *n*, dějství *n*
Auge N oko; **im ~ behalten** mít na zřeteli; **ins ~ fallen** bít do očí; **unter vier ~n** mezi čtyřma očima
Augenarzt M oční lékař
Augenblick M okamžik **augenblicklich** okamžitý
Augenbraue F obočí *n* **Augenfarbe** F barva očí **Augenlid** N víčko **Augentropfen** MPL oční kapky *fpl* **Augenzeuge** M očitý svědek
August M srpen
Auktion F aukce
aus (*D*) z(e) (*G*); **~ dem Gedächtnis** po paměti; **~ der Mode** z módy; **~ sein** *zu Ende* být skončený; *Licht* být vypnutý
ausarbeiten vypracovávat ⟨-vat⟩ **ausatmen** vydechovat ⟨-nout⟩ **ausbauen** vystavovat ⟨-vět⟩, vybudovat; *Motor* vymontovávat ⟨-vat⟩ **ausbessern** opravovat ⟨-vit⟩
Ausbeute F výtěžek *m* **ausbeuten** vykořisťovat ⟨-tit⟩
ausbilden vzdělávat ⟨-lat⟩
Ausbilder M školitel, instruktor **Ausbildung** F výcvik *m*, výchova

ausbleiben *Reaktion* nenastávat ⟨-stat⟩; *nicht kommen* nepřicházet ⟨-jít⟩
Ausblick M výhled
ausbrechen *Feuer, Krankheit* vypukat ⟨-knout⟩
ausbreiten: **sich ~** ⟨roz⟩šířit se
Ausbruch M výbuch (*a. fig*); *Flucht* útěk
Ausdauer F vytrvalost **ausdauernd** vytrvalý
ausdehnen: **sich ~** roztahovat ⟨-táhnout⟩ se, rozšiřovat ⟨-šířit⟩ se
ausdenken: **sich ~** vymýšlet ⟨-myslit⟩ (si)
Ausdruck M výraz; IT výtisk
ausdrücken *auspressen* vymačkávat ⟨-kat⟩; *Zigarette* zhášet ⟨zhasit⟩; **sich ~** vyjadřovat ⟨-jádřit⟩ se **ausdrücklich** výslovný
ausdruckslos bezvýrazný **ausdrucksvoll** výrazný
Ausdünstung F *mst pl* výpary *fpl*
auseinandergehen rozcházet ⟨-ejít⟩ se (*a. fig*) **auseinandernehmen** rozbírat ⟨-ebrat⟩ **auseinandersetzen** *erklären* vysvětlovat ⟨-lit⟩ **Auseinandersetzung** F diskuse; *Streit* hádka
Ausfahrt F výjezd *m* (*a Autobahn*)
ausfallen *herausfallen* vypadnout *pf*; *gut, schlecht* dopadat ⟨-nout⟩; *Veranstaltung* odpadat ⟨-nout⟩ **ausfallend** útočný
Ausfallstraße F výpadovka
ausfindig: **~ machen** vypátrat *pf*
Ausflug M výlet
ausfragen vyptávat ⟨-tat⟩ se (**über** *A* na *A*)
Ausfuhr F vývoz *m*
ausführen WIRTSCH vyvážet ⟨-vézt⟩; *Arbeit* provádět ⟨-vést⟩; *darlegen* rozvádět ⟨-vést⟩ **ausführlich** podrobný, obšírný **Ausführung** F provedení *n*; *fig* výklad *m*, vývod *m*
ausfüllen vyplňovat ⟨-nit⟩
Ausgabe F *Geldausgabe mst pl* výdaje *m*; TYPO vydání *n*; *Verteilung* výdej *m*
Ausgang M východ; *Ende* konec, závěr; *Ergebnis* výsledek; **kein ~** východ zakázán! **Ausgangspunkt** M východisko *n*
ausgeben *Geld* utrácet ⟨utratit⟩; *verteilen* vydávat ⟨-dat⟩; **sich ~ für, als** (*A*) vydávat ⟨-dat⟩ se za (*A*)
ausgebucht vyprodaný **ausgedehnt** rozsáhlý **ausgefallen** *fig* zvláštní **ausgeglichen** vyrovnaný
ausgehen vycházet ⟨-jít⟩ (**von** *D* z *G*); *Licht* zhasínat ⟨-nout⟩; *enden* docházet ⟨-jít⟩; **~ von** (*D*) vycházet z (*G*)
ausgelassen rozpustilý **ausgenommen** kromě (*G*) **ausgeprägt** vyhraněný **ausgerechnet** právě **ausgeschlossen** vyloučený **ausgesucht** vybraný **ausgezeichnet** výborný
ausgiebig vydatný

ausgießen vylévat ⟨-lít⟩

Ausgleich M vyrovnání *n* (*a.* SPORT) **ausgleichen** vyrovnávat ⟨-nat⟩

ausgraben vykopávat ⟨-pat⟩ **Ausgrabung** F vykopávka

Ausguss M výlevka *f*

aushalten vydržet *pf* **aushändigen** doručovat ⟨-čit⟩ **Aushang** M vývěska *f* **aushelfen** vypomáhat ⟨-moct⟩

Aushilfe F výpomoc (*a Person*)

aushorchen vyzvídat ⟨-vědět⟩

auskennen: **sich ~** vyznat se *pf*

ausklopfen vyklepávat ⟨-pat⟩

auskochen vyvařovat ⟨-řit⟩

auskommen vystačovat ⟨-čit⟩ (**mit et** s čím, **ohne et** bez č-o); **mit j-m ~** snášet ⟨snést⟩ se s kým, vycházet ⟨vyjít⟩ s kým

Auskunft F zpráva, informace; *Büro* informační kancelář; **~ geben** podávat ⟨-dát⟩ informaci (**über** *A* o *L*)

auskuppeln AUTO vypnout *pf* spojku

auslachen vysmívat ⟨-smát⟩ se (*A D*) **ausladen** vykládat ⟨-ložit⟩; *Gäste* odříkat ⟨-říct⟩

Auslage F *Ware* výklad *m*; **~n** *pl Geld* vydání *n*

Ausland N cizina *f*, zahraničí; **im ~** v cizině, v zahraničí; **ins ~** do ciziny, do zahraničí

Ausländer M cizinec **ausländerfeindlich** xenofobní **Ausländerin** F cizinka

ausländisch zahraniční

Auslandsgespräch N TEL zahraniční hovor *m* **Auslandsreise** F cesta do ciziny

auslassen vynechávat ⟨-chat⟩

auslaufen *Flüssigkeit* vytékat ⟨-téct⟩; SCHIFF vyplouvat ⟨-plout⟩ **auslegen** *Geld* zaplatit *pf*; *deuten* vykládat ⟨-ložit⟩

Ausleihe F půjčovna **ausleihen** půjčovat ⟨-čit⟩ (**j-m et** k-u co); **sich ~** ⟨vy⟩půjčit si (**et von j-m** co od *G*)

ausliefern vydávat ⟨-dat⟩ (*a Gefangene*) **Auslieferung** F vydání *n* **auslöschen** *Licht* ⟨z⟩hasit; *Schrift* smazávat ⟨-zat⟩ **auslosen** ⟨vy⟩losovat

auslösen *bewirken* způsobovat ⟨-bit⟩; TECH spouštět ⟨spustit⟩ **Auslöser** M FOTO spoušť *f*

ausmachen *Licht* ⟨z⟩hasit; *Radio* vypínat ⟨-pnout⟩; *Termin* sjednávat ⟨-nat⟩ si; *Kosten* činit; **macht es Ihnen etwas aus, wenn ...?** vadilo by vám, kdyby...?

Ausmaß N rozměr *m*

ausmessen vyměřovat ⟨-řit⟩

Ausnahme F výjimka; **mit ~ von** (*D*) s výjimkou (*G*) **Ausnahmezustand** M POL výjimečný stav

ausnahmslos bez výjimky **ausnahmsweise** výjimečně

ausnüchtern vystřízlivět *pf*

ausnutzen využívat ⟨-žít⟩

auspacken vybalovat ⟨-lit⟩

ausplündern ⟨vy⟩drancovat

auspressen vymačkávat ⟨-kat⟩ **ausprobieren** ⟨vy-⟩zkoušet

Auspuff M výfuk **Auspuffgase** NPL výfukové plyny **Auspufftopf** M tlumič výfuku
ausradieren vymazávat ‹-zat› **ausrauben** vylupovat ‹-loupit› **ausräumen** vyklízet ‹-klidit› **ausrechnen** vypočítávat ‹-tat›
Ausrede F výmluva
ausreichen stačit **ausreichend** dostatečný
Ausreise F odjezd *m*; **bei der ~** při odejzdu **ausreisen** odjíždět ‹-jet›
ausreißen vytrhovat ‹-hat›; *umg weglaufen* ‹u›pláchnout
ausrenken: **sich den Arm ~** vymknout si *pf* ruku
ausrichten *erreichen* pořizovat ‹-řídit›; *veranstalten* ‹us›pořádat, vystrojit *pf*; *Grüße* vyřizovat ‹-řídit›
ausrotten ‹vy›hubit
Ausruf M zvolání *n*, výkřik **ausrufen** vyvolávat ‹-lat› **Ausrufezeichen** N vykřičník *m*
ausruhen: **sich ~** odpočívat ‹-činout› si
ausrüsten vyzbrojovat ‹-jit› (**mit** *D I*) **Ausrüstung** F výzbroj *m*, výstroj *m*
ausrutschen uklouznout *pf*
Aussage F výpověď **aussagen** vypovídat ‹-vědět›
ausschalten TECH, *Radio* vypínat ‹-nout›; *fig* vylučovat ‹-loučit›
Ausschank M výčep
ausscheiden *aus e-m Amt* vystupovat ‹-stoupit›; SPORT vypadnout *pf*
ausschimpfen vyhubovat
ausschlafen vyspat se *pf*
Ausschlag M MED vyrážka *f*; **den ~ geben** rozhodovat ‹-nout› **ausschlagen** *Zahn* vyrážet ‹-zit›; *Pferd* vyhazovat ‹-hodit›; *Bäume* ‹vy›pučet; *Angebot* odmítat ‹-nout› **ausschlaggebend** rozhodující
ausschließen vylučovat ‹-loučit› (**von** *D* z *G*) **ausschließlich** výlučný
Ausschluss M vyloučení *n*
ausschmücken ‹vy›zdobit
ausschneiden vystřihovat ‹-nout›
Ausschnitt M úsek; *Zeitung* výstřižek; *Kleid* výstřih
ausschreiben *Scheck* vypisovat ‹-psat› **Ausschreibung** F vypsání *n* **Ausschreitungen** FPL výtržnosti
Ausschuss M *Ware* zmetek; *Komitee* výbor
ausschütten vysypávat ‹-pat›; *Flüssigkeit* vylévat ‹-lít›; *Gewinn* vyplácet ‹-platit›
aussehen vypadat; **es sieht nach Regen aus** vypadá to na déšť
Aussehen N vzhled *m*; **dem ~ nach** podle vzhledu
außen venku, vně; **nach ~** ven; **von ~** zvenku **Außenbordmotor** M přívěsný motor
aussenden vysílat ‹-slat›
Außendienst M vnější služba *f*
Außenhandel M zahraniční obchod **Außenministerium** N ministerstvo zahraničních věcí **Außenpolitik** F zahra-

niční politika **Außenseite** F vnější strana, zevnějšek *m* **Außenseiter** M outsider **Außenspiegel** M AUTO vnější zrcátko *n* **Außenstelle** F pobočka
außer (*D*) *ausgenommen* mimo (*A*), kromě (*G*); *neben* vedle (*G*), kromě (*G*), mimo (*A*); **~ dass** ledaže; **~ Betrieb** mimo provoz; **~ Dienst** mimo službu; **~ der Reihe** mimo pořadí **außerdem** mimo to
äußere (ze)vnější
Äußere N zevnějšek *m*
außergewöhnlich neobyčejný **außerhalb** ADV venku, vně; **~ der Stadt** mimo město
außerirdisch mimozemský
äußerlich vnější, zevní; **~ anzuwenden** MED používat zevně
äußern projevovat ‹-vit› (**sich** se)
außerordentlich mimořádný
außerplanmäßig neplánovaný
äußerst krajní; ADV krajně
Äußerung F projev *m*, vyjádření *n*
aussetzen *Belohnung* vypisovat ‹-psat›; *Motor* vynechávat ‹-chat›; **mit et ~** přerušovat ‹-šit› co; **sich ~** vystavovat ‹-vit› se; **et auszusetzen haben an** (*D*) vytýkat ‹-knout› co (*D*)
Aussicht F vyhlídka (*a. fig*)
aussichtslos beznadějný **aussichtsreich** nadějný
Aussichtsturm M rozhledna *f*
aussiedeln vysídlit *pf* **Aussiedler** M vysídlenec
aussöhnen: **sich ~** smiřovat ‹smířit› se
aussortieren vytřídit *pf* **ausspannen** *Pferde* vypřahat ‹-přáhnout› (*a. fig*) **ausspielen** *Karte* vynášet ‹-nést›
Aussprache F výslovnost; *Erörterung* rozhovor *m*
aussprechen vyslovovat ‹-vit›; *ausreden* domluvit *pf*; *äußern* vyslovovat ‹-vit›
Ausspruch M výrok
ausspucken vyplivovat ‹-vnout› **ausspülen** vyplachovat ‹-pláchnout›
ausstatten vybavovat ‹-vit› (**mit** *D I*) **Ausstattung** F vybavení *n*
ausstehen *fehlen* nedocházet ‹-jít›; **nicht ~ können** nemoct vystát
aussteigen vystupovat ‹-stoupit›
ausstellen vystavovat ‹-vit›
Ausstellung F výstava
aussterben vymírat ‹-mřít›
Ausstieg M výstup **ausstopfen** vycpávat ‹-pat›
Ausstoß M *v Schadstoffen* emise *f*
ausstrahlen vyzařovat ‹-zářit›; *Radio* vysílat
ausstrecken natahovat ‹-táhnout›; **sich lang ~** protahovat ‹-táhnout› se
ausströmen *entweichen* unikat ‹-nout› **aussuchen** vybírat ‹-brat›
Austausch M výměna *f* **austauschen** vyměňovat ‹-nit›

austeilen rozdělovat ⟨-lit⟩
Auster F ústřice
austragen *Post* roznášet ⟨-nést⟩; SPORT vybojovávat ⟨-vat⟩
Australien N Austrálie *f* **Australier(in** F**)** M Australan(ka)
australisch australský
austreiben vyhánět ⟨-hnat⟩
austreten vystupovat ⟨-stoupit⟩ (**aus** *D* z *G*); *WC* jít na stranu
austrinken vypít **Austritt** M výstup, vystoupení *n* **austrocknen** vysychat ⟨-schnout⟩ **ausüben** *Beruf* provozovat, vykonávat; *Einfluss* vykonávat ⟨-nat⟩
Ausverkauf M výprodej
ausverkauft vyprodáno
Auswahl F výběr *m* **auswählen** vybírat ⟨-brat⟩
Auswanderer M vystěhovalec, emigrant **auswandern** vystěhovat se *pf*, emigrovat
auswärtig zahraniční; přespolní
auswärts venku; **nach ~** ven, na venkov; **von ~** zvenčí, zvenku, z venkova
auswechseln vyměňovat ⟨-nit⟩
Ausweg M východisko *n*
ausweichen vyhýbat ⟨-hnout⟩ se **ausweichend** vyhýbavý
Ausweis M průkaz, legitimace *f*; *Nachweis* výkaz **ausweisen** *j-n* vypovídat ⟨-vědět⟩; **sich ~** prokazovat ⟨-kázat⟩ se **Ausweispapiere** NPL průkazné listiny
ausweiten rozšiřovat ⟨-šířit⟩
auswendig nazpaměť, zpaměti **auswerten** zhodnocovat ⟨-tit⟩ **auswickeln** rozbalovat ⟨-lit⟩
auswirken: **sich ~** účinkovat
auszahlen vyplácet ⟨-platit⟩ (**sich** se) **Auszahlung** F výplata
auszeichnen *Waren* označovat ⟨-čit⟩; *j-n* vyznamenávat ⟨-nat⟩
Auszeichnung F vyznamenání *n* (*a Orden*)
ausziehen *Tisch* vytahovat ⟨-táhnout⟩; *Kleidung* svlékat ⟨svléct⟩ (**sich** se); *aus e-m Haus* ⟨vy⟩stěhovat se
Auszubildende M učeň; F učnice
Auszug M *Konto* výpis; *Extrakt* výtažek
Auto N auto; **mit dem ~ fahren** *Mitfahrer* jezdit ⟨jet⟩ autem; **~ fahren** *Fahrer* řídit auto
Autobahn F dálnice **Autobahnauffahrt** F nájezd *m* **Autobahnausfahrt** F výjezd *m* **Autobahndreieck** N dálniční trojúhelník *m* **Autobahngebühr** F dálniční poplatek *m* **Autobahnkreuz** N dálniční křižovatka *f* **Autobahnraststätte** F motorest *m* (na dálnici) **Autobahnzubringer** M dálniční přivaděč
Autobatterie F akumulátor *m*
Autobus M autobus **Autofähre** F trajekt *m*
Autofahrer M automobilista
Autofahrerin F automobilistka
Autogramm N autogram *m*

Autokarte F automapa
Automat M automat **Automatik** F AUTO automatická převodovka **automatisch** automatický
Automechaniker M automechanik **Automobilclub** M automotoklub **Autonummer** F (státní) poznávací značka
Autor(in F) M autor(ka)
Autoradio N autorádio **Autoreifen** M pneumatika *f* **Autorennen** N automobilové závody *mpl*
autoritär autoritativní **Autorität** F autorita
Autoschlüssel M klíč od auta **Autotelefon** N autotelefon *m* **Autounfall** M automobilová nehoda *f* **Autovermietung** F půjčovna automobilů **Autowaschanlage** F mycí linka **Autowerkstatt** F autopravna *m*
Axt F sekera
Azubi → Auszubildende

B

Baby N miminko, kojenec *m* **Babynahrung** F kojenecká strava
Bach M potok
Backblech N plech *m* na pečení
Backe F tvář, líce; TECH čelist
backen ⟨u⟩péct; *in Öl* ⟨u⟩smažit
Backenzahn M stolička *f*
Bäcker M pekař **Bäckerei** F pekárna
Backform F forma na pečení **Backhähnchen** N smažené kuře **Backofen** M trouba *f* **Backpflaumen** FPL sušené švestky **Backpulver** N prášek *m* do pečiva **Backstein** M pálená cihla *f*
Bad N *Baden* koupel *f*, lázeň *f*; *Badezimmer* koupelna *f*; *Ort* lázně *fpl*
Badeanstalt F koupaliště *n*, plovárna **Badeanzug** M dámské plavky *fpl* **Badehose** F plavky *fpl* **Badekappe** F koupací čepice **Bademantel** M koupací plášť **Bademeister** M plavčík **Badeschuhe** MPL koupací sandál *m*, plážová obuv *f*
baden ⟨vy⟩koupat (se)
Baden-Württemberg N Bádensko-Württembersko
Badestrand M pláž *f* **Badetuch** N osuška *f* **Badewanne** F vana
Bagger M bagr, rýpadlo *n*
baggern ⟨vy⟩bagrovat
Baguette F od N baget(k)a *f*
Bahn F dráha; **mit der ~ fahren** jet vlakem; **j-n zur ~ bringen** doprovázet ⟨-vodit⟩ k-o na nádraží **Bahnbeamte** M železniční úředník **Bahndamm** M železniční násep
bahnen: **sich e-n Weg ~** prodírat ⟨-drat⟩ si cestu
Bahnfahrt F jízda vlakem

Bahnhof M nádraží *n* **Bahnhofshalle** F nádražní hala **Bahnhofsrestaurant** N nádražní restaurace *f*
Bahnlinie F železniční trať
Bahnsteig M nástupiště *n*
Bahnübergang M železniční přechod **Bahnverbindung** F železniční spojení *n*
Bahre F máry *fpl*
bald brzy, brzo; ~ **darauf** brzy potom; **so ~ wie möglich** co možná nejdříve
Balken M trám, kláda *f*
Balkon M balkón (*a.* THEAT)
Ball M míč; *Fußball* kopací míč; *Fest* ples, bál
Ballast M balast, přítěž *f* **Ballaststoffe** MPL balastní látky *fpl*
Ballen M balík; ANAT bříško *n*
Ballett N balet *m*
Ballon M FLUG balon
Ballungsraum M hustě osídlená oblast *f*
banal banální
Banane F banán *m*
Banause M šosák
Band[1] N pás *m*, pásek *m*; *Zierband* stuha *f*; **auf ~ aufnehmen** nahrávat ‹-hrát›
Band[2] M TYPO svazek
Band[3] F *umg* MUS band *m*
Bandage F bandáž **bandagieren** obvazovat ‹-vázat›
Bande F banda
Bänderriss M přetržení *n* vazu
bändigen ‹z›krotit
Bandit M bandita, lupič
Bandmaß N měřící pásmo
Bandnudeln FPL široké nudle
Bandscheibe F meziobratlová ploténka **Bandwurm** M tasemnice *f*
Bank[1] F lavice
Bank[2] F WIRTSCH banka **Bankangestellte** M bankovní úředník **Bankauszug** M výpis z banky **Bankautomat** M bankomat **Banker** M bankéř
Bankkonto N bankovní účet *m* **Bankkredit** M bankovní úvěr
Bankleitzahl F kód *m* banky
Banknote F bankovka **Banküberweisung** F bankovní převod *m* **Bankverbindung** F bankovní spojení *n*
bar: **in ~** v hotovosti
Bar F bar *m*
Bär M medvěd
Baracke F barák *m*
Bardame F barmanka
barfuß bos
Bargeld N hotové peníze *mpl*, hotovost *f* **bargeldlos** bezhotovostní
Barhocker M barová stolička *f*
Bariton M baryton; *Sänger* barytonista
barmherzig milosrdný
Barmixer M barman
barock barokní
Barometer N barometr *m*, tlakoměr *m*
Barren M *Gold* prut; SPORT bradla *npl*
Barriere F bariéra **barrierefrei** bezbariérový
barsch hrubý, příkrý
Barsch M okoun
Barscheck M šek na hotové

Bart M vousy *mpl*
bärtig vousatý
Barzahlung F hotové placení *n*
Basar M bazar
basieren: ~ **auf** (*D*) zakládat se na (*L*)
Basilikum N bazalka *f*
Basis F základna
Baskenmütze F rádiovka
Basketball M košíková *f*
Bass M bas; *Sänger* basista; *Kontrabass* basa *f*
Bast M lýko *n*
basteln kutit
Batterie F baterie; AUTO akumulátor *m*
Bau M stavba *f*; *Platz* staveniště *n*; *Gebäude* budova *f*; *Tierbau* doupě *n* **Bauarbeiten** FPL stavební práce **Bauarbeiter** M stavební dělník
Bauch M břicho *n* **Bauchschmerzen** MPL bolení *n* břicha **Bauchspeicheldrüse** F slinivka břišní
bauen ‹vy›stavět
Bauer M sedlák, rolník; *Schach* pěšec
Bäuerin F selka **bäuerlich** selský
Bauernhaus N selský dům *m* **Bauernhof** M selský dvůr, statek
baufällig chatrný, na spadnutí
Baufirma F stavební firma **Baugenehmigung** F stavební povolení *n* **Baugerüst** N stavební lešení **Baugrundstück** N stavební pozemek *m* **Bauherr** M stavebník **Baujahr** N rok *m* stavby; AUTO rok *m* výroby **Baukasten** M stavebnice *f* **Baukosten** PL stavební náklady *mpl*
Baum M strom
Baumaterial N stavební materiál *m*
baumeln klátit se
Baumschule F školka **Baumstamm** M kmen, peň **Baumwolle** F bavlna
Bausparen N stavební spoření **Baustelle** F staveniště *n* **Baustil** M stavební sloh **Bauunternehmen** N stavební podnik *m* **Bauunternehmer** M podnikatel ve stavebnictví **Bauwerk** N stavba *f*, budova *f*
Bayer(in F**)** M Bavorák *m*, Bavoračka *f* **bayerisch** bavorský
Bayern N Bavorsko
Bazillus M bacil
beabsichtigen zamýšlet, hodlat
beachten všímat ‹povšimnout› si (*A G*); *befolgen* dbát (*A G*) **beachtenswert** pozoruhodný **beachtlich** značný
Beamte M úředník **Beamtin** F úřednice
beängstigend tísnivý
beanspruchen požadovat; *Zeit* vyžadovat ‹-žádat›; TECH namáhat
beanstanden reklamovat **Beanstandung** F výtka
beantragen požadovat ‹-žádat›
beantworten (z)odpovídat ‹-vědět› (*A* na *A*)
bearbeiten zpracovávat

⟨-vat⟩; TECH obrábět ⟨-robit⟩ **Bearbeitung** F zpracování *n*, obrábění *n*

Beatmung F: **künstliche ~** umělé dýchání *n*

beaufsichtigen dohlížet ⟨-hlédnout⟩ (*A* na *A*) **beauftragen** pověřovat ⟨-řit⟩ (**mit** *D I*) **Beauftragte** M zmocněnec

bebauen zastavovat ⟨-vět⟩; *Land* obdělávat ⟨-lat⟩

beben ⟨za⟩chvět se, ⟨za⟩třást se (*a Erde*)

Becher M pohár

Becken N mísa *f*; *Bassin* bazén *m*; ANAT, GEOG pánev *f*

bedächtig rozvážlivý

bedanken: **sich ~** ⟨po⟩děkovat (**bei** *D D*)

Bedarf M potřeba *f* (**an** *D G*); **nach ~** podle potřeby **Bedarfshaltestelle** F zastávka na znamení

bedauerlich politovánίhodný **bedauerlicherweise** bohužel

bedauern ⟨po⟩litovat; **ich bedaure** je mi líto

Bedauern N: **mit ~** s politováním

bedecken pokrývat ⟨-krýt⟩ **bedeckt** pokrytý; METEO zatažený

bedenken uvažovat ⟨uvážit⟩

Bedenken N *meist pl* pochybnost *f*

bedenklich povážlivý

bedeuten znamenat **bedeutend** významný **Bedeutung** F *Sinn* význam *m*; *Wichtigkeit* důležitost **bedeutungslos** bezvýznamný **bedeutungsvoll** významný

bedienen obsluhovat ⟨-sloužit⟩; **sich ~** užívat ⟨užít⟩ **Bedienung** F obsluha (*a Person*) **Bedienungsanleitung** F návod *m* k obsluze

bedingt podmíněný

Bedingung F podmínka; **unter der ~, dass** s *od* pod podmínkou, že **bedingungslos** bezpodmínečný

bedrängen dotírat (*A* na *A*)

bedrohen ohrožovat ⟨-zit⟩ **bedrohlich** hrozivý

bedrückend tísnivý

Bedürfnis N potřeba *f* **bedürftig** nuzný, chudý, potřebný

Beefsteak N biftek *m*

beeilen: **sich ~** pospíchat ⟨-šit⟩ (si)

beeindrucken ⟨u⟩dělat dojem **beeinflussen** ovlivňovat ⟨-nit⟩ **beeinträchtigen** zkracovat ⟨zkrátit⟩

beenden ⟨do⟩končit

beerben ⟨z⟩dědit (*A* po *L*)

Beerdigung F pohřeb *m*

Beere F bobule

Beet N záhon *m*

befahrbar sjízdný **befahren**: **stark ~** velmi frekventovaný

befallen ADJ *v Krankheit* zachvácený; *v Ungeziefer* napadený hmyzem

befassen: **sich ~ mit** (*D*) zabývat se (*I*)

Befehl M rozkaz **befehlen** rozkazovat ⟨-kázat⟩, poroučet

⟨-ručit⟩
befestigen připevňovat ⟨-nit⟩ (an *D* k *D*)
Befinden N zdravotní stav *m*
befinden: **sich ~** nalézat se
befolgen ⟨u⟩poslechnout
befördern dopravovat ⟨-vit⟩; *fig* povyšovat ⟨-výšit⟩ **Beförderung** F doprava; *fig* povýšení *n*
befragen vyptávat ⟨-tat⟩ se
befreien osvobozovat ⟨-dit⟩; *freistellen* zprošťovat ⟨-stit⟩ **Befreiung** F osvobození *n*
befreunden: **ich bin mit ihm befreundet** jsem jeho přítel; **sich ~ mit** (*D*) ⟨s⟩přátelit se s (*I*)
befriedigen uspokojovat ⟨-jit⟩ **befriedigend** uspokojivý **Befriedigung** F uspokojení *n*
befristet časově omezený, terminovaný
befruchten oplodňovat ⟨-nit⟩
Befund M MED nález
befürchten obávat se **Befürchtung** F obava
befürworten přimlouvat ⟨-mluvit⟩ se (*A* za *A*)
begabt nadaný **Begabung** F nadání *n*
begegnen potkávat ⟨-kat⟩ (*D A*) **Begegnung** F potkání *n*; SPORT utkání *n*
begehen *Fest* ⟨o⟩slavit; *Verbrechen* spáchat
begehrt žádaný, hledaný
begeistern: **sich ~ für** (*A*) nadchnout se pro (*A*) **Begeisterung** F nadšení *n*
begießen zalévat ⟨-lít⟩
Beginn M počátek, začátek; **zu ~** na počátku, na začátku **beginnen** počínat ⟨-čít⟩, začínat ⟨-čít⟩
beglaubigen ověřovat ⟨-řit⟩ **Beglaubigung** F ověření *n*
begleichen ⟨za⟩platit
begleiten doprovázet ⟨-vodit⟩ (*a.* MUS) **Begleiter** M průvodce **Begleitschreiben** N průvodní list *m* **Begleitung** F doprovod *m*
beglückwünschen: **j-n ~** blahopřát k-u (**zu** *D* k *D*)
begnadigen omilostňovat ⟨-nit⟩ **Begnadigung** F omilostnění *n*
begnügen: **sich ~ mit** (*D*) spokojovat ⟨-jit⟩ se (*I*)
begraben pohřbívat ⟨-bít⟩
Begräbnis N pohřeb *m*
begreifen chápat ⟨pochopit⟩ **begreiflich** pochopitelný
begrenzen ohraničovat ⟨-čit⟩; *fig* omezovat ⟨-zit⟩
Begriff M pojem *m*; **im ~ sein zu** (+ *inf*) chystat se (+ *inf*)
begründen odůvodňovat ⟨-nit⟩ **Begründung** F odůvodnění *n*
begrüßen pozdravovat ⟨-vit⟩, ⟨u⟩vítat **Begrüßung** F *Empfang* uvítání *n*
begünstigen nadržovat (*A D*)
begutachten posuzovat ⟨-soudit⟩
behaart vlasatý; *Tier* chlupatý **behaglich** pohodlný
behalten ponechávat ⟨-chat⟩; **im Gedächtnis ~** uchovávat ⟨-vat⟩ v paměti
Behälter M nádrž *f*

behandeln zacházet (*A* s *I*); MED ošetřovat ‹-řit›, léčit **Behandlung** F MED ošetřování *n*, léčba **beharren** setrvávat ‹-vat› (**auf** *D* na *L*) **beharrlich** vytrvalý **behaupten** tvrdit; **sich ~** udržovat ‹-žet› se **Behauptung** F tvrzení *n* **beheben** odstraňovat ‹nit› **behelfen**: **sich ~ mit** (*D*) vypomáhat ‹-moct› si (*I*) **behelfsmäßig** (vý)pomocný, provizorní **beherrschen** ovládat ‹-dnout› (**sich** se) **behilflich**: **~ sein** být nápomocný **behindern** překážet (*A D*) **Behinderte** M postižený, postižená **behindertengerecht** pro invalidy **Behinderung** F postižení *n*; **mit ~** s postižením **Behörde** F úřad *m* **bei** (*D*) u (*G*), při (*L*); **~ Nacht** v noci; **~ Regen** za deště; **~ e-m Unfall** při nehodě; **~ sich haben** mít u sebe **beibringen**: **j-m et ~** ‹na›učit k-o č-u **Beichte** F zpověď **beichten** zpovídat se (*A* z *G*) **Beichtstuhl** M zpovědnice *f* **beide** oba *m*, obě *f*, *n*; **alle ~** oba dva; **wir ~** my oba; **eins von ~n** jedno z obojího **beieinander** pohromadě; při sobě **Beifahrer** M spolujezdec; *Lkw* závozník **Beifahrerin** F spolujezdkyně

Beifall M potlesk, pochvala *f* **beifügen** připojovat ‹-jit› **beige** béžový **Beigeschmack** M příchuť *f* **Beihilfe** F příspění *n* **Beil** N sekera *f* **Beilage** F příloha **beiläufig** nahodilý; ADV mimochodem **beilegen** přikládat ‹-ložit›; *schlichten* urovnávat ‹-nat› **Beileid** N soustrast *f*; **j-m sein ~ aussprechen** vyslovovat ‹-vit› k-u soustrast **beiliegend** přiložený **Bein** N noha *f* **beinah(e)** bezmála **beisammen** pohromadě **Beisammensein** N schůzka *f* **beiseitelegen** klást ‹položit› stranou **beisetzen** pohřbívat ‹-bít› **Beisetzung** F pohřeb *m* **Beispiel** N příklad *m*; **zum ~** například **beispielhaft** příkladný **beispiellos** nevídaný **beißen** kousat ‹-nout› **beißend** štiplavý (*a. fig*) **Beistand** M pomoc *f* **beistehen** pomáhat ‹-moct› **Beitrag** M příspěvek **beitragen** přispívat ‹-spět› **Beitritt** M přistoupení *n* **Beiwagen** M AUTO přívěsný vozík **Beize** F mořidlo *n* **beizeiten** včas **bejahen** přisvědčovat ‹-čit› (*A* k *D*) **bekämpfen** bojovat (*A* proti *D*) **bekannt** známý; **~ geben, ~ machen** oznamovat ‹-námit›;

mir ist ~, dass vím, že **Bekannte** M známý **bekanntlich** jak známo **Bekanntmachung** F vyhláška, oznámení *n* **Bekanntschaft** F známost; *Bekannte* okruh *m* známých
bekennen přiznávat ‹-nat›
beklagen litovat (*A G*); **sich ~ über** (*A*) stěžovat si na (*A*)
Bekleidung F oděv *m*, šaty *mpl*
beklemmend tísnivý
bekommen dostávat ‹-stat›; *Bus* stihnout; **geschenkt ~** dostávat ‹-stat› darem; **wo bekommt man ...?** kde se dostane*!*; **~ Sie schon?** *im Geschäft* už vás obsluhují?; **gut ~** svědčit
beladen nakládat ‹-ložit›
Belag M MED povlak; GASTR, TECH obložení *n*
belagern obléhat ‹-lehnout›
Belagerung F obležení *n*
belanglos bezvýznamný
belasten zatěžovat ‹-tížit›; *Konto* připisovat ‹-psat› na účet; *fig* přitěžovat ‹-tížit›
belästigen obtěžovat ‹-tížit›
Belastung F zatížení *n*
belebend osvěžující
belebt *Straße* živý, rušný
Beleg M doklad **belegen** *Platz* obsazovat ‹-dit›; *Kurs* zapisovat ‹-psat› se (*A* do *G*); *beweisen* dokládat ‹-ložit› **Belegschaft** F osazenstvo *n*
belegt *Hotel* obsazený; *Brötchen* obložený
belehren poučovat ‹-čit› (**über** *A* o *L*)
beleibt tělnatý
beleidigen urážet ‹urazit› **beleidigend** urážlivý **Beleidigung** F urážka
beleuchten osvětlovat ‹-lit› **Beleuchtung** F osvětlení *n*
Belgien N Belgie *f* **Belgier(in** F) M Belgičan(ka) **belgisch** belgický
belichten FOTO exponovat **Belichtung** F expozice **Belichtungsmesser** M expozimetr
beliebig libovolný; **~ oft** kdykoli
beliebt oblíbený
beliefern dodávat ‹-dat› (**j-n mit et** k-u co)
bellen ‹za›štěkat
belohnen odměňovat ‹-nit› **Belohnung** F odměna
Belüftung F větrání *n*
belügen obelhávat ‹-hat›
bemalen pomalovávat ‹-vat›
bemängeln vytýkat ‹-tknout›
bemerkbar: **sich ~ machen** upozorňovat ‹-nit› na sebe
bemerken ‹z›pozorovat **bemerkenswert** pozoruhodný **Bemerkung** F poznámka
bemitleiden ‹po›litovat
bemühen: **sich ~** snažit se; **~ Sie sich nicht!** neobtěžujte se **Bemühung** F snaha, úsilí *n*
benachbart sousední
benachrichtigen: **j-n von et ~** zpravovat ‹-vit› k-o o (*L*) **Benachrichtigung** F zpráva, oznámení *n*
benachteiligen zkracovat ‹zkrátit›
Benehmen N chování

benehmen: **sich ~** ⟨za⟩chovat se
beneiden závidět (**j-n um** et k-u co) **beneidenswert** záviděníhodný
benennen ⟨po⟩jmenovat, nazývat ⟨-zvat⟩
benötigen potřebovat
benutzen používat ⟨-žít⟩
Benutzer(in F) M uživatel(ka)
Benutzung F použití *n*
Benzin N benzin *m* **Benzingutschein** M poukázka *f* na benzin **Benzinkanister** M kanystr **Benzintank** M palivová nádrž *f* **Benzinverbrauch** M spotřeba *f* benzinu
beobachten ⟨z⟩pozorovat
Beobachter M pozorovatel
bepflanzen osazovat ⟨osázet⟩
bequem pohodlný; **es sich ~ machen** ⟨u⟩dělat si pohodlí
beraten ⟨po⟩radit (*A D*) **Berater** M poradce **Beratung** F porada **Beratungsstelle** F poradna
berauben olupovat ⟨oloupit⟩
berauscht opilý; *fig* opojený
berechnen vypočítávat ⟨-tat⟩
berechnend vypočítavý **Berechnung** F výpočet *m*
berechtigen opravňovat ⟨oprávnit⟩ **Berechtigung** F oprávnění *n*
Bereich M obvod, oblast *f*, rozsah; *Fachgebiet* obor
bereichern: **sich ~ an** (*D*) obohacovat ⟨-hatit⟩ se na (*L*)
bereisen procestovat
bereiten připravovat ⟨-vit⟩ (*a.* GASTR); *verursachen* ⟨z⟩působit
bereithalten mít připraveno
bereits již, už **Bereitschaft** F pohotovost **Bereitschaftsdienst** M MED pohotovostní služba *f* **bereitstellen** dávat ⟨dát⟩ k dispozici **bereitwillig** ochotný
bereuen litovat (*A G*)
Berg M hora *f* **bergab** shora dolů, z kopce **Bergarbeiter** M horník **bergauf** vzhůru, do vrchu **Bergbahn** F horská dráha **Bergbau** M hornictví *n*
bergen zachraňovat ⟨-ránit⟩
Berghütte F horská chata **bergig** hornatý
Bergland N hornatina *f* **Bergrücken** M horský hřbet **Bergsteiger** M horolezec
Bergung F záchrana
Bergwacht F horská (záchranná) služba **Bergwerk** N důl *m*, doly *mpl*
Bericht M zpráva *f* **berichten** podávat ⟨-dat⟩ zprávu (**über** *A* o *L*) **Berichterstatter** M zpravodaj
berichtigen opravovat ⟨-vit⟩
Berichtigung F oprava
Berlin N Berlín *m*
Bermudashorts PL bermudy *fpl*
Bernstein M jantar
bersten pukat ⟨-nout⟩
berüchtigt pověstný
berücksichtigen přihlížet ⟨-hlédnout⟩ (*A* k *D*)
Beruf m povolání *n*; **von ~** z povolání
berufen povolávat ⟨-lat⟩; **sich ~ auf** (*A*) odvolávat ⟨-lat⟩ se

na (*A*)

beruflich odborný, pracovní, profesní; ~ **unterwegs** na služební cestě

Berufsausbildung F výchova k povolání **Berufsberatung** F poradna pro volbu povolání **Berufskleidung** F pracovní oděv *m* **Berufskrankheit** F nemoc z povolání **Berufsschule** F učňovská škola **berufstätig** pracující, zaměstnaný **Berufsverkehr** M dopravní špička *f*

Berufung F *in ein Amt* povolání *n*; ~ **einlegen gegen** (*A*) odvolávat ⟨-lat⟩ se proti (*D*)

beruhen: ~ **auf** (*D*) spočívat na (*L*); **et auf sich ~ lassen** ponechávat ⟨-chat⟩ co, jak to je

beruhigen uklidňovat ⟨-nit⟩ (**sich** se) **beruhigend** uklidňující **Beruhigungsmittel** N uklidňující prostředek *m*

berühmt slavný

berühren dotýkat ⟨-tknout⟩ se (*A G*) **Berührung** F dotek *m*, styk *m*

Besatzung F posádka **Besatzungsmacht** F okupační mocnost

beschädigen poškozovat ⟨-dit⟩ **Beschädigung** F poškození *n*

beschäftigen zaměstnávat ⟨-nat⟩; **sich ~ mit** (*D*) zabývat se (*I*) **Beschäftigung** F zaměstnání *n* **beschäftigungslos** nezaměstnaný

Bescheid M *Antwort* odpověď *f*; *Auskunft* zpráva *f*, informace *f*; ~ **wissen** vyznat se (**über** *A* v *L*); ~ **geben** (*D*) zpravovat ⟨-vit⟩ (*A*)

bescheiden skromný

bescheinigen potvrzovat ⟨-dit⟩ **Bescheinigung** F potvrzení *n*

beschenken obdarovat **beschießen** ostřelovat **beschimpfen** nadávat ⟨-dat⟩ (*A D*)

beschlagen *Pferd* okovávat ⟨-vat⟩; *Glas* opotit se; ADJ *klug* zběhlý; *Glas* opocený

beschlagnahmen zabavovat ⟨-vit⟩

beschleunigen zrychlovat ⟨-lit⟩ **Beschleunigung** F zrychlení *n*

beschließen *entscheiden* rozhodovat ⟨-nout⟩, usnášet ⟨usnést⟩ se; *beenden* ⟨u⟩končit

Beschluss M rozhodnutí *n*, usnesení *n*

beschmieren pomazávat ⟨-zat⟩ **beschmutzen** zašpinit **beschneiden** ostříhat **beschönigen** okrašlovat ⟨okrášlit⟩

beschränken omezovat ⟨-zit⟩ **Beschränkung** F omezení *n*

beschreiben popisovat ⟨-psat⟩ (*a beschriften*)) **Beschreibung** F popis *m*

beschuldigen obviňovat ⟨-nit⟩ (**j-n e-r Sache** k-o z č-o) **Beschuldigung** F obvinění *n*

Beschuss M ostřelování *n*

beschützen ochraňovat ⟨-ránit⟩

Beschwerde F stížnost; **~n** *pl*

MED potíže *fpl*
beschweren: **sich ~ über** (*A*) ⟨po⟩stěžovat si na (*A*)
beschwerlich obtížný
beschwichtigen ⟨u⟩chlácholit **beschwindeln** obelhávat ⟨-hat⟩ **beschwingt** vzletný **beschwipst** podnapilý **beschwören** *beeiden* odpřisáhnout; *anflehen* zapřísahat ⟨-přisáhnout⟩ **beseitigen** odstraňovat ⟨-nit⟩; *umbringen* likvidovat
Besen M smeták, koště *n*
besessen posedlý (**von** *D I*)
besetzen *Platz* obsazovat ⟨-dit⟩
besetzt obsazený **Besetztzeichen** N TEL obsazovací tón *m* **Besetzung** F THEAT obsazení *n*; MIL okupace
besichtigen prohlížet ⟨-hlédnout⟩ **Besichtigung** F prohlídka
besiedeln osidlovat ⟨osídlit⟩ **Besiedlung** F osídlení *n*
besiegen ⟨z⟩vítězit (*A* nad *I*)
Besinnung F: **die ~ verlieren** pozbývat ⟨-být⟩ vědomí; **zur ~ kommen** nabývat ⟨-být⟩ vědomí **besinnungslos** bezvědomý
Besitz M majetek, vlastnictví *n* **besitzen** vlastnit **Besitzer(in** F) M majitel(ka)
besoffen *pop* ožralý
Besoldung F služné *n*
besondere zvláštní **Besonderheit** F zvláštnost
besonders zvláště
besonnen rozvážlivý
besorgen obstarávat ⟨-rat⟩
besorgniserregend znepokojující
besorgt starostlivý; **~ sein um** (*A*) být znepokojený (*I*)
Besorgung F: **~en machen** nakupovat ⟨-koupit⟩
besprechen promluvit (*A* o *L*); *Buch* posuzovat ⟨-soudit⟩, ⟨z⟩recenzovat **Besprechung** F rozhovor *m*, porada; *Kritik* posudek *m*, recenze
bespritzen postřikovat ⟨-říkat⟩
besser lepší, *adv* lépe; **~ werden** zlepšovat ⟨-zlepšit⟩ se; **es geht ihr ~** je jí lépe; **umso ~** tím lépe
bessern: **sich ~** zlepšovat ⟨-zlepšit⟩ se
Besserung F zlepšení *n*; **gute ~!** brzké uzdravení!
Bestand M stav, trvání *n*
beständig stálý, trvalý **Bestandteil** M součástka *f*
bestätigen potvrzovat ⟨-dit⟩ **Bestätigung** F potvrzení *n*; *Bescheinigung* stvrzenka
bestatten pochovávat ⟨-vat⟩ **Bestattung** F pohřeb *m*
beste nejlepší; **sein ~r Freund** jeho nejlepší přítel; **am ~n** nejlépe; **am ~n gefällt mir ...** nejvíc se mi líbí...
bestechen podplácet ⟨-platit⟩ **bestechlich** úplatný
Bestechung F podplácení *n* **Bestechungsgeld** N úplatek *m*
Besteck N příbor *m*
bestehen *existieren* být, existovat; **~ auf** (*D*) trvat na (*L*); **~ aus** (*D*) skládat se z (*G*); **eine**

Prüfung ~ obstát při zkoušce **bestehlen** okrádat ⟨okrást⟩ **besteigen** *Berg* vystupovat ⟨-stoupit⟩ **bestellen** objednávat ⟨-nat⟩; *Gruß* vyřizovat ⟨-řídit⟩ **Bestellnummer** F objednací číslo *n* **Bestellschein** M objednací lístek **Bestellung** F objednávka, zakázka
besteuern zdaňovat ⟨-nit⟩
Bestie F bestie
bestimmen *festlegen* určovat ⟨-čit⟩, stanovovat ⟨-vit⟩; *entscheiden* rozhodovat ⟨-nout⟩
bestimmt *sicher* určitý, jistý; *entschieden* rozhodný **Bestimmung** F *Vorschrift* ustanovení *n* **Bestimmungsort** M místo *n* určení
bestrafen ⟨po⟩trestat **Bestrafung** F potrestání *n*
bestrahlen MED ozařovat ⟨ozářit⟩ **Bestrahlung** F ozařování *n*
bestreichen pomazávat ⟨-zat⟩ **bestreiten** *verneinen* popírat ⟨-přít⟩; *Kosten* uhrazovat ⟨-dit⟩ **bestreuen** posypávat ⟨-pat⟩
bestürzt zděšený, ohromený
Besuch M návštěva *f*; **zu ~ sein bei** (*D*) být na návštěvě u (*G*) **besuchen** navštěvovat ⟨-štívit⟩; THEAT, *Schule* chodit do (*G*) **Besucher** M návštěvník **Besuchszeit** F návštěvní hodiny *fpl*
betagt letitý
betasten ohmatávat ⟨-tat⟩
betätigen TECH uvádět ⟨uvést⟩ v činnost; **sich ~** být činný
betäuben MED umrtvovat ⟨-vit⟩ **Betäubung** F: **örtliche ~** místní znecitlivění *n* **Betäubungsmittel** N utišující prostředek *m*
beteiligen: **beteiligt sein** být účastníkem (**an e-m Unfall** nehody); **sich ~ an** (*D*) ⟨z⟩účastnit se (*G*)
Beteiligung F účast
beten ⟨po⟩modlit se
beteuern ujišťovat ⟨-stit⟩
Beton M beton
betonen zdůrazňovat ⟨-nit⟩; GRAM klást ⟨položit⟩ přízvuk (*A* na *A*) **Betonung** F důraz *m*; GRAM přízvuk *m*
Betracht M: **in ~ ziehen** brát ⟨vzít⟩ v úvahu; **nicht in ~ kommen** nepřicházet v úvahu **betrachten** pozorovat **betrachten als** (*A*) pokládat za (*A*)
beträchtlich značný
Betrachtung F pozorování *n*; *Erwägung* úvaha
Betrag M částka *f*, obnos
betragen *Summe* činit, dělat; **sich ~** ⟨za⟩chovat se
Betragen N chování
betreffen týkat se (*A G*) **betreffend** dotčený, příslušný
betreiben provozovat
betreten vstupovat ⟨vstoupit⟩ (*A* na *A*, do *G*) **Betreten verboten!** vstup zakázán!
betreuen pečovat (*A* o *A*) **Betreuung** F péče
Betrieb M *Unternehmen* závod, podnik; *Verkehr* provoz; **außer**

~ mimo provoz; **in ~ setzen** uvádět ⟨uvést⟩ do provozu; **in ~ sein** být v provozu
Betriebskosten PL provozní náklady **Betriebsleitung** F vedení *n* podniku **Betriebsrat** M podniková rada *f* **Betriebsunfall** M pracovní úraz **Betriebswirtschaft** F podniková ekonomika
betrinken: **sich ~** opíjet ⟨opít⟩ se
betroffen zaražený
Betrug M podvod
betrügen podvádět ⟨-vést⟩, ⟨o⟩šidit
Betrüger M podvodník **Betrügerin** F podvodnice **betrügerisch** podvodný
betrunken opilý
Bett N postel *f*; **zu ~ gehen** jít spát **Bettbezug** M povlečení *n*, cícha *f* **Bettcouch** F spací gauč *m* **Bettdecke** F přikrývka
betteln žebrat (**um** *A* o *A*)
bettlägerig upoutaný na lůžko
Bettlaken N prostěradlo
Bettler M žebrák **Bettlerin** F žebračka
Bettruhe F klid *m* na lůžku **Betttuch** N prostěradlo **Bettwäsche** F ložní prádlo *n* **Bettzeug** N lůžkoviny *fpl*
beugen ohýbat ⟨ohnout⟩, sklánět ⟨sklonit⟩
Beule F boule
beunruhigen znepokojovat ⟨-jit⟩ (**sich** se)
beurlauben dávat ⟨dát⟩ dovolenou
beurteilen posuzovat ⟨-soudit⟩ **Beurteilung** F posudek *m*
Beuschel MPL *österr* plíčky *fpl*
Beute F kořist
Beutel M pytlík, váček
Bevölkerung F obyvatelstvo *n*
bevollmächtigen z(plno)mocňovat ⟨-nit⟩ **Bevollmächtigte** M z(plno)mocněnec
bevor dřív(e) než **bevorstehen** nastávat ⟨-stat⟩ **bevorzugen** dávat ⟨dát⟩ přednost (*A D*)
bewachen hlídat, střežit **Bewacher** M hlídač **Bewachung** F hlídání *n*
bewaffnen ozbrojovat ⟨-jit⟩ **Bewaffnung** F ozbrojení *n*
bewahren *schützen* ⟨u⟩chránit (**vor** *D* před *I*)
bewähren: **sich ~** osvedčovat ⟨-čit⟩ se
bewährt osvědčený
Bewährung F: **mit ~** JUR podmíněně
bewältigen zmáhat ⟨zmoct⟩, zdolávat ⟨-lat⟩
bewässern zavodňovat ⟨-nit⟩
bewegen pohybovat ⟨-hnout⟩ (**sich** se)
beweglich pohyblivý
bewegt *gerührt* pohnutý; *Leben* rušný
Bewegung F pohyb *m*; POL hnutí *n*; **sich in ~ setzen** dávat ⟨dát⟩ se do pohybu **bewegungslos** nehybný
Beweis M důkaz **beweisen** dokazovat ⟨-kázat⟩
bewerben: **sich ~ um** (*A*) uchá-

zet se o (*A*) **Bewerber(in** F) M uchazeč(ka) **Bewerbung** F ucházení *n*, žádost

bewerten ⟨z⟩hodnotit

bewilligen povolovat ⟨-lit⟩ **Bewilligung** F povolení *n*

bewirken ⟨z⟩působit

bewirten ⟨po⟩hostit **bewirtschaften** obhospodařovat **Bewirtung** F pohoštění *n*

bewohnen obývat **Bewohner(in** F) M obyvatel(ka)

bewölkt zamračený **Bewölkung** F oblačnost

bewundern obdivovat (se) **bewundernswert** obdivuhodný **Bewunderung** F obdiv *m*

bewusst vědomý; **sich e-r Sache ~ sein** být si vědom č-o

bewusstlos bezvědomý; **~ werden** upadnout do bezvědomí

Bewusstsein N: **das ~ verlieren** pozbýt vědomí; **wieder zu ~ kommen** přijít k sobě

bezahlen ⟨za⟩platit **Bezahlung** F (za)placení *n*, plat *m*

bezaubernd okouzlující

bezeichnen označovat ⟨-čit⟩ **bezeichnend** příznačný **Bezeichnung** F označení *n*; *Name* název *m*

beziehen *Haus* nastěhovat se (*A* do *G*); *Ware* odbírat ⟨odebrat⟩; *Rente* pobírat; *Bett* povlékat ⟨-vléct⟩; **sich ~ auf** (*A*) vztahovat se na (*A*)

Beziehung F vztah *m*, styk *m*; **in jeder ~** po každé stránce **beziehungsweise** popřípadě

Bezirk M POL kraj; *Bereich* obvod

Bezug M *Überzug* potah, povlak; *Bettbezug* povlečení *n*, cícha *f*; **in ~ auf** (*A*) vzhledem k (*D*), se zřetelem k (*D*); **Bezüge** *pl Geld* příjem *m*

bezüglich ohledně, co se týče

bezwecken směřovat (*A* k *D*) **bezweifeln** pochybovat (*A* o *L*)

BH M **(Büstenhalter)** podprsenka *f*

Bibel F bible

Biber M bobr

Bibliothek F knihovna **Bibliothekar** M knihovník **Bibliothekarin** F knihovnice

biblisch biblický

biegen ohýbat ⟨ohnout⟩; **um die Ecke ~** zahnout za roh **biegsam** ohebný **Biegung** F ohyb *m*; *Kurve* zatáčka *f*

Biene F včela

Bienenstock M včelí úl **Bienenzucht** F včelařství *n*

Bier N pivo; **helles (dunkles) ~** světlé (tmavé) pivo; **~ vom Fass** sudové pivo, *umg* točené pivo **Bierkrug** M džbán na pivo

bieten nabízet ⟨-bídnout⟩, poskytovat ⟨-nout⟩; **sich ~** naskýtat ⟨-kytnout⟩ se; **sich et nicht ~ lassen** nenechat si co líbit

Bikini M bikiny *fpl*, opalovačky *fpl*

Bilanz F bilance

Bild N obraz *m*; FOTO snímek *m*

bilden vzdělávat ⟨-lat⟩; *formen* ⟨u⟩tvořit; **~de Kunst** výtvarné umění *n*

Bilderbuch N obrázková kniha

f
Bildhauer(in F**)** M sochař(ka) **bildlich** obrazný **Bildröhre** F, **Bildschirm** M obrazovka *f* **Bildung** F vzdělání *n*; *Formung* tvoření *n*
Billard N kulečník *m*
billig laciný, levný
billigen schvalovat ⟨schválit⟩ **Billigflug** M levný let, levná letenka *f* **Billigtarif** M nízký tarif
Binde F MED obvaz *m*, obinadlo *n*; *Damenbinde* vložka **Bindeglied** N spojovací článek *n* **Bindehautentzündung** F zánět *m* spojivek
binden ⟨při⟩vázat (**an** *A* k *D*); *umbinden* ⟨ob⟩vázat; *Buch* ⟨s⟩vázat **bindend** závazný **Bindfaden** M motouz, provázek **Bindung** F *Ski* vázání *n*; *fig* závazek *m*
binnen (*G*) do (*G*), za (*A*); **~ Kurzem** zakrátko; **~ einer Woche** za týden **Binnenmarkt** M vnitřní trh
Biografie F biografie, životopis *m* **Biologie** F biologie **biologisch** biologický
Birke F bříza
Birnbaum M hrušeň *f*
Birne F hruška; ELEK žárovka
bis *örtlich u zeitlich* do (*G*), k (*D*); **von ... ~** od...do; **~ gleich!**, **~ bald!** tak zatím!; **~ auf** *außer* až na; **~ wann?** do kdy
Bischof M biskup
bisher do(po)sud
Biskuit M od N piškot *m*
Biss M kousnutí *n*
bisschen: **ein ~** trochu, trošku; **kein ~** vůbec nic; **ein ~ viel** trochu moc
Bissen M sousto *n* **bissig** kousavý (*a. fig*) **bissiger Hund!** zlý pes! **Bisswunde** F kousnutí *n*
bitte *Frage, Bestätigung* prosím
Bitte F prosba
bitten ⟨po⟩prosit (**um** *A* o *A*)
bitter hořký
Blähungen FPL větry *mpl*
blamieren: **sich ~** blamovat se
blank *glänzend* lesklý; *rein* čistý; **~ sein** *fig umg* být dutý
Blankoscheck M blankošek
Blase F bublina; *Haut* puchýř *m*; ANAT měchýř *m*
blasen foukat ⟨-nout⟩; *Flöte* ⟨za⟩pískat; *Trompete usw* ⟨za⟩troubit; *Glas* vyfukovat ⟨-fouknout⟩
Blasinstrument N dechový nástroj *m* **Blaskapelle** F dechová kapela
blass bledý; **~ werden** ⟨z⟩blednout
Blatt N list *m* (*a Papier*); *Zeitung* noviny *fpl*
blättern listovat
Blätterteig M lístkové těsto *n*
Blattlaus F mšice
blau modrý; *betrunken umg* ožralý; **~er Fleck** modřina *f* **blauäugig** modrooký **Blaubeere** F borůvka **Blauhelme** MPL POL modré přilby *fpl*
bläulich modravý, namodralý
blaumachen světit modrý pondělek
Blech N plech *m* (*a Backblech*) **Blechdose** F plechovka **ble-**

chen *umg* pustit chlup **Blechschaden** M škoda na karoserii
Blei N olovo
bleiben zůstávat ⟨-stat⟩; **~ Sie am Apparat** zůstaňte u aparátu; **es bleibt dabei!** zůstane na tom; **~ lassen** nechávat ⟨-chat⟩
bleibend stálý, trvalý
bleich bledý **bleichen** ⟨vy⟩bělit
bleifrei *Benzin* natural, bezolovnatý
Bleistift M tužka *f* **Bleistiftspitzer** M ořezávátko *n*
Blende F FOTO clona **blenden** oslňovat ⟨-nit⟩ **blendend** *fig* oslnivý
Blick M pohled; **auf den ersten ~** na první pohled; **e-n ~ werfen auf** *(A)* vrhat ⟨-nout⟩ pohled na *(A)*
blicken pohlížet ⟨-hlédnout⟩; **sich ~ lassen** ukazovat ⟨ukázat⟩ se
blind slepý; **~er Alarm** planý poplach; **~er Passagier** černý pasažér
Blinddarm M slepé střevo *n*
Blinde M slepec
Blindenhund M slepecký pes
Blindenschrift F slepecké písmo *n*
Blindheit F slepota **blindlings** naslepo, slepě
blinken ⟨za⟩blikat *(a.* AUTO)
Blinker M AUTO směrovka *f*
blinzeln ⟨za⟩mžourat
Blitz M blesk *(a.* FOTO) **Blitzableiter** M hromosvod **blitzen** blýskat ⟨-nout⟩ se; **es blitzt** blýská se **Blitzlicht** N bleskové světlo, *umg* blesk *m*
Blitzlichtaufnahme F bleskový snímek *m* **Blitzschlag** M úder blesku **blitzschnell** bleskurychlý
Block M blok **Blockade** F blokáda **Blockflöte** F zobcová flétna **blockieren** blokovat
Blockschrift F hůlkové písmo *n*
blöd(e) blbý
Blödsinn M blbost *f*
blöken ⟨za⟩bečet
blond plavovlasý **Blondine** F blondýnka
bloß *allein* pouhý; *nackt* nahý, holý; *Füße* bosý; *nur* jen(om), pouze **bloßstellen** ⟨z⟩kompromitovat
Blouson M bluzon
Bluff M klam, podfuk
blühen kvést
Blume F květina; *Bier* pěna; *Wein* vůně
Blumengeschäft N květinářství **Blumenkohl** M květák
Blumenstrauß M kytice *f*
Blumentopf M květináč
Bluse F blůza, halenka
Blut N krev *f* **Blutabnahme** F odběr *m* krve **Blutalkohol** M hladina *f* alkoholu v krvi **blutarm** chudokrevný **Blutbad** N krveprolití **Blutbild** N krevní obraz *m* **Blutdruck** M krevní tlak
Blüte F květ *m (a Blütezeit)*
bluten krvácet
Blütenblatt N okvětní lístek *m*
Bluterguss M (krevní) podli-

tina *f* **Blutgefäß** N krevní céva *f* **Blutgruppe** F krevní skupina **Bluthochdruck** M vysoký krevní tlak **blutig** krvavý (*a.* GASTR) **Blutkreislauf** M krevní oběh **Blutprobe** F krevní zkouška **Blutspender** M dárce krve **blutstillend** zastavující krev
Bluttransfusion F transfuze krve **Blutung** F krvácení *n* **Blutuntersuchung** F vyšetření *n* krve **Blutvergiftung** F otrava krve **Blutverlust** M ztráta *f* krve **Blutwurst** F jelito *n*
Bö F náraz *m* větru
Bob M bob **Bobbahn** F bobová dráha
Bock M *Ziegenbock* kozel; *Gestell* koza *f*, stojan **bockig** vzpurný
Boden M *Erdboden, Dachboden* půda *f*; *Fußboden* podlaha *f*; *Gefäß* dno *n*; **zu ~ fallen** padat ⟨-nout⟩ na zem **bodenlos** bezedný; *fig* ohromný **Bodenschätze** MPL nerostné bohatství *n* **Bodensee** M Bodamské jezero *n* **Bodenturnen** N prostná (cvičení) *npl*
Bodybuilding N kulturistika *f*
Bogen M MATH, ARCH oblouk; *Waffe* luk; *Biegung* ohyb; *Papier* arch; MUS smyčec **Bogenschießen** N lukostřelba *f*
Bohle F fošna
Böhmen N Čechy *fpl* **Böhmerwald** M Šumava *f*
Bohne F bob *m*, fazole; *Kaffeebohne* zrnko *n*; **grüne ~n** *pl* fazolky
Bohnenkaffee M zrnková káva *f* **Bohnenkraut** N saturejka *f*
bohnern ⟨vy⟩leštit
bohren ⟨vy⟩vrtat **Bohrer** M vrták **Bohrinsel** F těžní plošina **Bohrmaschine** F vrtačka **Bohrturm** M vrtná věž *f* **Bohrung** F vrt *m*
Boiler M bojler
Boje F bóje
Bolzen M kolík, svorník
bombardieren bombardovat
Bombe F puma, bomba
Bombenangriff M pumový útok **Bombenanschlag** M pumový atentát
Bomber M bombardér
Bon M bon, poukázka *f*
Bonbon M od N bonbon *m*
Boot N člun *m*, loďka *f*
Bootssteg M přistávací lávka *f*
Bootsverleih M půjčovna *f* loděk
Bord[1] N police *f*
Bord[2] M SCHIFF paluba *f*
Bordell N nevěstinec *m*, *vulg* bordel *m*
Bordkarte F FLUG palubní lístek *m* **Bordstein** M obrubník
borgen: **(sich) et von j-m ~** půjčovat ⟨-čit⟩ si co od k-o; **j-m et ~** půjčovat ⟨-čit⟩ k-u co
Borke F kůra
Börse F WIRTSCH burza; *Geldbeutel* peněženka **Börsenkurs** M burzovní kurz **Börsenmakler** M burzovní makléř
Borste F štětina
Borte F lemovka
bösartig zlý; MED zhoubný

Böschung F svah *m*, úbočí *n* **böse** zlý, špatný; *zornig* hněvivý; **~ sein** (*D*) hněvat se na (*A*) **boshaft** zlomyslný **Bosnien** N Bosna *f* **Bosnier(in** F) M Bosňan(ka) **bosnisch** bosenský **böswillig** zlomyslný **Botanik** F botanika **botanisch**: **~er Garten** M botanická zahrada *f* **Bote** M posel **Botschaft** F zpráva, poselství *n*; POL velvyslanectví *n* **Botschafter** M velvyslanec **Botschafterin** F velvyslankyně **Bouillon** F bujón *m*, vývar *m* **Boulevardpresse** F bulvární tisk *m* **Boutique** F butik *m* **Bowle** F bowle **Box** F box *m* **boxen** boxovat **Boxer** M boxer, rohovník **Boxkampf** M rohovnický zápas **Boykott** M bojkot **boykottieren** bojkotovat **brachliegen** ležet ladem **Branche** F branže, odvětví *n* **branchenüblich** běžný v oboru **Branchenverzeichnis** N TEL katalog *m* firem **Brand** M požár, oheň; **in ~ geraten** vzněcovat ⟨vznítit⟩ se; **in ~ stecken** zapalovat ⟨-pálit⟩ **Brandblase** F popáleninový puchýř *m* **Brandenburg** N Braniborsko **Brandsalbe** F mast na spáleniny **Brandstiftung** F žhářství *n*

Brandung F příboj *m* **Brandwunde** F popálenina **Branntwein** M kořalka *f*, pálenka *f* **braten** ⟨u⟩péct, ⟨u⟩smažit **Braten** M pečeně *f* **Bratfisch** M pečená ryba *f* **Brathähnchen** N pečené kuře **Bratkartoffeln** FPL opékané brambory *mpl* **Bratpfanne** F pánev **Bratrost** M rošt **Bratsche** F viola **Bratspieß** M rožeň **Bratwurst** F klobása **Brauch** M zvyk, obyčej **brauchbar** užitečný **brauchen** potřebovat; **man braucht zwei Stunden** je potřeba dvě hodiny **Brauerei** F pivovar *m* **braun** hnědý; **~ gebrannt** opálený do hněda; **~ werden** ⟨z⟩hnědnout **Bräune** F hnědost **bräunen**: **sich ~ lassen** opalovat ⟨opálit⟩ se **Braunkohle** F hnědé uhlí *n* **Brause** F GASTR šumivá limonáda **brausen** *Wind* ⟨za⟩šumět **Braut** F nevěsta **Bräutigam** M ženich **Brautkleid** N svatební šaty *mpl* **Brautpaar** NPL snoubenci *mpl* **brav** *Kind* hodný, (po)slušný **Brechdurchfall** M průjem se zvracením **Brecheisen** N páčidlo **brechen** *entzweigehen* lámat ⟨zlomit⟩ se (*a.* MED); *erbrechen* zvracet ⟨zvrátit⟩, vrhnout **Brechreiz** M nucení

na zvracení
Brei M kaše *f*
breit široký; **3 m ~** široký tři metry **Breite** F šířka
Breitengrad M zeměpisná šířka *f* **breitspurig** širokokolejný
Bremen N Brémy *fpl*
Bremsbelag M brzdové obložení *n*
Bremse F brzda; ZOOL ovád *m*
bremsen ⟨za⟩brzdit **Bremsflüssigkeit** F brzdová kapalina **Bremslicht** N brzdová světla *npl* **Bremspedal** N brzdový pedál *m* **Bremsspur** F brzdná stopa **Bremsweg** M brzdná dráha *f*
brennbar hořlavý **brennen** hořet; *Wunde, Sonne* pálit; *Licht* svítit; **es brennt!** hoří! **brennend** hořící; *Schmerz* palčivý
Brennholz N palivové dříví
Brennnessel F kopřiva
Brennpunkt M ohnisko *n*
Brennspiritus M líh na pálení
Brennstoff M palivo *n*
Brennweite F ohnisková vzdálenost
Brett N prkno; **Schwarzes ~** černá tabule *f*
Brezel F preclík *m*
Brief M dopis **Briefbogen** M arch dopisního papíru **Briefbombe** F dopisová bomba
Briefkasten M poštovní schránka *f*
brieflich písemný
Briefmarke F poštovní známka
Brieföffner M nůž na otvírání dopisů **Briefpapier** N dopisní papír *m* **Brieftasche** F náprsní taška **Briefträger** M listonoš **Briefumschlag** M obálka *f* **Briefwahl** F korespondenční volba **Briefwechsel** M korespondence *f*
Brikett N briketa *f*
Brillant M briliant
Brille F brýle *fpl*; **die ~ aufsetzen** nasazovat ⟨-dit⟩ brýle
Brillenetui N pouzdro na brýle **Brillenfassung** F obroučky *fpl*
bringen přivádět ⟨-vést⟩ (**nach Hause** domů); *tragend* přinášet ⟨-nést⟩; *fahrend* přivážet ⟨-vézt⟩; **in Ordnung ~** dávat ⟨dát⟩ do pořádku; **in Sicherheit ~** uvádět ⟨uvést⟩ do bezpečí; **mit sich ~** přinášet ⟨-nést⟩ s sebou; **es zu et ~** dotáhnout to někam; **zum Stehen ~** zastavovat ⟨-vit⟩
Brise F vánek *m*
Brite M Brit **Britin** F Britka **britisch** britský
bröckeln ⟨roz⟩drobit se
Brocken M drobet; **ein paar ~ Tschechisch** několik drobtů česky
brodeln klokotat
Brokkoli PL brokolice *f*
Brombeere F ostružina
Bronchitis F zánět *m* průdušek
Bronze F bronz *m*
Brosche F brož
Broschüre F brožura
Brot N chléb *m*; **e-e Scheibe ~** krajíc *m* chleba **Brotaufstrich** M pomazánka *f*
Brötchen N chlebíček *m*

Brotkorb M koš na chléb

Bruch M lom, zlomení *n*; MED zlomenina *f*; MATH zlomek

brüchig lámavý; *spröde* křehký

Bruchrechnung F počítání *n* se zlomky **Bruchstück** N úlomek *m*, zlomek *m* **Bruchteil** M část *f*, zlomek

Brücke F most *m*; SCHIFF, MED můstek

Bruder M bratr

brüderlich bratrský

Brühe F vývar *m* **Brühwürfel** M polévková kostka *f*

brüllen *Tier* řvát ⟨zařvat⟩

brummen ⟨za⟩bručet

Brunch M brunch

brünett hnědovlasý

Brünn N Brno

Brunnen M studna *f*; *Springbrunnen* kašna *f*; *Heilquelle* zřídlo *n*

brüsk bryskní, příkrý

Brüssel N Brusel *m*

Brust F prsa *npl*; *Busen* ňadra *npl* **Brustkorb** M hrudník **Brustkrebs** M rakovina *f* prsu **Brustschwimmen** N plavání na prsa

Brüstung F parapet *m*

Brustwarze F prsní bradavka

brutal brutální, hrubý

brutto zhruba, brutto **Bruttoeinkommen** N hrubý příjem *m* **Bruttolohn** M hrubá mzda *f* **Bruttosozialprodukt** N hrubý národní produkt *m*

Bube M *Spielkarte* spodek; *österr* kluk

Buch N kniha *f*

Buche F buk *m*

buchen *Reise usw* objednávat ⟨-nat⟩, rezervovat; WIRTSCH ⟨za⟩účtovat

Bücherei F knihovna **Bücherregal** N police *f* na knihy **Bücherschrank** M knihovna *f*

Buchhalter(in F) M účetní **Buchhaltung** F účetnictví *n* **Buchhändler** M knihkupec **Buchhandlung** F knihkupectví *n* **Buchmacher** M SPORT bookmaker **Buchmesse** F knižní veletrh *m* **Buchprüfer** M revizor účtů, auditor

Büchse F plechovka; *Flinte* puška **Büchsenmilch** F kondenzované mléko *n* **Büchsenöffner** M otvírač konzerv

Buchstabe M písmeno *n* **buchstabieren** ⟨pře⟩slabikovat **buchstäblich** doslovný

Bucht F záliv *m*, zátoka

Buchung F objednávka, rezervace; WIRTSCH zaúčtování *n*

Buckel M hrb

bücken: **sich ~** shýbat ⟨sehnout⟩ se

bucklig hrbatý; *Boden* hrbolatý

Bude F bouda

Büfett N bufet *m*; **kaltes ~** studený bufet *m*

Büffel M buvol

büffeln *umg* šprtat, biflovat

Bug M SCHIFF, FLUG příď *f*

Bügel M *Kleidung* ramínko *n*; *Brille* stranice *f* **Bügelbrett** N žehlící prkno **Bügeleisen** N žehlička *f* **Bügelfalte** F puk *m* **bügelfrei** nežehlivý

bügeln ⟨vy⟩žehlit

Bühne F jeviště *n*

Bühnenbild N scéna *f* **Bühnenbildner** M jevištní výtvarník
Bulette F karbanátek *m*
Bulgare M Bulhar **Bulgarin** F Bulharka **Bulgarien** N Bulharsko **bulgarisch** bulharský
Bullauge N SCHIFF kulaté lodní okénko
Bulle M býk
Bummel M procházka *f*
bummeln: **durch die Stadt ~** potulovat po městě
Bund[1] N svazek *m*, spolek *m*
Bund[2] M *Kleidung* pasovka *f*
Bündel N svaz(eč)ek *m*
Bundeskanzler M spolkový kancléř **Bundesland** N spolková země *f* **Bundesliga** F spolková liga **Bundesregierung** F spolková vláda
Bundesrepublik F: **~ Deutschland** Spolková republika Německo
Bundesstaat M spolkový stát **Bundestag** M spolkový sněm **Bundeswehr** F armáda SRN
Bundfaltenhose F nabírané kalhoty *fpl*
Bündnis N spolek *m*
Bunker M bunkr
bunt pestrý (*a. fig*) **Buntstift** M barevná tužka *f* **Buntwäsche** F barevné prádlo *n*
Burg F hrad *m*
Bürge M ručitel **bürgen** ⟨za-⟩ ručit
Bürger M občan **Bürgerkrieg** M občanská válka *f* **bürgerlich** občanský **Bürgermeister** M starosta **Bürgerrecht** N občanské právo **Bürgersteig** M chodník
Bürgschaft F záruka
Büro N kancelář *f*
Büroangestellte M kancelářský zaměstnanec; F kancelářská zaměstnankyně
Bürobedarf M kancelářské potřeby *fpl* **Büroklammer** F svorka **bürokratisch** byrokratický
Bürste F kartáč(ek) *m* **bürsten** ⟨o⟩kartáčovat
Bus M autobus **Busbahnhof** M autobusové nádraží *n*
Busch M keř; *Gebüsch* křoví *n*
Büschel N chumáček *m*
Busen M ňadra *npl*
Busfahrer M řidič autobusu **Bushaltestelle** F autobusová zastávka **Buslinie** F autobusová linka
Bussard M káně *n* lesní
büßen ⟨od⟩pykat
Bußgeld N pokuta *f*
Büste F poprsí *n*, busta **Büstenhalter** M podprsenka *f*
Busverbindung F autobusové spojení *n* **Busverkehr** M autobusová doprava *f*
Butter F máslo *n* **Butterbrot** N chléb *m* s máslem **Butterbrotpapier** N pergamen *m* **Butterdose** F dóza na máslo **Buttermilch** F podmáslí *n*

C

Café N kavárna *f*
campen tábořit, kempovat **Camper** M táborník
Camping N kempink *m*, táboření **Campingbus** M obytný vůz **Campingplatz** M kempink, tábořiště *n*
Cappuccino M kapučíno *n*
CD F CD *m*, cédéčko *n* **CD-Spieler** M přehrávač kompaktních disků, *umg* CD přehrávač
Cent M *Eurocent* cent
Champagner M šampanské *n*
Champignon M žampion
Chance F šance
chaotisch chaotický
Charakter M charakter, povaha *f* **charakteristisch** charakteristický
charmant půvabný, šarmantní
Charterflug M charterový let **Chartermaschine** F charter *m*
Chauffeur M šofér, řidič
Chef M šéf, vedoucí **Chefarzt** M primář **Chefärztin** F primářka **Chefin** F šéfka, šéfová
Chefkoch M šéfkuchař
Chemie F chemie **Chemiefaser** F umělé vlákno *n*
Chemiker M chemik **chemisch** chemický
Chicorée M od F čekanka *f*
Chiffre F šifra
China N Čína *f*
Chinese M, **Chinesin** F Čiňan(ka) **chinesisch** čínský
Chip M *Spielmarke* žeton; IT čip **Chipkarte** F čipová karta **Chips** PL GASTR čipsy, brambůrky
Chirurg M chirurg
Cholesterin N cholesterol *m*
Chor M MUS sbor; ARCH kůr, kruchta *f*
Christ M křesťan **Christbaum** M vánoční stromeček **Christentum** N křesťanství **Christkind** N Ježíšek *m* **christlich** křesťanský
Chronik F kronika
chronisch chronický
Clique F klika
Clown M klaun
Cocktail M koktajl, koktejl
codieren kódovat
Compact Disc F kompaktní disk *m*
Computer M komputer
Container M kontejner
Cordhose F kalhoty *fpl* z kordu
Cornflakes M kukuřičné vločky *fpl*
Coronavirus M/N MED koronavirus *m*
Couch F gauč *m*
Coupon M kupon
Cousin M bratranec **Cousine** F sestřenice
Covid-19, COVID-19 F MED (*corona virus disease 2019*) covid-19 *m*
Creme F krém *m* **cremefarben** krémový
Croissant N croissant *m*

D

da ADV *örtlich hier* tu, tady; *dort* tam; *zeitlich* tu, tehdy; **wer ist ~?** kdo tam?; **von ~ ab** *örtlich* odtud; *zeitlich* od té doby; *cj weil* protože, poněvadž
dabei při tom; **~ sein** zúčastňovat ⟨-nit⟩ se; **~ sein zu** (+ *inf*) chystat se (+ *inf*) **dabeibleiben** zůstávat ⟨-tat⟩
dableiben zůstávat ⟨-tat⟩
Dach N střecha *f* **Dachboden** M půda *f* **Dachdecker** M pokrývač **Dachgepäckträger** M AUTO zahrádka *f* **Dachgeschoss** N, *österr* **Dachgeschoß** N podkroví **Dachrinne** F okap *m*
Dachs M jezevec
Dachstuhl M krov **Dachziegel** M taška *f*
Dackel M jezevčík
dadurch tím
dafür *als Ersatz* za to; **~ sein** být pro (to) **dafürkönnen**: **ich kann nichts dafür** nemůžu za to
dagegen (na)proti tomu; **~ sein** být proti (tomu)
daheim doma
daher *von dort* odtamtud; *deshalb* proto
dahin *örtlich* tam; **bis ~** *zeitlich* do té doby
dahinten vzadu, pozadu
dahinter za tím **dahinterkommen** přicházet ⟨-jít⟩ na to **dahinterstecken** vězet za tím
Dahlie F jiřina
dalassen (za)nechávat ⟨-chat⟩
damals tehdy, tenkrát
Dame F dáma (*a Spielkarte, Schach*); **~ spielen** hrát v dámu
Damenbinde F vložka **Damenfriseur** M kadeřník **Damenfriseurin** F kadeřnice
Damenwäsche F dámské prádlo *n*
damit s tím; KONJ aby (+ *prät*)
Damm M hráz *f*
dämmerig šerý
dämmern šeřit se, svítat **Dämmerung** F šero *n*
Dampf M pára *f* **Dampfbügeleisen** N napařovací žehlička *f* **dampfen** kouřit
dämpfen *Stimme, Licht* ⟨z⟩tlumit; GASTR ⟨u⟩dusit
Dampfer M parník
danach *zeitlich* potom; *demgemäß* podle toho; **kurze Zeit ~** krátce potom
Däne M Dán
daneben vedle toho; *außerdem* kromě toho
Dänemark N Dánsko **Dänin** F Dánka **dänisch** dánský
dank (*D, G*) dík(y) (*D*)
Dank M dík; **vielen ~** díky
dankbar vděčný **Dankbarkeit** F vděčnost
danke děkuji; **~ sehr** děkuji pěkně; **~ gleichfalls** děkuji, nápodobně
danken ⟨po⟩děkovat
dann pak, potom; **bis ~!** na

brzo!
daran na tom; **nahe ~ sein, et zu tun** chystat se (+ *inf*)
darauf na tom; nato; **bald ~** brzy poté; **am Tag ~** den nato; **das kommt ~ an** záleží na tom **daraufhin** nato
daraus z toho
Darbietung F vystoupení *n*, produkce
darin v tom
darlegen vykládat ⟨-ložit⟩
Darlehen N půjčka *f*
Darm M střevo *n*
darstellen THEAT hrát; *beschreiben* ⟨vy⟩líčit **Darsteller(in** F**)** M představitel(ka) **Darstellung** F zobrazení *n*, vylíčení *n*
darüber nad tím, nad to; **ich freue mich ~** těším se z toho; **~ hinaus** nadto
darum pro to; **es geht ~, dass** jde o to, že
darunter pod tím; pod to; *dazwischen* mezi tím, mezi to; *weniger* méně
das PRON to; **was ist ~?** co je to; *rel* které
dass že, aby; **außer ~** ledaže; **so ~** takže
dasselbe totéž
Datei F IT soubor *m*
Daten NPL data, údaje *mpl* **Datenbank** F databanka, databáze **Datenschutz** M ochrana *f* dat **Datenträger** M nosič dat **Datenverarbeitung** F zpracování *n* dat
datieren datovat
Dattel F datle
Datum N datum; **welches ~ haben wir heute?** kolikátého máme dnes?
Dauer F trvání *n*; **auf die ~** nadlouho **Dauerauftrag** M trvalý příkaz k úhradě **dauerhaft** stálý, trvalý **Dauerlauf** M vytrvalostní běh
dauern ⟨po⟩trvat; **wie lange dauert es noch?** jak dlouho to ještě potrvá? **dauernd** trvalý
Dauerwelle F trvalá (ondulace)
Daumen M palec
Daunen PL prachové peří *n* **Daunendecke** F prachová přikrývka
davon od toho, z toho; *darüber* o tom **davonlaufen** utíkat ⟨utéct⟩
davor před tím, před to
dazu k tomu; **was sagst du ~?** co tomu říkáš? **dazutun** přidávat ⟨-dat⟩
dazwischen mezi tím, mezi to **dazwischenkommen**: **wenn nichts dazwischenkommt** nepřijde-li nic do toho **dazwischenreden** plést se do řeči
Deck N paluba *f*
Decke F *Zimmer* strop *m*; *Bett* pokrývka
Deckel M víko *n*; *Topf* poklice *f*; *Buch* desky *fpl*
decken ⟨po⟩krýt (*a.* WIRTSCH); *Tisch* prostírat ⟨-třít⟩
Deckung F *Versteck* kryt *m*; WIRTSCH krytí *n*
defekt defektní, vadný
Defekt M vada *f*

Defibrillator M MED defibrilátor *f*
definieren definovat **Definition** F definice
Defizit N schodek *m*, deficit *m*
dehnbar roztažitelný **dehnen** *in die Länge* natahovat ⟨-táhnout⟩; *in die Breite* roztahovat ⟨-táhnout⟩; **sich ~** protahovat se
Deich M hráz *f*
Deichsel F oj
dein tvůj *m*, tvá, tvoje *f*; tvé, tvoje *n* **deinerseits** co se tebe týče **deinetwegen** kvůli tobě, pro tebe
Dekolleté N dekolt(áž *f*) *m*
Dekorateur(in F) M dekoratér(ka) **Dekoration** F dekorace
Delegation F delegace **Delegierte** M, F delegát(ka)
Delfin M delfín
delikat delikátní
Delikatesse F lahůdka **Delikatessengeschäft** N lahůdkářství
dementieren dementovat
dementsprechend podle toho **demnach** proto **demnächst** brzy, brzo
Demokratie F demokracie **demokratisch** demokratický
demolieren demolovat
Demonstration F demonstrace **demonstrieren** demonstrovat (**gegen** *A* proti *D*; **für** *A* za *A*)
demütig pokorný
denkbar myslitelný **denken** ⟨po⟩myslit (**an** *A* na *A*; **über** *A* o *L*); **sich et ~** pomyslit si co; **wie ~ Sie darüber?** co si o tom myslíte?
Denkmal N pomník *m*
denkwürdig památný, pamětihodný
denn neboť; **wo ist er ~?** kdepak je?; **es sei ~, dass** leda(že)
dennoch přesto, přece
Deodorant N de(z)odorant *m*
Deponie F skládka **deponieren** deponovat
Depot N depo
Depression F deprese **depressiv** depresivní
deprimiert deprimovaný
der PRON ten; *rel* který
derart tak **derartig** takový
derb *kräftig* silný; *grob* hrubý, drsný
deren jejíž *f*; jejichž *pl*
dergleichen takový, podobný
derjenige ten (**welcher** který)
dermaßen tak **derselbe** ten (-týž)
desertieren dezertovat, zběhnout
deshalb proto
Design N design *m*, návrh *m*
Designer(in F) M designér(ka), návrhář(ka) **Designermode** F designová móda, značková móda
Desinfektionsmittel N dezinfekční prostředek *m* **desinfizieren** dezinfikovat
dessen jehož
Dessert N dezert *m*, zákusek *m*
destilliert: **~es Wasser** N destilovaná voda *f*
desto tím; **~ mehr** tím víc(e);

~besser tím lépe
deswegen proto
Detail N detail *m*
Detektiv M detektiv
deuten vykládat ⟨-ložit⟩; **auf et** ~ ukazovat ⟨ukázat⟩ na co
deutlich *klar* jasný; *verständlich* zřetelný
deutsch německý; **in, auf Deutsch** německy
Deutsche M Němec; F Němka
Deutschland N Německo
Devisen PL devizy
Dezember M prosinec
dezent decentní
Dezimalzahl F desetinné číslo *n*
DGB M (**Deutscher Gewerkschaftsbund**) Německý svaz odborů
Dia N diapozitiv *m*
Diabetes M diabetes, cukrovka *f* **Diabetiker** M diabetik **Diabetikerin** F diabetička
diagonal diagonální
Diagonale F diagonála
Diagramm N graf *m*
Dialekt M nářečí *n*
Diaprojektor M diaprojektor
Diavortrag M diapřednáška *f*
Diät F dieta; ~ **halten** držet dietu
dich tebe, tě; **für** ~ pro tebe
dicht hustý (*a Haar, Verkehr*); ~ **an**, ~ **am** (*D*) tesně u (*G*)
dichten ⟨z⟩básnit; TECH ⟨u⟩těsnit **Dichter** M básník **Dichterin** F básnířka **Dichtung** F básnictví *n*; TECH těsnění *n*
dick *Person* tlustý; *geschwollen* naběhlý **Dickdarm** M tlusté střevo *n* **Dickicht** N houští **Dickkopf** M paličák **dickköpfig** paličatý
die PRON ta *f*, ty *pl*; *rel* která *f*, kteří *mpl belebt*, které *m/pl, unbelebt f/pl*, která *npl*
Dieb(in F) M zloděj(ka)
Diebstahl M krádež *f* **Diebstahlversicherung** F pojištění *n* proti krádeži
Diele F *Brett* palubka; *Flur* předsíň
dienen ⟨po⟩sloužit (**als** jako, **zu** *D* za *A*)
Dienst M služba *f*; **öffentlicher** ~ veřejné služby, **außer** ~ mimo službu; ~ **haben** mít službu
Dienstag M úterý, úterek; **am** ~ v úterý
dienstbereit úslužný **Dienstgrad** M služební hodnost *f*
diensthabend konající službu **Dienstleistung** F služba **dienstlich** služební
Dienstreise F služební cesta
Dienststelle F úřad *m*
Dienststunden FPL úřední hodiny **Dienstwagen** M služební auto *n*
diesbezüglich příslušný
diese, dieser, dieses ten(to), ta(to), to(to)
Diesel(motor) M naftový motor **Dieselöl** N motorová nafta *f*
diesjährig letošní **diesmal** tentokrát **diesseits** na této straně
Dietrich M paklíč

Differenz F rozdíl *m*
Digitalanzeige F digitální displej *m* **Digitalkamera** F digitální fotoaparát *m* **Digitaluhr** F digitální hodinky *fpl*
Diktatur F diktatura
diktieren diktovat **Diktiergerät** N diktafon *m*
Dill M kopr
Ding N věc *f*; **vor allen ~en** především
Diphterie F záškrt *m*
Diplomat(in F**)** M diplomat(ka)
diplomatisch diplomatický
dir ti, tobě; **mit ~** s tebou
direkt přímý **Direktflug** M přímý let
Direktion F ředitelství *n* **Direktor(in** F**)** M ředitel(ka)
Direktübertragung F přímý přenos *m*
Dirigent M dirigent **dirigieren** dirigovat
Discjockey M diskžokej
Diskette F disketa
Diskont M diskont, eskont
Diskothek F diskotéka
diskret diskrétní
diskriminieren diskriminovat
Diskussion F diskuse
Diskuswerfen N hod *m* diskem
diskutieren diskutovat (**über** *A* o *L*)
disqualifizieren diskvalifikovat
Distanz F distance, odstup *m*
distanzieren: **sich ~** distancovat se
Distel F bodlák *m*
Disziplin F disciplína, kázeň
diszipliniert disciplinovaný, ukázněný
dividieren dělit (**durch** *A I*)
Division F MATH dělení *n*; MIL divize
DM (**Deutsche Mark**) německá marka
doch *dennoch* přece; *jedoch* avšak; **~!** ano, ovšem; **nicht ~!** ale ne!
Docht M knot
Dock N dok *m*
Dogge F doga
Doktor M doktor
Dokument N dokument *m*, doklad *m* **Dokumentarfilm** M dokumentární film
Dolch M dýka *f*
dolmetschen ⟨pře⟩tlumočit **Dolmetscher** M tlumočník **Dolmetscherin** F tlumočnice
Dom M dóm, katedrála *f*, velechrám
Dompteur M krotitel
Donau F Dunaj *m*
Donner M hrom
donnern: **es donnert** hřmí
Donnerstag M čtvrtek; **am ~** ve čtvrtek
doof *umg* pitomý
dopen SPORT dopovat **Doping** N doping *m*
Doppel N *Tennis* čtyřhra *f* **Doppelbett** N dvojlůžko **Doppelgänger** M dvojník **Doppelhaus** F dvojdomek *m* **Doppelpunkt** M dvojtečka *f* **Doppelstecker** M rozdvojka *f*
doppelt dvojitý, dvojnásobný; **~ so viel** dvakrát tolik; **das**

Doppelte dvojnásobek *m*
Doppelzimmer N dvoulůžkový pokoj *m*
Dorf N vesnice *f*
Dorn M trn **dornig** trnitý
Dorsch M treska *f*
dort tam; **von ~** odtamtud
dorthin tam
Dose F krabice; *Blechdos* plechovka **Dosenmilch** F kondenzované mléko *n* **Dosenöffner** M otvírač konzerv
dosieren dávkovat **Dosis** F dávka
Dotter M od N žloutek *m*
Dozent(in F) M docent(ka)
Drache M drak, saň *f*
Drachen M *Papierdrachen* drak; SPORT rogalo *n* **Drachenfliegen** N létání na rogalu
Draht M drát **drahtlos** bezdrátový **Drahtseilbahn** F lanovka
dran → daran; **jetzt bin ich ~** došla řada na mne
drängeln ‹pro›tlačit se
drängen ‹za›tlačit; *antreiben* naléhat; **die Zeit drängt** čas kvapí; **sich ~** ‹pro›tlačit se
drankommen *umg* přijít na řadu
draußen venku; **von ~** zvenčí
Dreck M špína *f*; *Straßendreck* bláto *n* **dreckig** špinavý
drehbar otáčivý **Drehbuch** N scénář *m*
drehen otáčet ‹otočit›; *Film* natáčet ‹-točit›; **es dreht sich um** (*A*) jde o (*A*)
Drehstuhl M otáčivé křeslo *n*
Drehtür F otáčecí dveře *fpl*
Drehung F otáčení *n*
drei tři; **~ viertel** tři čtvrti
Drei F trojka
dreidimensional trojrozměrný
Dreieck N trojúhelník *m* **dreieckig** tříhranný
dreifach trojitý, trojnásobný
dreihundert tři sta **dreimal** třikrát **Dreirad** N tříkolka *f*
dreißig třicet **dreißigste** třicátý
dreist troufalý, drzý
Dreisternehotel N tříhvězdičkový hotel *m* **dreistöckig** třípatrový, tříposchoďový **dreistündig** tříhodinový **dreizehn** třináct **dreizehnte** třináctý
dreschen ‹vy›mlátit
Dresden N Drážďany *mpl*
dressieren ‹vy›cvičit **Dressur** F drezura
dringen: **in et ~** pronikat ‹-nout› do č-o; **auf et ~** naléhat na co
dringend naléhavý; *eilig* pilný; **in ~en Fällen** v naléhavých případech; **ich brauche ~** naléhavě potřebuji
drinnen uvnitř
dritte třetí; **als Dritter** jako třetí
Drittel N třetina *f* **drittens** za třetí
DRK N (**Deutsches Rotes Kreuz**) Německý červený kříž *m*
Droge F droga
drogenabhängig drogově závislý **Drogenabhängige** M, F narkoman(ka) **Drogenhandel** M narkoobchod **Drogen-**

händler M narkoobchodník **Drogensucht** F narkomanie **drogensüchtig** drogově závislý
Drogerie F drogerie
drohen ⟨po⟩hrozit (**j-m mit et** k-u *I*)
drohend výhrůžný; *Gefahr* hrozivý
dröhnen ⟨za⟩dunět
Drohung F hrozba
Drossel F drozd *m*
drüben tam, na druhé straně
drüber → darüber; **drunter und ~** páté přes deváté
Druck M stisk; TYPO tisk
drucken ⟨vy⟩tisknout
drücken ⟨s⟩tisknout (*a Hand*); *Schuh* tlačit; **an sich ~** (při)tisknout k sobě; **sich vor et ~** ulejvat se (**vor** *D* z *G*)
drückend: **~ heiß** parný, dusný
Drucker M *Person* tiskař; IT tiskárna *f* **Druckerei** F tiskárna **Druckfehler** M tisková chyba *f* **Druckknopf** M tlačítko *n*; *Kleidung* patentka *f* **Drucksache** F tiskopis *m*
Druckschrift F tiskací písmo *n*
Drüse F žláza
Dschungel M džungle *f*
du ty
Dübel M hmoždinka *f*
ducken: **sich ~** ⟨s⟩krčit se
Duell N souboj *m*, duel *m*
Duett N duet *m*
Duft M vůně *f* **duften** ⟨za⟩vonět (**nach** *D I*)
dumm hloupý **Dummheit** F hloupost **Dummkopf** M hlupák
dumpf *Laut* temný; *Gefühl* tupý
Düne F duna
düngen ⟨po⟩hnojit **Dünger** M hnojivo *n*
dunkel tmavý (*a Farbe*), temný; *finster* pochmurný; **es wird ~** stmívá; **im Dunkeln** potmě **Dunkelheit** F temno *n*, temnota **Dunkelkammer** F FOTO temná komora
dünn tenký (*a Haar, Kleid*); *Kaffee, Suppe* řídký; *Mensch* hubený
Dünndarm M tenké střevo *n*
Dunst M pára *f*; *Küche* výpar **Dunstabzug** M digestoř *f*
dünsten ⟨u⟩dusit
dunstig mlhavý
durch (*A*) skrz(e) (*A*); *Mittel, Ursache* (*mit I*): **~ die Stadt** městem; **~ und ~** skrz naskrz **durcharbeiten** propracovávat ⟨-vat⟩ **durchblättern** prolistovat
Durchblick M průhled
Durchblutungsstörung F porucha pokrvení
durchbohren provrtávat ⟨-tat⟩ **durchbrechen** *et* prolamovat ⟨-lomit⟩; *in zwei Teile* rozlomit se **durchbrennen** *Birne* spálit se *pf* **Durchbruch** M průlom **durchdacht** promýšlený **durchdrehen** *Fleisch* ⟨se⟩mlít; *Räder* protáčet se; *nervlich* ztrácet ⟨ztratit⟩ nervy **durchdringen** pronikat ⟨-nout⟩
durcheinander páté přes deváté, jeden přes druhé; **~ sein** být zmatený
Durcheinander N zmatek *m*

durcheinanderbringen ⟨s⟩plést **Durchfahrt** F průjezd *m*; **~ verboten!** průjezd zakázán!; **auf der ~ sein** projíždět **Durchfall** M MED průjem; *Prüfung, Theaterstück* propadnutí *n* **durchfallen** propadat ⟨-nout⟩ **durchführbar** proveditelný **durchführen** provádět ⟨-vést⟩ **Durchgang** M průchod; **kein ~!** průchod zakázán! **Durchgangsverkehr** M průjezdní komunikace *f* **durchgebraten** propečený **durchgehen** procházet ⟨-jít⟩ (**durch** *A I*) **durchgehend** *Zug* přímý; **~ geöffnet** nepřetržitě otevřeno **durchhalten** vydržet *pf* **durchkommen** *zu Fuß* procházet ⟨-jít⟩; *fahrend* projíždět ⟨-jet⟩ (**durch** *A I*); *fig* vyváznout se *pf* **durchkreuzen** ⟨z⟩mařit, ⟨z⟩křížit (*a. fig*); SCHIFF křižovat **durchlassen** propouštět ⟨-pustit⟩ **durchlässig** propustný **durchlaufen** probíhat ⟨-běhnout⟩; *Flüssigkeit* protékat ⟨-téct⟩ **Durchlauferhitzer** M průtokový ohřívač **durchlesen** pročítat ⟨-číst⟩ **durchleuchten** prosvěcovat ⟨-svítit⟩, MED rentgenovat **durchlöchern** proděravit *pf* **durchmachen** *erdulden* prodělávat ⟨-lat⟩, přestát *pf* **Durchmesser** M průměr **durchnässt** promoklý

Durchreise F průjezd *m*; **auf der ~** při průjezdu **durchreisen** projíždět ⟨-jet⟩; *ein Land* procestovat *pf* **durchreißen** přetrhávat ⟨-nout⟩ **durchrosten** prorezavět *pf* **Durchsage** F hlášení *n* **durchschauen** prohlížet ⟨-hlédnout⟩ **Durchschlag** M *Kopie* průklep, kopie *f* **durchschlagen**: **sich ~** probíjet ⟨-bít⟩ se **durchschneiden** přestřihávat ⟨-střihnout⟩; prořezávat ⟨-zat⟩ **Durchschnitt** M průměr **durchschnittlich** průměrný **Durchschnittsgeschwindigkeit** F průměrná rychlost **Durchschrift** F průpis *m* **durchsehen** *prüfend* prohlížet ⟨-hlédnout⟩ **durchsetzen** prosazovat ⟨-dit⟩ (**sich** se) **Durchsicht** F *Prüfung* prohlédnutí *n* **durchsichtig** průhledný **durchstreichen** přeškrtávat ⟨-nout⟩ **durchsuchen** prohledávat ⟨-dat⟩ **Durchsuchung** F prohlídka **durchwachsen** ADJ prorostlý (*a.* GASTR) **Durchwahl** F TEL přímá linka **durchwählen** ⟨za⟩volat přímo **durchweg** vesměs, bez výjimky **durchwühlen** prohrabávat ⟨-bat⟩ **durchzählen** přepočí-

távat ‹-tat›
Durchzug M *Luftzug* průvan
dürfen smět; **darf ich ...?** smím?; **das darf man nicht** to se nesmí; **was darf es sein?** co to má být?
dürftig nuzný, ubohý
dürr *trocken* suchý; *mager* vyzáblý
Dürre F sucho *n*
Durst M žízeň *f*; **~ haben** mít žízeň **durstig** žíznivý
Dusche F sprcha **duschen** osprchovat (**sich** se) **Duschgel** N sprchový gel *m*
Düse F tryska
Düsenflugzeug N tryskové letadlo **Düsenjäger** M trysková stíhačka *f*
düster temný, pochmurný; *fig* chmurný
Dutzend N tucet *m*
DVD-Brenner M DVD napalovačka *f*
duzen: **j-n ~** tykat si s (*I*)
dynamisch dynamický
D-Zug M rychlík

E

Ebbe F odliv *m*; **~ und Flut** odliv a příliv
eben rovný; ADV právě
Ebene F rovina
ebenfalls též, rovněž; *gleichfalls* nápodobně
ebenso právě tak, také; **~ viel wie** právě tolik jak; **~ wenig wie** právě tak málo jak
Eber M kanec
ebnen ‹u›rovnat
Echo N echo, ozvěna *f*
echt pravý
Eckball M rohový kop
Ecke F *außen* roh *m*; *innen* kout *m*; **um die ~ biegen** zahnout za roh **eckig** hranatý
edel ušlechtilý; *adlig* urozený **Edelmetall** N drahý kov *m* **Edelstein** M drahokam **Edelweiß** N plesnivec *m*, protěž *f*
EDV F (**elektronische Datenverarbeitung**) elektronické zpracování *n* dat
Efeu M břečťan
Effekt M efekt, účinek
egal stejný; **das ist mir ganz ~** je mi to všechno jedno
Egoist M egoista, sobec **egoistisch** egoistický, sobecký
ehe dřív než
Ehe F manželství *n* **Ehebruch** M cizoložství *n* **Ehefrau** F manželka **Eheleute** MPL manželé **ehelich** manželský
ehemalig bývalý
Ehemann M manžel **Ehepaar** N manželé *pl*
eher *früher* dřív(e); *vielmehr* spíš(e); **je ~, desto besser** čím dřív(e), tím lépe
Ehering M snubní prsten **Ehescheidung** F rozvod *m* **Eheschließung** F sňatek *m*, uzavření *n* sňatku
Ehre F čest **ehren** ‹u›ctít
ehrenamtlich čestný, neplacený **Ehrenbürger** M čestný

občan **Ehrendoktor** M čestný doktor **Ehrengast** M čestný host **Ehrenmitglied** N čestný člen *m* **Ehrenwort** N čestné slovo
Ehrfurcht F úcta, uctivost (**vor** *D* k *D*) **Ehrgefühl** N smysl *m* pro čest **ehrgeizig** ctižádostivý
ehrlich poctivý; *aufrichtig* upřímný **Ehrlichkeit** F poctivost **Ehrung** F uctění *n* **ehrwürdig** ctihodný
Ei N vejce
Eiche F dub *m* **Eichel** F žalud *m*; *Spielkarte* žaludy *pl*
Eichhörnchen N veverka *f*
Eid M přísaha *f*
Eidechse F ještěrka
eidesstattlich: **~e Erklärung** F místopřísežné prohlášení *n*
Eidotter M od N žloutek *m*
Eierbecher M kalíšek na vejce **Eierkuchen** M omeleta *f* **Eierlikör** M vaječný koňak **Eierschale** F vaječná skořápka **Eierstock** M ANAT vaječník
Eifer M horlivost *f* **Eifersucht** F žárlivost **eifersüchtig** žárlivý
eifrig horlivý
Eigelb N žloutek *m*
eigen vlastní **Eigenart** F svéraznost, zvláštnost **eigenartig** svérazný, zvláštný **eigenhändig** vlastnoruční
Eigenheim N rodinný domek *m* **Eigenkapital** N vlastní kapitál *m* **eigenmächtig** svévolný **Eigenname** M vlastní jméno *n* **eigennützig** zištný
Eigenschaft F vlastnost **eigensinnig** svéhlavý
eigentlich vlastní; ADV vlastně
Eigentum N majetek *m*, vlastnictví **Eigentümer(in** F) M vlastník (-nice) **eigentümlich** zvláštní, osobitý
Eigentumsverhältnisse NPL vlastnické vztahy *mpl* **Eigentumswohnung** F byt *m* v soukromém vlastnictví
eignen: **sich ~ für** *od* **zu et** hodit se k č-u
Eilbote M: **durch ~n** spěšně
Eilbrief M spěšný dopis, expres
Eile F spěch *m*
eilen spěchat **eilig** spěšný; **es ~ haben** mít naspěch
Eimer M vědro *n*
ein, eine jeden, jedna, jedno **einer** *jemand* někdo; **was für ein …?** jaký?; **ein für alle Mal** jednou provždy; **in einem fort** v jednom kuse; **ein Uhr** jedna (hodina); **~ meiner Freunde** jeden z mých přátel
einander navzájem
einarbeiten: **sich ~** zapracovávat ⟨-vat⟩ se (**in** *A* do *G*)
einatmen vdechovat ⟨-nout⟩
Einbahnstraße F jednosměrná ulice, *umg* jednosměrka
Einband M vazba *f*
einbauen vestavovat ⟨-vět⟩, ⟨v⟩montovat **Einbauküche** F sektorová kuchyně **Einbaumöbel** NPL vestavěný nábytek *m*
einbehalten zadržovat ⟨-žet⟩
einberufen povolávat ⟨-lat⟩
Einberufung F MIL povolání

n
Einbettzimmer N jednolůžkový pokoj *m*
einbeziehen zahrnovat ⟨-nout⟩ **einbiegen** *in e-e Straße* zahýbat ⟨-hnout⟩ (**links** vlevo)
einbilden: **sich et ~** domýšlet ⟨-myslet⟩ se **Einbildung** F přelud *m*; *Anmaßung* domýšlivost
einbrechen: **bei mir ist eingebrochen worden** vloupali se ke mně **Einbrecher(in** F**)** M lupič(ka), zloděj(ka)
einbringen *Gewinn* vynášet ⟨-nést⟩
Einbruch M vloupání *n*; *Beginn* příchod
einbürgern přijímat ⟨-jmout⟩ za občana
einbüßen ztrácet ⟨ztratit⟩; **an Wert ~** ztrácet na ceně
eindecken: **sich ~ mit** (*D*) zásobovat ⟨-bit⟩ se (*I*)
eindeutig jednoznačný
eindringen vnikat ⟨-nout⟩ (**in** *A* do *G*) **eindringlich** důtklivý, naléhavý
Eindruck M dojem **eindrücken** promačkávat ⟨-máčknout⟩ **eindrucksvoll** působivý, účinný
eineinhalb jeden a půl
einerlei: **das ist ~** to je jedno
Einerlei N jednotvárnost *f*
einerseits jednak
einfach jednoduchý; *schlicht* prostý
einfädeln navlékat ⟨-vléct⟩; **sich ~** *Autofahrer* zařazovat ⟨-řadit⟩ se
einfahren vjíždět ⟨vjet⟩ (**in** *A* do *G*)
Einfahrt F vjezd *m*
Einfall M *Idee* nápad **einfallen** *einstürzen* spadnout, ⟨z⟩bořit se; **das fällt mir nicht ein** ani mě nenapadne
Einfamilienhaus N rodinný domek *m*
einfarbig jednobarevný **einfetten** ⟨na⟩mastit; TECH ⟨na⟩mazat
einfinden: **sich ~** dostavovat ⟨-vit⟩ se
einflößen *Angst* ⟨vz⟩budit
Einfluss M vliv **einflussreich** vlivný
einförmig jednotvárný **einfrieren** *Lebensmittel* zmrazovat ⟨-zit⟩ **einfügen** vsouvat ⟨vsunout⟩
Einfuhr F dovoz *m*
einführen *Person* uvádět ⟨uvést⟩; *Waren* dovážet ⟨-vézt⟩
Einführung F *Einleitung* úvod *m*; *Person* uvádění *n*; *Gesetz* zavedení *n* **Einführungspreis** M zaváděcí cena *f*
Einfuhrverbot N zákaz *m* dovozu
Eingabe F podání *n*; IT vstup *m*
Eingang M vchod; *e-r Sendung* příchod
eingeben MED dávat ⟨dát⟩; *einreichen* podávat ⟨-dat⟩ (**an** *A* k *D*) **eingebildet** domýšlivý
Eingeborene M domorodec; F domorodkyně
eingehen *Brief* docházet ⟨-jít⟩; *Tier, Pflanze* zacházet ⟨-jít⟩; **auf**

et ~ přistupovat ⟨-stoupit⟩; **eine Wette ~** uzavřít sázku
eingehend *gründlich* podrobný
Eingemachte N zavařenina *f*
eingeschrieben *Brief* doporučený
Eingeweide N vnitřnosti *fpl*
eingewöhnen: **sich ~** zvykat ⟨-nout⟩ si (**in** *A* na *A*)
eingießen nalévat ⟨-lít⟩ **eingleisig** jednokolejný **eingliedern** včleňovat ⟨-nit⟩ (**in** *A* do *G*) **eingreifen** zasahovat ⟨-sáhnout⟩ **Eingriff** M zásah; MED zákrok
einhalten *Termin, Vertrag* dodržovat ⟨-žet⟩
einheimisch domácí, domorodý
Einheimische M domorodec; F domorodka
Einheit F jednota; MATH, MIL jednotka **einheitlich** jednotný
einholen *erreichen, nachholen* dohánět ⟨-honit⟩; vyžadovat ⟨-žádat⟩ si; *Segel* svíjet ⟨svinout⟩
einig svorný, jednotný
einige několik (*G*); **~ Tage** několik dnů; **es wird ~ Zeit dauern** bude to trvat nějaký čas
einigen: **sich ~** shodovat ⟨-nout⟩ se (**auf** *A* na *L*)
einigermaßen poněkud; *ziemlich* nějak, jaksi **einiges** něco
Einigkeit F shoda **Einigung** F sjednocení *n*; JUR dohoda
einjährig jednoroční **einkalkulieren** zakalkulovat *pf*
Einkauf M nákup; **Einkäufe machen** dělat nákupy
einkaufen nakupovat ⟨-koupit⟩; **~ gehen** chodit na nákup
Einkaufsbummel M nákupní procházka *f* **Einkaufstasche** F nákupní taška **Einkaufspassage** F nákupní pasáž, pasáž s obchody **Einkaufswagen** M nákupní vozík **Einkaufszentrum** N nákupní *od* obchodní středisko
einkehren zastavovat ⟨-vit⟩ se
einkleiden oblékat ⟨obléct⟩
einklemmen *Finger* uskřípnout
Einkommen N příjem *m*, důchod *m* **Einkommenssteuer** F daň z příjmu
Einkünfte PL příjmy
einladen *j-n* zvát ⟨pozvat⟩; *Waren* nakládat ⟨-ložit⟩ **einladend** lákavý, vábný **Einladung** F pozvání *n*
Einlage F WIRTSCH vklad *m*; **Suppe mit ~** polévka se zavářkou
Einlass M vstup **einlassen** vpouštět ⟨vpustit⟩; **sich auf et ~** pouštět se do (*G*)
einlaufen *Zug, Schiff* vjíždět ⟨vjet⟩ (**auf Gleis 3** na třetí kolej); *Stoff* srážet ⟨srazit⟩ se
einleben: **sich ~** zvykat ⟨-knout⟩
einlegen *Gang* ⟨za⟩řadit; *Film* vkládat ⟨vložit⟩
Einlegesohle F vložka (do bot)
einleiten uvádět ⟨uvést⟩; *Verfahren* zahajovat ⟨-hájit⟩ **Einleitung** F úvod *m*
einleuchtend zřejmý

einliefern: **ins Krankenhaus ~** dovézt *pf* do nemocnice **einlösen** *Scheck* (dát si) proplácet ⟨-platit⟩; *Versprechen* ⟨s⟩plnit **einmachen** zavařovat ⟨-řit⟩ **einmal** jednou (*a künftig*); **auf ~** najednou; **nicht ~** ani; **noch ~** ještě jednou **Einmaleins** N násobilka *f* **einmalig** jedinečný **einmischen**: **sich ~** vměšovat ⟨vmísit⟩ se **einmünden** *Straße, Fluss* ⟨vy⟩ústit **Einnahme** F WIRTSCH příjem *m* **einnehmen** *Geld* přijímat ⟨-jmout⟩; *Mahlzeit* ⟨po⟩jíst; *Arznei* užívat ⟨užít⟩; *Platz* sedat ⟨-nout⟩ si; *Stellung* zaujímat ⟨-jmout⟩ **einordnen**: **sich ~** AUTO zařazovat ⟨-dit⟩ se **einpacken** zabalovat ⟨-lit⟩ **einpflanzen** sázet ⟨zasadit⟩ **einplanen** naplánovat **einprägen**: **sich ~** vštěpovat ⟨vštípit⟩ si **einquartieren**: **sich ~** ubytovávat ⟨-vat⟩ se (**bei** *D* u *G*) **einrahmen** ⟨za⟩rámovat **einräumen** ukládat ⟨uložit⟩; *zugeben* připouštět ⟨-pustit⟩ **einreden** namlouvat ⟨-mluvit⟩ **einreiben** vtírat ⟨vetřít⟩ **einreichen** podávat ⟨-dat⟩ **Einreise** F příjezd *m* **Einreisegenehmigung** F povolení *n* příjezdu **Einreisevisum** N vstupní vízum

einreißen natrhat *pf* **einrenken** MED napravovat ⟨-vit⟩ vykloubení **einrichten** *gründen, möblieren* zařizovat ⟨-řídit⟩; **es so ~, dass** zařídit, aby (+ *prät*) **Einrichtung** F zařízení *n* (*a Institution*) **eins** jeden *m*, jedna *f*, jedno *n* **Eins** F jednička **einsam** *Person, Ort* osamělý **Einsamkeit** F samota, osamělost **einsammeln** sbírat ⟨sebrat⟩ **Einsatz** M *Maschinen* použití *n*; *Spiel* sázka *f*; MIL nasazení *n*; **im ~ sein** být nasazený **einschalten** *Licht usw* zapínat ⟨-pnout⟩; **sich ~** vložit se (**in** *A* do *G*) **einschätzen** oceňovat ⟨-nit⟩ **einschenken** nalévat ⟨-lít⟩ **einschicken** zasílat ⟨-slat⟩ **einschieben** vsunovat ⟨-nout⟩ **einschiffen**: **sich ~** naloďovat ⟨-dit⟩ se **einschlafen** usínat ⟨usnout⟩; *Glieder* ⟨za⟩brnět **einschläfern** uspávat ⟨uspat⟩ **einschlagen** *Nagel* zatloukat ⟨-tlouct⟩; *in Papier* ⟨za-⟩ balit; *Weg* dávat ⟨dát⟩ se; *Scheibe, Zähne* vyrážet ⟨-razit⟩; *Blitz* uhodit **einschließen** zavírat ⟨-vřít⟩; *umgeben* obkličovat ⟨-klíčit⟩; *enthalten* zahrnovat ⟨-nout⟩ **einschließlich** včetně **einschneidend** *fig* pronikavý **Einschnitt** M zářez; *fig* mezník **einschränken** omezovat ⟨-zit⟩

(**sich** se) **Einschränkung** F omezení *n* **Einschreib(e)brief** M doporučený dopis **einschreiben**: **sich ~** zapisovat ‹-psat› se (**für** *A* do *G*); **~ lassen** *Brief* poslat doporučeně; **per Einschreiben** doporučeně **einschreiten** zakročovat ‹-čit› **einschüchtern** zastrašovat ‹-šit› **einsehen** uznávat ‹uznat›; *Fehler* přiznávat ‹-nat› **einseitig** jednostranný; *parteiisch* stranický **einsenden** zasílat ‹-slat› **Einsender(in** F) M odesílatel(ka) **einsetzen** sázet ‹-dit› (*a Pflanzen*); *einfügen* vkládat ‹vložit›; *in ein Amt* dosazovat ‹-dit›; *beginnen* nastávat ‹-stat›; **sich ~ für** (*A*) zasazovat ‹-dit› se (o *A*) **Einsicht** F *Erkenntnis* uznání *n* **einsichtig** rozumný, uznalý **einsparen** ‹u›šetřit **einsperren** zavírat ‹-vřít› **Einspritzmotor** M vstřikovací motor **Einspruch** M námitka *f*; JUR odpor; **~ erheben** namítat ‹-nout› **einspurig** *Straße* jednoproudý; BAHN jednokolejný **einstecken** zastrkovat ‹-čit›; *Brief* vhazovat ‹vhodit› **einsteigen** vstupovat ‹vstoupit›; **~!** nastupte! **einstellen** TV, *Radio* ‹na›ladit; FOTO seřizovat ‹-řídit›; *j-n* přijímat ‹-jmout›; *beenden* (po)zastavovat ‹-vit›; **sich auf et ~** přizpůsobit se č-u **Einstellung** F *Haltung* stanovisko *n*, postoj *m* **Einstellungsgespräch** N přijímací pohovor *m* **einstimmig** jednomyslný **einstöckig** jednopatrový, jednoposchoďový **einstudieren** nastudovat **einstufen** zařaďovat ‹-dit› **einstündig** hodinový **Einsturz** M zřícení *n*, sesutí *n* **einstürzen** zřítit se *pf*, ‹z›bořit se **Einsturzgefahr** F nebezpečí *n* zřícení **einstweilen** (pro)zatím **eintauschen** vyměňovat ‹-nit› **einteilen** rozdělovat ‹-lit› **einteilig** jednodílný **Einteilung** F rozdělení *n* **eintönig** jednotvárný **Eintopf** M jídlo *n* z jednoho hrnce **Eintracht** F svornost **Eintrag** M zápis, záznam **eintragen** zapisovat ‹-psat› **einträglich** výnosný **Eintragung** F zápis *m* **eintreffen** *ankommen: zu Fuß* přicházet ‹-jít›; *fahrend* přijíždět ‹-jet›; *sich erfüllen* splňovat ‹-nit› se **eintreten** vstupovat ‹vstoupit› (**in** *A* do *G*); *sich ereignen* nastávat ‹-at›; **~ für** (*A*) zastávat ‹-stat› se (*G*) **Eintritt** M vstup; **~ frei** volný vstup; **~ verboten** vstup zakázán **Eintrittskarte** F vstupenka **Eintrittspreis** M vstupné *n*

eintrocknen vysychat ⟨-schnout⟩ **einüben** nacvičovat ⟨-čit⟩ **einverstanden**: ~ **sein** souhlasit; ~! souhlasím! **Einwand** M námitka *f* **Einwanderer** M přistěhovalec **Einwanderin** F přistěhovalkyně **einwandern** ⟨při⟩stěhovat se **Einwanderung** F přistěhovalectví *n* **einwandfrei** bezvadný **einwechseln** vyměňovat ⟨-nit⟩ (*a.* SPORT) **Einwegflasche** F nevratná láhev **Einwegspritze** F jednorázová stříkačka **einweichen** namáčet ⟨-močit⟩ **einweihen** *Denkmal* zasvěcovat ⟨-tit⟩ **einweisen** *ins Krankenhaus* poslat *pf* s doporučením; *in e-e Arbeit* uvádět **einwenden** namítat ⟨-nout⟩ **einwerfen** *Brief, Münze* vhazovat ⟨vhodit⟩ **einwickeln** zabalovat ⟨-lit⟩ **einwilligen** svolovat ⟨-lit⟩ (**in** *A* k *D*) **Einwilligung** F svolení *n* **einwirken** ⟨za⟩působit; ~ **lassen** nechávat ⟨-chat⟩ působit **Einwohner(in** F**)** M obyvatel(ka) **Einwohnermeldeamt** N úřad *m* pro registraci obyvatelstva **Einwurf** M *Schlitz* otvor; SPORT vhození *n* **einzahlen** ⟨za⟩platit **Einzahlung** F platba **Einzahlungsschein** M vkladový lístek **Einzäunung** F ohrada **Einzel** N *Tennis* dvouhra *f* **Einzelhandel** M maloobchod **Einzelhändler** M maloobchodník **Einzelheit** F jednotlivost **Einzelkind** N jedináček *m* **einzeln** jednotlivý; **im Einzelnen** jednotlivě; **der Einzelne** jedinec, jednotlivec **Einzelzimmer** N jednolůžkový pokoj *m* **einziehen** *in e-e Wohnung* nastěhovat se *pf*; MIL povolávat ⟨-at⟩; *Geld* stahovat ⟨stáhnout⟩; *beschlagnahmen* zabavovat ⟨-vit⟩ **einzig** jediný; **kein ~er** ani jeden; **der Einzige** jen jeden; **als Einziger** jako jediný **einzigartig** jedinečný **Einzug** M *in e-e Wohnung* přistěhování *n* **Eis** N led *m*; *Speiseeis* zmrzlina *f* **Eisbahn** F kluziště *n* **Eisbär** M lední medvěd **Eisbecher** M zmrzlinový pohár **Eisbein** N uzené kolínko **Eisberg** M ledovec **Eisdiele** F cukrárna **Eisen** N železo **Eisenbahn** F železnice; *Zug* vlak *m*; **~er** *m umg* železničář **Eisenbahnlinie** F železniční trať **Eisenbahnverkehr** M železniční doprava *f* **Eisenbahnwagen** M železniční vůz **Eisenwaren** FPL železářství *n* **eisern** železný (*a. fig*) **eisgekühlt** chlazený **Eisheilige** MPL ledoví muži **Eishockey** N lední hokej *m*

eisig ledový (*a. fig*)
Eiskaffee M mražená káva *f*
eiskalt ledový **Eiskunstlauf** M krasobruslení *n* **Eiskunstläufer(in** F) M krasobruslař(ka) **eislaufen** bruslit **Eisschnelllauf** M rychlobruslení *n* **Eistee** M ledový čaj
Eiswürfel M kostka *f* ledu
Eiszapfen M rampouch **Eiszeit** F ledová doba
eitel ješitný, marnivý **Eitelkeit** F ješitnost, marnivost
Eiter M hnis **eitern** ⟨z⟩hnisat **eitrig** hnisavý
Eiweiß N bílek *m*; BIOL bílkovina *f*
Ekel M hnus (**vor** *D* z *G*) **ekelhaft** hnusný
ekeln: **sich ~ vor** (*D*) hnusit si (*A*)
EKG N (**Elektrokardiogramm**) elektrokardiogram *m*
Ekzem N ekzém *m*
elastisch elastický, pružný
Elbe F Labe *n*
Elefant M slon
elegant elegantní
Elektriker M elektromontér, elektrikář
elektrisch elektrický; **~er Schlag** *m* elektrická rána *f*
Elektrizität F elektřina **Elektrizitätswerk** N elektrárna *f*
Elektrogerät N elektrický přístroj *m* **Elektrogeschäft** N elektropotřeby *fpl* **Elektroherd** M elektrický sporák
Elektronenblitz(gerät N) M elektronický blesk *m*
Elektronik F elektronika **elektronisch** elektronický **Elektrotechnik** F elektrotechnika
Elektrotechniker M elektrotechnik
Element N prvek *m*; *fig* živel *m* **elementar** elementární
Elend N bída *f*, nouze *f* **Elendsviertel** N čtvrť *f* chudých
elf jedenáct
Elf F jedenáctka
Elfenbein N slonovina *f*, slonová kost *f*
Elfmeter M desítka *f*, jedenáctka *f*; **~ schießen** kopat jedenáctku
elfte jedenáctý
Ellbogen M loket
Elster F straka
Eltern PL rodiče *mpl* **Elternteil** M jeden z rodičů
Email N smalt *m*
E-Mail F e-mail *m*; **per ~** e-mailem; **j-m e-e ~ schicken** posílat ⟨poslat⟩ někomu e-mail
Emanzipation F emancipace
Empfang M příjem (*a.* TEL), přijetí *n*; *im Hotel* recepce *f* **empfangen** *Person* ⟨u⟩vítat; přijímat ⟨-jmout⟩
Empfänger M *von Post* příjemce; *TV, Radio* přijímač **empfänglich** náchylný (**für** *A D*)
Empfängnisverhütung F antikoncepce
Empfangsbestätigung F stvrzenka
empfehlen doporučovat ⟨-čit⟩; **es empfiehlt sich** je záhodno **empfehlenswert** hoden doporučení **Empfehlung**

F doporučení *n*
empfinden ⟨po⟩cítit **empfindlich** citlivý (**gegen** *A* na *A*) **Empfindung** F pocit *m*
empört rozhořčený **Empörung** F rozhorčení *n*
Ende N konec *m*; **~ April** koncem dubna; **am ~** nakonec; **letzten ~s** koneckonců; **zu ~ sein** být konec
enden ⟨s⟩končit (se)
Endergebnis N konečný výsledek *m* **endgültig** konečný
Endlagerung F konečné uložení *n* **endlich** konečný **endlos** nekonečný; neomezený **Endspiel** N SPORT finále **Endstation** F konečná (stanice)
Energie F energie **Energieversorgung** F zásobování *n* energií
energisch energický
eng těsný (*a Beziehung*), úzký; **~er machen** zužovat ⟨zúžit⟩; **~ anliegend** *Kleid* přiléhavý
Engel M anděl
England N Anglie *f* **Engländer(in** F**)** M Angličan(ka) **englisch** anglický; **Englisch** *n Sprache* angličtina *f*
Engpass M soutěska *f*; *fig* úzký profil
Enkel M vnuk **Enkelin** F vnučka
enorm ohromný
Ensemble N THEAT soubor *m*
entbehren postrádat
Entbindung F MED porod *m* **Entbindungsstation** F porodnice
entdecken objevovat ⟨-vit⟩ **Entdeckung** F objev *m*
Ente F kachna
enteignen vyvlastňovat ⟨-nit⟩ **Enteignung** F vyvlastnění *n*
entfallen odpadat ⟨-nout⟩; **auf j-n ~** připadat ⟨-nout⟩ na k-o
entfalten rozvíjet ⟨-vinout⟩
entfernen odstraňovat ⟨-nit⟩; **sich ~** vzdálit se
entfernt vzdálený **Entfernung** F vzdálenost **Entfernungsmesser** M dálkoměr
Entfroster M rozmrazovač
entführen unášet ⟨unést⟩ **Entführer** M únosce **Entführung** F únos *m*
entgegen (*D*) proti (*D*); ADV naproti, vstříc **entgegengehen** jít vstříc **entgegengesetzt** opačný **entgegenkommen** přijít vstříc; *fig* vycházet ⟨-jít⟩ vstříc **Entgegenkommen** N vstřícnost *f* **entgegenkommend** vstřícný **entgegennehmen** přijímat ⟨-jmout⟩ **entgegensehen** očekávat **entgegentreten** stavět ⟨postavit⟩ se na odpor
entgehen: **e-r Gefahr ~** unikat ⟨-nout⟩ nebezpečí; **sich nicht ~ lassen** nedat si ujít; **das ist mir entgangen** to mi ušlo
Entgelt N odměna *f*, mzda *f*
entgleisen vykolejit (se) **enthalten** obsahovat **enthaltsam** zdrženlivý **enthüllen** odhalovat
entkalken zbavit vodního kamene **entkommen** unikat ⟨-nout⟩ **entkorken** odzátkovat **entkräften** *Behauptung*

vyvracet ⟨-vrátit⟩ **entladen** vykládat ⟨-ložit⟩
entlang: ~ **der Straße, die Straße** ~ podél ulice
entlarven demaskovat
entlassen propouštět ⟨-pustit⟩ **Entlassung** F propuštění *n*
entlasten ulehčovat ⟨-čit⟩ (*A D*); JUR zprošťovat ⟨-stit⟩ obvinění
entlaufen utíkat ⟨utéct⟩
entleihen vypujčovat ⟨-čit⟩ si
entlüften ⟨vy⟩větrat **entmündigen** zbavovat ⟨-vit⟩ svéprávnosti **entmutigen** zbavovat ⟨-vit⟩ odvahy **entnehmen** brát ⟨vzít⟩, *ersehen* vyrozumět
entrahmt: **~e Milch** F sbírané mléko *n* **entreißen** vytrhovat ⟨-hnout⟩ **entrüstet** rozhořčený **Entrüstung** F rozhořčení *n*
Entsafter M odšťavovač
entschädigen odškodňovat ⟨-nit⟩ **Entschädigung** F odškodnění *n*
entscheiden rozhodovat ⟨-nout⟩ **entscheidend** rozhodný, rozhodující **Entscheidung** F rozhodnutí *n*
entschließen: **sich** ~ odhodlávat ⟨-lat⟩ se
entschlossen odhodlaný
Entschluss M rozhodnutí *n*; **e-n ~ fassen** rozhodovat ⟨-nout⟩ se
entschlüsseln dešifrovat
entschuldigen omlouvat ⟨omluvit⟩ (**sich** se; **wegen** *G* za *A*); ~ **Sie!** odpusťte!, promiňte! **Entschuldigung** F omluva; ~! pardon!
Entsetzen N hrůza *f* **entsetzlich** hrozný, děsný
entsetzt: ~ **sein** být zděšený
Entsorgung F likvidace
entspannen: **sich** ~ odpočívat ⟨-inout⟩ si, relaxovat **Entspannung** F uvolnění *n* (*a.* POL), relaxace
entsprechen odpovídat
entsprechend: **Ihrem Wunsch** ~ podle vašeho přání
entspringen *Fluss* pramenit; *fig* pocházet
entstehen vznikat ⟨-nout⟩
Entstehung *f* vznik *m*
entstellen znetvořovat ⟨-řit⟩; *fig* ⟨z⟩komolit
entstellt zkomolený
enttäuschen zklamat; **enttäuscht sein von** (*D*) být zklamán (*I*) **Enttäuschung** F zklamání *n*
entwässern odvodňovat ⟨-nit⟩
entweder: ~ **… oder** buď … anebo
entweichen *Luft, Gas* unikat ⟨-nout⟩ **entwerfen** navrhovat ⟨-hnout⟩ **entwerten** *Fahrschein* označit si **Entwerter** M turniket
entwickeln rozvíjet ⟨-vinout⟩; FOTO vyvolávat ⟨-lat⟩ **Entwicklung** F rozvoj *m* **Entwicklungshelfer(in** F**)** M pomocník *m* v rozvojových zemích **Entwicklungsland** N rozvojová země *f*
entwürdigend ponižující
Entwurf M námět, návrh; *Skizze*

náčrt **entziehen** odnímat ⟨odejmout⟩; **sich ~** vyhýbat ⟨-hnout⟩ se **Entziehungskur** F odvykací kúra **entziffern** ⟨roz⟩luštit **entzückend** úchvatný **entzückt** uchvácený **Entzug** M odnětí *n* **Entzugserscheinungen** FPL abstinenční příznaky *mpl* **entzünden** zapalovat ⟨-pálit⟩; **sich ~** vzněcovat ⟨vznítit⟩ se; MED zaněcovat ⟨-nítit⟩ se **Entzündung** F MED zánět *m*, zápal *m* **entzwei** zničený, rozbitý **Enzian** M BOT hořec; *Schnaps* hořcová *f* **Enzym** N enzym *m* **Epoche** F epocha, období *n* **er** on; **~ selbst** on sám **erbarmen**: **sich ~** slitovat se **erbärmlich** žalostný, ubohý **erbarmungslos** nelítostný **erbauen** ⟨vy⟩stavět **Erbauer** M stavitel, budovatel **Erbe**[1] N dědictví **Erbe**[2] M dědic **erben** ⟨z⟩dědit (**von** *D* po *L*) **erbeuten** ukořistit **Erbin** F dědička **erbittert** rozhořčený **erblicken** spatřovat ⟨-třit⟩ **erblinden** ⟨o⟩slepnout **erbrechen**: **sich ~** zvracet ⟨zvrátit⟩ **Erbschaft** F dědictví **Erbschaftssteuer** F dědická daň **Erbse** F hrách **Erdbeben** N zemětřesení **Erdbeere** F jahoda **Erdboden** M země *f*, půda *f* **Erde** F země **erden** ELEK uzemňovat ⟨-nit⟩ **Erdgas** N zemní plyn *m* **Erdgeschoss**, *österr* **Erdgeschoß** N přízemí **Erdkunde** F zeměpis *m* **Erdnuss** F burský oříšek *m*, arašíd *m* **Erdöl** N ropa *f* **erdrosseln** ⟨za⟩rdousit **erdrücken** umačkat **Erdrutsch** M sesuv půdy **Erdteil** M světadíl **erdulden** ⟨vy⟩trpět **ereignen**: **sich ~** přiházet ⟨-hodit⟩ se, udát se **Ereignis** N příhoda *f*, událost *f* **erfahren**[1] dovídat ⟨-vědět⟩ se; *spüren* zakoušet ⟨-kusit⟩ **erfahren**[2]: **~ in** (*D*) zkušený v (*L*) **Erfahrung** F zkušenost; **aus eigener ~** z vlastní zkušenosti **erfassen** *fig* chápat ⟨pochopit⟩ **erfinden** vynalézat ⟨-lézt⟩; *fig* vymýšlet ⟨-myslet⟩ **Erfinder** M vynálezce **Erfindung** F vynález *m*; *fig* výmysl *m* **Erfolg** M úspěch; **~ versprechend** slibný **erfolgen** dít se, udát se **erfolglos** neúspěšný **erfolgreich** úspěšný **erforderlich** potřebný, žádoucí **erfordern** vyžadovat ⟨-žádat⟩ **erforschen** ⟨vy⟩zkoumat **erfreuen** ⟨po⟩těšit; **erfreut sein über** (*A*) být potěšen (*I*) **erfreulich** potěšitelný **erfrieren** ⟨z⟩mrznout **erfrischen** osvěžovat ⟨-žit⟩;

GASTR občerstvovat ⟨-vit⟩ **erfrischend** osvěžující **Erfrischung** F GASTR občerstvení *n* **Erfrischungsgetränk** N osvěžující nápoj *m* **Erfrischungstuch** N osvěžující ubrousek *m*
erfüllen splňovat ⟨-nit⟩
ergänzen doplňovat ⟨-nit⟩ **Ergänzung** F doplnění *n*
ergeben poskytovat ⟨-nout⟩; **sich ~** vyplývat; MIL vzdávat ⟨vzdát⟩ se
Ergebnis N výsledek *m* **ergebnislos** bezvýsledný
ergiebig vydatný
ergreifen popadnout *pf*; *Gelegenheit* chápat ⟨chopit⟩ se; *Beruf* vybírat ⟨-brat⟩ si; *rühren* dojímat ⟨-jmout⟩; **die Flucht ~** dávat ⟨dát⟩ se na útěk; **das Wort ~** ujímat ⟨ujmout⟩ se slova
erhalten dostávat ⟨-stat⟩; *bewahren* udržovat ⟨-žet⟩; **gut ~** dobře zachovaný
erhältlich: **~ sein** být k dostání
erhängen: **sich ~** oběsit se
erheben *Gebühr* vybírat ⟨-brat⟩; **sich ~** vstávat ⟨vstát⟩; *emporragen* čnít; *revoltieren* ⟨vz⟩bouřit se **erheblich** značný
Erhebung F *Aufstand* vzbouření *n*; *Ermittlung* šetření *n*
erhitzen ohřívat ⟨ohřát⟩
erhöhen zvyšovat ⟨zvýšit⟩ (*a Preis*)
erholen: **sich ~** zotavovat ⟨-vit⟩ se (**von** *D* z *G*) **Erholung** F rekreace, zotavení *n* **Erholungsheim** N zotavovna *f*
erinnern připomínat ⟨-menout⟩ (**j-n an et** k-u co); **sich ~** vzpomínat ⟨-menout⟩ si (**an** *A* na *A*)
Erinnerung F vzpomínka; **zur ~ an** (*A*) na památku (*G*)
erkälten: **sich ~** nachladit se; **erkältet sein** být nachlazený **Erkältung** F nachlazení *n*
erkennen poznávat ⟨-znat⟩; *wahrnehmen* rozeznávat ⟨-znat⟩ **Erkenntnis** F poznatek *m*
Erker M arkýř
erklären *erläutern* vysvětlovat ⟨-lit⟩; *bekannt machen* prohlašovat ⟨-hlásit⟩ **Erklärung** F vysvětlení *n*; POL prohlášení *n*
erkranken onemocnět (**an** *D I*) **Erkrankung** F onemocnění *n*
erkundigen: **sich nach et ~** dotazovat ⟨-tázat⟩ se na co (**bei j-m** k-o)
erlassen *Strafe* promíjet ⟨-minout⟩; *Verordnung* vydávat ⟨-dat⟩
erlauben dovolovat ⟨-lit⟩ **Erlaubnis** F dovolení *n*, povolení *n*
erläutern vysvětlovat ⟨-lit⟩
erleben zažívat ⟨-žít⟩ **Erlebnis** N zážitek *m*
erledigen vyřizovat ⟨-řídit⟩
erleichtern ulehčovat ⟨-čit⟩; *Aufgabe* usnadňovat ⟨-nit⟩ **Erleichterung** F úleva
erleiden ⟨u⟩trpět
erlernen ⟨vy⟩učit se (*A D*)
Erlös M tržba *f*
erlöschen vyhasínat ⟨-has-

nout⟩; *fig* vypršet

erlösen vysvobozovat ⟨-dit⟩ (**von** *D* z *G*); REL spasit **Erlöser** M Spasitel

ermächtigen zmocňovat ⟨-nit⟩

ermahnen napomínat ⟨-menout⟩ **Ermahnung** F napomenutí *n*

ermäßigen snižovat ⟨snížit⟩ **Ermäßigung** F snížení *n*, sleva

ermessen uvažovat ⟨uvážit⟩

Ermessen N: **nach Ihrem ~** podle vašeho uvážení

ermitteln zjišťovat ⟨-stit⟩; JUR vyšetřovat ⟨-třit⟩ (**gegen** *A A*) **Ermittlung** F vyšetřování *n*

ermöglichen umožňovat ⟨-nit⟩

ermorden ⟨za⟩vraždit **Ermordung** F zavraždění *n*

ermüden unavovat ⟨-vit⟩ se **ermüdend** únavný

ermutigen povzbuzovat ⟨-dit⟩ **ermutigend** povzbudivý

ernähren vyživovat ⟨-vit⟩ **Ernährung** F *Nahrung* výživa

ernennen jmenovat (**zu** *D I*) **Ernennung** F jmenování *n*

erneuern obnovovat ⟨-vit⟩ **Erneuerung** F obnova

erneut znovu

erniedrigen ponižovat ⟨-nížit⟩ **Erniedrigung** F ponížení *n*

ernst vážný (*a Krankheit*)

Ernst M vážnost *f*; **im ~** vážně

Ernstfall M: **im ~** v naléhavém případě

ernsthaft vážný, opravdový

Ernte F sklizeň, úroda **ernten** sklízet ⟨sklidit⟩ (*a. fig*)

Eroberer M dobyvatel

erobern dobývat ⟨-být⟩ **Eroberung** F dobytí *n*

eröffnen otvírat ⟨otevřít⟩; *feierlich* zahajovat ⟨-hájit⟩ **Eröffnung** F zahájení *n*

erörtern projednávat ⟨-nat⟩

erotisch erotický

erpressen vydírat (**von** *D* na *L*) **Erpresser(in** F**)** M vyděrač(ka) **Erpressung** F vydírání *n*

erproben ⟨vy⟩zkoušet

erraten uhádnout

erregen *beunruhigen* vzrušovat ⟨-šit⟩; *erzürnen* rozčilovat ⟨-lit⟩; *erwecken* ⟨vz⟩budit **Erreger** M MED zárodek

erreichbar dosažitelný **erreichen** *einholen* dostihovat ⟨-nout⟩; *antreffen* zastihovat ⟨-nout⟩; *Ort* dosahovat ⟨-sáhnout⟩; *Zug* stihnout *pf*; TEL dovolávat ⟨-lat⟩ se; *Alter* dožívat ⟨-žít⟩

errichten stavět ⟨postavit⟩

erringen dobývat ⟨-být⟩

erröten ⟨za⟩rdít se

Errungenschaft F vymoženost

Ersatz M náhrada *f*; **als ~ für** (*A*) v náhradu za (*A*) **Ersatzdienst** M MIL náhradní služba *f* **Ersatzmann** M náhradník **Ersatzrad** N náhradní kolo **Ersatzteil** N náhradní díl *m*

erscheinen objevovat ⟨-vit⟩ se; TYPO vycházet ⟨-jít⟩ **Erscheinung** F (z)jev *m*

erschießen zastřelit

erschlagen zabíjet ⟨-bít⟩

erschließen odkrývat ⟨-krýt⟩
erschöpfend *fig* vyčerpávající
erschöpft vyčerpaný **Erschöpfung** F vyčerpání *n*
erschrecken ⟨po⟩děsit (**sich** se)
erschrocken poděšený
erschüttern otřásat ⟨otřást⟩ (*a. fig*)
erschütternd otřesný, zdrcující **Erschütterung** F otřes *m*
erschweren znesnadňovat ⟨-nit⟩
erschwinglich (finančně) dostupný
ersetzen nahrazovat ⟨-dit⟩
ersichtlich patrný
ersparen ⟨u⟩šetřit (**j-m et** k-u č-o) **Ersparnisse** FPL úspory
erst *zuerst* nejprv(e), nejdřív(e); *nur* teprve; **~ gestern** teprve včera; **~ recht** tím spíše
erstarren ⟨z⟩tuhnout (*a. fig*)
erstatten *Auslagen* nahrazovat ⟨-dit⟩; *Bericht* podávat ⟨-dat⟩ (**über** *A* o *L*); **Anzeige ~** učinit oznámení
Erstaunen N podiv *m*, úžas *m*; **in ~ (ver)setzen** ⟨u⟩vést v úžas
erstaunlich podivuhodný (*a Leistung*)
erste první; **am ~n Juni** prvního června; **~r Klasse** první třídy; **Erste Hilfe** první pomoc; **als Erster** jako první; **zum ~n Mal** poprvé
erstechen ubodat
ersteigen vystupovat ⟨-stoupit⟩, zlézat ⟨zlézt⟩
erstens za prvé
ersticken ⟨u⟩dusit (se), ⟨za⟩dusit (se)
erstrecken: **sich ~** rozprostírat se (**über** *A* na *L*); *fig* vztahovat se
ertappen: **auf frischer Tat ~** přistihovat ⟨-nout⟩ při činu
erteilen udílet ⟨udělit⟩
Ertrag M výnos, výtěžek
ertragen snášet ⟨snést⟩
erträglich snesitelný
ertränken ⟨u⟩topit
ertrinken ⟨u⟩topit se
erübrigen *Geld, Zeit* vyšetřit si; **es erübrigt sich** je zbytečné
erwachen probouzet ⟨-budit⟩ se
erwachsen dospělý
Erwachsene M dospělý
erwägen uvažovat ⟨-vážit⟩
erwähnen zmiňovat ⟨zmínit⟩ se (*A* o *L*)
erwärmen zahřívat ⟨-hřát⟩
erwarten očekávat; **das war zu ~** to se dalo čekat **Erwartung** F očekávání *n*
erwecken *fig* ⟨vz⟩budit
erweisen prokazovat ⟨-kázat⟩; **sich ~ als** ukázat se, projevovat ⟨-vit⟩ se jako
erweitern rozšiřovat ⟨-šířit⟩
Erwerb M nabytí *n*, výdělek **erwerben** získávat ⟨-kat⟩, nabývat ⟨-být⟩ **erwerbslos** nezaměstnaný **erwerbsunfähig** neschopný výdělku
erwidern odpovídat ⟨-vědět⟩; *Gruß, Besuch* opětovat
erwischen *fassen* chytat ⟨-tit⟩ (*a Zug*); *ertappen* přistihovat ⟨-nout⟩
erwünscht žádoucí
erwürgen ⟨za⟩rdousit

Erz N ruda *f*
erzählen vypravovat, vyprávět
Erzähler(in F) M vypravěč(ka)
Erzählung F vyprávění *n*
erzeugen vyrábět ⟨-robit⟩; *bewirken* ⟨z⟩působit **Erzeuger** M WIRTSCH výrobce **Erzeugnis** N výrobek *m*
erziehen vychovávat ⟨-vat⟩ **Erzieher(in** F) M vychovatel(ka) **Erziehung** F výchova
erzielen dosahovat ⟨-sáhnout⟩
erzwingen vynucovat ⟨-tit⟩
es ono; PRON to; **~ ist spät** je pozdě; **~ gibt** je; **~ klopft** někdo klepe
Esel M osel
Eskimo M Eskymák
Espresso M káva *f* presso
Essay M od N esej
essbar jedlý **Essbesteck** N příbor *m*
essen ⟨po⟩jíst; **zu Mittag ~** ⟨po⟩obědvat; **zu Abend ~** ⟨po⟩večeřet
Essen N jídlo
Essig M ocet
Esslöffel M lžíce *f* **Esstisch** M jídelní stůl **Esszimmer** N jídelna *f*
Etage F patro *n*, poschodí *n* **Etagenbett** N patrová postel *f*
Etat M rozpočet
Etikett N nálepka *f*
etliche několik (G)
Etui N pouzdro
etwa asi; *gar* snad
etwas něco; *ein wenig* trochu
EU F (**Europäische Union**) Evropská unie
euch vás, vám
euer váš
Eule F sova
euretwegen pro vás; kvůli vám
Euro M *Währung* euro *n*
Europa N Evropa *f* **Europäer(in** F) M Evropan(ka) **europäisch** evropský **Europarat** M Rada *f* Evropy **Eurowährung** F evropská měna
Euter N vemeno
e.V. (**eingetragener Verein**) zapsaný spolek
evakuieren evakuovat
evangelisch evangelický
eventuell eventuální
ewig věčný
exakt exaktní, přesný
Examen N zkouška *f*
Exemplar N exemplář *m*
Exil N exil *m*, vyhnanství
Existenz F existence **Existenzminimum** N existenční minimum **existieren** existovat
Expedition F expedice, výprava
Experiment N experiment *m* **experimentieren** experimentovat
Experte M expert, odborník
explodieren explodovat, vybuchovat ⟨-nout⟩ **Explosion** F exploze, výbuch *m* **explosiv** explozivní, výbušný
Export M export, vývoz **exportieren** exportovat, vyvážet ⟨-vézt⟩
extra *getrennt* extra; *eigens* zvláštní; *zusätzlich* dodatečný
Extras NPL doplňky *mpl*
extrem extrémní, krajní **Extre-**

mist M extremista

F

Fabel F bajka **fabelhaft** báječný
Fabrik F továrna **Fabrikarbeiter** M tovární dělník **Fabrikat** N výrobek *m*
Fach N přihrádka *f*; *Lehrfach* obor *m*
Facharbeiter M kvalifikovaný dělník **Facharzt** M odborný lékař **Fachärztin** F odborná lékařka **Fachgebiet** N odbor *m* **Fachgeschäft** N specializovaný obchod *m* **Fachhochschule** F vysoká škola odborná **fachlich** odborný **Fachmann** M odborník
Fackel F pochodeň
fad(e) fádní; *fig* nudný
Faden M nit *f*
fähig schopný **Fähigkeit** F schopnost
fahnden pátrat (**nach** *D* po *L*)
Fahndung F pátrání *n*
Fahne F prapor *m*
Fahrbahn F vozovka, jízdní dráha
Fähre F přívoz *m*, trajekt *m*
fahren jezdit ⟨jet⟩ (**mit dem Auto** autem, **nach** do *G*, **über** přes *A*); SCHIFF plavit se, plout; *lenken* řídit; *befördern* vozit ⟨vézt⟩
Fahrer M řidič, šofér **Fahrerflucht** F útěk *m* řidiče **Fahrerin** F řidička
Fahrgast M cestující **Fahrgeld** N jízdné **Fahrgestell** N AUTO šasi, podvozek *m*
Fahrkarte F jízdenka **Fahrkartenautomat** M automat na jízdenky **Fahrkartenschalter** M výdej jízdenek
fahrlässig nedbalý
Fahrlehrer M učitel jízdy
Fahrplan M jízdní řád **fahrplanmäßig** podle jízdního řádu
Fahrpreis M jízdné *n* **Fahrprüfung** F řidičská zkouška
Fahrrad N kolo **Fahrradverleih** M půjčovna *f* kol
Fahrschein M jízdenka *f* **Fahrscheinentwerter** M turniket
Fahrschule F autoškola **Fahrspur** F jízdní pruh *m* **Fahrstuhl** M výtah
Fahrt F jízda; **gute ~!** šťastnou cestu!; **in voller ~** plnou parou; **freie ~** volná jízda
Fährte F stopa
Fahrtrichtung F směr *m* jízdy
Fahrzeug N vozidlo; *Kraftfahrzeug* motorové vozidlo **Fahrzeughalter** M držitel motorového vozidla **Fahrzeugpapiere** NPL doklady *mpl* k autu
fair fér(ový), slušný
Fakultät F fakulta
Falke M sokol
Fall M pád; MED, JUR případ; **auf jeden ~** v každém případě; **auf keinen ~** v žádném případě
Falle F past
fallen padat ⟨-nout⟩; *Preise*,

Temperatur klesat ⟨-nout⟩; **es fällt mir schwer** je mi zatěžko; **~ lassen** pouštět ⟨upustit⟩
fällen *Bäume* ⟨po⟩kácet; *Urteil* vynášet ⟨-nést⟩
fällig splatný
falls jestliže, kdyby
Fallschirm M padák **Fallschirmspringer** M parašutista, výsadkář
falsch falešný; *unrichtig* nesprávný, chybný; **~ gehen** *Uhr* jít špatně; **~ verbunden** chybně spojený; **et ~ machen** dělat co nesprávně
fälschen padělat, falšovat
Falschgeld N padělané peníze *mpl* **Falschparken** N nesprávné parkováni
Fälschung F padělání *n*; *Ergebnis* padělek *m*
Faltboot N skládací kajak *m*
Falte F záhyb *m*; *Runzel* vráska **falten** skládat ⟨složit⟩ **Faltenrock** M skládaná sukně *f*
Falter M motýl
faltig nabíraný; *Gesicht* vrásčitý
familiär rodinný
Familie F rodina **Familienangehörige** M rodinný příslušník; F rodinná příslušnice **Familienname** M příjmení *n* **Familienstand** M rodinný stav
Fan M fanoušek
Fanatiker M fanatik **fanatisch** fanatický
Fang M lov; *Beute* úlovek **fangen** chytat ⟨-tit⟩; **Feuer ~** vzněcovat ⟨-nítit⟩ se
Fantasie F fantazie **fantastisch** fantastický
Farbe F barva **farbecht** stálobarevný
färben ⟨na⟩barvit
farbenblind barvoslepý
Farbfernseher M barevný televizor **Farbfilm** M barevný film **farbig** barevný **farblos** bezbarvý **Farbstift** M barevná tužka *f* **Farbstoff** M barvivo *n*
Farbton M barevný odstín
Färbung F z(a)barvení *n*
Farn(kraut N) M kapradí *n*
Fasan M bažant
Fasching M masopust
Faschismus M fašismus
Faser F vlákno *n* **fas(e)rig** vláknitý **fasern** třepit se
Fass N sud *m*; **vom ~** sudový
Fassade F fasáda, průčelí *n*
Fassbier N sudové pivo
fassen *Dieb* chytat ⟨-tit⟩; *begreifen* pochopit; **sich ~** vzpamatovávat ⟨-vat⟩ se
Fassung F *Brille* obroučky *pl*; *Edelstein* zasazení *n*; *Glühbirne* objímka; *Text* verze; **aus der ~ bringen** vyvést z míry **fassungslos** zaražený
fast skoro, málem
fasten postit se **Fasten** N půst *m* **Fastenzeit** F REL postní doba **Fastnacht** F masopustní úterek *m*, masopust *m*
faszinierend okouzlující
fatal fatální
faul *träge* líný, lenivý; *morsch* trouchnivý; *verfault* shnilý; *verdorben* zkažený
faulen *Obst* ⟨s⟩hnít; *vermodern* ⟨z⟩trouchnivět; *verderben*

⟨z⟩kazit se
faulenzen lenošit, zahálet **Faulenzer** M lenoch, zahálеč
Faulheit F lenost, lenivost
Faust F pěst; **auf eigene ~** na vlastní pěst **Fausthandschuh** M palčák **Faustschlag** M rána *f* pěstí
Fax N fax *m* (*a Gerät*) **faxen** faxovat
Feber *österr*, **Februar** M únor
fechten šermovat
Feder F pero *n* (*a Schreibfeder*); TECH pružina **Federball** M opeřený míček; *Spiel* badminton *m* **Federbett** N peřina *f* **Federgewicht** N pérová váha *f*
federn TECH pérovat **Federung** F pérování *n*
Fee F víla
fegen ⟨za⟩mést
Fehlbetrag M schodek
fehlen chybět (*a Schule*); scházet; **was fehlt Ihnen?** co je Vám?
Fehler M chyba, vada **fehlerfrei** bez chyby, bezvadný **fehlerhaft** chybný, vadný
Fehlgeburt F potrat *m* **Fehlgriff** M přehmat **Fehlschlag** M neúspěch, nezdar **Fehlzündung** F AUTO vadné zapalování *n*
Feier F oslava; *Fest* slavnost
Feierabend M: **nach ~** po práci
feierlich slavnostní
feiern oslavovat, ⟨o⟩slavit **Feiertag** M svátek
feig(e) zbabělý
Feige F fík *m*
Feigling M zbabělec
Feile F pilník *m* **feilen** pilovat
feilschen smlouvat (**um** *A* o *A*)
fein *zart* jemný (*a vornehm*); **~ gemahlen** jemně mletý
Feind M nepřítel **feindlich** nepřátelský **Feindschaft** F nepřátelství *n* **feindselig** nenávistný
feinfühlig jemnocitný, citlivý **Feinkostgeschäft** N lahůdkářství **Feinschmecker** M labužník
Feld N pole (*a Brettspiel*) **Feldweg** M polní cesta
Felge F ráfek *m*
Fell N kůže *f*
Fels(en) M skála *f* **Felsküste** F skalnaté pobřeží *n* **felsig** skalnatý
feminin ženský **Feministin** F feministka
Fenchel M fenykl
Fenster N okno **Fensterbrett** N parapetní prkno **Fensterladen** M okenice *f* **Fensterplatz** M místo *n* u okna **Fensterputzer** M čistič oken **Fensterrahmen** M okenní rám **Fensterscheibe** F okenní tabulka
Ferien PL prazdniny **Feriengast** M letní host **Ferienhaus** N chata *f* **Ferienkurs** M prázdninový kurz **Ferienwohnung** F letní byt *m*
Ferkel N sele, podsvinče
fern ADV daleko; **der Ferne Osten** Dálný Východ
Fernamt N meziměstská

ústředna *f* **Fernbedienung** F dálkové ovládání *n* **fernbleiben** nezůčastňovat ‹-nit› se
Ferne F: **aus der ~** zdáli; **in der ~** vdáli
ferner ADV dál(e); ADJ další
Fernfahrer M dálkový řidič **Ferngespräch** N meziměstský hovor *m* **ferngesteuert** dálkově ovládaný **Fernglas** N dalekohled *m* **Fernlicht** N dálková světla *npl* **Fernmeldewesen** N telekomunikace *f* **Fernrohr** N dalekohled *m*
fernsehen dívat se na televizi
Fernsehen N televize *f* **Fernseher** M televizor **Fernsehprogramm** N televizní program *m* **Fernsehraum** M televizní místnost *f* **Fernsehsendung** F televizní pořad *m* **Fernsehzuschauer** M televizní divák
Fernsicht F rozhled *m* **fernstehen** (*D*) nemít nic společného (s *I*) **Fernsteuerung** F dálkové řízení *n* **Fernstudium** N dálkové studium **Fernverkehr** M dálková doprava *f*
Ferse F pata
fertig *beendet* dodělaný, dokončený; *bereit* hotový; **~ machen** *Arbeit* ‹do›končit, dodělat; **sich ~ machen** *bereitmachen* připravovat ‹-vit› se **fertigbringen** moct, být s to
Fertiggericht N předvařené jídlo **Fertighaus** N prefabrikovaný dům *m* **Fertigkeit** F obratnost, dovednost
Fessel F ANAT pouto *n*
fesseln ‹s›poutat; *fig* ‹u›poutat
Fest N slavnost *f*; *Feiertag* svátek *m*
fest *nicht flüssig* tuhý; *Preis* pevný; *Wohnsitz* stálý; *Schlaf* tvrdý **festbinden** přivazovat ‹-vázat›
Festessen N hostina *f*
festhalten zadržovat ‹-žet›; **~ an** (*D*) přidržovat ‹-žet› se (*G*)
Festland N pevnina *f*, souš *f*
festlich slavnostní
festmachen SCHIFF uvazovat ‹-vázat› **Festnahme** F zatčení *n* **festnehmen** zatýkat ‹-tknout› **Festnetz** N TEL pevná síť *f* **Festnetzanschluss** M TEL telefonní připojení *n* (na pevnou síť) **Festplatte** F IT pevný disk *m* **festsetzen** *Termin, Preis* stanovovat ‹-vit›
Festspiele NPL festival *m*
feststehen *Termin* být jistý **feststellen** *bemerken* konstatovat; *Personalien* zjišťovat ‹-stit›
Festtag M svátek
Festung F pevnost, tvrz
Festzug M slavnostní průvod
fett tučný; *dick* tlustý; **~ gedruckt** tučně vytištěný
Fett N tuk *m*; *Schmalz* sádlo *n* **fettarm** nízkotučný **Fettfleck** M mastná skvrna *f* **fettig** mastný
Fetzen M hadr; *Papier* útržek
feucht vlhký
Feuchtigkeit F vlhkost **Feuchtigkeitscreme** F hyd-

rateční krém *m*
Feuer N oheň *m*; *Brand* požár *m* **Feueralarm** M požární poplach **Feuerbestattung** F pohřeb *m* žehem **feuerfest** ohnivzdorný **feuergefährlich** hořlavý **Feuerleiter** F požární žebřík *m* **Feuerlöscher** M hasicí přístroj **Feuermelder** M ohlašovna *f* požárů
feuern *heizen* ⟨za⟩topit; *schießen* střílet ⟨střelit⟩
Feuerwehr F hasiči *mpl* **Feuerwehrmann** M hasič, požárník **Feuerwerk** N ohňostroj *m* **Feuerwerkskörper** M raketa *f*, *umg* rachejtle *f* **Feuerzeug** N zapalovač *m*
feurig ohnivý
Fichte F smrk *m*
Fieber N horečka *f*; **~ haben** mít horečku **fieberfrei** bez horečky **fieberhaft** horečný **fiebersenkend** proti horečce **Fieberthermometer** N lékařský teploměr *m*
fiebrig horečnatý, horečný
Figur F figura; *Gestalt* postava; *Schach* figurka
Filet N filé **Filetbraten** M svíčková *f*
Filiale F pobočka, filiálka
Film M film **Filmaufnahme** F snímek *m* **filmen** filmovat, natáčet film **Filmfestspiele** NPL filmový festival *m* **Filmregisseur** M filmový režisér **Filmschauspieler** M filmový herec **Filmschauspielerin** F filmová herečka **Filmstar** M filmová hvězda *f*
Filter M filtr **Filterkaffee** M překapávaná káva *f*
filtern ⟨z⟩filtrovat
Filterzigarette F cigareta s filtrem
Filz M plst *f* **filzen** ⟨z⟩plstit **Filzstift** M fix
Finanzamt N finanční úřad *m* **Finanzen** FPL finance **finanziell** finanční, peněžní **finanzieren** financovat **Finanzministerium** N ministerstvo financí
finden nacházet ⟨-jít⟩; **wie ~ Sie das?** co tomu říkáte?
Finderlohn M nálezné *n*
Finger M prst; **kleiner ~** malíček **Fingerabdruck** M otisk prstu **Fingerhut** M BOT náprstník **Fingernagel** M nehet **Fingerspitze** F špička prstu
Fink M pěnkava *f*
Finne M Fin **Finnin** F Finka **finnisch** finský **Finnland** N Finsko
finster temný, tmavý **Finsternis** F tma
Firma F firma **Firmenzeichen** N firemní značka *f*
Firmung F REL biřmování *n*
Fisch M ryba *f* **fischen** chytat ⟨-tit⟩ ryby, ⟨u⟩lovit ryby **Fischer** M rybář **Fischerboot** N rybářský člun *m* **Fischfang** M rybolov **Fischfilet** N rybí filé **Fischgeschäft** N rybárna *f* **Fischteich** M rybník **Fischzucht** F chov *m* ryb
Fitnesscenter N posilovna *f*, fitnescentrum **Fitnessgerät** N posilovací stroj *m*

fix fixní, stálý; **~ und fertig** *fig* úplně zničený
fixen *umg* fetovat **Fixer** M feťák
FKK **(Freikörperkultur)** F nudismus *m* **FKK-Strand** M nudistická pláž *f*
flach *eben* plochý; *Absatz* nízký; *Wasser* mělký
Fläche F plocha **flächendeckend** celoplošný
Flachland N rovina *f*
Flachs M len
Flachzange F ploché kleště *pl*
flackern ⟨za⟩plápolat
Flagge F vlajka
flambieren flambovat
Flamme F plamen *m*
Flanell N flanel *m*
Flanke F bok *m*, strana; ANAT slabina
Flasche F láhev **Flaschenbier** N láhvové pivo **Flaschenöffner** M otvírač láhví, otvírák **Flaschenpfand** N záloha *f* na láhev **Flaschenzug** M TECH kladkostroj
Flatrate F IT pevná sazba
flattern ⟨za⟩třepetat (se)
flau chabý, mdlý
Flaum M chmýří *n*
Flaute F SCHIFF bezvětří *n*; WIRTSCH stagnace
Flechte F BOT lišejník *m*; MED lišej *m*
flechten ⟨u⟩plést
Fleck M skvrna *f*; *Stelle* místo *n* **Fleckentferner** M čistič skvrn **fleckig** skvrnitý
Fledermaus F netopýr *m*
Flegel M klacek, hulvát
flehen úpěnlivě ⟨po⟩prosit **(um** *A* o *A)*
Fleisch N maso; *Fruchtfleisch* dužina *f* **Fleischbrühe** F masový vývar *m* **Fleischer** M řezník **Fleischerei** F řeznictví *n*
fleischig masitý; *Frucht* dužnatý **Fleischkloß** M masový knedlíček **Fleischvergiftung** F otrava masem
Fleiß M píle *f* **fleißig** pilný
flicken záplatovat **Flicken** M záplata *f*
Flieder M šeřík, bez
Fliege F moucha; *Krawatte* motýlek *m* **fliegen** letět **(nach Prag** do Prahy) **Flieger** M *umg* letadlo *n*; *Person* letec
fliehen utíkat ⟨utéct⟩, prchat ⟨prchnout⟩
Fliese F dlaždice, obkládačka
Fließband N běžící pás *m*
fließen téct
fließend: **~es Wasser** N tekoucí voda *f*; **~ Deutsch sprechen** hovořit plynně německy
flimmern kmitat se
flink hbitý, čilý
Flinte F brokovnice
Flirt M flirt **flirten** flirtovat
Flitterwochen FPL líbánky
Flocke F vločka
Floh M blecha *f* **Flohmarkt** M bleší trh
florieren vzkvétat ⟨-vést⟩
Floß N vor *m*
Flosse F ploutev
Flöte F flétna
flott *flink* hbitý; *umg schick* šviháký; SCHIFF plovoucí
Flotte F loďstvo *n*

Fluch M kletba *f* **fluchen** ⟨za⟩klít
Flucht F útěk *m*
flüchten utíkat ⟨utéct⟩, prchat ⟨prchnout⟩ **flüchtig** *entflohen* na útěku; *oberflächlich* povrchní, letmý; CHEM prchavý; ADV *fig* letmo **Flüchtling** M uprchlík *m*, uprchlice *f* **Flüchtlingslager** N uprchlický tábor *m*
Fluchtweg M úniková cesta *f*
Flug M let **Flugbegleiter(in** F) M stevard(ka), *f a.* letuška **Flugblatt** N leták *m* **Flugdauer** F doba letu
Flügel M křídlo *n* (*a.* MUS)
Fluggast M cestující *m*, *f* **Fluggesellschaft** F letecká společnost **Flughafen** M letiště *n* **Fluglinie** F letecká linka, letecká společnost **Fluglotse** M letový dispečer **Flugplan** M letecký řád **Flugplatz** M letiště *n*
Flugschreiber M černá skřínka *f* **Flugsicherung** F letecké zabezpečení *n* **Flugsteig** M stojanka *f* **Flugticket** N letenka *f* **Flugverbindung** F letecké spojení *n* **Flugverkehr** M letecká doprava *f* **Flugzeit** F doba letu
Flugzeug N letadlo **Flugzeugabsturz** M zřícení *n* letadla **Flugzeugentführung** F únos *m* letadla **Flugzeugträger** M letadlová loď *f*
Flur M předsíň *f*
Fluss M řeka *f* **flussabwärts** po proudu **flussaufwärts** proti proudu **Flussbett** N řečiště
flüssig tekutý; *Verkehr* plynulý; *Geld* volný **Flüssigkeit** F tekutina
flüstern ⟨po⟩šeptat
Flut F *Gezeiten* příliv *m*; *fig* spousta **Flutlicht** N umělé osvětlení **Flutwelle** F přílivová vlna
Fohlen N hříbě
Föhn M fén **föhnen** fénovat
Folge F následek *m*; TV, *Radio* série
folgen následovat (**auf** *A* po *L*); *gehorchen* poslouchat ⟨-slechnout⟩; **daraus folgt** z toho vyplývá; **wie folgt** takto
folgend následující
folgern vyvozovat ⟨-dit⟩ **Folgerung** F závěr *m*, důsledek *m*
folglich tedy **folgsam** poslušný
Folie F fólie
Folter F mučidlo *n*
foltern mučit, trýznit
fordern požádat (**von j-m et** od k-o co *od* co na kom)
fördern *j-n* podporovat; BERGB ⟨vy⟩těžit
Forderung F požadavek *m*; WIRTSCH pohledávka
Förderung F podpora; BERGB těžba
Forelle F pstruh *m*
Form F forma
formal formální **Formalität** F formalita
Format N formát *m* **Formel** F formule, vzorec *m*; CHEM slo-

žení *n* **formen** formovat; vytvářet ⟨-tvořit⟩
förmlich strojený, nucený
formlos *zwanglos* nenucený
Formular N formulář *m*, blanket *m* **formulieren** formulovat
forsch rázný
forschen bádat, zkoumat **Forscher(in** F) M badatel(ka) **Forschung** F bádání *n*, výzkum *m*
Forst M les
Förster M lesník
Forstwirtschaft F lesnictví *n*
fort *weg* pryč; *weiter* dál(e); **in einem ~** neustále; **und so ~** a tak dále
fortbewegen: **sich ~** pohybovat ⟨-hnout⟩ se vpřed
fortbilden: **sich ~** doškolovat ⟨-lit⟩ se **Fortbildung** F doškolení *n*
fortfahren *mit et* pokračovat
fortgehen odcházet ⟨odejít⟩
fortgeschritten pokročilý
fortlaufend nepřetržitý; *Nummer* průběžný, pořadový
Fortschritt M pokrok **fortschrittlich** pokrokový
fortsetzen pokračovat ⟨-kročit⟩ (*A* v *L*)
Fortsetzung F pokračování *n*; **~ folgt** pokračování příště
Foto N fotka *f* **Fotoapparat** M fotoaparát **Fotogeschäft** N fotoobchod *m* **Fotograf** M fotograf **Fotografie** F fotografie **fotografieren** ⟨vy⟩fotografovat **Fotokopie** F fotokopie **fotokopieren** (foto)kopírovat **Fotomodell** N fotomodelka *f*
Fracht F náklad *m* **Frachter** M, **Frachtschiff** N nákladní loď *f*
Frack M frak
Frage F otázka; **eine ~ stellen** dát otázku **Fragebogen** M dotazník
fragen ptát ⟨zeptat⟩ se **(j-n nach et** k-o na co) **Fragezeichen** N otazník *m*
fraglich pochybný
Fraktion F frakce
Franken M: **Schweizer ~** švýcarský frank
Frankfurt N Frankfurt *m*
frankieren frankovat, vyplácet ⟨-platit⟩
Frankreich N Francie *f*
Franse F třáseň
Franzose M Francouz
Französin F Francouzka **französisch** francouzský **Französisch** N *Sprache* franština *f*
Frau F žena; *Anrede* paní; *Ehefrau* manželka
Frauenarzt M ženský lékař, gynekolog **Frauenärztin** F ženská lékařka, gynekoložka **Frauenklinik** F gynekologická klinika **Frauenzeitschrift** F časopis *m* proženy
Fräulein N slečna *f*
frech drzý **Frechheit** F drzost
frei volny, svobodný; **ins Freie** do (volné) přírody; **unter ~em Himmel** pod širým nebem; **sich ~ machen** svlékat ⟨-nout⟩ se
Freibad N koupaliště
freiberuflich: **~ tätig sein** pra-

covat na volné noze **freigeben** uvolňovat ⟨-nit⟩ **Freigepäck** N volné zavazadlo **freihaben** mít volno **freihalten** *Platz* ⟨po⟩držet; *Ausfahrt* neblokovat **Freihandelszone** F zóna volného obchodu

Freiheit F svoboda, volnost **Freiheitsstrafe** F trest *m* odnětí svobody

Freikarte F volný lístek *m* **freilassen** propouštět ⟨-pustit⟩ na svobodu

freilich ovšem

Freilichtbühne F přírodní scéna

freimachen *Brief* frankovat

freisprechen zprošťovat ⟨-stit⟩ obžaloby **Freispruch** M osvobozující rozsudek **Freistoß** M volný kop

Freitag M pátek; **am ~** v pátek

freiwillig dobrovolný

Freiwillige M dobrovolník

Freizeit F volno *n*

fremd cizí **fremdartig** cizorodý

Fremde F: **in der ~** v cizině

Fremde M cizinec; F cizinka

fremdenfeindlich xenofobní **Fremdenfeindlichkeit** F xenofobie **Fremdenführer** M průvodce cizinců **Fremdenverkehr** M cizinecký ruch **Fremdenverkehrsamt** N cestovní kancelář *f* **Fremdenzimmer** N hostinský pokoj *m*

Fremdsprache F cizí jazyk *m* **Fremdsprachensekretärin** F cizojazyčná sekretářka

Fremdwort N cizí slovo

Frequenz F frekvence; PHYS kmitočet *m*

Fresko N freska *f*

fressen žrát ⟨sežrat⟩

Freude F radost; **~ haben an** (*D*) mít radost z (*G*); **e-e ~ machen** (*D*) ⟨po⟩těšit (*A*)

freudig radostný

freuen: **sich ~** ⟨za⟩radovat se (**über** *A* z *G*)

Freund(in F) M přítel(kyně)

freundlich přívětivý, vlídný; *gefällig* laskavý; **seien Sie so ~** buďte tak laskav **Freundlichkeit** F přívětivost, laskavost

Freundschaft F přátelství *n* **freundschaftlich** přátelský

Friede(n) M mír; *Ruhe* pokoj

Friedensbewegung F mírové hnutí *n* **Friedensvertrag** M mírová smlouva *f*

Friedhof M hřbitov **friedlich** mírný; *ruhig* klidný, pokojný

frieren *Person* ⟨z⟩mrznout; **es friert** mrzne, je mráz

Fries M vlys

Frikadelle F karbanátek *m*

Frikassee N frikasé

frisch čerstvý, svěží; *Wäsche* čistý; **~ gebacken** čerstvě pečený; **~ gestrichen** čerstvě natřeno; **auf ~er Tat** při činu

Frischhaltefolie F fólie na potraviny **Frischhaltepackung** F ochranný obal *m*

Friseur M *Herrenfriseur* holič; *Damenfriseur* kadeřník **Friseurin** F *Herrenfriseur* holička; *Damenfriseur* kadeřnice **Friseursalon** M holičský salon; kadeř-

nický salon
frisieren ⟨na⟩kadeřit
Frist F lhůta **fristlos** bezodkladný, okamžitý
Frisur F účes *m*
Fritteuse F fritéza **frittieren** fritovat
froh radostný; **~ sein** být rád (**über** *A* z *G*); **ich bin ~, dass ...** jsem rád, že; **~e Weihnachten!** radostné Vánoce!
fröhlich veselý
fromm nábožný, zbožný
Fronleichnam M REL Boží tělo *n*
Front F ARCH průčelí *n*; MIL fronta **frontal** čelní, přední
Frontantrieb M AUTO přední náhon
Frosch M žába *f* **Froschmann** M žabí muž
Frost M mráz
frösteln: **mich fröstelt** mrazí mě
frostfrei bez mrazu **frostig** mrazivý (*a. fig*)
Frostschutzmittel N mrazuvzdorná kapalina *f*
Frottee N froté **frottieren** ⟨o⟩třít **Frottiertuch** N froté ručník *m*
Frucht F plod *m* (*a. fig*) **fruchtbar** plodný, úrodný **Fruchteis** N ovocná zmrzlina *f* **Fruchtfleisch** N dužina *f* **Fruchtsaft** M ovocná šťáva *f*
früh časný, raný; **zu ~** příliš brzy; **heute ~** dnes ráno
früher časnější; *einst* dřívější; ADV dřív(e)
frühestens nejdřív(e)
Frühgeburt F předčasný porod **Frühjahr** N, **Frühling** M jaro *n* **Frühstück** N snídaně *f* **frühstücken** ⟨po⟩snídat
Frust M *umg* frustrace *f* **frustriert** frustrovaný
Fuchs M liška *f*; *Pferd* ryzak *m*
Fuchsschwanz M *Säge* pila ocaska *f*
Fuge F TECH spára, štěrbina; MUS fuga
fügen: **sich ~** vpravovat ⟨-vit⟩ se
fühlbar citelný **fühlen** ⟨na⟩hmatat; *empfinden* ⟨po⟩cítit **Fühler** M tykadlo *n*
führen vodit, vést (*a Betrieb*); *Touristen* doprovázet ⟨-vodit⟩, provádět ⟨-vodit⟩
führend vedoucí, přední
Führer M *Reiseführer* průvodce (*a Buch*) **Führerschein** M řidičský průkaz
Führung F *im Museum* provádění *n*; *Leitung* vedení *n*; *Betragen* chování *n* **Führungszeugnis** N výpis *m* z trestního rejstříku
Fülle F hojnost, dostatek *m* **füllen** ⟨na⟩plnit; GASTR nadívat ⟨-dít⟩ (**mit** *D I*) **Füller** M, **Füllfederhalter** M plnicí pero *n*
Füllung F GASTR nádivka; *Zahnfüll* plomba
Fund M nález
Fundament N základ *m*
Fundbüro N ztráty a nálezy
Fundgrube F zlatý důl *m*
Fundsache F nalezená věc
fünf pět **fünfhundert** pět set
Fünfsternehotel N pětihvěz-

dičkový hotel *m* **fünfte** pátý **Fünftel** N pětina *f* **fünfzehn** patnáct **fünfzig** padesát
Funk M rádio *n*; **über ~** rádiem **Funkamateur** M radioamatér
Funke M jiskra *f* **funkeln** ⟨za⟩jiskřit (se) **funken** vysílat ⟨-slat⟩ rádiem, bezdrátově telegrafovat
Funker M radiotelegrafista **Funkgerät** N rádiový přístroj *m* **Funkhaus** N budova *f* rozhlasu **Funksignal** N rádiový signál *m* **Funkspruch** M radio(tele)gram **Funkstreife** F policejní hlídka **Funktaxi** N radiotaxi *m od n*
Funktion F funkce, činnost **Funktionär** M funkcionář **funktionieren** fungovat
Funkverbindung F rádiové spojení *n*
für (*A*) *Zweck* pro (*A*); *Preis, Menge* za (*A*); *Arznei* proti (*D*)
Furche F rýha; AGR brázda
Furcht F strach *m* (**vor** *D* z *G*) **furchtbar** strašný, hrozný **fürchten**: **sich ~** bát se (**vor** *D G*); **ich fürchte, dass ...** bojím se, že...
fürchterlich strašný, hrozný **furchtlos** nebojácný **furchtsam** bojácný, bázlivý
Fürsorge F péče; **öffentliche ~** sociální péče
Fürst M kníže **Fürstentum** N knížectví **Fürstin** F kněžna
Furunkel M furunkl, nežit
Furz M *vulg* prd **furzen** prdět
Fusion F fúze, sloučení *n*
Fuß M noha *f*; *e-s Berges* pata *f*, úpatí *n*; **zu ~** pěšky; **gut zu ~ sein** být dobrý chodec
Fußball M fotbalový míč; *Spiel* kopaná *f*, fotbal **Fußballelf** F fotbalová jedenáctka **Fußballplatz** M fotbalové hřiště *n* **Fußballspiel** N fotbalový zápas *m* **Fußballspieler** M fotbalista **Fußballtoto** N sazka *f*
Fußboden M podlaha *f* **Fußbremse** F nožní brzda
Fussel F žmolek *m*
Fußgänger M chodec, pěší **Fußgängerüberweg** M přechod pro chodce **Fußgängerzone** F pěší zóna
Fußgelenk N nožní kloub *m* **Fußmatte** F rohožka **Fußnote** F poznámka pod čarou **Fußpflege** F pedikúra **Fußsohle** F chodidlo *n* **Fußspitze** F špička nohy **Fußtritt** M kopnutí *n* **Fußweg** M *Gehsteig* chodník; *Pfad* stezka *f*, pěšina *f*
Futteral N pouzdro
füttern ⟨na⟩krmit; *Kleidung* podšívat ⟨-šít⟩ **Fütterung** F krmení *n*

G

Gabe F dar *m*; *Begabung* nadání *n*; *Dosis* dávka
Gabel F vidlička; *Fahrrad* vidlice
gabeln: **sich ~** rozdvojovat ⟨-jit⟩ se

gaffen lelkovat
Gage F služné *n*
gähnen zívat ⟨-nout⟩
Galle F žluč **Gallenblase** F žlučník *m* **Gallenkolik** F žlučníková kolika **Gallenstein** M žlučový kamínek
Galopp M cval, trysk **galoppieren** cválat
gammeln flákat **Gammler** M flákač, povaleč
Gang M chůze *f*; GASTR chod; *Korridor* chodba *f*; *fig* průběh; AUTO rychlost *f*; **in ~ setzen** spouštět ⟨-pustit⟩
gängig běžný
Gangschaltung F AUTO řazení *n* rychlostiního stupně; *Fahrrad* přehazovačka
Gangster M gangster
Gangway F pojízdné schody *mpl*
Gans F husa
Gänseblümchen N chudobka *f* **Gänsebraten** M pečená husa *f* **Gänsehaut** F *fig* husí kůže **Gänseleberpastete** F paštika z husích jater
ganz celý; ADV docela, zcela; *vollständig* úplný; **~ Deutschland** celé Německo; **~ und gar nicht** vůbec ne; **~ gut** docela dobře; **im Ganzen** vcelku, celkem **ganzjährig** celoroční
Ganztagsbeschäftigung F práce na plný úvazek
gar *gekocht* dovařený; *gebraten* dopečený; **~ keiner** *adv* vůbec nikdo; **~ nicht** nikterak, vůbec ne; **~ nichts** pranic, vůbec nic
Garage F garáž
Garantie F záruka **garantieren** zaručovat ⟨-čit⟩ **Garantieschein** M záruční list
Garderobe F šatna; *Kleider* šatstvo *n* **Garderobenmarke** F lístek *m* od šatny
Gardine F záclona
gären ⟨z⟩kvasit
Garn N příze *f*
garnieren GASTR obkládat ⟨-ložit⟩ (**mit** *D I*)
Garnitur F souprava; *Wäsche a* garnitura
Garten M zahrada *f* **Gartenlokal** N zahradní restaurace *f*
Gärtner M zahradník **Gärtnerei** F zahradnictví *n*
Gas N plyn *m*; **~ geben** přidávat ⟨-dat⟩ plyn **Gasanschluss** M plynová přípojka *f* **Gasanzünder** M zapalovač plynu **Gasflasche** F plynová bomba
gasförmig plynný
Gasheizung F plynové topení *n* **Gasherd** M plynový sporák
Gasleitung F plynovod *m*
Gasmaske F plynová maska
Gaspedal N akcelerátor *m*
Gasse F ulice
Gast M host; *Besucher* návštěvník; **zu ~ sein** být hostem
Gästebuch N kniha *f* hostů
Gästezimmer N hostinský pokoj *m*
Gastfreundschaft F pohostinnost **Gastgeber(in** F**)** M hostitel(ka) **Gasthaus** N hostinec *m*, hospoda *f* **gastlich** pohostinný
Gastspiel N pohostinské vystoupení **Gaststätte** F hosti-

nec *m*, restaurace **Gastwirt** M hostinský
Gatte M choť **Gattin** F choť
Gattung F druh *m*; ZOOL, BOT rod *m*
GAU M **(größter anzunehmender Unfall)** největší atomová katastrofa *f*
Gaumen M patro *n*
Gauner M šejdíř, darebák
Gaze F gáza
Gebäck N pečivo
gebacken pečený
gebären ⟨po⟩rodit **Gebärmutter** F děloha
Gebäude N budova *f*
geben dávat ⟨dát⟩; THEAT hrát; **~ Sie mir bitte ...** dejte mi prosím...; **es gibt** je *sg*, jsou *pl*; **es gibt nicht** není *sg*, nejsou *pl*
Gebet N modlitba *f*
gebildet vzdělaný
Gebirge N pohoří *n*; **im ~** na horách; **ins ~** do hor **gebirgig** hornatý
Gebiss N chrup *m*; *künstliches* umělý chrup
Gebläse N AUTO dmychadlo
geblümt květovaný
geboren (na)rozený **geborene** F rozená
Gebot N příkaz *m*
gebraten pečený
Gebrauch M (po)užívání *n*; **zum eigenen ~** pro vlastní potřebu **gebrauchen** (po)užívat ⟨-žít⟩; **ich kann es nicht ~** nepotřebuji to
gebräuchlich obvyklý, běžný
Gebrauchsanweisung F návod *m* k použití
gebraucht použitý **Gebrauchtwagen** M ojeté auto *n*
gebrechlich vetchý
Gebrüll N řev *m*
Gebühr F poplatek *m*; *Straßenbenutzungsgebühr* silniční poplatek *m* **gebührend** náležitý
gebührenfrei osvobozený od poplatku
gebührenpflichtig podléhající poplatku; *Parken* placený; **~e Verwarnung** *f* pokuta
Geburt F narození *n*; MED porod *m*; **vor Christi ~** před Kristem **Geburtenkontrolle** F kontrola porodnosti
Geburtsdatum N datum narození **Geburtsjahr** N rok *m* narození **Geburtsort** M rodiště *n* **Geburtstag** M narozeniny *fpl*; **alles Gute zum ~!** všechno nejlepší k narozeninám!, šťastné narozeniny! **Geburtsurkunde** F rodný list *m*
Gebüsch N houští, křoví
Gedächtnis N paměť *f*; **aus dem ~** zpaměti; **zum ~** na paměť
Gedanke M myšlenka *f*; **sich ~n machen über** (*A*) přemýšlět o (*L*) **gedankenlos** bezmyšlenkovitý **Gedankenstrich** M pomlčka *f*
Gedeck N příbor *m*; *Essen* menu
gedenken pamatovat (*G* na *A*) **Gedenkfeier** F slavnost na paměť **Gedenkstein** M pamětní kámen **Gedenktafel** F pamětní deska

Gedicht N báseň *f*
Gedränge N tlačenice *f*
Geduld F trpělivost
gedulden: **sich ~** mít strpení **geduldig** trpělivý
geehrt ctěný; *Anrede* vážený
geeignet vhodný; způsobilý (**für** *A* k *D*)
Gefahr F nebezpečí *n*; **außer ~** mimo nebezpečí; **auf eigene ~** na vlastní nebezpečí; **bei ~** v případě nebezpečí
gefährden ohrožovat ⟨-zit⟩ **gefährlich** nebezpečný
Gefälle N spád *m*
gefallen ⟨za⟩líbit se; **das gefällt mir (nicht)** to se mi (ne)líbí; **sich ~ lassen** dát si líbit
Gefallen[1] M laskavost *f*; **tun Sie mir bitte den ~!** buď te tak laskav!
Gefallen[2] N záliba *f*, zalíbení; **~ finden an** (*D*) mít zálibu v (*L*)
gefällig příjemný; *zuvorkommend* laskavý **Gefälligkeit** F laskavost
gefangen zajatý; **~ nehmen** zajímat ⟨-jmout⟩
Gefangene M vězeň; MIL zajatec *m*; F vězeňkyně; MIL zajatkyně **Gefangenschaft** F zajetí *n*
Gefängnis N vězení; **drei Jahre ~** tři roky vězení **Gefängnisstrafe** F trest *m* vězení, věznění *n*
Gefäß N nádoba *f*; ANAT céva *f*
gefasst klidný; **~ sein auf** (*A*) být připraven na (*A*)
Gefieder N peří
Geflügel N drůbež *f*
gefragt hledaný
gefräßig žravý
gefrieren ⟨za⟩mrznout **Gefrierfach** N mrazák *m* **Gefrierpunkt** M bod mrazu **Gefrierschrank** M mraznička *f* **Gefriertruhe** F mrazicí pult *m*
Gefühl N cit *m*; *Gespür* pocit *m* **gefühllos** bezcitný **gefühlvoll** citupiný
gegen (*A*) proti (*D*); *Richtung* k(e) (*D*); *etwa* asi; **~ Quittung** na stvrzenku; **nur ~ bar** jen za hotové; **~ Husten** proti kašli
Gegend F kraj *m*, krajina; **in der ~ von Prag** v okolí Prahy
gegeneinander proti sobě
Gegenfahrbahn F jízdní pruh *m* v protisměru **Gegengewicht** N protiváha *f* **Gegenmaßnahme** F protiopatření *n* **Gegenrichtung** F protisměr *m*
Gegensatz M protiklad, opak; **im ~ zu** (*D*) na rozdíl od (*G*) **gegensätzlich** protikladný **Gegenseite** F protější strana **gegenseitig** vzájemný
Gegenspieler M protihráč
Gegenstand M předmět (*a Thema*) **Gegenteil** N opak *m*; **im ~** naopak **Gegenverkehr** M doprava *f* v protisměru
Gegenwart F přítomnost **gegenwärtig** přítomný, nynější
Gegenwert M protihodnota *f*
Gegenwind M protivítr
Gegner M protivník, odpůrce
gegrillt grilovaný
Gehalt[1] M obsah

Gehalt² N plat *m*
Gehaltsabrechnung F vyúčtování *n* platů **Gehaltsempfänger** M příjemce platů **Gehaltserhöhung** F zvýšení *n* platů
Gehäuse N *Uhr* pouzdro (*a.* TECH, BOT)
geheim tajný; **~ halten** ⟨u⟩tajit **Geheimdienst** M tajná služba *f*
Geheimnis N tajemství **geheimnisvoll** tajemný
Geheimnummer F osobní identifikační kód *m* **Geheimtipp** M tajný tip **Geheimzahl** F tajné číslo *n*
gehen chodit; jít (*a Uhr*, TECH); *Zug* jezdit, jet; **es geht um** (*A*) jde o (*A*), běží o (*A*); **das geht nicht** to nejde; **wie geht es dir?** jak se máš?
Gehirn N mozek *m* **Gehirnerschütterung** F otřes *m* mozku
Gehör N sluch *m*
gehorchen poslouchat ⟨-slechnout⟩ (*D A*)
gehören patřit, náležet; **~ zu** (*D*) patřit se k (*D*); **wem gehört ...?** komu patří?
gehörig náležitý
gehörlos neslyšící
gehorsam poslušný
Gehsteig M, **Gehweg** M chodník
Geier M sup
Geige F housle *fpl*; **~ spielen** ⟨za⟩hrát na housle
Geiger M houslista **Geigerin** F houslistka
geil vilný; BOT bujný
geimpft očkovaný
Geisel F rukojmí *m* od *n*; **als ~ nehmen** zajmout jako rukojmí
Geiß F *österr* koza
Geist M duch; **der Heilige ~** Duch svatý
geistesabwesend nepřítomný duchem **geistesgegenwärtig** duchapřítomný **geisteskrank** choromyslný **Geisteswissenschaften** FPL humanitní vědy
geistig duševní; **~ behindert** mentálně postižený
geistlich duchovní
Geistliche M duchovní
geistlos bezduchý **geistreich** duchaplný, vtipný
Geiz M lakota **Geizhals** M lakomec **geizig** lakomý
gekachelt kachlíčkovaný
gekocht vařený
Gel N gel *m*
Gelächter N smích *m*
geladen *Gast* pozvaný; ELEK, MIL nabitý
gelähmt ochrnutý
Gelände N terén *m* **Geländefahrzeug** M terénní vůz
Geländer N zábradlí
Gelatine F želatina
geläufig běžný
gelaunt: **gut (schlecht) ~** dobře (špatně) naladěn
gelb žlutý **Gelbsucht** F žloutenka
Geld N peníze *mpl* **Geldanlage** F vklad *m* **Geldautomat** M bankomat **Geldbeutel** M peněženka *f* **Geldbuße** F po-

kuta **Geldeinwurf** M otvor pro mince **Geldschein** M bankovka *f* **Geldstück** N mince *f*, peníz *m* **Geldwechsel** M výměna *f* peněz **Geldwechsler** M měnič mincí
Gelee N želé
gelegen *passend* vhodný; **das kommt mir ~** to je mi vhod
Gelegenheit F příležitost **Gelegenheitsarbeit** F příležitostná práce **Gelegenheitskauf** M příležitostná koupě *f*
gelegentlich příležitostný
gelehrig učenlivý **Gelehrte** M učenec; F učenkyně
Gelenk N kloub *m* **gelenkig** obratný
gelernt *ausgebildet* vyučený
Geliebte M milenec; F milenka
gelingen ⟨po⟩dařit se; **es ist mir nicht gelungen** nepodařilo se mi
gelten platit; **das gilt uns** to platí nám; **~ als** platit za (*A*); **~ lassen** uznávat ⟨-nat⟩
geltend platný; **~ machen** uplatňovat ⟨-nit⟩
Geltung F; **zur ~ kommen** uplatnit se; **zur ~ bringen** uplatnit **Geltungsdauer** F doba platnosti
gelungen podařený
gemächlich pohodlný
Gemälde N obraz *m*, malba *f* **Gemäldegalerie** F obrazárna
gemäß (*D*) podle (*G*); **den Umständen ~** podle okolností
gemäßigt mírný
gemein *niederträchtig* sprostý
Gemeinde F obec (*a.* REL)
Gemeinheit F sprostota
gemeinnützig neziskový **gemeinsam** společný; ADV spolu
Gemeinschaft F společenství *n* **Gemeinschaftsantenne** F společná anténa
Gemisch N směs *m*
gemischt smíšený
Gemüse N zelenina *f* **Gemüsehändler** M zelinář **Gemüsesuppe** F zeleninová polévka
gemütlich útulný, pohodlný
Gen N gen *m*
genau přesný; **es ist ~ acht Uhr** je přesně osm hodin; **~ gehen** *Uhr* jít přesně; **~ genommen** přesně vzato **Genauigkeit** F přesnost
genauso právě tak; **~ lange** právě tak dlouho
genehmigen schvalovat ⟨schválit⟩; *amtlich* povolovat ⟨-lit⟩ **Genehmigung** F schválení *n*, povolení *n*
geneigt nakloněný (*a. fig*)
General M generál **Generaldirektor** M generální ředitel **Generalprobe** F generální zkouška **Generalstreik** M generální stávka *f*
Generation F generace, pokolení *n*
generell všeobecný
genesen uzdravovat ⟨-vit⟩ se **Genesung** F uzdravení *n*
Genetik F genetika **genetisch** genetický
Genf N Ženeva *f*
Genick N vaz *m*, týl *m*
Genie N génius *m*

genieren: **sich ~** ostýchat se **genießbar** poživatelný; *essbar* jedlý; *trinkbar* pitný **genießen** *Speise* požívat ⟨-žít⟩; *Vergnügen* užívat ⟨-žít⟩ **Genießer(in** F) M požitkář(ka)
genormt normovaný
Genosse M soudruh **Genossenschaft** F družstvo *n* **Genossin** F soudružka
Gentechnik F genové inženýrství *n*
gentechnisch ADV: **~ verändert** geneticky modifikovaný (-*adj*)
genug dost
genügen ⟨po⟩stačit; **das genügt!** to stačí **genügend** dostatečný **genügsam** skromný, střídmý
Genuss M *Vergnügen* požitek; *von Speisen, Tabak* požívání *n*; **mit ~** s požitkem **Genussmittel** N pochutina *f*
geöffnet otevřený
Geografie F zeměpis *m*, geografie **Geologie** F geologie **Geometrie** F geometrie
Gepäck N zavazadlo **Gepäckabfertigung** F odbavení *n* zavazadel **Gepäckannahme** F příjem *m* zavazadel **Gepäckaufbewahrung** F úschovna zavazadel **Gepäckausgabe** F výdej *m* zavazadel
Gepäckkontrolle F kontrola zavazadel **Gepäckschein** M podací lístek na zavazadlo **Gepäckträger** M *Person, Fahrrad* nosič **Gepäckversicherung** F pojištění *n* zavazadel **Gepäckwagen** M zavazadlový vůz
gepanzert pancéřový
gepfeffert peprný; *Preis* mastný
gepflegt pěstěný; *Restaurant* lepší
gerade přímý, rovný; *Zahl* sudý; ADV právě, zrovna; **~ heute** právě dnes(ka); **~ gegenüber** přímo naproti; **~ stehen** stát přímo
Gerade F přímka; SPORT rovinka **geradeaus** přímo, rovně
Geranie F pelargonie, muškát *m*
Gerät N *Werkzeug* nářadí; *Apparat* přístroj *m*
geraten dostávat ⟨-stat⟩ se (**nach, in** *A* do *G*); *gelingen* ⟨po⟩dařit se; **ins Schleudern ~** AUTO dostat smyk
geräuchert uzený
geräumig prostorný
Geräusch N hluk *m*, šum *m* **geräuschlos** bezhlučný **geräuschvoll** hlučný
gerecht spravedlivý **gerechtfertigt** oprávněný
gereizt podrážděný
Gericht N GASTR jídlo; JUR soud *m*; *Gebäude* soudní budova *f*; **vor ~** před soud(em)
gerichtlich soudní
Gerichtshof M soudní dvůr
Gerichtssaal M soudní síň *f*
Gerichtsverhandlung F soudní jednání *n* **Gerichtsvollzieher** M exekutor
gering malý; **nicht im Gering-**

sten ani v nejmenším **geringfügig** nepatrný
gerinnen srážet ⟨-zit⟩ se
Gerippe N kostra *f*
gerissen *fig* prohnaný, mazaný
gern rád(a, -o); **sehr ~** velmi rád; **~ geschehen!** rádo se stalo!; **ich möchte ~ …** rád bych; **ich schwimme ~** rád plavu **gernhaben** mít rád
Geröll N oblázky *mpl*
geröstet pražený
Gerste F ječmen *m* **Gerstenkorn** N MED ječné zrno
Geruch M (zá)pach; *Duft* vůně *f* **geruchlos** nepáchnoucí **Geruchssinn** M čich
Gerücht N pověst *f*
gerührt *fig* dojatý
Gerümpel N harampádí
Gerüst N kostra *f*; *Baugerüst* lešení
gesalzen osolený
gesamt celý, veškerý **Gesamtausgabe** F souhrnné vydání *n* **Gesamtbetrag** M úhrnná částka *f*
Gesandtschaft F vyslanectví *n*
Gesang M zpěv **Gesangbuch** N zpěvník *m* **Gesangverein** M pěvecký spolek
Gesäß N zadek *m*
gesättigt nasycený
Geschäft N *Laden, Handel* obchod *m* **geschäftlich** obchodní
Geschäftsbrief M obchodní dopis **Geschäftsfrau** F obchodnice **Geschäftsführer** M ředitel firmy, jednatel **Geschäftsmann** M obchodník
Geschäftspartner M obchodní partner **Geschäftsschluss** M zavírací doba *f* **Geschäftszeit** F otvírací doba
geschehen dít se
Geschehen N dění
Geschenk N dar *m*, dárek *m* **Geschenkpackung** F dárkové balení *n* **Geschenkpapier** N dárkový papír *m*
Geschichte F dějiny *fpl*; *Erzählung* povídka **geschichtlich** historický
geschickt obratný, dovedný
geschieden rozvedený
Geschirr N nádobí; *Pferd* postroj *m* **Geschirrspüler** M myčka *f* **Geschirrtuch** N utěrka *f*
Geschlecht N rod *m*; *Generation* pokolení; ANAT pohlaví **geschlechtlich** pohlavní
Geschlechtskrankheit F pohlavní nemoc **Geschlechtsorgan** N pohlavní orgán *m* **Geschlechtsverkehr** M pohlavní styk
geschliffen *Glas* broušený; *fig* uhlazený
geschlossen (u)zavřený; *geeint* jednotný
Geschmack M chuť *f*; *fig* vkus **geschmacklos** nevkusný **Geschmack(s)sache** F věc vkusu **geschmackvoll** vkusný
geschmeidig ohebný, pružný
geschmort dušený
Geschöpf N tvor *m*
Geschoss, *österr* **Geschoß** N střela *f*; *Stockwerk* patro, poschodí

Geschrei N křik *m*, povyk *m*
Geschütz N dělo
Geschwätz N tlachání
Geschwindigkeit F rychlost **Geschwindigkeitsbegrenzung** F omezení *n* rychlosti **Geschwindigkeitsüberschreitung** F překročení *n* (dovolené) rychlosti
Geschwister PL sourozenci *mpl*
geschwollen MED oteklý, opuchlý
Geschworene M porotce; F porotkyně
Geschwulst F nádor *m*, tumor *m*
Geschwür N vřed *m*
gesellig společenský
Gesellschaft F společnost (*a.* WIRTSCH) **gesellschaftlich** společenský **Gesellschaftsreise** F hromadný zájezd *m*
Gesetz N zákon *m* **Gesetzgebung** F zákonodárství *n* **gesetzlich** zákonný, zákonitý **gesetzwidrig** protizákonný
Gesicht N obličej *m*, tvář *f*
Gesichtsausdruck M výraz obličeje **Gesichtsfarbe** F barva obličeje **Gesichtspunkt** M hledisko *n*
Gesinnung F smýšlení *n*
gesondert zvláštní; ADV zvlášť
gespannt *neugierig* zvědavý
Gespenst N strašidlo **gespenstisch** strašidelný
gesperrt uzavřený
Gespräch N rozhovor *m*, rozmluva *f*; TEL hovor *m*; **ein ~ führen** mluvit **gesprächig** hovorný
Gestalt F tvar *m*, podoba; *Person* postava **gestalten** utvářet ‹utvořit›
Geständnis N přiznání
Gestank M smrad
gestatten dovolovat ‹-lit›; **~ Sie?** dovolíte?
Geste F posunek *m*
gestehen přiznávat ‹-znat›
Gestein N kamení; BERGB hornina *f*
Gestell N stojan *m*, podstavec *m*; *Brille* obroučky *fpl*; *Regal* police *f*
gestern včera; **~ Abend** včera večer; **bis ~** do včerejška; **seit ~** od včerejška
gestorben zemřelý
gestreift pruhovaný
gestrig včerejší
Gestrüpp N křoví, houští
gesund zdravý; **~ werden** uzdravovat ‹-vit› se
Gesundheit F zdraví *n*; **~!** pozdrav Pánbůh!
Gesundheitsamt N zdravotní úřad *m* **gesundheitsschädlich** zdraví škodlivý **Gesundheitswesen** N zdravotnictví **Gesundheitszustand** M zdravotní stav
Getränk N nápoj *m*; **alkoholische ~e** alkoholické nápoje
Getränkeautomat M nápojový automat **Getränkekarte** F nápojový lístek *m*
Getreide N obilí
Getriebe N AUTO převodovka *f*
getrocknet sušený
Gewächshaus N skleník *m*
gewagt odvážný

Gewähr F: **ohne ~** bez záruky **gewähren** poskytovat ⟨-nout⟩ **gewährleisten** zaručovat ⟨-čit⟩

Gewalt F násilí *n*; **höhere ~** vyšší moc; **mit ~** násilím; **~ anwenden** užívat ⟨užít⟩ násilí

gewaltig ohromný **gewaltsam** násilný **gewalttätig** násilnický

gewandt obratný

Gewässer N vodstvo

Gewebe N tkáň *f* (*a.* ANAT)

Gewehr N ručnice *f*, puška *f*

Geweih N parohy *mpl*

geweiht svěcený

Gewerbe N živnost *f* **Gewerbeschein** M živnostenský list **gewerblich** živnostenský

Gewerkschaft F odbory *mpl* **Gewerkschafter(in** F**)** M odborář(ka) **gewerkschaftlich** odborářský

Gewicht N váha *f*; **nach ~** na váhu; **~ legen auf** (*A*) přikládat váhu (*D*) **Gewichtheben** N SPORT vzpírání

Gewichtsabnahme F úbytek *m* na váze **Gewichtsangabe** F udání *n* váhy **Gewichtszunahme** F přibytek *m* na váze

Gewimmel N hemžení

Gewinde N TECH závit *m*

Gewinn M zisk; *Spielgewinn* výhra *f*

gewinnen získávat ⟨-kat⟩; SPORT vyhrávat ⟨-hrát⟩; BERGB dobývat

Gewinner M výherce **Gewinnspanne** F ziskové rozpětí *n* **Gewinnzahl** F výherní číslo *n*

gewiss jistý; **ein ~er Herr ...** jistý pán; **~!** zajisté!; **~ nicht** jistě ne

Gewissen N svědomí **gewissenhaft** svědomitý **gewissenlos** nesvědomitý

gewissermaßen jaksi, poněkud

Gewissheit F jistota

Gewitter N bouřka *f* **gewittrig** bouřkový

gewöhnen: **sich ~** zvykat ⟨-nout⟩ (si) (**an** *A* na *A*)

Gewohnheit F zvyk *m*, návyk *m*

gewöhnlich obyčejný, obvyklý

gewohnt: **ich bin es ~** jsem na to zvyklý; **in ~er Weise** navyklým způsobem

Gewölbe N klenba *f*

Gewühl N tlačenice *f*

Gewürz N koření **Gewürzgurke** F kořeněná okurka **Gewürznelke** F hřebíček *m*

Gezeiten PL příliv *m* a odliv *m*

gezwungen nucený

Gicht F dna

Giebel M štít

Gier F žádostivost **gierig** žádostivý

gießen lít; *Blumen* zalévat ⟨-lít⟩; TECH slévat ⟨slít⟩; **es gießt** leje

Gift N jed *m* **Giftgas** N jedovatý plyn *m* **giftig** jedovatý **Giftmüll** M jedovatý odpad **Giftpilz** M jedovatá houba *f* **Giftschlange** F jedovatý had *m*

gigantisch obrovský

Gin M džin
Gipfel M vrchol (*a. fig*)
Gips M sádra *f* **Gipsabguss** M sádrový odlitek **Gipsverband** M sádrový obvaz
Giraffe F žirafa
Girokonto N běžný účet *m*
Gitarre F kytara
Gitter N mříž(e) *f*
Glanz M lesk
glänzen ⟨za⟩lesknout se **glänzend** lesklý; *fig* skvělý
Glas N sklo; *Trinkglas, Konservenglas* sklenice *f*; *Brillenglas* skla *pl* do brýlí; **ein ~ Wein** sklenice vína **Glaser** M sklenář
gläsern skleněný, skelný
Glasfaser F skleněné vlákno *n* **Glasscheibe** F tabule skla **Glasscherbe** F střepina skla **Glastür** F skleněné dveře *fpl*
Glasur F glazura; GASTR poleva
glatt hladký (*a. fig*)
Glätte F *auf der Straße* kluzkost
Glatteis N náledí
glätten ⟨u⟩hladit
Glatze F pleš
Glaube M víra *f* (**an** *A* v *A*)
glauben ⟨u⟩věřit (**an** *A* v *A*); *annehmen* domnívat se
glaubhaft hodnověrný
gläubig věřící
Gläubige M, F věřící
Gläubiger(in F) M věřitel(ka)
glaubwürdig hodnověrný
gleich stejný, rovný; **zu ~er Zeit** ve stejný čas; **das ist mir (ganz) ~** je mi to (úplně) jedno; **es muss nicht ~ sein** nemusí to být hned; **ich komme ~ wieder** přijdu hned; **bis ~!** na brzo!
gleichaltrig stejně starý
gleichberechtigt rovnoprávný **Gleichberechtigung** F rovnoprávnost
gleichen podobat se
gleichfalls: **danke, ~!** děkuji, nápodobně!
Gleichgewicht N rovnováha *f*
gleichgültig lhostejný **gleichmäßig** stejnoměrný **gleichnamig** stejnojmenný **Gleichstrom** M stejnosměrný proud **Gleichung** F rovnice **gleichwertig** rovnocenný **gleichzeitig** současný
Gleis N kolej *f*
gleiten klouzat ⟨-nout⟩ **gleitend** klouzavý (*a Arbeitszeit*) **Gleitflug** M klouzavý let
Gletscher M ledovec
Glied N ANAT úd *m*; *Penis* pyj; *Kette* článek *m*
gliedern ⟨roz⟩členit
Gliedmaßen PL končetiny *fpl*
glimmen ⟨za⟩doutnat
glitschig kluzký
glitzern ⟨za⟩třpytit se
global globální
Glocke F zvon *m* **Glockenturm** M zvonice *f*
glotzen vyvalovat ⟨-lit⟩ oči
Glück N štěstí; **zum ~** naštěstí; **viel ~!** mnoho štěstí!; **~ haben** mít štěstí
glücklich šťastný **glücklicherweise** naštěstí, šťastně
Glücksspiel N hazardní hra *f*
Glückwunsch M blahopřání *n*; **herzlichen ~!** srdečné blahopřání!
Glühbirne F žárovka **glühen**

⟨roz⟩žhavit se **glühend** žhavý (*a heiß*) **Glühwein** M svařené víno *n* **Glühwürmchen** N světluška *f*
Glut F *Hitze* žár *m*, vedro *n*
glutenfrei *Lebensmittel* bez glutenu
Gnade F milost
gnädig milostivý
Gold N zlato **Goldbarren** M prut zlata **golden** zlatý **Goldfisch** M zlatá rybka *f* **Goldmedaille** F zlatá medaile **Goldschmied** M zlatník
Golf[1] M GEOG mořský záliv, golf
Golf[2] N *Spiel* golf *m* **Golfplatz** M golfové hřiště *n* **Golfschläger** M golfová hůl *f* **Golfspieler** M golfista **Golfspielerin** F golfistka
gönnen dopřávat ⟨-přát⟩ (**j-m et** k-u č-o); **sich etwas Ruhe ~** dopřávat ⟨-přát⟩ si trochu klidu
Gosse F stoka
Gotik F gotika **gotisch** gotický
Gott M bůh; REL Bůh; **~ sei Dank!** bohudík(y), zaplať pánbůh!; **um ~es willen!** proboha!
Gottesdienst M bohoslužba *f*
Göttin F bohyně **göttlich** božský
Grab N hrob *m*
graben kopat, ⟨z⟩rýt
Graben M příkop
Grabinschrift F náhrobní nápis *m* **Grabmal** N náhrobek *m* **Grabrede** F pohřební řeč **Grabstein** M náhrobní kámen
Grad M stupeň; MIL hodnost *f*; **zwei ~ über (unter) null** dva stupně nad (pod) nulou
Graf M hrabě
Grafik F grafika **Grafiker** M grafik **Grafikerin** F grafička
grafisch grafický
Gräfin F hraběnka
Gramm N gram *m*; **100 ~** sto gramů
Grammatik F gramatika, mluvnice **grammatisch** gramatický, mluvnický
Granate F granát *m*
Grapefruit F grep *m*
Gras N tráva *f*
grässlich děsný, hrozný
Grat M hřeben
Gräte F rybí kost
gratiniert gratinovaný
gratis zdarma
gratulieren: **j-m zu et ~** blahopřát k-u k č-u
grau šedivý, šedý **Graubrot** N tmavý chléb *m*
grauenhaft hrozný
grauhaarig šedovlasý
Graupel(schauer) M krupobití *n*
Graupen FPL krupky
grausam ukrutný **Grausamkeit** F ukrutnost
graziös graciózní
greifbar dosažitelný, na dosah
greifen sahat ⟨sáhnout⟩ (**nach** *D* po *L*); **in die Tasche ~** sahat do kapsy; **um sich ~** ⟨roz⟩šířit se
Greis M stařec **Greisin** F stařen(k)a
grell *Licht* prudký; *Farbe* křiklavý; *Ton* pronikavý
Grenzbahnhof M pohraniční nádraží *n*

Grenze F hranice; *fig* mez **grenzen** hraničit (**an** *A* s *I*) **grenzenlos** *fig* neomezený **Grenzübergang** M hraniční přechod
Grieche M Řek **Griechenland** N Řecko **Griechin** F Řekyně **griechisch** řecký
Grieß M krupice *f*
Griff M *Koffer* rukojeť *f*, držadlo *n*; *Messer* střenka *f* **griffbereit** po ruce
Grill M gril, rošt; **vom ~** na grilu, na roštu
Grille F ZOOL cvrček *m*
grillen grilovat
grinsen usklebovat ⟨-klíbnout⟩ se
Grinsen N úšklebek *m*, pošklebek *m*
Grippe F chřipka
grob hrubý; **~ gemahlen** hrubě mletý
grölen ⟨za⟩hulákat
grollen ⟨roz⟩hněvat se (*D* na *A*)
groß vel(i)ký (*a bedeutend*); *hoch a* vysoký; **nur ~es Geld haben** mít jen velké peníze; **wie ~ sind Sie?** jak jste velký? **großartig** velkolepý
Großaufnahme F velký snímek *m* **Großbetrieb** M velkopodnik **Großbritannien** N Velká Britanie *f* **Großbuchstabe** M velké písmeno *n*
Größe F velikost; MATH veličina
Großeltern PL prarodiče *mpl*
Großhandel M velkoobchod
Großhändler M velkoobchodník **Großindustrie** F velkoprůmysl *m* **Großmacht** F velmoc **Großmutter** F babička **Großonkel** M prastrýc **Großraumwagen** M velkoprostorový vagon **Großstadt** F velkoměsto *n* **Großtante** F prateta
größtenteils většinou
Großvater M děd(eček) **großzügig** velkorysý
grotesk groteskní
Grotte F jeskyně, sluj
Grübchen N dolíček *m*
Grube F jáma; BERGB důl *m*
grübeln hloubat (**über** *A* o *L*)
Gruft F hrobka
grün zelený; **~er Hering** čerstvý sleď; **~er Star** *m* MED zelený zákal; **im Grünen** v přírodě; **bei Grün** AUTO na zelenou **Grünanlage** F park *m*
Grund M; *Erdboden* půda *f*; **~ und Boden** pozemky *pl*; *Ursache* důvod; **von ~ auf** z gruntu; **ohne ~** bezdůvodně; **im ~e** v zásadě; **auf ~** (**von** *D*) na základě (*G*); **aus diesem ~** z tohoto důvodu
Grundbesitz M pozemkové vlastnictví *n* **Grundbesitzer** M majitel pozemků **Grundbuch** N pozemková kniha *f*
gründen zakládat ⟨-ložit⟩
Gründer(in F) M zakladatel(ka)
Grundfläche F základní plocha **Grundgebühr** F základní poplatek *m* **Grundgesetz** N základní zákon *m* **Grundlage** F základ *m* **grundlegend** základní

gründlich důkladný **grundlos** *tief* bezedný; *unbegründet* bezdůvodný **Gründonnerstag** M Zelený čtvrtek
Grundriss M půdorys **Grundsatz** M zásada *f* **grundsätzlich** ADV v zásadě **Grundschule** F základní škola **Grundstein** M základní kámen **Grundsteuer** F pozemková daň **Grundstück** N pozemek *m*, parcela *f*
Gründung F založení *n*
Grundwasser N podzemní voda *f*
Grünstreifen M *Autobahn* zelený pás
Gruppe F skupina **Gruppenreise** F skupinová cesta
gruselig děsivý
Gruß M pozdrav; **e-n ~ bestellen** vzkázat pozdrav; **mit freundlichen Grüßen** s pozdravem; **viele Grüße an ...** pozdravuji, zdravím *koho*
grüßen pozdravovat ⟨-vit⟩; **j-n ~ lassen** dávat ⟨dát⟩ k-o pozdravovat
Gugelhupf M *österr* bábovka *f*
Gulasch N od M guláš *m*
gültig platný **Gültigkeit** F platnost
Gummi N od M guma *f* **Gummiband** N guma *f* do kalhot **Gummibärchen** NPL gumové medvídky *mpl* **Gummiknüppel** M gumový obušek, pendrek **Gummistiefel** MPL gumové holínky *fpl*
günstig výhodný
Gurgel F hrdlo *n*
gurgeln ⟨vy⟩kloktat
Gurke F okurka; **saure ~n** *pl* kyselé okurky
Gurt M popruh; AUTO pás
Gürtel M pásek, opasek
Guss M *Regen* liják **Gusseisen** N litina *f*
gut dobrý; ADV dobře; **~es Wetter** hezké počasí; **so ~ wie fertig** prakticky hotov; **schon ~!** dobře!; **es geht mir ~** mám se dobře; **mir ist nicht ~** není mi dobře; **es gefällt mir ~** líbí se mi
Gut N *Besitz* majetek *m*; *Land* statek *m* **Gutachten** N dobrozdání, posudek *m* **Gutachter** M znalec
gutartig MED nezhoubný
Gute N: **alles ~!** všechno nejlepší!
Güte F dobrota; *Qualität* jakost
Güter NPL *Waren* zboží *n* **Güterwagen** M nákladní vůz **Güterzug** M nákladní vlak
gutgläubig důvěřivý
Guthaben N pohledávka *f*
gutheißen schvalovat ⟨schválit⟩
gütig dobrotivý
gütlich *Einigung* smírný
gutmütig dobrosrdečný
Gutschein M bon, poukázka *f*
gutschreiben připisovat ⟨-psat⟩ k dobru **guttun** ⟨u⟩dělat dobře
Gymnastik F gymnastika
Gynäkologie F gynekologie

H

Haar N vlas *m*; *koll* vlasy *mpl*; *Tier* chlup *m*; **um ein ~** o vlas **Haarausfall** M vypadávání *n* vlasů **Haarbürste** F kartáč *m* na vlasy **Haarfestiger** M tužidlo *n* na vlasy
Haarnadelkurve F vlásnička
Haarschnitt M sestřih vlasů **Haarspray** N sprej *m* na vlasy **haarsträubend** hrozný **Haartrockner** M vysoušeč vlasů **Haarwäsche** F mytí *n* vlasů **Haarwaschmittel** N šampon *m* **Haarwasser** N vlasová voda *f*
haben mít; **bei sich ~** mít s sebou; **hinter sich ~** mít za sebou
Hackbraten M sekaná (pečeně) *f*
Hacke F motyka **hacken** sekat ⟨-nout⟩ (*a.* GASTR)
Hackfleisch N sekané maso
Hafen M přístav **Hafenstadt** F přístavní město *n* **Hafenviertel** N přístavní čtvrť *f*
Hafer M oves **Haferbrei** M ovesná kaše *f* **Haferflocken** FPL ovesné vločky
Haft F vazba **haftbar** ručící **Haftbefehl** M zatykač **haften** ručit (**für** *A* za *A*)
Häftling M vězeň
Haftpflichtversicherung F pojištění *n* proti povinnému ručení
Haftung F ručení *n*
Hagebutte F šípek *m* **Hagebuttentee** M šípkový čaj
Hagel M krupobití *n*
hageln: **es hagelt** padají kroupy
hager hubený
Hahn M kohout; TECH kohoutek
Hähnchen N kuře
Hai(fisch) M žralok
häkeln ⟨u⟩háčkovat **Häkelnadel** F háček *m*
Haken M hák, háček **Hakenkreuz** N hákový kříž *m*
halb ADJ poloviční; ADV napolo, zpola; *Zahlwort* půl; **e-e ~e Stunde** půlhodina; **auf ~em Wege** vpůli cesty; **~ leer** poloprázdný; **~ voll** zpola plný; **~ zwölf** půl dvanácté; **zum ~en Preis** za poloviční cenu
Halbfinale N semifinále **halbieren** ⟨roz⟩půlit **Halbinsel** F poloostrov *m* **Halbjahr** N pololetí, půlrok *m* **Halbkreis** M polokruh **Halbkugel** F GEOG polokoule
Halbmond M půlměsíc **Halbpension** F polopenze **Halbschuhe** MPL strevice **halbtägig, halbtags** polodenní **Halbtagsarbeit** F polodenní zaměstnání *n* **halbtrocken** *Sekt* polosuchý
Halbzeit F poločas *m*
Hälfte F polovina; **zur ~** zpolovic(e)
Halle F hala **Hallenbad** N krytý bazén *m*, krytá plovárna *f* **Hallensport** M halový sport

Hallenturnier N halový turnaj *m*
hallo! haló! (*a.* TEL); ahoj!
Halm M stéblo *n*
Halogenlampe F halogenová lampa **Halogenscheinwerfer** M halogenový reflektor
Hals M krk; *Kehle* hrdlo *n*; **e-n steifen ~ haben** mít ztuhlý krk; **~ über Kopf** o překot
Halsband N *Hundehalsband* obojek *m* **Halsentzündung** F zánět *m* hrtanu **Halskette** F náhrdelník *m* **Hals-Nasen--Ohren-Arzt** M ušní-nosní--krční lékař **Halsschlagader** F krkavice **Halsschmerzen** MPL bolení *n* v krku **Halstuch** N šátek *m* na krk
halt! stůj!, dost!
Halt M *Halten* zastavení *n*; *Stütze* opora *f*; **ohne ~** bezzastávky
haltbar trvanlivý **Haltbarkeitsdatum** N datum trvanlivosti
halten ‹po›držet; *stehen bleiben* zastavovat ‹-vit› se; **~ für** (*A*) považovat (za *A*); **eine Rede ~** pronášet ‹-nést› řeč; **was ~ Sie davon?** co o tom myslíte?; **sich ~** *Lebensmittel* vydržet *pf*; **sich rechts ~** držet se vpravo
Haltestelle F zastávka
Halteverbot N zákaz *m* zastavení
haltmachen zastavovat ‹-vit› se
Haltung F postoj *m*
Hammel M skopec **Hammelfleisch** N skopové maso
Hammer M kladivo *n*
hämmern bušit (*a. fig*)
Hammerwerfen N SPORT hod *m* kladivem
Hämorrhoiden PL hemoroidy
Hamster M křeček
Hand F ruka; **zu Händen von** (*D*) k rukám (*G*); **von ~** ručně; **zur ~ haben** mít při ruce
Handarbeit F ruční práce
Handball M házená *f* **Handbremse** F ruční brzda **Handbuch** N příručka *f*
Händedruck M stisk ruky
Handel M obchod
handeln *tätig sein* jednat; WIRTSCH obchodovat; *feilschen* smlouvat; **es handelt sich um** (*A*) běží o (*A*), jedná se (o *A*)
Handelsabkommen N obchodní dohoda *f* **Handelsbeziehungen** FPL obchodní styky *mpl* **Handelskammer** F obchodní komora **Handelsschule** F obchodní škola **Handelsvertretung** F obchodní zastoupení *n*
Handfeger M smetáček
Handfläche F dlaň **handgearbeitet** rukodělný **Handgelenk** N zápěstí **Handgepäck** N příruční zavazadlo **Handgranate** F ruční granát *m*
Handkoffer M kufřík
Händler M obchodník
handlich lehce ovladatelný
Handlung F jednání *n*, čin *m*; *e-s Films usw* děj *m*
Handschellen FPL pouta *npl*
Handschrift F písmo *n*; *Manuskript* rukopis *m* **handschriftlich** rukopisný **Hand-**

schuh M rukavice *f* **Handschuhfach** N AUTO přihrádka *f* (na rukavice) **Handstand** M stojka *f* **Handtasche** F kabelka **Handtuch** N ručník *m* **Handvoll**: e-e ~ hrst *f*
Handwerk N řemeslo **Handwerker** M řemeslník **Handwerkszeug** N řemeslnické nástroje *mpl*
Handy N mobilní telefon *m*, mobil *m* **Handynummer** F číslo *n* mobilního telefonu *od* mobilu
Hanf M konopí *n*
Hang M stráň *f*, svah; *fig* náchylnost *f*
Hängebrücke F visutý most *m*
Hängematte F houpací síť
hängen viset (**an** *D* na *L*); *et anhängen* věšet ⟨pověsit⟩ (**an** *A* na *A*); **~ bleiben** ⟨u⟩váznout
Hantel F činka
Happen M sousto *n*
Harfe F harfa
Harke F hrábě *fpl*
harmlos *ungefährlich* neškodný; *gutartig* bezelstný
Harmonie F soulad *m*, harmonie **harmonieren** shodovat se **harmonisch** souladný, harmonický
Harn M moč *f* **Harnblase** F močový měchýř *m* **Harnleiter** M močovod **Harnröhre** F močová trubice
hart tvrdý; *Fleisch* tuhý; **~ gekocht** uvařený natvrdo; **~ werden** ⟨z⟩tvrdnout
Härte F tvrdost; *Grausamkeit* krutost
Hartgeld N kovové peníze *mpl*
hartnäckig tvrdošíjný
Harz N pryskyřice *f*
Haschee N hašé
Haschisch N hašiš *m*
Hase M zajíc
Haselnuss F *Strauch* líska *f*; *Frucht* lískový oříšek *m*
Hass M nenávist *f* **hassen** nenávidět
hässlich ošklivý
hastig kvapný, spěšný
Hauch M dech **hauchen** dýchat ⟨dechnout⟩
hauen ⟨z⟩bít; **übers Ohr ~** ⟨o⟩šidit
Haufen M kupa *f*, hromada *f*; *Menschen* dav
häufen ⟨na⟩hromadit
haufenweise hromadně
häufig častý, hojný; ADV často
Haupt N hlava *f* **Hauptbahnhof** M hlavní nádraží *n*
Haupteingang M hlavní vchod
Häuptelsalat M *österr* hlávkový salát
Hauptfigur F hlavní postava
Hauptgericht N GASTR hlavní jídlo **Hauptgewinn** M hlavní výhra *f* **Hauptmann** M kapitán **Hauptpostamt** N hlavní pošta *f* **Hauptrolle** F hlavní úloha **Hauptsache** F hlavní věc
hauptsächlich hlavní, podstatný; ADV v podstatě
Hauptsaison F hlavní sezóna
Hauptstadt F hlavní město *n*
Hauptstraße F hlavní silnice; *in der Stadt* hlavní třída **Haupt-**

verkehrsader F hlavní dopravní tepna **Hauptverkehrszeit** F dopravní špička
Haus N dům *m*; **nach ~e** domů; **zu ~e** doma **Hausangestellte** F pomocnice v domácnosti **Hausapotheke** F domácí lékárnička **Hausarbeiten** FPL domácí práce **Hausarzt** M rodinný lékař **Hausbesitzer(in** F) M majitel(ka) domu **Hausbewohner(in** F) M obyvatel(ka) domu
Häuserblock M blok domů
Hausflur M předsíň *f* **Hausfrau** F žena v domácnosti **Hausfriedensbruch** M JUR porušení *n* domovní svobody **hausgemacht** domácí **Haushalt** M domácnost *f*; *Etat* rozpočet **Haushälterin** F hospodyně **Hausherr** M pán domu
Hausierer M podomní obchodník
häuslich domácí
Hausmeister M domovník **Hausmittel** N domácí prostředek *m* **Hausnummer** F číslo *n* domu **Hausordnung** F domovní řád *m* **Hausratversicherung** F pojištění *n* domácnosti
Hausschlüssel M klíč od domu **Hausschuh** M bačkora *f* **Haustier** N domácí zvíře **Haustür** F domovní dveře *fpl*
Haut F kůže; *Teint* pleť **Hautarzt** M kožní lékař **Hautausschlag** M vyrážka *f* **Hautcreme** F pleťový krém *m*
häuten stáhnout kůži
hauteng přiléhavý
Hautfarbe F barva pleti **Hautkrankheit** F kožní choroba **Hautpflege** F péče o pleť
Hebamme F porodní asistentka
Hebel M páka *f*
heben zdvihat ‹-hnout›
hebräisch hebrejský
Hecht M štika *f*
Heck N záď *f*
Hecke F živý plot *m*
Heckklappe F zadní kapota **Heckmotor** M zadní motor **Heckscheibe** F zadní sklo *n*
Heer N vojsko
Hefe F kvasnice *fpl*, droždí *n*
Heft N sešit *m*; *Griff* rukojeť *f*, držadlo **heften** *befestigen* připínat ‹-pnout› (**an** *D* na *A*); *nähen* ‹se›stehovat **Hefter** M pořadač, šanon
heftig prudký
Heftklammer F svorka **Heftpflaster** N náplast *f*, leukoplast *f* **Heftzwecke** F napínáček *m*, připínáček *m*
Hehler(in F) M přechovávač(ka)
Heide[1] M pohan
Heide[2] F vřesoviště *n*
Heidelbeere F borůvka
heidnisch pohanský
heikel choulostivý
Heil N blaho; REL spása *f* **Heilanstalt** F léčebný ústav *m*
heil celý **heilbar** léčitelný **heilen** ‹vy›léčit **Heilgymnastik** F léčebný tělocvik *m*, léčebná gymnastika

heilig svatý; **der Heilige Vater** Svatý otec **Heiligabend** M Štědrý večer **Heilige** M svatý **Heiligtum** N svatyně *f* **Heilmittel** N lék *m* **Heilpflanze** F léčivá rostlina **Heilpraktiker(in** F) M léčitel(ka) **Heilquelle** F léčivý pramen *m* **heilsam** léčivý **Heilung** F (vy)léčení *n* **Heim** N domov *m*; *Altersheim* domov důchodců **Heimarbeit** F domácká práce **Heimat** F domov *m* **heimatlos** bez domova **Heimatort** M rodiště *n* **Heimatvertriebene** M vyhnanec; F vyhnankyně **Heimcomputer** M domácí počítač **Heimfahrt** F jízda domů **heimisch** domácí **Heimkehr** F návrat *m* **heimkehren** vracet <vrátit> se domů **heimlich** tajný, skrytý **heimtückisch** zákeřný **Heimweg** M cesta *f* domů **Heimweh** N stesk *m* po domově **Heirat** F sňatek *m* **heiraten** *sich heiraten* vzít se; *Mann* <o>ženit (**j-n** s kým); *Frau* vdát se (**j-n** za k-o) **Heiratsantrag** M nabídka *f* k sňatku **Heiratsanzeige** F svatební oznámení *n* **Heiratsurkunde** F oddací list *m* **heiser** chraptivý **heiß** horký; **mir ist ~** je mi horko **heißen** jmenovat se, nazývat se; *bedeuten* znamenat; **ich heiße ...** jmenuji se; **was soll das ~?** co to má znamenat?; **wie heißt das auf Tschechisch?** jak se tomu říká česky? **heiter** veselý; *Himmel* jasný **heizbar** s možností vytápění **heizen** <vy>topit **Heizgerät** N topné těleso **Heizkissen** N elektrická poduška *f* **Heizkörper** M radiátor **Heizkraftwerk** N teplárna *f* **Heizlüfter** M topný ventilátor **Heizmaterial** N topivo **Heizöl** N topný olej *m* **Heizplatte** F elektrický vařič **Heizung** F topení *n* **hektisch** hektický **Held** M hrdina **Heldin** F hrdinka **helfen** pomáhat <-moct>; **können Sie mir ~?** můžete mi pomoct?; **sich zu ~ wissen** vědět jak si pomoct **Helfer** M pomocník **Helferin** F pomocnice **hell** světlý, jasný **Hellseher** M jasnovidec **Hellseherin** F jasnovidka **Helm** M přilba *f*, helma *f* **Hemd** N košile *f*; *Unterhemd* tílko *n* **Hemdbluse** F dámská košile **hemmen** zdržovat <-žet> **Hemmung** F *fig* zábrany *fpl* **hemmungslos** bez zábran **Hengst** M hřebec **Henkel** M ucho *n* **Henker** M kat **Henne** F slepice **her** sem; **von außen ~** zvenčí;

von oben ~ shora; **es ist eine Woche ~** už je to týden **herab** dolů **herablassend** *fig* domýšlivý **herabsetzen** *Preis* snižovat ⟨snížit⟩ **heran** sem; **näher ~** sem blíže **herankommen** ⟨při⟩blížit se **heranwachsen** dorůstat ⟨dorůst⟩ **herauf** nahoru **heraufsetzen** *Preis* zvyšovat ⟨zvýšit⟩ **heraus** ven **herausbekommen** *Fleck* dostat pryč; *Geld* dostávat ⟨-stat⟩ zpět; *fig erfahren* přicházet ⟨-jít⟩ na *(A)* **herausbringen** vynášet ⟨-nést⟩ **herausfordern** vyzývat ⟨-zvat⟩ **Herausforderung** F výzva **herausgeben** *Geld* dávat ⟨dát⟩ nazpět; *Buch* vydávat ⟨-dat⟩ **Herausgeber(in** F**)** M vydavatel(ka) **herauskommen** vycházet ⟨-jít⟩ **herauslassen** vypouštět ⟨-pustit⟩ **herausnehmen** vyndávat ⟨-dat⟩ **herausziehen** vytahovat ⟨-táhnout⟩ **herb** trpký **herbei** sem **herbringen** *tragend* přinášet ⟨-nést⟩; *fahrend* přivážet ⟨-vézt⟩ **Herbst** M podzim **herbstlich** podzimní **Herd** M sporák; MED ložisko *n* **Herde** F stádo *n*; *Gänse* hejno *n* **herein** dovnitř; **~!** dále!, vstupte! **hereinfallen** *fig* napálit se *pf* **hereinkommen** vcházet ⟨vejít⟩ **hereinlassen** vpouštět ⟨vpustit⟩ **hereinlegen** *fig* ⟨o⟩šidit, napálit *pf* **Herfahrt** F jízda sem **herfallen** vrhat ⟨-nout⟩ se **(über** *A* na *A***)** **Hergang** M průběh **hergeben** dávat ⟨dát⟩ **Hering** M sleď; *Zeltpflock* stanový kolík **herkommen** přicházet ⟨-jít⟩; **wo kommen Sie her?** odkud přicházíte?; **komm her!** pojď sem! **Herkunft** F původ *m* **Heroin** N heroin *m* **heroinsüchtig** závislý na heroinu **Herr** M pán; **sehr geehrter ~ ...!** vážený pane... **Herrenanzug** M pánský oblek **Herrenfriseur** M holič **herrenlos** *Tier* bez pána **herrichten** upravovat ⟨-vit⟩ **Herrin** F paní **herrlich** nádherný **Herrschaft** F vláda, moc **herrschen** vládnout, panovat **Herrscher** M vládce, panovník **Herrscherin** F vládkyně, panovnice **herstellen** vyrábět ⟨-robit⟩ **Hersteller** M výrobce **Herstellung** F výroba **herüber** sem **herum**: **um ... ~** kolem (dokola), okolo **herumdrehen** otáčet ⟨otočit⟩ **herumführen** *Besucher* provádět ⟨-vést⟩ **herumkommen** *reisen* ⟨z⟩cestovat **herumreichen** podávat ⟨-dat⟩ kolem **herumtreiben**: **sich ~** potlou-

kat se
herunter dolů **herunterfallen** spadávat ‹-dnout› **heruntergekommen** sešlý **herunterklappen** sklápět ‹sklopit› **herunterkommen** scházet ‹sejít› **herunternehmen** snímat ‹sejmout›
hervor ven **hervorbringen** vynášet ‹-nést›; *fig* ‹vy›tvořit **hervorgehen** *fig* vyplývat (**aus** *D* z *G*) **hervorheben** zdůrazňovat ‹-nit› **hervorragend** *fig* vynikající **hervorrufen** *bewirken* vyvolávat ‹-volat›
Herz N srdce; *Karte* srdce *npl*; **von ganzem ~en** od srdce **Herzanfall** M srdeční záchvat **Herzfehler** M srdeční vada *f*
Herzinfarkt M srdeční infarkt **Herzklopfen** N bušení srdce **herzkrank** nemocný na srdce
herzlich srdečný; **~ gern** ze srdce rád
herzlos bez srdce
Herzog M vévoda **Herzogin** F vévodkyně **Herzogtum** N vévodství
Herzschlag M tlukot srdce; *als Todesursache* (srdeční) mrtvice *f* **Herzschrittmacher** M kardiostimulátor **Herzspezialist** M kardiolog **Herztransplantation** F transplantace srdce **Herzversagen** N srdeční selhání
Hessen N Hesensko
Hetze F *Eile* spěch, (s)hon *m* **hetzen** honit se, štvát se
Heu N seno
Heuchelei F pokrytectví *n* **Heuchler** M pokrytec
heulen *weinen* brečet
Heuschnupfen M senná rýma *f* **Heuschrecke** F kobylka
heute dnes; **~ Abend** dnes večer; **~ in einer Woche** ode dneška za týden; **~ Nachmittag** dnes odpoledne
heutig dnešní
Hexe F čarodějnice **Hexenschuss** M ústřel, houser
Hieb M úder, rána *f*
hier zde, tady; **von ~** odtud
hierauf *danach* potom **hieraus** z toho **hierbei** při tom **hierbleiben** zůstávat ‹-stat› **hierdurch** tím(to) **hierfür** na to **hierher, hierhin** sem **hierlassen** nechávat ‹-chat› **hiermit** tímto **hierüber** o tom **hierzu** k tomu
hiesig zdejší
Hilfe F pomoc; **~!** pomoc!; **mit ~ von** (*D*) pomocí (*G*); **~ suchend** hledající pomoc; **Erste ~** první pomoc; **um ~ rufen** volat o pomoc
hilflos bezmocný
Hilfsarbeiter M pomocný dělník **hilfsbedürftig** nuzný **hilfsbereit** úslužný **Hilfsmittel** N pomůcka *f*
Himbeere F malina
Himmel M nebe *n* **himmelblau** blankytný **Himmelfahrt** F REL Nanebevstoupení *n* **Himmelsrichtung** F světová strana
himmlisch nebeský (*a. fig*)
hin tam; **~ und her** sem tam; **~ und wieder** občas; **~ und zu-**

rück tam a zpět
hinab dolů
hinauf nahoru, vzhůru **hinaufgehen** jít nahoru **hinaufsteigen** vystupovat ‹-stoupit›
hinaus ven **hinausgehen** vycházet ‹-jít› **hinauslaufen** vybíhat ‹-běhnout›
hinauslehnen: **sich ~** vyklánět ‹-klonit› se
hinausschieben *fig* odkládat ‹-ložit› **hinauswerfen** vyhazovat ‹-hodit› **hinauszögern** protahovat ‹-táhnout›
Hinblick M: **im ~ auf** (*A*) vzhledem k (*D*)
hinbringen donášet ‹-nést›; *Person zu Fuß* dovést; *fahrend* dovézt
hinderlich překážející
hindern ‹za›bránit (**j-n an et** k-u v čem) **Hindernis** N překážka *f* **Hindernisrennen** N překážkový běh *m*
hindurch skrz(e); **die ganze Nacht ~** (po) celou noc; **Jahre ~** po celé roky
hinein dovnitř **hineingehen** vcházet ‹vejít›; *Platz haben* vejít se *pf*
hinfahren dojíždět ‹-jet›; *et od j-n* dovážet ‹-vézt›
Hinfahrt F jízda tam
hinfallen padat ‹upadnout›
hinfällig bezpředmětný **Hinflug** M let tam **Hingabe** F oddanost **hingehen** jít tam **hingehören** patřit (někam)
hinken kulhat
hinlegen pokládat ‹-ložit›; **sich ~** lehat ‹-nout› si
hinnehmen *dulden* snášet ‹snést› **hinreißend** úchvatný
Hinrichtung F poprava
hinsetzen: **sich ~** sedat ‹-nout› si
hinsichtlich (*G*) se zřetelem k (*D*), vzhledem k (*D*)
Hinspiel N SPORT první utkání
hinstellen stavět ‹postavit›
hinten vzadu; **von ~** zezadu; **nach ~** dozadu
hinter (*wo D*) za (*I*); (*wohin A*) za (*A*); **~ dem Haus** za domem, **~ das Haus** za dům **Hinterachse** F zadní náprava **Hinterbliebene** MPL pozůstalí
hintere zadní
hintereinander za sebou; **dreimal ~** třikrát za sebou
Hintergedanke M tajná myšlenka *f* **hintergehen** ‹o›klamat **Hintergrund** M pozadí *n* **Hinterhalt** M záloha *f* **hinterhältig** úskočný **Hinterhaus** N zadní dům *m*
hinterher *zeitlich* potom; *räumlich* pozadu
hinterlassen *Nachricht* zanechávat ‹-chat›; *Erbe* odkazovat ‹-kázat› **hinterlegen** ukládat ‹uložit› **hinterlistig** lstivý, úskočný
Hintern M *umg* zadnice *f*
Hinterrad N zadní kolo **Hinterradantrieb** M zadní náhon **Hintertür** F zadní dveře *fpl* **hinterziehen** defraudovat
hinüber na druhou stranu **hinübergehen** přecházet ‹-jít›
hinunterschlucken polykat ‹spolknout›

Hinweg M cesta *f* tam **hinweg** pryč **hinwegsetzen**: **sich ~ über** (*A*) nevšímat ⟨-všimnout⟩ si (*G*) **Hinweis** M odkaz, poukaz **hinweisen** odkazovat ⟨-kázat⟩, poukazovat ⟨-kázat⟩ **hinziehen**: **sich ~** protahovat ⟨-táhnout⟩ se **hinzu** k tomu **hinzufügen** připojovat ⟨-jit⟩ **hinzukommen** přibývat ⟨-být⟩ **hinzuziehen** *Arzt* přibírat ⟨-brat⟩ **Hirn** N mozek *m* **Hirnhautentzündung** F zánět *m* mozkových blan **Hirsch** M jelen **Hirse** F proso *n* **Hirsebrei** M jáhlová kaše *f* **Hirt(e)** M pastýř **hissen** *Segel* napínat ⟨-pnout⟩; *Fahne* vztyčovat ⟨-čit⟩ **Historiker** M historik **historisch** historický **Hit** M hit **Hitze** F horko *n*, vedro *n* **hitzebeständig** žárovzdorný **Hitzewelle** F tepelná vlna **hitzig** *heftig* prudký **Hitzschlag** M úpal **HIV-negativ** HIV-negativní **HIV-positiv** HIV-pozitivní **H-Milch** F trvanlivé mléko *n* **HNO-Arzt** M lékař *m* ORL **HNO-Ärztin** F lékařka *f* ORL **Hobby** N koníček *m* **Hobel** M hoblík **hobeln** ⟨o⟩hoblovat **hoch** vysoký; **Hände ~!** ruce vzhůru!; **zwei Treppen ~** v druhém poschodí; **auf hoher See** na širém moři **Hoch** N *Wetter* tlaková výše *f* **Hochachtung** F úcta **hochachtungsvoll** v (dokonalé) úctě **hochbegabt** velice nadaný **Hochbetrieb** M čilý ruch **Hochdeutsch** N spisovná němčina *f* **Hochdruck** M vysoký tlak **Hochdruckgebiet** N tlaková výše *f* **Hochebene** F náhorní rovina **hochempfindlich** vysoce citlivý **Hochgebirge** N velehory *fpl* **Hochgeschwindigkeitszug** M rychlovlak **Hochhaus** N výškový dům *m*, panelák *m* **Hochkonjunktur** F vysoká konjunktura **Hochland** N vysočina *f* **hochklappen** odklápět ⟨-klopit⟩ **hochmütig** pyšný **Hochofen** M vysoká pec *f* **hochprozentig** vysokoprocentní **Hochsaison** F hlavní sezóna **Hochschule** F vysoká škola **Hochspannung** F vysoké napětí *n* **Hochsprung** M skok do výšky **höchst** nejvyšší; ADV nanejvýš; **~ selten** velice zřídka **höchstens** (na)nejvýš(e) **Höchstgeschwindigkeit** F nejvyšší rychlost **Höchstleistung** F SPORT nejvyšší výkon *m* **höchstwahrscheinlich** s největší pravděpodobností **Hochwasser** N velká voda *f*, povodeň *f* **hochwertig** vysokohodnotný

Hochzeit F svatba **Hochzeitsgeschenk** N svatební dar *m* **Hochzeitsreise** F svatební cesta **Hochzeitstag** M den svatby
hocken sedět na bobku **Hocker** M stolička *f*
Hockey N hokej *m*
Hoden M varle *n*
Hof M dvůr; *Gut* dvorec, statek
hoffen doufat (**auf** *A* v *A*) **hoffentlich** snad
Hoffnung F naděje **hoffnungslos** beznadějný
höflich zdvořilý **Höflichkeit** F zdvořilost
Höhe F výška, výše (*a Preis*); *Hügel* výšina; **in ~ von …** ve výšce (*G*)
Hoheitsgebiet N výsostné území
Höhenmesser M výškoměr **Höhensonne** F MED horské slunce **Höhenunterschied** M výškový rozdíl
Höhepunkt M vrchol
höher vyšší; ADV výš(e)
hohl dutý
Höhle F *Grotte* jeskyně; ZOOL doupě *n*; ANAT dutina
Hohlmaß N dutá míra *f* **Hohlraum** M dutina *f* **Hohlspiegel** M duté zrcadlo *n*
Hohn M posměch
höhnisch posměšný
holen ⟨do⟩jít (*A* pro *A*); **~ lassen** posílat ⟨-slat⟩ (*A* pro *A*)
Holland N Holandsko **Holländer(in** F**)** M Holanďan(ka) **holländisch** holandský
Hölle F peklo *n* **höllisch** pekelný
holprig hrbolatý, kostrbatý (*a. fig*)
Holunder M (černý) bez
Holz N dřevo; *Brennholz* dříví
hölzern dřevěný
Holzfäller M drvoštěp **holzig** dřevnatý **Holzkohle** F dřevěné uhlí *n* **Holzschnitzerei** F dřevořezba **Holzwolle** F dřevitá vlna
Homepage F IT domovská stránka, internetová stránka
homosexuell homosexuální
Honig M med
Honorar N honorář *m*
Hopfen M chmel
hörbar slyšitelný
horchen naslouchat
hören ⟨u⟩slyšet; *anhören, zuhören* poslouchat ⟨-slechnout⟩ si; **schwer ~** nedoslýchat; **ich lasse von mir ~** dám o sobě vědět **Hörer** M TEL sluchátko *n*
Hörer(in F**)** M posluchač(ka)
Hörgerät N naslouchátko
Horizont M obzor **horizontal** vodorovný
Hormon N hormon *m*
Horn N roh *m*
Hörnchen N *Gebäck* rohlík *m*
Hornhaut F ANAT rohovka; *Schwiele* mozol *m*
Hornisse F sršeň *m* od *f*
Hörsaal M posluchárna *f* **Hörspiel** N rozhlasová hra *f*
Hose F kalhoty *fpl* **Hosenanzug** M kalhotový kostým **Hosenbein** N nohavice *f* **Hosenrock** M kalhotová sukně *f*
Hosentasche F kapsa u kal-

hot **Hosenträger** MPL šle *fpl*
Hostess F hosteska
Hotel N hotel *m* **Hoteldirektion** F ředitelství *n* hotelu **hoteleigen** hotelový **Hotelführer** M průvodce po hotelích
Hotelhalle F hotelová hala
Hotelzimmer N hotelový pokoj *m*
Hotline F IT horká *od* nouzová linka
Hubraum M AUTO zdvihový objem
hübsch hezký, pěkný
Hubschrauber M helikoptéra *f*, vrtulník
Huf M kopyto *n* **Hufeisen** N podkova *f*
Hüfte F kyčel *m* od *f* **Hüftgelenk** N kyčelní kloub *m*
Hügel M pahorek, kopec **hügelig** pahorkatý, kopcovitý
Huhn N kuře
Hühnchen N kuřátko
Hühnerauge N kuří oko **Hühnerbrühe** F slepicí polévka
Hülle F obal *m*
Hülse F slupka **Hülsenfrucht** F luštěnina
human lidský, humánní **humanitär** humanitární
Hummel F čmelák *m*
Hummer M humr
Humor M humor **humorvoll** humorný
humpeln kulhat
Hund M pes **Hundefutter** N krmivo pro psy **Hundegebell** N psí štěkot *m* **Hundehütte** F psí bouda **Hundeleine** F vodítko *n* **Hundemarke** F psí známka
hundert sto **hundertjährig** stoletý **hundertprozentig** stoprocentní **hundertste** stý
Hundertstel N setina *f*
Hündin F fena
Hunger M hlad; ~ **haben** mít hlad **Hungerkur** F léčba hladem **Hungerlohn** M hladová mzda *f*
hungern hladovět
Hungersnot F hladomor *m*
Hungerstreik M hladovka *f*
hungrig hladový; ~ **sein** mít hlad
Hupe F houkačka
hupen ⟨za⟩houkat
hüpfen poskakovat ⟨-skočit⟩
Hürde F překážka **Hürdenlauf** M překážkový běh
Hure F *vulg* kurva
husten ⟨za⟩kašlat
Husten M kašel **Hustenanfall** M záchvat kašle **Hustensaft** M sirup proti kašli
Hut M klobouk
hüten ⟨o⟩hlídat; *Vieh* ⟨na-⟩pást; **das Bett ~** být připoután na lůžko; **sich ~ vor** (*D*) mít se na pozoru před (*I*)
Hütte F chatrč, chýše; *Berghütte* chata
hydraulisch hydraulický
hygienisch hygienický
Hymne F hymna
Hypnose F hypnóza
Hypothek F hypotéka
hysterisch hysterický

i. A. (**im Auftrag**) z příkazu
ich já; ~ **auch** já také; ~ **bin's** to jsem já
ideal ideální
Idee F idea, nápad *m*
identifizieren identifikovat
identisch identický, totožný
Identität F identita, totožnost
Ideologie F ideologie **ideologisch** ideologický
Idiot M idiot, *vulg* blbec **idiotisch** idiotský
idyllisch idylický
Igel M ježek
ignorieren ignorovat
ihm (je)mu
ihn (je)ho, jej
ihnen jim
Ihnen vám
ihr *sg* jí, *pl* vý; *poss sg* její, *pl* jejich
Ihr váš
illegal ilegální
Illusion F iluze
Illustration F ilustrace **Illustrierte** F ilustrovaný časopis *m*
Imbiss M zákusek **Imbissstube** F automat *m*, bufet *m*
Imitation F imitace
Imker M včelař
immer vždy, pořád; *ständig* stále; ~ **besser** stále lepší; ~ **mehr** stále víc ~ **noch** pořád; ~ **wieder** neustále; **für** ~ navždy **immerhin** přece **immerzu** pořád
Immobilie F nemovitost **Immobilienmakler** M realitní makléř
immun imunní (**gegen** *A* proti *D*) **Immunität** F imunita
impfen ⟨na⟩očkovat **Impfpass** M očkovací průkaz **Impfstoff** M očkovací látka *f* **Impfung** F očkování *n*
imponieren ⟨za⟩imponovat
Import M dovoz, import **Importeur** M dovozce **importieren** dovážet ⟨-vézt⟩
imprägnieren impregnovat
improvisieren improvizovat
impulsiv impulzivní
imstande: ~ **sein zu** být s to
in (*wo, wann D*) v(e) (*L*); (*wohin A*) do (*G*); *zeitlich* za (*A*); ~ **diesem Jahr** letos; ~ **e-r Stunde** za hodinu
inbegriffen včetně
indem tím, že
Inder(in F**)** M Ind(ka)
Indianer(in F**)** M *neg!* Indián(ka) **indianisch** *neg!* indiánský
Indien N Indie *f*
indirekt nepřímý
indisch indický
indiskret indiskrétní
individuell individuální
Indiz N indicie *f*
Industrialisierung F industrializace
Industrie F průmysl *m* **Industrieländer** NPL průmyslově vyspělé země *fpl*
industriell průmyslový
ineinander *wohin* do sebe; *wo* v sobě

Infarkt M MED infarkt
Infektion F infekce **Infektionskrankheit** F infekční onemocnění *n*
infizieren nakazit *pf*, infikovat
Inflation F inflace
infolge (G) následkem (G), pro (A) **infolgedessen** tím, proto
Informatik F informatika **Informatiker** M informatik **Informatikerin** F informatička
Information F informace **Informationsbroschüre** F vzdělávací *od* informační brožura **Informationsbüro** N informační kancelář *f* **Informationszentrum** N informační středisko
informieren informovat; **sich ~** informovat se (**über** *A* o *A*)
Ingenieur M inženýr
Ingwer M zázvor
Inhaber(in F) M majitel(ka)
inhaftieren brát ⟨vzít⟩ do vazby
inhalieren inhalovat
Inhalt M obsah **Inhaltsverzeichnis** N obsah *m*, seznam *m* obsahu
Injektion F injekce
inklusive včetně
inkognito nazapřenou, inkognito
Inland N vnitrozemí, tuzemsko
inländisch vnitrozemský; *Erzeugnis* domácí, tuzemský
Inlandsflug M vnitrozemský let
Inlineskates PL kolečkové brusle
inmitten (G) uprostřed (G)
innen uvnitř; **nach ~** dovnitř; **von ~** zevnitř
Innenarchitektur F vnitřní architektura **Innenministerium** N ministerstvo vnitra **Innenpolitik** F vnitřní politika **Innenstadt** F městské centrum *n*
innere vnitřní
Innere N vnitro; vnitřek *m*
Innereien FPL vnitřnosti
innerhalb (G) *örtlich* uvnitř (G); *zeitlich* za (A), během (G) **innerlich** vnitřní
inoffiziell neoficiální
Insasse M *e-s Heims* obyvatel; *e-s Busses* cestující
insbesondere (ob)zvláště; zejména
Inschrift F nápis *m*
Insekt N hmyz *m* **Insektenstich** M bodnutí *n* hmyzem
Insel F ostrov *m*
inserieren inzerovat, zadávat ⟨-dat⟩ inzerát
insgesamt celkem
insofern ADV potud; KONJ pokud
Inspektion F inspekce
Installateur M instalatér **installieren** instalovat
instand: **~ halten** udržovat ⟨-žet⟩ v dobrém stavu; **~ setzen** opravovat ⟨-vit⟩
Instanz F instance
Instinkt M instinkt, pud
Institut N ústav *m*, institut *m*
Institution F zařízení *n*, instituce
Instrument N nástroj
Insulin N inzulín *m*

Inszenierung F inscenace **Intellektuelle** M, F intelektuál(ka) **intelligent** inteligentní **Intelligenz** F inteligence **intensiv** intenzivní **Intensivkurs** M intenzivní kurz **Intensivstation** F jednotka intenzivní péče **interessant** zajímavý **Interesse** N zájem *m*; **~ haben an** (*D*) mít zájem o (*A*) **Interessent** M zájemce **Interessentin** F zájemkyně **interessieren**: **sich ~ für** (*A*) zajímat se o (*A*) **international** mezinárodní **Internet** N internet *m*; **Zugang zum ~ haben** mít přístup k internetu, být připojen k internetu **Internetadresse** F internetová adresa **Internetanschluss** M internetové připojení *n*, připojení *n* k internetu **Internetcafé** N internetová kavárna *f* **Internetprovider** M provozovatel internetu, internetový provider **Internetzugang** M přístup k internetu **Internist** M internista **Interpret(in** F**)** M interpret(ka) **Interview** N interview **interviewen** interviewovat **intim** intimní **intolerant** nesnášenlivý **Intrige** F intrika, pletichа **Invalide** M invalida; F invalidka **Invasion** F invaze **investieren** investovat **Investition** F investice **inwiefern**, **inwieweit** PRON do jaké míry; KONJ pokud **inzwischen** zatím, mezitím **Ire** M Ir **irgendein** nějaký, některý **irgendetwas** něco **irgendjemand** někdo **irgendwann** někdy **irgendwie** nějak **irgendwo** někde **irgendwohin** někam **Irin** F Irka **irisch** irský **Irland** N Irsko **ironisch** ironický **irre** pomatený, bláznivý (*a. fig*) **irreführen** ⟨z⟩mást **irren** *umherirren* ⟨za⟩bloudit; **sich ~** ⟨z⟩mýlit se, ⟨s⟩plést se; **sich in der Straße ~** zmýlit se v ulici **irritieren** iritovat **irrsinnig** šílený **Irrtum** M omyl **irrtümlich** mylný **Ischias** M od N ischias *m* **Islam** M islám **islamisch** islámský **Island** N Island *m* **Isländer(in** F**)** M Islanďan(ka) **isländisch** islandský **Isolierband** N izolační páska *f* **isolieren** izolovat **Isoliermatte** F karimatka **Isolierung** F izolace (*a. fig*) **Israel** N Izrael *m* **Israeli** M Izraelec; F Izraelka **israelisch** izraelský **IT (Informationstechnologie)** F informační technologie **Italien** N Itálie **Italiener(in** F**)** M Ital(ka) **italienisch** italský

i.V. (**in Vertretung**) v zastoupení

J

ja ano; *doch* vždyť
Jacht F jachta
Jacke F kabát *m*, sako *n*, bunda
Jackett N kabát *m*
Jagd F lov *m* **Jagdgewehr** N lovecká ručnice *f* **Jagdhund** M lovecký pes **Jagdrevier** N honební revír *m* **Jagdschein** M lovecký lístek
jagen honit se, hnát (se), ⟨u⟩lovit
Jäger M myslivec
Jahr N rok *m*; **ein halbes ~** půlrok *m*; **im ~ …** roku … **jahrelang** ADV už léta
Jahresbeginn M začátek roku **Jahrestag** M výročí *n* **Jahresurlaub** M zákonná dovolená *f* za rok **Jahreszahl** F letopočet *m* **Jahreszeit** F roční období *n*
Jahrgang M ročník **Jahrhundert** N století
jährlich roční
Jahrmarkt M výroční trh, pouť *f* **Jahrzehnt** N desítiletí
jähzornig prchlivý
Jalousie F žaluzie
jämmerlich žalostný, bídný
jammern naříkat
Jänner *österr*, **Januar** M leden
Japan N Japonsko **Japaner** M Japonec **Japanerin** F Japonka
japanisch japonský
jäten ⟨vy⟩plít
Jauche F močůvka
jauchzen výskat ⟨-nout⟩
jaulen ⟨za⟩skučet
Jause F *österr* svačina **jausen** svačit
jawohl ano, ovšem
Jazzband F džezbend *m*
je (ně)kdy; *vor Zahlen* po (*L*); **~ … desto** čím…tím; **~ nachdem** podle toho, jak
Jeans PL džín(s)y *mpl* **Jeansjacke** F džínová bunda **Jeansrock** M džínsová sukně *f*
jedenfalls v každém případě
jeder každý; **das weiß ~** každý to ví
jederzeit kdykoli
jedesmal pokaždé
jedoch (a)však
jemals (ně)kdy
jemand někdo
jener onen **Jenseits** N onen svět *m*
jetzig nynější
jetzt nyní, teď; **bis ~** dosud
jeweils pokaždé
Jod N jod *m*
joggen joggovat **Jogging** N jogging *m*
Jog(h)urt M od N jogurt *m*
Johannisbeere F rybíz *m*
Journalist M novinář, žurnalista **Journalistin** F novinářka, žurnalistka
Jubel M jásot
jubeln ⟨za⟩jásat
Jubiläum N: **zehnjähriges ~** desetileté jubileum
jucken: **es juckt** svědí **Juck-**

reiz M svědění *n*
Jude M Žid
Jüdin F Židovka **jüdisch** židovský
Jugend F mládí *n*; **die ~** *junge Leute* mládež **jugendfrei** mládeži přístupný **Jugendherberge** F mládežnická ubytovna **jugendlich**, **Jugendliche** M mladistvý **Jugendstil** M secese *f*
Juice M džus
Juli M červenec
jung mladý
Junge N mládě
Junge M hoch, chlapec **jungenhaft** chlapecký
Jungfrau F panna
Junggeselle M starý mládenec
jüngste nejmladší; *letzte* poslední
Juni M červen
Jura NPL: **~ studieren** studovat práva **Jurist** M právník **Juristin** F právnička
juristisch právní
Jury F porota, jury
Justiz F soudnictví *n*, justice **Justizministerium** N ministerstvo spravedlnosti
Juwel N klenot *m* **Juwelier** M klenotník

K

Kabel N kabel *m* **Kabelfernsehen** N kabelová televize *f*
Kabeljau M treska *f*
Kabine F kabina **Kabinenbahn** F lanová dráha, lanovka
Kabriolett N kabriolet *m*
Kachel F kachel *m*, kachlík *m*
Kadaver M zdechlina *f*
Käfer M brouk
Kaffee M káva *f*; **~ kochen** vařit kávu **Kaffeehaus** N *österr* kavárna *f* **Kaffeekanne** F konvička na kávu **Kaffeemaschine** F kávovar *m* **Kaffeemühle** F kávomlýnek *m*
Käfig M klec *f*
kahl holý; *Kopf a* lysý
Kahn M člun
Kai M nábřeží *n*
Kaiser(in F) M císař(ovna) **Kaiserschmarren** M *österr* trhanec **Kaiserschnitt** M císařský řez
Kajüte F kajuta
Kakao M kakao *n*
Kakerlak M šváb
Kaktus M kaktus
Kalb N tele **Kalbfleisch** N telecí (maso) **Kalbsbraten** M telecí pečeně *f*
Kalender M kalendář
Kalk M vápno *n* **kalkhaltig** vápenatý **Kalkstein** M vápenec
kalkulieren ⟨vy⟩kalkulovat
Kalorie F kalorie **kalorien-**

arm nízkokalorický
kalt studený; *fig* chladný; **mir ist ~** je mi zima; **~ stellen** dát vychladit; **~ werden** *Wetter* ochlazovat ‹-dit› se; *Speise* ‹vy›chladnout **kaltblütig** chladnokrevný
Kälte F chlad *m*, zima **Kältewelle** F vlna mrazů
Kamel N velbloud *m*
Kamera F kamera
Kamerad M kamarád **Kameradschaft** F kamarádství *n*
Kamille F heřmánek *m* **Kamillentee** M heřmánkový čaj
Kamin M krb
Kamm M hřeben (*a Berg*); GASTR krkovička *f*
kämmen: **sich ~** ‹u›česat se
Kammer F komora **Kammermusik** F komorní hudba
Kampagne F kampaň
Kampf M boj; SPORT zápas
kämpfen bojovat (**für** *A* za *A*, **um** *A* o *A*); SPORT zápasit
Kämpfer M bojovník
Kampfrichter M rozhodčí
kampieren tábořit
Kanadier(in F**)** M Kanaďan(ka)
kanadisch kanadský
Kanal M kanál (*a.* TV) **Kanalisation** F kanalizace
Kanarienvogel M kanár(ek)
Kandidat(in F**)** M kandidát(ka)
kandidieren kandidovat
Känguru N klokan *m*
Kaninchen N králík *m*
Kanister M kanystr
Kanne F konev, konvice
Kanone F dělo *n*, kanon *m*
Kante F hrana
Kantine F jídelna, *umg* kantýna
Kanu N kánoe *f*
Kanton M *schweiz* kanton
Kanüle F kanýla
Kanzel F kazatelna; FLUG pilotní kabina **Kanzlei** F kancelář **Kanzler** M kancléř
Kap N mys *m*
Kapazität F kapacita
Kapelle F kaple; MUS kapela
Kapern FPL kapary *mpl*
kapieren *umg* chápat ‹pochopit›
Kapital N kapitál *m* **kapitalistisch** kapitalistický
Kapitän M kapitán
Kapitel N kapitola *f*
kapitulieren kapitulovat
Kappe F čapka
Kapsel F kapsle
kaputt rozbitý; *fig* zničený; **~ machen** rozbíjet ‹-bít› se **kaputtgehen** rozbíjet ‹-bít› se
Kapuze F kapuce
Karaffe F karafa
Karambolage F karambol *m*
Karamell M karamel
Karat N karát *m*
Kardinal M kardinál
Karfiol M *österr* květák
Karfreitag M Velký pátek
kariert kostkovaný
Karies F MED zubní kaz *m*
Karikatur F karikatura
Karo N kosočtverec *m*; *Spielkarte* káro *n*
Karosserie F karoserie
Karotte F karotka
Karpfen M kapr
Karre(n M**)** F kára *f*
Karriere F kariéra

Karte F karta, lístek *m*; **nach der ~ essen** jíst podle jídelního lístku; **mit ~ zahlen** platit kreditní kartou; **~n spielen** ⟨za⟩hrát si (v) karty
Kartei F kartotéka **Karteikarte** F kartotéční lístek *m*
Kartenspiel N karetní hra *f* **Kartentelefon** N telefonní automat *m*
Kartoffel F brambor(a *f*) *m* **Kartoffelbrei** M bramborová kaše *f* **Kartoffelklöße** MPL bramborové knedlíky **Kartoffelpuffer** M bramborák **Kartoffelsalat** M bramborový salát **Kartoffelsuppe** F bramboračka
Karton M kartón
Karussell N kolotoč *m*
Karwoche F velikonoční týden *m*
Käse M sýr
Kaserne F kasárny *fpl*
Kaskoversicherung F havarijní pojištění *n*
Kasse F pokladna **Kassenarzt** M pokladenský lékař **Kassenzettel** M pokladní lístek
Kassette F kazeta **Kassettenrekorder** M kazetový magnetofon
kassieren přijímat ⟨-jmout⟩ (peníze) **Kassierer** M pokladník **Kassiererin** F pokladní
Kastanie F kaštan *m* (*a Baum*)
Kästchen N krabička *f*
Kasten M skříňka *f*, schránka *f*; *Bierkasten* basa *f*
Katalysator M katalyzátor
Katarr(h) M katar
Kater M kocour; *fig* kocovina *f*
Kathedrale F katedrála, dóm *m*
Katholik M katolík **Katholikin** F katolička **katholisch** katolický
Katze F kočka **Katzenauge** N *Fahrrad* odrazové sklíčko
kauen žvýkat
kauern ⟨s⟩choulit se
Kauf M koupě *f* **kaufen** kupovat ⟨koupit⟩
Käufer(in F) M kupující
Kaufhaus N obchodní dům *m*
Kaufmann M obchodník
kaufmännisch obchodnický
Kaufpreis M kupní cena *f*
Kaufvertrag M kupní smlouva *f*
Kaugummi M žvýkačka *f*
kaum sotva
Kaution F kauce
Kaviar M kaviár
Kegel M MATH kužel; *Spielkegel* kuželka *f* **Kegelbahn** F kuželník *m*
kegeln hrát kuželky
Kehle F hrdlo *n* **Kehlkopf** M hrtan
kehren ⟨za⟩mést **Kehrschaufel** F lopatka na smetí **Kehrseite** F rub *m*
Keil M klín
Keiler M divoký kanec
keilförmig klínovitý
Keilriemen M klínový řemen
Keim M zárodek **keimen** ⟨vy⟩klíčit **keimfrei** sterilní
kein žádný; **ich habe ~ Geld** nemám peníze **~ bisschen** ani trochu; **~ anderer** nikdo jiný

keiner nikdo **keinesfalls** v žádném případě **keineswegs** nijak, nikterak
Keks M sušenka *f*
Kelch M kalich
Kelle F GASTR naběračka; *Maurerkelle* zednická lžíce
Keller M sklep **Kellergeschoss** N suterén *m*
Kellner M číšník **Kellnerin** F číšnice, servírka
keltern ⟨vy⟩lisovat
kennen znát **kennenlernen** poznávat ⟨-znat⟩
Kenner M znalec
Kenntnis F znalost; **~se** *pl* znalosti, vědomosti
Kennwort N heslo
Kennzeichen N značka *f*
kennzeichnen vyznačovat ⟨-čit⟩
kentern převrhovat⟨-nout⟩ se
Keramik F keramika
Kerbe F vrub *m*
Kerl M chlap(ík)
Kern M *Steinobst* pecka *f*; *Kernobst* jádro *n*
Kernenergie F jaderná energie **Kernkraftgegner** M odpůrce jaderné energie **Kernkraftwerk** N jaderná elektrárna *f*
kernlos bez jader
Kernphysik F jaderná fyzika
Kernwaffen FPL jaderné zbraně
Kerze F svíčka
Kerzenhalter M svícen
Kessel M kotel
Ketchup N od M kečup *m*
Kette F řetěz *m*; *Halskette* řetízek *m*
Kettenfahrzeug N pásové vozidlo **Kettenraucher** M náruživý kuřák **Kettenreaktion** F řetězová reakce
ketzerisch kacířský
keuchen ⟨za⟩supět **Keuchhusten** M černý kašel
Keule F GASTR kýta; SPORT kužel *m*
Keyboard N MUS klávesy *fpl*
Kfz N (**Kraftfahrzeug**) motorové vozidlo
Kiefer[1] M ANAT čelist *f*
Kiefer[2] F borovice, sosna
Kieferhöhle F čelistní dutina
Kiel M kýl
Kiemen FPL žábry
Kies M (drobný) štěrk
Kilo(gramm) N kilo(gram *m*)
Kilometer M kilometr; **mit 60 ~n in der Stunde** šedesát kilometrů za hodinu **Kilometergeld** N kilometrovné **Kilometerzähler** M tachometr
Kilowatt N kilowatt *m* **Kilowattstunde** F kilowatthodina
Kind N dítě *n*; **für ~er** pro děti
Kinderarzt M dětský lékař **Kinderbett** N dětská postýlka *f* **Kindergarten** M mateřská škola *f*, *umg* školka *f* **Kindergärtnerin** F učitelka mateřské školky **Kindergeld** N přídavky *mpl* na děti **Kinderhort** M školní družina *f* **Kinderkrippe** F jesle *fpl*
Kinderlähmung F dětská obrna **kinderlos** bezdětný **Kinderportion** F dětská porce
Kindersicherung F dětská

pojistka **Kindersitz** M AUTO dětská sedačka *f(a. am Fahrrad)*
Kinderteller M dětský talíř
Kinderwagen M kočárek
Kindheit F dětství *n* **kindisch** dětinský **kindlich** dětský
Kinn N brada *f* **Kinnhaken** M rána *f* do brady
Kino N kino; **ins ~ gehen** jít do kina **Kinofilm** M film
Kiosk M kiosk, stánek
Kipfel N *österr* rohlík *m*
Kippe F *Zigarette* nedopalek *m*, oharek *m*
kippen překlápět ⟨-klopit⟩
Kirche F *Gebäude* kostel *m*; *Christenheit* církev **kirchlich** církevní **Kirchturm** M kostelní věž *f*
Kirmes F pouť
Kirsche F *Süßkirsch* třešně; *Sauerkirsch* višně **Kirschlikör** M višňovka *f*
Kissen N polštář *m* **Kissenbezug** M povlak na polštář
Kiste F bedna
Kitsch M kýč **kitschig** kýčovitý
Kitt M tmel
Kittel M halena *f*
kitten ⟨s⟩tmelit
kitzeln ⟨po⟩lechtat **kitz(e)lig** lechtivý
Kiwi F kiwi *n*
Klage F nářek *m*, stížnost; JUR žaloba
klagen naříkat (**über** *A* na *A*); JUR ⟨za⟩žalovat
Kläger M žalobce **Klägerin** F žalobkyně
Klammer F *Wäscheklammer* kolíček *m*; *Büroklammer* svorka, sponka
klammern: **sich ~ an** *(A)* držet se (pevně) *(G)*
Klang M zvuk
Klappbett N skládací lůžko
Klappe F klapka **klappen**: **es klappt (nicht)** *fig* to (ne)klape
klappern klapat, cvakat
Klapprad N skládací kolo
Klappsitz M sklápěcí sedadlo *n* **Klappstuhl** M skládací židle *f* **Klapptisch** M skládací stůl
Klaps M plácnutí *n*
klar jasný; *Wasser* čistý; **sich ~ werden** ujasňovat ⟨-nit⟩ si (**über** *A A*)
Kläranlage F čistírna odpadních vod
klären objasňovat ⟨-nit⟩
Klarheit F jasnost
Klarinette F klarinet *m*
klarmachen vysvětlovat ⟨-lit⟩
Klasse F třída; BAHN vozová třída; **klasse!** bezvadně! **Klassenzimmer** N třída *f*
klassisch klasický
Klatsch M klepy, drby *mpl*
klatschen: **in die Hände ~** pleskat ⟨-nout⟩; **Beifall ~** ⟨za⟩tleskat
Klaue F pazneht *m*; *Kralle* dráp *m*; *umg Handschrift* škrabopis *m*
klauen ⟨u⟩krást
Klausel F klauzule
Klavier N klavír *m*
Klebeband N lepenka *f* **kleben** *et* ⟨s⟩lepit; *haften* ⟨u⟩lpět
klebrig lepkavý **Klebstoff** M lepidlo *n*
kleckern kaňkat, kecat
Klecks M kaňka *f*

Klee M jetel
Kleid N šaty *mpl*
Kleiderbügel M ramínko *n* **Kleiderbürste** F kartáč *m* na šaty **Kleiderhaken** M věšák **Kleiderschrank** M šatník
Kleidung F oděv *m*, oblečení *n* **Kleidungsstück** N část *f* oděvu
klein malý
Kleinbus M mikrobus **Kleingeld** N drobné *mpl* **Kleinigkeit** F maličkost **Kleinkind** N malé dítě **kleinlich** malicherný **Kleinstadt** F maloměsto *n*
Kleister M škrobový maz
Klemme F svorka; **in der ~ sitzen** *fig* být v bryndě **klemmen** zadrhovat ⟨-nout⟩ se
Klempner M klempíř
Klette F lopuch *m*
klettern ⟨vy⟩šplhat se **Kletterpflanze** F popínavá rostlina
Klettverschluss M suchý zip
Klima N klima, podnebí **Klimaanlage** F klimatizace
Klinge F čepel; *Rasierklinge* žiletka, čepelka
Klingel F zvonek *m* **klingeln** ⟨za⟩zvonit; **es klingelt** někdo zvoní
klingen ⟨za⟩znít
Klinik F klinika
Klinke F klika
Klippe F úskalí *n*
klirren ⟨za⟩řinčet
klirrend řinčivý; *Frost* třeskutý
Klischee N klišé
Klo N *umg* klozet *m*
klopfen ⟨za⟩ťukat; *Herz* tlouct, bušit; **an die Tür ~** ťukat na dveře; **es klopft** někdo ťuká
Klops M GASTR karbanátek, klops
Kloß M *Mehlkloß* knedlík; *Fleischkloß* klops
Kloster N klášter *m*
Klotz M špalek
Klub M klub
Kluft F GEOG rozsedlina
klug chytrý
Klumpen M kus; *Erdklumpen* hrouda *f*
knabbern ⟨s⟩chroupat
Knäckebrot N křehký chléb *m*
knacken *Nüsse* ⟨roz⟩louskat; AUTO ⟨vy⟩páčit; *krachen* praskat ⟨-nout⟩
Knall M třesk **knallen** třískat ⟨-nout⟩, práskat ⟨-knout⟩
knapp *spärlich* skrovný; *eng* těsný; **die Zeit ist ~** je málo času; **~ bei Kasse sein** mít hluboko do kapsy
knarren vrzat ⟨-nout⟩
Knäuel M od N klubko *n*
Knauf M knoflík
kneifen *j-n* štípat ⟨-nout⟩; *zu eng sein* škrtit; *fig* vykroutit se **Kneifzange** F štípačky *fpl*
Kneipe F hospoda
Kneippkur F vodoléčba
kneten ⟨u⟩hníst
Knick M záhyb **knicken** zahýbat ⟨-hnout⟩
Knie N koleno (*a.* TECH)
knien klečet
Kniescheibe F čéška **Kniestrümpfe** MPL podkolenky *fpl*
Kniff M *fig* úskok, trik **knifflig**

ošemetný
knipsen *Fahrschein* proštipovat ⟨-štípnout⟩; FOTO ⟨vy⟩fotit
knirschen skřípat ⟨-nout⟩
knistern ⟨za⟩praskat
knitterfrei nemačkavý
knittern ⟨z⟩mačkat
Knoblauch M česnek **Knoblauchzehe** F stroužek *m* česneku
Knöchel M kotník (*a Handknöchel*)
Knochen M kost *f* **Knochenbruch** M zlomenina *f* **Knochenmark** N kostní dřeň *f*
Knödel M knedlík
Knolle F BOT hlíza **Knollenblätterpilz** M muchomůrka hlízovitá *f*
Knopf M knoflík; ELEK, TECH tlačítko *n*
knöpfen zapínat ⟨-pnout⟩
Knopfloch N knoflíková dírka *f* **Knopfzelle** F knoflíková baterie
Knorpel M chrupavka *f*
Knospe F poupě *n*
Knoten M uzel
knoten ⟨u⟩vázat uzel
Knotenpunkt M BAHN železniční uzel
Knüller *umg* M šlágr
knüpfen navazovat ⟨-vázat⟩
Knüppel M klacek
knurren ⟨za⟩vrčet; **ihm knurrt der Magen** kručí mu v břiše
knusp(e)rig kř(o)upavý
knutschen *umg* cicmat se
Koalition F koalice
Koch M kuchař **Kochbuch** N kuchařka *f* **kochen** *et* ⟨u⟩vařit; *sieden* vřít, vařit (se); **~d heiß** vařící **Kocher** M vařič **kochfest** lze vyvařit
Köchin F kuchařka
Kochlöffel M vařečka *f* **Kochnische** F kuchyňský kout *m* **Kochrezept** N kuchařský předpis *m*, recept *m* **Kochsalz** N kuchyňská sůl *f* **Kochtopf** M hrnec **Kochwäsche** F prádlo *n* na vyvářku
Kode M kód
Köder M návnada *f*, vnadidlo *n*
kodieren kódovat
koffeinfrei bez kofeinu
Koffer M kufr **Kofferradio** N tranzistorové rádio **Kofferraum** M AUTO zavazadlový prostor, *umg* kufr
Kognak M koňak
Kohl M kapusta *f*; zelí *n*
Kohle F uhlí *n*
Kohle(n)hydrat N uhlohydrát *m*
Kohlensäure F kyselina uhličitá
Kohlrabi M kedluben **Kohlroulade** F zelný závitek *m*
Kohlsprossen FPL *österr* růžičková kapusta *f*
kokettieren koketovat
Kokosnuss F kokosový ořech *m*
Kolben M TECH píst
Kolik F kolika
Kollaps M kolaps
Kollege M kolega **kollegial** kolegiální **Kollegin** F kolegyně
Kollekte F REL sbírka
Kollektion F kolekce, sbírka

Kollision F kolize **Köln** N Kolín *m* nad Rýnem **Kölnischwasser** N kolínská voda *f*
Kolonie F kolonie, osada
Kolonne F kolona; *Zahlen* sloupec *m*; **~ fahren** jet v koloně
kombinieren ⟨z⟩kombinovat
Kombi(wagen) M kombi *n*
Komfort M komfort **komfortabel** komfortní
Komiker M komik **komisch** komický; divný
Komitee N komité, výbor *m*
Komma N čárka *f*
kommandieren komandovat
Kommando N povel *m*
kommen *zu Fuß* přicházet ⟨-jít⟩; *fahrend* přijíždět ⟨-jet⟩; **durch Prag ~** projíždět ⟨-jet⟩ Prahu; **~ lassen** posílat ⟨-slat⟩ (*A* pro *A*); **wie komme ich nach ...?** jak se dostanu do (*G*)?
Kommentar M komentář
Kommissar M komisař **Kommission** F komise
Kommode F komoda
kommunal komunální, obecní
kommunistisch komunistický
Komödie F komedie
kompakt kompaktní, hutný
Kompanie F rota
Kompass M kompas
kompatibel kompatibilní
kompetent kompetentní
Kompetenz F kompetence
komplett kompletní
Komplikation F komplikace **Kompliment** N kompliment *m* **Komplize** M spoluviník **kompliziert** komplikovaný, složitý
komponieren komponovat, skládat ⟨složit⟩ **Komponist** M komponista, skladatel
Kompott N kompot *m* **Kompresse** F obklad *m*, komprese
Kompromiss M kompromis
Kondensmilch F kondenzované mléko *n* **Kondition** F kondice; WIRTSCH podmínky *pl*
Konditorei F cukrárna **kondolieren** kondolovat **Kondom** N kondom *m*
Konfekt N cukroví, konfet(a *f*) *m* **Konfektion** F konfekce
Konferenz F konference
Konfession F konfese **Konfirmation** F konfirmace **Konfitüre** F zavařenina
Konflikt M konflikt **konform** konformní **konfus** konfuzní
Kongress M kongres, sjezd
König(in F) M král(ovna) **königlich** královský **Königreich** N království
Konjunktur F konjunktura
konkret konkrétní
Konkurrent(in F) M konkurent(ka) **Konkurrenz** F konkurence **konkurrenzfähig** konkurenceschopný **konkurrieren** konkurovat
Konkurs M konkurz
können moct; *gelernt haben* umět; **schwimmen ~** umět plavat; **(es) kann sein** může být
konsequent důsledný
konservativ konzervativní
Konserve F konzerva **konservieren** konzervovat **Konservierungsmittel** N kon-

zervační prostředek *m* **konstant** konstantní **konstruieren** konstruovat **Konstruktion** F konstrukce **Konsulat** N konzulát *m* **konsultieren** konzultovat **Konsum** M konzum, spotřeba *f* **Konsument(in** F) M konzument(ka), spotřebitel(ka *f*) **Kontakt** M kontakt **Kontaktlinsen** FPL kontaktní čočky **Kontinent** M kontinent **Kontingent** N kontingent *m* **kontinuierlich** kontinuální **Konto** N konto, účet *m* **Kontoauszug** M výpis z účtu **Kontoinhaber** M majitel účtu **Kontonummer** F číslo *n* účtu **Kontostand** M stav na účtu **Kontrast** M kontrast **Kontrolle** F kontrola **Kontrolleur(in** F) M kontrolor(ka) **kontrollieren** ⟨z⟩kontrolovat **Kontrolllampe** F kontrolka **Konvention** F konvence **konventionell** konvenční **Konzentration** F koncentrace **konzentrieren**: **sich ~** soustřeďovat ⟨-dit⟩ se **Konzept** N koncept *m* **Konzern** M koncern **Konzert** N koncert *m* **Konzertsaal** M koncertní síň *f* **Konzession** F koncese **Kooperation** F kooperace **koordinieren** koordinovat **Kopf** M hlava *f*; *Briefkopf* záhlaví *n*; **pro ~** na hlavu **Kopfhörer** M sluchátko *n* **Kopfkissen** N polštář *m* **Kopfsalat** M hlávkový salát **Kopfschmerzen** MPL bolesti *fpl* hlavy **Kopfsprung** M skok po hlavě **Kopfstütze** F AUTO opěrka hlavy **Kopftuch** N šátek *m* **kopfüber** střemhlav **Kopie** F kopie **kopieren** ⟨o⟩kopírovat **Kopiergerät** N kopírovací přístroj *m* **Kopilot** M druhý pilot **koppeln** spojovat ⟨-jit⟩ **Koralle** F korál *m* **Korb** M koš **Kordhose** F kordové kalhoty *fpl* **Korken** M (korková) zátka *f* **Korkenzieher** M vývrtka *f* **Korn** N zrn(k)o; *Getreide* obilí **Kornblume** F chrpa **Korn (-branntwein)** M žitná *f* **körnig** zrnitý **Körper** M tělo *n*; PHYS těleso *n* **Körperbau** M stavba *f* těla **körperbehindert**, **Körperbehinderte** M tělesně postižený **körperlich** tělesný **Körperpflege** F tělesná hygiena **korrekt** korektní **Korrektur** F korektura **Korrespondent(in** F) M korespondent(ka), zpravodaj(ka) **Korrespondenz** F korespondence **korrespondieren** korespondovat (si), dopisovat si **Korridor** M koridor, chodba *f* **korrigieren** korigovat, opravovat ⟨-vit⟩ **Korruption** F korupce **Korsett** N korzet *m* **Kosmetik** F kosmetika **Kosmetikerin** F kosmetička **Kos-**

metiksalon M kosmetický salon
kosmisch kosmický
Kost F strava
kostbar vzácný
kosten[1] GASTR okoušet ‹okusit›
kosten[2] stát; **was kostet …?** kolik stojí?
Kosten PL náklady; **auf ~** na úkor, na újmu **Kostendeckung** F krytí *n* nákladů **Kostenerstattung** F úhrada nákladů
kostenlos bezplatný **kostenpflichtig** povinný uhradit náklady **Kostenvoranschlag** M rozpočet nákladů
köstlich skvělý, výborný
Kostprobe F ochutnávka
kostspielig nákladný
Kostüm N kostým *m*
Kot M *Exkremente* výkaly *mpl*
Kotelett N žebírko, kotleta *f*
Kotflügel M blatník
kotzen *pop* blít
Krabbe F krab *m*
krabbeln lézt
Krach M *Lärm* rámus; *Streit* hádka *f*; **~ machen** rámusit
krachen praskat ‹-nout›
krächzen krák(or)at
Kraft F síla; **außer ~ setzen** ‹z›rušit **Kraftbrühe** F hovězí vývar *m*
Kraftfahrer M automobilista
Kraftfahrzeug N motorové vozidlo **Kraftfahrzeugpapiere** NPL doklady *mpl* k autu **Kraftfahrzeugsteuer** F automoblilová daň **Kraftfahrzeugversicherung** F pojištění motorových vozidel
kräftig silný
kraftlos bezmocný, slabý
Kraftstoff M AUTO pohonná látka *f*, palivo *n* **Kraftwerk** N elektrárna *f*
Kragen M límec **Kragenweite** F šířka límce
Krähe F vrána
krähen ‹za›kokrhat
Kralle F ZOOL dráp *m*
Kram M krámy *mpl*, harampádí *n*
Krampf M křeč *f* **Krampfader** F křečovitá žíla
Kran M jeřab
krank nemocný; **~ werden** onemocnět
Kranke M nemocný
kränken urážet ‹urazit›, ubližovat ‹ublížit›
Krankengeld N nemocenské **Krankenhaus** N nemocnice *f* **Krankenkasse** F nemocenská pokladna **Krankenpflege** F zdravotní péče **Krankenschein** M poukázka *f* k lékaři **Krankenschwester** F zdravotní sestra **Krankenversicherung** F nemocenské pojištění *n*; **private ~** soukromé zdravotní pojištění **Krankenwagen** M ambulance *f*, sanitka *f*
krankhaft chorobný **Krankheit** F nemoc, choroba
kränklich churavý
krankschreiben uznat práce neschopným
Kranz M věnec

Krapfen M kobliha *f*
Krater M kráter
kratzen škrábat ‹-nout› **Kratzer** M škrábanec
kraulen *j-n* lehce ‹po›škrábat; SPORT kraulovat
kraus kudeřavý
Kraut N nať *f*; *Kohl* zelí
Kräuter NPL byliny *fpl* **Kräutertee** M bylinkový čaj
Krawall M rámus
Krawatte F vázanka, kravata
Krebs M ZOOL rak; MED rakovina *f* **krebserregend** kancerogenní
Kredit M kredit, úvěr **Kreditkarte** F kreditní karta
Kreide F křída
Kreis M kruh (*a. fig*); *Bereich* okruh; POL okres
kreischen ‹za›vřeštět
kreisen ‹za›kroužit; **~ um** (*A*) obíhat ‹oběhnout› (*A*) **kreisförmig** kruhovitý **Kreislauf** M MED krevní oběh **Kreislaufstörungen** FPL poruchy krevního oběhu **Kreissäge** F kotoučová pila **Kreisverkehr** M kruhový objezd
Kren M *österr* křen
Krepp M krep
Kresse F BOT řeřicha
Kreuz N kříž *m* (*a.* ANAT); *Spielkarte* kříže *pl*; **kreuz und quer** křížem krážem **kreuzen** ‹z›křížit; SCHIFF křižovat
Kreuzfahrt F okružní plavba lodí **Kreuzschmerzen** MPL bolesti *fpl* v kříži **Kreuzung** F *Weg* křižovatka **Kreuzworträtsel** N křížovka *f*
kriechen lézt **Kriechspur** F *Autobahn* pruh *m* pro pomalá vozidla
Krieg M válka *f*
kriegen dostávat ‹-stat›
Kriegsdienstverweigerer M odpírač vojenské služby se zbraní **Kriegsschauplatz** M bojiště *n* **Kriegsschiff** N válečná loď *f* **Kriegsverbrecher** M válečný zločinec
Krimi M *Film, Roman* detektivka *f* **Kriminalität** F kriminalita
Kriminalpolizei F kriminální policie
kriminell kriminální, trestný
Krippe F *Futterkrippe, Kinderkrippe* jesle *fpl*; *Weihnachtskrippe* betlém *m*
Krise F krize
Kristall[1] N křišťál *m*
Kristall[2] M krystal
Kriterium N kritérium
Kritik F kritika **Kritiker** M kritik **kritisch** kritický **kritisieren** ‹z›kritizovat
kritzeln ‹na›škrábat
Kroate M Chorvat **Kroatien** N Chorvatsko **Kroatin** F Chorvatka **kroatisch** chorvatský
Kroketten FPL krokety
Krokodil N krokodýl *m*
Krone F koruna (*a Baumkron*); *Zahnkron* korunka **Kronleuchter** M lustr
Kropf M vole *n*
Kröte F ropucha
Krücke F berla; **auf ~n gehen** jít o berlích
Krug M džbán(ek)
Krümel M drobek **krümeln**

⟨roz⟩drobit
krumm křivý
Krüppel M mrzák
Kruste F *Brot* kůrka; MED strup *m*
Kruzifix N krucifix *m*
Kübel M kbelík
Kubik... krychlový **Kubikmeter** M krychlový metr
Küche F kuchyně
Kuchen M koláč **Kuchenform** F forma na koláče
Küchengeschirr N kuchyňské nádobí **Küchenschrank** M kuchyňská kredenc *f*
Kuckuck M kukačka *f*
Kugel F koule; *Geschoss* kulka
kugelförmig kulovitý **Kugellager** N kuličkové ložisko
Kugelschreiber M kuličkové pero *n* **kugelsicher** neprůstřelný **Kugelstoßen** N vrh *m* koulí
Kuh F kráva
kühl chladný **kühlen** ⟨o⟩chladit **Kühler** M AUTO chladič
Kühlerhaube F kapota
Kühlflüssigkeit F chladicí kapalina **Kühlschrank** M chladnička *f*, lednička *f* **Kühltasche** F chladicí taška **Kühltruhe** F chladicí (*od* mrazicí) pult *m* **Kühlung** F chlazení *n*
kühn smělý
Küken N kuřátko
Kukuruz M *österr* kukuřice *f*
Kulisse F kulisa
kultivieren kultivovat
Kultur F kultura **Kulturbeutel** M hygienická taška *f* **kulturell** kulturní **Kulturerbe** N kulturní dědictví
Kümmel M kmín
Kummer M žal
kümmern: **sich ~ um** (*A*) ⟨po⟩starat se o (*A*)
Kumpel M kumpán
Kunde M zákazník **Kundendienst** M zákaznický servis
Kundgebung F manifestace
kündigen vypovídat ⟨-vědět⟩ (*D A*) **Kündigung** F výpověď
Kündigungsfrist F výpovědní lhůta **Kündigungsschutz** M ochrana *f* před propuštěním
Kundin F zákaznice **Kundschaft** F zákaznictvo *n*
künftig budoucí, příští
Kunst F umění *n* **Kunstausstellung** F umělecká výstava
Kunstdünger M umělé hnojivo *n* **Kunstfaser** F umělé vlákno *n* **Kunstgalerie** F umělecká galerie **Kunstgewerbe** N umělecký průmysl *m* **Kunstgriff** M trik **Kunsthändler** M obchodník s uměním
Künstler M umělec **Künstlerin** F umělkyně **künstlerisch** umělecký
künstlich umělý
Kunstsammlung F umělecká sbírka **Kunstseide** F umělé hedvábí *n* **Kunststoff** M umělá hmota *f* **Kunststück** N *fig* umění *n* **Kunstwerk** N umělecké dílo
Kupfer N měď *f* **Kupferstich** M mědirytina *f*
Kuppel F kupole **kuppeln** AUTO zapínat ⟨-pnout⟩ spojku

Kupplung F spojka **Kupplungspedal** N pedál *m* spojky
Kur F léčení *n*, kúra
Kurbel F klika
Kürbis M tykev, dýně *f*
Kurgast M lázeňský host **kurieren** ⟨vy⟩léčit **Kurort** M lázně *fpl*
Kurs M kurz **Kursbuch** N jízdní řád *m* **Kursverlust** M kurzová ztráta *f* **Kurswagen** M přímý vůz
Kurtaxe F lázeňská taxa
Kurve F zatáčka
kurz krátký; **vor Kurzem** nedávno; **~ vor Brünn** krátce před Brnem; **~ geschnitten** *Haar* nakrátko ostříhaný **Kurzarbeit** F zkrácená pracovní doba **kurzärmelig** s krátkými rukávy
Kürze F: **in ~** zakrátko
kürzen ⟨z⟩krátit
kurzfassen: **sich ~** vyjadřovat ⟨-jádřit⟩ se stručně **Kurzfilm** M krátkometrážní (*od* krátký) film **kurzfristig** krátkodobý **Kurzgeschichte** F krátká povídka
kürzlich nedávno
Kurzparkzone F zóna krátkodobého parkování **Kurzschluss** M ELEK zkrat **kurzsichtig** krátkozraký
Kürzung F zkrácení *n*
Kurzwaren FPL galanterie *f* **Kurzwelle** F krátké vlny *fpl*
Kusine F sestřenice
Kuss M polibek, hubička *f*, pusa *f*
küssen líbat ⟨políbit⟩
Küste F pobřeží *n*
Kutsche F kočár *m*

L

labil labilní
Labor N laboratoř *f* **Laborant(in** F) M laborant(ka)
lächeln usmívat ⟨usmát⟩ se
Lächeln N úsměv *m*
lachen ⟨za⟩smát se (**über** *A D*)
Lachen N smích *m*
lächerlich směšný
Lachs M losos
Lack M lak **lackieren** ⟨na⟩lakovat
Ladegerät N nabíječ(ka *f*) *m*
laden nakládat ⟨-ložit⟩; ELEK, MIL nabíjet ⟨-bít⟩
Laden M obchod, krám **Ladendiebstahl** M krádež *f* v obchodě **Ladenschluss** M zavírací doba *f* **Ladentisch** M pult
Ladung F náklad *m*; ELEK, MIL náboj *m*
Lage F poloha; *fig* situace; *Schicht* vrstva; **in der ~ sein** být s to
Lager N *Bett* lůžko; POL strana *f*; *Zeltlager* tábor *m*; WIRTSCH sklad *m*; TECH ložisko
lagern WIRTSCH uskladňovat ⟨-nit⟩, skladovat
lahm chromý
lähmen ochromovat ⟨-mit⟩ **Lähmung** F ochrnutí *n*
Laie M laik

Laken N prostěradlo
Lakritze F lékořice
laktosefrei ADJ bez laktózy
Lamm N jehně, beránek *m* **Lammfleisch** N jehněčí (maso)
Lampe F lampa
Lampenfieber N tréma *f* **Lampenschirm** M stínítko *n*
Land N země *f* (*a.* POL); *Feld* půda *f*; *Ggs Stadt* venkov *m*; **auf dem ~** na venkově **Landebahn** F přistávací dráha **landen** FLUG přistávat ⟨-stat⟩
Länderspiel N mezistátní utkání
Landesgrenze F hranice země **Landesregierung** F zemská vláda **Landeswährung** F státní měna
Landeverbot N FLUG zákaz *m* přistání
Landhaus N venkovský dům *m* **Landkarte** F mapa
ländlich venkovský
Landschaft F krajina
Landsmann M krajan **Landsmännin** F krajanka
Landstraße F silnice **Landtag** M zemský sněm **Landung** F FLUG, SCHIFF přistání *n*
Landwirt M zemědělec **Landwirtschaft** F zemědělství *n*
lang dlouhý; **zwei Wochen ~** (po) dva týdny; **seit Langem** odedávna, už dlouho
Länge F délka **länger** delší; ADV déle
Langeweile F nuda, dlouhá chvíle **langfristig** dlouhodobý **langjährig** dlouholetý
Langlauf M běh na lyžích
länglich podlouhlý
längs (*G*) podél (*G*)
langsam pomalý; ADV pomalu; **~er fahren** jíždět ⟨jet⟩ pomaleji
längst dávno
Languste F langusta
langweilen ⟨z⟩nudit (**sich** se) **langweilig** nudný
Langwelle F *Radio* dlouhé vlny *fpl*
langwierig zdlouhavý
Lappen M hadr
Lärm M hluk **Lärmbekämpfung** F boj *m* proti hluku
Laserdrucker M laserová tiskárna *f* **Lasershow** F laserová show
lassen nechávat ⟨-chat⟩; *veranlassen* dávat ⟨dát⟩; **lass das!** nech toho!; **das lasse ich mir nicht gefallen** to si nenechám líbit; **~ Sie sich nicht stören!** nenechte se rušit!
lässig nedbalý
Last F břemeno *n*; **zu ~en von** (*D*) k tíži (*G*), na vrub (*G*) **Lastenaufzug** M nákladní výtah
Laster[1] M nákladní auto *n*
Laster[2] N neřest *f*
lästern pomlouvat ⟨-mluvit⟩ (**über** *A A*)
lästig obtížný
Last(kraft)wagen M nákladní auto *n*
Last-Minute-Angebot N nabídka *f* na poslední chvíli **Last-Minute-Reisen** FPL cesty last-minute
Lastschrift F připsání *n* k tíži

od na vrub
Lateinamerika N Latinská Amerika *f* **lateinamerikanisch** latinskoamerický **lateinisch** latinský
Laterne F svítilna, lucerna **Laternenpfahl** M kandelábr
Latte F lať; SPORT laťka
Latzhose F laclové kalhoty *pl*
Lätzchen N bryndák *m*
lau vlažný; *Luft* vlahý
Laub N listí **Laubbaum** M listnatý strom
Lauch M pór(ek)
lauern číhat
Lauf M běh; TECH chod; MIL hlaveň *f*; **im ~e** (G) během (G) **Laufbahn** F *Karriere* životní dráha
laufen *rennen* běhat, běžet (*a.* TECH, *fig*); *zu Fuß gehen* jít, chodit; *fließen* téct
laufend běžný, běžící; **~e Nummer** *f* jednací číslo *n*
Läufer M běžec; *Schach* střelec; *Teppich* běhoun **Läuferin** F běžkyně
Laufmasche F puštěné oko *n*
Laufsteg M pódium *n* **Laufwerk** N IT disketová jednotka *f*
Lauge F louh *m*
Laune F nálada; **gute (schlechte) ~ haben** mít dobrou (špatnou) náladu **launenhaft** náladový
Laus F veš
lauschen naslouchat
Lausitz F Lužice
laut[1] hlasitý; ADV nahlas
laut[2] (G) podle (G)
Laut M zvuk; GRAM hláska *f*
lauten ⟨za⟩znít
läuten ⟨za⟩zvonit
lauter *nur* samý
lautlos neslyšně
Lautsprecher M amplion, reproduktor **Lautstärke** F hlasitost
lauwarm vlažný
Lavendel M levandule *f*
Lava F láva
Lawine F lavina **Lawinengefahr** F nebezpečí *n* lavin
Leasingvertrag M leasingová smlouva *f*
leben žít; **~ Sie wohl!** mějte se hezky!
Leben N život *m* **lebendig** živý
Lebensgefahr F nebezpečí *n* života **Lebensgefährte** M druh **Lebensgefährtin** F družka **Lebenshaltungskosten** PL životní náklady **lebenslang, lebenslänglich** doživotní **Lebenslauf** M životopis
Lebensmittel NPL potraviny *fpl* **Lebensmittelgeschäft** N obchod *m* (s) potravinami **Lebensmittelvergiftung** F otrava potravinami
Lebensstandard M životní úroveň *f* **Lebensunterhalt** M živobytí *n*, obživa *f* **Lebensversicherung** F životní pojištění *n* **lebenswichtig** životně důležitý
Leber F játra *npl* **Leberknödel** MPL játrové knedlíčky **Leberpastete** F játrová paštika
Leberwurst F jaternice, játrový salám *m*

Lebewesen N živočich *m* **lebhaft** živý, čilý **Lebkuchen** M perník **leblos** neživý, *adv* bez života
leck: ~ **sein** být děravý
Leck N: **ein ~ haben** mít díru
lecken *mit der Zunge* lízat ‹-nout› **lecker** chutný **Leckerbissen** M pochoutka *f*
Leder N kůže *f* **Lederhose** F kožené kalhoty *pl* **Lederjacke** F kožený kabát *m* **Lederwaren** FPL kožené zboží *n*
ledig svobodný **lediglich** ADV jen(om)
leer prázdný
Leere F prázdno *n*, prázdnota **leeren** vyprazdňovat ‹-prázdnit›
Leerlauf M *Motor* běh naprázdno **Leerung** F *Briefkasten* vybírání *n*
legal legální
legen klást ‹položit›; **sich ~** lehat ‹lehnout› si; *Wind* přestávat ‹-stat›
Legierung F slitina
Leggings PL leginy *fpl*
Lehm M hlína *f*, jíl
Lehne F opěradlo *n* **lehnen** opírat ‹opřít› (**sich** se) (**an** *A* o *A*) **Lehnstuhl** M lenoška *f*
Lehrbuch N učebnice *f*
Lehre F nauka; *Ausbildung* učení *n* **lehren** ‹na›učit (**j-n et** k-o č-u) **Lehrer(in** F) M učitel(ka)
Lehrgang M učební kurz
Lehrling M učeň **lehrreich** poučný **Lehrstuhl** M katedra *f*
Lehrzeit F učební doba
Leib M tělo *n*; *Bauch* břicho
Leibesvisitation F tělesná prohlídka **Leibgericht** N oblíbené jídlo **leiblich** vlastní, rodný **Leibschmerzen** MPL bolesti *fpl* břicha **Leibwächter** M tělesná stráž *f*
Leiche F mrtvola **Leichenhalle** F márnice **Leichenwagen** M pohřební vůz
leicht lehký, snadný; **~e Musik** *f* lehká hudba; **~ entzündlich** (snadno) vznětlivý; **~ verdaulich** snadno stravitelný; **~ verderblich** snadno se kazící
Leichtathletik F lehká atletika
leichtfallen být lehké
leichtgläubig lehkověrný
Leichtigkeit F lehkost; *fig* snadnost **Leichtmetall** N lehký kov *m*
leichtsinnig lehkomyslný
leiden trpět (**an** *D* I); **nicht ~ können** nesnášet ‹-snést› **Leiden** N utrpení; MED nemoc *f*
Leidenschaft F vášeň **leidenschaftlich** vášnivý
leider bohužel **leidlich** obstojný
leidtun: **es tut mir leid** je mi (to) líto; **er tut mir leid** je mi ho líto
leihen půjčovat ‹-čit› (**j-m et** k-u co); **sich et ~** vypůjčovat ‹-čit› si co **Leihfrist** F půjčovní doba **Leihgebühr** F půjčovné *n* **Leihhaus** N půjčovna *f* **Leihwagen** M auto *n* z půjčovny **leihweise** půjčkou
Leim M klih **leimen** klížit
Leine F provázek *m*, šňůra;

Hundelein vodítko *n* na psa **Leinen** N len *m* **Leinwand** F plátno *n*
leise tichý; *Schlaf* lehký; ADV tiše, zticha, potichu; **~r stellen** ⟨z⟩tlumit
Leiste F lišta; ANAT slabina
leisten ⟨vy⟩konat; **sich et ~** dopřávat ⟨-přát⟩ si č-o; *sich erlauben* dovolovat ⟨-lit⟩ si
Leistenbruch M tříselná kýla *f*
Leistung F výkon *m* (*a.* TECH) **leistungsfähig** výkonný **Leistungssportler** M vrcholový sportovec
Leitartikel M úvodník **leiten** *Versammlung* řídit **Leiter**[1] M vedoucí, ředitel; PHYS vodič
Leiter[2] F žebřík *m*
Leitplanke F svodidlo *n* **Leitung** F *Führung* vedení *n*, řízení *n*; TEL linka; ELEK vedení *n*; *Rohr* potrubí *n* **Leitungswasser** N voda *f* z vodovodu
Lektion F lekce **Lektüre** F četba
Lende F bedra *npl* **Lendenbraten** M svíčková *f*
lenken řídit **Lenkstange** F *Fahrrad* řídítka *npl* **Lenkrad** N volant *m* **Lenkradkralle** F uzamykací tyč *m* volantu **Lenkradschloss** N zámek *m* volantu **Lenksäule** F ojnice **Lenkung** F AUTO řízení *n*
Lerche F skřivan *m*
lernen ⟨na⟩učit se (*A D*)
lesbar čitelný
lesbisch lesbický
Lesebuch N čítanka *f*
lesen číst **Leser(in** F**)** M čtenář(ka) **Leserbrief** M čtenářský dopis **leserlich** čitelný
Lesesaal M čítárna *f* **Lesezeichen** N záložka *f* do knihy
Lette M Lotyš **Lettin** F Lotyška **lettisch** lotyšský **Lettland** N Lotyšsko
letzte, **letzter**, **letztes** poslední; **~ Woche** *f* minulý týden *m*
Leuchte F svítilna **leuchten** ⟨po⟩svítit, ⟨za⟩zářit **leuchtend** zářivý; *Farbe* jasný **Leuchter** M svícen **Leuchtrakete** F světelná raketa **Leuchtreklame** F světelná reklama **Leuchtstoffröhre** F zářivka **Leuchtturm** M maják
leugnen popírat ⟨-přít⟩
Leukämie F leukemie
Leute PL lidé *mpl*; **junge ~** mladí *mpl*
Leutnant M poručík
Libelle F libela
liberal liberální **Liberalisierung** F liberalizace
Licht N světlo; **bei ~** za světla; **~ machen** rozsvěcovat ⟨-svítit⟩ **lichtempfindlich** citlivý na světlo **Lichthupe** F AUTO světelná houkačka **Lichtmaschine** F dynamo *n* **Lichtschalter** M vypínač světla **Lichtung** F paseka, mýtina
Lid N oční víčko **Lidschatten** M oční stín
lieb milý; **am ~sten** nejraději
Liebe F láska **lieben** milovat, mít rád **liebenswürdig** laskavý **Liebenswürdigkeit** F laskavost

lieber ADV raději, radši
Liebesbrief M milostný dopis
Liebeskummer M trápení *n* s láskou **Liebespaar** N milenci *mpl* **Liebesroman** M milostný román
liebevoll láskyplný **Liebhaber** M milenec, milovník (*a. fig*) **lieblich** *Wein* sladký **Lieblings...** oblíbený **lieblos** necitelný
Lied N píseň *f* **Liederbuch** N zpěvník *m*
Lieferant M dodavatel **lieferbar** k dodání **Lieferbedingungen** FPL dodací podmínky **Lieferfrist** F dodací lhůta
liefern dodávat ‹-dat›
Lieferschein M dodací list **Lieferung** F dodávka, dovážka **Lieferwagen** M dodávkové auto *n*
Liege F lehátko *n*, *umg* válenda **liegen** ležet; **es liegt daran, dass...** záleží na tom, že...; **~ lassen** nechat **Liegestuhl** M lehátko *n* **Liegewagen** M lehátkový vůz
Lift M výtah; *Skilift* vlek
Likör M likér
lila lila
Lilie F lilie
Limonade F limonáda
Limousine F limuzína
Linde F lípa
lindern ‹z›mírnit, ‹u›tišit
Lineal N pravítko
Linie F linka, čára
Linienbus M linkový autobus **Linienflug** M linkový let **Linienrichter** M pomezní rozhodčí **Linienverkehr** M linková doprava *f*
Link M IT link, odkaz
linke, **linker**, **linkes** levý
Linke F POL levice
links vlevo, nalevo; **nach ~** doleva; **von ~** zleva; **sich ~ halten** držet se vlevo **Linksabbieger** M odbočující vlevo **Linkshänder** M levák
Linse F BOT, PHYS čočka
Linsensuppe F čočková polévka
Lippe F ret *m*, pysk *m*
Lippenbalsam M balzám na rty **Lippenstift** M rtěnka *f*
lispeln šišlat
List F lest
Liste F seznam *m*, listina
listig lstivý
Liter M litr
literarisch literární **Literatur** F literatura
Livesendung F TV živé vysílání *n*
Livestream M živý přenos
Lizenz F licence
Lkw M (**Lastkraftwagen**) nákladní auto *n* **Lkw-Fahrer** M řidič nákladního auta
Lob N chvála *f*, pochvala *f* **loben** ‹po›chválit **lobenswert** chvalitebný
Loch N díra *f* **lochen** děrovat **Locher** M *Büro* dírovač
löchrig děravý
Locke F kadeř
locken ‹při›lákat
Lockenwickler M natáčka *f*
locker volný; *Boden* kyprý **lockern** uvolňovat ‹-nit›; ‹z›ky-

přit
lockig kadeřavý
Löffel M *Esslöffel* lžíce *f*; *Teelöffel* lžička *f*
Loge F THEAT lóže
logisch logický
Logo N logo
Lohn M mzda *f*; *Belohnung* odměna *f* **Lohnempfänger** M příjemce mzdy **lohnen**: **es lohnt sich (nicht)** to se (ne)vyplatí **lohnend** výnosný
Lohnerhöhung F zvýšení *n* mzdy **Lohnforderung** F mzdový požadavek *m* **Lohnkosten** PL mzdové náklady **Lohnsteuer** F daň ze mzdy
Loipe F lyžarská běžecká dráha
Lokal N lokál *m*
Lokomotive F lokomotiva **Lokomotivführer** M strojvůdce
London N Londýn *m*
Lorbeer M vavřín **Lorbeerblatt** N bobkový list *m*
los: **was ist ~?** co se děje?; **~!** do toho!
Los N *Schicksal* osud *m*; *Lotterie* los *m*
losbinden odvazovat ⟨-vázat⟩
löschen *Feuer, Licht* ⟨u⟩hasit; IT vymazávat ⟨-mazat⟩; **den Durst ~** ⟨u⟩hasit žízeň
lose volný; *unverpackt* nezabalený
Lösegeld N výkupné
losen ⟨vy⟩losovat
lösen uvolňovat ⟨-nit⟩ *Fahrkarte* kupovat ⟨koupit⟩; *Rätsel* ⟨roz⟩luštit
losfahren rozjíždět ⟨-jet⟩ se
losgehen odcházet ⟨odejít⟩
loslassen pouštět ⟨pustit⟩
löslich rozpustný
Lösung F *Aufgabe* řešení *n*; CHEM roztok *m* **Lösungsmittel** N rozpouštědlo
loswerden zbavit se (*A G*)
löten ⟨s⟩pájet **Lötkolben** M páječka *f*
Lotse M SCHIFF lodivod
Lotterie F loterie **Lotto** N sportka *f*
Löwe M lev **Löwenzahn** M BOT pampeliška *f* **Löwin** F lvice
Luchs M rys
Lücke F mezera **lückenhaft** mezerovitý
Luft F vzduch *m* **Luftangriff** M nálet **Luftballon** M balon **Luftblase** F vzduchová bublina **luftdicht** vzduchotěsný, neprodyšný **Luftdruck** M tlak vzduchu
lüften *Zimmer* ⟨vy⟩větrat
Luftfahrt F letectví *n* **Luftfilter** M čistič vzduchu **Luftfracht** F letecký náklad *m* **Luftgewehr** N vzduchovka *f* **Luftkissenboot** N vznášedlo **Luftkurort** M klimatické lázně *fpl* **Luftmatratze** F nafukovací matrace **Luftpost** F letecká pošta; **per ~** letecky **Luftpumpe** F hustilka **Luftröhre** F průdušnice
Lüftung F větrání *n*
Luftverkehr M letecká doprava *f* **Luftverschmutzung** F znečišťování *n* ovzduší **Luftwaffe** F vojenské letectvo *n* **Luftzug** M průvan

Lüge F lež **lügen** lhát ⟨zalhat⟩ **Lügner(in** F) M lhář(ka)
Luke F vikýř *m*
Lump M darebák
Lumpen M hadr
Lunchpaket N balíček *m* na cestu
Lunge F plíce *fpl* **Lungenentzündung** F zápal *m* plic
Lupe F lupa
Lust F: **(keine) ~ haben zu** (*D*) (ne)mít chuť do (*G*)
lustig veselý; **sich ~ machen über** (*A*) dělat si blázný z (*G*)
Lustspiel N veselohra *f*
lutschen cumlat, cucat **Lutscher** M lízátko *n*
luxuriös luxusní
Luxus M luxus, přepych **Luxusartikel** M luxusní zboží *n* **Luxushotel** N luxusní hotel *m*
Lymphe F míza **Lymphknoten** M lymfatická uzlina *f*
lynchen lynčovat
Lyrik F lyrika **Lyriker** M lyrik

M

machbar proveditelný
machen ⟨u⟩dělat; **~ lassen** dávat ⟨dát⟩ udělat; **Platz ~** uvolňovat ⟨-nit⟩ místo; **das Bett ~** stlát ⟨ustlat⟩; **wie viel macht es?** kolik to dělá?; **das macht nichts** to nevadí; **~ Sie es gut!** mějte se hezky!
Macht F moc **Machthaber** M držitel moci
mächtig mocný; mohutný
machtlos bezmocný
Mädchen N dívka *f*, děvce *n* **Mädchenname** M dívčí jméno *n*
Made F červ *m* **madig** červivý
Magazin N *Lager* skladiště; *Zeitschrift* magazín *m*
Magen M žaludek; **sich den ~ verderben** zkazit si žaludek; **auf nüchternen ~** nalačno **Magenbitter** M hořká *f* **Magengeschwür** N žaludeční vřed *m* **Magenschmerzen** MPL bolesti *fpl* v žaludku **Magentropfen** MPL žaludeční kapky *fpl* **Magenverstimmung** F žaludeční nevolnost
mager hubený; *Fleisch* libový **Magermilch** F sbírané mléko *n* **magersüchtig** anorektický
Magnet M magnet **magnetisch** magnetický
Mahagoni N mahagon *m*
mähen ⟨po⟩kosit, ⟨po⟩žít
mahlen ⟨se⟩mlít **Mahlzeit** F jídlo *n*
Mähne F hříva
mahnen napomínat ⟨-menout⟩ **Mahnung** F napomenutí *n*
Mai M květen; **der Erste ~** První máj **Maiglöckchen** N konvalinka *f* **Maikäfer** M chroust
Mailbox F mailbox, mailová schránka *f*; **j-m auf die ~ sprechen** *Handy* mluvit k-u správu na mailovou schránku
Main M Mohan

Mainz N Mohuč *f*
Mais M kukuřice *f* **Maiskolben** M kukuřičná palice *f*
Majestät F Veličenstvo *n*
Majoran M majoránka *f*
Makel M kaz **makellos** bezvadný
Make-up N (na)líčení
Makkaroni PL makaróny *mpl*
Makler M makléř
Makrele F makrela
Makrone F makrónek *m*
mal krát
Mal N: **jedes ~** pokaždé; **zum ersten ~** poprvé; **das letzte ~** naposled; **das nächste ~** příště
malen ⟨na⟩malovat **Maler** M malíř **Malerei** F malířství *n*; *Bild* malba **Malerin** F malířka **malerisch** malebný
Malz N slad *m* **Malzbier** N sladové pivo
man: **~ sagt** říká se; **kann ~ ...?** může se...?; **~ muss** je třeba
Manager M manažer
manch(er) některý **manchmal** někdy
Mandant(in F**)** M mandant(ka)
Mandarine F mandarínka
Mandel F mandle **Mandelentzündung** F zánět *m* mandlí
Manege F manéž
Mangel M nedostatek (**an** *D G*); *Fehler* vada *f* **mangelhaft** nedostatečný, vadný
mangels (*G*) pro nedostatek **Mangelware** F nedostatkové zboží *n*
Manieren FPL chování *n*
Maniküre F manikúra
Manipulation F manipulace **manipulieren** manipulovat
Mann M muž; *Ehemann* manžel
Männchen N ZOOL samec *m*
Mannequin N manekýnka *f*
Männer..., **männlich** mužský
Mannschaft F mužstvo *n*; SPORT *a.* družstvo *n*
Manöver N manévr *m*
Manschette F manžeta
Mantel M plášť (*a.* AUTO)
Mappe F aktovka; *Aktendeckel* desky *fpl*
Märchen N pohádka *f* **Märchenbuch** N pohádková knížka *f* **märchenhaft** *fig* pohádkový
Marder M kuna *f*
Margarine F margarín *m*
Marienkäfer M slunéčko *n*
Marille F *österr* meruňka
Marinade F marináda
Marine F námořnictvo *n*
mariniert marinovaný
Marionette F loutka
Mark[1] F: **Deutsche ~** německá marka
Mark[2] N ANAT morek *m*; BOT dřeň *f*
Marke F *Fabrikat* značka; *Briefmarke* známka **Markenartikel** M značkové zboží *n*
markieren ⟨o⟩značkovat **Markierung** F značkování *n*
Markise F markýza
Markt M trh **Markthalle** F tržnice **Marktplatz** M tržiště *n* **Markttag** M den trhu
Marmelade F marmeláda
Marmor M mramor
Marsch M pochod (*a.* MUS)

marschieren pochodovat **Märtyrer** M mučedník **Märtyrerin** F mučednice
März M březen
Marzipan N marcipán *m*
Masche F oko *n* **Maschendraht** M pletivo *n*
Maschine F stroj *m* (*a.* FLUG, AUTO) **maschinell** strojní, strojový **Maschinenbau** M strojírenství *n* **Maschinengewehr** N kulomet *m* **Maschinenpistole** F samopal *m*
Masern FPL spalničky
Maske F maska **maskiert** maskovaný
Maß N míra *f*; **nach ~** na míru
Massage F masáž
Massaker N masakr *m*
Maßanzug M oblek na míru
Masse F *Materie* hmota; *Menge* masa, množství *n*; *Menschen* dav *m*
Maßeinheit F jednotka míry
Massenartikel M masové zboží *n* **Massenentlassung** F masové propouštění *n* **massenhaft** hojný, hromadný
Massenkarambolage F hromadná srážka **Massenkundgebung** F masová manifestace **Massenmedien** NPL hromadné sdělovací prostředky *mpl*, *umg* masmédia *npl* **Massenproduktion** F hromadná výroba **Massenvernichtungswaffen** FPL zbraně hromadného ničení
Masseuse F masérka **massieren** ⟨na⟩masírovat
mäßig mírný; *genügsam* střídmý **mäßigen** ⟨z⟩mírnit
massiv masivní
maßlos nesmírný **Maßnahme** F opatření *n* **Maßstab** M měřítko *n* **maßvoll** mírný
Mast M stožár **Mastdarm** M konečník
mästen ⟨vy⟩krmit
Material N materiál *m* **materiell** materiální, hmotný
Mathematik F matematika **Mathematiker** M matematik
Matratze F matrace
Matrose M námořník
Matsch M břečka *f*
matt matný; *kraftlos* mdlý; *Schach* mat
Matte F rohožka **Mattscheibe** F matnice
Matura F *österr* maturita
Mauer F zeď **mauern** zdít
Maul N huba *f*, tlama *f* **Maulesel** M mezek **Maulkorb** M náhubek **Maultier** N mul *m*, mula *f* **Maulwurf** M krtek
Maurer M zedník
Maus F myš (*a.* IT) **Mausefalle** F past na myši **Mausklick** M IT kliknutí *n* myší
Maut F *österr* mýtné *n* **Mautstelle** F mýtná brána **Mautstraße** F silnice s mýtem, cesta s dálničním poplatkem
maximal maximální
Mayonnaise F majonéza
Mazedonien N Makedonie *f* **Mazedonier** M Makedonec **Mazedonierin** F Makedonka **mazedonisch** makedonský
Mechanik F mechanika **Mechaniker** M mechanik **me-**

chanisch mechanický
meckern *fig* ⟨za⟩reptat
Medaille F medaile
Medien NPL média **Medienpolitik** F mediální politika
Medikament N lék *m* **Medizin** F *Fach* lékařství *n* **medizinisch** lékařský
Meer N moře **Meerenge** F mořská úžina **Meeresfrüchte** FPL plody *mpl* moře
Meeresspiegel M: **über dem ~** nad hladinou moře
Meerrettich M křen **Meerschweinchen** N morče
Mehl N mouka *f*
mehr víc(e) (**als** než); **~ oder weniger** více méně **Mehrbettzimmer** N vícelůžkový pokoj *m* **mehrdeutig** mnohoznačný
mehrere několik (*G*)
mehrfach několikanásobný; ADV víckrát **Mehrfahrtenkarte** F vícenásobná jízdenka, lístek *m* pro větší počet jízd
Mehrheit F většina **mehrtägig** vícedenní, několikadenní
Mehrwegflasche F vratná láhev **Mehrwertsteuer** F daň z přidané hodnoty **Mehrzahl** F většina **Mehrzweck...** víceúčelový
meiden vyvarovat se (*A G*)
Meile F míle
mein můj *m*, mé, moje *n*; *refl* svůj *m*, své *n*; **~e** má, moje *f*; *refl* svá *f*
Meineid M křivá přísaha *f*
meinen mínit, domnívat se
meinerseits co se mne týče
meinetwegen pro mne, kvůli mně; *von mir aus* pro mě za mě
Meinung F mínění *n*; **meiner ~ nach** podle mého (názoru)
Meinungsumfrage F průzkum *m* veřejného mínění
Meinungsverschiedenheit F nesouhlas *m*
Meise F sýkora
meist (po)nejvíc(e)
meiste N většina *f*; **am ~n** nejvíc(e) **meistens** většinou
Meister M mistr (*a.* SPORT)
Meisterbrief M mistrovský list **meisterhaft** mistrovský
meistern zvládat ⟨-nout⟩
Meisterschaft F mistrovství *n* **Meisterwerk** N mistrovské dílo
Meldeamt N přihlašovací úřad *m*
melden ⟨o⟩hlásit; *anzeigen* oznamovat ⟨-námit⟩; **sich ~** přihlašovat ⟨-hlásit⟩ se (TEL *nur* -hlásit se) **Meldung** F hlášení *n*; *Zeitung* zpráva
melken ⟨po⟩dojit
Melodie F melodie, nápěv *m*
Melone F meloun *m*
Menge F množství *n*; **e-e ganze ~** mnoho
Mensa F menza
Mensch M člověk; **kein ~** nikdo
menschenleer liduprázdný
Menschenmenge F dav *m*
Menschenrechte NPL lidská práva **Menschheit** F lidstvo *n* **menschlich** lidský
Menschlichkeit F lidskost
Menstruation F menstruace
Menthol N mentol *m*

Menü N menu (a. IT)
Merkblatt N informační lístek m **merken** všimnout si pf; **sich ~** zapamatovat si **Merkmal** N příznak m **merkwürdig** (po)divný
Messband N měřické pásmo
messbar měřitelný
Messe F REL mše; WIRTSCH veletrh m **Messegelände** N veletržní plocha f **Messehalle** F veletržní hala
messen ⟨z⟩měřit
Messer N nůž m
Messgerät N měřicí přístroj m
Messing N mosaz f
Messung F měření n
Metall N kov m **Metallarbeiter** M kovodělník
meteorologisch meteorologický
Meter M metr **Metermaß** N metr m
Methode F metoda
Metzger M řezník **Metzgerei** F řeznictví n
Meute F smečka **Meuterei** F vzpoura **meutern** ⟨vz⟩bouřit se
mich mě, mne; **für ~** pro mne; **ohne ~** beze mne
Miene F výraz m obličeje
mies umg mizerný
Miesmuschel F slávka jedlá
Miete F nájem m **mieten** najímat ⟨-jmout⟩; *Auto, Boot* půjčit si **Mieter** M nájemník **Mieterschutz** M ochrana f nájemníků
Mietvertrag M nájemní smlouva f **Mietwagen** M auto n k pronájmutí
Migräne F migréna
Mikrofaser F mikrovlákno n
Mikrofilm M mikrofilm **Mikrofon** N mikrofon **Mikroskop** N mikroskop m **Mikrowelle** F umg mikrovlnka
Milch F mléko n **Milchflasche** F láhev na mléko **Milchglas** N mléčné sklo **Milchkaffee** M bílá káva f **Milchkännchen** N konvička f na kávu
Milchmixgetränk N mléčný koktejl m **Milchpulver** N sušené mléko **Milchreis** M rýžová kaše f **Milchstraße** F ASTRON Mléčná dráha **Milchzahn** M mléčný zub
mild mírný **mildern** ⟨z⟩mírnit
Milieu N prostředí
Militär N vojsko **Militärdienst** M vojenská služba f
militärisch vojenský
Milliarde F miliarda **Millimeter** M milimetr **Million** F milion m **Millionär(in** F) M milionář(ka)
Milz F slezina
Minderheit F menšina **minderjährig** nezletilý
mindern zmenšovat ⟨-šit⟩
minderwertig méněcenný
mindest nejmenší; **(nicht) das Mindeste** (ani) to nejmenší
Mindestabstand M minimální odstup **mindestens** nejméně **Mindesthaltbarkeitsdatum** N datum minimální trvanlivosti
Mine F mina; *Kugelschreiber* náplň
Mineral N nerost m **Mineral-**

öl N minerální olej *m* **Mineralwasser** N minerálka *f*
Minigolf N minigolf *m* **Minikleid** N minišaty *mpl* **minimal** minimální **Minirock** M minisukně *f*
Minister(in F) M ministr(yně) **Ministerium** N ministerstvo **Ministerpräsident** M předseda vlády, premiér
minus mínus; **~ 7 Grad** sedm stupňů pod nulou, minus sedm stupňů
Minute F minuta
mir *betont* mně, *unbetont* mi; **ein Freund von ~** můj přítel
mischen ⟨s⟩míchat, ⟨s⟩mísit **Mischung** F směs *m*
miserabel mizerný
missachten nevážit si (*A G*) **Missbildung** F znetvoření *n* **missbilligen** neschvalovat ⟨-válit⟩ **Missbrauch** M zneužití *n* **missbrauchen** zneužívat ⟨-žít⟩ **Misserfolg** M neúspěch **missfallen** nelíbit se **Missgeburt** F *fig* zmetek *m* **Missgeschick** N nehoda *f* **missglückt** nepodařený **misshandeln** týrat **Misshandlung** F týrání *n*
Mission F mise; REL misie **Missionar** M misionář
misslingen nepovést se **missmutig** nevrlý **Missstände** MPL nešvary
Misstrauen N nedůvěra *f* **misstrauisch** nedůvěřivý **Missverständnis** N nedorozumění **missverstehen** nerozumět
Mist M hnůj **Mistel** F jmelí *n* **Misthaufen** M hnojiště *n*
mit (*D*) s(e) (*I*); *als Mittel nur* (*I*); **~ dem Zug** vlakem
Mitarbeit F spolupráce **Mitarbeiter** M spolupracovník **Mitarbeiterin** F spolupracovnice **Mitbenutzung** F spoluužívání *n* **Mitbestimmung** F spolurozhodování *n* **mitbringen** přinášet ⟨-nést⟩ s sebou **Mitbürger(in** F) M spoluobčan(ka) **miteinander** spolu **mitfahren** jet (**mit** *D s I*); **wollen Sie im Auto ~?** chcete jet se mnou? **Mitfahrgelegenheit** F příležitost s někým se svézt **Mitgefühl** N soucit *m* **mitgehen** jít (**mit** *D s I*)
Mitglied N člen *m* **Mitgliedsbeitrag** M členský příspěvek **Mitgliedskarte** F členský průkaz *m*
mithilfe: **~ von** (*D*) pomocí (*G*)
Mitleid N soustrast *f*
mitmachen ⟨z⟩účastnit se (**bei** *D G*) **mitnehmen** vzít ⟨brát⟩ s sebou **Mitreisende** M,F spolucestující **mitschreiben** zapisovat (si) **Mitschüler(in** F) M spolužák(yně) **Mitspieler(in** F) M spoluhráč(ka)
Mittag M poledne *n*; **zu ~ essen** obědvat; **heute ~** dneska v poledne **Mittagessen** N oběd *m*
mittags v poledne **Mittagspause** F polední přestávka **Mittagsruhe** F polední klid *m* **Mittagszeit** F polední

doba, poledne *n*
Mitte F střed *m*; *zeitlich* polovina; **in der ~** vprostřed(ku); **~ Mai** v polovině května
mitteilen sdělovat ⟨-lit⟩, oznamovat ⟨-námit⟩ **Mitteilung** F sdělení *n*, oznámení *n*
Mittel N prostředek *m* (*a.* MED) **Mittelalter** N středověk *m* **mittelalterlich** středověký **mittelbar** nepřímý **Mittelfinger** M prostřední prst **mittelfristig** střednědobý **Mittellinie** F SPORT půlicí čára **mittellos** nemajetný **mittelmäßig** prostřední
Mittelmeer N Středozemní moře **Mittelohrentzündung** F zánět *m* středního ucha **Mittelpunkt** M střed **Mittelstreifen** M střední dělicí pás **Mittelstürmer** M střední útočník **Mittelwelle** F střední (rozhlasové) vlny *fpl*
mitten: **~ in** (*D*) uprostřed (*G*)
Mitternacht F půlnoc
mittlere (pro)střední; **der Mittlere Osten** *m* Střední Východ; **~n Alters** středního věku
Mittwoch M středa *f*; **am ~** ve středu
mitwirken spoluúčinkovat (**bei** *D* při *L*) **Mitwirkende** M, F spoluúčinkující **Mitwirkung** F spolupůsobení *n*
Mixbecher M šejkr **mixen** mixovat **Mixer** M mixér
Möbel NPL nábytek *m* **Möbelwagen** M stěhovací vůz
Mobilfunknetz N síť *f* mobilních telekomunikátorů **mobilisieren** mobilizovat **Mobiltelefon** N mobilní telefon *m*
möblieren opatřovat ⟨-třit⟩ nábytkem; **möbliertes Zimmer** *n* zařízený pokoj *m*
Mode F móda **Modefarbe** F módní barva **Modejournal** N módní časopis *m*, *umg* módy *fpl*
Model(l) N model *m*
Modenschau F módní přehlídka
Moderator(in F) M moderátor(ka) **moderieren** moderovat
modern moderní **modernisieren** modernizovat
Modeschmuck M bižuterie *f* **Modeschöpfer(in** F) M módní návrhář(ka)
modisch módní
mogeln podvádět ⟨-vést⟩
mögen *j-n* mít rád; *wollen* chtít; **ich möchte** rád bych; **ich mag kein Fleisch** nemám rád maso
möglich možný; **alles Mögliche** všechno možné **Möglichkeit** F možnost
möglichst: **~ bald** co možná nejdřív
Mohn M mák
Möhre F mrkev
Mokka M moka *n*
Moldau F Vltava
Mole F molo *n*
Molkerei F mlékárna
mollig *Figur* baculatý; *warm* teplý
Moment M moment **Momentaufnahme** F momentka

Monat M měsíc **monatlich** měsíční
Monatsende N konec *m* měsíce **Monatsgehalt** N měsíční plat *m* **Monatskarte** F měsíční jízdenka **Monatsrate** F měsíční splátka
Mönch M mnich
Mond M měsíc **Mondfinsternis** F zatmění *n* měsíce **Mondschein** M měsíční svit
Montag M pondělí *n*; **am ~** v pondělí **Montagabend** M v pondělí večer
Montage F montáž **Monteur** M montér **montieren** ⟨s⟩montovat
Monument N pomník *m*
Moor N bažina *f*, slatina *f* **Moorbad** N slatinná koupel *f*
Moos N mech *m*
Moped N moped *m*
Moral F morálka **moralisch** morální
Morast M bahno *n*, bláto *n*
Mord M vražda *f* **morden** ⟨za⟩vraždit
Mörder M vrah **Mörderin** F vražednice
morgen zítra; **~ früh** zítra ráno
Morgen M jitro *n*, ráno *n*; **guten ~!** dobré jitro! **Morgendämmerung** F svítání *n* **Morgenrock** M župan **Morgenrot** N ranní červánky *mpl*
morgens ráno **morgig** zítřejší
Morphium N morfium
morsch práchnivý
Mörtel M malta *f*
Mosaik N mozaika *f*
Moschee F mešita
Mosel F Mosela
Moskau N Moskva *f*
Moskitonetz N moskytiéra *f*
Most M mošt; *Apfelmost* jablečný mošt
Mostrich M hořčice *f*
Motel N motel *m*
Motiv N motiv *m* **motivieren** motivovat
Motor M motor **Motorboot** N motorový člun *m* **Motorhaube** F kapota **Motoröl** N motorový olej *m* **Motorrad** N motocykl *m*, motorka *f* **Motorradfahrer** M motocyklista **Motorroller** M skútr **Motorschaden** M porucha *f* motoru
Motte F mol *m*
Motto N heslo
Mountainbike N horské kolo
Möwe F racek *m*
MP3-Player® M MP3 přehrávač
Mücke F komár *m* **Mückenstich** M komáří bodnutí *n*
müde unavený; **~ werden** unavovat ⟨-vit⟩ se **Müdigkeit** F únava
Mühe F námaha **mühelos** bez námahy
Mühle F mlýn *m*; *Spiel* mlýnek *m*
mühsam namáhavý
Mulde F GEOG kotlina
Müll M smetí *n*; **~ abladen verboten!** skládka zakázána!
Müllabfuhr F odvoz *m* odpadu **Müllbeutel** M pytel na odpadky
Mullbinde F mulové obinadlo *n*
Müllcontainer M kontejner na odpadky **Mülldeponie** F

skládka **Mülleimer** M odpadkový koš **Mülltonne** F popelnice **Mülltrennung** F třídění *n* odpadu **Müllverbrennungsanlage** F spalovna odpadu
Multi... multi... **multikulturell** multikulturní **multiplizieren** ⟨z⟩násobit
Mumps M příušnice *fpl*
München N Mnichov *m*
Mund M ústa *npl*, pusa *f* **Mundart** F nářečí *n*
münden ústit (**in** *A* do *G*)
Mundharmonika F foukací harmonika
mündig zletilý, svéprávný **mündlich** ústní
Mundschutz M MED (*Maske*) rouška *f*
Mündung F ústí *n*
Mundwasser N ústní voda *f*
Munition F munice
munter *flink* čilý; *wach* bdělý
Münze F mince **Münzfernsprecher** M mincovní (telefonní) automat
mürbe křehký
murren bručet
mürrisch mrzutý
Mus N povidla *npl*
Muschel F mušle, lastura
Museum N muzeum
Musical N muzikál *m*
Musik F hudba **musikalisch** hudební **Musikbox** F hudební automat *m* **Musiker** M hudebník **Musikinstrument** N hudební nástroj *m*
musizieren pěstovat hudbu
Muskat N muškát *m* **Muskatnuss** F muškátový oříšek *m*
Muskel M sval **Muskelkater** M svalová bolest *f* **Muskelzerrung** F natržení *n* svalu
muskulös svalnatý
Müsli N müsli **Müsliriegel** M müsli tyčinka *f*
Muslim M muslim
müssen muset, musit; **man muss** je (po)třeba
Muster N vzor(ek) *m*; *Probe* ukázka *f* **musterhaft** vzorný
mustern *betrachten* prohlížet ⟨-hlédnout⟩; MIL odvádět ⟨-vést⟩ **Musterung** F *Stoff* vzorkování *n*; MIL odvod *m*
Mut M odvaha *f* **mutig** odvážný
Mutter F matka; TECH matice
mütterlich mateřský
Muttermal N mateřské znaménko **Mutterschaft** F mateřství *n* **Muttersprache** F mateřština
Mutti F maminka
mutwillig svévolný
Mütze F čepice
MwSt., **MWSt.** F (**Mehrwertsteuer**) daň z přidané hodnoty
mysteriös tajemný

N

Nabel M pupek **Nabelschnur** F pupeční šňůra
nach (*D*) *zeitlich* po (*L*); *örtlich* do (*G*), na (*A*); *gemäß* podle (*G*); **der**

Zug ~ Pilsen vlak do Plzně; **~ dem Essen** po jídle; **fünf ~ zwei** pět minut podruhé; **~ und ~** ponenáhlu; **~ Hause** domů
nachahmen napodobovat ⟨-bit⟩ **Nachahmung** F napodobení *n*
Nachbar(in F**)** M soused(ka) **Nachbarschaft** F sousedství *n*
nachbestellen doobjednávat ⟨-nat⟩ **Nachbestellung** F dodatečná objednávka
nachdem když; **je ~** podle toho
nachdenken přemýšlet (**über** *A* o *L*) **nachdenklich** zamyšlený **Nachdruck** M důraz; TYPO přetisk **nachdrücklich** důrazný **nacheifern** horlivě následovat (*D A*) **nacheinander** po sobě
nachfolgen následovat (*D A*) **Nachfolger** M následník, nástupce
nachforschen pátrat **Nachforschung** F pátrání *n* **Nachfrage** F poptávka **nachfragen** poptávat ⟨-tat⟩ se (**nach** *D* po *L*)
nachfüllen doplňovat ⟨-nit⟩ **Nachfüllpackung** F náhradní náplň
nachgeben povolovat ⟨-lit⟩ **Nachgebühr** F doplatné *n* **nachgehen** jít (*D* za *I*); *Uhr* jít pozadu (**um** *A* o *A*) **Nachgeschmack** M příchuť *f* **nachgiebig** povolný **nachhause** domů **nachhelfen** napomáhat ⟨-moct⟩
nachher potom; **bis ~!** tak zatím!
Nachhilfe(stunde) F doučování *n*
nachholen dohánět ⟨-honit⟩ **Nachkomme** M potomek **nachkommen** přicházet ⟨-jít⟩ za (*I*); *e-m Wunsch* splňovat ⟨-nit⟩, vyhovovat ⟨-vět⟩ **Nachkriegszeit** F poválečná doba **Nachlass** M *Preis* sleva *f*; *Erbschaft* pozůstalost *f* **nachlassen** ochabovat ⟨-nout⟩ **nachlässig** nedbalý **nachlaufen** běžet (*D* za *I*) **nachlösen** BAHN dokupovat ⟨-koupit⟩ **nachmachen** imitovat; *fälschen* padělat (*im*)*pf*
Nachmittag M odpoledne *n*; **am ~, nachmittags** odpoledne
Nachnahme F: **als** *od* **gegen ~** na dobírku
Nachname M příjmení *n* **Nachporto** N doplatné **nachprüfen** přezkušovat ⟨-koušet⟩ **nachrechnen** přepočítávat ⟨-tat⟩ **Nachricht** F zpráva; **j-m e-eNachricht hinterlassen** nechat k-u vzkaz *od* zprávu
Nachrichtenagentur F zpravodajská agentura **Nachrichtensatellit** M komunikační satelit **Nachrichtensendung** F vysílání *n* zpráv
Nachruf M posmrtná vzpomínka *f* **Nachsaison** F posezonní období *n* **nachschlagen** podívat se (*A* do *G*) **Nachschlagewerk** N příručka *f* **Nachschlüssel** M paklíč **Nachschub** M přísun **nach-**

sehen *kontrollieren* prohlížet ‹-hlédnout›; *verzeihen* promíjet ‹-minout› **nachsenden** doslat **Nachspeise** F dezert *m*, zákusek *m*

nächste, **nächster**, **nächstes** nejbližší (*a su*); *folgend* příští

Nacht F noc; **gute ~!** dobrou noc!; **heute ~** dnes v noci; **bei ~**, **in der ~** v noci **Nachtbar** F noční bar *m* **Nachtdienst** M noční služba *f*

Nachteil M nevýhoda *f*

Nachthemd N noční košile *f*

Nachtigall F slavík *m*

Nächtigung F *österr* nocleh *m*

Nachtisch M dezert, zákusek

nächtlich noční

Nachtlokal N noční podnik *m*

Nachtportier M noční vrátný

Nachtrag M dodatek **nachtragend** neodpouštějící **nachträglich** dodatečný

Nachtruhe F noční klid *m*

nachts v noci

Nachtschicht F noční směna **Nachttarif** M noční tarif **Nachttisch** M noční stolek **Nachttischlampe** F noční lampička **Nachtwächter** M noční hlídač

Nachweis M důkaz, doklad **nachweisen** dokazovat ‹-kázat› **Nachwirkung** F následky *mpl* **Nachwuchs** M dorost **nachzahlen** doplácet ‹-platit› **nachzählen** přepočítávat ‹-tat› **Nachzahlung** F doplatek *m* **Nachzügler** M opozdilec

Nacken M šíje *f*, týl

nackt nahý; *kahl* holý **Nacktbadestrand** M nudistická pláž *f*

Nadel F jehla **Nadelbaum** M jehličnatý strom **Nadelöhr** N ucho jehly **Nadelwald** M jehličnatý les

Nagel M hřebík; *Fingernagel* nehet **Nagelbürste** F kartáček *m* na nehty **Nagelfeile** F pilníček *m* na nehty

Nagellack M lak na nehty **Nagellackentferner** M odlakovač

nageln přitloukat ‹-tlouct› hřebík

Nagelschere F nůžky *fpl* na nehty

nagen ‹o›hlodat

Nagetier N hlodavec *m*

nahe blízký; ADV blízko; **der Nahe Osten** Blízký Východ; **~ liegend** přibližný

Nähe F blízkost; **in der ~** nablízku

nähen šít

näher bližší

nähern: **sich ~** ‹při›blížit se

Nähgarn N (šicí) nit *f* **Nähmaschine** F šicí stroj *m* **Nähnadel** F jehla na šití

nahrhaft výživný **Nahrung** F potrava, strava **Nahrungsmittel** NPL potraviny *fpl*

Nährwert M výživnost *f*

Nähseide F šicí hedvábí *n*

Naht F šev *m* **nahtlos** bezešvý

Nahverkehr M místní doprava *f*

Nähzeug N šicí potřeby *fpl*

naiv naivní
Name M jméno *n*
Namenstag M jmeniny *fpl*, svátek
namentlich jmenovitý; ADV *besonders* zejména
nämlich totiž
Napf M miska *f* **Napfkuchen** M bábovka *f*
Narbe F jizva
Narkose F narkóza
Narr M šašek, blázen
Narzisse F narcis *m*
naschen mlsat
Nase F nos *m* **Nasenbluten** N krvácení z nosu **Nasenloch** N nosní dírka *f* **Nasentropfen** MPL nosní kapky *fpl* **Nashorn** N nosorožec *m*
nass mokrý; ~ **machen** namáčet ⟨-močit⟩; ~ **werden** ⟨z⟩moknout; ~ **geschwitzt** propocený
Nässe F mokro *n*; **bei** ~ za mokra
nasskalt sychravý
Nation F národ *m*
national národní, nacionální **nationalistisch** nacionalistický
Nationalität F národnost **Nationalitätenkennzeichen** N AUTO mezinárodní poznávací značka *f*
Nationalmannschaft F národní mužstvo *n* **Nationalpark** M národní park
NATO F Severoatlantická smlouva
Natter F užovka
Natur F příroda; *fig* povaha **Naturereignis** N přírodní jev *m* **Naturforscher** M přírodovědec **Naturheilkunde** F přírodní léčitelství *n* **Naturkatastrophe** F přírodní katastrofa
natürlich přirozený; ~! ovšem!
Naturschutz M ochrana *f* přírody **Naturschutzgebiet** N přírodní rezervace *f*
Naturwissenschaft F přírodověda
Navi N *umg* AUTO GPS navigace *f*
Nebel M mlha *f* **Nebelscheinwerfer** M *umg* mlhovka *f* **Nebelschlussleuchte** F koncové světlo *n* do mlhy
neben (*D*) vedle (*G*) **nebenan** vedle **nebenbei** vedle toho, mimochodem **Nebenbeschäftigung** F vedlejší zaměstnání *n* **nebeneinander** vedle sebe **Nebenfach** N vedlejší obor *m* **Nebenfluss** M přítok **Nebengebäude** N vedlejší budova *f*
Nebengeräusch N nežádoucí šum *m* **Nebenkosten** FPL vedlejší výlohy **Nebenprodukt** N vedlejší výrobek *m* **Nebenraum** M vedlejší místnost *f* **nebensächlich** vedlejší **Nebenstraße** F vedlejší silnice **Nebenwirkung** F vedlejší účinek *m*
neblig mlhavý
necken ⟨po⟩škádlit
Neffe M synovec
negativ negativní
Negativ N negativ *m*

nehmen brát ⟨vzít⟩; *annehmen* přijímat ⟨-jmout⟩; **Platz ~** sedat ⟨-nout⟩ si
Neid M závist *f* **neidisch** závistivý
neigen sklánět ⟨sklonit⟩; *fig* být nakloněný (**zu** *D* k *D*) **Neigung** F sklon *m*; *fig* náklonnost
nein ne
Nelke F karafiát *m*
nennen nazývat ⟨-zvat⟩, ⟨po⟩jmenovat **nennenswert** zasluhující zmínky **Nenner** M MATH jmenovatel
Neonlicht N neon *m* **Neonreklame** F neonová reklama
Neonröhre F neonová zářivka
Nerv M nerv **nervenkrank** nervově chorý **Nervenzusammenbruch** M nervové zhroucení *n* **nervös** nervózní
Nerz M norek
Nest N hnízdo
nett milý, hezký
netto netto, čistý **Nettolohn** M čistá mzda *f* **Nettopreis** M čistá cena *f* **Nettoverdienst** M čistý výdělek
Netz N síť *f*; **kein Netz haben** *Handy* být mimo síť, nemít pokrytí **Netzanschluss** M připojení *n* na síť **Netzhaut** F ANAT sítnice **Netzkarte** F síťová jízdenka **Netzwerk** N síť *f*
neu nový; **von Neuem** znovu
Neubau M novostavba *f* **Neueröffnung** F nové otevření *n*
Neuerung F novota **Neugeborene** N novorozeně
Neugier(de) F zvědavost **neugierig** zvědavý
Neuheit F novota, novost
Neuigkeit F novin(k)a
Neujahr N Nový rok *m*; **Prosit ~!** šťastný a veselý!
neulich nedávno **Neuling** M nováček **Neumond** M nový měsíc, novoluní *n*
neun devět **neunte** devátý
neunzehn devatenáct **neunzig** devadesát
Neuschnee M čerstvý *od* nový sníh
neutral neutrální **Neutralität** F neutralita
nicht ne; **~ mehr** už ne; **~ wahr?** že?; **~ rostend** nerezavějící
Nichte F neteř
Nichtraucher M nekuřák
Nichtraucherin F nekuřačka
nichts nic
Nichtschwimmer M neplavec
Nichtschwimmerin F neplavkyně
nichtssagend nicneříkající
nicken kývat ⟨-nout⟩
nie nikdy; **~ mehr, ~ wieder** už nikdy
nieder ADV dolů **Niedergang** M pokles, úpadek **niedergeschlagen** sklíčený **Niederlage** F porážka
Niederlande NPL Nizozemsko *n*
Niederländer M Nizozemec
Niederländerin F Nizozemka **niederländisch** nizozemský
niederlassen: **sich ~** usazovat

⟨-dit⟩ se **Niederlassung** F pobočka
niederlegen *Amt* vzdávat ⟨vzdát⟩ se (*A G*) **niederreißen** ⟨z⟩bořit
Niedersachsen N Dolní Sasko
Niederschlag M METEO srážka *f*; CHEM sedlina *f* **niederschlagen** porážet ⟨-razit⟩; *Aufstand* potlačovat ⟨-čit⟩ **niederträchtig** podlý **Niederung** F nížina
niedlich líbezný, roztomilý
niedrig nízký
niemals nikdy **niemand** nikdo
Niere F ledvina
Nierenentzündung F zánět *m* ledvin **Nierenkolik** F ledvinová kolika **Nierenstein** M ledvinový kamínek
nieseln: **es nieselt** mží
niesen kýchat ⟨-nout⟩
Niete F TECH nýt *m*; *Los* los, který nevyhraje
Nilpferd N hroch *m*
nippen srkat ⟨-nout⟩
nirgends nikde
Nische F výklenek *m*
nisten hnízdit
Niveau N úroveň *f*
noch ještě; **~ etwas?** ještě něco?; **~ immer** pořád ještě; **~ mehr** ještě víc **nochmals** ještě jednou
Nockerl N *österr* nok *m*
Nomade M kočovník
nominieren nominovat, jmenovat
Nonne F jeptiška
Nonstop-Flug M nepřetržitý let
Nord(en) M sever **nordeuropäisch** severoevropský
nördlich severní; **~ von** (*D*) severně od (*G*)
Nordlicht N polární záře *f*
Nordosten M severovýchod
Nordpol M severní pól
Nordrhein-Westfalen N Severní Porýní-Vestfálsko
Nordsee F Severní moře *n*
Nordwesten M severozápad
Nordwind M severák
nörgeln rýpat ⟨-nout⟩ (**über** *A* do *G*)
Norm F norma **normal** normální **Normalbenzin** N normální benzín *m* **normalisieren** normalizovat
Norwegen N Norsko **Norweger(in** F) M Nor(ka) **norwegisch** norský
Not F nouze, bída; **~ leiden** trpět nouzi
Notar M notář
Notarzt M pohotovostní lékař
Notarztwagen M ambulance *f*, sanitka *f*
Notausgang M nouzový východ **Notbremse** F záchranná brzda **Notdienst** M pohotovostní služba *f* **notdürftig** nuzný
Note F MUS nota; *Zensur* známka
Notfall M naléhavý případ
notfalls *v* případě potřeby
notieren zaznamenávat ⟨-nat⟩
nötig potřebný, nutný; **es ist (nicht) ~** je (není) třeba; **~ haben** mít zapotřebí
Notiz F poznámka **Notiz-**

block M poznámkový blok
Notizbuch N zápisník *m*
Notlage F nouze **Notlandung** F nouzové přistání *n*
Notlösung F nouzové řešení *n*
Notruf M volání *n* o pomoc **Notrufnummer** F číslo *n* tísňového volání **Notrufsäule** F dálniční hláska
Notunterkunft F nouzové ubytování *n* **Notverband** M prozatímní obvaz **Notwehr** F sebeobrana **notwendig** nutný, potřebný
Nougat N nugát *m*
November M listopad
Nu: **im ~** co nevidět
nüchtern střízlivý; **auf ~en Magen** nalačno
Nudeln FPL nudle
null nula; **~ Uhr** v nulu hodin; **zwei zu ~** dvě nula; **unter ~** pod nulou
Null F nula
Nummer F číslo *n* **nummerieren** ⟨o⟩číslovat **Nummernschild** N AUTO státní poznávací značka *f*
nun nyní; **was ~?** co teď?
nur jen(om), pouze
Nuss(baum M) F ořech *m*
Nussknacker M louskáček
Nutte F *vulg neg!* kurva
nutzen, **nützen** *j-m* prospívat ⟨-spět⟩; *Gelegenheit* využívat ⟨-žít⟩
Nutzen M užitek
nützlich užitečný
nutzlos neužitečný

O

Oase F oáza
ob zda(-li), -li
obdachlos bezdomovecký; ADV bez přístřeší
Obdachlose M bezdomovec
oben nahoře; **nach ~** nahoru; **von ~** shora; **~ genannt** shora jmenovaný; **~ ohne** nahoře bez
Ober M vrchní; **Herr ~!** pane vrchní!
Oberarm M nadloktí *n* **Oberbekleidung** F svrchní oděv *m* **Oberbürgermeister** M vrchní starosta, primátor
obere, **oberer**, **oberes** vrchní, horní
Oberfläche F povrch *m* **oberflächlich** povrchní (*a. fig*)
Obergeschoss N horní patro
oberhalb (G) nad (I) **Oberhaupt** N hlava *f* **Oberkellner** M vrchní **Oberkiefer** M horní čelist *f* **Oberkörper** M horní část *f* těla
Obers N *österr* smetana *f*
Oberschenkel M stehno *n*
Oberschule F střední škola
oberste, **oberster**, **oberstes** nejvyšší
Oberteil M od N svršek *m*
obgleich ačkoli(v)
objektiv objektivní
obligatorisch povinný
Oboe F hoboj *m*
Obrigkeit F vrchnost

Obst N ovoce **Obstbaum** M ovocný strom **Obstsaft** M ovocná šťáva *f*
obszön oplzlý
obwohl ačkoli(v)
Ochse M vůl **Ochsenschwanzsuppe** F polévka z volské oháňky
öde pustý; *fig* jalový
oder nebo
Oder F Odra
Ofen M kamna *npl*; *Backofen* pec *f*, trouba *f*
offen otevřený; *fig* upřímný; **~er Wein** rozlévané víno *n*; **die ~e See** širé moře *n*
Offenheit F *fig* upřímnost **offensichtlich** zjevný, patrný
öffentlich veřejný; **~er Verkehr** *m* hromadná doprava *f*
Öffentlichkeit F veřejnost
offiziell oficiální
Offizier M důstojník
öffnen otvírat ‹otevřít› **Öffner** M *Flaschenöffner*, *Dosenöffner* otvírač, otvírák **Öffnung** F otvor *m* **Öffnungszeiten** FPL otvírací doba *f*
oft často
öfter(s) častěji
ohne (*A*) bez (*G*); **~ Weiteres** beze všeho **ohnehin** beztoho, beztak
Ohnmacht F MED mdloba; *fig* bezmocnost
ohnmächtig: **~ werden** omdlévat ‹-lít›; **~ sein** být bez sebe
Ohr N ucho; **übers ~ hauen** ušít na někoho boudu
Ohrenarzt M ušní lékař **ohrenbetäubend** ohlušující **Ohrensausen** N hučení v uších **Ohrenschmerzen** MPL bolesti *fpl* v uchu
Ohrfeige F pohlavek *m* **Ohrklipp** M klips, klips(n)a *f* **Ohrläppchen** N ušní lalůček *m* **Ohrring** M náušnice *f od fpl* **Ohrstecker** M *Ohrring* náušnice *f od fpl*; *Kopfhörer* sluchátko *n*
Ökologie F ekologie **ökologisch** ekologický **ökonomisch** ekonomický
Oktober M říjen
Öl N olej *m*; *HeizÖl* topná nafta *f*
Oleander M oleandr
ölen ‹na›olejovat **Ölfarbe** F olejová barva **Ölgemälde** N olejomalba *f* **Ölheizung** F olejové topení *n* **ölig** olejnatý
Olive F oliva **Olivenöl** N olivový olej *m*
Ölkanne F olejnička **Ölleitung** F ropovod *m* **Ölpest** F ropná skvrna **Ölsardinen** FPL olejovky **Ölstand** M stav oleje **Ölwechsel** M výměna *f* oleje
Olympiade F olypiáda **olympisch** olympijský
Oma F babička
Omelett N omeleta *f*
Omnibus M autobus
Onkel M strýc
Opa M dědeček
Oper F opera
Open-Air... pod širým nebem, venku
Operation F operace **Operationssaal** M operační sál
Operette F opereta

operieren operovat; **sich ~ lassen an** (*D*) dát se operovat na (*A*)
Opfer N oběť *f*
opfern obětovat
Opium N opium
Opposition F opozice
Optik F optika **Optiker** M optik
optimistisch optimistický
Orange F pomeranč *m* **orange(farben)** oranžový **Orangensaft** M pomerančová šťáva *f*
Orchester N orchestr *m*
Orchidee F orchidea, orchidej
Orden M řád (*a.* REL)
ordentlich pořádný
ordinär sprostý
Ordination F *österr* ordinace
ordnen ⟨us⟩pořádat **Ordner** M *Person* pořadatel; *Hefter* pořadač, šanon **Ordnung** F pořádek *m*; *Reihe* řád *m* **Ordnungszahl** F pořadové číslo *n*
Organ N orgán *m* **Organisation** F organizace **organisatorisch** organizační **organisch** organický **organisieren** ⟨z⟩organizovat **Organismus** M organizmus
Organist M varhaník
Orgel F varhany *fpl*
Orient M orient **orientalisch** orientální
orientieren: **sich ~** orientovat se **Orientierung** F orientace
Original N originál *m* **original, originell** originální
Orkan M orkán
Ort M místo *n*
orthodox ortodoxní, pravověrný **orthopädisch** ortopedický
örtlich místní
Orts... místní
Ortschaft F osada, obec
Ortsgespräch N místní hovor *m* **Ortszeit** F místní čas *m*
Öse F očko *n*, ouško *n*
Osten M východ
Osterei N velikonoční vajíčko, kraslice *f*
Ostern N velikonoce *fpl*; **frohe ~!** veselé velikonoce!
Österreich N Rakousko **Österreicher(in** F**)** M Rakušan(ka) **österreichisch** rakouský
osteuropäisch východoevropský
östlich východní
Ostsee F Baltské moře *n* **Ostwind** M východní vítr
oval oválný
Overall M overal, kombinéza *f*
Oxid N oxid *m*, kysličník *m* **oxidieren** oxidovat
Ozean M oceán
Ozonalarm M ozónový poplach **Ozonloch** N ozonová díra *f* **Ozonschicht** F ozonová vrstva

P

paar několik (G), *umg* pár (G); **vor ein ~ Tagen** před několika dny
Paar N pár *m*
paarmal: **ein ~** několikrát
Pacht F nájem *m* **pachten** najímat ‹-jmout›
Pächter M nájemce
Päckchen N balíček *m*
packen *Koffer* ‹za›balit; *ergreifen* popadat ‹-nout› **Packpapier** N balicí papír *m* **Packung** F balíček *m*; MED zábal *m*
Pädagogik F pedagogika
Paddel N pádlo **Paddelboot** N kajak *m*
paddeln pádlovat
Paket N balík *m* **Paketannahme** F příjem *m* balíků **Paketausgabe** F výdej *m* balíků **Paketkarte** F průvodka
Pakt M pakt, smlouva *f*
Palast M palác
Palatschinken FPL palačinky
Palme F palma
Pandemie F pandemie
paniert GASTR obalovaný, smažený
Panik F panika
Panne F porucha **Pannenhilfe** F poruchová služba
Pant(h)er M pardál
Pantoffel M pantofel
Panzer M MIL tank
Papa M tatínek
Papagei M papoušek
Papier N papír *m*; **~e** *pl fig* papíry **Papierkorb** M koš na papír **Papierserviette** F papírový ubrousek *m* **Papiertaschentuch** N papírový kapesník *m*
Pappe F lepenka
Pappel F topol *m*
Paprika M paprika *f* **Paprikaschote** F paprikový lusk *m*
Papst M papež
Parabolantenne F parabolická anténa
Parade F MIL přehlídka
Paradeiser M *österr* rajče *n*
Paradies N ráj *m*
Paragraf M paragraf
parallel paralelní
Parasit M parazit
Pärchen N páre(če)k *m*
Parfüm N voňavka *f*, parfém *m*
Parfümerie F parfumerie
Paris N Paříž *f*
Park M park, sady *pl*
Parkautomat M parkovací automat **Parkdauer** F doba parkování
parken ‹za›parkovat; **Parken verboten!** zákaz parkování!
Parkett N parket *m*; THEAT přízemí
Parkgebühr F parkovné *n*
Parkhaus N garážový dům *m*
Parkkralle F botička **Parklücke** F mezera pro parkování
Parkplatz M parkoviště *n*
Parkscheibe F parkovací kotouč *m* **Parkuhr** F parkovací hodiny *fpl* **Parkverbot** N zá-

kaz *m* parkování
Parlament N sněm *m*, parlament *m* **parlamentarisch** sněmovní, parlamentní
Partei F strana (*a.* JUR) **parteiisch** stranický **parteilos** nestranický, bezpartijní **Parteimitglied** N člen(ka *f*) *m* strany
Parterre N přízemí
Partie F *Spiel* partie
Partner(in F) M partner(ka) **Partnerschaft** F partnerství *n* **Partnerstadt** F družební město *n*
Parzelle F parcela
Pass M *Ausweis* pas; *Gebirgspass* průsmyk
Passage F pasáž *m* (*a Text*), průchod *m*
Passagier M pasažér
Passant M kolemjdoucí
Passbild N pasová fotografie *f*
passen *Kleidung* padnout; *geeignet sein* hodit se
passend vhodný
passieren *zu Fuß* procházet ⟨-jít⟩; *fahrend* projíždět ⟨-jet⟩; *geschehen* stávat ⟨stát⟩ se **Passierschein** M propustka *f*
passiv pasivní, nečinný
Passkontrolle F pasová kontrola **Passwort** N heslo
Pastellfarbe F pastelová barva
Pastete F paštika
pasteurisiert paster(iz)ovaný
Pastor(in F) M pastor(ka)
Pate M kmotr **Patenkind** N kmotřenec *m*, kmotřenka *f* **Patenschaft** F kmotrovství *n*; *fig* patronát *m*
Patent N patent *m*
Patient(in F) M pacient(ka)
Patin F kmotra
patriotisch vlastenecký, patriotický
Patrone F patrona, náboj *m*
Pauke F tympány *mpl*
pauschal paušální **Pauschale** F paušál *m*
Pauschalreise F cesta na paušál
Pause F přestávka **pausenlos** nepřetržitý
Pavillon M pavilón
PC M (**Personal Computer**) osobní počítač
Pech N: **~ haben** mít smůlu
Pedal N pedál *m*, šlapadlo
pedantisch pedantský
Pediküre F pedikúra
Pegel M vodočet
peinlich trapný
Peitsche F bič *m*
Pelikan M pelikán
Pellkartoffeln FPL brambory *mpl* na loupačku
Pelz M kožešina *f* **Pelzgeschäft** N kožešnictví **Pelzjacke** F kožešinový kabát *m* **Pelzmantel** M kožich **Pelzmütze** F kožešinová čepice
pendeln pendlovat **Pendelverkehr** M kyvadlová doprava *f*
Penis M penis, pyj
Penizillin N penicilin *m*
Pension F *Heim* penzion *m*; *Ruhegehalt*, *-stand* důchod *m* **Pensionär** M penzista, důchodce **Pensionärin** F penzistka, důchodkyně **pensioniert** penzionovaný

per: ~ **Post** poštou; ~ **Fax** faxem **perfekt** perfektní **Periode** F perioda; MED menstruace **periodisch** periodický **Perle** F perla **perlen** perlit se **Perlmutt** N perleť *f* **Person** F osoba; **pro** ~ na osobu **Personal** N personál *m* **Personalabbau** M snižování *n* personálu **Personalabteilung** F osobní oddělení *n* **Personalausweis** M občanský průkaz **Personalien** PL nacionália *npl*, personalie *fpl* **Personenbeschreibung** F popis *m* osoby **Personenkraftwagen** M osobní auto *n* **Personenverkehr** M osobní doprava *f* **persönlich** osobní **Persönlichkeit** F osobnost **Perücke** F paruka, vlásenka **pessimistisch** pesimistický **Petersilie** F petržel **Petroleum** N petrolej *m* **Pfad** M stezka *f*, pěšina *f* **Pfadfinder** M skaut **Pfahl** M kůl **Pfalz** F Falc **Pfand** N zástava *f*; *Flaschenpfand* záloha *f* **pfänden** zabavovat ⟨-vit⟩ **Pfandflasche** F vratná láhev **Pfändung** F zabavení *n* **Pfanne** F pánev **Pfannkuchen** M svítek, kobliha *f* **Pfarramt** N fara **Pfarrer** M *katholisch* farář; *evangelisch a* pastor **Pfarrerin** F pastorka **Pfau** M páv

Pfeffer M pepř **Pfefferminze** F máta peprná **Pfefferminztee** M mátový čaj **pfeffern** ⟨o⟩pepřit **Pfefferstreuer** M pepřenka *f* **Pfeife** F píšťala; *Tabakspfeife* dýmka **pfeifen** pískat ⟨-nout⟩ **Pfeifentabak** M dýmkový tabák **Pfeil** M šíp, šipka *f* **Pfeiler** M pilíř **Pfennig** M fenik; *fig* halíř **Pferd** N kůň *m* **Pferderennen** N dostihy *mpl* **Pferdestall** M konírna *f* **Pferdezucht** F chov *m* koní **Pfiff** M hvizd **Pfifferling** M liška *f* **Pfingsten** N svatodušní svátky *mpl*, letnice *fpl* **Pfirsich** M broskev *f* **Pflanze** F rostlina **pflanzen** sázet **Pflanzenschutzmittel** N prostředek *m* na ochranu rostlin **pflanzlich** rostlinný **Pflaster** N dlažba *f*; MED náplast *f* **Pflasterstein** M dlažební kostka *f* **Pflaume** F slíva; *Zwetsche* švestka **Pflege** F péče, ošetřování *n* **pflegeleicht** snadný na údržbu **pflegen** *betreiben* pěstovat; *Kranke* ošetřovat ⟨-řit⟩ **Pfleger(in** F**)** M ošetřovatel(ka) **Pflicht** F povinnost **pflücken** *Blumen* ⟨na⟩trhat; *Obst a* ⟨o⟩česat **pflügen** ⟨z⟩orat **Pförtner** M vrátný

Pfosten M *im Zaun* kůl; *Stützpfosten* vzpěra *f*
Pfote F tlapa
Pfropfen M zátka *f*
pfui! fuj!
Pfund N půl kila, libra *f*
pfuschen *umg* ⟨z⟩fušovat
Pfütze F louže
Phantasie → Fantasie
Phase F fáze
Philosophie F filozofie **philosophisch** filozofický
Physik F fyzika **physikalisch** fyzikální **Physiker** M fyzik
physisch fyzický
Pianist M pianista **Pianistin** F pianistka
Pickel M TECH špičák; MED uher **picken** zobat ⟨zobnout⟩
Pickerl N *österr(Aufkleber)* nálepka *f*
Picknick N piknik *m*
piepsen ⟨za⟩pípat
Pik N *Karte* piky *mpl*
pikant pikantní
Pilger M poutník
Pille F pilulka
Pilot M pilot
Pils(ener) N plzeňské (pivo)
Pilz M houba *f*; MED plísně *fpl* **Pilzvergiftung** F otrava houbami
Pinguin M tučňák
pinkeln *umg* čůrat
PIN F (**persönliche Identifikationsnummer**) *zum Geldabheben usw* PIN *m* (osobní identifikační číslo *n*)
Pinsel M štětec, štětka *f*
Pinzette F pinzeta
Pionier M průkopník; MIL ženista
Pistazie F pistácie
Piste F FLUG dráha; *Skipiste* sjezdovka
Pistole F pistole
Pizza F pizza
Pizzeria F pizzeri
Pkw M (**Personenkraftwagen**) osobní auto(mobil *m*) *n*
Plage F trápení *n*
plagen trápit (**sich** se)
Plakat N plakát *m*
Plakette F plaketa
Plan M plán
Plane F plachta
planen ⟨na⟩plánovat
Planet M planeta *f*
planieren planýrovat
Planke F plaňka
planmäßig plánovitý; ADV podle plánu; **~e Ankunft** *f* příjezd *m* podle plánu
planschen cákat se
Plantage F plantáž
Planung F plánování *n*
plappern tlachat, žvanit
Plastik[1] F plastika
Plastik[2] N plast *m* **Plastikbecher** M kelímek z umělé hmoty **Plastikbeutel** M, **Plastiktüte** F igelitový sáček *m*
Platin N platina *f*
plätschern šplouchat
platt plochý; *Reifen* prázdný
Platte F deska; GASTR mísa; **kalte ~** studená mísa **Plattenspieler** M gramofon
Plattform F plošina; *fig* základna
Platz M *Stadt* náměstí *n*; *Stelle, Sitz* místo *n*; SPORT hřiště *n*; **~**

nehmen sedat ‹-nout› si **Platzanweiser(in** F) M biletář(ka)
Plätzchen N *Gebäck* placička *f*, sušenka *f*
platzen pukat ‹-nout›
Platzkarte F místenka **platzsparend** skladný
plaudern ‹po›povídat (si)
pleite: **er ist ~** zkrachoval
Plombe F plomba (*a Zahn*) **plombieren** ‹za›plombovat
plötzlich náhlý
plump nemotorný, nejapný
plündern ‹vy›drancovat
plus plus; **3 Grad ~** plus tři stupně
Plus N *Überschuss* přebytek *m* **Pluspunkt** M bod k dobru
Pöbel M chátra *f*, lůza *f*
pochen ‹za›bušit
Pocken FPL (pravé) neštovice **Pocken(schutz)impfung** F očkování *n* proti neštovicím
Podium N pódium **Podiumsdiskussion** F panelová diskuse
Pokal M pohár **Pokalspiel** N pohárový zápas *m*
Pol M pól **Polarstern** M Polárka *f*
Pole M Polák
Polen N Polsko
Police F pojistka
polieren ‹vy›leštit
Poliklinik F poliklinika
Polin F Polka
Politesse F obecní policistka
Politik F politika **Politiker** M politik **Politikerin** F politička
politisch politický
Politur F politura
Polizei F policie **Polizeirevier** N policejní obvod *od* okrsek *m* **Polizeistreife** F policejní hlídka **Polizeistunde** F zavírací hodina
Polizist(in F) M policist(ka)
polnisch polský
Polohemd N polokošile *f*
Polster N polštář *m* **Poltermöbel** PL čalouněný nábytek *m*
polstern ‹vy›polštářovat
Polterabend M večer před svatbou
poltern ‹za›hřmotit
Pommes: **~ frites** PL hranolky *mpl*
Pony[1] N pony *m*, poník *m*
Pony[2] M *Frisur* ofina *f*
Pool M *Schwimmbad* bazén
Popo M *umg* prdelka *f*, prcinka *f*
populär populární
Pore F pór
Pornografie F pornografie
porös pórovitý, porézní
Porree M pór(ek)
Portal N portál *m*
Portemonnaie N peněženka *f*
Portier M vrátný
Portion F porce
Porto N porto, poštovné **portofrei** bez porta
Porträt N portrét *m*
Portugal N Portugalsko
Portugiese M Portugalec **Portugiesin** F Portugalka **portugiesisch** portugalský
Portwein M portské víno *n*
Porzellan N porcelán *m*

Position F pozice, poloha **positiv** pozitivní **Post** F pošta; **mit der ~** poštou **Postamt** N poštovní úřad *m* **Postanweisung** F poštovní poukázka **Postbank** F poštovní banka **Postbeamte** M poštovní úředník **Postbote** M listonoš **Posten** M *Amt* místo *n*; *Ware* množství *n*; *Betrag* částka *f*; MIL hlídka *f* **Postfach** N poštovní přihrádka *f* **Postkarte** F dopisnice **postlagernd** poste restante **Postleitzahl** F poštovní směrovací číslo *n* **Postscheck** M poštovní šek **Postsparkasse** F poštovní spořitelna **Poststempel** M poštovní razítko *n* **postwendend** obratem **Postwertzeichen** N poštovní cenina *f* **Powidl** M *österr* povidla *npl* **Pracht** F nádhera **prächtig** nádherný **Prag** N Praha *f* **Prager** ADJ pražský **Prager(in** F) M Pražan(ka) **prahlen** ⟨po⟩chlubit se (**mit** *D* *I*) **Praktikant(in** F) M praktikant(ka) **praktisch** praktický; **~er Arzt** *m* praktický lékař **praktizieren** praktikovat **Praline** F pralinka **prall** *voll* plný k prasknutí; *Sonne* prudký; *Segel* vydutý **Prämie** F prémie **Präparat** N preparát *m*, přípravek *m* **präsentieren** prezentovat **Präsident** M prezident **Präsidium** N předsednictvo **prasseln** *Regen* šlehat; *Feuer* praskat **Praxis** F praxe; MED ordinace **präzise** precizní, přesný **predigen** kázat **Predigt** F kázání *n* **Preis** M cena *f*; *Belohnung* odměna *f* **Preisangebot** N cenová nabídka *f* **Preisausschreiben** N soutěž *f* o ceny **Preiselbeere** F brusinka **Preiserhöhung** F zvýšení *n* cen **preisgeben** vydávat ⟨-dat⟩ všanc **preisgekrönt** poctěný cenou **Preisliste** F ceník *m* **Preisnachlass** M sleva *f* z ceny **Preisrichter** M porotce **Preissenkung** F snížení *n* cen **Preisträger** M laureát **preiswert** cenově výhodný **Prellung** F MED pohmožděnina **Prepaid-Karte** F TEL předplacená telefonní karta **Presse** F TECH lis *m*; TYPO tisk *m* **Pressedienst** M tisková služba *f* **pressen** ⟨vy⟩lisovat, stlačovat ⟨-čit⟩ **Pressestimme** F hlas *m* tisku **Priester** M kněz **prima** výborný, prima **Primar** M *österr* primář **Primel** F prvosenka **primitiv** primitivní **Prinz(essin** F) M princ(ezna) **Prinzip** N zásada *f*, princip *m*; **im ~** zásadně **prinzipiell** zásadní

Prise F: **e-e ~ Salz** špetka soli
Pritsche F pryčna
privat soukromý; **~ versichert** soukromě pojištěný **Privateigentum** N soukromé vlastnictví **Privatleben** N soukromí
Privileg N výsada *f*
pro: **~ Tag** na den; **~ Stunde** za hodinu
Probe F zkouška; *Warenprobe* vzorek *m* **Probefahrt** F zkušební jízda
proben zkoušet
probieren zkoušet ⟨zkusit⟩; GASTR ochutnávat ⟨-nat⟩
Problem N problém *m*
Produkt N výrobek *m*, produkt *m*
Produktion F výroba **Produktionskosten** PL výrobní náklady *mpl*
produktiv výnosný, produktivní
produzieren vyrábět ⟨-robit⟩
Professor(in F**)** M profesor(ka)
Profi M *umg* profík
Profil N profil *m*
Profit M zisk, prospěch **profitieren** mít prospěch
Prognose F prognóza
Programm N program *m* **programmieren** programovat
Programmierer(in F**)** M programátor(ka)
Projekt N projekt *m* **Projektor** M promítačka *f* **Prokurist** M prokurista **Promenade** F promenáda **Promille** N promile **prominent** prominentní
Promotion F promoce **promovieren** promovat
prompt promptní
Propangas N propan-butan *m*
Propeller M vrtule *f*
Prophet M prorok
prophezeien prorokovat
prosit! na zdraví!, ať slouží!
Prospekt M prospekt
Prostituierte F prostitutka
Prostitution F prostituce
Protestant(in F**)** M protestant(ka) **protestantisch** protestantský
protestieren protestovat
Prothese F protéza **Protokoll** N protokol *m*, zápis *m* **Proviant** M proviant **Provider** M IT provider, provozovatel internetu **Provinz** F provincie **Provision** F provize **provozieren** ⟨vy⟩provokovat **Prozent** N procento **Prozess** M proces
Prozession F procesí *n*
prüde prudérní
prüfen ⟨vy⟩zkoušet **Prüfung** F zkouška
Prügelei F pranice
prügeln: **sich ~** prát se
Prunk M okázalost *f*
Psychiater(in F**)** M psychiatr(-yně) **psychisch** psychický **psychologisch** psychologický
Pubertät F puberta
Publikation F publikace **Publikum** N publikum, obecenstvo **publizieren** publikovat, uveřejňovat ⟨-nit⟩
Pudding M pudink
Puder M pudr **Puderzucker** M moučkový cukr
Pullover M svetr, pulovr

Puls M pulz, tep
Pulver N prach *m*, prášek *m*
Pumpe F čerpadlo *n*, pumpa
pumpen: **sich et von j-m ~** vypůjčovat ‹-čit› si co od k-o
Punker M punk
Punkt M bod, tečka *f*; **~ drei Uhr** přesně ve tři hodiny
pünktlich přesný
Pupille F zornice, pupila
Puppe F panenka
pur čirý, ryzí
Püree N pyré
pusten ‹za›funět
Pute F krůta **Puter** M krocan
Putsch M puč
Putz M *Mörtel* omítka *f* **putzen** ‹vy›čistit; *Fenster* mýt **Putzfrau** F uklízečka **Putzlappen** M hadr **Putzmittel** N čisticí prostředek *m*
Pyjama M pyžamo *n*

Q

Quadrat N čtverec *m* **quadratisch** čtvercový; MATH kvadratický **Quadratmeter** M čtverečný metr
quaken ‹za›kvákat
Qual F muka *f* od *npl*
quälen ‹z›mučit, trýznit; **sich ~** trápit se
Qualifikation F kvalifikace
Qualität F jakost, kvalita
Qualle F medúza
Qualm M čoud, dým **qualmen** čadit, čoudit
Quantität F kvantita, množství *n*
Quarantäne F karanténa
Quark M tvaroh
Quartal N kvartál *m*, čtvrtletí
Quartett N *Komposition* kvartet *m*; *Musiker* kvarteto **Quartier** N *umg* kvartýr *m*, ubytování
Quarz M křemen **Quarzuhr** F hodinky *fpl* na baterii
Quatsch M nesmysl **quatschen** žvanit, žvástat
Quecksilber N rtuť *f*
Quelle F pramen *m*
quellen *hervorquellen* pramenit; *schwellen* ‹na›bobtnat
quer příčně, napříč; **~ durch die Stadt** napříč městem **Querschnitt** M průřez **querschnitt(s)gelähmt** příčně ochrnutý **Querstraße** F příčná ulice
quetschen ‹roz›mačkat **Quetschung** F MED pohmoždění
quietschen ‹za›pištět, ‹za-›skřípat
Quirl M kvedlačka *f* **quirlen** ‹za›kvedlat
quittieren kvitovat **Quittung** F (po)stvrzenka; **e-e ~ ausstellen** vystavovat ‹-vit› (po)stvrzenku (**über** *A* na *A*)
Quiz N kvíz *m*
Quote F kvóta

R

Rabatt M rabat
Rabe M havran, krkavec
Rache F (po)msta
Rachen M hltan; ZOOL tlama f
rächen: **sich ~** ⟨po⟩mstít se (**für** *A* za *A*)
Rad N kolo; **~ fahren** jezdit ⟨jet⟩ na kole
Radar M od N radar *m* **Radarkontrolle** F radarová kontrola
Radfahrer M cyklista **Radfahrerin** F cyklistka
radieren vymazávat ⟨-zat⟩
Radiergummi M guma *f* (na vymazávání)
Radierung F lept *m*
Radieschen N ředkvička *f*
radikal radikální
Radio N rádio **radioaktiv** radioaktivní **Radiowecker** M radiobudík
Radius M rádius, poloměr
Radkappe F kryt *m* kola **Radrennen** N cyklistické závody *mpl* **Radsport** M cyklistika *f*
Radtour F výlet *m* na kole
Radweg M stezka *f* pro cyklisty
raffiniert rafinovaný
Ragout N ragú
Rahm M smetana *f*
Rahmen M rámec
Rakete F raketa
rammen zatloukat ⟨-tlouct⟩
Rampe F rampa
Ramsch M brak, šmejd
Rand M okraj
randalieren ⟨u⟩dělat rámus
Randstreifen M *e-r Straße* krajnice *f*
Rang M *Würde* hodnost *f*; *Grad* řád; THEAT balkón; **ersten ~es** prvního řádu
rangieren seřaďovat ⟨-dit⟩
Ranke F šlahoun *m*, úponka
ranzig žluklý
Raps M řepka *f*
Rarität F vzácnost, rarita
rasch rychlý
rascheln ⟨za⟩šustit
Rasen M trávník
rasen *eilen* pádit; *wüten* zuřit
rasend *schnell* šílený; *Schmerz* hrozný
Rasenmäher M sekačka *f*
Rasierapparat M holicí strojek **Rasiercreme** F holicí krém *m* **rasieren**: **sich ~** ⟨o⟩holit se **Rasierklinge** F žiletka **Rasierpinsel** M štětka *f* na holení **Rasierschaum** M holicí pěna *f* **Rasierwasser** N voda *f* po holení
raspeln rašplovat
Rasse F rasa, plemeno *n*
rasseln ⟨za⟩řinčet
Rast F odpočinek *m*; **~ machen** odpočívat ⟨-činout⟩ si **Rastplatz** M *an der Autobahn* odpočívadlo *n* (na dálnici) **Raststätte** F motorest *m*
Rat M porada *f*; **j-n um ~ fragen** poradit se s kým
Rate F splátka; **auf ~n kaufen** koupit na splátky; **in ~n zahlen** platit ve splátkách

raten *j-m* ‹po›radit; *erraten* hádat ‹uhádnout›
Ratenzahlung F splácení *n* ve splátkách
Ratgeber M rádce **Rathaus** N radnice *f*
Ration F dávka, porce **rationalisieren** racionalizovat **rationell** racionální **rationieren** přidělovat ‹-lit›
ratlos bezradný **ratsam** rozumný
Rätsel N hádanka *f*; *fig* záhada *f* **rätselhaft** záhadný
Ratte F krysa
rattern ‹za›rachotit
rau *grob* drsný, nevlídný (*a Klima*); *Stimme* chraplavý
Raub M loupež *f*; *Beute* kořist *f* **rauben** ‹u›loupit
Räuber M loupežník
Raubtier N šelma *f*, dravec *m* **Raubüberfall** M loupežné přepadení *n* **Raubvogel** M dravec
Rauch M dým, kouř **rauchen** kouřit; **Rauchen verboten!** kouření zakázáno! **Raucher** M kuřák **Raucherabteil** N kupé pro kuřáky
räuchern ‹vy›udit
rauchig zakouřený
Rauchmelder M hlásič kouře **Rauchverbot** N zákaz *m* kouření **Rauchwolke** F mrak *m* kouře
raufen rvát ‹porvat› se **Rauferei** F rvačka
Raum M *Platz* prostor *m*; *Räumlichkeit* místnost *f*; **~ sparend** skladný
räumen vyklízet ‹-klidit›; evakuovat
Raumfähre F raketoplán *m* **Raumfahrt** F astronautika **Raumflug** M kosmický let
räumlich prostorový
Raumschiff N kosmická loď *f*
Räumung F vyklizení *n*
Raupe F housenka
Raureif M jinovatka *f*
Rausch M opilost *f*; *fig* opojení *n*
rauschen ‹za›šumět
Rauschgift N droga *f* **rauschgiftsüchtig** narkomanský
räuspern: **sich ~** odkašlávat ‹-lat› si
Razzia F razie
reagieren ‹za›reagovat
Reaktion F reakce
real reálný **realistisch** realistický **Realität** F realita
Rebe F réva
rebellieren ‹vz›bouřit se
rechen ‹s›hrabat
Rechen M hrábě *fpl*
Rechenaufgabe F početní úloha **Rechenfehler** M početní chyba *f*
Rechenschaft F: **~ ablegen** skládat ‹složit› účty (**über** *A* z *G*); **zur ~ ziehen** volat k odpovědnosti
rechnen počítat **Rechner** M *Gerät* počítač **Rechnung** F účet *m*; **die ~, bitte!** platit, prosím!
recht pravý; **das ist mir ~** je mi to vhod; **~ haben** mít pravdu
Recht N právo; **im ~ sein** být v právu

rechte, **rechter**, **rechtes** pravý
Rechte F pravice (*a.* POL)
Rechteck N pravoúhelník *m*
rechteckig pravoúhlý
rechtfertigen ospravedlňovat ⟨-nit⟩ **rechtlich** JUR právní **rechtlos** bezprávný **rechtmäßig** zákonný, řádný
rechts vpravo, napravo; **sich ~ halten** držet se vpravo **Rechtsabbieger** M odbočující vpravo
Rechtsanwalt M právní zástupce, advokát **Rechtsberater** M právní poradce
Rechtschreibung F pravopis *m*
rechtsextrem pravicově extremistický **Rechtshänder** M pravák **rechtskräftig** pravomocný **rechtswidrig** protiprávní
rechtwinklig pravoúhlý **rechtzeitig** včasný
Reck N hrazda *f*
Recycling N recyklace *f*
Redakteur(in F) M redaktor(ka) **Redaktion** F redakce
Rede F řeč
reden ⟨pro⟩mluvit (**über** *A* o *L*)
Redensart F rčení *n*
Redner M řečník
Reeder M rejdař **Reederei** F rejdařství *n*
Referat N referát *m*
Referent(in F) M referent(ka)
reflektieren odrážet ⟨-razit⟩; *fig* reflektovat
Reflex M reflex **Reflexion** F reflexe
Reform F reforma **Reformhaus** N prodejna *f* racionální výživy **reformieren** reformovat
Regal N regál *m*, police *f*
rege čilý; *Verkehr* živý
Regel F pravidlo *n*; MED menstruace **regelmäßig** pravidelný
regeln regulovat **Regelung** F regulace
Regen M déšť; **bei ~** při dešti; **saurer ~** kyselý déšť **Regenbogen** M duha *f* **Regenmantel** M plášť do deště, *umg* pršiplášť **Regenschauer** M přeháňka *f* **Regenschirm** M deštník **Regenwasser** N dešťová voda *f* **Regenwetter** N deštivé počasí **Regenwurm** M žížala *f*, dešťovka *f*
Regie F režie
regieren ⟨o⟩vládnout **Regierung** F vláda
Regime N režim *m*
Region F kraj *m*, oblast **regional** regionální
Regisseur M režisér
Register N rejstřík *m*
registrieren ⟨za⟩registrovat
regnen: **es regnet** prší
regnerisch deštivý
regulär pravidelný, řádný **regulieren** regulovat
Regung F hnutí *n*, pohyb *m* **regungslos** nehybný
Reh N srna *f*
Rehabilitation F rehabilitace
Reibe F struhadlo *n* **reiben** ⟨o⟩třít; GASTR ⟨na⟩strouhat
Reibung F TECH tření *n*

reich bohatý

Reich N říše *f*

reichen *geben* podávat ⟨-dat⟩; *genügen* stačit; **~ bis zu** (*D*) dosahovat ⟨-sáhnout⟩ až k (*D*); **es reicht** stačí **reichhaltig, reichlich** hojný **Reichtum** M bohatství *n* **Reichweite** F dosah *m*

Reif M jíní *n*

reif zralý

Reife F zralost; *fig* dospělost

reifen ⟨do⟩zrát

Reifen M obruč *f*; AUTO pneumatika *f* **Reifendruck** M tlak v pneumatice **Reifenpanne** F píchnutí *n* pneumatiky **Reifenwechsel** M výměna *f* pneumatiky

Reihe F řada (*a.* THEAT); **der ~ nach** napořád, po řadě; **an der ~ sein** být na řadě

Reihenfolge F pořadí *n* **Reihenhaus** N řadový domek *m*

Reiher M volavka *f*

reimen: **sich ~** rýmovat se

rein ryzí; *sauber* čistý

reinigen ⟨vy⟩čistit

Reinigung F *chemische* chemická čistírna **Reinigungsmittel** N čisticí prostředek *m*

Reis M rýže *f*

Reise F cesta; **auf der ~** cestou, na cestě; **gute ~!** šťastnou cestu! **Reiseandenken** N památka *f* z cesty, suvenýr *m* **Reiseapotheke** F cestovní lékarnička **Reisebüro** N cestovní kancelář *f*, *umg* cestovka *f* **Reisebus** M autokar **Reisefieber** N cestovní horečka *f* **Reiseführer** M *a Buch* průvodce **Reisegepäck** N (cestovní) zavazadlo **Reisegesellschaft** F cestovní společnost **Reiseleiter** M průvodce **Reiseleiterin** F průvodkyně

reisen cestovat **Reisende** M, F cestující

Reisepass M cestovní pas **Reiseroute** F směr *m* cesty **Reisescheck** M cestovní šek **Reisetasche** F cestovní taška **Reiseveranstalter** M touroperátor **Reiseverkehr** M cestovní ruch **Reisewarnung** F varování *n* pro turisty, turistické výstražné hlášení *n* **Reisezeit** F turistická sezóna **Reiseziel** N cíl *m* cesty

Reißbrett N rýsovací prkno

reißen trhat ⟨-nout⟩ **reißend** dravý **Reißverschluss** M zip **Reißzwecke** F napínáček *m*

reiten jezdit ⟨jet⟩ na koni **Reiten** N jízda *f* na koni **Reiter** M jezdec **Reitpferd** N jezdecký kůň *m* **Reitsport** M jezdectví *n* **Reitturnier** N jezdecké závody *mpl*

Reiz M *fig* půvab **reizbar** dráždivý **reizen** ⟨po⟩dráždit **reizend** půvabný **Reizung** F MED dráždění *n*

Reklamation F reklamace **Reklame** F reklama **reklamieren** reklamovat

Rekord M rekord **Rekordleistung** F rekordní výkon *m* **Rekordzeit** F rekordní čas *m*

Relief N reliéf *m*

Religion F náboženství *n* **religiös** náboženský
Reliquie F relikvie
Rendite F rendita
Rennbahn F závodní *od* dostihová dráha **rennen** pádit **Rennen** N závody *mpl*; *Pferderenn* dostihy *mpl* **Rennfahrer** M závodník **Rennpferd** N dostihový kůň *m* **Rennstrecke** F závodní trať **Rennwagen** M závodní auto *n*
renovieren obnovovat <-vit> **Renovierung** F obnovení *n*
rentabel výnosný
Rente F důchod *m*; **in ~ gehen** jít do důchodu
rentieren: **sich ~** vyplácet <-platit> se
Rentner M důchodce **Rentnerin** F důchodkyně
Reparatur F oprava **Reparaturwerkstatt** F opravna
reparieren opravovat <-vit>
Reportage F reportáž **Reporter(in** F**)** M reportér(ka)
Reproduktion F reprodukce
Reptil N plaz *m*
Republik F republika
Reserve F rezerva **Reserverad** N náhradní kolo **Reservetank** M rezervní kanystr
reservieren rezervovat; *Platz* zadávat <-dat> **Reservierung** F rezervace
Resolution F rezoluce
respektieren respektovat
Rest M zbytek
Restaurant N restaurace *f*
restaurieren restaurovat
restlich zbývající **restlos** ADV bezezbytku
Resultat N výsledek *m*
retten zachraňovat <-ránit>
Retter M zachránce
Rettich M ředkev *f*
Rettung F záchrana
Rettungsaktion F záchranná akce **Rettungsboot** N záchranný člun *m* **Rettungsdienst** M záchranná služba *f*
Rettungsmannschaft F záchranářské mužstvo *n* **Rettungsring** M záchranný pás
Rettungsstation F záchranná stanice **Rettungswagen** M sanitka *f*
Reue F lítost
revanchieren: **sich bei j-m für et ~** revanšovat se k-u za co
Revier N revír *m*
Revolte F vzpoura
Revolution F revoluce **revolutionär** revoluční
Rezension F recenze
Rezept N recept *m*, předpis *m* **rezeptfrei** bez receptu
Rezeption F recepce
rezeptpflichtig jen na lékařský předpis
rezitieren recitovat
Rhabarber M rebarbora *f*, reveň *f*
Rhein M Rýn **Rheinland** N Porýní
Rheuma N revma
Rhythmus M rytmus
Ribisel F *österr* rybíz *m*
richten *Bitte* vznášet <vznést> (**an** *A* na *A*); *Brief* poslat (**an** *A D*); JUR soudit; **sich ~ nach** (*D*) řídit se (*I*)

Richter M soudce **Richterin** F soudkyně
richtig správný **richtigstellen** opravovat ‹-vit›
Richtlinie F směrnice **Richtung** F směr *m*
riechen ‹u›cítit; *gut riechen* vonět; *schlecht riechen* páchnout; **nach et ~** zavánět *(I)*
Riegel M závora *f*, zástrčka *f*
Riemen M řemen
Riese M obr
rieseln sypat se; *Wasser* crčet
Riesengebirge N Krkonoše *mpl*
Riesenslalom M obří slalom
riesig obrovský
Riff N útes *m*
Rille F drážka
Rind N skot *m*
Rinde F kůra; *Brot, Käse* kůrka
Rinderbraten M hovězí pečeně *f* **Rinderbrühe** F hovězí vývar *m* **Rindfleisch** N hovězí maso
Ring M kruh; *Fingerring* prsten
ringen SPORT zápasit **Ringer** M zápasník **Ringfinger** M prsteník **Ringkampf** M zápas
rings(her)um kolem dokola
Rinne F žlab *m*, rýha **rinnen** řinout se **Rinnstein** M stoka *f*
Rippe F žebro *n* **Rippenfellentzündung** F zánět *m* pohrudnice
Risiko N riziko
riskant riskantní **riskieren** riskovat
Riss M trhlina *f*, prasklina *f*
Ritt M jízda *f* na koni
Ritter M rytíř
rituell rituální
Ritze F štěrbina
ritzen škrábat ‹-nout›
Rivale M soupeř **Rivalin** F soupeřka *f*
rivalisieren soupeřit
Rizinusöl N ricinový olej *m*
Roaming N IT, TEL roaming *m* **Roaminggebühren** PL roamingové poplatky *mpl*
Roastbeef N rostbíf *m*
Robbe F tuleň *m*
Roboter M robot
Rock M sukně *f*
Rockmusik F rocková hudba
Rodelbahn F sáňkařská dráha
rodeln sáňkovat **Rodelschlitten** M sáňky *fpl*
roden ‹vy›mýtit **Rodung** F paseka, mýtina
Roggen M žito *n* **Roggenbrot** N žitný chléb *m*
roh syrový, surový; *fig* hrubý **Rohkost** F syrová strava **Rohöl** N ropa *f*
Rohr N roura *f*, trouba *f* **Rohrbruch** M prasknutí *n* trubky
Röhre F trubka, roura, trouba (*a Backröhre*)
Rohrleitung F potrubí *n*
Rohstoff M surovina *f*
Rolle F váleček *m*; THEAT role
rollen kutálet (se)
Rollkragenpullover M rolák
Rollladen M roleta *f* **Rollmops** M zavináč **Rollschuhe** MPL kolečkové brusle *fpl* **Rollstuhl** M invalidní vozík **Rollstuhlfahrer** M vozíčkář **Rolltreppe** F pohyblivé schody *mpl*
Rom N Řím *m*

Roman M román **romanisch** ARCH, *Sprache* románský **Romantik** F romantika **romantisch** romantický **Römer(in** F) M Říman(ka) **römisch** římský **röntgen** ⟨z⟩rentgenovat **Röntgenaufnahme** F rentgenový snímek *m* **rosa** růžový **Rose** F růže **Rosenkohl** M růžičková kapusta *f* **Rosenkranz** M REL růženec **Rosenmontag** M masopustní pondělek **Rosine** F rozinka **rosig** růžový **Rosmarin** M rozmarýna *f* **Rost¹** M rez *f* od *m* **Rost²** M rošt **Rostbraten** M roštěnka *f* **rosten** ⟨z⟩rezavět **rösten** opékat ⟨opéct⟩ **rostfrei** nerezavějící **rostig** rezavý **Rostschutzmittel** N antikorozní prostředek *m* **rot** červený, rudý; **bei Rot** AUTO na červenou; **~ werden** ⟨za⟩červenat se; **Rote Bete** *f* červená řepa; **Rotes Kreuz** *n* Červený kříž *m* **Röteln** PL MED zarděnky *fpl* **rothaarig** zrzavý **Rotkohl** M červené zelí *n* **rötlich** načervenalý **Rotlicht** N červené světlo **Rotstift** M červená tužka *f* **Rotwein** M červené víno *n* **Rouge** N růž *f* **Roulade** F roláda **Route** F trasa, cesta **Routenplaner** M nástroj pro koordinaci cestovní trasy **Routine** F rutina **Rowdy** M výtržník, chuligán **Rübe** F řepa; **Gelbe ~** mrkev; **Rote ~** červená řepa **Rubrik** F rubrika, sloupec *m* **Ruck** M trhnutí *n*; *fig* zvrat **Rückblick** M pohled (na)zpět **rücken** *et* posunovat ⟨-nout⟩ **Rücken** M ANAT záda *npl*, hřbět (*a.* GEOG) **Rückenlehne** F opěradlo *n*, lenoch *m* **Rückenmark** N mícha *f* **Rückenschmerzen** MPL bolesti *fpl* v zádech **Rückenschwimmen** N plavání naznak **Rückenwind** M zadní vítr **Rückerstattung** F (na)vrácení *n*, refundace **Rückfahrkarte** F zpáteční jízdenka **Rückfahrt** F zpáteční jízda **Rückfall** M MED recidiva *f*; JUR opětné provinění *n* **Rückflug** M zpáteční let **Rückfrage** F zpětný dotaz *m* **Rückgabe** F (na)vrácení *n* **Rückgang** M pokles **rückgängig**: **~ machen** ⟨z⟩rušit **Rückgrat** N páteř *f* **Rückhalt** M opora *f* **Rückkehr** F návrat *m* **rückläufig** klesající **Rücklicht** N zadní světla *npl*; *Fahrrad* odrazka *f* **Rückreise** F zpáteční cesta **Rucksack** M batoh **Rückschlag** M *fig* (nepříznivý) zvrat **Rückschritt** M zpátečnictví *n* **Rückseite** F rub *m* **Rücksendung** F vrácení *n* **Rücksicht** F ohled *m*, zřetel *m*;

~ **nehmen** brát ⟨vzít⟩ ohled
rücksichtslos bezohledný
rücksichtsvoll ohleduplný
Rücksitz M zadní sedadlo *n*
Rückspiegel M zpětné zrcátko *n* **Rückspiel** N odvětné utkání **Rücksprache** F rozmluva **Rückstand** M zbytek; WIRTSCH nedoplatek
rückständig zaostalý **Rücktritt** M *vom Amt* odstoupení *n*
Rücktrittbremse F *Fahrrad* zpáteční brzda
rückwärts zpět, nazpátek
rückwärtsfahren jezdit pozpátku **Rückwärtsgang** M zpáteční rychlost *f*, zpátečka *f*
rückwärtsgehen chodit pozpátku
Rückweg M zpáteční cesta *f*
rückwirkend se zpětnou platností (**von** *D* od *G*) **Rückzahlung** F splacení *n* **Rückzug** M ústup
Rudel N hejno, houf *m*
Ruder N veslo **Ruderboot** N veslový člun *m*
rudern veslovat
Ruf M volání *n*; *Berufung* povolání *n*; *fig* pověst *f* **rufen** ⟨za⟩volat **Rufname** M křestní jméno *n* **Rufnummer** F volací číslo *n*
rügen ⟨po⟩kárat
Ruhe F klid *m*, pokoj *m*; **~!** ticho!, klid; **~ bewahren** zachovávat ⟨-vat⟩ klid **ruhelos** neklidný
ruhen odpočívat ⟨-činout⟩ si
Ruhepause F přestávka, odpočinek *m* **Ruhetag** M den pracovního klidu
ruhig klidný, tichý
Ruhm M sláva *f*
Ruhr F MED úplavice
Rührei N míchaná vejce *npl*
rühren ⟨za⟩míchat; *fig* dojímat ⟨-jmout⟩ **rührend** dojemný
Ruhrgebiet N Porúří
Ruin M zkáza *f* **Ruine** F zřícenina
ruinieren ⟨z⟩ruinovat
rülpsen krkat ⟨-nout⟩
Rum M rum
Rumäne M Rumun **Rumänien** N Rumunsko **Rumänin** F Rumunka **rumänisch** rumunský
Rummel M rámus, povyk
Rumpf M trup
rund kulatý, okrouhlý; *ungefähr* asi **Rundblick** M rozhled
Runde F kolo *n*
Rundfahrt F okružní jízda
Rundflug M okružní let
Rundfunk M rozhlas; **im ~** v rozhlasu **Rundfunkgerät** N rozhlasový přijímač *m* **Rundfunkhörer(in** F) M rozhlasový (-á) posluchač(ka) **Rundfunksendung** F rozhlasové vysílání *n* **Rundfunkübertragung** F rozhlasový přenos *m*
Rundgang M obchůzka *f*
rundherum kolem dokola
rundlich oblý; *Person* zavalitý
Rundreise F okružní cesta
Rundschreiben N oběžník *m* **rundum** kolem
Runzel F vráska
Ruß M saze *fpl*

Russe M Rus
Rüssel M rypák; *Elefant* chobot
Russin F Ruska **russisch** ruský **Russland** N Rusko
rüsten MIL ⟨vy⟩zbrojit **Rüstung** F zbrojení *n*; *RitterRüst* zbroj
Rute F prut *m*, metla
Rutschbahn F skluzavka **rutschen** klouzat ⟨-nout⟩ **rutschfest** protiskluzový
rütteln ⟨za⟩třást

S

Saal M sál, síň *f*
Saarland N Sársko
Saat F *Säen* setba; *Saatgut* osivo *n*
Sachbearbeiter(in F**)** M referent(ka)
Sache F věc, záležitost
sachgemäß odborný **sachkundig** znalecký **sachlich** věcný
Sachschaden M hmotná škoda *f*
Sachsen N Sasko **Sachsen-Anhalt** N Sasko-Anhaltsko
sächsisch saský
Sachverhalt M stav věcí **Sachverständige** M znalec
Sack M pytel **Sackgasse** F slepá ulice
säen sít
Safe M sejf
Saft M šťáva *f* **saftig** šťavnatý
Sage F pověst
Säge F pila
sagen říkat ⟨říct⟩
sägen řezat
Sahne F smetana
Saison F sezona
Saite F struna **Saiteninstrument** N strunný nástroj *m*
Sakko M od N sako *n*
Salami F trvanlivý salám *m*
Salat M salát; **grüner ~** zelený salát
Salbe F mast
Salbei M šalvěj *f*
Salmonellen FPL salmonely
Salon M salón
salopp ležérní
Salz N sůl *f* **salzen** ⟨po⟩solit **salzig** slaný **Salzkartoffeln** FPL loupané brambory *mpl*
Salzsäure F kyselina solná
Salzstange F slaná tyčinka
Salzstreuer M slánka *f* **Salzwasser** N slaná voda *f*
Samen M semeno *n*
sammeln sbírat ⟨sebrat⟩
Sammelpunkt M shromaždiště *n*
Sammler(in F**)** M sběratel(ka)
Sammlung F sbírka
Samstag M sobota *f* **samstags** v sobotu
Samt M samet
sämtlich veškerý
Sand M písek
Sandale F sandál *m*
Sandbank F písčina **sandig** písčitý **Sandpapier** N smirkový papír *m* **Sandstein** M pískovec **Sandstrand** M písečná pláž *f*

Sandwich M sendvič
sanft mírný
Sänger M zpěvák, pěvec **Sängerin** F zpěvačka, pěvkyně
Sanierung F (a)sanace
Sanitäter M zdravotník
Sardelle F sardel **Sardine** F sardinka
Sarg M rakev *f*
Satellit M družice *f*, satelit **Satellitenfernsehen** N satelitní televize *f*
Satire F satira **satirisch** satirický
satt sytý
Sattel M sedlo *n*
satthaben: **es ~** mít toho dost
sättigen ⟨na⟩sytit
Satz M GRAM, MUS věta *f*; TYPO sazba *f*; *Sprung* skok; *Garnitur* sada *f*, souprava *f*; *Tennis* set, sada *f* **Satzung** F stanovy *fpl*
Sau F svině
sauber čistý; **~ machen** *Zimmer* uklízet ⟨uklidit⟩ **Sauberkeit** F čistota
säubern ⟨vy⟩čistit
sauer kyselý; **~ werden** ⟨z⟩kysnout **Sauerkirsche** F višně **Sauerkohl** M, **Sauerkraut** N kyselé zelí *n* **Sauerstoff** M kyslík **Sauerteig** M kvas
saufen chlastat *(a Person)*
Säufer M piják
saugen ⟨vy⟩sát; **Staub ~** vysávat ⟨-sát⟩ prach
Sauger M dudlík
Säugetier N savec *m* **Säugling** M kojenec
Säule F sloup *m*
Saum M obruba *f*, lem
Sauna F sauna
Säure F CHEM kyselina
S-Bahn® F rychlovlak *m*, S-Bahn *m* **S-Bahn-Station** F stanice rychlodráhy *od* S-Bahnu
schaben ⟨o⟩škrábat
schäbig ošumělý, podlý
Schach N: **~ spielen** hrát ⟨zahrát si⟩ šachy **Schachbrett** N šachovnice *f* **Schachfigur** F šachová figurka **schachmatt** (šach)mat
Schacht M šachta *f*
Schachtel F krabice; *Zigarettenschachtel* krabička
schade škoda
Schädel M lebka *f* **Schädelbruch** M zlomenina *f* lebky
schaden ⟨u⟩škodit
Schaden M škoda *f* **Schadenersatz** M náhrada *f* škody
Schadenfreude F škodolibost
schadhaft vadný
schädigen ⟨u⟩škodit **schädlich** škodlivý **Schädling** M škůdce
Schadstoff M škodlivina *f* **schadstofffrei** bez škodlivin
Schaf N ovce *f*
Schäfer M ovčák **Schäferhund** M ovčácký pes
schaffen ⟨vy⟩tvořit; *erreichen* stíhat ⟨stihnout⟩; *Ordnung* ⟨u⟩dělat
Schaffner(in F**)** M průvodčí
Schafskäse M brynza *f*
Schaftstiefel MPL holínky *fpl*
Schal M šála *f*, šál
Schale F *Obst, Kartoffel* slupka; *Eier, Nuss* skořápka; *Gefäß* miska

schälen ⟨o⟩loupat
Schall M zvuk **Schalldämpfer** M AUTO tlumič zvuku
schalldicht zvukotěsný
schallen ⟨za⟩znít **Schallgeschwindigkeit** F rychlost zvuku **Schallmauer** F zvuková bariéra **Schallplatte** F gramofonová deska
schalten ELEK zapojovat ⟨-jit⟩; AUTO řadit **Schalter** M *Lichtschalter* vypínač; *Post* přepážka *f*, okénko *n* **Schaltjahr** N přestupný rok *m* **Schaltknüppel** M řadicí páka *f* **Schaltung** F ELEK obvod *m*, zapojení *n*; AUTO řazení *n*
schämen: **sich ~** ⟨za⟩stydět se (**für** *A* za *A*)
schamlos nestoudný
Schande F ostuda, hanba
Schänke → Schenke
Schanktisch M výčepní pult
Schanze F hradba; SPORT můstek *m*
Schar F houf *m*
scharf ostrý
schärfen ⟨na⟩ostřit
Scharlach M MED spála *f*
Scharnier N závěs *m*
scharren hrabat
Schatten M stín **Schattierung** F odstín *m* **schattig** stinný
Schatz M poklad
schätzen *raten* odhadovat ⟨-nout⟩; *achten* vážit si, cenit si
Schatzmeister M pokladník
Schätzung F odhad *m*
Schau F: **zur ~ stellen** stavět ⟨vystavit⟩ na odiv
schauen ⟨po⟩dívat se
Schauer M přeháňka *f*
Schaufel F lopata
Schaufenster N výklad *m*, výloha *f*
Schaukel F houpačka
schaukeln houpat
Schaukelstuhl M houpací židle *f*
Schaulaufen N SPORT krasobruslařská exhibice *f*
Schaum M pěna *f*
schäumen pěnit
Schaumstoff M pěnová guma *f* **Schaumwein** M šumivé víno *n*
Schauplatz M dějiště *n*
Schauspiel N činohra *f*
Schauspieler M herec
Schauspielerin F herečka
Scheck M šek **Scheckkarte** F šeková karta
Scheibe F kotouč *m*; *Glasscheibe* tabule; **eine ~ Brot** krajíc *m* chleba; **in ~n schneiden** krájet na plátky
Scheibenbremse F kotoučová brzda **Scheibenwaschanlage** F ostřikovač *m* **Scheibenwischer** M stírač
Scheide F ANAT pochva
scheiden: **sich ~ lassen** rozvádět ⟨-vést⟩ se
Scheidung F rozvod *m*
Schein M *Lichtschein* záře *f*; *Bescheinigung* lístek; *Geld* bankovka *f*; *fig* zdání *n* **scheinbar** zdánlivý **scheinen** svítit; *fig* zdát se **scheinheilig** licoměrný **Scheinwerfer** M světlomet, reflektor

Scheiße F *vulg* hovno *n*
Scheitel M temeno *n*, pěšinka *f*
scheitern ztroskotávat ⟨-tat⟩
Schemel M stolička *f*
Schenke F výčep *m*
Schenkel M stehno *n*
schenken darovat
Scherbe F střep *m*
Schere F nůžky *fpl*
scheren ⟨o⟩stříhat; **sich ~ um** (*A*) starat se o (*A*)
Scherereien FPL opletačky
Scherz M žert **scherzen** ⟨za⟩žertovat **scherzhaft** žertovný
scheu plachý **scheuen** ⟨s⟩plašit se
Scheuerlappen M hadr na podlahu
scheuern *säubern* ⟨vy⟩drhnout; *reiben* ⟨o⟩dřít
Scheune F stodola
Scheusal N obluda *f*
scheußlich odporný, ohavný
Schi M → Ski
Schicht F vrstva; *Arbeitsschicht* směna **Schichtarbeit** F práce na směny
schick elegantní
schicken posílat ⟨-slat⟩
Schicksal N osud *m*
Schiebedach N sklápěcí střecha *f* **Schiebefenster** N posuvné okno
schieben posunovat ⟨-nout⟩
Schiebetür F posuvné dveře *fpl*
Schiedsrichter M rozhodčí
schief šikmý
Schiefer M břidlice *f*
schiefgehen ne⟨po⟩dařit se
schielen ⟨za⟩šilhat
Schienbein N holeň *f*
Schiene F BAHN kolejnice; MED dlaha **schienen** přiložit dlahu
schießen střílet ⟨střelit⟩
Schießerei F střelba
Schiff N loď *f* (*a.* ARCH); **mit dem ~ fahren** plout na lodi, plout parníkem **schiffbar** splavný **Schiffbau** M stavba *f* lodí **Schiffbruch** M ztroskotání *n* **Schiffbrüchige** M trosečník
Schifffahrt F plavba **Schifffahrtsgesellschaft** F plavební společnost
Schiffsarzt M lodní lékař
Schiffsreise F cesta lodí
Schikane F šikana **schikanieren** šikanovat
Schild[1] M štít
Schild[2] N štít *m*; *Firmenschild a* znak **Schilddrüse** F štítná žláza **schildern** ⟨vy⟩líčit
Schildkröte F želva
Schilf N rákos *m*; *Röhricht* rákosí
schillern ⟨za⟩třpytit
Schilling M šilink
Schimmel[1] M *Pferd* bělouš
Schimmel[2] M *Pilz* plíseň *f*
schimmelig plesnivý
schimmeln ⟨z⟩plesnivět
schimmern ⟨za⟩třpytit se
Schimpanse M šimpanz
schimpfen nadávat (**über** *A D*)
Schimpfwort N nadávka *f*
Schinken M šunka *f*
Schirm M *Regenschirm* deštník
Schirmmütze F čepice se

štítkem
Schlacht F bitva **schlachten** zabíjet ⟨-bít⟩
Schlaf M spánek **Schlafanzug** M pyžamo *n* **Schlafcouch** F gauč *m*
Schläfe F spánek *m*
schlafen spát; **~ gehen** jít spát
schlaff povolený
schlaflos bezesný **Schlafmittel** N prášky *mpl* na spaní
schläfrig ospalý
Schlafsack M spací pytel
Schlafwagen M lůžkový vůz
Schlafzimmer N ložnice *f*
Schlag M rána *f*, úder **Schlagader** F tepna **Schlaganfall** M mrtvice *f* **schlagen** bít; *Puls* ⟨za⟩bušit; *Uhr* odbíjet ⟨-bít⟩
Schlager M MUS šlágr
Schläger M SPORT raketa *f*; *Rowdy* rváč **Schlägerei** F rvačka
schlagfertig pohotový
Schlagloch N výmol *m*
Schlagobers M *österr*,
Schlagsahne F šlehačka *f*
Schlagwort N heslo **Schlagzeile** F úvodní titulek *m*
Schlagzeug N MUS bicí nástroje *mpl*
Schlamm M bahno *n*, kal
schlammig bahnitý, kalný
schlampig ledabylý
Schlange F had *m*; **~ stehen** stát frontu
schlängeln: sich ~ vinout se
schlank štíhlý **Schlankheitskur** F odtučňovací kúra
schlapp malátný
schlau chytrý
Schlauch M hadice *f*; *für Luft* duše *f* **Schlauchboot** N nafukovací člun *m*
schlecht špatný; *Speise* zkažený; **mir wird ~** dělá se mi špatně **schlechtmachen** očerňovat ⟨-nit⟩
schleichen plížit se
Schleier M závoj **schleierhaft** tajemný
Schleife F *Band* stuha **schleifen** *schleppen* vléct; *schärfen* ⟨na⟩brousit
Schleim M hlen, sliz **Schleimhaut** F sliznice **schleimig** slizovitý
schlemmen ⟨za⟩hýřit
schlendern loudat se
schleppen vléct; AUTO táhnout
schleppend vleklý
Schlepper M SCHIFF remorkér
Schlepplift M vlek
Schlesien N Slezsko
Schleswig-Holstein N Šlesvicko-Holštýnsko
Schleuder F *Wäsche* ždímačka
Schleudergefahr F nebezpečí *n* smyku
schleudern odstřeďovat ⟨-dit⟩; *werfen* vrhat ⟨-nout⟩; **ins Schleudern geraten** AUTO dostávat ⟨-stat⟩ smyk
Schleuse F zdymadlo *n*
schlicht prostý **schlichten** ⟨u⟩rovnat
schließen zavírat ⟨-vřít⟩
Schließfach N schránka *f*
schließlich konečně **Schließung** F uzavření *n*

schlimm zlý, špatný; **das Schlimmste** nejhorší **schlimmstenfalls** v nejhorším případě **Schlinge** F smyčka **schlingen** ovinovat ‹-nout›; *essen* polykat ‹-lknout› **Schlips** M kravata *f* **Schlitten** M sáně *fpl* **Schlittschuh** M brusle *f*; **~ laufen** bruslit **Schlittschuhläufer(in** F**)** M bruslař(ka) **Schlitz** M štěrbina *f*; *Rock* rozpárek **Schloss** N zámek *m* (*a Gebäude*) **Schlosser** M zámečník **Schlucht** F rokle, roklina **schluchzen** ‹za›vzlykat **Schluck** M doušek **Schluckauf** M škytavka *f* **schlucken** polykat ‹-lknout› **Schluckimpfung** F očkování *n* na lžičku **Schlüpfer** M dámské kalhotky *fpl* **schlüpfrig** kluzký **Schlupfwinkel** M skrýš(e) *f* **schlürfen** srkat **Schluss** M konec; **zum ~** na konec **Schlüssel** M klíč **Schlüsselbein** N klíční kost *f* **Schlüsselbund** N svazek *m* klíčů **Schlüsselloch** N klíčová dírka *f* **Schlussfolgerung** F závěr *m* **Schlusslicht** N zadní světlo *n* **Schlussverkauf** M doprodej, výprodej **schmächtig** vyzáblý **schmackhaft** chutný **schmal** úzký

Schmalfilmkamera F kamera na úzký film **Schmalz** N sádlo **schmecken**: **j-m (gut) ~** chutnat k-u; **~ nach** (*D*) chutnat po (*L*) **schmeichelhaft** lichotivý **schmeicheln** ‹po›lichotit **schmeißen** házet ‹hodit› **schmelzen** *Schnee* ‹roz›tát **Schmerz** M bolest *f* **schmerzen** bolet **schmerzhaft**, **schmerzlich** bolestný **schmerzlos** bezbolestný **Schmerzmittel** N prostředek *m* proti bolesti **schmerzstillend** utišující bolest **Schmetterling** M motýl **Schmied** M kovář **schmieden** ‹u›kovat **schmieren** ‹na›mazat; *kritzeln* čmárat **Schmiergeld** N úplatek *m* **schmierig** mazlavý **Schmieröl** N mazací olej *m* **Schminke** F líčidlo *n* **schminken**: **sich ~** ‹na›líčit se **schmollen** durdit se **Schmorbraten** M dušené hovězí *n* **schmoren** ‹u›dusit **Schmuck** M *Juwelen* klenoty *mpl*, šperky *mpl* **schmücken** ‹o›zdobit (**mit** *D I*) **schmucklos** neozdobný **schmuddelig** ušmudlaný **Schmuggel** M pašeráctví *n* **schmuggeln** pašovat **Schmuggler** M pašerák **schmunzeln** usmívat se **Schmutz** M špína *f*, bláto *n*; **~ abweisend** odpuzující neči-

stotu **schmutzig** špinavý
Schnabel M zobák
Schnalle F spona, přezka
schnappen *Schloss* zapadat ⟨-nout⟩; **Luft ~** lapat po dechu
Schnappschuss M momentka *f*
Schnaps M kořalka *f*
schnarchen ⟨za⟩chrápat
schnattern kejhat; *fig* žvanit
schnaufen supět
Schnauze F čenich *m*; *fig* huba; *Ausguss* hubička
schnäuzen: **sich ~** smrkat ⟨vysmrkat se⟩
Schnecke F hlemýžď *m*
Schnee M sníh **Schneeball** M sněhová koule *f* **Schneefall** M sněžení *n* **schneefrei** bez sněhu **Schneeglöckchen** N sněženka *f* **Schneegrenze** F sněhová hranice **Schneekette** F AUTO sněhový řetěz *m*
Schneekoppe F Sněžka
Schneemann M sněhulák
Schneematsch M sněhová břečka *f* **Schneepflug** M sněhový pluh **Schneesturm** M vánice *f*
Schneide F ostří *n* **schneiden** řezat ⟨říznout⟩ (*a.* AUTO); *Haare* ⟨o⟩stříhat **schneidend** ostrý (*a. fig*) **Schneider(in** F) M krejčí *m*; krejčova *f*, švadlena *f* **Schneidezahn** M řezák
schneien: **es schneit** sněží
Schneise F průsek *m*
schnell rychlý; ADV rychle, honem; **~ machen** hodit sebou
Schnellhefter M pořadač, šanon **Schnellimbiss** M automat, bufet **Schnellreinigung** F rychločistírna **Schnellreparatur** F oprava na počkání **Schnellstraße** F rychlostní komunikace **Schnellzug** M rychlík
schneuzen → schnäuzen
Schnipsel M ústřižek
Schnitt M řez, střih; **im ~** průměrně **Schnittblumen** FPL řezané květiny
Schnitte F krajíc *m* **Schnittlauch** M pažitka *f* **Schnittmuster** N střih *m* **Schnittpunkt** M průsečík **Schnittwunde** F řezná rána
Schnitzel N řízek *m*; **Wiener ~** vídeňský řízek
schnitzen vyřezávat ⟨-zat⟩
Schnitzerei F řezbářství *n*
Schnorchel M dýchací trubice *f*
schnüffeln čmuchat; *Tiere* čenichat
Schnuller M dudlík
Schnulze F *umg* doják *m*
Schnupfen M rýma *f*
Schnur F šňůra, provaz *m*
schnüren ⟨za⟩vázat; *Schuhe* ⟨za⟩šněrovat
Schnürlsamt M *österr* kord
Schnurrbart M knír
Schnürschuh M šněrovací bota *f* **Schnürsenkel** M tkanička *f*
Schock M šok **schockieren** šokovat
Schokolade F čokoláda (*a Getränk*)
Scholle F *Fisch* platýs *m*; *Eis-*

scholle kra
schon již, už; ~ **wieder** už zase
schön krásný, pěkný
Schonbezug M ochranný potah **schonen** ⟨u⟩šetřit (**sich** se) **schonend** šetrný
Schönheit F krása; *Frau* krasavice **Schönheitskönigin** F královna krásy
Schonkost F dietní strava
schonungslos nešetrný
Schonzeit F doba hájení
schöpfen ⟨na⟩čerpat; *Mut* nabývat ⟨-být⟩ **schöpferisch** tvořivý, tvůrčí **Schöpfkelle** F naběračka **Schöpfung** F dílo *n*; REL stvoření *n*
Schoppen M sklenička *f*
Schorf M strup
Schornstein M komín
Schornsteinfeger M kominík
Schoß M: **auf den ~ nehmen** brát ⟨vzít⟩ na klín
Schote F lusk *m*
Schotte M Skot
Schotter M štěrk
Schottin F Skotka **schottisch** skotský **Schottland** N Skotsko
schräg šikmý, kosý
Schramme F šrám *m*
Schrank M skříň *f*
Schranke F závora
Schraube F šroub *m*
schrauben šroubovat
Schraubenmutter F matice
Schraubenschlüssel M šroubový klíč **Schraubenzieher** M šroubovák
Schraubstock M svěrák
Schraubverschluss M šroubovací uzávěr
Schreck M hrůza *f*; **vor ~** hrůzou **schrecklich** strašný
Schrei M výkřik
Schreibblock M psací blok
schreiben psát ⟨napsat⟩
Schreiben N psaní **Schreibmaschine** F psací stroj *m*
Schreibpapier N psací papír *m* **Schreibtisch** M psací stůl
Schreibwarengeschäft N papírnictví
schreien křičet ⟨-knout⟩
Schreiner M truhlář
Schrift F písmo *n*; *Text* spis *m*
schriftlich písemný **Schriftsteller(in** F**)** M spisovatel(ka)
Schriftwechsel M korespondence *f*
schrill pronikavý, ostrý
Schritt M krok; **~ fahren** jet krokem
schroff *steil* příkrý; *fig* drsný
Schrot M broky *mpl* **Schrotflinte** F brokovnice
Schrott M šrot **Schrotthändler** M obchodník se železným odpadem
schrubben ⟨vy⟩drhnout
Schrubber M rýžák
schrumpfen scvrkat ⟨-nout⟩
Schubfach N zásuvka *f*
Schubkarre F kolečko *n*, trakař *m*
schüchtern ostýchavý
schuften ⟨na⟩dřít se
Schuh M bota *f* **Schuhanzieher** M lžíce *f* na obouvání
Schuhbürste F kartáč *m* na boty **Schuhcreme** F krém *m* na boty **Schuhgeschäft** N

obchod *m* s obuví **Schuhgröße** F velikost bot **Schuhmacher** M obuvník, švec **Schuhreparatur** F oprava obuvi **Schuhsohle** F podrážka
Schularbeiten FPL domácí úkoly *mpl* **Schulbuch** N učebnice *f*
Schuld F vina; *Geldschuld* dluh *m*; **schuld sein an** (*D*) být vinen (*I*) **schulden** dlužit, být dlužen **schuldig** vinný **Schuldige** M viník **schuldlos** nevinný **Schuldner** M dlužník
Schule F škola
schulen ⟨vy⟩školit
Schüler M žák **Schülerin** F žákyně
Schulferien PL školní prázdniny
schulfrei: **~ haben** mít volno
Schulfreund M spolužák **Schulfreundin** F spolužačka **Schuljahr** N školní rok *m* **Schulleiter(in** F) M ředitel(ka) školy **Schulpflicht** F povinná školní docházka **Schultasche** F školní taška
Schulter F rameno *n*; GASTR plec
Schulung F školení *n* **Schulwesen** N školství **Schulzeit** F školní léta *npl*
Schund M brak, *umg* šmejd
Schuppen[1] FPL šupiny; *Haarschuppen* lupy *mpl*
Schuppen[2] M kolna *f*, kůlna *f*
Schurwolle F střižní vlna
Schürze F zástěra
Schuss M výstřel, rána *f*
Schüssel F mísa
Schusswaffe F střelná zbraň
Schuster M švec, obuvník
Schutt M sutiny *fpl*
Schüttelfrost M zimnice *f*
schütteln ⟨za⟩třást; *Hand* potřásat ⟨-třást⟩
schütten ⟨na⟩sypat
Schutthaufen M rumiště *n*
Schutz M ochrana *f* (**vor** *D* proti *D*) **Schutzblech** N blatník *m* **Schutzbrille** F ochranné brýle *fpl*
Schütze M střelec
schützen ⟨o⟩chránit
Schutzhelm M ochranná přílba *f* **Schutzimpfung** F ochranné očkování *n* **schutzlos** nechraněný, bez ochrany
Schwaben N Švábsko
schwach slabý
Schwäche F slabost **schwächen** zeslabovat ⟨-bit⟩
Schwager M švagr
Schwägerin F švagrová
Schwalbe F vlaštovka
Schwamm M houba *f*
Schwan M labuť *f*
schwanger: **~ sein** být těhotná
Schwangerschaft F těhotenství *n* **Schwangerschaftsabbruch** M interrupce *f* **Schwangerschaftstest** M gravitest
schwanken potácet se; *Preis* kolísat; *fig* váhat
Schwanz M ocas
schwänzen: **die Schule ~** chodit ⟨jít⟩ za školu
Schwarm M *Insekten* roj; *Vögel* hejno *n*
schwärmen horovat (**für** *A* pro

A)
schwarz černý; ~er **Kaffee** *m* černá káva *f*; **das Schwarze Meer** Černé moře **Schwarzarbeit** F práce načerno **Schwarzbrot** N černý chléb *m*
schwarzfahren jezdit ⟨jet⟩ načerno **Schwarzfahrer(in** F) M černý(-á) pasažér(ka) **Schwarzhandel** M černý obchod **schwarzsehen** vidět černě **Schwarz-Weiß-Film** M černobílý film **Schwarzwurzeln** FPL černé kořeny *mpl*
schwatzen tlachat, žvanit **Schwebebahn** F visutá lanovka
schweben vznášet se; **in Gefahr** ~ být v nebezpečí
Schwede M Švéd **Schweden** N Švédsko **Schwedin** M Švédka **schwedisch** švédský
Schwefel M síra *f* **Schwefelsäure** F kyselina sírová
schweigen ⟨po⟩mlčet **schweigsam** mlčenlivý
Schwein N prase, vepř *m*
Schweinebauch M GASTR vepřový bůček **Schweinebraten** M vepřová (pečeně) *f* **Schweinefleisch** N vepřové maso **Schweinerei** F *umg* svinstvo *n*
Schweiß M pot **schweißen** TECH svařovat ⟨-řit⟩ **Schweißer** M svářeč
Schweiz F Švýcarsko *n*; **in der** ~ ve Švýcarsku
Schweizer M Švýcar; ADJ švýcarský **Schweizerin** F Švýcarka **schweizerisch** švýcarský
schwelen doutnat
Schwelle F práh *m*; BAHN pražec *m*
schwellen MED otékat ⟨otéct⟩ **Schwellung** F otok *m*
schwenken mávat ⟨-nout⟩
schwer těžký; ~ **krank** těžce nemocný; ~ **verdaulich** těžce stravitelný; ~ **verletzt** těžce zraněný
Schwerarbeit F těžká práce **schwerbehindert** těžce postižený **Schwerbehinderte** M invalida, postižený; F invalidka, postižená
schwerfallen být zatěžko **schwerfällig** těžkopádný **schwerhörig** nedoslýchavý **Schwerindustrie** F těžký průmysl *m* **Schwerkraft** F gravitace **schwermütig** trudnomyslný **Schwerpunkt** M těžiště *n*
Schwert N meč *m*
schwerwiegend závažný
Schwester F sestra **schwesterlich** sesterský
Schwiegereltern PL tchán a tchyně **Schwiegermutter** F tchýně **Schwiegersohn** M zeť **Schwiegertochter** F snacha **Schwiegervater** M tchán
Schwiele F mozol *m*
schwierig těžký, obtížný **Schwierigkeit** F nesnáz, potíž
Schwimmbad N koupaliště

Schwimmbecken N plavecký bazén *m* **schwimmen** plavat; ~ **gehen** jít plavat **Schwimmer** M plavec **Schwimmerin** F plavkyně **Schwimmflosse** F ploutev **Schwimmhalle** F krytý bazén *m* **Schwimmsport** M plavecký sport **Schwimmweste** F plovací vesta

Schwindel M MED závrať *f*; *fig* podvod **schwindelerregend** závratný **schwindelfrei** bez závrati

schwindeln lhát **schwinden** ubývat ⟨ubýt⟩ **Schwindler** M lhář **schwindlig**: **mir ist** ~ mám závrať

schwingen kývat se; PHYS kmitat

Schwips M: **e-n** ~ **haben** mít špičku

schwitzen potit se

schwören přísahat

schwul *umg* homosexuální

schwül: **es ist** ~ je dusno

Schwung M rozmach, vzlet **schwungvoll** vzletný

Schwurgericht N porotní soud *m*

sechs šest **sechste** šestý **Sechstel** N šestina *f*

sechzehn šestnáct **sechzig** šedesát

See[1] M jezero *n*

See[2] F moře *n*; **an der** ~ u moře **Seehund** M tuleň

seekrank: ~ **sein** mít mořskou nemoc

Seele F duše **seelisch** duševní **Seelsorge** F REL duchovní péče

Seeluft F mořský vzduch *m*

Seemann M námořník **Seemeile** F mořská míle **Seenot** F nebezpečí *n* na moři **Seereise** F cesta po moři **Seezunge** F ZOOL mořský jazyk *m*

Segel N plachta *f* **Segelboot** N plachetnice *f* **Segelflug** M plachtění *n* **Segelflugzeug** N větroň *m*

segeln plachtit

Segelregatta F závody *mpl* plachetnic **Segelsport** M plachtění *n* **Segeltuch** N plachtovina *f*

Segen M požehnání *n* **segnen** ⟨po⟩žehnat (*A D*)

sehen ⟨u⟩vidět; **vom Sehen kennen** znát od vidění

sehenswert pozoruhodný **Sehenswürdigkeit** F pozoruhodnost

Sehne F šlacha

sehnen: **sich** ~ **nach** (*D*) ⟨za⟩toužit po (*L*)

Sehnenzerrung F natržení *n* šlachy

Sehnsucht F touha

sehr velmi, velice, hodně; ~ **gern** velmi rád; ~ **gut** velmi dobře; **zu** ~ příliš

Sehstörung F porucha zraku **Sehtest** M vyšetření *n* zraku

seicht mělký

Seide F hedvábí *n*

Seife F mýdlo *n*

Seil N lano **Seilbahn** F lanovka

sein[1] být; **et** ~ **lassen** nechat č-o; **ich bin** jsem; **wir sind**

jsme
sein[2] jeho; *refl* svůj **seinerseits** z jeho strany **seinerzeit** svého času **seinetwegen** kvůli němu, pro něho
seit (*D*) od(e) (*G*); **~ wann?** odkdy? **seitdem** od té doby
Seite F strana, stránka
Seiteneingang M postranní vchod **Seitensprung** M *fig* zálety *mpl* **Seitenstechen** N píchání v boku **Seitenstraße** F postranní ulice **Seitenwind** M boční vítr
seither od té doby
seitlich boční, postranní
Sekretär(in F**)** M sekretář(ka)
Sekt M sekt
Sekte F sekta
Sektor M sektor, úsek
Sekunde F vteřina, sekunda
selbst sám, sama, samo; **von ~** samo od sebe; **~ gebacken** domácí
Selbstauslöser M FOTO samospoušť *f* **Selbstbedienung** F samoobsluha **Selbstbeherrschung** F sebeovládání *n*
Selbstbestimmung F sebeurčení *n* **selbstbewusst** sebevědomý **selbstlos** nesobecký **Selbstmord** M sebevražda *f*
Selbstmörder M sebevrah
Selbstmörderin F sebevražedkyně
selbstsicher sebejistý **selbstsüchtig** sobecký **selbstständig** samostatný **selbsttätig** samočinný **Selbstverpflegung** F vlastní stravování *n*
selbstverständlich samozřejmý **Selbstverwaltung** F samospráva
Selfie N selfíčko
Sellerie M od F celer
selten řídký, vzácný; ADV zřídka
Seltenheit F vzácnost
seltsam (po)divný
Semikolon N středník *m*
Seminar N seminář *m*
Semmel F houska, žemle
senden posílat ⟨-slat⟩; TV, *Radio* vysílat **Sender** M vysílač
Sendung F *Paket* zásilka; TV, *Radio* vysílání *n*
Senf M hořčice *f*
Senioren... seniorský
Senioren MPL senioři **Seniorenheim** N domov *m* důchodců **Seniorenpass** M průkaz pro důchodce
senken spouštět ⟨spustit⟩; *Preise* snižovat ⟨snížit⟩; **sich ~** klesat ⟨-nout⟩
senkrecht kolmý, svislý
Sensation F senzace
Sense F kosa
sensibel citlivý
September M září *n*
Serbe M Srb **Serbien** N Srbsko
Serbin F Srbka **serbisch** srbský
Serie F série, řada; TV, *Radio* seriál *m* **Serienausstattung** F AUTO standardní vybavení *n*
seriös seriózní
Server M IT server
Service M servis **Servicewerkstatt** F servisní dílna
servieren servírovat
Serviette F ubrousek *m*

Servolenkung F AUTO servořízení *n*
Sessel M křeslo *n* **Sessellift** M sedačkový výtah
setzen sázet, posazovat ⟨-dit⟩; **sich ~** sedat ⟨-nout⟩ (si)
Seuche F nákaza, mor *m*
seufzen vzdychat ⟨-nout⟩ **Seufzer** M vzdech
Sex M sex **sexuell** sexuální
s-förmig esovitý
Shampoo(n) N šampon *m*
Shorts PL šortky *fpl*
Sibirien N Sibiř *f* **sibirisch** sibiřský
sich (*A*) sebe, se; (*D*) sobě, si; **für ~** pro sebe; **von ~ aus** sám od sebe
Sichel F srp *m*; *Mond* srpek *m*
sicher bezpečný; *gewiss* jistý **Sicherheit** F bezpečnost
Sicherheitsgurt M bezpečnostní pás **sicherheitshalber** pro jistotu **Sicherheitsnadel** F zavírací špendlík *m* **Sicherheitsschloss** N bezpečnostní zámek *m*
sicherlich jistě, určitě
sichern zabezpečovat ⟨-čit⟩ **Sicherung** F ELEK pojistka
Sicht F *Aussicht* pohled *m*; *Sichtverhältnisse* viditelnost **sichtbar** viditelný **sichtlich** patrný, zřejmý **Sichtvermerk** M vízum *n*
Sichtweite F: **in ~** na dohled
sie *sg* ona; (*A*) ji; PL oni, ony, ona; (*A*) je
Sie *sg, pl* vy; (*A*) vás
Sieb N síto
sieben[1] prosévat ⟨-sít⟩
sieben[2] sedm
Sieben F sedmička
siebente sedmý **siebzehn** sedmnáct **siebzig** sedmdesát
sieden vřít **Siedepunkt** M bod varu
Siedler M osadník **Siedlung** F osada, sídliště *n*
Sieg M vítězství *n*
Siegel N pečeť *f*
siegen ⟨z⟩vítězit **Sieger(in** F**)** M vítěz(ka) **siegreich** vítězný
siehe viz
Signal N signál *m*
Silbe F slabika
Silber N stříbro **Silberhochzeit** F stříbrná svatba
silbern stříbrný
Silvester N silvestr *m*
simulieren simulovat
Sinfonie F symfonie
singen ⟨za⟩zpívat
Singvogel M zpěvný pták
sinken klesat ⟨-nout⟩; *Sonne* zapadat ⟨-nout⟩; SCHIFF potápět ⟨-topit⟩ se
Sinn M smysl **sinngemäß** podle smyslu **sinnlich** smyslný **sinnlos** nesmyslný **sinnvoll** smysluplný
Sippe F čeleď
Sitte F mrav *m*
Situation F situace
Sitz M AUTO sedadlo *n*; *e-r Firma* sídlo *n* **Sitzbad** N sedací koupel *m* **sitzen** sedět; *Kleid* padnout, *umg* sedět; **~ bleiben** zůstávat ⟨-stat⟩ sedět **Sitzplatz** M místo *n* k sedění **Sitzung** F schůze, zasedání *n*
Skala F škála, stupnice

Skandal M skandál **skandalös** skandální
Skandinavien N Skandinávie *f* **Skandinavier** M Skandinávec **Skandinavierin** F Skandinávka **skandinavisch** skandinávský
Skelett N kostra *f*
skeptisch skeptický
Ski M lyže *f*; ~ **laufen**, ~ **fahren** lyžovat, jezdit ⟨jet⟩ na lyžích **Skiakrobatik** F skiakrobacie **Skifahrer(in** F**)** M, **Skiläufer(in** F**)** M lyžař(ka) **Skilift** M lyžařský vlek **Skipiste** F sjezdovka **Skispringen** N skoky *mpl* na lyžích **Skistiefel** M lyžarské boty *fpl*
Skizze F náčrt *m*, skica **skizzieren** načrtávat ⟨-nout⟩
Sklave M otrok
Sklerose F skleróza
Skonto M od N srážka *f*
Skorpion M štír
skrupellos nesvědomitý
Skulptur F plastika
Slalom M slalom
Slawe M Slovan **Slawin** F Slovanka **slawisch** slovanský
Slip M slipy *mpl* **Slipeinlage** F slipová vložka, dámská slipvložka
Slowake M slovák **Slowakei** F Slovensko *n* **Slowakin** F Slovenka **slowakisch** slovenský
Slowenien N Slovinsko **slowenisch** slovinský
Smartphone N smartphone *m*
Smoking M smokink
SMS F SMS *m*; **j-m e-e ~ schicken** posílat ⟨poslat⟩ někomu SMS
Snack M svačina *f*
so tak; ~ **viel** tolik; ~ **weit** pokud **sobald** jakmile **sodass** takže
Socke F ponožka
Sockel M podstavec
Soda N soda *f* **Sodawasser** N sodovka *f*
Sodbrennen N pálení žáhy
soeben právě
Sofa N pohovka *f*
sofort (i)hned, okamžitě
sogar dokonce
sogenannt takzvaný
Sohle F *Schuhsohle* podrážka; *Fußsohle* chodidlo *n*
Sohn M syn
Soja(bohne) F sója
solange dokud, pokud
solch takový
Soldat M voják
solidarisch solidární
solide solidní
Solist M solista
sollen mít (+ *inf*); **was soll das?** co to má znamenat?
Sommer M léto *n*; **im ~** v létě **Sommerfahrplan** M letní jízdní řád **Sommerferien** PL letní prázdniny *fpl* **Sommergast** M letní host **sommerlich** letní **Sommerreifen** M letní pneumatika *f* **Sommerschlussverkauf** M letní výprodej **Sommerzeit** F letní čas *m*
Sonde F sonda
Sonderangebot N mimořádná nabídka *f*
sonderbar podivný, zvláštní
Sonderfahrt F mimořádná

jízda **Sonderfall** M zvláštní případ **Sondermüll** M nebezpečný odpad

sondern nýbrž, ale; **nicht nur ..., ~ auch** nejen..., nýbrž i

Sonderzug M zvláštní vlak

Sonnabend M sobota *f*

Sonne F slunce *n*; **in der ~** na slunci

sonnen: **sich ~** opalovat ⟨opálit⟩ se

Sonnenaufgang M východ slunce **Sonnenbad** N sluneční lázeň *f* **Sonnenblume** F slunečnice **Sonnenbrand** M úpal **Sonnenbrille** F brýle *fpl* proti slunci **Sonnencreme** F opalovací krém *m* **Sonnenfinsternis** F zatmění *n* slunce **sonnengebräunt** opálený

Sonnenhut M sluneční klobouk **Sonnenkollektor** M sluneční kolektor **Sonnenlicht** N sluneční světlo **Sonnenöl** N olej *m* na opalování **Sonnenschirm** M slunečník **Sonnenstich** M úžeh **Sonnenstrahl** M sluneční paprsek **Sonnenstudio** N solární studio, solarium **Sonnenuntergang** M západ slunce

sonnig slunný

Sonntag M neděle *f*; **an Sonn- und Feiertagen** v neděli a o svátcích **Sonntagsdienst** M nedělní služba *f*

sonst jinak, mimoto; **~ jemand?** ještě někdo?; **~ noch etwas?** ještě něco jiného?; **anders als ~** jinak než obyčejně

Sopran M soprán **Sopranistin** F sopranistka

Sorge F starost; *Fürsorge* péče; **sich ~n machen** dělat si starosti (**um** *A* o *A*)

sorgen starat se (**für** *A* o *A*)

sorgfältig pečlivý **sorglos** bezstarostný

Sorte F druh *m* **sortieren** ⟨roz⟩třídit **Sortiment** N sortiment *m*

Soße F omáčka

Souvenir N suvenýr *m* **souverän** suverenný

sowie jakmile **sowieso** beztoho

sowohl: **~ ... als auch** i...i, jak ..., tak

sozial sociální; **~es Netzwerk** IT sociální síť *f*

Sozialarbeiter M sociální pracovník

sozialdemokratisch sociálnědemokratický **sozialistisch** socialistický **Sozialversicherung** F sociální pojištění *n*

Soziussitz M sedlo *n* spolujezdce

sozusagen takřka, skoro

Spag(h)etti PL špagety *fpl*

Spalte F štěrbina, trhlina; TYPO sloupec *m* **spalten** ⟨roz⟩štípat **Spaltung** F (roz-) štěpení *n*; *fig* rozkol *m*

Spanferkel N sele, podsvinče

Spange F spon(k)a, přezka

Spanien N Španělsko **Spanier(in** F) M Španěl(ka) **spanisch** španělský

Spann M ANAT nárt

Spanne F rozmezí *n* **spannen** napínat ⟨-nout⟩; *Kleidung* škrtit

spannend napínavý **Spannung** F napětí *n* (*a.* ELEK)

Sparbuch N vkladní knížka *f*

Sparbüchse F pokladnička

sparen ⟨na⟩šetřit, ⟨u⟩spořit

Sparer(in F) M střádal(ka)

Spargel M chřest

Sparkasse F spořitelna

spärlich skrovný

Sparmaßnahme F úsporné opatření *n* **sparsam** šetrný, spořivý

Spaß M žert, legrace *f*; **es macht mir ~** baví mě to; **viel ~!** příjemnou zábavu!

spät pozdní; ADV pozdě; **wie ~ ist es?** kolik je hodin?; **zu ~** příliš pozdě; **zu ~ kommen** opožďovat ⟨-dit⟩ se

Spaten M rýč

später později; **bis ~!** tak zatím!

spätestens nejpozději

Spätschicht F odpolední směna

Spatz M vrabec

spazieren: **~ fahren** projíždět ⟨-jet⟩ se; **~ gehen** procházet ⟨-jít⟩ se

Spaziergang M procházka *f*

Specht M datel

Speck M slanina *f*

Spediteur M zasilatel **Spedition** F zasilatelství *n*

Speer M oštěp **Speerwerfen** N hod *m* oštěpem

Speiche F paprsek *m*

Speichel M slina *f*

Speicher M *Dachboden* půda *f*; *Warenlager* skladiště *n*; IT paměť *f*

speichern ukládat ⟨uložit⟩

Speise F jídlo *n* **Speiseeis** N zmrzlina *f* **Speisekammer** F špíž(e) **Speisekarte** F jídelní lístek *m*

speisen jíst

Speiseöl N jedlý olej *m* **Speiseröhre** F jícen *m* **Speisesaal** M jídelna *f* **Speisewagen** M jídelní vůz

Spekulation F spekulace

Spende F dar *m* **spenden** darovat (*a Blut*); věnovat

Sperling M vrabec

Sperre F uzavření *n* **sperren** uzavírat ⟨-vřít⟩ **Sperrgebiet** N zakázaná oblast *f* **Sperrholz** N překližka *f* **sperrig** neskladný **Sperrmüll** M objemný domácí odpad **Sperrstunde** F zavírací hodina **Sperrung** F uzávěra **Sperrzone** F zakázaný prostor *m*, uzavřená oblast

Spesen PL útraty *fpl*, výlohy *fpl*

Spezialist M specialista **speziell** speciální

Spiegel M zrcadlo *n* **Spiegelbild** N zrcadlový obraz *m*

Spiegelei N volské oko

spiegeln: **sich ~** zrcadlit se

Spiel N hra *f* **Spielautomat** M hrací automat **Spielbank** F kasino *n*, herna **spielen** ⟨za⟩hrát; THEAT, MUS ⟨se⟩hrát **spielend** hrající; ADV hravě **Spieler** M hráč; THEAT herec **Spielerin** F hráčka; THEAT herečka **Spielfeld** N hřiště

Spielhalle F herna **Spielkarte** F hrací karta **Spielmarke** F hrací známka, žeton *m* **Spielplan** M THEAT repertoár **Spielplatz** M hřiště *n* **Spielraum** M *fig* prostor **Spielregeln** FPL pravidla *npl* hry **Spielverderber** M rušitel zábavy **Spielzeug** N hračka *f*

Spieß M: **am ~** GASTR na rožni

Spinat M špenát

Spinne F pavouk *m* **spinnen** ⟨u⟩příst **Spinngewebe** N pavučina *f*

Spion M špion **Spionage** F špionáž **spionieren** vyzvídat ⟨-vědět⟩

Spirale F spirála

Spirituosen PL lihoviny *fpl*

Spiritus M líh **Spirituskocher** M lihový vařič

spitz špičatý, ostrý

Spitze F špička, hrot *m*; *Gewebe* krajka; **an der ~** v čele **Spitzel** M slídič **spitzen** *Stift* ořezávat ⟨-zat⟩

Spitzenkandidat M špičkový kandidát **Spitzenleistung** F špičkový výkon *m*

Spitzname M přezdívka *f*

Splitter M tříska *f*

splittern ⟨roz⟩štěpit se

Sponsor M sponzor

spontan spontánní

Sport M sport; **~ treiben** sportovat **Sportartikel** MPL sportovní potřeby *fpl* **Sportflugzeug** N sportovní letadlo **Sportler** M sportovec **Sportlerin** F sportovkyně **sportlich** sportovní **Sportplatz** M hřiště *n* **Sportunfall** M sportovní nehoda *f* **Sportveranstaltung** F sportovní událost **Sportverein** M sportovní klub **Sportwagen** M *für Kinder* sportovní kočárek

Spott M posměch **spottbillig** za babku **spotten** posmívat se (**über** *A D*)

spöttisch posměšný

Sprache F jazyk *m* **Sprachführer** M konverzační příručka *f* **Sprachkurs** M jazykový kurz **sprachlich** jazykový **sprachlos** neschopný slova

Spray M od N sprej *m* **Spraydose** F obal *m* od spreje

Sprechanlage F domácí vrátný *m* **sprechen** mluvit (**über** *A* o *L*) **Sprecher** M *Radio*, TV hlasatel; *Wortführer* mluvčí

Sprechstunde F MED ordinační hodina **Sprechstundenhilfe** F zdravotní sestra

Sprechzimmer N MED ordinace *f*

spreizen roztahovat ⟨-táhnout⟩

sprengen MIL trhat ⟨roztrhnout⟩; *Rasen* ⟨po⟩kropit **Sprengstoff** M trhavina *f* **Sprengung** F trhání *n*

Sprichwort N přísloví

Springbrunnen M vodotrysk

springen skákat ⟨skočit⟩ **Springer** M *Schach* kůň **Springer(in** F) M SPORT skokan(ka)

Sprit *umg* M líh

Spritze F MED stříkačka; *Einspritzung* injekce **spritzen** vstřikovat ⟨vstříknout⟩

spröde křehký; *Haut* drsný

Sprosse F příčel *m*
Spruchband N transparent *m*
Sprudel M GASTR minerálka *f*
sprudeln tryskat
Sprühdose F sprej *m* **sprühen** ⟨za⟩sršet **Sprühregen** M mžení *n*
Sprung M skok; *Riss* puklina *f* **Sprungbrett** N odrazový můstek *m* **Sprungschanze** F lyžařský můstek *m* **Sprungturm** M skokanská věž *f*
Spucke F slina **spucken** plivat ⟨-nout⟩
Spülbecken N dřez *m*
Spule F cívka
spülen *Geschirr* ⟨u⟩mýt; *Mund* vyplachovat ⟨-pláchnout⟩ si; *Wäsche* ⟨vy⟩máchat **Spülmaschine** F myčka **Spülmittel** N prostředek *m* na mytí
Spur F stopa; *Fahrspur* pruh *m*
spürbar citelný **spüren** ⟨po⟩cítit
spurlos beze stopy
Squash N SPORT squash
Staat M stát **staatlich** státní
Staatsangehörigkeit F státní příslušnost **Staatsanwalt** M státní zástupce **Staatsbürger(in** F) M státní občan(ka) **Staatsgewalt** F státní moc **Staatsmann** M státník **Staatsoberhaupt** N hlava *f* státu **Staatssicherheit** F státní bezpečnost **Staatsstreich** M státní převrat
Stab M hůl *f*, tyč *f*; MIL štáb **Stabhochsprung** M skok o tyči
Stachel M BOT osten; ZOOL žihadlo *n* **Stachelbeere** F angrešt *m* **Stacheldraht** M ostnatý drát **stachelig** ostnatý, pichlavý
Stadion N stadion *m*
Stadt F město *n* **Stadtbahn** F městská dráha **Stadtbummel** M procházka *f* po městě
städtisch městský
Stadtmitte F centrum *n* města **Stadtplan** M plán města **Stadtrand** M okraj města **Stadtrundfahrt** F okružní jízda městem **Stadtteil** M, **Stadtviertel** N městská čtvrť *f*
Staffelei F malířský stojan *m*
Staffellauf M štafetový běh
Stahl M ocel *f* **Stahlwerk** N ocelárna *f*
Stall M chlév, stáj *f*
Stamm M *Baumstamm* kmen; *Geschlecht* rod
stammen pocházet (**aus** *D* z *G*)
Stammgast M stálý host **Stammkunde** M stálý zákazník **Stammplatz** M místo *n* pro stálého hosta **Stammtisch** M stůl stálých hostí
stampfen dupat ⟨-nout⟩
Stand M *Verkaufsstand* stánek; *fig* stav **Standbild** N socha *f*
Ständer M stojan
Standesamt N matrika *f*
ständig stálý
Standlicht N parkovací světla *npl* **Standort** M stanoviště *n* **Standpunkt** M stanovisko *n* **Standspur** F odstavný pruh *m*
Stange F tyč; *Zigarettenstange* karton *m* cigaret
Stängel M lohyda *f*, stonek

Stapel M hromada *f* **Stapellauf** M spuštění *n* na vodu

stapeln skládat ⟨složit⟩ na hromadu

Star M ZOOL špaček; *Film* hvězda *f*; MED zákal

stark silný (*a Verkehr*)

Stärke F síla; *Stärkemehl* škrob *m*

stärken *kräftigen* posilovat ⟨-sílit⟩; *Wäsche* ⟨na⟩škrobit

Starkstrom M silnoproud

Stärkungsmittel N posilující prostředek *m*

starr tuhý; *Blick* strnulý

Start M start **Startbahn** F FLUG vzletová dráha **startbereit** připraven ke startu **starten** startovat **Startseite** F IT úvodní strana **Startzeichen** N startový signál *m*

Station F stanice; *Krankenhaus* oddělení *n*; **~ machen** zastavovat ⟨-vit⟩ se

Statist M statista **Statistik** F statistika **Statistin** F statistka

Stativ N stativ *m*

statt (*G*) místo (*G*) **stattfinden** konat se **stattlich** statný

Statue F socha

Stau M zácpa *f*

Staub M prach **stauben** prášit se **staubig** zaprášený **Staubsauger** M vysavač **Staubtuch** N prachovka *f*

Staudamm M přehrada *f*

Staude F keř *m*

stauen: **sich ~** *Verkehr* ⟨na⟩kupit se

staunen podivit se (**über** *A D*)

Stausee M přehradní jezero *n*

stechen bodat ⟨-nout⟩; *Insekt* štípat ⟨-nout⟩ **stechend** *Schmerz* bodavý **Stechmücke** F komár *m* **Stechuhr** F píchací hodiny *fpl*

Steckbrief M zatykač **Steckdose** F zásuvka **stecken** strkat ⟨-čit⟩; **~ bleiben** ⟨u⟩váznout; **~ lassen** *Schlüssel* nechávat ⟨-chat⟩ vězet **Stecker** M zástrčka *f* **Stecknadel** F špendlík *m*

Steg M lávka *f* **Steghose** F kamaše *fpl*

stehen stát, být; *Kleidung* slušet; **im Stehen** (v)stoje; **~ bleiben** zastavovat ⟨-vit⟩ se; **~ lassen** nechávat ⟨-chat⟩ stát

Stehlampe F stojací lampa

stehlen ⟨u⟩krást

Stehplatz M místo *n* k stání

steif tuhý; *fig* upjatý

steigen stoupat ⟨-nout⟩ **steigern** stupňovat **Steigung** F stoupání *n*

steil příkrý, strmý **Steilhang** M příkrý svah

Stein M kámen **Steinbock** M kozorožec **Steinbruch** M kamenolom **Steingut** N kameninа *f* **steinig** kamenitý **Steinkohle** F kamenné uhlí *n* **Steinpilz** M hřib **Steinschlag** M padání *n* kamení **Steinzeit** F doba kamenná

Stelle F místo *n*; *Dienststelle* úřad *m* **stellen** stavět ⟨postavit⟩; *Uhr* nařizovat ⟨-řídit⟩; *Frage* klást ⟨položit⟩

Stellenangebot N nabídka *f* místa **Stellengesuch** N žádost *f* o místo **Stellplatz** M AUTO místo *n* na parkování **Stellung** F postavení *n* **Stellungnahme** F zaujetí *n* stanoviska

Stellvertreter M zástupce, náměstek **Stellvertreterin** F zástupkyně, náměstkyně

Stempel M razítko *n* **Stempelkissen** N polštářek *m* na razítka

stempeln ⟨o⟩razítkovat

Stengel → Stängel

Steppdecke F prošívaná pokrývka

Steppe F step *m*

Sterbehilfe F eutanazie

sterben umírat ⟨umřít⟩ **Sterbeurkunde** F úmrtní list *m*

sterblich smrtelný

Stereoanlage F stereofonní souprava, *umg* věž

steril sterilní **sterilisieren** sterilizovat

Stern M hvězda *f* **Sternbild** N souhvězdí **Sternschnuppe** F létavice **Sternwarte** F hvězdárna **Sternzeichen** N znamení zvěrokruhu

Steuer[1] N SCHIFF kormidlo; AUTO volant *m*

Steuer[2] F daň **Steuerberater** M daňový poradce

Steuererklärung F daňové přiznání *n* **steuerfrei** nezdanitelný

Steuerknüppel M řídicí páka *f*

Steuermann M kormidelník

steuern řídit

steuerpflichtig zdanitelný

Steuerung F řízení *n*

Steuerzahler M daňový poplatník

Steward M stevard **Stewardess** F stevardka, letuška

Stich M *Insekt* píchnutí *n*; *Naht* steh; KUNST rytina *f*; **im ~ lassen** nechat na holičkách **stichhaltig** pádný **Stichprobe** F namátková zkouška **Stichwahl** F užší volba **Stichwort** N heslo **Stichwunde** F bodná rána

sticken vyšívat ⟨-šít⟩ **Stickerei** F výšivka

stickig dusný **Stickstoff** M dusík

Stiefbruder M nevlastní bratr

Stiefel M holinka *f*, vysoká bota *f*

Stief... nevlastní **Stiefmutter** F macecha **Stiefmütterchen** N BOT maceška *f*

Stiege F *österr* schody *mpl*

Stiel M rukojeť *f*; BOT stopka *f*

Stier M býk

Stift M tužka *f*; TECH kolík **stiften** zakládat ⟨-ložit⟩ **Stiftung** F nadace

Stil M sloh, styl

still tichý; ADV tiše, potichu; **~!** ticho!

Stille F ticho *n* **stillen** *Durst* ukojit; *Kind* ⟨na⟩kojit; *Blut* zastavovat ⟨-vit⟩ **Stillleben** N zátiší **stilllegen** zastavovat ⟨-vit⟩ provoz **stillschweigend** mlčky **Stillstand** M stání *n*; *fig* stagnace *f* **stillstehen** stát bez pohnutí

Stimme F hlas *m* **stimmen** hlasovat (**für** *A* pro *A*, **gegen** *A*

proti *D*); MUS ⟨na⟩ladit; **das stimmt (nicht)** to (ne)souhlasí **Stimmenthaltung** F zadržení *n* se hlasování **Stimmgabel** F MUS ladička **Stimmrecht** N hlasovací právo **Stimmung** F nálada **Stimmzettel** M hlasovací lístek
stinken smrdět, zapáchat
Stirn F čelo *n* **Stirnhöhle** F čelní dutina
Stock M hůl *f* **Stockwerk** N patro, poschodí
Stoff M látka *f* **Stoffwechsel** M přeměna *f* látek
stöhnen ⟨za⟩sténat
Stollen M BERGB štola *f*; GASTR vánočka *f*
stolpern klopýtat ⟨-tnout⟩ (**über** *A* o *A*)
stolz hrdý, pyšný
stopfen *Pfeife* cpát ⟨nacpat⟩; *flicken* ⟨za⟩látat **Stopfgarn** N látací příze *f*
Stopp M stop **stoppen** AUTO zastavovat ⟨-vit⟩; *Zeit* stopovat ⟨-nout⟩; *stehen bleiben* zastavovat ⟨-vit⟩ se **Stoppuhr** F stopky *fpl*
Stöpsel M zátka *f*
Storch M čáp
stören ⟨vy⟩rušit **Störung** F porucha **Störungsstelle** F TEL ohlašovna poruch
stornieren stornovat, zrušit *pf*
Stoß M úder, rána *f*; *Stapel* hromada *f* **Stoßdämpfer** M tlumič nárazů **stoßen** strkat ⟨-čit⟩; **~ an** (*A*) hraničit s (*I*); **~ gegen** (*A*) narážet ⟨-razit⟩ na (*A*) **Stoßstange** F nárazník *m*
stottern ⟨za⟩koktat
Strafanstalt F věznice **Strafanzeige** F trestní oznámení *n*
strafbar trestný
Strafe F trest *m* **strafen** ⟨po-⟩trestat
straff napjatý
straffrei beztrestný
Strafgesetzbuch N trestní zákoník *m* **Strafporto** N doplatné **Strafraum** M SPORT trestné území *n* **Strafrecht** N trestní právo **Strafstoß** M trestný kop **Straftat** F trestný čin *m* **Strafverfahren** N trestní řízení **Strafzettel** M AUTO bloková pokuta *f*
Strahl M paprsek; *Wasser* proud
strahlen zářit **strahlend** zářivý
Strähne F *Haar* pramen *m*
Strampelhöschen N dupačky *fpl*
Strand M pláž *f*; **am ~** na pláži **Strandpromenade** F promenáda na pláži
Strang M provaz; oprátka *f*
strapazierfähig trvanlivý **strapaziös** namáhavý
Straße F ulice; *Landstraße* silnice; **auf der ~** na ulici
Straßenbahn F tramvaj *m* **Straßenbau** M silniční stavitelství *n* **Straßenbeleuchtung** F pouliční osvětlení *n* **Straßenbenutzungsgebühr** F silniční poplatek *m*, mýto *n* **Straßengraben** M příkop, škarpa *f* **Straßenhändler** M pouliční prodejce **Straßenkarte** F automapa

Straßenrand M krajnice *f* **Straßenverkehr** M silniční provoz **Straßenverkehrsordnung** F pravidla *npl* silničního provozu **Straßenverzeichnis** N seznam *m* ulic **Straßenwacht** F silniční služba
sträuben: **sich ~** vzpírat ⟨vzepřít⟩ se
Strauch M keř
Strauß M *Blumen* kytice *f*; ZOOL pštros
streben snažit se (**nach** *D* o *A*)
Strecke F BAHN trať; SPORT dráha; *Entfernung* vzdálenost
strecken natahovat ⟨-táhnout⟩
Streich M *fig* pěkný kousek **streicheln** ⟨po⟩hladit **streichen** *Farbe* natírat ⟨-třít⟩; *Butter* ⟨na-⟩ mazat **Streichholz** N zápalka *f* **Streichinstrument** N MUS smyčcový nástroj *m* **Streichkäse** M mazlavý sýr **Streichorchester** N smyčcový orchestr *m*
Streife F hlídka
streifen zavadit (*A* o *A*)
Streifen M pruh, pás(mo *n*) **Streifenwagen** M hlídkový vůz
Streik M stávka *f* **Streikbrecher** M stávkokaz **streiken** stávkovat **Streikposten** M stávková hlídka *f*
Streit M hádka *f*, spor **streiten** ⟨po⟩hádat se **Streitfrage** F sporná otázka **Streitkräfte** FPL ozbrojené síly **streitsüchtig** svárlivý
streng přísný; *Winter* tuhý
Stress M stres **stressig** stresový
streuen ⟨roz⟩sypat
Strich M čára *f* **Strichcode** M čár(k)ový kód
Strick M provaz **stricken** ⟨u⟩plést **Strickjacke** F pletený kabátek *m* **Strickleiter** F provazový žebřík *m* **Stricknadel** F pletací drát *m* **Strickwaren** FPL pletené zboží *n*
strittig sporný
Stroh N sláma *f* **Strohhut** M slamák
Strom M ELEK proud (*a. fig*); *Fluss* veletok **Stromabrechnung** F účet *m* za elektriku **stromabwärts** po proudu **stromaufwärts** proti proudu **Stromausfall** M výpadek proudu
strömen proudit
Stromstärke F intenzita proudu
Strömung F proud *m*; *fig* směr *m*
Stromverbrauch M spotřeba *f* proudu
Strophe F sloka, strofa
Strudel M vír; GASTR závin, *umg* štrúdl
Struktur F struktura
Strumpf M punčocha *f* **Strumpfhose** F punčochové kalhoty *fpl*
struppig ježatý
Stube F světnice, pokoj *m*
Stück N kus *m* **Stückzahl** F počet *m* kusů
Student M student **Studentenheim** N kolej *f* **Studentin**

F studentka **Studienreise** F studijní cesta **studieren** studovat **Studium** N studium **Stufe** F schod *m*; *fig* stupeň *m* **Stuhl** M židle *f* **Stuhlgang** M stolice *f* **Stuhllehne** F lenoch *m* **stumm** němý **stumpf** tupý **Stumpf** M pahýl **Stunde** F hodina; *Schulstunde* vyučovací hodina **Stundenkilometer** M hodinová rychlost *f* **stundenlang** celé hodiny **Stundenlohn** M hodinová mzda *f* **Stundenplan** M rozvrh hodin **stundenweise** po hodinách **stündlich** hodinový; ADV každou hodinu **stur** tvrdošíjný **Sturm** M vichřice *f* **Stürmer** M SPORT útočník **stürmisch** bouřlivý **Sturz** M pád; POL svržení *n*; *Preissturz* prudký pokles **stürzen** *fallen* padat ⟨-nout⟩; *j-n* svrhovat ⟨-nout⟩ **Sturzflug** M let střemhlav **Sturzhelm** M ochranná přílba *f* **Stute** F kobyla **Stütze** F opora (*a. fig*) **stutzen** *et* přiřezávat ⟨-říznout⟩ **stützen** *j-n* podpírat ⟨podepřít⟩; **sich ~ auf** (*A*) opírat ⟨opřít⟩ se o (*A*) **Stützpunkt** M MIL základna *f* **subjektiv** subjektivní **Substanz** F *Stoff* substance, hmota; *Wesen* podstata **Subvention** F subvence, dotace **Suche** F hledání *n* **suchen** hledat **Sucher** M FOTO hledáček **Suchmaschine** F IT internetový vyhledávač *m* **Sucht** F dychtivost; *Drogensucht* narkomanie **Südamerika** N Jižní Amerika *f* **südamerikanisch** jihoamerický **Süden** M jih **südeuropäisch** jihoevropský **südlich** jižní (**von** *D* od *G*) **Südosten** M jihovýchod **südöstlich** jihovýchodní **Südpol** M jižní pól **Südwesten** M jihozápad **südwestlich** jihozápadní **Sulz** F *österr*, **Sülze** F huspenina, *umg* sulc *m* **Summe** F suma, částka; MATH součet *m* **summen** ⟨za⟩bzučet **summieren**: **sich ~** hromadit se **Sumpf** M bažina *f*, bahno *n* **sumpfig** bahnitý, bažinatý **Sünde** F hřích *m* **Super** N *Benzin verbleit* super *m*; *Benzin bleifrei* natural *m* **Supermarkt** M supermarket **Suppe** F polévka **Suppengrün** N zelenina *f* do polévky **Suppenschüssel** F polévková mísa **Suppenteller** M polévkový talíř **Surfbrett** N surf *m* **surfen** surfovat **Surfer(in** F) M surfař(ka), surfer(ka) **süß** sladký **süßen** ⟨o⟩sladit **Süßigkeiten** FPL cukrovinky **Süßspeise** F moučník *m* **Süß-**

stoff M cukerín **Süßwasser** N sladká voda *f*
Sweatshirt N mikina *f*
Swimmingpool M bazén
symbolisch symbolický
symmetrisch symetrický
sympathisch sympatický
Synagoge F synagoga
synchronisiert synchronizovaný; *Film* dabovaný
synthetisch syntetický
System N soustava *f*, systém *m* **systematisch** systematický
Szene F scéna

T

Tabak M tabák **Tabakladen** M trafika *f*
Tabelle F tabulka
Tablet N IT tablet *m*
Tablett N podnos *m*
Tablette F MED tablet(k)a, prášek *m*
Tacho(meter) M tachometr
tadellos bezvadný
tadeln ⟨po⟩kárat
Tafel F tabule; *Schokolade* tabulka
Tag M den; **guten ~!** dobrý den!; **am ~, bei ~e** ve dne **Tagebuch** N deník *m* **tagelang** po celé dny **tagen** *Sitzung* zasedat
Tagesanbruch M svítání *n* **Tagesgericht** N nabídka *f* dne **Tageskarte** F BAHN denní jízdenka **Tageslicht** N denní světlo **Tagesordnung** F denní program *m* **Tagesschau** F TV denní zprávy *fpl* **Tageszeitung** F deník *m*
täglich denní; **zweimal ~** dvakrát denně
tagsüber přes den
Tagung F zasedání *n*
Taille F pás *m*
Takt M takt (*a.* MUS) **Taktik** F taktika **taktlos** netaktní **Taktstock** M taktovka *f* **taktvoll** taktní
Tal N údolí
Talent N talent *m*
Talg M lůj
Tampon M tampon
Tank M AUTO palivová nádrž *f* **tanken** ⟨na⟩tankovat **Tanker** M tanková loď *f* **Tankstelle** F čerpací stanice, (benzínová) pumpa **Tankwart** M čerpadlář, pumpař
Tanne F jedle
Tante F teta
Tanz M tanec **tanzen** tancovat
Tänzer M tanečník **Tänzerin** F tanečnice
Tanzlokal N taneční lokál *m* **Tanzmusik** F taneční hudba **Tanzstunden** FPL taneční (hodiny) **Tanzvergnügen** N taneční zábava *f*
Tapete F tapeta, **tapezieren** tapetovat
tapfer udatný, statečný
tappen tápat
Tarif M tarif **tariflich** tarifní **Tarifvertrag** M tarifní smlouva *f*
tarnen maskovat

Tasche F *in Kleidung* kapsa; *Handtasche* kabelka; *Einkaufstasche, Aktentasche* taška
Taschenbuch N brožovaná kniha *f* **Taschendieb** M kapsář **Taschengeld** N kapesné **Taschenlampe** F baterka **Taschenmesser** N kapesní nůž *m* **Taschenrechner** M kapesní počítač **Taschentuch** N kapesník *m*
Tasse F šálek *m*
Tastatur F klávesnice
Taste F klávesa **tasten** hmatat ⟨hmátnout⟩ **Tastsinn** M hmat
Tat F čin *m*, skutek *m*; **in der ~** vskutku **Tatbestand** M skutková podstata *f*
Täter(in F) M JUR pachatel(ka)
Tätigkeit F činnost
tatkräftig účinný
Tätowierung F tetování *n*
Tatra F Tatry *fpl*
Tatsache F skutečnost **tatsächlich** skutečný
Tatze F pracka, tlapa
Tau[1] N lano
Tau[2] M rosa *f*
taub hluchý
Taube F holub(ice *f*) *m*
taubstumm hluchoněmý
tauchen potápět ⟨-topit⟩ se **Taucher** M potápeč **Tauchsieder** M ponorný vařič **Tauchsport** M potápěčství *n*
tauen: **es taut** taje
Taufe F křest *m*, křtiny *fpl* **taufen** ⟨po⟩křtít **Taufschein** M křestní list
taugen hodit se **tauglich** vhodný
taumeln potácet se
Tausch M výměna *f* **tauschen** vyměňovat ⟨-nit⟩ (si) (**gegen** *A* za *A*)
täuschen ⟨z⟩klamat (**sich** se) z **Täuschung** F klam *m*
tausend tisíc *m* **Tausender** M tisícovka *f* **Tausendste** tisící
Tauwetter N obleva *f*
Taxi N taxi, taxík *m*; **ein ~ rufen** zavolat si taxíka **Taxifahrer(in** F) M taxikář(ka) **Taxistand** M stanoviště *n* taxi
Team N tým *m* **Teamarbeit** F týmová práce
Technik F technika **Techniker** M technik **technisch** technický
Tee M čaj **Teebeutel** M čajový sáček **Teegebäck** N čajové pečivo **Teekanne** F čajová konvice **Teekessel** M čajník **Teelicht** N čajová svíčka *f* **Teelöffel** M čajová lžička *f*
Teer M dehet
Teich M rybník
Teig M těsto *n* **Teigwaren** FPL těstoviny
Teil N od M část *f*, díl *m*; **zum ~** zčásti **teilen** ⟨roz⟩dělit **Teilhaber** M podílník **Teilnahme** F účast
teilnehmen ⟨z⟩účastnit se (**an** *D G*) **Teilnehmer** M účastník **Teilnehmerin** F účastnice
Teilung F (roz)dělení *n* **teilweise** zčásti, částečně **Teilzahlung** F splátka **Teilzeitarbeit** F částečný úvazek *m*
Teint M pleť *f*
Telefon N telefon *m* **Telefon-**

buch N telefonní seznam *m* **Telefongespräch** N telefonní hovor *m* **telefonieren** ⟨za⟩telefonovat (**mit** *D D*) **telefonisch** telefonický **Telefonkarte** F telefonní karta **Telefonnummer** F telefonní číslo *n* **Telefonzelle** F telefonní budka **Telefonzentrale** F telefonní ústředna
Telegramm N telegram *m*
Teller M talíř
Tempel M chrám
Temperament N temperament *m* **temperamentvoll** temperamentní **Temperatur** F teplota
Tempolimit N rychlostní omezení
Tendenz F tendence
Tennis N tenis *m* **Tennisball** M tenisový míč **Tennisplatz** M tenisové hřiště *n*, kurt **Tennisschläger** M raketa *f* **Tennisschuhe** MPL tenisky *fpl* **Tennisspieler** M tenista **Tennisspielerin** F tenistka
Teppich M, **Teppichboden** M koberec
Termin M termín, lhůta *f* **Terminal** N terminál *m* **Terminkalender** M termínový kalendář
Terrasse F terasa
Terrine F polévková mísa
Terror M teror **Terrorismus** M terorizmus
Test M test **Testament** N závěť *f* **testen** testovat
teuer drahý; **zu ~** příliš drahý
Teufel M čert, ďábel
Text M text
Textilien PL textilie *fpl*
Theater N divadlo **Theaterstück** N divadelní hra *f*
Theke F výčepní pult *m*
Thema N téma, náměť *f*
Theologie F teologie **theologisch** teologický
theoretisch teoretický **Theorie** F teorie
Therapie F terapie, léčba
Thermalbad N termální lázně *fpl*
Thermometer N teploměr *m*
Thermostat N termostat *m*
These F teze
Thron M trůn
Thunfisch M tuňák
Thüringen N Durynsko
Thymian M tymián
ticken ⟨za⟩tikat
tief hluboký
Tiefbau M inženýrské stavitelství *n* **Tiefdruckgebiet** N oblast *f* nízkého tlaku
Tiefe F hloubka **Tiefebene** F nížina **Tiefgarage** F podzemní garáž *m* **tiefgekühlt** zmrazený
Tiefkühlfach N mrazicí pult *m*, *umg* mrazák *m* **Tiefkühlkost** F (z)mražené potraviny *fpl* **Tiefkühltruhe** F mraznička
Tier N zvíře **Tierarzt** M zvěrolékař **tierisch** zvířecí **Tierschutz** M ochrana *f* zvířat
Tiger M tygr
tilgen *Schuld* umořovat ⟨-řit⟩
Tinktur F tinktura
Tinte F inkoust *m* **Tintenfisch**

M sépie *f* obecná
Tipp M tip **tippen** ⟨na⟩ťukat na stroji; *wetten* tipovat **Tippschein** M tiket
Tisch M stůl; **bei ~** při jídle; **nach ~** po jídle **Tischdecke** F ubrus *m* **Tischler** M truhlář **Tischtennis** N stolní tenis *m*, ping-pong *m* **Tischtuch** N ubrus *m*
Titel M titul(ek)
Toast¹ M GASTR topinka *f*, toast **Toaster** M opékač topinek
Toast² M přípitek
toben ⟨za⟩burácet, zuřit
Tochter F dcera
Tod M smrt *f*
Todesanzeige F parte *n* **Todesopfer** N oběť *f* na životě **Todesstrafe** F trest *m* smrti
tödlich smrtelný
todmüde na smrt unavený
Toilette F toaleta; **wo ist die ~?** kde je záchod *od* WC? **Toilettenpapier** N toaletní papír *m*
tolerant tolerantní
toll *verrückt* šílený; *großartig* fantastický **Tollwut** F vzteklina
Tomate F rajče *n* **Tomatensaft** M rajčatová šťáva *f*
Tombola F tombola
Ton¹ M *Erde* hlína *f*
Ton² M MUS tón **Tonart** F tónina **Tonband** N magnetofonový pásek *m* **Tonbandgerät** N magnetofon *m*
tönen *Haar* tónovat
Tonleiter F stupnice
Tonnage F tonáž, nosnost
Tonne F *Fass* sud *m*; *Gewicht* tuna
Topf M hrnec **Topfen** M *österr* tvaroh
Töpfer M hrnčíř **Töpferwaren** FPL hrnčířské zboží *n*
Tor N ARCH brána *f*, vrata *npl*; SPORT branka *f*, gól *m*
Torf M rašelina *f*
torkeln ⟨za⟩vrávorat
Torlinie F branková čára **torlos** bezbrankový; ADV bez branky **Torschütze** M střelec branky
Torte F dort *m*
Torwart M brankář
tot mrtvý
total úplný **Totalausverkauf** M úplný výprodej **Totalschaden** M totální škoda *f*
Tote M mrtvý
töten zabíjet ⟨-bít⟩
Totenschein M úmrtní list
Toto N od M sazka *f*
Totschlag M zabití *n*
Toupet N příčesek *m*, tupé
Tour F túra, cesta **Tourismus** M turistika *f* **Tourist** M turista **Touristenklasse** F turistická třída **Touristin** F turistka
Tournee F turné *n*
Trab M (po)klus
Tracht F kroj *m*
Tradition F tradice **traditionell** tradiční
Trage F nosítka **tragbar** *fig* únosný, snesitelný
träge líný
tragen nést, nosit (**bei sich** u sebe)
Träger M *an Kleidung* ramínko

n; Person nosič **Tragetasche** F *für Babys* taška **Tragfläche** F nosná plocha; FLUG křídlo *n* **Tragflächenboot** N raketa *f* **Tragik** F tragika **tragisch** tragický **Tragweite** F dosah *m*

Trainer M trenér **trainieren** ⟨vy⟩trénovat **Training** N trénink *m* **Trainingsanzug** M tepláky *mpl*

trampeln dupat

trampen jezdit ⟨jet⟩ autostopem

Träne F slza **Tränengas** N slzný plyn *m*

Tränke F napajedlo *n*

Transfer M transfer **Transformator** M transformátor **Transistorradio** N tranzistorové rádio **Transitverkehr** M tranzitní doprava *f* **Transplantation** F transplantace

Transport M přeprava *f*, převoz, transport **transportfähig** schopný převozu **transportieren** dopravovat ⟨-vit⟩, přepravovat ⟨-vit⟩ **Transportkosten** PL přepravné *n* **Transportunternehmen** N dopravní podnik *m*

Trasse F trasa

Traube F hrozen *m* **Traubensaft** M hroznová šťáva *f* **Traubenzucker** M hroznový cukr

trauen *j-m* důvěřovat; **sich ~** troufat si; **sich ~ lassen** dát se oddat

Trauer F smutek *m* **Trauerfeier** F smuteční slavnost

trauern truchlit (**um** *A* pro *A*)

träufeln ⟨na⟩kapat

Traum M sen

träumen snít; zdát se

traurig smutný; *fig* žalostný

Trauring M snubní prsten **Trauschein** M oddací list **Trauung** F sňatek *m*, oddavky *fpl* **Trauzeuge** M svatební svědek

treffen *Ziel* trefovat ⟨-fit⟩; **sich ~** setkávat ⟨-kat⟩ se **Treffen** N setkání **treffend** vhodný; výstižný **Treffer** M zásah; *Lotto* výhra *f* **Treffpunkt** M místo *n* srazu, sraz

treiben *tun* provozovat; *schwimmen* plavat, plout **Treibgas** N hnací plyn *m* **Treibhaus** N skleník *m* **Treibhauseffekt** M skleníkový efekt **Treibstoff** M pohonná látka *f*

Trekkingrad N úroveň *f* trekkingu

Trend M trend

trennen oddělovat ⟨-lit⟩; **sich ~** rozcházet ⟨rozejít⟩ se **Trennung** F oddělení *n*; *Ehe* rozluka **Trennwand** F přepážka

Treppe F schody *mpl*; **drei ~n hoch** ve třetím poschodí **Treppenhaus** N schodiště

Tresor M trezor

Tretboot N šlapací člun *m*

treten *j-n* kopat ⟨-nout⟩; **~ auf** (*A*) šlapat ⟨šlápnout⟩ na (*A*); **in Kraft ~** nabýt účinnosti

treu věrný **treulos** nevěrný

Tribüne F tribuna

Trichter M trychtýř, nálevka *f*

Trick M trik **Trickfilm** M tri-

kový film
Trieb M pud; BOT výhonek **Triebkraft** F hnací síla **Triebwagen** M motorový vůz **Triebwerk** N FLUG letecký motor *m*
triftig závažný, pádný
Trikot N trikot *m*
trinkbar pitný **trinken** pít **Trinker** M piják **Trinkgeld** N spropitné **Trinkglas** N sklenice *f* **Trinkhalm** M brčko *n* **Trinkspruch** M přípitek **Trinkwasser** N pitná voda *f*
Tripper M kapavka *f*
Tritt M *Fußtritt* kopanec **Trittbrett** N stupátko
triumphieren triumfovat
trocken suchý **Trockenhaube** F sušák *m* **Trockenheit** F sucho *n* **Trockenmilch** F sušené mléko *n*
trocknen ⟨u⟩schnout; *et* ⟨u⟩sušit **Trockner** M sušič
Trödelmarkt M bleší trh
trödeln loudat se
Trommel F buben *m* **Trommelfell** N ANAT bubínek *m*
trommeln ⟨za⟩bubnovat
Trompete F trubka
Tropen PL tropy *mpl*
Tropf M MED infuze *f*
tropfen kapat
Tropfen M kapka *f* **tropfenweise** po kapkách
tropisch tropický
Trost M útěcha *f*
trösten utěšovat ⟨-šit⟩ **tröstlich** uklidňující
trostlos neutěšený **Trostpreis** M cena *f* útěchy
Trottel M blbec
trotz (*G*) přes (*A*)
Trotz M vzdor; **aus ~** ze vzdoru
trotzdem přesto
trotzig vzdorný
trübe kalný; *Himmel* zamračený
Trubel M ruch, vřava *f*
trübsinnig zádumčivý
Trüffel F *Pilz* lanýž *m*
trügerisch klamný
Trugschluss M klamný závěr
Truhe F truhla
Trümmer PL trosky *fpl*
Trumpf M trumf
Trunkenheit F opilost (am Steuer za volantem) **Trunksucht** F pijáctví *n*
Trupp M houf
Truppe F MIL vojsko *n*; THEAT herecká společnost
Truthahn M krocan
T-Shirt N tričko
Tscheche M Čech **Tschechien** N Česko **Tschechin** F Češka **tschechisch** český
Tube F tuba
Tuberkulose F tuberkulóza
Tuch N sukno; *Halstuch* šátek *m*
tüchtig zdatný
tückisch záludný
Tugend F ctnost
Tulpe F tulipán *m*
Tumor M tumor, nádor
Tümpel M tůň *f*
Tumult M rámus, hluk
tun ⟨u⟩dělat; **nichts zu ~ haben** nemít co dělat
tünchen ⟨o⟩bílit
Tunesien N Tunisko **tunesisch** tuniský
Tunfisch → Thunfisch

Tunnel M tunel
Tür F dveře *fpl*
Turbine F turbina
turbulent bouřlivý
Türke M Turek **Türkei** F Turecko *n* **Türkin** F Turkyně **türkisch** turecký
Türklinke F klika
Turm M věž *f*
turnen cvičit **Turnen** N tělocvik *m* **Turner** M cvičenec **Turnerin** F cvičenka **Turnhalle** F tělocvična
Turnier N turnaj *m*
Turnschuh M cvička *f* **Turnverein** M tělocvičná jednota *f*
Türöffner M domácí vrátný
Tusche F tuš
Tüte F sáček *m*; *spitze Tüte* kornout *m* (*a für Eis*)
TÜV M (**Technischer Überwachungsverein**) Technický dohlížecí spolek
Typhus M tyfus
typisch typický
Tyrann M tyran

U

U-Bahn F metro *n* **U-Bahn-Station** F stanice metra
U-Boot N ponorka *f*
übel špatný; **mir wird ~** dělá se mi špatně; **~ nehmen** mít za zlé
Übelkeit F nevolnost
über nad (*wohin A A; wo D I*); *reisen über* přes (*A*); *sprechen über* o (*L*); **~ Nacht** přes noc; **~ zehn** přes deset **überall** všude
überanstrengen: **sich ~** přepínat se
überbacken opékat ‹opéct›
überbelichtet přeexponovaný
überbieten nabízet ‹-bídnout› víc; *Rekord* překonávat ‹-nat› **Überblick** M přehled
überblicken přehlížet ‹-hlédnout› **überbringen** přinášet ‹-nést› **Überbringer** M doručitel
überdauern přetrvávat ‹-vat›
Überdosis F předávkování *n*
überdrüssig omrzelý **übereilt** ukvapený
übereinander *wohin* přes sebe; *wo* nad sebou **Übereinkunft** F dohoda **übereinstimmen** shodovat se
überfahren *Person* přejet *pf*
Überfahrt F převoz *m*
Überfall M přepadení *n* **überfallen** přepadat ‹-nout›
überfliegen přeletovat ‹-tět›; *Text* přelétnout **Überfluss** M nadbytek (**an** *D G*) **überflüssig** zbytečný **überfluten** zaplavovat ‹-vit› **überfordern** přetěžovat ‹-tížit›
überführen *Leiche* převážet ‹-vézt›; *e-r Schuld* usvědčovat ‹-čit› (*G z G*) **Überführung** F BAHN nadjezd *m* **überfüllt** přeplněný
Übergabe F odevzdání *n*
Übergang M přechod **Übergangszeit** F *Jahreszeit* přechodné období *n*
übergeben odevzdávat ‹-dat›;

sich ~ zvracet **übergehen** přecházet ⟨-jít⟩ (**zu** *D* do *G*, k *D*); *übersehen* pomíjet ⟨-minout⟩ **Übergepäck** N nadváha *f* **Übergewicht** N nadváha *f*; *fig* převaha *f* **Übergröße** F nadměrná velikost **überhandnehmen** nabývat ⟨-být⟩ převahy **überhäufen** zahrnovat ⟨-nout⟩ **überhaupt** vůbec (**nicht** ne) **überheblich** povýšený **überholen** AUTO předjíždět ⟨-jet⟩; *ausbessern* opravovat ⟨-vit⟩ **Überholverbot** N zákaz *m* předjíždění **überhören** přeslechnout *pf* **überladen** ADJ přetížený (*a. fig*) **überlassen** přenechávat ⟨-chat⟩ **überlasten** přetěžovat ⟨-tížit⟩ **überlaufen**[1] *Gefäß* přetékat ⟨-téct⟩; *Person* přebíhat ⟨-běhnout⟩ **überlaufen**[2] ADJ frekventovaný **überleben** přežívat ⟨-žít⟩ **Überlebende** M ten, kdo přestal **überlegen**[1] rozmýšlet ⟨-myslit⟩ **überlegen**[2] ADJ mající převahu **Überlegung** F úvaha **übermäßig** nadměrný **übermitteln** předávat ⟨-dat⟩ **übermorgen** pozítří **übermüdet** příliš unavený **übermütig** rozpustilý **übernachten** ⟨pře⟩nocovat **Übernachtung** F nocleh *m* **Übernahme** F převzetí *n* **übernatürlich** nadpřirozený **übernehmen** přebírat ⟨-vzít⟩ **Überproduktion** F nadprodukce **überprüfen** přezkoumávat ⟨-mat⟩ **überqueren** přecházet ⟨-jít⟩ **überraschen** překvapovat ⟨-pit⟩ **Überraschung** F překvapení *n* **überreden** přemlouvat ⟨-mluvit⟩ **überreichen** předávat ⟨-dat⟩ **überschätzen** přeceňovat ⟨-nit⟩ **überschlagen** *Kosten* rozpočítávat ⟨-tat⟩; *Seite* vynechávat ⟨-chat⟩; **sich ~** převrhnout se **überschneiden**: **sich ~** ⟨z⟩křížit se **überschreiben** JUR přepsat *pf* (*D* na *A*) **überschreiten** překračovat ⟨-kročit⟩ **Überschrift** F nadpis *m* **Überschuss** M přebytek **überschüssig** přebytečný **Überschwemmung** F záplava, povodeň **Übersee** F zámoří *n* **übersehen** přehlížet ⟨-hlédnout⟩ **übersenden** posílat ⟨-slat⟩ **übersetzen** *Text* překládat ⟨-ložit⟩; *mit der Fähre* převážet ⟨-vézt⟩ **Übersetzer(in** F) M překladatel(ka) **Übersetzung** F překlad *m*; TECH převod *m* **Übersicht** F přehled *m* **übersichtlich** přehledný **übersiedeln** ⟨pře⟩stěhovat se **überstehen** překonávat ⟨-nat⟩ **übersteigen** *Kräfte* přesahovat ⟨-sáhnout⟩ **überstimmen** přehlasovat **Überstunden** FPL přesčasy *mpl* **Übertrag** M WIRTSCH přenos **übertragbar** přenosný; MED *a.* nakažlivý **übertragen** TV, MED přenášet ⟨-nést⟩ **Übertragung** F přenos *m* **übertreffen** předčit *(im)pf* **übertreiben** přehánět ⟨-hnat⟩, nadsazovat ⟨-dit⟩ **übertreten** *Gesetz* přestupovat ⟨-stoupit⟩ **Übertritt** M přestup **übervölkert** přelidněný **überwachen** hlídat **Überwachung** F dohled *m* **überwältigen** přemáhat ⟨-moct⟩ **überwältigend** mohutný **überweisen** *Geld* poukazovat ⟨-kázat⟩; MED doporučovat ⟨-čit⟩ **Überweisung** F poukázka (*a.* MED) **überwiegend** převážný **überwinden** překonávat ⟨-nat⟩ **Überzahl** F většina **überzeugen** přesvědčovat ⟨-čit⟩ (**von** *D* o *L*) **überziehen** *Mantel* přetahovat ⟨-táhnout⟩; *Konto* překračovat ⟨-kročit⟩ **Überzug** M povlak **üblich** obvyklý, běžný **übrig** zbylý, ostatní; **~ bleiben** zbývat ⟨zbýt⟩; **~ lassen** nechávat ⟨-chat⟩ **übrigens** ostatně **Übung** F cvičení *n*; MIL cvik *m* **Ufer** N břeh *m* **UG**(**Untergeschoss**) N suterén *m* **Uhr** F hodiny *fpl*; *Uhrzeit* hodina; **wie viel ~ ist es?** kolik je hodin?; **es ist drei ~** jsou tři hodiny **Uhrarmband** N náramek *m* k hodinkám **Uhrmacher** M hodinář **Uhrzeiger** M ručička *f*

Uhu M výr **Ukraine** F Ukrajina **ukrainisch** ukrajinský **Ultraschall** M ultrazvuk **Ultraschalluntersuchung** F zkouška ultrazvukem **ultraviolett** ultrafialový **um** (*A*) *örtlich* kolem (*G*), okolo (*G*); *zeitlich* v(e) (*A*), o (*L*); *ungefähr* asi; **~ zwei Uhr** ve dvě hodiny; **~ jeden Preis** za každou cenu; **~ zu** … aby…; → umso **umarbeiten** přepracovávat ⟨-vat⟩ **umarmen** objímat ⟨obejmout⟩ **umbauen** přestavovat ⟨-vět⟩ **umbinden** uvazovat ⟨uvázat⟩ **umblättern** obracet ⟨-rátit⟩ stránku **umbringen** zabíjet ⟨-bít⟩ **umbuchen** *Reise* přeobjednávat ⟨-nat⟩ **umdrehen** otáčet ⟨otočit⟩; *wenden* obracet ⟨-rátit⟩ **Umdrehung** F obrátka **umfahren** *überfahren* přejíždět ⟨-jet⟩; *um et herum* objíždět ⟨-jet⟩ **umfallen** svalovat ⟨-lit⟩ se **Umfang** M objem, rozsah **umfangreich** objemný, rozsáhlý **umfassen** objímat ⟨obejmout⟩; *fig* obsahovat ⟨-sáhnout⟩ **umfassend** rozsáhlý **Umfeld** N prostředí **Umfrage** F anketa **Umgang** M styk, společnost *f* **Umgangsformen** FPL společenské způsoby *mpl* **Umgangssprache** F hovorový jazyk *m* **umgeben** obklopovat ⟨-pit⟩

(**mit** *D l*) **Umgebung** F okolí *n* **umgehen** *Hindernis* obcházet ⟨obejít⟩ (*a. fig*) **umgehend** obratem **Umgehungsstraße** F obchvat *m* **umgekehrt** obrácený; *Richtung* opačný; ADV naopak **umgestalten** přetvářet ⟨-tvořit⟩ **Umhängetasche** F zavěšovací brašna **umkehren** *et* obracet ⟨-rátit⟩; *zurückkehren* vracet ⟨vrátit⟩ se **umkippen** *et* převrhovat ⟨-nout⟩; *ohnmächtig werden* omdlévat ⟨-lít⟩ **umklammern** svírat ⟨sevřít⟩ **Umkleideraum** M převlékárna *f* **umkommen** ⟨za⟩hynout **Umkreis** M: **im ~ von** (*D*) v obvodu (*G*) **Umlauf** M oběh **Umlaufbahn** F oběžná dráha **umleiten** *Verkehr* odklánět ⟨-klonit⟩ **Umleitung** F objížďka **umliegend** okolní **umorganisieren** přeorganizovat **umpflanzen** přesazovat ⟨-dit⟩ **umrechnen** přepočítávat ⟨-tat⟩ **Umrechnungskurs** M přepočítací kurz **umringen** obklopovat ⟨-pit⟩ **Umriss** M obrys **umrühren** ⟨za⟩míchat **Umsatz** M WIRTSCH obrat **Umsatzsteuer** F daň z obratu **umschalten** přepínat ⟨-pnout⟩ **Umschlag** M *Hülle* obal; MED obklad **umschlagen** *Wetter* ⟨z⟩měnit se; *Ärmel* ohrnovat ⟨-nout⟩ **umschreiben** *ändern* přepisovat ⟨-psat⟩; *fig* opisovat ⟨opsat⟩ **umschulen** rekvalifikovat **Umschwung** M obrat **umsehen**: **sich ~** rozhlížet ⟨-hlédnout⟩ se (**nach** *D* po *L*) **umsetzen** přesazovat ⟨-dit⟩; *verwirklichen* uskutečňovat ⟨-nit⟩ **umsichtig** obezřelý **umsiedeln** *j-n* přesídlovat ⟨-lit⟩. **umso**: **~ eher** tím spíš(e); **~ mehr** tím víc(e) **umsonst** *gratis* zadarmo; *vergebens* marně, zbytečně **Umstand** M okolnost *f* **Umstände** MPL okolnosti *fpl*; **unter diesen ~n** za těchto okolností; **unter ~n** podle okolností; **in anderen ~n** v jiném stavu **umständlich** rozvláčný **Umstandskleid** N těhotenské šaty *fpl* **umsteigen** přestupovat ⟨-stoupit⟩ **umstellen** *anderswohin* přestavovat ⟨-vit⟩; **sich ~** přizpůsobovat ⟨-bit⟩ se (**auf** *A D*) **Umstellung** F *fig* přizpůsobení *n* **umstoßen** porážet ⟨-zit⟩ **umstritten** sporný **umstrukturieren** restrukturalizovat **Umsturz** M převrat **umstürzen** *umfallen* převrhnout se *pf* **Umtausch** M výměna *f* **umtauschen** vyměňovat ⟨-nit⟩ **umwandeln** přeměňovat ⟨-nit⟩ **umwechseln** vyměňovat ⟨-nit⟩

Umweg M oklika *f*; **e-n ~ machen** zacházet ⟨-jít⟩ si
Umwelt F životní prostředí *n* **umweltbelastend** neekologický **umweltfreundlich** ekologický **Umweltschutz** M ochrana *f* životního prostředí **Umweltschützer** M ochránce životního prostředí **Umweltverschmutzung** F znečištění *n* životního prostředí
umwenden obracet ⟨-rátit⟩ (**sich** se) **umwerfen** porážet ⟨-razit⟩ **umwickeln** ovazovat ⟨ovázat⟩
umziehen přestěhovat se; **sich ~** převlékat ⟨-vléct⟩ se
Umzug M přestěhování *n*; *Festzug* průvod
unabhängig nezávislý **unabsehbar** nedozírný **unabsichtlich** neúmyslný **unabwendbar** neodvratný
unachtsam nepozorný
unanfechtbar nepodpiratelný **unangebracht** nemístný **unangenehm** nepříjemný **unansehnlich** nevzhledný **unanständig** neslušný
unappetitlich nechutný **unartig** nezpůsobný
unauffällig nenápadný **unauffindbar** nenalezitelný **unaufhaltsam** nezadržitelný **unaufhörlich** neustálý **unaufmerksam** nepozorný
unbeachtet nepozorovaný **unbedenklich** nezávadný **unbedeutend** bezvýznamný **unbedingt** ADV bezpodmínečně **unbefahrbar** nesjízdný **unbefangen** nezaujatý **unbefriedigend** neuspokojivý **unbefugt** neoprávněný, nedovolený
unbegabt nenadaný **unbegreiflich** nepochopitelný **unbegrenzt** neomezený **unbegründet** neodůvodněný **Unbehagen** N nevolnost *f*, stísněnost *f* **unbehaglich** nepříjemný **unbeholfen** nemotorný
unbekannt neznámý **unbekümmert** bezstarostný **unbeliebt** neoblíbený **unbemerkt** nepozorovaný **unbequem** nepohodlný
unberechenbar nevypočitatelný **unberechtigt** neoprávněný **unbeschädigt** nepoškozený **unbeschränkt** neomezený **unbeschreiblich** nepopsatelný **unbeständig** *Wetter* nestálý **unbestechlich** neúplatný **unbestimmt** neurčitý **unbestritten** nesporný
unbeteiligt nezúčastněný **unbewacht** nehlídaný **unbeweglich** nehybný **unbewohnt** neobydlený **unbewusst** nevědomý **unbezahlbar** nezaplatitelný
unbrauchbar nepotřebný
und a, i; **~ so weiter** a tak dále
undankbar nevděčný **undenkbar** nesmyslitelný **undeutlich** nezřetelný **undicht** netěsný **undurchdringlich** neproniknutelný **undurchlässig** nepropustný **undurchsichtig** neprůhledný

uneben nerovný **unehelich** nemanželský **unehrlich** nepoctivý **uneigennützig** nezištný **uneinig** nesvorný **unempfindlich** necitlivý (**gegen** *A* k *D*) **unendlich** nekonečný **unentbehrlich** nezbytný **unentgeltlich** bezplatný **unentschieden** nerozhodný **Unentschieden** N SPORT nerozhodný výsledek *m*, remíza *f* **unentschlossen** nerozhodný **unerbittlich** neúprosný **unerfahren** nezkušený **unerfreulich** neradostný, neutěšený **unerhört** *fig* neslýchaný **unerklärlich** nevysvětlitelný **unerlässlich** nezbytný **unerlaubt** nedovolený **unermüdlich** neúnavný **unerreichbar** nedosažitelný **unersättlich** nenasytný **unerschwinglich** nedostupný **unersetzlich** nenahraditelný **unerträglich** nesnesitelný **unerwartet** neočekávaný **unerwünscht** nevítaný, nežádoucí **unfähig** neschopný **unfair** nečestný; *Spiel* záludný **Unfall** M úraz, nehoda *f* **Unfallbericht** M úrazový protokol **unfallfrei** bez nehody **Unfallgefahr** F nebezpečí *n* úrazu **Unfallstation** F záchranná stanice **Unfallversicherung** F úrazové pojištění *n* **unfassbar** nepochopitelný **unfehlbar** neomylný **unförmig** neforemný **unfrankiert** nevyplacený **unfreiwillig** nedobrovolný **unfreundlich** nevlídný **Unfug** M neplecha *f* **Ungar(in** F) M Maďar(ka) **ungarisch** maďarský **Ungarn** N Maďarsko **ungebildet** nevzdělaný **ungebräuchlich** neužívaný **ungedeckt** *Scheck* nekrytý **ungeduldig** netrpělivý **ungeeignet** nevhodný **ungefähr** ADV asi **ungefährlich** bezpečný **ungeheuer** ohromný **Ungeheuer** N obluda *f* **ungehorsam** neposlušný **ungelernt** nevyučený **ungemütlich** neútulný **ungenau** nepřesný **ungenießbar** nepoživatelný **ungenügend** nedostatečný **ungepflegt** nepěstěný **ungerade** *Zahl* lichý **ungerecht** nespravedlivý **ungern** nerad(a, -o) **ungeschickt** nešikovný **ungesetzlich** nezákonný **ungestört** nerušený **ungesund** nezdravý **ungewiss** nejistý **ungewöhnlich** neobyčejný **ungewohnt** nezvyklý **Ungeziefer** N havěť *f* **ungezogen** nevychovaný **ungezwungen** nenucený **unglaublich** neuvěřitelný **ungleichmäßig** nestejnoměrný **Unglück** N neštěstí **unglücklich** nešťastný **unglücklicherweise** naneštěstí **ungültig** neplatný **ungünstig** nepříznivý **unhandlich** nepohodlný **Unheil** N zlo, pohroma *f* **unheilbar** nevyléčitelný **un-**

höflich nezdvořilý **unhygienisch** nehygienický
Uniform F uniforma
uninteressant nezajímavý
Union F svaz *m*, unie
Universität F univerzita
Unkenntnis F neznalost
unklar nejasný **unklug** nemoudrý **Unkosten** PL útraty *fpl* **Unkraut** N plevel *m* **unleserlich** nečitelný
Unmenge F spousta
unmenschlich nelidský **unmerklich** nepozorovatelný **unmittelbar** bezprostřední **unmöbliert** nezařízený **unmodern** nemoderní **unmöglich** nemožný **unmoralisch** nemorální **unmündig** nezletilý, nesvéprávný **unnachgiebig** neústupný **unnötig**, **unnütz** nepotřebný
UNO F **(Organisation der Vereinten Nationen): die ~** Organizace spojených národů
unordentlich nepořádný **Unordnung** F nepořádek *m*
unparteiisch nestranný **unpassend** nevhodný **unpersönlich** neosobní **unpraktisch** nepraktický **unpünktlich** nepřesný **unrasiert** ne(o)holený
Unrecht N křivda *f*, bezpráví; **unrecht haben** nemít pravdu
unrechtmäßig bezprávný
unregelmäßig nepravidelný
unreif nezralý **Unruhe** F nepokoj *m* **unruhig** nepokojný
uns *A* nás; *refl* sebe, se; *D* nám; *refl* si, sobě; **ein Freund von ~** jeden náš přítel
unsauber nečistý **unschädlich** neškodný **unscharf** FOTO neostrý **unscheinbar** nepatrný **unschlüssig** nerozhodný
Unschuld F nevina **unschuldig** nevinný
unser náš *m*, naše *f* od *n* **unsererseits** z naší strany **unseretwegen** pro nás; kvůli nám
unsicher nejistý, nebezpečný
Unsicherheit F nejistota
unsichtbar neviditelný
Unsinn M nesmyl **unsinnig** nesmyslný
unsittlich nemravný **unsterblich** nesmrtelný
Unstimmigkeit F nesouhlas *m*
Unsumme(n PL**)** F ohromná suma
unsympathisch nesympatický
untätig nečinný **untauglich** nezpůsobilý
unten dole; **nach ~** dolů; **von ~** zdola
unter pod(e) (*wohin A A; wo D I*); *zwischen* mezi (*wohin A A; wo D I*); **~ anderem** mezi jiným **Unterarm** M předloktí *n* **unterbelichtet** podexponovaný
Unterbewusstsein N podvědomí
unterbrechen přerušovat ‹-šit› **Unterbrechung** F přerušení *n*
unterbringen umísťovat ‹-tit›
Unterbringung F umístění *n*
unterdessen mezitím **unterdrücken** utlačovat

untere, **unterer**, **unteres** dolní, spodní **untereinander** mezi sebou **unterentwickelt** zaostalý; *Land* málo rozvinutý **Unterführung** F *für Fußgänger* podchod *m*; *für Fahrzeuge* podjezd *m*

Untergang M ASTRON západ; *fig* zánik **untergehen** ASTRON zapadat ⟨-nout⟩; SCHIFF potápět ⟨-topit⟩ se; *fig* zanikat ⟨-knout⟩ **untergeordnet** podřízený **Untergrund** M podzemí *n*

unterhalb (G) pod(e) (*I*)

Unterhalt M *Lebensunterhalt* výživa *f* **unterhalten** *Familie* živit, vydržovat; *Gebäude* udržovat ⟨-žet⟩; **sich ~** ⟨po⟩hovořit **Unterhaltung** F rozhovor *m*; *Vergnügen* zábava; *Instandhaltung* údržba

Unterhemd N tílko **Unterhose** F spodky *mpl* **unterirdisch** podzemní **Unterkiefer** M dolní čelist *f* **Unterkunft** F nocleh *m*; ubytování *n* **Unterlage** F podklad *m*; *Beleg* doklad *m*

unterlassen *versäumen* opomíjet ⟨-menout⟩ **unterlegen** podkládat ⟨-ložit⟩ **Unterleib** M břicho *n*

Untermiete F podnájem *m*

Untermieter M podnájemník

Untermieterin F podnájemnice

unternehmen podnikat ⟨-nout⟩ **Unternehmen** N podnik *m* **Unternehmer(in F)** M podnikatel(ka) **unternehmungslustig** podnikavý

Unteroffizier M poddůstojník

unterordnen podřizovat ⟨-řídit⟩ **Unterredung** F rozmluva **Unterricht** M vyučování *n* **unterrichten** vyučovat (**j-n in et** k-o č-u); *informieren* informovat **Unterrock** M spodnička *f*

untersagen zakazovat ⟨-kázat⟩ **unterschätzen** podceňovat ⟨-nit⟩

unterscheiden rozlišovat ⟨-šit⟩; **sich ~** lišit se

Unterschenkel M bérec **Unterschied** M rozdíl **unterschlagen** zpronevěřovat ⟨-řit⟩ **unterschreiben** podepisovat ⟨-psat⟩ **Unterschrift** F podpis *m* **Unterseeboot** N ponorka *f* **untersetzt** podsaditý

unterste, **unterster**, **unterstes** nejspodnější

unterstehen být podřízen **unterstellen** *unterordnen* podřizovat ⟨-řídit⟩; AUTO garážovat

unterstreichen podtrhat ⟨-nout⟩ **unterstützen** podporovat **Unterstützung** F podpora

untersuchen MED vyšetřovat ⟨-třit⟩, prohlížet ⟨-hlédnout⟩

Untersuchung F MED vyšetření *n*, prohlídka; JUR vyšetřování *n* **Untersuchungshaft** F vyšetřovací vazba *f* **Untersuchungsrichter** M vyšetřující soudce

Untertasse F podšálek *m* **untertauchen** potápět ⟨-topit⟩

se; *fig* ztrácet ⟨ztratit⟩ se **Unterteil** N od M spodek *m* **Untertitel** M podtitul **Unterwäsche** F spodní prádlo *n*
unterwegs na cestě, cestou **Unterwelt** F podsvětí *n* **unterwerfen** podrobovat ⟨-bít⟩ **unterzeichnen** podepisovat ⟨-psat⟩
unterziehen: **sich ~** podrobovat ⟨-bít⟩ se
Unterzucker M MED hypoglykémie *f*; **~ haben** *umg* mít sníženou hladinu cukru v krvi
untrennbar nerozlučný **untreu** nevěrný **untröstlich** neutěšitelný
unüberlegt nerozvážný **unübersichtlich** nepřehledný **unübertroffen** nepřekonaný **unüberwindlich** nepřemožitelný
unumgänglich nezbytný **unumstritten** nesporný
ununterbrochen nepřetržitý
unverändert nezměněný **unverantwortlich** neodpovědný **unverbesserlich** nenapravitelný **unverbindlich** nezávazný **unverbleit** natural **unverdaulich** nestravitelný **unvergänglich** nepomíjející **unvergesslich** nezapomenutelný **unvergleichlich** nesrovnatelný
unverheiratet *Frau* neprovdaná; *Mann* neženatý **unverhofft** nenadálý **unverkäuflich** neprodejný **unverkennbar** zjevný **unverletzt** nezraněný **unvermeidlich** nevyhnutelný **unvermutet** nenadálý **unvernünftig** nerozumný
unverschämt nestydatý **unverschuldet** nezaviněný **unversehrt** neporušený **unverständlich** nesrozumitelný **unverwüstlich** nezničitelný **unverzeihlich** neodpustitelný **unverzüglich** neprodlený
unvollendet nedokončený **unvollkommen** nedokonalý **unvollständig** neúplný **unvorbereitet** nepřipravený **unvoreingenommen** nezaujatý **unvorhergesehen** nepředvídaný **unvorsichtig** neopatrný **unvorstellbar** nepředstavitelný
unwahrscheinlich nepravděpodobný **unwegsam** neschůdný; *für Fahrzeuge* nesjízdný **unwesentlich** nepodstatný **Unwetter** N nečas *m* **unwichtig** nedůležitý **unwiderstehlich** neodolatelný **unwillkürlich** mimovolný, bezděčný **unwirsch** nevrlý
unwissend nevědomý
unzählig nesčíslný
unzerbrechlich nerozbitný **unzertrennlich** nerozlučný
unzufrieden nespokojený **unzugänglich** nepřístupný **unzulässig** nepřípustný **unzureichend** nedostatečný **unzuverlässig** nespolehlivý
üppig bujný, hojný
uralt prastarý
Uraufführung F premiéra **Ur-**

enkel M pravnuk **Urgroßmutter** F prababička **Urgroßvater** M praděd **Urheber** M původce
Urin M moč *f*
Urkunde F listina
Urlaub M dovolená **Urlauber(in** F) M rekreant(ka) **Urlaubsreise** F cesta na dovolenou
Urne F urna
Ursache F příčina; **keine ~!** není zač!
Ursprung M původ **ursprünglich** původní **Urteil** N úsudek *m*; JUR rozsudek *m* **urteilen** usuzovat ⟨usoudit⟩
Urwald M prales
USA MPL: **die ~** Spojené státy americké
USB-Stick IT M USB klíč
Utensilien PL potřeby *fpl*
UV-Strahlen PL UV záření *n*
utopisch utopický

V

vage neurčitý
Vanille F vanilka
Vase F váza
Vater M otec **Vaterland** N vlast *f*
väterlich otcovský
Vaterschaft F otcovství *n*
Vati M táta, tatínek
Vegetarier M vegetarián **vegetarisch** vegetariánský **Vegetation** F vegetace
Veilchen N fialka *f*
Vene F žíla, véna
Venenentzündung F zánět *m* žil
Ventil N ventil *m* **Ventilator** M ventilátor
verabreden domlouvat ⟨-mluvit⟩ (**sich** se)
Verabredung F úmluva; *Treffen* schůzka
verabschieden propouštět ⟨-pustit⟩; **sich ~** ⟨roz⟩loučit se (**von** *D* s *I*)
verachten opovrhovat ⟨-nout⟩ **verächtlich** opovržlivý **verallgemeinern** zevšeobecňovat ⟨-nit⟩ **veraltet** zastaralý
veränderlich proměnlivý
verändern ⟨z⟩měnit **Veränderung** F změna
Veranlagung F predispozice; *Steuer* vyměření *n* daní
veranlassen podněcovat ⟨-nítit⟩
veranstalten ⟨us⟩pořádat **Veranstalter** M pořadatel **Veranstaltung** F akce, podnik *m*
verantworten odpovídat ⟨-vědět⟩ (*A* za *A*); **sich ~ für** (*A*) ⟨z⟩odpovídat se z (*G*) **verantwortlich** zodpovědný **Verantwortung** F zodpovědnost
verantwortungslos nezodpovědný
verarbeiten zpracovávat ⟨-vat⟩ **Verarbeitung** F zpracování *n*
Verband M MED obvaz
Verband(s)kasten M lékár-

nička *f* **Verband(s)zeug** N obvazivo
verbannen vypovídat ‹-vědět›
verbergen skrývat ‹skrýt›
verbessern zlepšovat ‹-šit›; *Fehler* opravovat ‹-vit› **Verbesserung** F zlepšení *n*; oprava
Verbeugung F poklona
verbiegen ‹z›ohýbat **verbieten** zakazovat ‹-kázat› **verbilligen** zlevňovat ‹-nit›
verbinden spojovat ‹-jit›; MED obvazovat ‹-vázat› **verbindlich** závazný **Verbindung** F spojení *n* (*a.* TEL, BAHN); *Personen* styk *m*
verblassen ‹vy›blednout **verbleit** *Super* ver super; *Normal ver* speciál **verblüfft** zaražený **verblühen** odkvétat ‹-kvést› **verbluten** vykrvácet *pf* **verborgen** půjčovat ‹-čit›; ADJ skrytý
Verbot N zákaz *m* **verboten** zakázaný
Verbrauch M spotřeba *f* **verbrauchen** spotřebovat **Verbraucher(in** F) M spotřebitel(ka)
Verbrechen N zločin *m* **Verbrecher** M zločinec **verbrecherisch** zločinný
verbreiten, verbreitern rozšiřovat ‹-šířit›
verbrennen *et* ‹s›pálit **Verbrennung** F MED popálenina
verbringen *Zeit* ‹s›trávit
verbrühen: **sich ~** opařit se
Verbündete M spojenec; F spojenkyně
verchromt pochromovaný
Verdacht M podezření *n*
verdächtig podezřelý **verdächtigen** podezírat
verdammt zatracený **verdanken** vděčit (**j-m et** k-u za co)
verdaulich stravitelný **Verdauung** F zažívání *n*, trávení *n* **Verdauungsstörung** F porucha trávení
Verdeck N AUTO střecha *f* **verdecken** zakrývat ‹-krýt› **verderben** *Ware* ‹z›kazit se **verderblich** kazící se
verdienen *Geld* vydělávat ‹-lat›; *Lob* zasluhovat ‹-sloužit›
Verdienst[1] M výdělek
Verdienst[2] N zásluha *f*
verdoppeln zdvojnásobovat ‹-bit› **verdorben** *Speisen, Magen* zkažený **verdrängen** vytlačovat ‹-čit› **verdrehen** překrucovat ‹-kroutit› **verdunkeln** zatemňovat ‹-nit› **verdünnen** ‹z›ředit **verdunsten** vypařovat ‹-řit› se **verdursten** ‹za›hynout žízní **veredeln** ‹zu›šlechtit
verehren ‹u›ctít **Verehrer** M ctitel **Verehrung** F úcta
vereidigen brát ‹vzít› do přísahy
vereidigt přísežný
Verein M spolek, jednota *f*
vereinbaren ujednávat ‹-nat›, dohodovat ‹-nout› **Vereinbarung** F ujednání *n*, dohoda
vereinfachen zjednodušovat ‹-šit› **vereinigen** spojovat

⟨-jit⟩ **Vereinigung** F spojení *n*, sjednocení *n*

vereinzelt ojedinělý **vereist** zledovatělý **vereiteln** ⟨pře-⟩kazit **vereitert** zhnisaný

verengen: **sich ~** zužovat ⟨zúžit⟩ se

vererben *Gut* odkazovat ⟨-kázat⟩ **Vererbung** F BIOL dědičnost

verfahren *vorgehen* postupovat; **sich ~** sjíždět ⟨sjet⟩ z cesty **Verfahren** N TECH postup *m*; JUR řízení

verfallen *Gebäude* rozpadat ⟨-nout⟩ se; *Fahrkarte* propadat ⟨-nout⟩; ADJ rozpadlý, propadlý **Verfallsdatum** N datum spotřeby

verfassen spisovat ⟨sepsat⟩ **Verfasser** M autor **Verfassung** F POL ústava

verfaulen ⟨s⟩hnít

verfehlen míjet ⟨minout⟩ **verfehlt** pochybený **verfilmen** ⟨z⟩filmovat **verflucht** prokletý

verfolgen pronásledovat; *beobachten* sledovat **Verfolger** M pronásledovatel **Verfolgte** M pronásledovaný **Verfolgung** F POL pronásledování *n*

verfrüht předčasný

verfügbar použitelný **verfügen** nakládat ⟨-ložit⟩ (**über** *A* s *I*)

Verfügung F: **j-m et zur ~ stellen** dávat ⟨dát⟩ k dispozici

verführen svádět ⟨svést⟩ **verführerisch** svůdný

vergangen minulý **Vergangenheit** F minulost

Vergaser M karburátor

vergeben *verzeihen* odpouštět ⟨-pustit⟩; *Arbeit* zadávat ⟨-dat⟩

vergeblich marný

vergehen *Zeit* ⟨u⟩plynout

Vergehen N provinění

Vergeltung F odplata

vergessen zapomínat ⟨-menout⟩ **vergesslich** zapomnětlivý

vergeuden promarňovat ⟨-nit⟩

vergewaltigen znásilňovat ⟨-nit⟩ **Vergewaltigung** F znásilnění *n*

vergewissern: **sich ~** ujišťovat ⟨-stit⟩ se (*G I*)

vergießen rozlévat ⟨-lít⟩; *Blut, Tränen* prolévat ⟨-lít⟩ **vergiften** ⟨o⟩trávit **Vergiftung** F otrava **vergilbt** zežloutlý **Vergissmeinnicht** N pomněnka *f*

Vergleich M srovnání *n*; JUR smír **vergleichbar** srovnatelný **vergleichen** srovnávat ⟨-nat⟩

Vergnügen N zábava *f*, radost *f*; **mit ~** s radostí; **viel ~!** hezkou zábavu!

vergnügen: **sich ~** ⟨po⟩bavit se

vergnügt veselý **Vergnügungspark** M zábavní park

vergoldet pozlacený **vergraben** zakopávat ⟨-pat⟩ **vergriffen** rozebraný **vergrößern** zvětšovat ⟨-šit⟩

Vergrößerung F FOTO zvětšenina **Vergrößerungsglas** N

zvětšovací sklo, lupa *f*
Vergünstigung F výhoda
Vergütung F odměna
verhaften zatýkat ‹-tknout›
Verhaftung F zatčení *n*
Verhalten N chování
verhalten: **sich ~** ‹za›chovat se
Verhältnis N poměr *m* **Verhältnisse** PL poměry *mpl*, okolnosti *fpl* **verhältnismäßig** poměrný
verhandeln jednat (**über** *A* o *A*)
Verhandlung F jednání *n*; JUR přelíčení *n*
verhasst nenáviděný **verheerend** ničivý **verheimlichen** zatajovat ‹-jit› **verheiratet** *Frau* vdaná; *Mann* ženatý **verhindern** zabraňovat ‹-bránit› (*A D*) **verhindert** zaneprázdněný
Verhör N výslech *m* **verhören** vyslýchat ‹-slechnout›; **sich ~** přeslechnout se *pf*
verhungern umírat ‹umřít› hladem
verhüten zabraňovat ‹-bránit›
Verhütungsmittel N antikoncepční prostředek *m*
verirren: **sich ~** zabloudit
verjagen zahánět ‹-hnat›
Verjährung F promlčení *n*
Verkauf M prodej **verkaufen** prodávat ‹-dat›; **zu ~** na prodej
Verkäufer(in F) M prodavač(ka) **verkäuflich** prodejný
Verkehr M ruch, provoz, doprava *f*; *Umgang* styk **verkehren** jezdit ‹jet›
Verkehrsampel F semafor *m*
Verkehrsbehinderung F dopravní překážka **Verkehrsbericht** M dopravní servis
verkehrsberuhigt: **~e Zone** F klidová zóna
Verkehrsbüro N turistická kancelář *f* **Verkehrsinsel** F refýž **Verkehrsmittel** N dopravní prostředek *m* **Verkehrspolizei** F dopravní policie
Verkehrsschild N dopravní značka *f* **Verkehrsstau** M zácpa *f* **Verkehrsteilnehmer** M účastník silničního provozu
Verkehrsunfall M dopravní nehoda *f*
verkehrt obrácený; *falsch* nesprávný **verklagen** ‹za-› žalovat (**auf** *A* o *A*)
verkleiden: **sich ~** přestrojovat ‹-jit› se (**als** za *A*)
verkleinern zmenšovat ‹-šit›
verkommen ‹z›chátrat; ADJ zchátralý **verkörpern** ztělesňovat ‹-nit› **verkraften** zdolávat ‹-lat› **verkrampft** křečovitý
verkriechen: **sich ~** zalézat ‹-lézt›
verkrüppelt zmrzačený **verkümmern** zakrňovat ‹-nět›
verkünden oznamovat ‹-námit›; *Gesetz* vyhlašovat ‹-hlásit› **verkürzen** ‹z›krátit
Verlag M nakladatelství *n*
verlangen ‹po›žádat (**von j-m et** k-o o co)
Verlangen N žádost *f*
verlängern prodlužovat ‹-dloužit› **Verlängerungs-**

schnur F prodlužovačka
verlangsamen zpomalovat ⟨-lit⟩
verlassen opouštět ⟨opustit⟩; **sich ~ auf** (*A*) spoléhat ⟨-lehnout⟩ (se) na (*A*)
verlässlich spolehlivý
Verlauf M průběh
verlaufen *Weg* probíhat ⟨-běhnout⟩; **sich ~** *verirren* zabloudit; *Menge* rozcházet ⟨rozejít⟩
verlegen *Termin* odkládat ⟨-ložit⟩; *Gegenstand* založit; ADJ rozpačitý **Verlegenheit** F rozpaky *mpl* **Verleger(in** F) M nakladatel(ka) **Verleih** M půjčovna *f* **verleihen** půjčovat ⟨-čit⟩; *Orden* udělovat ⟨-lit⟩
verleiten svádět ⟨svést⟩ **verlernen** odnaučovat ⟨-čit⟩ se
verletzen zraňovat ⟨-nit⟩ (**sich** se); *fig a.* ubližovat ⟨ublížit⟩
Verletzte M raněný **Verletzung** F zranění *n*
verleumden pomlouvat ⟨-mluvit⟩ **Verleumdung** F pomluva
verlieben: **sich ~** zamilovat se (**in** *A* do *G*)
verliebt zamilovaný
verlieren ztrácet ⟨ztratit⟩
verloben: **sich ~** zasnubovat ⟨-snoubit⟩ se
verlobt zasnoubený **Verlobte** M snoubenec; F snoubenka
Verlobung F zasnoubení *n*
verlockend lákavý
verlogen prolhaný
verloren ADJ ztracený; **~ gehen** ztrácet ⟨ztratit⟩ se
verlosen ⟨vy⟩losovat
Verlust M ztráta *f* **Verlustanzeige** F oznámení *n* ztráty
vermachen odkazovat ⟨-kázat⟩
vermehren rozmnožovat ⟨-žit⟩
vermeiden vyhýbat ⟨-hnout⟩ se (*A D*)
Vermerk M poznámka *f*
vermieten pronajímat ⟨-jmout⟩ **Vermieter(in** F) M pronajímatel(ka) **Vermietung** F pronájem *m*
vermindern zmenšovat ⟨-šit⟩
vermischen směšovat ⟨smísit⟩ **vermissen** pohřešovat ⟨-šit⟩ **Vermisste** M pohřešovaný **vermitteln** zprostředkovávat ⟨-vat⟩ **Vermittler** M prostředník **Vermittlung** F TEL ústředna **Vermögen** N *Besitz* majetek *m* **vermögend** majetný
vermuten domnívat se **vermutlich** domnělý **Vermutung** F domněnka
vernachlässigen zanedbávat ⟨-bat⟩ **vernehmen** JUR vyslýchat ⟨-slechnout⟩ **Vernehmung** F výslech *m* **verneinen** popírat ⟨-přít⟩ **vernichten** ⟨z⟩ničit **Vernunft** F rozum *m* **vernünftig** rozumný
veröffentlichen uveřejňovat ⟨-nit⟩ **Veröffentlichung** F *Buch* publikace
verordnen MED předepisovat ⟨-psat⟩ **Verordnung** F předpis *m*
verpachten pronajímat ⟨-jmout⟩

verpacken ⟨za⟩balit **Verpackung** F zabalení *n*

verpassen *Zug* zmeškávat ⟨-kat⟩ **verpfänden** zastavovat ⟨-vit⟩ **verpflanzen** přesazovat ⟨-dit⟩ **verpflegen** stravovat **Verpflegung** F strava

verpflichten: **sich ~** zavazovat ⟨-vázat⟩ se **Verpflichtung** F závazek *m*

verprügeln ⟨z⟩tlouct **verputzen** omítat ⟨-nout⟩ **Verrat** M zrada *f* **verraten** zrazovat ⟨-dit⟩ **verräterisch** zrádný

verrechnen zúčtovat *pf*; **sich ~** přepočítávat ⟨-tat⟩ se **Verrechnungsscheck** M zúčtovací šek

verreisen odcestovat **verrenken** MED vymykat ⟨-mknout⟩ se **verriegeln** zavírat ⟨-vřít⟩ na závoru **verringern** zmenšovat ⟨-šit⟩ **verrosten** ⟨z⟩rezavět

verrückt pomatený; **wie ein Verrückter** jako blázen

verrufen ADJ vykřičený

Vers M verš

versagen selhávat ⟨-hat⟩ **Versager** M neschopný člověk

versalzen přesolovat ⟨-lit⟩

versammeln: **sich ~** shromažďovat ⟨-máždit⟩ se **Versammlung** F shromáždění *n*

Versand M zasílání *n* **Versandhaus** N zásilková služba *f*

versäumen zmeškávat ⟨-kat⟩ **verschaffen** opatřovat ⟨-třit⟩ **verschärfen** zostřovat ⟨-řit⟩ **verschenken** darovat **verschicken** rozesílat ⟨-slat⟩ **verschieben** posunovat ⟨-nout⟩; *zeitlich* odkládat ⟨-ložit⟩

verschieden různý **verschiedenartig** rozličný

verschiffen dopravovat ⟨-vit⟩ lodí **verschimmelt** zplesnivělý **verschlafen** zaspávat ⟨-spat⟩; ADJ ospalý

Verschlag M bouda *f* na nářadí

verschlechtern: **sich ~** zhoršovat ⟨-šit⟩ se **Verschlechterung** F zhoršení *n*

verschleiern *fig* zatajovat ⟨-jit⟩

Verschleiß M opotřebování *n*

verschleppen zavlékat ⟨-vléct⟩ **verschließen** zavírat ⟨-vřít⟩ **verschlingen** *essen* hltat ⟨zhltnout⟩ **verschlossen** zavřený

verschlucken polykat ⟨-lknout⟩; **sich ~** zakuckávat ⟨-kat⟩ se

Verschluss M uzávěr; FOTO závěrka *f*

verschlüsselt kódovaný **verschmelzen** *fig* splývat ⟨splynout⟩ **verschmutzen** ⟨za⟩špinit **verschnaufen** oddechovat ⟨-nout⟩ **verschneit** zasněžený **verschnüren** svazovat ⟨svázat⟩ **verschollen** nezvěstný **verschonen** ⟨u⟩šetřit **verschönern** okrašlovat ⟨okrášlit⟩

verschreiben MED předepisovat ⟨-psat⟩; **sich ~** přepisovat ⟨-psat⟩; se

verschrotten sešrotovat **ver-**

schulden *Unfall* zavinit **verschuldet** zadlužený **verschütten** rozsypávat ⟨-pat⟩; *Flüssigkeit* rozlévat ⟨-lít⟩ **verschweigen** zamlčovat ⟨-čit⟩
verschwenden ⟨vy⟩plýtvat
verschwenderisch marnotratný
verschwiegen mlčenlivý **verschwinden** ⟨z⟩mizet
Verschwörung F spiknutí *n*
versehen *Dienst* vykonávat ⟨-nat⟩; *versorgen* zaopatřovat ⟨-řit⟩; **sich ~** *irren* ⟨z⟩mýlit se
Versehen N nedopatření; **aus ~, versehentlich** nedopatřením
versenken SCHIFF potápět ⟨-topit⟩ **versetzen** *Beamte* překládat ⟨-ložit⟩; *Schüler* nechávat ⟨-chat⟩ postoupit **verseucht** zamořený
versichern pojišťovat ⟨-stit⟩ (**gegen** *A* proti *D*); *beteuern* ujišťovat ⟨-stit⟩ **Versicherte** M pojištěnec **Versicherung** F pojištění *n*
Versicherungsfall M pojistná událost *f*; **im ~** v případě pojistné události **Versicherungsgesellschaft** F pojišťovna **Versicherungspolice** F, **Versicherungsschein** M pojistka *f*
versinken zapadat ⟨-nout⟩
versöhnen: **sich ~** smiřovat ⟨smířit⟩ **versöhnlich** smířlivý
versorgen *Familie* zaopatřovat ⟨-řit⟩ (**mit** *D I*) **Versorgung** F zaopatření *n*
verspäten: **sich ~** zpožďovat ⟨-zdit⟩ se **Verspätung** F zpoždění *n*
versperren uzavírat ⟨-vřít⟩
verspielen prohrávat ⟨-hrát⟩
verspotten posmívat se (*A D*)
versprechen slibovat ⟨slíbit⟩; **sich ~** přeříkávat ⟨-řeknout⟩ se **Versprechen** N slib *m*
Verstand M rozum
verständigen uvědomovat ⟨-mit⟩ (**über** *A* o *L*); **sich ~** dorozumívat ⟨-mět⟩ se
verständlich srozumitelný
Verständnis N porozumění
verständnisvoll chápavý
verstärken zesilovat ⟨-sílit⟩
Verstärker M zesilovač
verstauchen: **sich den Fuß ~** vymknout *pf* si nohu **Verstauchung** F vymknutí *n*
verstauen ukládat ⟨uložit⟩, umísťovat ⟨-tit⟩
Versteck N úkryt *m* **verstecken** schovávat ⟨-vat⟩
verstehen ⟨po⟩rozumět (**sich** si)
Versteigerung F dražba
versteinert zkamenělý
verstellbar posuvný **verstellen** posouvat ⟨-sunout⟩; **sich ~** přetvařovat se
versteuern zdaňovat ⟨-nit⟩
verstimmt MUS rozladěný (*a. fig*) **verstopfen** zacpávat ⟨-pat⟩ **verstopft** *Abfluss, Straße* zacpaný **Verstopfung** F zácpa (*a.* MED) **verstorben** zemřelý **verstört** rozrušený
Verstoß M poklesek
vorstoßen: **~ gegen** (*A*) pohřešovat ⟨-šit⟩ se proti (*D*)

verstreichen *Frist* uplývat ⟨-ynout⟩ **verstümmeln** *fig* ⟨z⟩komolit **verstummen** umlkat ⟨-knout⟩

Versuch M pokus **versuchen** zkoušet ⟨zkusit⟩ **Versuchung** F pokušení *n*

vertagen odročovat ⟨-čit⟩ **vertauschen** vyměňovat ⟨-nit⟩

verteidigen obhajovat ⟨-hájit⟩, bránit **Verteidiger** M obhájce; SPORT obránce **Verteidigung** F obrana; JUR obhajoba

verteilen rozdělovat ⟨-lit⟩

verteuern zdražovat ⟨-žit⟩

vertiefen prohlubovat ⟨-hloubit⟩ **Vertiefung** F prohlubeň

Vertrag M smlouva *f* **vertragen** snášet ⟨snést⟩ (**sich** se) **vertraglich** smluvní

verträglich snesitelný

Vertragswerkstatt F autorizovaný servis *m*

vertrauen důvěřovat **Vertrauen** N důvěra *f* **vertrauensvoll** důvěřivý **vertraulich** důvěrný

vertreiben vyhánět ⟨-hnat⟩; **sich die Zeit ~** ⟨z⟩krátit si čas

vertreten zastupovat ⟨-stoupit⟩ **Vertreter** M WIRTSCH (obchodní) zástupce; *Stellvertreter* zástupce **Vertretung** F zastoupení *n*

Vertrieb M prodej **Vertriebene** M vyhnanec; F vyhnankyně

vertrocknen vysychat ⟨-schnout⟩ **vertuschen** ⟨u⟩tutlat **verübeln** mít za zlé

verunglücken mít nehodu *od* úraz **verunreinigen** znečišťovat ⟨-stit⟩ **veruntreuen** zpronevěřovat ⟨-řit⟩ **verursachen** způsobovat ⟨-bit⟩

verurteilen odsuzovat ⟨-soudit⟩ **Verurteilung** F odsouzení *n*

vervielfältigen rozmnožovat ⟨-žit⟩ **vervollkommnen** zdokonalovat ⟨-lit⟩ **vervollständigen** doplňovat ⟨-nit⟩

verwalten spravovat **Verwalter** M správce **Verwaltung** F správa

verwandeln proměňovat ⟨-nit⟩

verwandt, **Verwandte** M příbuzný

Verwandtschaft F příbuznost; *koll* příbuzenstvo *n*

Verwarnung F výstraha

verwechseln zaměňovat ⟨-nit⟩ **Verwechslung** F záměna **verweigern** odpírat ⟨odepřít⟩ **Verweis** M *Tadel* důtka *f*; *Hinweis* odkaz **verweisen** odkazovat ⟨-kázat⟩ **verwelken** ⟨z⟩vadnout **verwenden** (po)užívat ⟨(po)užít⟩ **Verwendung** F (po)užití *n* **verwerten** zužitkovávat ⟨-vat⟩ **verwirklichen** uskutečňovat ⟨-nit⟩

verwirrt zmatený, popletený **Verwirrung** F zmatek *m*

verwischen stírat ⟨setřít⟩ **verwitwet** ovdovělý **verwöhnen** rozmazlovat ⟨-lit⟩ **verworren** zmatený **verwunden** zraňovat ⟨-nit⟩ **ver-**

wundert udivený **Verwundete** M raněný **verwüsten** ⟨z⟩pustošit
verzählen: **sich ~** přepočítávat ⟨-tat⟩ se
verzaubern začarovat *pf*
verzehren požívat ⟨-žít⟩
Verzeichnis N seznam *m*, soupis *m*
verzeihen promíjet ⟨-minout⟩ **Verzeihung** F prominutí *n*; ~! promiňte!
verzerrt zkreslený
Verzicht M zřeknutí *n* **verzichten** zříkat ⟨zříct⟩ se (**auf** *A G*)
verzinsen ⟨z⟩úročit
verzögern protahovat ⟨-táhnout⟩ **Verzögerung** F průtah *m*
verzollen proclívat ⟨-clít⟩; **etwas zu ~?** něco k proclení?
verzweifeln zoufat **verzweifelt** zoufalý
Vetter M bratranec
Video N videofilm *m* **Videokassette** F videokazeta **Videorekorder** M videorekordér **Videospiel** N videohra *f*
Vieh N dobytek *m* **Viehzucht** F chov *m* dobytka
viel mnoho; **so ~** tolik; **~ zu** příliš **vielfach** mnohonásobný **vielfältig** rozmanitý
vielleicht snad
vielmals mnohokrát **vielmehr** *eher* spíš(e); *im Gegenteil* naopak **vielseitig** mnohostranný **vielversprechend** mnohoslibný
vier čtyři
Vier F čtyřka **Viereck** N čtyřúhelník *m*, čtverec *m* **viereckig** čtyřúhelný, čtvercový **vierfach** čtyřnásobný **vierhundert** čtyři sta **viermal** čtyřikrát **vierte** čtvrtý
Viertel N čtvrt(ka) *f*; *Stadtviertel* čtvrť *f*; **~ vor elf** tři čtvrtě na jedenáct; **~ nach elf** čtvrt na dvanáct **Viertelfinale** N čtvrtfinále **Vierteljahr** N čtvrtletí **Viertelstunde** F čtvrthodina
viertürig čtyřdveřový **vierzehn** čtrnáct **vierzig** čtyřicet
Vignette F *Autobahnmaut* dálniční známka
Villa F vila
violett fialový
Violine F housle *fpl*
Virus M/N MED virus *m*
Visitenkarte F navštívenka, vizitka
Visum N vízum
Vize... vice-, místo-
Vogel M pták **Vogelfutter** N ptačí zob *m*
Vokabel F slovíčko *n*
Vokal M samohláska *f*
Volk N národ *m*, lid *m*
Völkermord M genocida *f*
Volksfest N lidová slavnost *f* **Volkshochschule** F večerní škola **Volkslied** N lidová píseň *f* **Volksmusik** F lidová hudba **volkstümlich** lidový **Volkswirtschaft** F národní hospodářství *n*
voll plný; **halb ~** napůl plný **vollautomatisch** plně automatizovaný **Vollbad** n celková koupel *f* **Vollbart** M plnovous

vollenden dokončovat ⟨-čit⟩
Volleyball M volejbal
Vollgas N: ~ **geben** dávat ⟨dát⟩ plný plyn
völlig úplný
volljährig plnoletý, zletilý
Vollkornbrot N celozrnný chléb *m* **Vollmacht** F plná moc **Vollmilch** F plnotučné mléko *n* **Vollmond** M úplněk
Vollnarkose F celková narkóza
Vollpension F plná penze
vollständig úplný **volltanken** natankovat (plnou) nádrž
Vollwertkost F plnohodnotná strava **vollzählig** kompletní
Volumen N objem *m*
von (*D*) od(e) (*G*); *über* o (*L*); *aus* z (*G*) **voneinander** od sebe
vonseiten od(e), ze strany
vor před(e) (*wohin A A; wo, wann D I*); ~ **einer Woche** před týdnem; **zehn** ~ **drei** za deset minut tři
Vorabend M: **am** ~ v předvečer
voran *vorn* vpředu; *vorwärts* dopředu **vorangehen** jít napřed
vorankommen postupovat kupředu
Voranmeldung F předběžná přihláška **Vorarbeiter** M předák
voraus: **im Voraus** předem **voraussagen** předpovídat ⟨-vědět⟩ **voraussehen** předvídat
voraussetzen předpokládat
Voraussetzung F předpoklad *m* **voraussichtlich** pravděpodobný **Vorauszahlung** F platba předem
Vorbehalt M výhrada *f*
vorbei mimo, kolem; ~ **an** (*D*) mimo (*A*), kolem (*G*); ~ **sein** být po (*L*) **vorbeifahren** jet kolem **vorbeigehen** chodit kolem; *fig* minout **vorbeilassen** nechávat ⟨-chat⟩ jít kolem
vorbereiten připravovat ⟨-vit⟩
Vorbereitung F příprava
vorbestellen objednávat ⟨-nat⟩ předem **Vorbestellung** F předběžná objednávka
vorbestraft již trestaný
vorbeugen *fig* zabraňovat ⟨-bránit⟩; **sich** ~ naklánět ⟨-klonit⟩ se; ~**d** preventivní
Vorbeugung F prevence
Vorbild N příklad *m*, vzor *m*
vorbildlich příkladný
Vorderachse F přední náprava
Vordergrund M popředí *n*
Vorderrad N přední kolo
Vorderreifen M přední pneumatika *f* **Vorderseite** F přední strana **Vordersitz** M přední sedadlo *n*
vordrängen: **sich** ~ prodírat ⟨-drat⟩ se dopředu
Vordruck M předtisk **voreilig** ukvapený **voreingenommen** zaujatý **vorerst** předem
Vorfahrt F přednost v jízdě
Vorfall M událost *f* **vorfinden** nacházet ⟨-jít⟩
vorführen předvádět ⟨-vést⟩
Vorführung F předvedení *n*
Vorgang M postup, proces
Vorgänger M předchůdce
vorgehen *handeln* postupovat; zakročovat ⟨-čit⟩; *Uhr*

předcházet se **Vorgesetzte** M nadřízený **vorgestern** předevčírem **vorhaben** zamýšlet **Vorhaben** N úmysl *m*, záměr *m*
vorhanden: ~ **sein** být k dispozici
Vorhang M závěs; THEAT opona *f* **Vorhängeschloss** N visací zámek *m*
vorher před(em), napřed **vorhergehend**, **vorherig** předcházející **Vorhersage** F předpověď **vorhersagen** předpovídat **vorhersehbar** předvídatelný
vorhin před chvílí
vorig předešlý; ~**es Jahr** minulý rok *m*
Vorjahr N loňský rok *m* **Vorkenntnisse** FPL předběžné znalosti
vorkommen *fig* přihodit se
Vorladung F předvolání *n* **Vorlage** F předloha **vorläufig** předběžný; ADV (pro)zatím **vorlegen** předkládat ‹-ložit› **vorlesen** předčítat **Vorlesung** F přednáška **vorletzte** předposlední **Vorliebe** F záliba (**für** *A* v *L*)
vormerken zaznamenávat ‹-nat›
Vormittag M, **vormittags** dopoledne
vorn vpředu; **nach** ~ dopředu; **von** ~ zpředu
Vorname M křestní jméno *n* **vornehm** vznešený
vornherein: **von** ~ předem
Vorort M předměstí *n*
Vorrang M přednost *f* **Vorrat** M zásoba *f*
vorrätig: ~ **haben** mít v zásobě
Vorrecht N výsada *f* **Vorrichtung** F zařízení *n* **vorrücken** postupovat ‹-stoupit› dopředu
Vorruhestand M předčasný důchod **Vorrunde** F SPORT předkolo *n* **Vorsaison** F předsezonní období *n* **Vorsatz** M úmysl **vorsätzlich** úmyslný
Vorschau F TV upoutávka **Vorschlag** M návrh **vorschlagen** navrhovat ‹-nout› **vorschreiben** předepisovat ‹-psat›
Vorschrift F předpis *m* **vorschriftsmäßig** podle předpisu
Vorschuss M záloha *f* **vorsehen**: **sich** ~ mít se na pozoru **vorsetzen** GASTR předkládat ‹-ložit›
Vorsicht F opatrnost; ~! pozor! **vorsichtig** opatrný
Vorsitz M předsednictví *n* **Vorsitzende** M předseda **Vorsorge** F opatření *n* **Vorsorgeuntersuchung** F preventivní prohlídka **vorsorglich** starostlivý **Vorspeise** F předkrm *m*
Vorspiel N předehra *f* **vorspielen** ‹za›hrát **Vorsprung** M ARCH výstupek; *fig* náskok **Vorstadt** F předměstí *n* **Vorstand** M předsednictvo *n*
vorstellen *j-n* představovat ‹-vit›; *Uhr* posouvat ‹-sunout› dopředu **Vorstellung** F představa; THEAT představení *n*

Vorstellungsgespräch N personální pohovor *m*

Vorstrafe F předchozí trest *m* **Vortag** M předchozí den **Vortäuschen** předstírat **Vorteil** M výhoda *f* **vorteilhaft** výhodný **Vortrag** M přednáška *f* **vortragen** *fig* přednášet ‹-nést› **Vortritt** M přednost *f*

vorüber mimo, kolem **vorübergehen** *zeitlich* pomíjet ‹-minout› **vorübergehend** dočasný, přechodný

Vorurteil N předsudek *m* **Vorverkauf** M předprodej **Vorwahl** F předvolba **Vorwand** M záminka *f*

vorwärts kupředu **vorwärtskommen** postupovat ‹-stoupit› kupředu

vorweisen prokazovat ‹-kázat› se **vorwerfen** vytýkat ‹vytknout› **vorwiegend** ADV převážně **Vorwort** N předmluva *f* **Vorwurf** M výčitka *f* **vorwurfsvoll** vyčítavý **Vorzeichen** N předzvěst *f* **vorzeigen** ukazovat ‹ukázat› **vorzeitig** předčasný

vorziehen dávat ‹dát› přednost **vorzüglich** výborný, vytečný **Vorzugspreis** M zvýhodněná cena *f*

vulgär vulgární

Vulkan M sopka *f* **Vulkanausbruch** M výbuch sopky

W

Waage F váhy *fpl* **waagerecht** vodorovný

wach bdělý

Wache F stráž; MIL hlídka **wachen** bdít

Wacholder M jalovec

Wachs N vosk *m*

wachsam bdělý

wachsen[1] ‹vy›růst

wachsen[2] ‹na›voskovat

Wachskerze F vosková svíčka

Wachstum N ‹vz›růst *m*

Wachtel F křepelka

Wächter M strážce, hlídač

wackelig viklavý **Wackelkontakt** M špatný kontakt

wackeln viklat se

Wade F lýtko *n*

Waffe F zbraň

Waffel F oplatka

Waffenschein M zbrojní pas, **Waffenstillstand** *m* příměří *n*

wagen odvažovat ‹-vážit› se

Wagen M vůz (*a.* BAHN); AUTO auto *n*; *Einkaufswagen* nákupní vozík **Wagenfolge** F BAHN řazení *n* vlaku **Wagenheber** *m* hever

Waggon M vagón

Wahl F POL volba; *Auswahl* výběr *m*; **zweite ~** druhá jakost

wählen ‹z›volit (*a.* TEL) **Wähler(in** F) M volič(ka) **wählerisch** vybíravý

Wahlfach N volitelný předmět *m* **Wahlheimat** F druhý domov *m* **Wahlkampf** M volební boj **wahllos** bez výběru **Wahlrecht** N volební právo

Wahnsinn M šílenství *n* **wahnsinnig** šílený

wahr pravdivý; **das ist (nicht) ~** to je (není) pravda; **nicht ~?** že (ne)?

während PRÄP (*G*) za (*G*), během (*G*); KONJ zatímco, kdežto

Wahrheit F pravda **wahrnehmen** vnímat; *nutzen* chápat ⟨chopit⟩ se **Wahrsagerin** F věštkyně

wahrscheinlich pravděpodobný; ADV patrně

Währung F měna

Wahrzeichen N symbol *m*

Waise F sirotek *m*

Wal M velryba *f*

Wald M les

Waldbrand M lesní požár **waldig** lesnatý **Waldsterben** N vymírání lesa **Waldweg** M lesní cesta *f*

Wall M val, násep

Wallfahrt F pouť

Walnuss F vlašský ořech *m*

Walze F válec *m*

wälzen válet, valit

Walzer M valčík

Wand F stěna

Wandel M změna *f*

Wanderausstellung F putovní výstava **Wanderkarte** F turistická mapa

wandern dělat pěší túry **Wanderschuhe** MPL turistické boty *fpl* **Wanderung** F pěší túra

Wanderweg M turistická cesta *f*

Wandgemälde N nástěnná malba *f* **Wandkalender** M nástěnný kalendář **Wandschrank** M vestavěná skříň *f*

Wange F tvář, líce *f*

wanken ⟨za⟩vrávorat

wann kdy; **seit ~?** odkdy?; **bis ~?** dokdy?

Wanne F vana

Wanze F štěnice

Wappen N erb *m*

Ware F zboží *n*

Warenhaus N obchodní dům *m* **Warenlager** N sklad *m* zboží **Warensendung** F zásilka zboží

warm teplý; **es ist ~** je teplo; **~ halten** udržovat ⟨-žet⟩ teplé

Wärme F teplo *n* **Wärmedämmung** F tepelná izolace

wärmen ohřívat ⟨ohřát⟩

Wärmflasche F zahřívací láhev

Warnblinker M výstražná světla *npl* **Warndreieck** N výstražný trojúhelník *m* **warnen** varovat **Warnschild** N výstražná značka *f* **Warnstreik** M výstražná stávka *f* **Warnung** F výstraha **Warnweste** F výstražná vesta

Warteliste F pořadník *m*

warten čekat ⟨počkat⟩; TECH ošetřovat ⟨-třit⟩

Wärter M ošetřovatel; *Aufseher* dozorce

Wartesaal M, **Wartezimmer** N čekárna *f*

Wartung F TECH ošetřování *n*

warum proč
Warze F bradavice
was co; ~ **für (ein)** jaký
Waschanleitung F návod *m* na praní **waschbar** prací
Waschbecken N umývadlo
Wäsche F prádlo *n*; *das Wäschen* praní *n* **Wäscheklammer** F kolíček *m* na prádlo
waschen ⟨u⟩mýt (**sich** se); *Wäsche* prát ⟨vyprat⟩
Wäscherei F prádelna **Wäscheschleuder** F ždímačka **Wäscheschrank** M prádelník **Wäschetrockner** M sušák na prádlo
Waschlappen M žínka *f* **Waschmaschine** F pračka **Waschmittel** N prací prostředek *m* **Waschprogramm** N prací program *m* **Waschraum** M umývárna *f* **Waschsalon** M samoobslužná prádelna *f* **Waschstraße** F mycí linka
Wasser N voda *f*; **fließendes** ~ tekoucí voda *f* **Wasserball** M vodní pólo *n* **wasserdicht** vodotěsný **Wasserfall** M vodopád **Wasserhahn** M kohoutek **Wasserkraftwerk** N vodní elektrárna *f*
Wasserleitung F vodovod *m* **Wassermelone** F vodní meloun *m* **wasserscheu**: ~ **sein** mít strach z vody **Wasserski** MPL vodní lyže *fpl* **Wasserspiegel** M vodní hladina *f*
Wassersport M vodní sport **Wasserspülung** F splachování *n* **Wasserstoff** M vodík **Wasserverschmutzung** F znečištění *n* vody **Wasserwerfer** M vodní dělo *n*
waten brodit se
Watte F vata **Wattebausch** M chomáček vaty
Web N IT web *m*
weben tkát ⟨utkat⟩
Website F IT internetová stránka
Wechsel M změna *f*; WIRTSCH směnka *f* **Wechselgeld** N drobné *mpl* **wechselhaft** proměnlivý **Wechseljahre** NPL klimaktérium *n* **Wechselkurs** M směnný kurz
wechseln ⟨z⟩měnit; *Geld* ⟨s⟩měnit **Wechselstrom** M střídavý proud **Wechselstube** F směnárna
Weckdienst M buzení *n* telefonem **wecken** ⟨vz⟩budit **Wecker** M budík
weder: ~ ... **noch** ... ani...ani
weg pryč
Weg M cesta *f*
wegbringen odnášet ⟨-nést⟩
wegen (*G*) pro (*A*), kvůli (*D*)
wegfahren odjíždět ⟨-jet⟩
Wegfahrsperre F AUTO imobilizér *m* **weggehen** odcházet ⟨odejít⟩ **weglassen** vynechávat ⟨-chat⟩ **weglaufen** utíkat ⟨utéct⟩ **wegnehmen** odnímat ⟨odejmout⟩ **wegräumen** odklízet ⟨-klidit⟩ **wegschicken** *j-n* posílat ⟨-slat⟩ pryč
Wegweiser M ukazatel cesty
wegwerfen zahazovat ⟨-hodit⟩
wegziehen odtahovat ⟨-táh-

nout⟩; *umziehen* odstěhovat se
wehen ⟨za⟩vát
Wehen FPL porodní bolesti
wehleidig choulostivý **wehmütig** lítostný
Wehr N jez *m*
Wehrdienst M vojenská služba *f* **Wehrdienstverweigerer** M odpůrce vojenské služby
wehren: **sich ~ gegen** (*A*) bránit se proti (*D*) **wehrlos** bezbranný **Wehrpflicht** F branná povinnost
wehtun bolet; **j-m ~** ⟨z⟩působit k-u bolest
Weibchen N ZOOL samice *f* **weiblich** ženský
weich měkký; **~ gekocht** uvařený naměkko
Weiche F BAHN výhybka
weichen ustupovat ⟨ustoupit⟩ **Weichspüler** M avivážní prostředek
Weide F pastvina; BOT vrba
weiden ⟨na⟩pást (se)
weigern: **sich ~** zdráhat se
Weihnachten N Vánoce *fpl*; **fröhliche ~!** radostné Vánoce!
Weihnachtsabend M Štědrý večer **Weihnachtsbaum** M vánoční stromek **Weihnachtsgeschenk** N vánoční dárek *m* **Weihnachtslied** N koleda *f* **Weihnachtsmann** M Ježíšek *m*
Weihwasser N svěcená voda *f*
weil protože
Weile F chvíle
Wein M víno *n* **Weinberg** M vinice *f* **Weinbrand** M koňak
weinen ⟨za⟩plakat
Weinglas N sklenice *f* na víno
Weinkarte F vinný lístek *m*
Weinkeller M vinný sklep
Weinlese F vinobraní *n*
Weinlokal N vinárna *f* **Weinprobe** F ochutnávka vína
Weintraube F hrozen *m*
weise moudrý
Weise F způsob *m*; **auf diese ~** tímto způsobem
Weisheitszahn M zub moudrosti
weiß bílý **Weißbrot** N bílý chléb *m* **Weißkohl** M, **Weißkraut** N (hlávkové) zelí *n*
Weißwein M bílé víno *n*
weit daleký; *breit* široký; *ausgedehnt* širý; **wie ~?** jak daleko?; **von Weitem** zdaleka
weiterfahren pokračovat v jízdě **weitergeben** dávat ⟨dát⟩ dále **weitergehen** jít dále **weiterkommen** dostávat ⟨-stat⟩ se dále
weitgehend dalekosáhlý
weitläufig rozsáhlý, rozlehlý
weitsichtig dalekozraký
Weitsprung M skok daleký
Weitwinkelobjektiv N širokoúhlý objektiv *m*
Weizen M pšenice *f* **Weizenbier** N pšeničné pivo
welche, **welcher**, **welches** která, který, které; jaká, jaký, jaké
welk zvadlý **welken** ⟨z⟩vadnout
Welle F vlna; TECH hřídel *m*
Wellengang M vlnění *n* **Wellenlänge** F *Radio* vlnová délka
Wellensittich M andulka *f*

wellig vlnitý, zvlněný
Wellnessbereich M wellness centrum *n*
Welt F svět *m*; **Dritte ~** Třetí svět *m* **Weltall** N vesmír *m* **Weltanschauung** F světový názor *m* **weltberühmt** proslulý **Weltgeschichte** F světové dějiny *fpl* **Weltkrieg** M světová válka *f* **weltlich** světský
Weltmeister(in F) M mistr (-yně) světa **Weltmeisterschaft** F mistrovství *n* světa **Weltraum** M kosmický prostor **Weltreise** F cesta kolem světa **Weltrekord** M světový rekord **Weltstadt** F světové město *n* **weltweit** celosvětový
wem komu; **von ~** od koho; **~ gehört ...?** komu patří...?
wen koho
Wende F *fig* změna **Wendekreis** M GEOG obratník
Wendeltreppe F točité schody *mpl*
wenden obracet ⟨-rátit⟩ (**sich** se, **an** *A* na *A*); AUTO otáčet ⟨otočit⟩ (se) **Wendepunkt** M, **Wendung** F obrat *m*
wenig málo (*G*); **~er** méně; **am ~sten** nejméně **wenigstens** a(le)spoň
wenn *wann* když; *falls* když, jestliže, kdyby (+ *prät*); **selbst ~** i kdyby
wer kdo
Werbeagentur F reklamní agentura **Werbefachmann** M odborník na reklamu
werben ⟨u⟩dělat reklamu (**für** *A D*) **Werbespot** M reklamní spot
Werbung F reklama
werden stávat ⟨stát⟩ se; *pass* být
werfen házet ⟨hodit⟩
Werft F loděnice
Werk N *Arbeit* dílo; *Fabrik* závod *m* **Werkstatt** F dílna **Werktag** M pracovní den **Werkzeug** N nářadí
Wermut M pelyněk; *Wein* vermut
wert *würdig* hodný; **~ sein** stát za (*G A*); **das ist nichts ~** to nemá cenu
Wert M hodnota *f*; *Preis* cena *f*; **im ~ von** (*D*) v ceně (*G*) **wertlos** bezcenný **Wertpapiere** NPL cenné papíry *mpl* **Wertsache** F cenná věc **wertvoll** cenný
Wesen N podstata *f*
wesentlich podstatný; **im Wesentlichen** v podstatě
weshalb proč
Wespe F vosa
wessen koho, čeho, čí
Weste F vesta
Westen M západ **westeuropäisch** západoevropský **westlich** západní (**von** *D* od *G*)
Wettbewerb M soutěž *f*
Wette F sázka **wetten** sázet ⟨vsadit⟩ se (**um** *A* o *A*)
Wetter N počasí **Wetterbericht** M meteorologická zpráva *f* **wetterfest** nepromokavý **Wetterlage** F povětrnostní situace **Wettervorhersage** F předpověď počasí

Wettkampf M zápas, závod **Wettkämpfer** M závodník **Wettlauf** M běh o závod **Wettrüsten** N závody *mpl* ve zbrojení

wichtig důležitý

wickeln navíjet ⟨-vinout⟩; *Säugling* přebalovat ⟨-balit⟩ **Wickelraum** M místnost *f* na přebalování

Widder M beran; ASTRON Skopec

wider (*A*) proti (*D*) **widerlegen** vyvracet ⟨-vrátit⟩ **widerlich** protivný **widerrechtlich** protiprávní **widerrufen** odvolávat ⟨-lat⟩ **widersinnig** nesmyslný **widerspenstig** vzdorný **widersprechen** odporovat **Widerspruch** M rozpor **widersprüchlich** rozporný

Widerstand M odpor, odboj **Widerstandsbewegung** F odbojové hnutí *n* **widerwärtig** protivný **widerwillig** s nechutí

widmen: **sich ~** věnovat se **Widmung** F věnování *n*

wie jak; **~ lange?** jak dlouho?; **~ viel(e)?** kolik?

wieder zase, opět; *von Neuem* znovu

Wiederaufbau M znovuvybudování *n* **Wiederaufbereitung** F recyklace **wiederbekommen** dostávat ⟨-stat⟩ zpět **wiederbeleben** resuscitovat **Wiederbelebungsversuch** M oživovací pokus **wiederbringen** vracet ⟨vrátit⟩ **wiedererkennen** poznávat ⟨-znat⟩ **wiederfinden** opět nacházet ⟨najít⟩

Wiedergabe F *Tonwieder* reprodukce **wiedergeben** ⟨z⟩reprodukovat **wiedergutmachen** napravovat ⟨-vit⟩, odčiňovat ⟨-nit⟩ **Wiedergutmachung** F náprava, odčinění *n* **wiederherstellen** obnovovat ⟨-vit⟩

wiederholen opakovat **Wiederholung** F opakování *n*

Wiederkehr F návrat *m* **wiederkommen** vracet ⟨vrátit⟩ **wiedersehen** ⟨u⟩vidět, shledávat ⟨-dat⟩ se **Wiedersehen** N shledaná *f*; **auf ~!** na shledanou!

Wiedervereinigung F (znovu)sjednocení *n* **wiederverwenden** znovu použít **wiederverwertbar** recyklovatelný **wiederverwerten** recyklovat

Wiederwahl F opětovné zvolení *n*

wiegen (z)vážit

wiehern ⟨za⟩řehtat

Wien N Vídeň *f*

Wiese F louka

Wiesel N lasice *f*

wild divoký

Wild N zvěř *f*; GASTR zvěřina *f* **Wilderer** M pytlák **Wildleder** N semiš *m* **Wildnis** F pustina **Wildschwein** N divoké prase **Wildwestfilm** M western

Wille M vůle *f*

willkommen vítaný **Will-**

kommensgruß M pozdrav na přivítanou
willkürlich svévolný
wimmeln hemžit se (**von** *D I*)
Wimmerl N *österr* puchýřek *m*
wimmern ⟨za⟩kňourat
Wimpel M vlaječka *f*
Wimper F řasa **Wimperntusche** F řasenka
Wind M vítr **Windbeutel** M GASTR větrník
Windel F plen(k)a
winden: **sich ~** *Weg* vinout se; *vor Schmerz* svíjet se
windgeschützt chráněný před větrem **windig** větrný
Windjacke F větrovka **Windmühle** F větrník *m* **Windpocken** FPL plané neštovice
Windschutzscheibe F čelní sklo *n* **Windstärke** F síla větru
Windstille F bezvětří *n*
Windstoß M náraz větru
Windsurfen N surf(ování *n*) *m*
Wink M pokyn
Winkel M kout; MATH úhel
winken ⟨za⟩mávat (**mit** *D I*)
Winter M zima *f* **Winterkurort** M zimní středisko *n* **winterlich** zimní **Wintermantel** M zimník **Winterreifen** M zimní pneumatika *f* **Winterschlussverkauf** M zimní výprodej **Wintersport** M zimní sport
Winzer M vinař
winzig maličký, nepatrný
Wipfel M vrchol
wir my
Wirbel M ANAT obratel; *Strudel* vír **Wirbelsäule** F páteř **Wirbelsturm** M cyklóna *f*
wirken působit
wirklich skutečný **Wirklichkeit** F skutečnost
wirksam účinný **Wirkung** F účinek *m* **wirkungslos** neúčinný
wirr zmatený **Wirrwarr** M zmatek
Wirsing(kohl) M kapusta *f*
Wirt M hostinský **Wirtin** F hostinská
Wirtschaft F hospodářství *n*; *Gastwirtschaft* hospoda **wirtschaften** hospodařit **wirtschaftlich** hospodářský, ekonomický
Wirtschaftshilfe F hospodářská pomoc **Wirtschaftswachstum** N hospodářský růst *m*
Wirtshaus N hostinec *m*
wischen utírat ⟨utřít⟩ **Wischlappen** M hadr
wissbegierig zvídavý **wissen** vědět; **~ lassen** uvědomovat ⟨-mit⟩ **Wissen** N vědění
Wissenschaft F věda **Wissenschaftler** M vědec **Wissenschaftlerin** F vědkyně
wissenschaftlich vědecký
wittern ⟨z⟩větřit **Witterung** F *Jagd* čich *m*; *Wetter* povětrnost
Witwe F vdova **Witwer** M vdovec
Witz M vtip **Witzbold** M vtipálek **witzig** vtipný
wo kde **woanders** někde jinde
wobei přičemž

Woche F týden *m*; **pro ~** na týden; **in zwei ~n** za dva týdny **Wochenarbeitszeit** F týdenní pracovní doba **Wochenende** N víkend *m*; **schönes ~!** hezký víkend! **Wochenendhaus** N víkendová chata *f* **Wochenkarte** F *Verkehr* týdenní lístek *m* **wochenlang** po celé týdny **Wochentag** M všední den **wöchentlich** týdenní; ADV týdně
wodurch čím **wofür** zač
Woge F vlna
wogegen proti čemu **woher** odkud **wohin** kam
wohl *vermutlich* asi
Wohl N blaho; **auf Ihr ~!** na zdraví! **wohlfühlen**: **sich nicht ~** být (celý) nesvůj **wohlhabend** zámožný **Wohlstand** M blahobyt **wohltätig**, **Wohltätigkeits...** dobročinný **wohltuend** blahodárný **wohlwollend** blahosklonný
Wohnanhänger M obytný přívěs **wohnen** bydlet **Wohngebiet** N obytná zóna *f* **Wohngemeinschaft** F komuna **wohnhaft** bytem **Wohnhaus** N obytný dům *m* **wohnlich** útulný
Wohnmobil N obytný automobil *m* **Wohnort** M, **Wohnsitz** M bydliště *n* **Wohnung** F byt *m* **Wohnwagen** M obytný vůz, maringotka *f* **Wohnzimmer** N obývací pokoj *m*
wölben: **sich ~** ⟨vy⟩klenout se
Wolf M vlk
Wolke F mrak *m*, mračno *n*
Wolkenbruch M průtrž *f* mračen **Wolkenkratzer** M mrakodrap **wolkenlos** bezmračný **wolkig** oblačný
Wolldecke F vlněná pokrývka
Wolle F vlna
wollen chtít
Wollsachen FPL vlněné šatstvo *n*
womit čím **womöglich** možná **wonach** podle čeho **woran**, **worauf** na čem; nač, na co **woraus** z čeho **worin** v čem
Wort N slovo
Wörterbuch N slovník *m*
Wortlaut M znění *n*
wörtlich doslovný
wortlos ADV beze slov **Wortschatz** M slovní zásoba *f*
worüber, **worum** o čem **worunter** *wohin* pod co; *wo* pod čím
wovon o čem **wovor** *wohin* před co; *wo* před čím **wozu** k čemu
Wrack N vrak *m*
Wucher M lichva *f*
wuchern *Pflanze* bujet **Wucherung** F MED bujení *n*
Wuchs M (vz)růst
Wucht F tíha **wuchtig** těžký
wühlen rýt, hrabat
wund bolavý; **sich ~ reiben** rozdírat ⟨rozedřít⟩ se
Wunde F rána
Wunder N zázrak *m* **wunderbar** zázračný
wundern: **sich ~** ⟨po⟩divit se (**über** *A D*)
Wundstarrkrampf M tetanus
Wunsch M přání *n*; **auf ~** na

přání
wünschen ⟨po⟩přát **wünschenswert** žádoucí
Würde F vážnost, důstojnost **würdig** hodný **würdigen** oceňovat ⟨ocenit⟩
Wurf M hod, vrh (*a.* ZOOL)
Würfel M MATH krychle *f*; *Spielwürfel* kostka *f* **Würfelbecher** M kalíšek na kostky
würfeln *Spiel* hrát ⟨zahrát si⟩ v kostky; GASTR ⟨na-⟩ krájet na kostičky **Würfelzucker** M kostkový cukr
würgen ⟨za⟩rdousit; ~ **an** (*D*) dávit se (*I*)
Wurm M červ **wurmstichig** *Holz* červotočivý; *Obst* červivý
Wurst F salám *m*
Würstchen N: **ein Paar** ~ párek *m*
Würze F koření *n*
Wurzel F kořen *m*; MATH odmocnina
würzen ⟨o⟩kořenit **würzig** kořenný
Wüste F poušť
Wut F vztek
wütend vzteklý

X

X-Beine NPL nohy *fpl* do x
x-beliebig kterýkoli(v)
x-mal x-krát

Y

Yacht F jachta
Yoga N jóga *f*

Z

Zacke F hrot *m*, zub *m*
zäh *Fleisch* tuhý **zähflüssig** vazký
Zahl F číslo *n* **zahlbar** splatný
zahlen ⟨za⟩platit; **bitte ~!** platit, prosím!
zählen ⟨s⟩počítat **Zähler** M TECH měřič; MATH čitatel
zahllos nesčíslný **zahlreich** četný **Zahlung** F splacení *n*
Zählung F počítání *n*
Zahlungsanweisung F poukázka **Zahlungsbedingungen** FPL platební podmínky
zahlungsunfähig neschopný platit
zahm krotký
zähmen ⟨z⟩krotit
Zahn M zub **Zahnarzt** M zubní lékař **Zahnärztin** F zubní lékařka **Zahnbürste** F kartáček *m* na zuby **Zahnersatz** M zubní náhrada *f* **Zahnfleisch** N dáseň *f* **Zahnpasta** F zubní pasta **Zahnseide** F dentální niť

Zahnrad N ozubené kolo **Zahnschmerzen** MPL bolesti *fpl* zubů **Zahnstein** M zubní kámen **Zahnstocher** M párátko *n* **Zahntechniker** M zubní technik
Zander M candát
Zange F kleště *fpl*
zanken: **sich ~** ⟨po⟩hádat se
Zäpfchen N MED čípek *m*
Zapfen M TECH čep; BOT šiška *f*
Zapfsäule F čerpací stojan *m*
zappeln házet sebou, zmítat se
zart jemný, něžný
zärtlich něžný
Zauber M kouzlo *n* **Zauberei** F kouzelnictví *n* **zauberhaft** kouzelný **Zauberkünstler** M kouzelník
zaubern ⟨vy⟩čarovat, ⟨vy⟩kouzlit
zaudern váhat
Zaum M uzda *f*
Zaun M plot
Zebra N zebra *f* **Zebrastreifen** M zebra *f*
Zeche F BERGB důl *m*; *Kosten* útrata
Zecke F ZOOL klíště *n*
Zehe F prst *m* (u nohy)
zehn deset
Zehn F desítka **Zehnkampf** M desetiboj **zehnte** desátý **Zehntel** N desetina *f*
Zeichen N znamení, znak *m*, značka *f* **Zeichenblock** M kreslicí blok **Zeichensetzung** F interpunkce **Zeichensprache** F znaková řeč **Zeichentrickfilm** M kreslený film
zeichnen ⟨na⟩kreslit; TECH ⟨na⟩rýsovat **Zeichner(in** F) M kreslíř(ka); TECH kreslič(ka)
Zeichnung F kresba; TECH výkres *m*
Zeigefinger M ukazovaček
zeigen ukazovat ⟨ukázat⟩
Zeiger M *Uhrzeiger* ručička *f*
Zeile F řádka, řádek *m*
Zeisig M čížek
Zeit F čas *m*; **eine ~ lang** nějaký čas; → *a.* **zurzeit**; **keine ~ haben** nemít čas **Zeitabschnitt** M časový úsek **Zeitalter** N věk *m* **Zeitangabe** F časový údaj *m*
Zeitbombe F časovaná puma **zeitgemäß** dobový **zeitgenössisch** současný **zeitig** časný
Zeitkarte F časový kupon *m* **zeitlich** časový **zeitlos** nadčasový **Zeitlupe** F zpomalovaný film *m* **Zeitpunkt** M okamžik **Zeitraum** M období *n* **Zeitschrift** F časopis *m*
Zeitung F noviny *fpl*
Zeitungsartikel M novinový článek **Zeitungskiosk** M novinový stánek **Zeitungsverkäufer** M kamelot
Zeitunterschied M časový rozdíl **Zeitverlust** M ztráta *f* času **Zeitverschwendung** F plýtvání *n* časem **Zeitvertreib** M kratochvíle *f* **zeitweilig** občas **Zeitzeichen** N *Radio* časový signál *m*
Zelle F cela; BIOL buňka; TEL budka **Zellstoff** M buničina *f*
Zeller M *österr* celer
Zelt N stan *m* **zelten** stanovat,

tábořit **Zeltlager** N, **Zeltplatz** M kemp(ink) *m*
Zement M cement
Zensur F cenzura; *Note* známka
Zentimeter M od N centimetr *m*
Zentner M padesát kilogramů
zentral centrální, ústřední
Zentrale F ústředna
Zentralheizung F ústřední topení *n* **Zentralverriegelung** F AUTO centrální zamykání *n*
Zentrum N centrum, střed *m*
zerbrechen *et* rozlamovat ⟨-lámat⟩; *entzweigehen* rozbíjet ⟨-bít⟩ se **zerbrechlich** křehký **zerdrücken** rozmačkávat ⟨-kat⟩
Zeremonie F ceremonie, obřad *m*
zerfallen rozpadat ⟨-nout⟩ se **zerkleinern** ⟨roz⟩drobit **zerknüllen** ⟨z⟩mačkat **zerkratzen** poškrábat *pf*
zerlegen rozkládat ⟨-ložit⟩ **zerlumpt** otrhaný **zerplatzen** praskat ⟨-nout⟩ **zerquetschen** rozmačkávat ⟨-kat⟩ **zerreißen** *et* roztrhat *pf*
zerren tahat ⟨táhnout⟩ **Zerrung** F MED natržení *n*
zerschlagen roztloukat ⟨-tloucť⟩ **zerschneiden** rozřezávat ⟨-zat⟩ **zersplittern** roztříštit (se) **zerspringen** praskat ⟨-nout⟩
Zerstäuber M rozprašovač
zerstören ⟨z⟩ničit **zerstörerisch** ničivý **Zerstörung** F zničení *n*
zerstreuen: **sich ~** rozptylovat ⟨-ptýlit⟩ se **Zerstreuung** F *fig* rozptýlení *n*
zertreten rozšlapovat ⟨-pat⟩
zertrümmern ⟨roz⟩tříštit
zerzaust rozcuchaný
Zettel M lístek
Zeug N *Sachen* věci *fpl*; **dummes ~** hlouposti *fpl*
Zeuge M svědek **Zeugenaussage** F svědecká výpověď
Zeugin F svědkyně **Zeugnis** N vysvědčení (*a Schulzeug*)
Zickzack M: **im ~** klikatě
Ziege F koza
Ziegel M cihla *f*; *Dachziegel* taška *f*
Ziegenbock M kozel **Ziegenkäse** M kozí sýr
ziehen tahat ⟨táhnout⟩ (**an** *D* za *A*); *Zahn* vytrhovat ⟨-nout⟩; **es zieht** táhne **Ziehharmonika** F tahací harmonika **Ziehung** F *im Lotto* tah *m*
Ziel N cíl *m*
zielen ⟨za⟩mířit (**auf** *A* do *G*)
Zielgerade F cílová rovinka
Zielscheibe F terč *m*
ziemlich značný; ADV dost
zierlich drobounký
Ziffer F číslice **Zifferblatt** N ciferník *m*
Zigarette F cigareta
Zigarettenautomat M automat na cigarety **Zigarettenetui** N pouzdro na cigarety **Zigarettenspitze** F cigaretová špička
Zigarre F doutník *m*
Zigeuner(in F**)** M *neg!* cikán(ka) *neg!*
Zimmer N pokoj *m* **Zimmer-**

mädchen N pokojská *f* **Zimmermann** M tesař **Zimmernachweis** M zprostředkování *n* ubytování **Zimmerpflanze** F pokojová rostlina **Zimmerschlüssel** M klíč od pokoje **Zimmertemperatur** F pokojová teplota
Zimt M skořice *f*
Zink N zinek *m*
Zinke F zub *m*
Zinn N cín *m*
Zinsen MPL úroky **Zinssatz** M úroková sazba *f*
Zipfel M cíp
Zippverschluss M *österr* zdrhovadlo *n*, zip
zirka asi, přibližně
Zirkel M kružítko *n*; *fig* kroužek
Zirkus M cirkus
zischen ⟨za⟩syčet
Zitat N citát
zitieren citovat
Zitrone F citron *m*
Zitronenpresse F lis *m* na citron **Zitronensaft** M citronová šťáva *f*
Zitrusfrüchte FPL citrusové plody *mpl*
zittern ⟨za⟩třást se; **vor Kälte** ~ třást se zimou
zivil civilní; **in Zivil** v civilu **Zivilbevölkerung** F civilní obyvatelstvo *n* **Zivildienst** M civilní služba *f* **Zivilisation** F civilizace
zögern váhat, otálet
Zoll[1] M *Maß* coul, palec
Zoll[2] M *Abgabe* clo *n* **Zollabfertigung** F celní odbavení *n* **Zollamt** N celnice *f* **Zollbeamte** M celník **Zollerklärung** F celní prohlášení *n* **zollfrei** osvobozený od cla **Zollkontrolle** F celní prohlídka **zollpflichtig** podléhající clu
Zollstock M skládací metr
Zone F zóna, pásmo *n*
Zoo M zoo *n* od *f*
Zopf M cop
Zorn M hněv, zlost *f* **zornig** hněvivý, zlostný
zu (*D*) k(e) (*D*), ku (*D*); *geschlossen* zavřený; ~ **lang** příliš dlouhý; **um ~** aby (+ *prät*); ~ **viel** příliš mnoho; ~ **wenig** příliš málo
Zubehör N příslušenství *n*; *Mode* doplňky *mpl*
zubereiten připravovat ⟨-vit⟩ **Zubereitung** F příprava
zubinden zavazovat ⟨-vázat⟩
Zubringer M *Bus* letištní autobus; *Straße* dálniční přivaděč
Zucchini F cuketa, cukina
Zucht F BIOL chov *m*; *Disziplin* kázeň
züchten *Tiere* chovat; *Pflanzen* pěstovat **Züchter(in** F) M chovatel(ka); pěstitel(ka)
Zuchtperle F pěstovaná perla
zucken cukat ⟨-nout⟩
Zucker M cukr; MED cukrovka *f* **Zuckerdose** F cukřenka
zuckern ⟨po⟩cukrovat **Zuckerrohr** N cukrová třtina *f* **Zuckerrübe** F cukrovka
zudecken přikrývat ⟨-krýt⟩ (**mit** *D I*)
zudringlich dotěrný
zuerst nejprv (e), nejdřív(e); *als erster* jako první
Zufahrt F příjezd *m* **Zufall** M

náhoda *f* **zufällig** náhodný **Zuflucht** F útočiště *n* **zufolge** (*G od D*) podle (*G*) **zufrieden** spokojený **zufriedenstellen** uspokojovat ‹-jit› **zufrieren** zamrzat ‹-znout› **zufügen** *antun* ‹z›působit **zuführen** přivádět ‹-vést› **Zug** M BAHN vlak; *Luftzug* průvan; *beim Rauchen umg* šluk; *beim Spiel* tah; *Schluck* doušek **Zugabe** F THEAT přídavek *m* **Zugang** M přístup **zugänglich** přístupný **Zugbegleiter** M *Fahrplan* vlakový průvodce **zugeben** přidávat ‹-dat›; *gestehen* přiznávat ‹-nat› **zugehörig** příslušný **Zügel** M uzda *f* **zügellos** bezuzdný **zügeln** ‹z›krotit; *Pferd* ‹u›držet na uzdě **Zugeständnis** N ústupek *m* **zugestehen** přiznávat ‹-znat› **Zugführer(in** F) M BAHN vlakvedoucí **zügig** plynulý **zugleich** zároveň **Zugluft** F průvan *m* **zugreifen** sahat ‹sáhnout› po (*L*); *beim Essen* vzít ‹brát› si **zugrunde**: ~ **gehen** ‹za›hynout; ~ **richten** ‹z›ničit **Zugschaffner(in** F) M průvodčí **zugunsten** (*G*) ve prospěch (*G*) **Zugverbindung** F vlakové spojení *n* **Zugverkehr** M vlaková doprava *f* **Zugvogel** M tažný pták **Zuhälter** M pasák **zuhause** doma **Zuhause** N domov *m* **zuheilen** ‹za›hojit se **zuhören** poslouchat, naslouchat **Zuhörer** M posluchač **zukleben** zalepovat ‹-pit› **zuknöpfen** zapínat ‹-pnout› **Zukunft** F budoucnost **zukünftig** budoucí **Zulage** F přídavek *m* **zulassen** *erlauben* připouštět ‹-pustit›; *Tür* nechávat zavřený; AUTO přihlásit, ‹za-› registrovat **zulässig** přípustný **Zulassung** F AUTO přihlášení *n*, registrace **Zulassungspapiere** NPL technický průkaz *m* **zulasten** (*G*) na účet (*G*) **Zulauf** M *fig* nával **zuletzt** naposled(y); *als letzter* jako poslední **zuliebe** (*D*) kvůli (*D*) **zumachen** zavírat ‹-vřít› **zumindest** přinejmenším **zumuten** požadovat (**j-m et** co od koho) **zunächst** *fig* především **Zunahme** F přírůstek *m* **Zuname** M příjmení *n* **zünden** zapalovat ‹-pálit› **Zündholz** N zápalka *f* **Zündkabel** N kabel *m* zapalování **Zündkerze** F (zapalovací) svíčka **Zündschlüssel** M klíček zapalování **Zündschnur** F doutnák *m* **Zündung** F zapalování *n* **zunehmen** přibývat ‹-být› (an *D G*); **an Gewicht** ~ přibrat na váze **Zuneigung** F příchylnost

Zunge F jazyk *m* **zunichtemachen** ⟨z⟩ničit, ⟨z⟩mařit **zunutze**: **sich ~ machen** (*A*) využívat ⟨-žít⟩ (*G*) **zupfen** cupovat, třepit **zurechnungsfähig** příčetný **zurechtfinden**: **sich ~** vyznat se *pf* **zurechtkommen** zvládat ⟨-dnout⟩ (**mit** (*D A*)) **zurechtmachen** ⟨při⟩chystat **zureden** domlouvat ⟨-mluvit⟩ **zurück** (na)zpět, zpátky; **er ist ~** vrátil se **zurückbehalten** zadržovat ⟨-žet⟩ **zurückbekommen** dostávat ⟨-tat⟩ zpět **zurückbleiben** zaostávat ⟨-stat⟩ **zurückbringen** přinášet ⟨-nést⟩ zpět **zurückdrängen** zatlačovat ⟨-čit⟩ **zurückerstatten** vracet ⟨vrátit⟩ **zurückfahren** jezdit ⟨přijet⟩ zpět **zurückfordern** žádat zpět **zurückgeben** vracet ⟨vrátit⟩ **zurückgeblieben** zaostalý **zurückgehen** jít zpět; *fig* klesat **zurückgezogen** v ústraní **zurückhalten** zadržovat ⟨-žet⟩ **zurückhaltend** zdrženlivý **zurückkommen** vracet ⟨vrátit⟩ se **zurücklassen** zanechávat ⟨-chat⟩ **zurücklegen** *Geld* ukládat ⟨uložit⟩; *Weg* urazit **zurücknehmen** brát ⟨vzít⟩ zpět **zurückrufen** ⟨za⟩volat zpět **zurückschicken** posílat ⟨-slat⟩ zpět **zurückschlagen** odrážet ⟨-razit⟩ **zurücksetzen** AUTO couvat; *fig j-n* odstrkovat ⟨-čit⟩ **zurückstellen** *Uhr* postrkovat ⟨-čit⟩ zpět; *fig* nechávat ⟨-chat⟩ stranou **zurücktreten** *vom Amt* odstupovat ⟨-stoupit⟩ **zurückweisen** odmítat ⟨-nout⟩ **zurückwerfen** házet ⟨hodit⟩ zpět **zurückzahlen** splácet ⟨splatit⟩ **zurückziehen**: **sich ~** ustupovat ⟨ustoupit⟩ **zurufen** ⟨za⟩volat **zurzeit** toho času **Zusage** F příslib *m* **zusagen** přislibovat ⟨-slíbit⟩; *gefallen* líbit se **zusammen** dohromady, spolu **Zusammenarbeit** F spolupráce **zusammenbinden** svazovat ⟨svázat⟩ **zusammenbrechen** ⟨z⟩hroutit se **Zusammenbruch** M zhroucení *n* (*a.* MED) **zusammendrücken** zmačkat *pf* **zusammenfallen** *zeitlich* připadat **zusammenfassen** *fig* shrnovat ⟨-nout⟩ **Zusammenfassung** F shrnutí *n* **zusammengehören** patřit k sobě **zusammengesetzt** složený **zusammenhalten** držet spolu **Zusammenhang** M souvislost *f* **zusammenhängen** souviset **zusammenhängend** souvislý **zusammenklappbar** skládací **zusammenklappen** skládat ⟨složit⟩; *fig* ⟨z⟩hroutit se **zusammenkommen** scházet ⟨sejít⟩ se **Zusammenkunft** F schůze, schůzka, sraz *m* **zu-**

sammenleben žít spolu **zusammenpacken** sbalovat ⟨-lit⟩ **zusammenpassen** hodit se k sobě **zusammenrechnen** spočítat **zusammensetzen**, **zusammenstellen** sestavovat ⟨-vit⟩ **Zusammenstellung** F sestavení *n*; *Liste* soupis *m* **Zusammenstoß** M AUTO srážka *f*
zusammenstoßen srážet ⟨srazit⟩ se **zusammenstürzen** zřítit se *pf* **zusammentreffen** setkávat ⟨-kat⟩ se **zusammenzählen** sčítat **zusammenziehen** stahovat ⟨stáhnout⟩
Zusatz M dodatek **zusätzlich** dodatečný
Zusatzsstoff M přísada *f*
zuschauen dívat se (*D* na *A*) **Zuschauer** M divák
zuschicken posílat ⟨-slat⟩
Zuschlag M BAHN, *Lohn* příplatek **zuschlagen** *Tür* přibouchnout *pf*
zuschließen zavírat ⟨-vřít⟩, zamykat ⟨-mknout⟩ **zuschnüren** ⟨za⟩šněrovat **zuschrauben** zašroubovávat ⟨-vat⟩ **Zuschrift** F ohlas *m* **Zuschuss** M příspěvek **zuschütten** zasypávat ⟨-pat⟩
zusehen dívat se; **~, dass** hledět, aby (+ *prät*) **zusehends** zřejmě
zusenden posílat ⟨-slat⟩
zusichern zaručovat ⟨- čit⟩ **Zusicherung** F ujištění *n*
zuspitzen: **sich ~** *fig* přiostřovat ⟨-řit⟩ se
Zustand M stav
zustande: **~ kommen** uskutečňovat ⟨-nit⟩ se
zuständig příslušný **zustehen** příslušet **zusteigen** přistupovat ⟨-stoupit⟩
zustellen *Post* doručovat ⟨-čit⟩ **Zusteller** M doručovatel
zustimmen souhlasit (*D* s *I*) **Zustimmung** F souhlas *m*
zustopfen zacpávat ⟨-cpat⟩ **Zustrom** M příliv **Zutaten** FPL GASTR přísady **zuteilen** přidělovat ⟨-lit⟩
zutrauen: **j-m et ~** nadít se č-o od k-o **zutraulich** důvěřivý
zutreffen být správný **zutreffend** případný, výstižný; **nicht Zutreffendes streichen** nehodící se škrtněte
Zutritt M přístup **zuunterst** nejdoleji
zuverlässig spolehlivý **Zuversicht** F naděje **zuversichtlich** nadějný
zuvor předtím **zuvorkommen** předcházet ⟨-dejít⟩ (*D A*) **zuvorkommend** ochotný
Zuwachs M přírůstek **Zuwanderer** M přistěhovalec **zuweisen** přidělovat ⟨-lit⟩ **zuwenden**: **sich ~** obracet ⟨obrátit⟩ se **Zuwendung** F *Unterstützung* podpora **zuwider**: **~ sein** protivit se *pf* **zuwiderhandeln** jednat v rozporu s (*I*)
zuziehen *Vorhang* stahovat ⟨stáhnout⟩; **sich ~** *Krankheit* přivodit si *pf*
zuzüglich plus
Zwang M přinucení *n*; *Gewalt*

nátlak **zwanglos** nenucený
Zwangslage F tíseň **zwangsläufig** nutný
zwanzig dvacet
zwar sice; **und ~** a to
Zweck M účel **zwecklos** bezúčelný **zweckmäßig** účelný
zwei dva *m*, dvě *f* od *n*
Zwei F dvojka **Zweibettzimmer** N dvoulůžkový pokoj *m*
zweideutig dvojsmyslný
zweierlei dvojí **zweifach** dvojnásobný **Zweifamilienhaus** N dvojdomek *m*
Zweifel M pochyba *f* **zweifelhaft** pochybný **zweifellos** nepochybný
zweifeln pochybovat (**an** *D* o *L*)
Zweig M větev *f* **Zweiggeschäft** N, **Zweigstelle** F pobočka *f*, filiálka *f*
zweihundert dvě stě **zweijährig** dvouletý **zweimal** dvakrát **zweimotorig** dvoumotorový **zweireihig** *Jacke* dvouřadový **zweiseitig** dvoustranný **Zweisitzer** M dvousedadlový vůz **zweisprachig** dvojjazyčný **zweispurig** *Straße* dvouproudový **zweistöckig** dvoupatrový
zweit: **zu ~** po dvou
zweite druhý **zweiteilig** dvoudílný **zweitens** za druhé
zweitrangig druhořadý
Zweitwohnung F druhý byt *m*
Zweizimmerwohnung F dvoupokojový byt *m*
Zwerchfell N bránice *f*
Zwerg M trpaslík
Zwetschge F švestka
Zwetschgenknödel MPL švestkové knedlíky
zwicken štípat ⟨-nout⟩
Zwieback M suchar
Zwiebel F cibule; *Blumenzwiebel* cibulka
Zwielicht N pološero **zwiespältig** sporný
Zwillinge MPL dvojčata *npl*
zwingen ⟨do⟩nutit
zwinkern mrkat ⟨-knout⟩
Zwirn M režná nit *f*
zwischen mezi (*wohin A A; wo D I*) **zwischendurch** mezitím
Zwischenfall M incident
zwischenlanden mezipřistávat ⟨-stát⟩
Zwischenlandung F mezipřistání *n* **Zwischenraum** M mezera *f*
Zwischenzeit F: **in der ~** mezitím
zwitschern ⟨za⟩cvrlikat
zwölf dvanáct **Zwölffingerdarm** M dvanáctník
Zylinder M TECH válec
zynisch cynický
Zypern N Kypr *m*
Zypresse F cypřiš *m*
Zyste F cysta

Sprachführer

Das Allerwichtigste

Guten Tag!	**Dobrý den!**
Guten Abend!	**Dobrý večer!**
Auf Wiedersehen!	**Na shledanou!**
Bitte!	**Prosím!**
Danke!	**Děkuji!**
Nichts zu danken!	**Není zač!**
Ja!	**Ano!**
Nein!	**Ne!**
Entschuldigung!	**Promiňte!**
In Ordnung!	**V pořádku!**
Hilfe!	**Pomoc!**
Rufen Sie schnell einen Arzt!	**Rychle (za)volejte lékaře!**
Rufen Sie schnell einen Krankenwagen!	**Zavolejte ihned sanitku!**
Wo ist die Toilette?	**Kde je WC / záchod?**
Wann?	**Kdy?**
Was?	**Co?**
Wo ist ...?	**Kde je...?**
Wo gibt es ...?	**Kde najdeme ...?**
Hier.	**Tady. / Tu.**
Dort.	**Tam.**

Rechts.	**Vpravo.**
Links.	**Vlevo.**
Geradeaus.	**Rovně.**
Heute.	**Dnes.**
Morgen.	**Zítra.**
Haben Sie ...?	**Máte ...?**
Ich möchte ...	**Chtěl(a *f*) bych ...**
Was kostet das?	**Kolik to stojí?**
Ich will nicht.	**Nechci.**
Ich kann nicht.	**Nemohu.**
Einen Moment bitte..	**Moment, prosím.**
Lassen Sie mich in Ruhe!	**Neobtěžujte!**

Verständigung

Rozuměl(a *f*) jste / jsi?	Haben Sie / Hast du verstanden?
Ich habe verstanden.	**Rozuměl(a *f*) jsem.**
Ich habe das nicht verstanden.	**Tomu jsem nerozuměl(a *f*).**
Sagen Sie es bitte noch einmal?	**Řekněte to, prosím, ještě jednou?**
Bitte sprechen Sie etwas langsamer.	**Mluvte, prosím, trochu pomaleji.**
Bitte schreiben Sie mir das auf!	**Napište mi to, prosím!**

Small Talk

Wie heißen Sie / heißt du?	**Jak se jmenujete / jmenuješ?**

Ich heiße ...	**Jmenuji se ...**
Woher kommen Sie / kommst du?	**Odkud jste / jsi?**
Ich komme aus ...	**Pocházím z ...**
Deutschland.	**Německa.**
Österreich.	**Rakouska.**
der Schweiz.	**Švýcarska.**
Wie alt sind Sie / bist du?	**Kolik je vám / ti let?**
Ich bin ... Jahre alt.	**Je mi ...let.**
Was machen Sie / machst du beruflich?	**Jakou máte / máš profesi?**
Ich bin ... (Ich arbeite als ...)	**Jsem ... (Pracuji jako ...)**
Sind Sie / bist du zum ersten Mal hier?	**Jste / Jsi tu poprvé?**
Nein, ich war schon zweimal / mehrmals in Tschechien.	**Ne, byl(a *f*) jsem již dvakrát / víckrát v Čechách.**
Wie lange sind Sie / bist du noch hier?	**Jak dlouho tu ještě budete / budeš?**
Noch eine Woche / zwei Wochen.	**Ještě jeden týden / dva týdny.**
Gefällt es Ihnen / dir hier?	**Líbí se vám / ti tady?**
Es gefällt mir sehr (gut).	**Velmi se mi tu líbí.**

Unterwegs ...

Entschuldigung, wo ist ...?	**Promiňte, kde je ...?**
Wie komme ich nach ...?	**Jak se dostanu do ...?**
Wie komme ich zur Autobahn?	**Jak se dostanu na dálnici?**
Wie komme ich am schnellsten / am billigsten ...?	**Jak se dostanu co nejrychleji / co nejlevneji**

zum Bahnhof?	**na nádraží?**
zum Busbahnhof?	**na autobusové nádraží?**
zum Flughafen?	**na letiště?**
zur Anlegestelle / Hafen?	**k přístavu?**
zur U-Bahn?	**k metru?**
in die Innenstadt?	**do centra?**
Musíte se vrátit zpátky.	Sie müssen zurück.
Rovně	Geradeaus.
Doprava.	Nach rechts.
Doleva	Nach links.
Nejlépe jet taxíkem.	Am besten mit dem Taxi.
Potřebujete taxík?	Brauchen sie ein Taxi?
Objednali jste si taxík?	Sie haben ein Taxi gerufen?

... und über Nacht

Ich habe bei Ihnen ein Zimmer reserviert.	**Rezervoval(a *f*) jsem u vás pokoj.**
Mein Name ist ...	**Jmenuji se ...**
Hier ist meine Bestätigung.	**Tu je moje potvrzení.**
Dejte mi, prosím, váš voucher.	Dürfte ich bitte Ihren Gutschein haben?
Haben Sie ein Doppelzimmer / Einzelzimmer frei ...?	**Máte volný dvoulůžkový pokoj / jednolůžkový pokoj**
für eine Nacht / für ... Nächte?	**na jednu noc / na ... noci?**
mit Bad / Dusche und WC?	**s koupelnou / se sprchou?**
mit Blick auf die Berge?	**s pohledem na hory?**

Nemáme bohužel volná místa.	Leider sind wir ausgebucht.
Zítra / Dne .... budeme mít volný pokoj.	Morgen / Am ... wird ein Zimmer frei.
Účet prosím.	Die Rechnung bitte.
Kolik to stojí?	Wie viel kostet es ...?
se snídaní / bez snídaně?	mit / ohne Frühstück?
s polopenzí / s plnou penzí?	mit Halbpension / Vollpension?

Shopping

Wo bekomme ich ...?	**Kde dostanu ... ?**
Co byste chtěl(a *f*)?	Was möchten Sie?
Mohu vám pomoci?	Kann ich Ihnen helfen?
Danke, ich sehe mich nur um.	**Děkuji, já se jen tak chci porozhlédnout.**
Ich werde schon bedient.	**Už mne obslouží.**
Haben Sie ...?	**Máte ...?**
Ich hätte gerne ...	**Chci ... / Prosím ....**
eine Flasche Wasser.	**láhev vody.**
Je mi líto, už nemáme ...	Es tut mir leid, wir haben keine ... mehr.
Was kostet (kosten) ...?	**Kolik stojí ...?**
Das gefällt mir (sehr). Ich nehme es.	**To se mi (velmi) líbí. Já to vezmu.**
Ještě si něco přejete?	Darf es sonst noch etwas sein?
Danke, das ist alles.	**Děkuji, to je všechno.**
Kann ich mit dieser Kreditkarte bezahlen?	**Mohu zaplatit toutou kreditní kartou?**

Im Restaurant

Die Karte bitte.	**Jídelní lístek, prosím.**
Co chcete pít / jíst?	Was möchten Sie trinken / essen?
Ich möchte …	**Dám si ….**
ein Glas Rotwein.	**sklenici červeného vína.**
eine Flasche Weißwein.	**láhev bílého vína.**
ein großes / kleines Bier.	**velké / malé pivo.**
Haben Sie vegetarische Gerichte?	**Máte vegetariánská jídla?**
Dáte si předkrm / moučník, zákusek?	Möchten Sie eine Vorspeise / einen Nachtisch?
Chutnalo vám?	Hat es Ihnen geschmeckt?
Danke, sehr gut.	**Děkuji, výborně.**
Ich möchte zahlen.	**Platit prosím.**

Jídelní lístek | Speisekarte

Polévky | Suppen

Bramborová	Kartoffelsuppe
Čočková	Linsensuppe
Dršťková	Kuddelsuppe
Gulášová	Gulaschsuppe
Houbová	Pilzsuppe
Hovězí vývar s játrovými knedlíčky	Rinderbrühe mil Leberknödeln
Hovězí vývar s masem a nudlemi	Rinderbrühe mit Fleisch und Nudeln
Hovězí vývar s vejcem	Rinderbrühe mit Ei

Hrachová	Erbsensuppe
Květáková	Blumenkohlsuppe
Rajská	Tomatensuppe
Rybí	Fischsuppe
Slepičí	Hühnersuppe
Zeleninová	Gemüsesuppe
Zelná	Krautsuppe, Kohlsuppe

Studené předkrmy | Kalte Vorspeisen

Debrecínská pečeně s okurkou	Debreziner Braten mit Gurke
Drůbeží paštika	Geflügelpastete
Olejovky s cibulí a citrónem	Ölsardinen mit Zwiebel und Zitrone
Rajčata plněná	gefüllte Tomaten
Ruská vejce	Russische Eier
Šunka s křenem	Schinken mit Meerrettich
Šunkové závitky v aspiku	Schinkenröllchen in Aspik
Tlačenka s cibulí a octem	Presskopf *od* Pressack mit Zwiebeln und Essig
Uherský salám s máslem a okurkou	Ungarische Salami mit Butter und Gurke
Vejce s kaviárem	Eier mit Kaviar

Teplé Předkrmy | Warme Vorspeisen

Ďábelské tousty	Teufelstoast
Míchaná vejce	Rühreier
Omeleta s hráškem	Omelette mit Erbsen
Párek s hořčicí	Würstchen mit Senf
Párek v těstíčku	Würstchen im Teig

Hlavní jídla | Hauptgerichte

Bíftek s vejcem	Beefsteak mit Spiegelei
Hovězí guláš	Rindergulasch
Pražská hovězí pečeně	Rinderbraten auf Prager Art
Přírodní hovězí pečeně	Rinderschmorbraten
Přírodní vepřové žebírko	Schweinekotlett natur
Roštěná na paprice	Rostbraten in Papriksoße
Sekaná pečeně	Hackbraten
Smažená telecí játra	gebratene Kalbsleber
Smažený karbanátek	Frikadelle
Smažený vepřový řízek	Wiener Schnitzel
Svíčková na smetaně	Rinderlendenbraten in Rahmsoße
Telecí hrudí nadívané	gefüllte Kalbsbrust
Uzená vepřová plec	geräucherte Schweineschulter
Vepřové smažené žebírko	Schweinekotlett paniert
Vepřová pečeně	Schweinebraten
Vepřové ledvinky na cibulce	Schweinenierchen mit Zwiebeln
Vídeňská roštěná	Rostbraten auf Wiener Art
Znojemská pečeně	Rinderbraten auf Znajmer Art

Ryby | Fische

Filé ze pstruha na žampiónech	Forellenfilet mit Champignons
Kapr smažený	Karpfen gebacken
Rybí filé	Fischfilet
Štíka na pivě	Hecht in Biersoße

Drůbež | Geflügel

Husa pečená	gebratene Gans
Kachna pečená	gebratene Ente
Smažené kuře	Brathähnchen

Bezmasá jídla | Fleischlose Gerichte

Čočka s vejcem	Linsen mit Ei
Knedlíky s vejcí	Knödel mit Ei
Omeleta s zavařeninou	Omelette mit Konfitüre
Smažený květák	Blumenkohl gebacken
Švestkové knedlíky	Pflaumenknödel

Saláty | Salate

Celerový salát	Selleriesalat
Červená řepa	Rote Bete
Hlávkový salát	Kopfsalat

Míchaný salát	Gemischter Salat
Mrkvový salát s citrónem	Möhrensalat mit Zitrone
Okurkový salát	Gurkensalat
Rajčatový salát	Tomatensalat
Zelný salát	Krautsalat

Přílohy | Beilagen

Bramborová kaše	Kartoffelbrei
Bramborové knedlíky	Kartoffelknödel
Houskové knedlíky	Semmelknödel
Hranolky	Pommes frites
Opékané brambory	Bratkartoffeln
Rýže	Reis
Vařené brambory	Salzkartoffeln
Zelí	Kraut, Kohl

Sýry | Käse

Bryndza	Schafskäse
Kozí sýr	Ziegenkäse
Plísňový sýr	Schimmelkäse
Smetanový sýr	Rahmkäse

Moučníky (teplé) | Nachtisch (warm)

Bavorské vdolečky	Bayerische Pfannkuchen mit Konfitüre und Sahne
Jablkový závin	Apfelstrudel
Palačinky	Palatschinken
Rýžová kaše	Reisbrei
Rýžový nákyp s jablky	Reisauflauf mit Äpfeln

Moučníky (studené) | Nachtisch (kalt)

Jahody se šlehačkou	Erdbeeren mit Schlagsahne
Koláče s mákem nebo s tvarohem	Kuchen mit Mohn- oder Quarkfüllung
Zmrzlinový pohár	Eisbecher

Ovoce | Obst

broskve	Pfirsiche
hrušky	Birnen
jablka	Äpfel
meruňky	Aprikosen
švestky	Zwetschen
třešně	Süßkirschen

Nápojový lístek I Getränkekarte

Studené nápoje | Kalte Getränke

Džus	Juice
Limonáda	Limonade
Minerální voda	Mineralwasser
Pivo	Bier
nealkoholické –	alkoholfreies –
světlé –	helles –
tmavé –	dunkles –
Sodovka	Sodawasser
Šťáva	Saft
jablečná –	Apfelsaft
pomerančová –	Orangensaft
rajčatová –	Tomatensaft
Vinný střik	Weinschorle
Víno	Wein
bílé –	Weißwein
červené –	Rotwein
šumivé –	Schaumwein

Teplé nápoje I Heiße Getränke

Čaj	Tee
Káva	Kaffee
– s mlékem	Kaffee mit Milch
– presso	Espresso

turecká –	türkischer Kaffee
překapávaná –	Filterkaffee
Svařené víno	Glühwein

Zahlen | Číslovky

Grundzahlen | Číslovky základní

0 *nula* Null
1 *jeden, jedna, jedno* ein(s)
2 *dva, dvě, dvě* zwei
3 *tři* drei
4 *čtyři* vier
5 *pět* fünf
6 *šest* sechs
7 *sedm* sieben
8 *osm* acht
9 *devět* neun
10 *deset* zehn
11 *jedenáct* elf
12 *dvanáct* zwölf
13 *třináct* dreizehn
14 *čtrnáct* vierzehn
15 *patnáct* fünfzehn
16 *šestnáct* sechzehn
17 *sedmnáct* siebzehn
18 *osmnáct* achtzehn
19 *devatenáct* neunzehn
20 *dvacet* zwanzig
21 *jedenadvacet* einundzwanzig
22 *dvaadvacet* zweiundzwanzig
23 *třiadvacet* dreiundzwanzig
30 *třicet* dreißig
40 *čtyřicet* vierzig
50 *padesát* fünfzig
60 *šedesát* sechzig
70 *sedmdesát* siebzig
80 *osmdesát* achtzig
90 *devadesát* neunzig
95 *pětadevadesát* fünfundneunzig
100 *sto* hundert
101 *sto jeden* hunderteins
200 *dvě stě* zweihundert
300 *tři sta* dreihundert
400 *čtyři sta* vierhundert
500 *pět set* fünfhundert
600 *šest set* sechshundert
700 *sedm set* siebenhundert
800 *osm set* achthundert
900 *devět set* neunhundert
1000 *tisíc* tausend
2000 *dva tisíce* zweitausend
3000 *tři tisíce* dreitausend
5000 *pět tisíc* fünftausend
100 000 *sto tisíc* hunderttausend
1 000 000 *milión* eine Million

Ordnungszahlen | Číslovky řadové

1. *první* erste
2. *druhý* zweite
3. *třetí* dritte
4. *čtvrtý* vierte
5. *pátý* fünfte
6. *šestý* sechste
7. *sedmý* siebente
8. *osmý* achte
9. *devátý* neunte
10. *desátý* zehnte
11. *jedenáctý* elfte
12. *dvanáctý* zwölfte
13. *třináctý* dreizehnte
14. *čtrnáctý* vierzehnte
15. *patnáctý* fünfzehnte
16. *šestnáctý* sechzehnte
17. *sedmnáctý* siebzehnte
18. *osmnáctý* achtzehnte
19. *devatenáctý* neunzehnte
20. *dvacátý* zwanzigste
21. *jedenadvacátý* einundzwanzigste
22. *dvaadvacátý* zweiundzwanzigste
23. *třiadvacátý* dreiundzwanzigste

30. *třicátý* dreißigste
40. *čtyřicátý* vierzigste
50. *padesátý* fünfzigste
60. *šedesátý* sechzigste
70. *sedmdesátý* siebzigste
80. *osmdesátý* achtzigste
90. *devadesátý* neunzigste
95. *pětadevadesátý* fünfundneunzigste
100. *stý* hundertste
101. *sto první* hundertunderste
200. *dvoustý* zweihundertste
300. *třistý* dreihundertste
400. *čtyřstý* vierhundertste
500. *pětistý* fünfhundertste
600. *šestistý* sechshundertste
700. *sedmistý* siebenhundertste
800. *osmistý* achthundertste
900. *devítistý* neunhundertste
1000. *tisící* tausendste
2000. *dvoutisící* zweitausendste
3000. *třítisící* dreitausendste
5000. *pětitisící* fünftausendste
100 000. *stotisící* hunderttausendste
1 000 000. *milióntý* millionste

Abkürzungen und Symbole | Zkratky a symboly

a.	auch	také
A	Akkusativ	4. pád
ADJ, *adj*	Adjektiv	přídavné jméno
ADV, *adv*	Adverb	příslovce
AGR	Landwirtschaft	zemědělství
ANAT	Anatomie	anatomie
ARCH	Architektur	architektura
ART, *art*	Artikel	člen
ASTRON	Astronomie, Astrologie	astronomie, astrologie
AUTO	Auto	auto
BAHN	Eisenbahn	dráha
BERGB	Bergbau	hornictví
bes	besonders	zvláště
BIOL	Biologie	biologie
BOT	Botanik	botanika
CHEM	Chemie	chemie
D	Dativ	3. pád
e-e	einem	(bleibt unübersetzt)
ELEK	Elektrotechnik	elektrotechnika
e-m	einem	(bleibt unübersetzt)
e-n	einen	(bleibt unübersetzt)
e-r	einer	(bleibt unübersetzt)
etw	etwas	(ně)co
F, *f*	Femininum, weiblich	ženský
fig	übertragen	obrazný, přenosený
FLUG	Luftfahrt	letectví

FOTO	Fotografie	fotografie
FPL, *fpl*	Femininum Plural	množné číslo ženského rodu
G	Genitiv	2. pád
GASTR	Gastronomie	gastronomie
GEOG	Geografie	zeměpis
GEOM	Geometrie	geometrie
Ggs	Gegensatz	opak
GRAM	Grammatik	gramatika
HIST	historisch, Geschichte	historický, dějiny
I	Instrumental	7. pád
(IM)PF, *(im)pf*	imperfektives und perfektives Verb	dokonavé a nedokonavé sloveso
INF, *inf*	Infinitiv	neurčitý způsob
IT	Informatik, Computer	informatika, počítač
j-m	jemanden	(ně)komu
j-n	jemanden	(ně)koho
JUR	Rechtswesen	právnictví
KOLL, *koll*	kollektiv	hromadný
KONJ, *konj*	Konjunktion	spojka
KUNST	Malerei, bildende Kunst	malířství
L	Lokativ	6. pád
M, *m*	Maskulinum, männlich	mužský
MATH	Mathematik	matematika
MED	Medizin	lékařství
METEO	Meteorologie	meteorologie
MIL	Militär	vojenský
MPL, *mpl*	Maskulinum Plural	množné číslo mužského rodu
mst	meist	většinou

MUS	Musik	hudba
N, *n*	Neutrum, sächlich	střední
neg!	wird als beleidigend empfunden	jako urážka
NPL, *npl*	Neutrum Plural	množné číslo středního rodu
od	oder	nebo
österr	österreichisch	rakouský
passiv	Passiv	trpný rod
pers	persönlich, Person	osobní, osoba
PF, *pf*	perfektives Verb	dokonavé sloveso
PHYS	Physik	fyzika
PL, *pl*	Plural	množné číslo
POL	Politik	politika
pop	populär, derb	lidový, hrubný
poss	possessiv	přivlastňovací
PRÄP, *präp*	Präposition	předložka
prät	Präteritum	minulý čas
PRON, *pron*	Pronomen	zájmeno
®	eingetragene Marke	registrovaná ochranná známka
rel	relativ	vztažný
REL	Religion	náboženství
SCHIFF	Schifffahrt	plavba
SG, *sg*	Singular	jednotné číslo
SUBST, *subst*	Substantiv	podstatné jméno
SPORT	Sport	sport
TECH	Technik	technika